西南人类学文库 | 流域与传统村落系列

Shaziguantou

沙子关头

沙子镇土家族生计方式变迁的人类学考察

田阡 刘应科 ◎ 编著

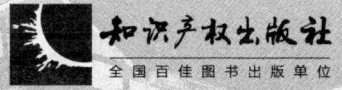

知识产权出版社
全国百佳图书出版单位

图书在版编目（CIP）数据

沙子关头：沙子镇土家族生计方式变迁的人类学考察 / 田阡，刘应科编著. —北京：知识产权出版社，2015.6
ISBN 978-7-5130-3432-6

Ⅰ. ①沙… Ⅱ. ①田…②刘… Ⅲ. ①土家族—生活方式—社会变迁—研究—石柱土家族自治县 Ⅳ. ①K287.3 ②D669.3

中国版本图书馆 CIP 数据核字（2015）第 070338 号

内容提要

本调查报告以分析重庆市石柱土家族自治县沙子镇的自然生态与社会背景为逻辑起点，分别从婚姻家庭、传播与交际、养老与教育、艺术与信仰等角度探讨了调查点土家族农民生计方式的变迁，并重点选取了兴隆村、卧龙村等数个村落进行了个案研究，重点关注了在现代化、全球化大背景下，日渐空心化的少数民族乡村地区，其民众是如何适应变迁的时代环境，对生计方式采取何种选择的，是一本基于大量第一手田野调查资料和数据的人类学考察报告。

责任编辑：纪萍萍　　　　　　　责任校对：谷　洋
封面设计：春天书装　　　　　　责任出版：刘译文

沙子关头
—— 沙子镇土家族生计方式变迁的人类学考察

田阡　刘应科　编著

出版发行：知识产权出版社有限责任公司	网　址：http://www.ipph.cn
社　址：北京市海淀区马甸南村 1 号	邮　编：100088
责编电话：010-82000860 转 8387	责编邮箱：jpp99@126.com
发行电话：010-82000860 转 8101/8102	发行传真：010-82000893/82005070/82000270
印　刷：三河市国英印务有限公司	经　销：各大网上书店、新华书店及相关专业书店
开　本：720mm×960mm 1/16	印　张：34
版　次：2015 年 6 月第 1 版	印　次：2015 年 6 月第 1 次印刷
字　数：595 千字	定　价：95.00 元

ISBN 978-7-5130-3432-6

出版权专有　侵权必究
如有印装质量问题，本社负责调换。

西南人类学文库

序　言

　　人类学于20世纪初被引进中国，其研究一度繁荣。1923年，在美国哈佛大学人类学博士李济主持之下，南开大学建立了中国第一个人类学系。从20年代至30年代初，全国许多院校，如金陵大学、燕京大学、厦门大学、浙江大学、华西协和大学、大夏大学、中央大学、岭南大学、中山大学、复旦大学、东吴大学、光华大学、广西大学、华中大学、福建协和学院等校纷纷设立人类学机构，或者在社会学系开设与人类学相关的课程。北京大学等校虽然没有设置系科，但也开设了人类学、民族学课程。抗战胜利后，国民政府教育部先后批准暨南大学、清华大学、中山大学、浙江大学、辅仁大学建立人类学系。1952年院系调整，国内各大学的社会学系、人类学系和民族学系先后撤销，人类学中研究体质的部分基本保留下来，但被归并到生物学或古生物学之下；研究人文与社会的那部分则被调整到历史学内，或以"民族研究"的名义得以延续。

　　20世纪70年代末80年代初，人类学地位重新得到恢复。1981年，中山大学复办人类学系，设民族学和考古学两个专业，同年获得博士授予权。随后，厦门大学也建立了人类学系和人类学研究所，设人类学、考古学两个专业。中央民族学院于1983年建立民族学系，1993年该校成立民族学研究院，2000年9月改名为民族学与社会学学院。中国社会科学院研究生院民族系于1978年成立，设有民族学与人类学专业，并于当年开始招收硕士研究生，1983年起开始招收博士研究生。北京大学社会学人类学研究所成立于1985年3月，是一个以研究为主、教学为辅的机构。此外，云南大学、中南民族学院、湖北民族学院、广西民族大学、云南民族大学、贵州民族学院等一些综合性大学和民族学院（大学）也成立了人类学研究所或民族研究所，招收博士、硕士研究生。在中国，现阶段本科学历开设人类学课程的只有中山大学及一些民族学院（大学）。截至2009年，全国共有20多所高校院所在民族学、社会学一级学科下设立了人类学硕士授予点，北京大学、中国人民大学、清华大学、中央民族大学、中国社会科学院研究生院、南开大学、上海大学、厦门大学、中山大学等9所大学设立了人类学博士点。其中，北京大学和中山大学的人类学专业被评为国家重点学科。2010年国务院学位办将博士授予权下放到部分重点高校，一部分高校增设了人类学博士点，如南京大学、哈尔滨工业大学等。

人类学这些年来在中国已经有了长足的进步，特别是2009年人类学民族学联合会第16届世界大会在中国召开后，发展迅速。这表现在，越来越多的人类学、民族学机构的建立——根据相关的统计可知，我国现有的人类学、民族学机构已经超过100个，专业人员超过5 000人。此外，越来越多的高校建立起硕士、博士学位点，除了985高校外，部属和各省的民族院校普遍建立起学科点；进而，各类学术活动越来越多。中国人类学民族学研究会是最大的学会，每年举办年会和学科单位负责人会议，其下属的各分委员会亦举行各种专题会议。民间团体"人类学高级论坛"每年举行年会和青年圆桌论坛，已经连续举办了12届，2013年还在台湾地区举办了首次论坛。各类研究课题在国内外展开，尤其是海外民族志研究方兴未艾，各种专著、文章更是如雨后春笋般层出不穷。

笔者认为，重庆这片区域在人类学、民族学的发展中有着重要的地位。首先，重庆位于中国的腹地，在习惯上称之为"西南"，实际在中国地理位置上是中部偏东；地处长江上游，是青藏高原与长江中下游平原过渡地带，古往今来是兵家必争之地；从古代的巴楚战争，到元时的钓鱼城之战，以及民国抗战时的首都，就可见一斑。其次，重庆是中国文明的发祥地之一，从200万年前的"巫山人"到农业起源时的新石器文化，从别具一格的巴国青铜文化到石盐生产中心。第三，重庆也是多民族聚居的地方，古往今来族群互动繁多，迄今还保留4个民族自治县（原来有6个自治县），分布着上百万的土家族和苗族居民。第四，重庆是中部经济核心地区，是铁路、公路、水运和航空的交通枢纽，是中国制造业、高科技、高等教育的核心区之一。当前，重庆经济的飞速发展带来社会、文化的急剧变迁，为人类学民族学的研究提供了广阔的天地。

然而总体上看，重庆人类学民族学发展的状况却不太尽人意，这与重庆的地位不太相称。重庆自成为直辖市后，随着政治地位的提高，经济也获得了高速发展，可是人文社会科学的发展相对滞后。不过，我们欣喜地看到，不仅西南大学作为重庆人文社会科学的重镇继续担当着领头羊的责任，重庆大学也建立起高等研究院和相关的社会科学研究院，以弥补单纯理工科大学之不足。近来，人类学民族学在重庆也有了欣喜的进步，首先是在西南大学建立了相关机构，开展人类学民族学的研究，并招收相关专业的研究生；接着是在重庆大学高等研究院建立人类学研究中心，聘请海外专家做中心主任，目前已经举办了相关的学术会议和人类学系列讲座；重庆文理学院也开展了文学人类学、文化遗产的研究，还承办了2013年人类学高级论坛。

重庆人类学民族学的进步与田阡及所在团队的努力是分不开的。本丛书的出版正是其近年来研究成果的展示。通过本丛书看其研究，在如下几个方面是有所突破的。

田阡的团队立足武陵山区与乌江流域，以区域自然与人文生态为基础，关注非物质文化遗产的文化基础，将文化总体特征与多样性相结合，开展非物质文化遗产与区域文化互动关系研究。同时运用区域研究的方法，坚持整体观与跨文化比较的研究取向，基于非物质文化遗产研究的视角，以教育部人文社会科学研究项目"龙河流域区域文化与族群关系研究"和文化部民族民间文艺发展中心项目"中国节日志·春节（重庆卷）"为依托，对该区域文化的共同特征和多样性开展了系统的研究工作。首先，对区域文化进行具体的分类研究。将区域文化分为民族艺术、民族体育、民族音乐、民族手工艺、民族舞蹈等方面，从民族文化形式、内涵、传承、文化产业等角度对不同的民族文化作了专题调查研究，凸显民族文化的多样性，探讨非物质文化遗产的文化根基及传统文化在非物质文化遗产保护中的应用。其次，运用人类学的进化论、整体观等理论与方法，通过多点式田野调查，对该区域的非物质文化遗产进行了系统的比较研究。最后，对区域文化开展总体性特征的研究。在大量田野调查的基础上，从生计方式、价值体系、社会风尚、行为规范和制度体系等角度，对武陵山区和乌江流域的区域文化作综合分析，总结该区域文化的基本特征与文化价值。

田阡的团队以都市为研究场域，以城市化进程中新的社会文化现象为基础，以族群流动与互动关系为研究对象，开展了丰富的都市少数民族社会管理问题研究。区域文化的整体性与多样性是在族群互动的基础上形成的。在关注区域文化研究的同时，该团队依托国家社科基金项目"西部地区少数民族农民工生计模式与身份认同研究"，展开都市族群关系问题研究。该研究的创新之处在于突破了原有流域个体、单一民族研究的思路，通过社区研究对族群互动关系的多样性作了综合分析，推动了学科互动研究。他们对大都市的散杂居状态进行了深度剖析，利用科塞提出的社会安全阀理论，创造性地将城市民族事务部门定位为城市民族工作的"安全阀"，指出城市民族事务部门应充分利用自身的各种优势，在日常管理和突发事件应急处理等方面，发挥资源动员和服务传递的职能，充分发挥"安全阀"的疏导、转化和催化作用，推动城市民族工作的顺利开展。

田阡的团队将田野调查与文献分析相结合，关注历史上地方社会与国家的"中心与边缘"互动关系，开展了卓有成效的族群与区域文化的历史人类学研究。在已有的区域历史研究基础上，通过历史文献的分析和大量的田野调查，从文化生态的角度对不同民族和不同区域的生活状况进行了研究和评价，对地方社会与国家之间的互动关系进行了创新性的、历史性的演绎与归纳。同时，以历史事件的反思关照现代地方社会发展的问题，对民族地区社会发展进行了分析，为解决当前的民族关系问题提供了更加系统的理论支撑和明确的决策参考。如运用人类学的理论与方法，以苗疆社会自身为研究视角，从苗疆民众的日常生活分析出发，对苗疆民众的日常生活进行了全新的理解与评价，为西南边疆与民族历史问题研究提供了新的研究思路。该成果凸显了民间组织与民间行为规范的社会价值，对于解决中国基层社会的现实问题，维护基层社会的社会秩序提出了新的路径，从理论上推动了社会主义和谐社会的建设。

田阡教授嘱我为西南人类学文库写个序。犹豫再三，还是答应下来。田阡十多年前就读于我的门下，毕业后去了西南大学。在那里，他将人类学理论与应用相结合，将学术研究与学科建设相结合，在人类学基础薄弱的重庆地区打出了一片新的天地。当老师的最高兴的莫过于学生能够做出成绩。这也是我愿意写序的原因。最后，祝愿田阡的团队能有更多的成果问世，祝愿重庆的人类学有着美好的明天！

周大鸣

2013 年 11 月 27 日

重观西南：走向以流域为路径的跨学科区域研究

学术从来不是静止的，我们的探索永远是理论和实践上的无尽开拓。无论做哪一学科的学术研究，方法都是非常重要的。英国社会人类学家利奇（E. R. Leach）在其代表作之一《缅甸高地诸政治体系：对克钦社会结构的一项研究》中提到人类学研究中的"蝴蝶论"：当时很多研究者的工作，就像收集各种蝴蝶标本一样去收集各种人类文化现象。他认为这些文化现象收集得再多、再全，如果不去深究"蝴蝶"的归类、"蝴蝶"的演化等问题，对我们认识人类社会就没有多大帮助。同样，当我们回头去看弗雷泽（James George Frazer）强调在古典人类学家泰勒（Edward Burnett Tylor）的基础上要对比较方法进行革新，放弃使用先验的阶段论，转而做共时的比较，从而看到事物和事物之间的关系的理念时，就可以确信这样的学术思维可以理出一条通过认识事物，进而认识人类社会的主线来。

一、方法论转向：从社区研究到区域研究

源于结构功能学派社会人类学的社区研究，作为一种方法论，长期以来都是人类学研究的基石，为人类学这门学科的世界性的发展做出了不可磨灭的贡献。但事实上，只要对学术史稍作梳理即不难发现，社区研究本身也经历了一个动态演化的过程。在人类学传统的社区研究中，其实存在着"社区研究"和"在社区中做研究"这样两种研究取向。一直以来，大多数的中国研究者都传承了人类学民族志的传统，将社区视为可操作单位，对其进行"麻雀解剖"，以期代表中国，至少代表中国社会的一种"类型"或"模式"。然后试图通过类型比较方法达到对中国整体的认知。

费孝通先生在后来的《云南三村》序言中反思《江村经济》，承认《江村经济》做的是社会调查而不是社会学调查，他在《云南三村》中的类型比较研究，可以看做是对"利奇之问"的回应。这段学术公案众所周知。利奇质

疑费孝通先生的社区研究方法,"在中国这样广大的国家,个别社区的微型研究能否概括中国国情?"❶ 费孝通坦承,"江村不能在某些方面代表一些中国的农村",但他认为:"如果承认中国存在着江村这种的农村类型,接着可问,还有其他哪些类型?如果我们用比较方法把中国农村的各种类型一个一个地描述出来,那就不需要把千千万万个农村一一的加以观察而接近于了解中国所有的农村了。通过类型比较法是有可能从个别逐步接近整体的。"❷ 这样一来,我们的研究就不再仅仅是"对社区的研究",而进入了"在社区中做研究"而且是做更大范围或规模研究的新视野。在这种类型比较法的信念下,费孝通先生从"江村"走到"云南三村"走到"中国小城镇模式"乃至"区域社会",为理解中国奉献了毕生精力。这种研究传统至今仍然在人类学和社会学的实证研究中有着重要的地位。在其影响下,我们的研究不但要思考整体与局部、一般与特殊、宏观与微观的链接,而且事实上还是一种加入了他者文化关怀的研究。一方面,区域社会的地方知识体系在支撑着"传统"或"他者"意义上的民族文化;另一方面,地方性的问题已经成为国家治理技术和世界政治经济体系在地方社会中实践和权力展演的空间。

作为学术工作者,我们既要时刻警醒自己将自身的世界当作众多世界中的一个,寻找他者历史与社会的独特运行逻辑,同时也要"追问流行于不同的地理单位中的宇宙观在互相碰撞的过程中如何保持自身的'不同'"。❸

区域研究作为人类学重要的组成部分,无论是在人类学学科起源和兴起的过程中,还是在人类学学科理论与学科流派的形成中,都具有举足轻重的作用。其主要目的在于通过区域个案的研究来认识区域整体。在全球化时代,人口的大规模流动使原有区域研究的理论与方法遇到严峻的挑战。尽管如此,人类学区域研究的重要性却从未动摇过。区域研究的理论和方法,只是比以前更加强调人类学理论上的批判性和人类学田野调查的科学训练而已。

二、对象转向:从族群研究到流域研究

人类学家周大鸣教授曾指出,族群的认同必须在族群之间的互动过程中去探讨,在与世隔绝的孤立群体中,是不会产生族群认同的,至少族群认同是在

---

❶ 费孝通:《人的研究在中国:个人的经历》,《读书》,1990年第10期。
❷ 同上。
❸ 王铭铭:《人类学:历史的另一种构思》,王铭铭主编《中国人类学评论(第9辑)》,世界图书出版公司·后浪出版公司2009年版,第55页。

族群间互动的基础上发展起来的。经过认同和互动过程的族群关系呈现的是多元模式局面。❶ 事实上，包括地域性在内的现实认同在具体的时空下也是重要的族群认同操作工具。生活在同一区域的群体在新的历史条件下，不断受到政治的、市场的、历史记忆和社会结构等因素的影响而使族群认同和族群文化处于动态的变迁之中，这是历史的建构过程，也正在现实中发生着。

孤立的群体研究方法也无法把握族群之所以形成自我认同的过程。族群文化归纳，如果缺乏时空格局意识，就会忽视对地方社会的族群关系、地域关系和历史情境之间的关系，从而造成对区域文化地方性差异以及差异形成过程的关注的不足。

以空间、历史与族群互动为视角的区域研究，并不是单一的区域史，而是人类学上文化整体观和比较研究传统的延续，也是对中国地方社会研究中历史研究取向和区域文化研究取向相结合的进一步深入。这种研究视角以发现具体历史社会情境中地方社会与族群社会的关系为目的，去揭示国家、社会、地域、宗族、个人等多层次的社会力量在多样性的具体"历史真实"中的整合以及民间生活中"文化创造"的多样性，并最终以"过程民族志"的方式展现传统中国社会的运作机制。❷ 对于中国历史文化局部整体性的把握，是对中华文明总体整体性进行理解的必经阶段和重要步骤。因此将族群文化研究与地域进行结合，将族群与族群互动嵌入具体的时空轴进行审视就显得尤为重要。

从这个意义出发，我们的研究不应拘泥于族源、客观文化表征以及单一族群历史方面的考察，而应将其作为资料性素材，重点通过对区域空间内的族群文化与族群关系的把握，从河流区域与族群文化角度对族群研究进行田野调查和理论层面的探讨。

流域，正如龙宇晓教授所言："是以河流为中心的人-地-水相互作用的自然—社会综合体，以水为纽带，将上中下游和左右岸的自然体和人类群体连接为一个不可分割的整体，在人类生活世界的本体系统中具有十分重要的地位。"❸ 从某种意义上来说，流域是群集单元，是世界本体的一部分。用地理学的说法，流域是一条一条的河流和分水岭形成的山水基线；从文化的发生角

---

❶ 周大鸣：《动荡中的客家族群与族群意识：粤东地区潮客村落的比较研究》，《广西民族学院学报（哲社版）》，2005年第9期。

❷ 彭兆荣：《边际族群：远离帝国庇佑的客人》，黄山书社2006年版。

❸ 曾江：《作为方法的流域：中国人类学研究新视角——流域人类学大有可为》，《中国社科科学报》，2015年6月9日。

度看来，流域就是一条条的文化赖以起源、演化、传播、交融与发展的时空通道；从整体观的视角看，流域还是一个体系架构，由大大小小的流域线条网络形成一个个的区域扇面。就社会内涵角度而言，流域是一个问题域，集结了诸如生态、人口、资源、民族、族群关系等各方面的问题；从方法论角度讲，流域则可以作为一种认知范式，从流域的角度看待问题，可能和过去泛泛地看待问题是不一样的。如果我们能用流域的方法，从流域的角度看问题，肯定能够发现以往我们不能发现的很多的知识的盲点。

流域是世界本体的一部分，这与流域的性质有关。流域在国外的理解各有不同，有广义的 valley，还有一个狭义的 watershed，即分水岭。希罗多德曾说"埃及是尼罗河馈赠给人类的厚礼"，深入理解他的话，可以说整个人类的文明都是和流域有关系的。马克思说"尼罗河水涨落启示，诞生了埃及数学"，可见流域不仅仅是文化的问题，也与地方知识、科学知识有关。流域的重要性在于它既是自然资源的群集单元，也是文化多样性的承载单元，更是我们认识社会的一种方式。顺着河流，就有物的交流、人口的流动、文化的传播和分布。流域作为一种系统的架构，是一个人、地、水互动的复杂系统，从中可以分成很多子系统，可以在这个系统层面发现很多现实问题，诸如生物多样性的问题、传统知识的传承保护的问题等。从这个角度来说，通过流域的视角，我们能够在研究中不断发现新的资源，给老的问题赋予新的意义，并最终解决这些问题。

作为范式创新的一个出发点，流域研究可以帮助我们超越以往点状认知的局限性，超越现在人类学区域研究上一个个民族志点之间缺乏关联的局面，还可以超越"边缘-中心"的理论范式。正因为如此，流域人类学作为一种跨学科的研究，能够极大地帮助我们实现文化整体观照的目标；流域的研究、流域的视角、流域的方法，或许能够真正推动人类学成为一套完整的知识体系。

三、空间转向：从东南研究到西南研究

中国研究的空间转向经历了从西南到东南再回归西南的历程。如西南彝学研究的现代学术确立开端于中山大学人类学系的杨成志先生。20 世纪的二三十年代，专业的社会学和人类学家开始进入西南地区，进行民族社会调查，留下许多重要的调查成果。中山大学人类学系先驱杨成志先生在 1928 年 9 月至 1929 年 5 月，孤身深入凉山进行民族调查，后来结合云南的一些调查撰写了

《云南民族调查报告》，被称为"我国西南民族调查的先导杰作"，后来出版的论文集《云南罗罗族论丛》被称为"罗罗研究的第一本巨著"。❶ 此外，袁家骅、李仕安、江应樑、陶云逵、林惠祥、芮逸夫、马长寿、林耀华等诸多民族学和人类学大家都曾进行过西南地区社会文化调查和研究。他们融会贯通，将人类学、民族学、民俗学、社会学、政治学、经济学等数门学科的理论与方法整合运用，写就了一批经典之作。相比于华北农村研究和东南宗族研究后期崛起，西南族群研究的传统曾一度低潮。随着费孝通先生于20世纪70年代末以后提出关于"藏彝走廊"的论述，人类学研究的目光又逐渐回到西南。

自1980年民族学人类学学科重建以来，西南研究的"区域研究"特征也日益明显。特别是1981年"中国西南民族研究学会"的成立，更标志着西南研究区域视野与实践的开启。在该学会的推动下，西南研究的学术力量被整合组织在一起，进行了一系列"流域""走廊""通道"等具有较强区域性研究的专题调研，如横断山区六江流域、西南丝绸之路、贵州"六山六水"、南昆铁路沿线、茶马古道、藏彝走廊等研究，从而开启了学科重建以来西南研究的第一次高潮，并取得了显著的成果。❷

人类学的区域研究曾经在村落个案的基础上，由国外中国研究者和台湾学者先后提出了市场体系理论、祭祀圈理论和历史人类学华南研究理论等范式，将连接一个个村落的关键，或认定为村庄集市网络内的交换关系，或认为是为了共同的神灵信仰而举行的祭祀活动的居民，或归结为某一特定区域范围内的宗族、信仰及社会整合。❸ 这些研究范式各有所长，也各有其缺陷，这些缺陷的共同之处在于：都只能解决相对较小范围内的区域研究问题，一旦将其置换于其他环境之中，就会遇到严重的"水土不服"情况。在实地的调查和研究中我们发现，地理自然环境因素天然地对区域社会形成具有形塑作用，而经济、政治、文化关系是区域社会形成、分化和变迁的重要基础。同时，把握地方社会形成及变迁所需要考察的区域族群关系、政治层级、经济关联、地理空间等社会结构性界线，都包含在区域社会之中而不是以族群为边界。作为族群互动的具体时空坐落，区域社会正是进行地方社会文化研究的可操作单位。

我自进入西南大学以来，结合区域研究和西南研究的新传统，带领团队在

---

❶ 王水乔：《杨成志与西南民族研究》，《云南民族学院学报（哲社版）》，1996年第2期，第55页。

❷ 张原：《"走廊"与"通道"：中国西南区域研究的人类学再构思》，《民族学刊》，2014年第4期。

❸ 周大鸣、詹虚致：《人类学区域研究的脉络与反思》，《民族研究》，2015年第1期。

龙河流域开展了持续性的区域田野调查和民族志写作。龙河发源于鄂渝交界处的重庆市石柱土家族自治县黄水国家森林公园冷水镇李家湾七曜山南麓，全长164公里，天然落差1263.3米，其中在石柱境内有104公里，是石柱境内最大的河流。龙河流出石柱县后，在丰都县王家渡注入长江。龙河穿越石柱和丰都两县20多个乡镇，因流经石柱县城南滨镇，绕城三面，龙河在石柱县内又称"南滨河"。龙河流经的地区地处川鄂交界地，当楚黔之交，控楚连黔，襟带湘境，自古为洪荒之地，是巴蜀古国最边远的山区，古称"九溪十八峒"，也是土家族的祖先古代巴人的聚居区。我和我的团队对龙河的人类学研究是从《冷水溪畔》开始的，陆续有《万寿山下》《沙子关头》《龙河桥头》《边城黄鹤》等传统村落的系列调查研究，还有《"边缘"的"中心"》等呈现族群互动的系列研究，以及流域内的物质文化遗产与非物质文化遗产研究。至此，一个以流域为路径的西南区域研究的新人类学空间正在凸显。在冷水乡开展田野的意义在于它是贯穿于石柱县的龙河的源头，也在于它已被置于流动和发展的背景之中，需要尽早地描述和挖掘。而在西南流淌着很多与龙河一样的小流域，都存在着一个个相对独立的族群多样社区，对学术研究的标本作用以及田野调查方法的训练都是一个很好的实践场域。我们期待能通过做一条河流的上、中、下游不同社区的研究，构建起对该流域整体性的文化和社会认识，继续寻找文化的相似性和社会发展的多样性，也为武陵山区和西南的多流域研究拓宽拓新思路与方法。

面对新时期全球化浪潮下对人类学区域研究迫切呼唤和相关学科领域的理论失语，在费孝通的中国区域研究蓝图和中山大学人类学系的岭南研究与珠江流域研究的基础之上，我们总结七年来集中于西南地区的流域研究的理论与田野成果，初步得出了一些关于人类学区域研究，尤其是中国西南山区人类学区域研究的规律与方法。

四、学科转向：从人类学洞见到跨学科协同

我们认为，流域文明不仅是流域文化、流域历史，更多应关注现实的流域治理问题，进而参与到国家治理能力和治理体系现代化的讨论中去，因此，挖掘流域文明，其根本目的应该是更好地从点、线、面三个层次上为社会治理提供理论指导。

第一，流域文明凝聚社会治理的文化意蕴。水是流域文明的主体，水的特性在于它的流动性和循环性。水的流动性体现在它最一般的液态，水的循环性

体现为它在"三态"间的转化。水在沸点化为气态,在冰点结为固态,但是无论如何蒸发和凝结,它都在循环往复之中保持自身的存在。水也在"三态"转化之中实现着自身的充斥和弥漫。一地一域之水受到污染,水的流动性就会促使污染在更大范围内持续扩散;一堤一坝存有缝隙,水就会在引力作用下发挥出"柔弱胜刚强"的特性;水库不坚,水道不通,暴雨积累起来的洪涝就会引发灾难;水源的开通、引调、提升的不足则会引发缺水困境;水管查漏减损、废水再生利用和雨水收集的工作不济,就会造成水资源的浪费。水的这些特征,决定了治水思维的系统性和治水形式的协同性特征。水的文化产生于人与水的历史互动性实践中,内涵在世界文化、民族文化和地域文化之中。人类在用水、治水、护水等实践中不断构建文明史,在渡河、越江、航海等活动中不断构建世界历史。从中华民族范围看,松花江、辽河、海河、黄河、淮河、长江、珠江以及东南、西南、西北诸河等流域,孕育了先哲对水的哲学思索,凝结了历代水利工程的科技文化,汇聚了各朝文人对水的人文赞美。

第二,流域文明突显社会治理的系统关联。水是人类的生命之源,但是其发挥功用需要依靠人对于水的规律的科学把握。山水林田湖之间的辩证运动构成生态系统,水的规律即是在生态系统中发挥作用。在人类社会快速发展进程中,人们对于自然界的作用逐渐多样化,导致水的规律发挥的作用机制也变得日益复杂化,人们治水的机制也日趋系统化。科学发展观的基本要求就是全面、协调、可持续,因此治水必须具备统筹协调的战略思维。

第三,流域文明反映社会治理的本质属性。人对水的治理体现的是人通过物质实践以文明的形式获得对以水为代表的自然资源的利用和驾驭能力。治水直接反映的是人与自然界的关系,同时也反映人与人、人与社会的关系。人类为了维持自我生存与生活,对于水的实践形式包括探寻水、储存水、去污水等。生产力低下的时代,人类以傍水而居作为寻找充沛水资源的最直接方式,因此早期人类文明几乎都起源于各种大型河流。丰沛的水源有助于化解供水与节水的矛盾,但是也带来了洪水和涝水的矛盾,因此,以泄洪水、排涝水为核心内容的治水也几乎成为所有早期人类文明面临的必要任务。随着人类文明的不断发展,人与人、人与社会的协作成为人类利用和驾驭水资源的重要形式,人们在治水中不断探索和改进社会管理和治理的机制,以便更加积极有效地应对水的问题,实现人与水的和谐相处。

因此,在这一系列理念体系领下,我们下一步的计划是以流域为主题开展历史学、社会学、人类学、民族学、考古学、公共政策、农业科技史等多学科对话的系列研究，并将研究成果付诸具体社会治理问题的实践。除了流域人类学理论和方法的研究，我们计划从历史流域学中吸取社会治理的历史经验，并将研究对象拓展到跨境流域研究与跨境社会治理方面，分别从三江源地区的流域生态学、珠江流域宗族与族群、松花江流域的农业人类学、大运河的考古与治水历史、武陵山地区多流域切入，探讨复合的人-地-水系统中的社会治理问题，最后将流域与社会治理的理念上升到生态美学的人地和谐与社会哲学的天人合一层面。

我们期望今后能够通过"流域"这个突破行政区划限制的概念，加强国内跨区域体系之间的合作，并深入持续地与国际学术界开展以流域文明比较研究为主题的学术对话，使我们的研究更好地发挥其作用，使我们的学术更进一步地融入国际主流。

是为序。

田　阡
2014 年 12 月 28 日于西南大学

目 录

导言 ··· 1

第一章 沙子镇概述 ··· 8
第一节 生态空间 ··· 8
第二节 交通区位与行政沿革 ··· 21
第三节 人口及其变迁 ·· 30
第四节 小结：农民之于自然地理与社会地理 ··························· 46

第二章 婚姻与家庭的建立 ··· 50
第一节 婚姻之择偶 ··· 50
第二节 爱情：婚姻中的情感因素 ··· 64
第三节 通婚圈及其他婚姻限制 ··· 75
第四节 婚姻缔结的仪式过程 ··· 94
第五节 分家：一个新家庭的建立 ··· 105
第六节 小结：婚姻家庭中的自由、民主以及情感 ················· 116

第三章 信息传播与新交际：一些新的社会需求 ··················· 119
第一节 传统的人际传播 ·· 119
第二节 以电视为主的大众传播 ··· 131
第三节 新媒体：互联网和手机 ··· 145
第四节 小结：媒体的力量 ·· 169

第四章 "杂"的农民生计：以龙泛溪为例 ··························· 173
第一节 时空安排：农业生计中的时令与空间 ························ 173

第二节　生产工具与肥料变革 ·· 188
　　第三节　"杂"的农作物及其种植方式 ·· 198
　　第四节　副业：家庭的日常养殖 ··· 220
　　第五节　劳务经济：以劳动直接换取现金 ···································· 229
　　第六节　小结："杂"的农民生计 ··· 238

第五章　失地农民的生存困境：以兴隆村马栏组为例 ···················· 241
　　第一节　兴隆村及其失地的现实 ··· 242
　　第二节　土地之变 ·· 252
　　第三节　农民的家庭开支 ··· 267
　　第四节　劳动力转移：新生计及其困境 ······································· 281
　　第五节　小结：失地农民的生存困境 ·· 295

第六章　趋于商品化的农民生计：以栗新地区卧龙村为例 ············· 298
　　第一节　栗新地区及农民生计概述 ·· 299
　　第二节　半个世纪以来的栗新经济 ·· 307
　　第三节　新探索：黄连之外的商品农业 ······································· 321
　　第四节　小结：山区农业的商品化之路及其挑战 ··························· 333

第七章　农民的孩子：教育生活及其变迁 ······································ 335
　　第一节　由多到少：1949年以后沙子镇学校的变迁 ······················ 335
　　第二节　村小消失：集中办学之忧 ·· 348
　　第三节　学校与家庭：从熟悉到陌生 ··· 365
　　第四节　结语：变迁中遗失的公平 ·· 375

第八章　农村老人们的生活 ·· 379
　　第一节　老人的基本情况：以龙泛溪为例 ···································· 380
　　第二节　何以生存：老人们的经济来源 ······································· 395
　　第三节　无以停歇：老人们的劳作生活 ······································· 408
　　第四节　起居与疾病：谁来照顾他们 ··· 421
　　第五节　小结：余热的力量 ·· 430

第九章　传统艺术与信仰：职业化与消失的双重趋势 ······ 434
 第一节　孝歌：献给亡者的最后乐章 ················· 435
 第二节　唢呐：用途更广的演奏艺术 ················· 456
 第三节　表演艺术：以舞狮、舞龙和摆手舞为代表 ······· 468
 第四节　信仰：民间思想的变迁 ····················· 484
 第五节　小结：传统的三种走向 ····················· 500

第十章　结语 ······································ 504

参考文献 ·· 511

后记 ·· 516

图表目录

图目

图1-1	沙子镇1987年至2003年之间人口变动情况曲线图	34
图1-2	鱼泉村人口姓氏结构图	43
图1-3	鱼泉村男女两性人口年龄结构对比图	45
图6-1	近十年来黄连的市场价格波动图	320
图6-2	卧龙村各村民小组种植烤烟的情况	326
图7-1	龙泛溪学生年级结构图	360
图7-2	马栏组学生年级结构图	362
图8-1	鱼泉村男女人口总数及老龄人口总数	381
图8-2	鱼泉村老年人口年龄结构	381
图8-3	龙泛溪老年人口年龄性别结构	383
图8-4	龙泛溪老年人口的受教育程度	384
图8-5	龙泛溪老人群体的丧偶情况	384
图8-6	龙泛溪老人群体丧偶情况与年龄的关系	385
图8-7	龙泛溪老年人群体是否与子女分家及其与年龄的关系	386
图8-8	龙泛溪老年人是否与子女分家及其与丧偶情况的关系	388
图8-9	龙泛溪老年人子女外出情况	390
图8-10	龙泛溪老年人经营田地的情况	393
图8-11	龙泛溪老年人种植黄连的情况	394
图8-12	龙泛溪老年人打零工的情况	394
图8-13	准备去田地里做农活的老人	398

图 8-14　邻里、亲戚一起种植土豆 ………………………………… 415
图 8-15　照顾孙辈的老人 ……………………………………………… 421
图 9-1　歌堂里的歌师们 ………………………………………………… 437
图 9-2　大围鼓 …………………………………………………………… 458
图 9-3　镲子 ……………………………………………………………… 458
图 9-4　一对唢呐 ………………………………………………………… 459
图 9-5　二胡 ……………………………………………………………… 459
图 9-6　斗锣 ……………………………………………………………… 459
图 9-7　白会中的"孝狮" ……………………………………………… 473
图 9-8　从县城而来的专业女子舞龙队 ………………………………… 477
图 9-9　当地自制的白布"孝龙" ……………………………………… 477
图 9-10　从县城而来的专业锣鼓队 …………………………………… 478
图 9-11　身着盛装跳摆手舞的土家族学生 …………………………… 480

表目

表 1-1　沙子镇各月气温状况 …………………………………………… 11
表 1-2　五坪气候区各月气温状况 ……………………………………… 12
表 1-3　沙子镇的煤矿情况 ……………………………………………… 16
表 1-4　沙子镇境内桥梁基本情况 ……………………………………… 23
表 1-5　沙子镇各村（社区）组的辖区面积和人口户数及人口数 …… 28
表 1-6　沙子镇1987年至2003年间人口变动情况 …………………… 33
表 1-7　沙子镇各村人口状况 …………………………………………… 35
表 1-8　鱼泉村女性人口详细情况 ……………………………………… 37
表 1-9　鱼泉村男性人口详细情况 ……………………………………… 39
表 1-10　鱼泉村各姓氏人口组成 ……………………………………… 40
表 1-11　鱼泉村人口的主要姓氏结构表 ……………………………… 42
表 4-1　二十四节气周期及其部分气候参数 …………………………… 175
表 5-1　马栏组一户农民三个月的礼金开支统计表 …………………… 277
表 5-2　2009年沙子镇店铺统计情况 …………………………………… 283
表 7-1　从沙子镇转向石柱县城的学生情况表 ………………………… 358

表 7-2 石柱团的学生情况表 …………………………………………… 359
表 7-3 马栏组的学生情况表 …………………………………………… 360
表 7-4 沙子镇小学校占地面积、校舍建筑面积统计表
（2006 年 10 月） ………………………………………………… 363
表 7-5 沙子镇小学校图书统计表（2006 年 10 月）………………… 364
表 8-1 龙泛溪老年人口情况表 ………………………………………… 382
表 8-2 龙泛溪依然经营田地的老人情况统计表 ……………………… 397
表 8-3 龙泛溪获得低保的老人情况 …………………………………… 404
表 8-4 老人们的农作时间安排表 ……………………………………… 411

导 言

关者，要塞也。关隘是古代的重要防御设施，一般修筑在交通孔道的险要之处。《史记·秦始皇本纪》有云："缮关津，据险要"。冬季在武陵山区田野工作的开展也是重要的心理关口，它是横亘在时间与学术心坎上的关隘，学术田野连着岁月更替，连着"草根"的人生荣衰的爱与愁。

沙子关，元皇庆二年（1312）名三箭场，明天启元年（1621）更名太和场，清嘉庆五年（1800）火毁，嘉庆二十五年（1820）复置场。后根据地形四高中低，河水入境，河沙石子全被关着，改称今名。明洪武十三年（1381）设巡检署，清裁。原属丰都县辖，1942年划归石柱。1953年建乡，1958年成立人民公社，历为乡、公社驻地。

2010年1月，按照对龙河流域田野工作的统筹和安排，利用寒假前后集中起来的块状时间，决定在冬季开展这次田野调查。冬季田野调查的抉择缘来有趣，一是从社会实践和学术训练的角度总是在纠结哪个季节和时间段完成田野工作更为合适；二是从乡村社会日常生活运行的角度，各个季节的呈现不同，比如在夏季开展的调查，往往无法参与观察到婚礼的举行以及对乡村休闲生活的具体观测。

田野调查动员之后，人员构成主要为：我的3名硕士研究生；西南大学民族学专业2006级3名本科生和2007级2名本科生，还有与我开展社区传播研究合作的深圳大学丁未教授的一名传播学硕士研究生。为了强化田野工作的现场辅导，我专门从中山大学和中央民族大学邀请了两位人类学博士研究生一同参与。

此次田野工作，是我对龙河流域土家族农民的社会与文化研究的延续，已有的对龙河流域沿线的多个乡镇或村落做过同类型的田野工作考察，其基本的意愿就是试图通过人类学的传统研究方法——社区研究，来揭示龙河全流域视野土家族农民的历史、社会与文化生态。

一、从村落到流域：关于田野与文本的方法

在这个叫作"前言"的部分，是我在此次田野过程中对研究方法的一些思考，并在每天的田野总结会上和大家分享。我想在整体文本的表述和呈现之前做些梳理可能是必要的，因为方法本身与我们的田野工作的意义乃至民族志田野调查文本的价值取向息息相关。

如我已经指出的，希望能够通过对有着自然地理和人文地理联系特征的村落深入考察，以揭示龙河全流域土家族农民的历史、社会与文化生态。也就是说，秉承在武陵山区开展社区研究这一被我们奉为圭臬的人类学传统，来展开对资料的收集、问题的发现与文明的对话。人类学的研究路径之一是要通过对族群或者特殊群体做深入考察，继而对更大的论题展开研究。选择一个群体作为考察对象，首先涉及的问题是如何确定和研究问题相关的这个群体，他们之所以可以被我们确定为研究的族群或者特殊群体，在于他们往往具有一些共同特征，而这些特征通常又是区别于其他群体的，正是这些共性特征确定了一个群体的边界。也许是出于对这个群体中某些在群体内部体现为共性，而在群体之外则显示出特性的东西的好奇，或者至少是出于对某一与这些东西紧密相关的论题深感兴趣，我们才会有意识地将这群人做出区别对待，做更深入一些的研究。但是这类研究的结果，却往往超出于这群人的本身。很多时候，这些被我们所研究的群体并不就是我们的目的，我们的目的乃是通过对群体的研究，最终对文化、社会甚至人类这些更加抽象的概念作出把握。人类学家们一直以来就是这样来实践他们的研究的，这就是所谓的"小地方，大论题"。而中国人类学的发展传统，无疑就是"小地方，大论题"的不断实践过程。

但是"小地方"究竟有多小，它又如何能够支撑起一个"大论题"，而且究竟能够支撑起多大的论题？这一系列问题也由来已久。有关中国的人类学研究，葛学溥先生是在中国的华南做了很好的社区研究的，他的研究最终以一本《华南的乡村生活——家族主义社会学》（1925年）展现出来。[1] 此后，梁漱溟、晏阳初等发起的"乡村建设运动"也可以明显地体现出不同地域社区研

---

[1] 可参阅丹尼尔·葛学溥的《华南的乡村生活：广东凤凰村的家族主义社会学研究》（周大鸣译）以及周大鸣《凤凰村的变迁》及其系列研究论文。

究的痕迹。❶ 而费孝通、林耀华等中国人类学先辈们的人类学实践，则真正奠定了中国人类学的社区研究传统。❷ 社区研究方法可以在中国成为最为主流的一种传统，这与中国的具体情况密切相关，小农经济、宗法社会等使得一个传统的村落显得相对独立，或者说，无论从生计还是社会结构来说，一个传统的村落都显示出它的相对完整性。然而，社区研究受到质疑也是由来已久的。在这方面较为著名的有利奇，而以汉学研究知名的弗里德曼也有与利奇颇为相似的观点，利奇认为社区研究无法真正揭示一个宏大的国家的现实。❸ 他们的疑问后来得到费孝通先生的回应，但这一回应似乎并不能完全消除类似的疑问，类似的争论一直存在。

如果说一个社区在反映整个民族或整个国家的能力方面十分有限，那么一个较为典型的社区是否能够反映一个区域的情况呢？我们的田野过程表明，仅仅立足于一个社区的研究，无论多么详尽，也无法达到反映一个区域的效果。我们根据田野经验，发现社区之间的差异还是比较明显。虽然在一个区域内，各个社区之间的民俗文化内容不会有很明显的差别，但是，以地理环境作为主要因素去认识人们的日常生活，使我们即便是在紧邻的几个社区之间也可以找到明显的差异，这种差异并不体现于那些属于各自村落的民俗事象，他们的差别主要表现于生计方式，而生计方式的差别直接造成他们日常生活的差异。正因为如此，我们的田野工作十分注重对不同类型的村落进行比较，而村落的类型划分，主要是基于地理环境的。因此，根据我们自己的研究目标，我们一共选择了三个较为典型的村落对他们进行研究，试图通过对这三个村落的研究揭示出一个区域的基本情况。谨慎地说，这里所指的区域只是沙子镇，而不是整个龙河流域。如果说沙子镇的田野工作和现在这个文本确实能够对龙河流域的农民生活有所反映的话，那么同样地，沙子镇的田野调查和文本也只能在一定程度上反映龙河流域农民的现实生活。

因此，如同我说过的，这次田野调查和这个文本只是我们对龙河流域土家族农民的社会、文化研究的一个部分。除了这一次田野调查，我们还在龙河沿岸的冷水乡、三河乡、黄鹤乡以及桥头镇做过全景式深入的田野调查，这五次田野调查和相应的五个田野民族志事实上是一个整体，它们共同负担起全面展

---

❶ 可参阅梁漱溟的《乡村建设理论》。
❷ 可参阅费孝通的《江村经济》及其与张之毅等人合著的《云南三村》，林耀华的《金翼》等。
❸ 王富伟，《个案研究的意义与限度——基于知识的增长》，载《社会学研究》2012. 5，第163页。

现龙河流域土家族农民的生活现实的重任。对于一条仅有160公里的河流来说，其流域内的五个乡镇的田野成果，应该已经具有显性的代表性了。

二、"民族"的"志"：关于田野与文本的意义

在对我们的田野工作方法做了说明之后，现在，更为重要的是这个文本的意义了。因此，我们对这个文本的初衷、对这个文本的界定显得十分重要，一言以蔽之，我想要说明的是这个文本的真正目的所在。

我需要给这个文本做一个可能的界定：它是民族志，或者更谨慎、谦逊一些，它是田野调查报告。当我们说到民族志时，涉及的是两个重要的概念，一个是"民族"，另一个是"志"。"民族"是我们的田野考察和研究对象，而"志"则是我们田野考察结果的详细记录。对民族志，我做了这个比较单纯的理解。

但"民族"是什么？在民族学领域，民族的概念就如同文化的概念那样，见仁见智。以我们的研究现实而论，基于我们的田野对象是龙河流域的土家族农民，那么这里的土家族就应该是这一"民族志"里的"民族"了，但我们的本意并非如此，因为正如我已经多处指出的，我们所考察的对象是龙河流域的土家族农民，在这一对象中，虽然有"土家族"的字样，但也许更为重要的是"龙河流域"和"农民"。

龙河是渝东一条长160公里的河流，蜿蜒穿行于层峦叠翠的峡谷之间。这一区域可以被看成是西南山地的典型代表，山水相间是这一区域人群生活空间的基本特征。生活于龙河流域的人们，在生计、文化方面都具有较为明显的相似性。在上个世纪50年代，这些人被认定为土家族。但是到现在，从传统民俗层面来看，这些土家族的特殊性已经不明显了。潘光旦先生在几十年前指出，土家族有着特别的族源，在文化上也具有明显的特殊性，例如他们信仰白虎，这是颇具特色的；而他们的传统艺术（比较著名的是他们的"啰儿调"与"摆手舞"）也很有特色。但就我们今天的田野工作情况来看，土家族的文化特色已经很模糊，但像"啰儿调"和"摆手舞"等作为自己民族文化标识的传统却还在以一种较为特别的方式维持、传承。

根据已经开展族群调查的文化现实，我们在田野调查和写作的过程中很难表现他们独特的民族传统，因为这些人的日常生活事实上与武陵山区的其他族群，尤其是与西南地区的汉族来看似乎并无明确的文化特征上的差别。因此，如果有读者或是相关的研究者想从本书中读到关于渝东土家族的民族传统特

色，那么这种努力可能需要做方向性的调适，因为无论是田野调查还是文本的呈现，我们的目的都不是体现我们所关注的对象的绝对特殊性。相反，如果我们可以通过对龙河流域某些山地村落的考察和描述，使读者能够对龙河流域的农民的生产与生活有更为全面的印象，甚而对中国西南山地农民的生活现实有了一定的把握，那么我认为，我们的努力就已经有成效了，这距离我们的目的已经不远了。因此，在这个"民族志"中，"民族"是更为集中聚焦为龙河流域沙子镇的土家族农民。

可是，相信不少从事人类学研究的学者会有这样一个疑问，即，如果我们所关注的族群、群体和区域可以代表武陵山区农民生活的基本特征，尤其是这些农民近几十年来的生活史，那么这一研究对象还有什么特殊性可言呢？正如许多人类学家一直以来所做的那样，假如他们选择了某个群体或区域作为研究对象，首先需要做的就是要论证一下这个对象的特殊性，尤其是对该项研究而言所具有的那种特殊性。必须指出，这也是人类学研究的重要传统之一，找到那些我们几乎前所未知的人群，做异文化研究。这种研究一直以来为人类学所延续。但是在中国，异文化研究只是作为重要的研究传统之一，相反，对自己的文化进行研究逐步形成了中国人类学的传统，像费孝通、林耀华先生等早期的研究正属此类，而他们对瑶族、彝族的研究，那时候虽然也多少能够体现出某种异质性，但是至少还是在自己的国土范围之内，异文化的异质性并没有那么明显。如果说早在民国时期甚至到上世纪五六十年代，学者们对少数民族的研究还有那么点异文化研究的意味，那么到了现代化的今天，对少数民族的研究几乎已经不是表述意义上的异文化了。

但这根本不应被视为研究是否具有价值的标准，在文化交往日益密切的今天，相邻的此文化与彼文化之间的差异已经越来越模糊，就像我们所看到的渝东龙河流域的土家族农民与武陵山区的汉族农民之间所表现的那样。因此，异文化不应再作为一个衡量人类学研究价值的权威标准，甚至也不应该再为人类学找寻另一个像这样的权威标准来衡量所有人类学研究的价值，因为我不认为有一个统一的标准可以来衡量所有人类学研究的价值和意义所在。某一项研究的价值也许只能到这项研究本身去寻找，而某一种研究方法的意义，也只能到这项研究本身去寻找。换句话说，一项研究的价值由这项研究的直接指向决定，一种方法的意义则视它对这项研究的价值实现的贡献力而定。

所以，假如有人说我们所做的这项研究没有足够的理论意义，我认为这是学科取向的问题，因为这项研究从一开始就并未完全致力于理论探讨，但这却并不说明该项研究意义与价值就不充盈。除了理论层面的探讨，我们的研究还有一个更为重要的目标，那就是对现实的讨论，这种讨论不是基于已经形成的任何理论，而是直接根植于我们的田野现实。说得更加明白一些，龙河流域的这一系列田野和研究，其最终目的在于能够为这些农民的发展（包括经济、社会和文化等领域的发展）提供足够的讨论材料。这就是我们正在陆续出版的龙河流域的各个乡镇、村落的田野调查成果作为"志"的最直接目的，也就是这一系列民族志的意义所在。因此，关于沙子镇的这个文本也以描述为主，其目的是希望能够较为全面地展示沙子镇土家族农民的日常生活，进而反映龙河流域土家族农民的生活现状。就这个目的来说，我们这项研究的价值是深远和有效用的。

三、全面呈现：关于田野范围与文本的主体内容

因为这一文本的目的在于全面展示沙子镇农民的日常生活，所以这一文本能否做到全面呈现就至关重要了。怎样才能够全面呈现沙子镇农民的日常生活，这早在田野工作中就已经被我们作为非常重要的问题进行考虑了。首先，在田野点的选择上，需要覆盖到不同类型的村落；其次，在关注的内容上，需要尽量全面地关照到这些村落中农民们日常生活的方方面面。

沙子镇是一个幅员不广的乡镇，但该镇的现状却很具有典型性。山水相间是龙河流域地形的基本特征，其实也是整个西南山区许多区域的地形特征，而沙子镇的地形也正可以用山水相间来概括，我们将会在本书的第一章做出详细说明。正是在这样的地形基础上，形成了相对稳定的生计方式，不过，即便是在沙子镇这一小小的乡镇范围内，各个村落之间也存在明显的生计差别。这种差别主要是由各个村落所处的地形所决定的，他们明显地存在山上山下之分。据我们所见，山下河谷地带有种植水稻的传统，而山上的村落却没有种植水稻的地理条件，一直以来以种植旱地作物（玉米、土豆等）为主。不过山上的农民因为依靠大山，往往具有更广的土地资源，包括可耕种的耕地和难以耕种却有其他价值的林地。这里，我们只是想要指出沙子镇的典型性，以及我们的田野工作的合理性。于是，基于沙子镇的特殊地形，我们在沙子镇选择了三个村落开展田野工作，一个是河谷平地里的龙泛溪，一个是面临失地困境的兴隆村，还有一个是处于高山之上的栗新村。这样，一个乡镇中不同类型的村落我们都已经关注到了。因此，基于田野点的选择，山上山下、不同生计选择和民俗生活，构成了立体全面的族群生活画卷。

那么在考察内容上呢？这可能是更加重要的，在我们已经确定了三个村落作为考察对象之后，对这些人的哪些方面进行考察便显得尤为重要，这与我们的研究目的息息相关。我此前已经说过，我们的研究旨在为龙河流域土家族农民的生计、社会和文化发展提供充足的讨论材料，那么，对这些人的日常生活做全面的关注就是必须的了，整体观在这里显得十分必要。更重要的是，无论是对这些人的生计现实还是社会文化进行关注，最终都使我们回归到这些人的日常生活。

所以现在，当我们要做文本呈现时，将材料做出适当的结构化就显得十分必要。由此，我们将本书的主体内容分为十章，第一章对沙子镇做概述性的说明；第二章描述我们所关注的人们的传统社会结构，即沙子镇农民的婚姻与家庭状况；第三章所描述的是人们的现代社交方式，以新媒体对他们的生活所产生的影响作为重点；第四章至第六章描述的是沙子镇农民的生计方式，基于村落不同的现实情况，我们选择了三个较为典型的村落，每章集中描述一个典型村落的生计情况；第七章和第八章分别就两个特殊群体的生活现状进行描述，即孩子与老人；第九章集中描述的是农民精神领域的东西，即关于他们的艺术与信仰现状；第十章是结论部分，我们在这一部分对沙子镇农民的生活现实做一个简单的总结，并就他们的发展做一些讨论。

我不敢说这个文本能够完全涵盖沙子镇农民的日常生活，因为这个目标本身是难以实现的，但是已经涵盖了沙子镇农民的生计、社会、教育、养老、艺术与信仰等，我们的目的正是从这些方面来探讨人们围绕着生计方式所发生的变迁，以及他们今后的前进方向。现在，我可以认为，我们研究本身的更重要的意义在于：以一个较为全面的田野工作来呈现沙子镇农民的现实生活，并就族群和群体的发展做一些基于田野的现实问题探讨。而关于整个社区未来发展的相关探讨，我们将会在最后一章即结论的部分详加说明。

第一章　沙子镇概述

贯穿重庆市石柱县、由东北蜿蜒流过并于石柱县西南注入丰都县的龙河，发源于石柱县东部偏北的冷水乡。这里处于石柱县东南部的东北——西南走向的七曜山北段，龙河正从这座山上流下来，于中途汇聚了各种沟壑流水以及长年不断的溪流，水量不断增加，到石柱县城的南宾镇时，已然成为一条浩瀚而壮观的河流了（龙河的这一段被叫作"南宾河"）。在龙河所流经的所有乡镇中，其经济、政治及教育等中心（通常这是一个乡镇场镇上的所有公共服务机构）都设置在龙河的岸上，因为这里具有地势平坦、交通也相对较为便利的条件。沙子镇的中心正是在龙河水岸两侧。龙河从冷水乡流出，向西南进入到沙子镇的龙源村。进入到沙子镇的龙河继续向着西南方向流淌，几乎成一条直线而没有多少地势上的阻隔。而至沙子镇时，因为西南方向遇到山体阻碍，龙河继而北转，沿沙子镇西北而去，经兴隆村而流入下一个乡镇。

第一节　生态空间

一、地形与水文

一如石柱县的（或者说中国广大的西南地区）其他乡镇，沙子镇的地形也较为复杂，虽属中山地带，满眼望去四周高山环绕，山峦重叠，沟谷纵横。

在龙河岸上，通常会形成一些较为狭窄的平地，这里是人们进行农耕生产（尤其是水稻种植）的重要空间。而在这些平地的两侧，地势开始层级上升，有些区域甚至并没有体现出多少层次感来，河流本身就从悬崖下流过。山与山之间，或者同一座山上都会形成一些小沟壑，这些沟壑通常是雨水从山上流下而逐渐切割而成的。沟壑少有常年流水的情形，只是在降雨的天气，将山上的水聚集在沟壑中流淌到更大的河流之中。而在不下雨的时候，这些小沟壑通常都是干涸的。

在沙子镇，除了龙河从北向南流入之外，从实地考察看还有一条未知名的、较小的溪流从本镇的东部山上流下，直接注入龙河，算得上是龙河在这一区域水流时间较长的小支流，但是在干旱的季节，这条溪流也是经常处于干涸状态的。这两条河流在沙子场镇上交汇，合二为一，龙河于是向西北流去。在河流与沟壑的两侧，通常便是山丘甚至高山。

总体而言，沙子镇接壤于鄂西高原之尾，属于巫山大娄山中山区。在沙子镇的北部，七曜山在这里看上去是东西走向的山脉，站在这一带的山上居高临下，可以看到一条长长的峡谷，这正是龙河所经过的区域。而于龙河的另一岸，也可以遥遥看到尖山子、八角半、鸳鸯寨、天抗山以及金竹寨等众多高山的基本轮廓。除了龙河所流过的峡谷之外，其余的地方多为连绵的山带，坡陡的地区不宜农作，却天然生长出各类繁密的灌木，层峦叠翠。山岭相连之间或者山岭之中都会形成众多的峡谷，这些峡谷正是溪流所经之处，人们将这里描述为"九里十三湾"，可见其山地地形之复杂以及沟壑之众多。不过正如我们已经说明过的，常年流水的峡谷除了主要的龙河峡谷之外，在沙子镇还是极少见的。

两山夹一槽或者说两山夹一坡，这是沙子镇的总体地形特征。沙子镇属于中山区，全境平均海拔在 1020 米左右。境内地势最低的地区为兴隆村上坝、马栏坝等地（这个村是我们重点考察的区域之一），海拔通常在 900~1000 米之间。海拔最高的区域则是境内东部的高山，这里曾是单独的一个乡——栗新，现已成为沙子镇的两个行政村——盘龙村和卧龙村（这两个位于高山上的社区也将是我们田野考察的社区），人们将这里统称为栗子坝，这座山的海拔在 1700 米左右。除了栗子坝作为一座较为完整的高山之外，境内沿龙河两侧还分布着诸如八角半、鸳鸯寨、金竹寨、干基坪、李崇坪、分水岭、七曜山等山岭，其中，七曜山的高坎——麦石丫是境内的最高海拔所在地，为 1841 米。八角半，位于沙子镇鱼泉村的白鸡坪（为该村的白鸡组）和龙源村的黄家大坪之间，海拔高度在 1720 米，此山面积大约 15 平方公里。此山因为地势较高，所以风力很大。山中有一处地方名为"弟字屋"，从远处看去，即便是白日，也是黑黢黢的一片。而在一处叫做洋火坪的山脚下，有一处看似危险的石崖，其上垂有巨石，颇有岌岌欲坠之势，却常年牢固、无有坠石，崖中内凹，自然形成一处天然石室，面积达 121 平方米；民国年间，人们为了躲避土匪袭击以及抓丁拉夫，常有大户人家居于此地，此地人多时可居住二三十人。鸳鸯寨位于沙子镇鱼泉村鸳鸯坪，海拔达 1650 米，此山面积达 2 平方公里，也较为陡峭，从远处观之，常见其山腰闪闪发光，乃为山崖白壁，尤如刀削。

金竹寨位于沙子镇兴隆村金竹寨组，此山海拔为 1450 米，辖区面积 3 平方公里，山状层峦，如人们所说的，山上有山，山下有山，弯弯拐拐，溪流遍布。因其山岭陡峭，其上人居稀疏，遂众多地产，长为植被覆盖，绿树荫荫，一片苍翠，常有稀奇鸟兽于此出入。李崇坪位于沙子村，山中既有深沟峡谷，又有高峰入云，珍木异草，香花遍布。其中溪流有长年不断的，但是流程较短，一些人在此取水饮用，其水质较好。这里鸟兽众多，是春夏游览、寒冬狩猎的传统场所（现在已经少有人们从事这样的活动，即便时有，也不过是一种娱乐方式）。

分水岭位于沙子村与青园村之交界地，石沙公路（石柱至沙子）穿顶而过，海拔高度为 1400 多米。此山有如一个顶针，南顶七曜山，北顶王家坪至干基坪的山脉。人站在山顶的石沙公路上，春夏观景，可看到沙子场镇至鱼泉村、龙源村两山两岸的田园风光；及至雨雾天气，则可看到一片雾海之上露出座座青山，山中绿林里的农家屋宇恰似仙境琼阁。干基坪位于沙子镇的星光村，海拔为 1520 米，山势雄伟，连绵不断，有近百亩茶林（现多为野茶，无人采摘）和大面积的竹海。七曜山的跨度是最为遥远的，它连接到沙子镇鱼泉村直到中益乡、冷水乡乃至更北部的黄水镇，这里是一处较为著名的风景区，是一方避暑胜地。

二、气候条件

一个地区的气候条件与其处于地球上的位置具有密切的联系，同时，也因为其地形地貌而有所差别。沙子镇位于重庆市石柱土家族自治县东部，地处东经 108°16′至东经 108°30′，北纬 29°55′至北纬 30°08′。据其经纬度来判断，沙子镇在气候方面当属亚热带季风气候区，四季极为分明。但是一如我们上文中对沙子镇的地形地貌所作出的说明那样，这里地形地势颇显复杂，这种复杂的地形地貌对当地的气候也造成了一定的影响，使得沙子镇的气候特征也颇为复杂。总的气候特征是春季升温较快，但是并不稳定，时有寒潮侵袭；夏季悠长，虽无酷热，但多伏旱天气；秋季较短，降温的速度较快，随着秋季连绵细雨，当地气温迅速下降，直至寒冬；冬季有严寒，少雨，但多霜雪。

尽管沙子镇的辖区面积本身并不大，只有不过168平方公里，但是因为其境内地形复杂，所以其气候现象也是具有更小的区域性。如果可以对沙子镇按照气候分区的话，可以分为：卧龙、盘龙气候区，鸳鸯坪、白鸡坪、木拱坪、黄家大坪、青布坪（俗称沙子"五坪"）一线气候区，以及龙河流域宽阔带气候区。

（一）卧龙、盘龙气候区

卧龙、盘龙两村所在之地，乃是传统所称栗子坝地区，这一区域地势较高，所以在其后上形成与其他地区颇不相同的特征。居住在栗子坝的人们感觉到这里的春天经常落后于山下坝子地带，春天来得较迟，春季升温较慢，而且气温并不稳定。在春季，当人们已经感受到一些暖意的时候，如果春雨突来，气温也会随之骤降，形成一种春寒的气候。夏日较长，但是并不热，通常是凉爽的气候，这里有民谚说"天干三年吃饱饭，水旱三年饿死人"以及"苞谷长在伏里头"，说明卧龙、盘龙一带（曾经的栗新乡）的季节要比龙河流域宽阔带迟一个季节，而至冬季，则冰雪天气又来得很早，有时候在秋末便开始降雪，到了春季的时候，也还会偶尔降下春雪来。谷雨本来是温暖的季节了，但是却经常伴随着降霜的天气，在这里，一年当中的无霜期竟然只有179天，剩下的日子则经常是有霜的天气。因为地势较高的原因，常年的气温不高，年平均气温在12.4℃。下表展示了栗新地区每月平均气温以及最高温和最低温状况：

表1-1 沙子镇各月气温状况

月份（阳历）	最高气温及发生时间	最低气温及发生日期	月平均气温
1月	18.5℃，1968.1.27	-8.1℃，1963.1.15	1.5℃
2月	16.6℃，1962.2.10	-8℃，1964.2.27	3.1℃
3月	28℃，1973.3.26	-4.9℃，1968.3	11.7℃
4月	30.6℃，1973.4.26	-4.3℃，1972.4.1	12.6℃
5月	32.8℃，1999.5.28	4.4℃，1961.5.4	20.6℃
6月	33.8℃，1997.6.15	10℃，1980.6.1	24.8℃
7月	33.4℃，1958.7.23	13℃，1976.7.3	22.8℃
8月	36.2℃，1958.8.31	11℃，1960.8.20	22.5℃

续表

月份（阳历）	最高气温及发生时间	最低气温及发生日期	月平均气温
9月	33.4℃，不详	7.8℃，1976.9.30	18.3℃
10月	28.4℃，1961.10.26	0.3℃，1957.10.29	13.1℃
11月	24.9℃，1971.11.26	-4.8℃，1975.11.27	8.1℃
12月	11.3℃，1959.12.23	-8℃，1975.12.16	3.4℃

（二）五坪气候区

所谓五坪，即鸳鸯坪、白鸡坪、木拱坪、黄家大坪、青布坪。这里虽然还是处于山上，但是其山势相较于卧龙、盘龙而言已经较低，而且，这些地区处于阳山（也就是常年向阳）的优势，日照时数相对较长，气温也就相对较高，年平均气温为14.3℃。虽然地处山上，但是局部地形看起来较为平坦，所以称其为"坪"，它们绝大多数是水稻产区。这里的气候春季来得较早，升温也相对栗新而言较快，不过寒潮也时有发生。夏季较长，而且明显比栗新地区要炎热得多，伏旱天气也是常见的。秋季多连绵细雨天气，经常对庄稼的收获造成一些负面的影响。冬霜期来得也较早，但是相比栗新地区而言，这里的无霜期相对较长，每年有188天左右的无霜期。下表展示了五坪气候区月最高与最低气温及平均气温情况：

表1-2　五坪气候区各月气温状况

月份（阳历）	最高气温及发生时间	最低气温及发生时间	月平均气温
1月	18.5℃，1968.1.27	-6.1℃，1963.1.5	3.3℃
2月	18.6℃，1962.2.10	-6℃，1964.2.27	5.1℃
3月	30℃，1973.3.26	-2.9℃，1968.3	9.6℃
4月	30.6℃，1959.4.9	-2.3℃，1972.4	14.5℃
5月	34.6℃，1958.5.31	6.8℃，1961.5	18.5℃
6月	35.7℃，1971.7.26	12℃，1976.7	26.7℃
7月	37.1℃，1971.7.26	15℃，1976.7	24.7℃
8月	38.2℃，1959.8.23	13℃，1960.8	24.4℃
9月	35.4℃，1986.9.8	9.8℃，1976.9	20.1℃
10月	30.4℃，1991.10.11	2.3℃，1957.10	15℃

续表

月份（阳历）	最高气温及发生时间	最低气温及发生时间	月平均气温
11月	26.9℃，1992.11.9	-2.8℃，1975.11	10℃
12月	13.3℃，1999.12.8	-6.7℃，1975.12	5.3℃

（三）宽阔地带气候特征

沙子镇所辖宽阔地带是指沿龙河岸边的各河谷平地地区，主要包括沙子镇鱼泉村的土鱼、白水溪、龙泛溪，龙源村的老房子，沙子村的方家坝、王家院子、周家坝、张家湾、向家坝，兴隆村的谭家湾、香石溪、上坝、马栏坝等地。这些地区沿河流分布，地势低矮，是全境中地势最低而气温最高的区域。这些区域的春季来临较早，温度上升速度较快，有寒潮，但并不多见。夏季气温较高，暴雨频发，天气炎热，且多伏旱天气。秋季相对较短，秋末有低温，多绵雨，几场秋雨之后便入冬。冬季较长却无严寒，雨量较少。因为地势低矮的缘故，这些地区的无霜期相对较长，在218~238天之间。同时，相对于上述两个气候区而言，这里的年平均气温较高，在16.4℃，日最高气温曾达40℃，日最低气温仅-4.1℃，接近全县平均气温。

对于农民而言，气候对他们的生产生活造成广泛的影响，除了上述的气温及无霜期外，日照状况也是重要的。在整个沙子镇，太阳的全年总辐射量为81.41千卡每平方厘米，是全国太阳辐射量最低的地区之一。沙子镇的太阳辐射量按照月份排列顺序为：3.32，3.75，5.28，7.57，6.92，9.21，12.12，12.17，8.23，4.28，3.77，3.36（千卡每平方厘米），而在盘龙、卧龙地区则少于上述这些数据。沙子镇的年平均日照时数为1333.2小时，各月日照时数依次为：49.7，47.8，79，109.5，113.9，137，207.4，219.2，131.1，91.7，62.8，51.7（小时），同样，作为高山而且相对背阴的卧龙和盘龙地区的日照时数总体上低于上述数据。

在大气流动方面，沙子镇全年风向随季节变化较为明显，五六月份多西南风，而其余月份则主要是东风。总体而言风力不大，因复杂的地形对风力产生了一些抵御作用。在卧龙、盘龙、白鸡坪等较高的地区风力则较大，在夏季，狂风随着暴雨，经常对生长在土地里的高秆庄稼（例如玉米）造成破坏。

降雨方面，沙子镇内降水量相比全县其他乡镇较小。一般1月降雨量13.2毫米，2月为17毫米，3月为56毫米，4月为121.7毫米，5月为164.4

毫米，6月为192.6毫米，7月为170毫米，8月为149.2毫米，10月为91.2毫米，11月为41毫米，12月为15.4毫米。

三、土壤、植被、野生动物及能源资源

对于农民的生产生活而言，生态环境中极重要的部分在于他们所耕作的土地质量如何。总体而言，沙子镇总体属于中山黄壤亚区，一般分为水稻类土、潮土类、黄壤土类。全镇共有水稻土5714亩，水稻土的形成又分为冲积而成的水稻土，这种水稻土主要分布在龙河两岸或两山夹一槽的湾地里，这是些依势造成的梯田水稻土；另外，水稻土中还有由潮土、平土引水改制成的水稻土，这类水稻土主要分布在五坪地区（即鸳鸯坪、白鸡坪、木拱坪、青布坪以及黄家大坪）。潮土类分为紫红色土类、石灰性紫色土亚类，主要分布在卧龙、盘龙两山夹一槽的平坝地区。石灰性紫色土亚类分布在靠七曜山两山夹一沟的坡地中上段。黄壤土类分冷沙黄泥土属、生草黄草亚类腐殖质黄棕壤土属、石灰岩土类，由于地质的复杂，往往一个村组的土壤是多种多样的。以鱼泉村的龙泛溪为例，在溪流上游及发源地有红壤黏土、红壤沙土、冷沙、黄泡沙，夹在中岭与田坪间的稻田则是冷沙红泥，再往下则有些紫红泥水稻土，龙泛溪沟里则是广泛的半沙泥田；龙河北岸的坝田里也是半沙泥田，南岸沿河则是砂质水稻土兼闭口沙田，其上不远的区域则是白鳝泥烂田，坡上多分布着细石子和砂子，夹杂着大土泥及扁油砂土。全镇各地的土壤结构大致如此。在一个很小的区域内，土壤类型也通常是复杂的，人们根据这些土壤的性质的不同选择对其进行利用。

全镇草木茂盛，种类齐全。主要树种包括56科、197种，其中乔木有140余种，以松树、杉树及青杠树为主；灌木有57种，以杜鹃、山茶、马桑、木姜子为主。常见的树种有：铁坚杉、油杉、松树、水杉、柳杉、柏树、香樟、山茶籽、银杏、柳树、枫香树、杜仲树、化香树、漆树、香椿、臭椿、苦楝树、岩桑树、白将子树、板栗、尖栗树、核桃树，等等。除了树木之外，竹子也是这一区域重要的植被之一，主要竹类有白夹竹、冷竹、斑竹、箭竹、金竹、水竹、楠竹、慈竹，等等。草本植物也是多种多样的，主要包括：芭茅草、狗尾草、竹叶菜、梳子草、苦蒿、雀麦草、满天星、鱼鳅串、狄麦草、肥猪苗、野荞兰、活麻草、各种蕨菜类，等等。

在所有的各类植物中，有些灌木或草本植物（甚至还有部分木本植物）被认为是可以医治疾病的药材，这种草药种类繁多，质量也较好，主要包括黄

连（现在主要已经为家种）、天麻、厚朴、杜仲、黄柏、党参、玄参、贝母、枸杞、女贞子、车前子、夏枯草、五味子、薄荷、当归、防风、姜活、独活、常山、知母、巴豆、乌梅、一枝箭、六月寒、血藤、通花、木瓜、鸡冠花、半夏、香附、续断、益母草、玉竹、荷叶、麻黄、细辛、柴胡、白芷、白芍、金银花、菟丝子、苦楝子、苦蒿、牛夕、大黄、云木香，等等，约上千种。除了上述这些丰富的植物之外，林场中还经常能够发现一些野生菌类，其中较为常见的包括香菇、竹菇、木耳、九月香、大脚菌、红菌、枞包菌等，这些菌类大都是食用菌，其味鲜美。

　　复杂的地形地貌、丰富的地质环境，培养了众多的野生植物，这些野生植物的生长又为各种野生动物提供了良好的栖居场所。在沙子镇，兽类、飞禽、爬行动物以及鱼类、昆虫的种类也十分丰富。在老人们的回忆中，在他们年幼的时候，大约在上世纪前半叶，此地深山中还时有老虎出入，此外还有豹子、猴、马豹❶等，但是这些较大的野生动物在此后的几十年间因为生态的破坏以及猎杀而逐渐消失。当前在沙子镇还能够经常见到的野生兽类主要有野猪、刺猪、狗獾、水獭、花面狸、香獐、野猫、土猪、泥猪、松鼠、鹿子、黄鼠狼、野兔等。主要的飞禽则包括雉鸡、竹鸡、秧鸡、燕子、黄鹂、斑鸠、麻雀、黄雀、狗窝雀、猫头鹰、鹰、鸽子、啄木鸟、乌鸦、喜鹊、杜鹃、画眉、布谷鸟、白头翁、白鹤、白鹭、锦鸡、野鸡、水鸦雀、黄豆雀等121种。爬行动物中包括蜥蜴、壁虎、乌梢蛇、菜花蛇、烂草蛇、铜钱花、水蛇等多种。两栖动物包括青蛙、竹蛙、黑斑蛙、泽蛙、癞蛤蟆、林蛙，等等。还有一些软体动物，包括蜈蚣、螃蟹、蚯蚓、水蛭及蜘蛛，等等。沙子境内有龙河穿流而过，更有一些小溪河沟及天然池塘等，其中生长着丰富的鱼类，鱼类主要包括细鲢鱼、爬岩鱼（俗称粑石子）、乌棒鱼、鲤鱼、草鱼、黄鳝、泥鳅、白荚鱼，等等。

　　土壤、植被及一些野生动植物毫无疑问是农民生存的重要资源，而事实上，沙子镇的自然生态给人们所提供的资源还不仅仅如此。在沙子镇东部的卧龙村与盘龙村所在的山脉存在大量的煤矿资源，而龙河的水流借助其险峻的地势，也蕴藏着丰富的水能资源。沙子镇东部地区的七曜山煤田现有煤厂8个，年采煤量达6万吨。除了煤矿之外，尚未开发但已探明的矿藏还包括天然气、石膏、铜、铁等矿藏。沿龙河两岸已经建设小电站3座，分别在磨刀溪、白水溪以及遇新桥，装机容量990千瓦，建筑占地面积850平方米。2002年，农网

---

❶ 马豹是当地人对一种动物的命名，该动物形如马、纹如豹，学名不详。

改造之后,这些小水电站为县电力公司所兼并,统称沙子电厂。

表1-3 沙子镇的煤矿情况❶

厂名	厂址	法人代表	年产量（万吨）	备注
花树坝煤矿	盘龙村	周武国	0.8	1989年由县煤炭工业公司、石油公司、铝锌矿三家合股开办
王家坝煤矿	卧龙村卢家坝子	陈俊碧 张孝国	0.8	其前身为1998年开办的白岩沟煤矿,2001年改为此名
高坎煤矿	卧龙卢家坝子	巫英树	1.5	1997年开办
洪水沟煤矿	盘龙村青竹堡	秦宁	1.2	1987年开始投产
石丰煤矿	盘龙栗子坝后山	谭太权	—	1990年开始投产
栗子坝煤矿	盘龙村栗子坝	吴周华	2.5	1993年开始投产
盘龙湾煤矿	盘龙村大岩嵌	陈培荣	1	1995年5月开始投产
新生煤矿	盘龙苏麻地	冉亚夫	0.3	1985年开始投产

四、自然灾害

复杂的地理环境以及气候类型,使得其变化也是异常的。自然环境的突变,通常给人们带来某种真切感受得到的灾难,人们通常将这些异常（诸如风暴、洪水、干旱等）称作自然灾害,说明这是一些自然发生的事件。而事实上,这些事件的发生倒并不全是自然变异的结果,因为自然环境总是在人们的活动中才产生其意义,也就是说,在我们看来,几乎已经没有什么违背人类所染指的自然存在了。自然环境的变迁在很大程度上而言伴随着人们的活动,或者说,很大程度上是人的活动所造成的这种自然的变迁。所以,当我们说明自然灾害的时候,是要说明这种灾害是一种大自然的现象,例如暴雨、狂风、烈日下干旱,等等,但是这并不是要排除人的活动,因为在很大程度上而言,人的活动对此做了一些"积极"的作用。反过来,这些自然的急剧变迁所造成的灾难,对人们的生产生活又造成了显著的影响,可以说,农业生产在很大程度上依赖于自然条件,所谓靠天吃饭,说的正是这个道理。在不久之前的很长的历史时期内,人们的生产活动还依然主要（甚至完全）依赖于传统的农

---

❶ 数据来源于《石柱土家族自治县沙子镇镇志》1949—2004年,并结合笔者对沙子镇安检办的访谈。

业生产，可想而知，人们对于自然环境的要求是显著的，同时可见，自然环境甚至也是传统的农业生产的重要限制性因素之一。

沙子镇的人民通常以"两山夹一槽，一里有三溪"来形容他们所处的生态空间的地形状况，基于这样的地形状况，使得这里的自然灾害更容易发生。总的来说，沙子镇呈现出小雨小灾、大雨大灾、无雨旱灾、多雨多灾的灾害情形。春天的时候少有阳光普照，经常伴随着长时间的阴雨天气，甚或伴随着寒潮天气，难以下种；夏天雨量充沛过度，造成了各种程度上的洪涝灾害；到了秋季，正值作物的成熟期，却经常伴随有伏旱天气，对作物收成的质量造成很大的负面影响；相对而言，冬季的自然灾害算是较少的，尽管冰天雪地，但是此时已经少有作物依然在土地上生长了。即便如此，大的冰雪天气通常还是会对树木造成负面作用，一些珍奇的树种会在大雪天气中折断，并且这样的天气对人们的生活也产生了严重的影响，在高山地区，这样的天气使人们难以获取水、柴火等生活必需的物质资料。在人们看来，沙子镇的自然灾害几乎年年都有发生，不过是影响范围及程度稍有不同而已，这几乎是沙子镇一直难以脱贫的重要原因之一。我们经过访问以及档案查询，对上世纪 70 年代以来沙子镇所发生的自然灾害做了一些零散的梳理，这些事件都是影响较为严重的，其余影响较小、波及范围不大的自然灾害并未录入其中。

1978 年 5 月 4 日，时沙子公社的十二个生产队深受暴风雨及冰雹袭击一小时左右。当时玉米、水稻都在生长阶段，暴雨袭来，将作物吹倒在地，而冰雹则将这些作物大部分打断。这一次天气灾害，造成沙子镇粮食损失 55 吨之多。第二年的 6 月 18 日，沙子、湖镇、卷店（分别为三个公社）等地暴风雨与冰雹同时发生，又造成粮食损失 78 吨之多。

1982 年 6 月 7 日，原沙子、栗新（今卧龙、盘龙村所在地）、湖镇、卷店四乡遭受百年不遇洪水袭击。土地里的庄稼几乎被冲毁殆尽，一些村落的住房也被冲毁，对人们的生命造成严重威胁。在沙子乡街上，龙河水急速上涨，冲毁河堤，河水迅速蔓延到沙子街道上并淹没街道，沙子供销社仓库被水淹没，货物全被损坏，造成重大损失。在那个历史时期，供销社是一个地区内物资集散的重要场所，是整个乡镇内商业的集中地，可想损失的严重性。第二年 9 月 3 日，原沙子乡洋火坪生产队遭到冰雹袭击一小时之久。此时田地里的水稻已经开始泛黄，即将收割，一场冰雹之后，致使此地水稻 80% 绝收。1984 年的 7 月 5 日至 6 日，栗新地区遭受持续近两天的暴雨，致使该地遭受水灾，玉米损失 40%，其中地处低矮而又无排水设施的局部地区，洪水没过电线杆，形成一片汪洋。

  1986年7月24日晚至25日下午5时之间，沙子经历了三个小时的连续大雨，降水量达70毫米。25日，暴雨引起的山洪开始暴发，洪水泛滥成灾，与此同时，冰雹又遍及各乡。据石柱县原九个乡的统计数据显示，55个村、2645户、共13 600人受灾，重灾户达1320户，一共6640人，特重灾户256户，一共1325人；受水灾的耕地作物面积1360亩，风灾10 500亩，各种粮食作物损失达三到五成，黄连损失48亩，黄连秧苗损失100万株，南星19亩，花生16亩；倒塌房屋32间，其中国家建筑一间，集体建筑一间，民房30间，圈舍6间，境内公路16处塌方，需要5万劳动力才能够排除障碍。第二年3月24日至28日和4月10日至13日，两次寒潮袭击，突降大雪，气温由14℃降至-2℃。处于山上的栗新地区大雪平均达到20厘米厚，最厚处达到50厘米。据统计，此次寒潮引发的大雪天气致使损失地膜玉米955.5公斤（942亩），秧田损失125.6亩、粮种6413公斤（玉米1903公斤）、洋芋6568亩（产量本为7045公斤）。4月25日上午11时至11时50分，栗新又突降暴雨，冲毁耕地1355亩，部分粮食作物冲光，平均积水2米有余，学生无法上课，造成少数居民无房可住。整个1987年，气候变化十分复杂，春有寒潮突袭，夏雨绵绵，一年中的日照时数很少，风灾水灾时有发生，全境水稻、玉米近万亩遭虫害、病害，仅栗新地区4500亩地膜玉米就有3850亩遭受虫害。

  1988年，湖镇遭受特大洪灾。6月21日上午8时至11时突降暴雨，致使山洪暴发，215户农民受灾，稻田200亩受灾，其中无法恢复的有35亩，土地也冲毁无数，无法恢复的达25亩，黄连损失75亩。暴雨致使局部地区滑坡，一户农民家的后山滑坡，毁坏其家全木结构房屋三间，公路也部分被冲毁，损失粮食产量达12万公斤。第二年，原沙子乡及周边地区又普降暴雨，7月8日下午，沙子乡、湖镇乡、栗新乡遭到连续数小时的暴雨袭击，殃及13个村、1226户，重灾200户。烤烟损失250亩，产量1.5万公斤，暴风吹毁住房一户2间。

  1990年又遇洪水灾害。5月15日凌晨至下午5时，沙子乡连续遭受狂风暴雨十几个小时，降雨量高达95毫米，继而山洪暴发，泥石、流沙在沟谷中滚滚而下，对良田房屋均造成严重破坏，一些公路也遭到破坏，致使大部分交通中断，几处小型水电站被冲毁100多米，致使其不能发电，霎时机关、学校一片黑暗，沟河两岸一片荒凉。据调查统计，此次暴雨冲毁良田490亩，不能够恢复的有160亩，重灾190户，共计3102人；沙子乡土鱼村第三村民小组村民陶于清家六间全木结构房屋全部被冲毁，沙子乡新屋湾后山出现长达60米、宽51米的塌方，下沉树木俱倒，裂缝已达0.5米，对下面的8户、29人造成严重的生命财产威胁。而近两个月后，从7月1日起，烈日炎炎，连续高温达57天之久，最高气温达到38℃。连续的高温致使稻田干裂，庄稼枯萎，大部分粮食作物损失均十分严重。据统计，此次水稻受旱灾影响的有11 860亩，其中颗粒无收的达到1775亩，占总受害面积的15%。

1991年，原沙子乡土鱼组、龙泛溪组、方家坝组水稻即将抽穗之际却遭受虫害（稻飞虱）袭击，致使这些地区水稻减产三成以上，少数农民甚至颗粒无收。4月1日至5月10日，沙子乡及周边地区遭受冰冻，55个村成灾面积达1400亩。5月25日又遭受洪水风暴袭击。6月23日又遭受冰雹袭击，影响29个村，特重灾461户共计1275人。8月6日遭受大风暴，沙子乡及周边四乡受灾损失玉米90.5万斤，烤烟损失6.1担。8月24日，沙子乡及周边乡镇又遭受大风暴，共9个乡受灾。

1992年，沙子、湖镇、卷店遭到50多天的伏旱，高山稻田禾苗干枯，栗新部分村组无水饮用，用车子到月耳岩运水，水运到之后卖给农民，每担水卖2元钱。5月7日下午两点至三点之间突降冰雹一小时左右，受灾4个乡15个村，重灾户310户，共计1020人，粮食减产至少五成，影响耕地面积2400亩，共计损失粮食75.5万斤，烤烟损失8万斤，共有261间房屋被揭掉瓦片。第二年，阴雨连绵60多天，烤烟主要产区的栗新乡无法播种移栽，导致全乡烤烟生产产量比1992年减少80%。

1995年6月15日，夏雨过多，沙子乡的白鸡坪、洋火坪等出现50丈的滑坡，危及32户村民安全。同期，沙子碗厂长坝槽滑坡，对公路造成威胁。第二年4月8日，沙子乡龙泛溪遭受洪水袭击，沟河两岸75亩稻田无法恢复。又下一年5月6日，青杠村第四村民小组遭受暴雨，继而山洪暴发，文家院子桥梁被冲走，半边山（一地名）农民谭仁香被洪水冲走，下落不明。1998年7月15日，卷店寨坪滑坡，危及103人的安全，沙子碗厂再次滑坡，危及石柏公路交通安全。1999年，沙子乡龙泛溪组256亩稻田因稻瘟病造成减产50%。

2000年，各地滑坡较为严重。沙子跌马坎石柏公路35公里处滑坡，长30米；龙泛溪石柏公路43.1公里处滑坡，长度达5米；湖镇小河口石柏公路48.1公里处滑坡，长度达5米。这些地质滑坡灾害对石柏公路的交通安全造成严重威胁。

2001年入春以来，沙子地区长期受春寒影响，一直处于低温天气，农作物受灾严重，油菜籽霉烂在地，洋芋苗难以生长，其他粮经作物病虫害严重。据调查统计，整个沙子地区受灾面积达 16 145 亩，共 1 734 750 公斤。其中洋芋 4820 亩，共 665 000 公斤；损失油菜 220 亩，共 1050 公斤；损失水稻 3110 亩，共 300 500 公斤；玉米 4610 亩，损失 40 000 公斤；损失杂粮 975 亩，约 3180 公斤；损失花生 160 亩，共 3350 公斤；损失烤烟 1950 亩，共 109 500 公斤。

2002年4月以后，持续两个月的阴雨天气，平均气温比常年低 30℃，降雨天数 270 天，为近十年来降雨量最多的一年。恶劣的气候造成农作物长势缓慢，病虫害特别严重。8月5日、17日、30日三次暴风雨夹杂着冰雹，受灾涉及 21 个村，144 个村民小组，3362 户，共计 10 558 人；受灾面积 65.17 亩，占种植面积的 52%，成灾 3450 亩，绝收 3061 亩，水稻受灾面积 2170.2 亩，占总面积的 37.6%，绝收 1039.3 亩，造成全镇减产 64.19 万公斤。玉米受灾涉及 21 个村、114 个组，共计 1276 人，受灾面积 4987 亩，成灾 2376 亩，绝收 1395 亩。洋芋垮苗 4820 亩，油菜籽霉烂 620 亩，其他农作物 1135 亩。几次洪水灾害中造成房屋倒塌 7 户、共 12 间，冲垮民用桥 2 座，击毁变压器一台，造成直接经济损失 500 万元左右。

2003年，洪灾、低温、干旱、病虫害等自然灾害频频发生。入春不久之后开始持续低温，特别是烤烟移栽后，遭遇 20 年不遇的长达 50 天之久的阴雨天气。夏季之后，分别于 5 月和 7 月发生两次山洪暴发，主要支柱产业——烤烟的病害随之频发，包括花叶病、气候性斑点、根腐病、黑胫病等。旱灾、水灾一起出动，使得 9 个行政村和一个居民委员会、2427 户受灾，各种农作物的受灾面积达到 8645 亩，成灾 6164 亩，绝收 3044 亩，损失产量 634 600 公斤。其中洋芋受灾 310 亩，成灾 260 亩，绝收 60 亩；玉米受灾 720 亩，成灾 540 亩，绝收 210 亩；豆类作物受灾 300 亩，绝收 120 亩；烤烟受灾 6055 亩，成灾 4490 亩，绝收 2524 亩。7月2日的暴雨冲垮民房四间，烤房（专用于烘烤烤烟）24 间，冲垮道路 2 公里，河堤 121 米。

以上为 1978 年至 2003 年间所发生的自然灾害的大致情况，由这些资料可知，沙子镇的自然灾害一直对人们的生产生活造成极其负面的影响。

第二节　交通区位与行政沿革

如上分析，几乎可以看成是沙子镇农民生存的自然空间，那种空间在很大程度上具有稳定性，在较短的时期内通常不会发生太大的变迁。正是在上述所说明的那种自然环境中，沙子区域生存了我们难以追述的无数代人。从生计的方面来说，传统的农民以农业生产为主，这使得农民的劳动与生活在很大程度上依赖于上述的那种自然环境。当然，几乎也是因为这一原因，随着人们的要求日益加强，向自然环境索取耕地以及其他各种自然资源的速度和数量都在不断扩大，很大程度上成为上述说明的那些自然灾害的重要影响因素。相比而言，人们生存的另一重背景在今天显得更加重要起来，这当然也与农民的生计变迁密切相关。这一重背景就是农民生存之地的交通情况与行政沿革。相较于自然环境而言，无论是交通环境还是行政区位，其变迁的速度都是比较快的，尤其在近些年来变化速度更快。在本节当中，我们将对沙子镇的交通区位以及行政沿革做一个较为清晰的说明，这一说明将引入变迁的视角，对不同时期的沙子镇的交通区位以及行政建制做出梳理。

一、交通区位

沙子场镇所在地区，俗称沙子关。这一称呼至今依然还保留于年长的农民口头，而且外乡镇的人对沙子的称呼也通常使用沙子关这一名称。所谓"关"者，实为交通重镇之意。在传统的交通条件下，沙子关一直是通向湖北的咽喉之地，从唐代开始在沙子关建驿道，并开设客栈，供往来客商使用。千余年来，这里不仅成为一个交通重镇，也成为一定范围的商贸集散地。过沙子的古驿道主要有两条。

（1）沙子镇至南宾镇之古驿道：走上场口过杉树坪——山王庙石墩桥——跌马坎上分水岭——青杠园——水杉坝，再过平溪口石墩桥——高简木桥——卷店场——过刘家咀水桥——蚕溪场——过南河溪大桥——太阳坝——高榜子——大棕坝——川心店——碾盘店过河——曹家坝——上老石梯子——下斑竹林——韩婆婆——姚耳坡——卷洞桥——乌洋坝——渡船口——石桥子——石柱县城老街。

（2）沙子镇至湖北利川白洋塘古驿道：过猪市坝木凉桥——王家坝——

龙达沟——磨刀溪石拱桥——遇新木凉桥——水田塘——龙泛溪沟木桥——观音岩——过土鱼木桥——苦草坪——石拱桥——烂池子——老院子石墩桥——坪上——响水洞——上石梯子——菜坝子——白洋塘。

在这些古驿道之上，有众多桥梁，这些桥梁见证了古驿道的兴衰，有些至今仍留存和使用，有些则已经改换过几次或者重修，而有些则已经完全废弃了。按照相关记载及考察，对以下桥梁做出一些说明：

山王庙石墩桥：桥处有一石庙，内供山神，遂有其名，此桥建于元代，遗迹至今依稀可辨，1982年山洪暴发，此桥石条被冲走，从此废弃不用。

平溪口石墩桥：此桥建于清朝嘉庆二年，现仍保存完好，继续供人行走。

刘家咀大木桥：此桥原为木桥，供人行，始建于清朝时期（具体不详），后因为公路通过（具体时间亦不详），此木桥难以承受车辆通过，遂改为石桥。

蚕溪大木桥：此桥位于蚕溪——今石柱县三河乡境内，原属沙子区境内，此桥始建于清朝初年，原为木桥，现已改为石墩桥。

猪市坝木凉桥：所谓凉桥，是指人于桥上走，可乘凉，亦即桥梁上方有简易建筑，遂又称风雨桥，可遮风避雨。猪市坝木凉桥建造精美，桥上亦可乘凉，两侧安装木座位。现已改为石拱桥，其建筑历史已无从查考。

磨刀溪石拱桥：此桥始建于清朝（具体时间不详），原为人行拱桥，现已改为公路桥。

遇新桥：遇新桥的名称来源于在此桥竣工之日，正好一队娶亲队伍经过，为新人（新郎新娘）踩踏，以为吉利，所以得名。此桥始建于明朝初年，建造美观，上盖瓦做脊，两侧亦有长木凳供行人休憩。1982年大洪水将此桥冲毁，只剩下两根独木，后改建为石拱桥。

龙泛溪沟木桥：此木桥始建于民国38年，由当地士绅夏正江独资修建，于1982年由洪水冲走之后再无修建。

土鱼泉木桥：此木桥始建于民国初年，1982年亦为洪水卷走，1984年随即翻修为石拱桥。

上述的交通设施是较为传统的，大多数的驿道都能够承受畜力运输工具以及人行，但是随着现代交通需求的加强，现代大型交通工具对道路和桥梁也提出了新的要求。在1967年以前，沙子镇事实上还没有一条真正的公路，人们出行依然依靠双腿，而运输则除了人力之外主要依靠畜力。1967年以后，沙子逐渐修建短程公路，希冀连接其他远程公路以达到通往外界的目的。如今，沙子镇最重要的公路乃是"石柏公路",此公路起于石柱县六塘乡,经沙子、冷水等乡镇至湖北利川。在石柏公路两侧,一些岔道通向不同的村落,使这些村落通过村道与石柏公路连接起来。处于沙子镇东部山上的卧龙村与盘龙村是沙子镇煤矿资源较为丰富的区域,正是通过村道,山上的煤矿与石柏公路连接起来,为沙子镇的煤矿开采与运输提供了较为便利的交通条件。2002年,沙子镇北部的桃园村与龙源村相继修通村级公路,至此,沙子镇已经达到各村都有村公路的交通现状,这些村公路连接本村不同的聚居地,最后与镇内的主干道石柏公路连接,改善了人们的出行与运输条件。如今,沙子镇有村级公路16条,组道(连接各个村民小组的道路)40条,合计150公里的里程。从道路级别而言,四级公路5条,级外路60条,56个村民小组有52个通车,通车率达到92.85%。除了道路基础设施之外,交通工具的发展也较快,截至2002年,沙子镇全镇共有客车11辆,主要开往县城及周边乡镇;农用车40辆,主要用于农业生产及建设运输;长安面包车17辆,主要用于私人出行或者短程载客;豪华轿车3辆,主要是私人出行使用;摩托车15辆,主要用于私人出行时使用,或者经营短程载客。

由于地形地貌的限制,沙子镇的交通一直并没有能够得到很好的改善,在这一地区修路,通常需要盘山而行,或者花费巨大的人力、物力、财力打建隧道,而桥梁的修建也经常是必需的。我们在说明沙子镇的地形地貌的时候已经说明过关于"两山夹一槽,一里三湾"的地形特征,这使得桥梁的建设几乎可以成为判定这个地区的交通发展的重要依据,下表将境内桥梁做了一个大概的统计,虽不能穷尽,但是亦可观其大概。

表1-4 沙子镇境内桥梁基本情况

地名	类型	跨度		修建年月
		长(m)	宽(m)	
平溪口	石拱	30	6	1976年12月
小岩嵌	石拱	15	4.5	1986年7月
桥河	石拱	13	4.5	2002年10月
新房	石拱	20	5	1986年1月
瓦屋嘴	石拱	8	4.5	1977年10月
刘家咀上	石拱	40	7	1976年10月
上坝卜桥	石墩	60	2	1989年10月

续表

地名	类型	跨度		修建年月
		长（m）	宽（m）	
马栏坝大桥	石拱	40	5	1989年10月
磨刀溪	石拱	8	7	1977年10月复建
遇新桥	石拱	12	5.5	1977年10月
龙泛溪（1）	石拱	48	5.5	1983年10月
龙泛溪（2）	石拱	3.5	3	1991年4月
龙泛溪（3）	石拱	3.5	3	1991年4月
白水溪大桥	石拱	30	7	1983年10月
烂池子大桥	石拱	15	4	2000年10月
李子湾	石墩	12	3.5	1998年10月
马头嘴	石拱	14	5	1979年10月
老房子新院子	石拱	13	4	1978年10月
横大岭	石拱	13	4	1978年10月
小河口大桥	石拱	25	7	1978年10月
沙帽石大桥	石拱	20	2.5	1980年10月
湖镇场口	石拱	15	4	1985年10月
湖镇酒厂	石拱	11	6	1985年10月
湖镇乡政府	石拱	7	5	1985年10月
关家沟大桥	石拱	7	3.5	1998年10月
焦树坝	石拱	9	4	1980年10月
十二丘当门	石拱	7	6.5	1990年10月
庙二坝	石拱	8	4.5	1989年10月
沙子街上上场口	石拱	9	7	1977年7月
石沙大桥	石拱	36	7.3	1979年1月

除上述说明的这些现代交通枢纽之外，值得提出说明的是沙子镇于2010年见证了第一条过境高速公路的开通。通过沙子镇的这条高速公路是沪渝高速公路（G50）的渝宜高速公路段，它于2010年9月底已经正式通车。这条高

速公路直接使得沙子镇的交通得到更大程度上的改善,从沙子镇到重庆市也不过三个多小时,这在高速公路修建以前是无法想象的。而且,这条高速公路向东与华中华东广大地区密切相连,也是这里的农民外出务工时所选择的重要线路。不过,因为远程出行时汽车的费用较高,所以许多农民还是宁愿到临近的其他地区乘坐火车(石柱县内暂不通火车),不过,这条高速公路至少已经方便了农民外出,为他们的外出提供了另一条更加方便快捷(尽管颇为昂贵)的道路选择。这条高速公路在沙子镇有一个出口,这为沙子镇的发展创造了重要的交通优势。

另外,在我们对沙子镇进行考察的时期,一条铁路正在如火如荼的修建当中。这条依然在修建当中的铁路叫做渝利铁路,是连接重庆市与湖北省利川市的高速铁路,是中国"中长期铁路网规划"中"四纵四横"快速客运通道中沪、汉、蓉快速客运通道的组成部分,是一条以客运为主、兼顾货运的国铁Ⅰ级电气化铁路干线。全长264.4公里,在湖北省境内长约28公里,而其余全在重庆市境内。设计为国铁1级干线,双线、电力牵引,时速200公里/小时。渝利铁路在利川凉雾车站与宜万铁路接轨,于2008年12月29日开工,建设总工期4年,计划于2013年底建成。然而,这条铁路的修建并没有给当地农民带来多少兴奋,他们并不认为这条铁路能够真正改变他们没有铁路的交通历史,因为这条铁路并不在沙子镇设置站点。相反,仿佛这条铁路的修建反而给人们的生产生活带来一些困扰,主要体现在农民土地的大面积征收方面。不过,这一工程所带来的一些零散的就业机会却又可以看成它对当地农民的一种福利。

二、行政沿革

沙子镇位于石柱县城东部,中心驻地沙子关,距离县城41公里。沙子镇东邻金铃乡、西靠三河乡,南与金竹乡、六塘乡相接,北与冷水乡、中益乡临界,辖区面积168平方公里。沙子关,即今日之沙子场镇所在地,是过石柱县三座大山三条基底断裂的交汇点,而居七曜山背斜褶皱和断裂位移之段,在这里有龙河经过,而且,发源于沙子镇东部分水岭的碗溪西流于沙子关注入龙河。从高处鸟瞰沙子关,可以看到沙子关的中心正是两条河流的交汇之点,远看之则如三支箭相交在一起一般,所以,沙子关在历史上被称作"三箭场",正是由此得名。

据有史记载,沙子关的建置历史十分悠久。我们已经在上文中说明,因为沙子关的交通位置，所以这里被看做是重要的关口，于是，在行政建置方面也早已受到各历史时期的重视。大约于唐朝初期，沙子关开始建成驿站，为过往官商客居，久而久之，这里成为货物、消息的集散地，也就逐渐发展为商业场镇，形成沙子关场。宋朝时期，沙子关场得以进一步扩建。至元朝时期，沙子关的居民不断增多，而场镇也不断扩大。明朝初年，沙子关隶属于南宾县（古石柱县），置巡检司。明朝天启元年（1612年），沙子关更名为三箭场，洪武初期，南宾县被撤出，沙子关划归丰都县管辖，后复归南宾县。清康熙六年（1667年），再撤南宾县，沙子关再次归丰都县管辖。清宣统二年（1910年），沙子关建义顺乡。民国十九年（1930年），沙子关设中沙乡。民国二十三年（1934年），中沙乡更名为梨沙乡，隶属第四区。民国二十九年（1940年），梨沙乡更名为沙子乡，这是第一次以沙子为名设乡，隶属第四区。民国三十一年（1942年），第八区区公署迁驻沙子关，沙子乡遂由第四区转而隶属第八区。

1950年4月，设第七区下辖沙子、湖镇、栗新、金铃、蚕溪五乡。1953年，民主建镇划分小乡，沙子乡分为两个乡，沙子乡驻王家坝院子，谭家乡驻牛鼻子。蚕溪乡分为三个乡，蚕溪乡驻蚕溪场，卷店乡驻卷店场，万寿乡驻高榜子。金铃乡分为三个乡，金铃乡驻金铃坝，龙塘乡驻龙塘坝，香水乡驻香水坝。栗新乡分为三个乡，栗新乡驻竹林湾，龙门乡驻龙门溪，水田乡驻马颈子。湖镇乡分为三个乡，湖镇乡驻湖镇，太平乡驻张家祠堂，冷水乡驻冷水溪。当时的沙子区即第七区，下辖五个大乡共14个小乡。

1956年进行第二次普选，倡导撤并小乡，建立人民委员会，沙子区继而下辖沙子、湖镇、金铃、水田、香水、蚕溪、卷店等八乡。1958年，随着人民公社化运动的广泛推进，基层政府更名为人民公社。至1968年，在文化大革命的浪潮下，基层政府又从人民公社更名为公社革命委员会，沙子区公所更名为沙子区革命委员会。

至1981年，"文化大革命"结束四年之后，革命委员会逐渐废弃，继而恢复基层政府，沙子区区公所恢复。此时，下辖的水田乡更名为金竹乡。1983年，各乡级革命委员会纷纷更名为乡人民政府。此时，香水乡合并金铃乡。第二年5月6日，临近的桥头区撤销，原由桥头区管辖的中益乡、官田乡划归沙子区公所管辖。至1985年，沙子区实辖沙子、栗新、湖镇、金铃、金竹、蚕溪、卷店、中益、官田九乡。1993年，区公所更名为区工作委员会。

2001年，撤区并乡建镇，区级单位、栗新（学龙划归冷水乡管辖）、湖镇、沙子、卷店合并为沙子镇人民政府，经石柱县委、石柱县人民政府的审批，沙子镇建镇后为一类镇，设置4个办事机构。今沙子镇即是2001年后撤区并乡建镇的形态，2001年以来，沙子镇的基本建置沿革即是如此。

现在的沙子镇下辖九个村和一个居民委员会。如下，我们对这些行政村及居委会做出大致说明。

人和居委会：人和居委会就是原来的街上生产队，也就是当地人们常说的沙子关。这里是全镇的经济、行政、文化教育的中心地带。沙子镇的场镇所在地就在这里，每逢公历的二、五、八日，沙子镇的人们都会早早地赶到这个地方参加集市，或者卖些家庭的剩余产品，或者购买些日常必需的东西，人们统称其为"赶场"，常常从早上7:00左右一直持续到中午12:00前后。这个商业点具有三条主街道，另外又有专门的菜市。沙子镇政府就在这个地方，而且这里从解放之前就一直是沙子地区乡、区、镇（在下一部分"建制沿革"中将详细说明）的治所所在地。另外，沙子镇中心小学和初级中学都在这个社区，是全镇教育事业的中心地带。

沙子村：该村主要集中在场镇周围，再加上沪蓉高速公路和涪利铁路的修建，所以居民主要以运输业和打短工为生计。其中有一个组其名为"银杏"，乃因大量的银杏树而得名。前几年组成过一个银杏生产合作社，但是成立不久就因为银杏的市场价格波动太大而致使其半途夭折。

青园村：青园村处于沙子镇的西南部，与六塘乡接壤。青园村的地势稍高，年平均气温偏低，日照丰富，而植被覆盖率也较高，所以主要种植黄连和烤烟。黄连和烤烟的种植在青园村都已经开始朝着规模化方向发展，所以，集中土地进行大规模的黄连和烤烟种植也成为一种趋势。在这个产业环境下，当地形成了典型的土地流转现象。

卧龙村和盘龙村：卧龙村处于沙子镇的南部，而盘龙村处于沙子镇的东南部，两个村相连，分别与六塘乡、洗新乡、金竹乡、金铃乡和冷水乡接壤。从产业上来讲，无论是农业还是矿产业，这两个村都是比较发达的地区，我们可以从表1-3中清楚地看到。农业上，烤烟、黄连、竹笋等大面积栽培，这两个村的地势相对较高，平均海拔在1400多米，卧龙村被誉为"烤烟石柱第一村"。经济上这里占据了一定的优势，但是因为地势偏高，多为高山地形，人们的自然生存条件并不好，两个村被联合国公认为最不适于人居的地方。但是因为经济条件的相对优越，所以外流的人口则相对较少。

龙源村：龙源村处于沙子镇的最东北，境内有在建的涪利铁路通过。这个地方在铁路兴修之前保存了大量的土家族传统民居吊脚楼和一些年代久远的古墓,但是随着涪利铁路的兴修,这些文化景观不断遭到破坏,在今天看来,这些景观已经不再明显了。

星光村:星光村地处沙子镇的最西部,与南滨镇、三河乡、中益乡均有接壤的地方,内有在建的涪利铁路通过。该村主要产业是山羊的养殖,在文化方面这里有一组岩棺群。

桃园村:桃园村处于沙子镇的东北部,西北接中益乡,东南与冷水乡相连,涪利铁路也通过这个村。该村也广泛种植黄连,另外还有部分农民种植莼菜。

鱼泉村:鱼泉村处于沙子镇的北部,北与中益乡相接,内有在建的涪利铁路通过。该村境内有文、夏两个家族的古老祖墓,长者有320多年的历史。关于该村的具体情况,我们将会在后文中详细介绍,这个村是我们考察的重点地区。

兴隆村:兴隆村与鱼泉村相连,也处于沙子镇的北部,与中益乡相接。这里的人口也主要以打短工为业,并且有多年的"卖猪药"❶的传统。本村也是我们选择的重点考察地区,在后文将会详细介绍。

表1-5 沙子镇各村(社区)组的辖区面积和人口户数及人口数❷

村名	组名或小地名	辖区面积(m²)	户数(户)	人口(人)
人和居委会	街上	1000	586	1448
沙子村	合坪组	3500	98	301
	石坪组	3000	94	289
	遇新组	2500	70	231
	银杏组	3000	109	351
	王家坪组	1300	55	215
	长坝朝组	1900	55	215
	两扇岩组	4100	50	180

---

❶ 卖猪药是当地比较传统的一个行业,这种猪药不是给猪治病的药,而是指喂猪的饲料,它的功能在于短期之内将猪催肥,人们走出本地,近者在重庆市内,远者在周围省份流动卖药。可是这里有骗人的行当,这些猪药多为假的,所以虽然刚开始从事该行业的人们发家的不少,但是这个行业生命很短暂。

❷ 数据来源于《石柱土家族自治县沙子镇镇志》1949—2004年。

续表

村名	组名或小地名	辖区面积（m²）	户数（户）	人口（人）
青园村	罗园组	6000	117	418
	小岩嵌组	2200	52	185
	桥和组	3300	95	310
	青杠组	4800	150	524
卧龙村	银光组	5700	62	228
	银兴组	5700	62	200
	银河组	3700	40	141
	响泉组	2800	32	110
	狮子组	3600	35	120
	庙坝组	4500	67	229
	后槽组	4000	54	175
盘龙村	郭家坪组	1300	43	163
	赵家坪组	1700	62	210
	宝山组	4200	57	170
	蜗鱼组	2800	48	144
	海角组	4500	36	123
	盘龙组	8000	54	187
	栗子坝组	6000	48	148
龙源村	小河口组	800	49	176
	林坪组	1300	70	283
	洞古组	3400	116	403
	黄家坪组	2200	73	275
	三塘组	1800	66	257
	墩子坪组	1000	31	100
	团圆组	3200	114	434
	沿河组	2300	89	320
	双坪组	2400	93	269
星光村	刘家嘴组	3500	83	294
	三斗冲组	3800	83	263

续表

村名	组名或小地名	辖区面积（m²）	户数（户）	人口（人）
星光村	团结组	3000	101	364
	高升组	2400	63	276
	新合组	7000	69	216
	杨合租	2100	27	99
桃园村	桃园组	1200	44	141
	新鱼组	2300	88	353
	马头嘴组	2100	70	229
	学堂组	2300	101	323
	双院组	2300	88	323
鱼泉村	龙泛溪组	1700	77	234
	鱼泉组	1600	59	205
	石拱坪组	1500	73	220
	明月组	1400	58	183
	鸳鸯坪组	2400	58	196
	中堂组	3600	110	312
	茶院组	1400	49	158
兴隆村	兴旺组	1900	91	295
	金寨组	—	72	224
	马栏坝组	—	89	328
	上坝组	2000	82	301

第三节　人口及其变迁

总的来说，沙子镇可以称得上是一个地广人稀的所在，其人口密度仅为每平方公里64人。据《沙子镇志》记载，沙子镇人口主要由外来人口组成，尽管具体年代不详，但是这里曾是原始森林。大约在唐朝以前，这里的人口应该还比较少，直到唐朝在沙子关设置驿站之后，往来行人才逐渐增多，同时也增加了这里的常住居民。镇志记载，沙子镇人口来源主要包括：第一，巴人东移；第二，历代战争落户石柱的官兵；第三，元末明初逃避战乱的移民，这些移民也包括各方来源,他们选择在今沙子地区留居;第四,清朝初年,政府组织移民进入这一地区;第五,忠县及其他外地的手艺人以及做小生意的人在沙子地区安居乐业;第六,1958年的城市人口下放以及1968年、1969年、1970年从重庆等城市插队到此最终未返回的知青及其后代。这样看来,沙子地区的人口来源显得较为复杂,不过经过数十年甚至成百上千年之后,人们已经形成了某种较为稳定的生活方式以及文化习俗,如今外来人口依然在零星地加入(例如一些外地媳妇及外地商人等),这种小规模的人口迁入也将会很快融入到这一地区较为稳定的文化氛围之中。

一、沙子镇人口来源初探

一如上文所述,沙子镇的人口主要由外来人口迁入组成,现详述如下。

一是巴人东移。据周集云《巴族史摆微》考证,禀君族发展路线之一,由夷城(恩施)夷水(清江)上行,源尽过七跃山(七曜山),循龙河过石柱直达古代丰民洲(今丰都县)。潘光旦《湘西北的土家族与古代巴人》则考证,川境内的巴人原以川东为主,巴人以川东、鄂西为根据地,向西方散布,而沙子镇则为龙河上游七曜山腹地是禀君族东移之首站,现各种风俗均与利川相同。《后汉书》载:"禀君死,魂魄世为白虎,巴人以虎饭人血,遂以祠焉。"沙子现在仍有"人头愿"的习俗,不过已经用猪、羊、鸡血代祭。

二是历代战争落户石柱的官兵。沙子镇流传着"谭三千,马八百,向家舅子惹不得"的民间谚语,说明这三姓人在此地甚多,而这三姓人确实都非本地人。谭氏族谱记载,谭氏启源西周,系上古部落首领颛顼之后裔。周武王伐纣,建立周王朝后,追封高阳氏子孙,建立谭国,故地山东历城县东,今章丘县,子孙们以国为姓,封子爵名尚净,为谭国襄王,称元侯。公元前684年,被齐桓公所灭,谭国沦为附庸地位,尚净祖偕风氏,奔莒寄居,仍以国名为姓,在莒生子名祁,谭祁是谭姓中华始祖,传于世,源于今。从祁公始传至十六世,时英公由山东营县迁至山西太原市;二十一世祖玉成公因佐后齐,起兵诛吕有功,封为河南弘农郡主,故后代谭氏子孙的家神上称"弘农堂";二十八世祖崇德公由河南迁至浙江绍兴市会稽山;三十三世祖皓公由浙江迁至江西省吉州太和县;四十二世祖可奕公由江西迁至湖南茶陵,后于公元882年迁入绕溪太平园;四十六世祖十八宏郎进峰公五子宏亮公迁居湖南省茶陵市岩塘;六十四世祖忠立由茶陵岩塘迁至梅夏铺,后汉隐帝承佑二年(公元949年)授忠立为后汉大将加兵马节度使,镇守南蛮司牧黄州府(今黄冈市)定居麻城孝感，传至七十九世。元末，陈寿辉、陈友谅互相征战，争夺天下，时乃天下大乱，谭氏于洪武二年三月初二日，从湖北麻城孝感珍珠码头起身入川，先迁到忠县大梨树，后迁入今石柱县内各乡散居。马氏族谱记载："南宋建炎三年（公元1129年），马定虎平五溪蛮，受石柱安抚使在石柱东水坝安检使衙。"向氏族谱称："明末，向时梅、向时贵兄弟遂秦良玉讨奢崇明、御罗汉有功，后辞官卸甲落于溪源里。"又一支向氏族谱称："大明平定西川，遂镇填蜀，洪武二年，始祖向玉、向玉缙二人由湖广孝感高家堰入蜀。"除此之外，陈姓始祖与马定虎同平五溪蛮，任职"同知"。冉姓也与马定虎同平五溪蛮，任职"佥事"。陈、冉二氏之后代散居石柱县各乡镇，沙子镇的陈姓、冉姓也都不例外。刘氏族谱称："洪武二年蛮乱，马克不能就敌，求刘友德率八旗兵将七千七百人，战十有九日不能胜，于楚尽拿全家人口，后搬移四川。"

三是元末明初逃避战乱的移民以及当时政府有组织的移民政策。此时先后辗转至沙子镇落户安居的有秦、霍、余、邓、杨、郭、廖、文、苟等姓。

四是清初政府组织的移民。这一时期辗转迁入的移民有杨、李、何、陆、谢、王、张等姓氏。

五是忠县及其他外地的手艺人和做生意的人在沙子镇留居下来。沙子镇在唐朝初年以后就成为重要的交通隘口，这使得这里不仅仅成为交通重镇，也成为远近重要的商业中心。在这一地区，三箭场为商人及手工业者提供了重要的商业活动空间，这些人在这里经商、从事手工业生产，久而久之，逐渐在这一地区定居下来。忠县的"匠人"在其周围县市都是较为出名的，石柱县在过去很长的历史时期中，经常接受忠县匠人们的劳动。在我们调查中发现，直到20世纪后半叶，行走于石柱县各乡镇之间的那些匠人大部分都为忠县人，他们或者是泥瓦匠，或者是夯土工，或是木匠、石匠等，总之是掌握着一门较为专业的手工技艺。石柱人在不断与这些匠人发生接触之后，将忠县匠人提升到很高的位置，他们更加信任忠县的匠人，一方面是因为地理距离上较近，语言与其他习俗十分相近；同时，经过长时期的交往发现，忠县匠人的手工技艺具有更高的水平。石柱人对忠县匠人的这一认识使得石柱各地的手工艺者大多为忠县人，我们在调查中发现，许多忠县匠人在出卖手工艺的劳动中与当地人缔结了婚姻，成为上门女婿，或者在比较了原来的居住环境与石柱县的生存环境之后，决定举家搬迁至石柱谋求生计和生活。而商人也不例外，一些商人也是通过上门或者举家搬迁而迁入石柱的。

六是1958年城市人口下放及1968年、1969年、1970年从重庆等城市插队到此地并且最终安家落户于此的城市人口。这部分人口并不多，但是也算得上是其中一项组成部分，我们在沙子街上发现几位开店铺的老人是曾经上山下乡的知青，而在较偏远的村落里却很少发现这样的情形。

在沙子镇各个村落里走访，人们总是说明其并不是原本就居住在此地的。在我们的调查中，一些人能够较为清晰地知道自己的祖籍地，并且能够较为详细地说明他们的祖辈们的迁移史。一些从忠县等较近的区县搬迁至这里的人至今还与祖籍地的亲戚们保持着较为密切的联系，有时候过年的时候依然回到忠县上祖坟，在这个过程中会走访祖籍地的亲戚；从忠县或者其他较近的区县搬迁而来的那些家庭在举办会头的时候，通常会有众多忠县的亲戚来参加。这种还能够记得自己的祖籍地以及对祖辈的搬迁历史具有明确记忆的情况并不多，这些人在本地居住的时间还并不十分长远，通常不超过一百年。而大多数的人虽然声称自己并非土生土长的石柱人或沙子镇人，但是对他们祖上的搬迁历史以及祖籍地等都已经没有清晰的记忆，只是较为模糊地认为自己是外来迁入的。当然，一些人甚至将自己的祖籍通过一些传说故事追述得更加遥远，譬如我们在沙子镇鱼泉村的龙泛溪组访谈时，一位老人声称自己祖上本来应该是蒙古人，是为铁木真的后裔，只是到元末之后，不得不隐藏其姓氏而迁到此地生活。

近些年来，沙子镇的人口变动比较平稳，持续保持在 15 000 人以下。下表展示了自 1987 年以来沙子镇人口变动的情况：

表1-6 沙子镇1987年至2003年间人口变动情况　　单位：人

年度	总人口	自然变动		机械变动	
		出生	死亡	迁入	迁出
1987	14 103	112	68		
1988	14 324	259	73		
1989	14 609	286	107		
1990	14 695	280	92		
1991	14 623	233	103		
1992	14 594	258	117		
1993	14 323	286	111		
1994	14 398	274	135		
1995	14 299	298	101		
1996	14 459	296	109		

续表

年度	总人口	自然变动		机械变动	
		出生	死亡	迁入	迁出
1997	14 586	198	61	232	260
1998	14 702	313	87	—	—
1999	14 673	189	119	—	—
2000	14 776	207	99	—	—
2001	14 424	176	88	222	92
2002	14 735	241	83	34	74
2003	14 908	274	101	—	—

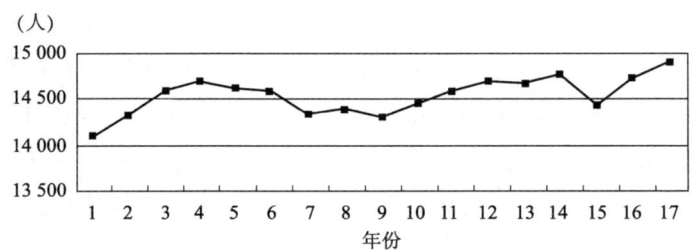

图1-1 沙子镇1987年至2003年之间人口变动情况曲线图

注：1表示1987年，依次类推，至17表示2003年。

上图为沙子镇自1987年至2003年人口增长趋势图，其中纵轴表示人口数量，而横轴表示年份。从图表中可以清晰地看出，沙子镇人口在这段时期内保持着较为平稳的增长趋势。在1987年，沙子镇人口处于这段时期的最低人数，此后缓慢增长；至1992年以后开始逐渐降低，在此后的三年当中，沙子镇的人口变化比较平缓；至1995年之后，沙子镇人口开始缓慢增加，到2000年达到这一增幅的最高点；2001年则迅速下降，此后又迅速增长，2003年达到最大值14 908人。

二、沙子镇人口现状

我们在上文中对沙子镇各村的简介中已经做过大致的说明，简要介绍了沙子镇各村的住户数、人口数，不过并没有对人口的各个方面做出结构性的分析。在这里，我们将对沙子镇的人口状况做出更加详细的说明，对沙子镇人口的年龄结构、性别结构以及受教育程度做出较细致的分析。但是我们并不能够完全对全镇的人口进行分析，而只能够选择一个聚落的人口情况为例来进行详细说明。

在说明沙子镇人口的构成时，我们不仅关注沙子镇人口的来源构成，也将对沙子镇人口的姓氏做出一些简单的说明。在沙子镇将近 15 000 人当中，其姓氏是十分复杂的，包括 157 个姓氏，详述如下：

丁马万于邓方毛　王韦文龙尹艾白　包冯甘古兰卢冉　申石田叶安成江
刘吕牟任阮乔全　孙汤伍向许朱陈　杜谷何花况李陆　邱邵沈宋苏汪巫武
吴肖严杨余张邹　昌范苟金郎林罗　明孟苗殷易岳郑　周贺侯胡姜柯柳骆
荣姚赵钟祝教高　顾郭贾朗莫聂卿　钱秦唐陶涂翁夏　徐殷袁曹崔龚睦黄
唐降梁盛梅阎章　程董傅韩蒋焦鲁　彭舒童温谢喻曾　窦简赖蓝雷路蒲蔡
廖谭熊黎潘滕颜　霍薛戴樵魏瞿

其中以谭姓为最多，共 3396 人；向姓次之，共 938 人；刘姓再次之，共 933 人；马姓 874 人，陈姓 831 人，张姓 755 人，王姓 332 人，秦姓 230 人，冉姓 230 人，罗姓 217 人，李姓 329 人，其余则为上述其他杂姓人口。

下表可以对沙子镇的人口状况做出大致说明，其中包括沙子镇各村人口的性别比例以及各村的人口类型（这里主要是指人们的户口类型）：

表 1-7　沙子镇各村人口状况

村别	总户数	总人口（人）			总人口中（人）	
		合计	男	女	非农	农业
合计	4258	14 908	8005	6903	1116	13 792
星光村	469	1521	798	723	51	1470
青园村	414	1481	770	711	—	1481
盘龙村	348	1100	579	521	30	1070
卧龙村	352	1244	665	579	—	1244
龙源村	701	2456	1280	1176	28	2428
桃园村	391	1449	757	692	—	1449
鱼泉村	484	1576	849	727	—	1576
沙子村	520	1950	991	959	—	1950
兴隆村	334	1124	624	500	—	1124
人和居委	245	1007	692	315	1007	—

以下，我们将选择重点考察的几个社区对其人口现状进行较为详细的分析。

鱼泉村是我们考察所关注的重要村域，截至2008年的统计数据显示，在女性人口中，统计数据因其与户主的关系而将其分为不同的类型。这些类型主要分为"母亲""儿媳""户主""妻子""长女""二女""三女""四女""姐姐""妹妹""孙女""外孙女""侄女""外甥女"等多种类型。从这些分类中大致可以看出，"母亲""儿媳""户主""妻子"等分类大多为外嫁入人口，因为我们并没有对这些人口进行更加详细的调查，所以这里只能说明这些人口大部分（而不一定全部）是外嫁入人口，原因是在这些人口中，我们经常可以发现一些例外，譬如一些女性并没有外嫁，而是直接招纳上门女婿，她们当然也很可能成为上述称呼的对象。另外，一些"母亲""儿媳""妻子""户主"等女性虽然从称呼上看出她们确实是已婚人口，但是这并不完全代表其为"外嫁入"，因为一些案例已经表明，她们并不是外嫁入，而本身以前也是本村落的人口，也就是说，她们嫁给了本村落的男人。而其他的那些称呼对象之下的女性，例如"姐姐""妹妹""长女""儿女""三女""四女""孙女""外孙女""外甥女""侄女"等虽然从其与户主的关系上看来大体上处于未婚状态，但是情况也并不全然如此，因为在这些女性当中，我们也可以发现一些尽管已经结婚但是依然未能独立具有自己户头的情况，新婚夫妇通常将自己的户口依然挂靠在父母的户头上，在招赘婚当中，一名女子结婚之后通常也暂时性地采取这种上户方式，这样，我们就可以看到一些"女儿"事实上早已经结婚。在我们的统计中，在所有的鱼泉村的女性人口中，与户主的关系为"长女"的人口在20世纪60年代出生的有1人，70年代出生的则有8人，1981年至1985年出生的一共17人。与户主关系为"二女"的人口在70年代出生的有4人，而在1981年至1985年出生的也有4人。与户主关系为"姐姐"的人口在60年代出生的有1人，70年代出生的有2人，1981年至1985年出生的有1人。与户主关系为"妹妹"的人口在60年代出生的有1人。这些人口，尽管在其与户主的关系的称谓中没有体现出其已婚，但是她们当中的一些人早已结婚。

以下是对鱼泉村的697名女性人口的详细情况统计表：

表 1-8 鱼泉村女性人口详细情况　　　　　　　　单位：人

出生年代\与户主关系	户主	妻子	儿媳	长女	二女	三女	四女	姐姐	妹妹	母亲	孙女	外孙女	侄女	外甥女	小计
20 世纪初	1	0	0	0	0	0	0	0	0	0	0	0	0	0	1
20 世纪 20 年代	9	4	0	0	0	0	0	0	0	1	0	0	0	0	14
20 世纪 30 年代	21	18	0	0	0	0	0	0	0	2	0	0	0	0	41
20 世纪 40 年代	18	41	0	0	0	0	0	0	0	1	0	0	0	0	60
20 世纪 50 年代	24	55	0	0	0	0	0	0	0	0	0	0	0	0	79
20 世纪 60 年代	17	112	1	1	0	0	0	1	0	0	0	0	0	0	133
20 世纪 70 年代	10	66	5	8	4	4	2	2	5	0	0	0	0	0	106
1981—1985 年	7	15	4	17	4	6	2	1	1	0	0	0	0	0	57
1986—1990 年	0	4	0	21	15	0	0	0	1	0	0	1	0	1	43
1991—1995 年	1	0	0	41	25	0	0	0	0	0	1	1	1	0	70
1996—2000 年	0	0	0	10	17	2	0	0	0	0	2	1	0	0	32
2001—2005 年	0	0	0	10	18	2	0	0	0	0	9	1	1	0	41
2006 年以后	0	0	0	6	8	1	0	0	0	0	5	0	0	0	20
小计	108	315	10	114	91	15	4	8	8	4	17	4	2	1	697

在所有的 843 个男性人口中，户口统计中也将他们与户主之间的关系分为几种类型，主要包括"户主""丈夫""父亲""长子""二子""三子""四子""五子""兄长""弟弟""孙子""外孙子"以及"侄子"等。其中"户主"的人口是最多的，作为户主男性人口，通常是已经成立了自己的家庭的男子，所以我们可以看到于 1986 年以后出生的男性人口中很少存在"户主"。但是，并不是所有的户主都是已婚男性，就像已婚男性也不一定是户主一样，一些年轻的男性虽然自己并未成家，但是曾经因为户口簿的变更等原因使得这些男性脱离了自己父母的户口簿而单独列入一本户口簿。这种户口簿的变更并不会对户籍管理与农民的生产生活造成影响，在户籍管理方面，不过多一个户头而已，而在这一户口之下的农民，本身也并不因此而造成影响，他们依然与父母生活在一起。不过这种情形在特殊情况下却会造成不必要的影响——当一些国家工程对他们造成影响的时候，国家补偿措施除了对人头进行政策性补偿之外，国家还会对每个家庭进行补偿。然而，家庭的界定事实上也是困难的，这一点我们将会在说明农民的家庭结构的时候加以较为详细的说明。在这样的情况下，政府通常以户头作为家庭的标准，也就是一个户头代表一个家庭。于

是，这种虽然没有成家，但是自己又单独有个户头的农民便希望能够钻这样的空子。但是这种情况在鱼泉村并不存在。

与户主的关系为"丈夫"的男性人口很明显是已婚的，这样的人口在所有男性人口中仅仅有 4 人，这与农民的传统意识相关，在农民的传统意识之中，家庭中的男主人是家庭中的真正主人，他们负责组织家庭的生产生活。而这 4 个男性已婚人口之所以没有成为户主，而是其妻子成为户主，原因是多方面的，当男女双方的婚姻方式是招赘婚的话，这种由女子作为户主的情况经常发生。在这里，妻子作为户主的情况与上文我们描述女性人口的时候所统计的数据颇有些差异，在上文中，我们发现女性作为户主的情形有 108 例，而在这里，我们却只统计到 4 名丈夫没有成为户主，其中的原因包括已婚妇女丧偶、离婚以及未婚女性拥有自己的户头，等等。

与户主的关系为"父亲"的情形也并不多，就像与户主的关系为"母亲"那样。在这里，我们统计到与户主的关系为"父亲"的情形只有 3 例，并且这三位父亲都是上世纪 30 年代出生的人口。这种情况通常是在户口簿的更换中发生的，当然也是因为这些老人跟随自己的儿女们一起生活，在更换户口簿的时候也就将其挂靠到儿女们的户口簿上。与户主的关系为"长子""二子""三子""四子""五子"的男性人口中，也并不完全是未婚的，在我们统计中可以发现，在所有的 156 名"长子"中，其中有 33 名是在 1985 年以前出生的，这些人都已经达到婚育年龄，事实上他们中的大部分也已经结婚，不过新的家庭并没有单独开一个户头，而是将小家庭的所有人口的户口挂靠在父母的户头上，直到这对年轻的夫妻都已经有孩子的时候，这种情况依然没有改变，所以我们还发现许多男性人口与户主的关系为"孙子"或者"外孙子"，就像上文分析女性人口的时候所说的那些与户主的关系为"孙女"或者"外孙女"的女性人口一样。

与户主的关系为"兄长"或者"弟弟"的男性人口也不多，其中"兄长"只有 1 人，而弟弟也不过 12 人。我们在统计中发现这位"兄长"是 20 世纪 70 年代出生的人口，事实上这位"兄长"是一个五保户，至今未娶妻生子，没有自己的家庭，与他的弟弟的家庭同属于一个户头，将来可能由其弟弟的家庭养老，并由其弟弟的家庭继承他的所有财产（主要是他从上一辈那里继承来的土地、房产以及他一生中创造的为数不多的财富）。与户主的关系为"弟弟"的男性人口有 12 人，在 20 世纪 50 年代出生的有 1 人，在 20 世纪 70 年代出生的有 10 人，而在 1981 年至 1985 年之间出生的也只有 1 人。我们曾经访问过这样的家庭，几兄弟在都还尚未成家的时候自己的父母就已经去世，于是兄弟中的兄长便成为这个残缺的家庭的支柱，在户口统计中，他便成为这个户头的户主。当这位兄长成家立业之后，他还要照顾他的弟弟妹妹们成长，并为他们操办婚事，如同他的父母本应该这样对他们一样。在这样的情况下，弟弟们有可能在结婚之后依然没有形成自己单独的户头，而是将自己家庭的户口挂靠在兄长的户头上，这样，也就有了那些与户主的关系为"侄子"或者"侄女"的人口了。当然，与户主的关系为"侄子"或者"侄女"的人口不仅仅只是因为上述的原因，还有一些特殊的情况存在着，我们就曾经发现过一个父亲去世而母亲改嫁的孩子，他原本与祖父母一起生活，在祖父母去世后与自己叔叔的家庭一起生活，在这种情况下，这个孩子的户口挂靠在其叔伯的户头上也是可能的。

以下是鱼泉村 843 名男性人口的详细情况统计表：

表 1-9　鱼泉村男性人口详细情况　　　　　　单位：人

与户主关系 出生年代	户主	丈夫	父亲	长子	二子	三子	四子	五子	兄长	弟弟	孙子	外孙子	侄子	小计
20 世纪初	3	0	0	0	0	0	0	0	0	0	0	0	0	3
20 世纪 20 年代	13	0	0	0	0	0	0	0	0	0	0	0	0	13
20 世纪 30 年代	32	0	3	0	0	0	0	0	0	0	0	0	0	35
20 世纪 40 年代	75	0	0	0	0	0	0	0	0	0	0	0	0	75
20 世纪 50 年代	63	0	0	0	0	0	0	0	0	1	0	0	0	64
20 世纪 60 年代	136	1	0	4	1	0	0	0	0	0	0	0	0	142
20 世纪 70 年代	104	3	0	8	13	9	1	1	1	10	0	0	0	150
1981—1985 年	14	0	0	21	19	8	0	0	0	1	1	0	0	64
1986—1990 年	2	0	0	42	15	0	0	0	0	0	1	0	0	60
1991—1995 年	1	0	0	34	38	1	0	0	0	0	1	1	0	76
1996—2000 年	0	0	0	27	32	2	0	0	0	0	2	2	3	68
2001—2005 年	0	0	0	17	27	7	0	0	0	0	13	2	0	67
2006 年以后	0	0	0	3	13	3	0	0	0	0	7	0	0	26
小计	443	4	3	156	158	29	1	1	1	12	25	5	3	843

我们根据统计数据，对鱼泉村的现有人口根据男女性别分别进行了较为详细的说明。统计数据与相关分析已经使我们对鱼泉村的人口状况具有较为清晰的认识，而事实上，我们在做上述统计的时候，除了得出上述的分析之外，还发现了一些值得说明的情况。

首先,我们掌握了这些人口的名单,从名单中我们可以较为清晰地说明这些人口的姓氏结构。如下表所示:

表 1-10　鱼泉村各姓氏人口组成　　　　　　　　　单位:人

姓　氏	男	女	总人数
包	0	1	1
蔡	0	2	2
曹	0	3	3
陈	15	29	44
崔	8	2	10
代	1	2	3
戴	0	1	1
丁	1	1	2
杜	0	2	2
范	0	1	1
付	0	1	1
甘	0	1	1
高	0	1	1
苟	0	14	14
郭	0	2	2
何	0	3	3
贺	0	1	1
胡	25	21	46
黄	1	12	13
焦	0	1	1
瞿	3	0	3
黎	1	0	1
李	6	7	13
林	1	0	1
刘	19	24	43
卢	1	0	1
罗	2	2	4
马	5	16	21
聂	7	11	18

续表

姓　氏	男	女	总人数
潘	0	1	1
彭	0	5	5
秦	3	1	4
冉	0	2	2
阮	2	1	3
沈	0	1	1
宋	0	1	1
谭	289	204	493
唐	0	4	4
陶	60	24	84
腾	0	2	2
童	12	7	19
王	2	4	6
温	0	1	1
文	89	59	148
夏	130	69	199
向	62	58	120
谢	0	1	1
熊	0	1	1
徐	0	2	2
阎	0	1	1
杨	4	5	9
姚	1	1	2
尹	0	1	1
于	0	1	1
余	12	11	23
喻	0	1	1
袁	0	1	1

续表

姓 氏	男	女	总人数
张	30	33	63
郑	37	17	54
赵	0	4	4
周	14	7	21
邹	0	5	5
合计	843	697	1540

从表 1-10 中我们可以发现，尽管鱼泉村人口的姓氏状况确实是较为复杂的，但是我们毕竟还是能够看出其中仅仅有几个姓氏比较大，而其他的姓氏则是比较小的，这些姓氏的人口数量少，而且多为女性。一些人口较少的姓氏为嫁入的女性所有，而无一男性是这一姓氏。我们可以将上述表格中所统计的人数较多的姓氏集中展示，而将那些人口数较少的姓氏定为"其他"，这样可以得出下图所展示的鱼泉村人口的姓氏结构：

表 1-11　鱼泉村人口的主要姓氏结构表　　　　单位：人

姓 氏	男	女	总人数
谭	289	204	493
夏	130	69	199
文	89	59	148
向	62	58	120
陶	60	24	84
张	30	33	63
郑	37	17	54
胡	25	21	46
陈	15	29	44
刘	19	24	43
其他	87	159	246

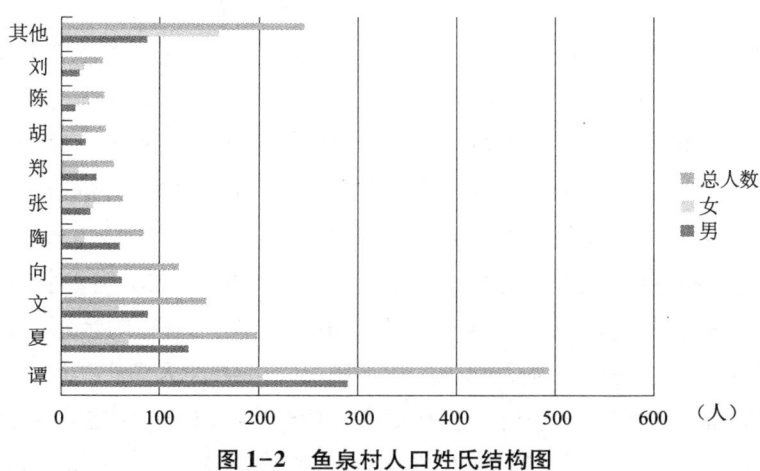

图 1-2 鱼泉村人口姓氏结构图

如上图表所示，鱼泉村的 1540 个人分属于众多不同的姓氏，但是其中的大部分却分属于几个较大的姓氏。在图表中可知，在鱼泉村，谭姓人口是最多的，一共 493 人，占据总人口的 32% 以上。其次是夏姓，这一姓氏下的人口总数为 199 人，相比于谭姓，这一姓氏只有谭姓人口的 40% 左右。文姓和向姓人口都在 100 人以上，其中文姓 148 人，向姓则有 120 人。而诸如陶、张、郑、胡、陈、刘等姓氏的人口都少于 100 人，但是在 40 人以上。图表中显示为"其他"的姓氏共 53 个，这些姓氏的总人口只有 246 人，平均每个姓氏人口数不到 5 人，总数也只占据总人口数的 17% 不到，远远少于谭姓人口。此外，我们从图表中还能够发现，在几个大姓中，其人口的男女比例与诸多小姓存在较为明显的差距。例如，我们在谭姓人口的统计中发现，谭姓人口的男性为 289 人，而女性人口则只有 204 人；夏姓男性人口为 130 人，而女性人口则只有 69 人；文姓男性人口为 89 人，而女性人口只有 59 人；向姓人口的男女比例较为平衡，男性人口为 62 人，女性人口为 58 人；陶姓人口的男女比例差距是最大的，其中男性人口的人数为 60 人，而女性人口仅仅有 24 人，不到男性人口的一半。但是，诸如张姓、陈姓、刘姓等姓氏的人口男女比例与上述的大姓相比却是相反的，张姓男性人口有 30 人，而女性人口超过男性人口 3 人；陈姓男性人口有 15 人，而女性人口则达到 29 人，几乎是男性人口的两倍；刘姓男性人口为 19 人，而女性人口则多出男性人口 5 人。另外，在"其他"的姓氏中，我们发现许多姓氏的人口只有女性而完全没有男性，例如包、蔡、曹、戴、杜、范、付、甘、高、苟、郭、何、贺、焦、潘、彭、冉、沈、宋、唐、腾、温、谢、熊、徐、阎、尹、于、喻、袁、赵、邹，等等。从人口姓氏结构中的男女性别结构中我们可以知道，一个姓氏中的男性人口的增长事实上保证了这个姓氏的总人口的增加，因为按照传统，人们的姓氏通常是跟随其父亲而不是母亲。另外，那些只有女性人口的姓氏大部分不是本地的姓氏，她们主要是通过出嫁而机械地加入到鱼泉村的，当然，这种姓氏的人口也很难通过生育而有所增加，因为这些女性的子女通常是属于她们的丈夫的姓氏的。

其次，我们可以从上述的与户主之间的关系的情况看出不同时间段人口生育情况。例如，我们可以看出在男性人口中存在"五子"的情形，但是这种情况只有1例，这是一个在20世纪70年代出生的男性人口；"四子"的情况有3例，他们分别出生在20世纪70年代、1981年至1985年之间以及2001年至2005年之间；"三子"的情况相对而言更多了一些，一共有29人，其中生于70年代的有9人，生于1981年至1985年之间的有7人，生于1991年至1995年之间的有1人，生于1996年至2000年的有2人，生于2001年至2005年之间的有7人，生于2006年以后的有3人。而在女性人口当中，与户主的关系为"四女"的女性人口一共有4人，其中出生于70年代的有2人，生于1981年至1985年之间的有2人；与户主的关系为"三女"的情况稍显多些，一共15人，生于70年代的有4人，生于1981年至1985年之间的有6人，生于1996年至2000年之间的有2人，生于2001年至2005年之间的有2人，生于2006年以后的有1人。从这些统计数据中我们可以看出，在20世纪80年代以后，人口控制发生了一些作用，在此之前，正如我们所看到的存在"五子"的情况。但是人口控制并不完全成功，正如我们上述所列举的数据那样，我们可以看到在2000年以后依然还存在"四子"的情况，80年代后还存在"四女"的情况，而"三女"的情况直到2006年以后依然存在。当然，以这种统计方式来分析人口控制显得较为片面，因为这并不足以完全分析出人口控制的问题，例如，在20世纪70年代出生的人口中，事实上还存在"六子"的情况，不过他们并没有体现在户籍统计之中，因为他们单列了自己的户头，所以在户籍统计中难以体现出来。而在女性人口中，因为其外嫁，所以也脱了本村的户口统计，脱离了原来的户头，她们在原来的户头中与户主处于什么样的关系也并不能够在这一统计中体现出来。即便如此，上述的方法依然能够从一个侧面向我们展示了人口控制的情况。

另外，我们似乎还应该对男女两性人口的年龄结构及男女两性在各个年龄段的比例做一些说明。下图是鱼泉村男女两性人口年龄结构对比图：

第一章 沙子镇概述

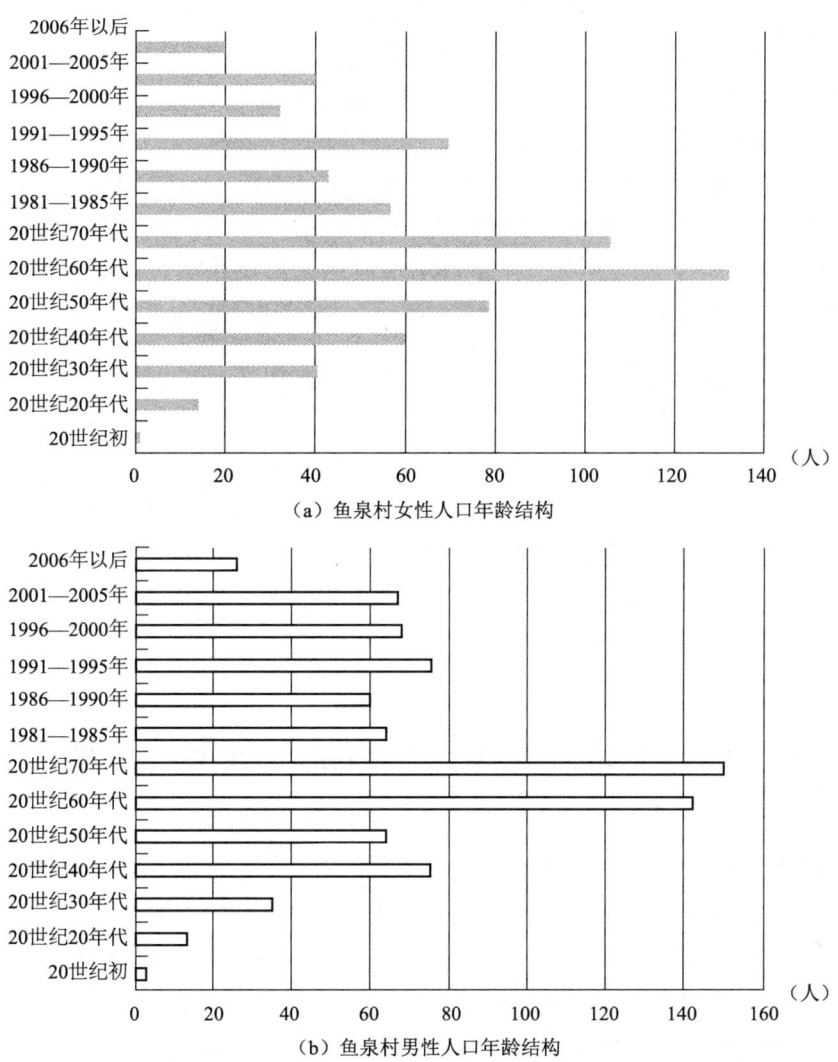

图 1-3 鱼泉村男女两性人口年龄结构对比图

从图 1-3 中可以看出，鱼泉村的人口年龄结构呈现出中间高两边低的情况。年龄最大的人口是出生于 20 世纪初的人口，无论男女，这一年代出生的人口现在依然活着的并不多，男性有 3 人，女性则仅仅有 1 人。自 20 世纪往后，至今依然活着的人口逐渐上升，男性人口在 20 世纪 70 年代出生的最多，而女性人口则在 60 年代出生的最多。在 1910 年至 1940 年之间出生的人口，现在除了能够参与到农业生产劳动中之外，几乎已经难以胜任其他的生计，他

· 45 ·

们主要在家里照顾孙辈并经营农业，或者生活上已经不能够完全自理，已经需要儿女的照顾。出生于50年代的人口是农业生产的主力，他们中的大部分也已经都有自己的孙辈了，而且他们依然具有能够从事农业生产的劳力条件。自60年代往后，两性人口的出生人数均出现逐渐减少的趋势，均在2006年以后达到最小值。也就是说，至今生活于鱼泉村的人口中，出生于60年代和70年代的人口在年龄结构中占据最大的比重，出生于这一时代的人口如今处于40~50岁之间，这部分人口至今依然是较为重要的农村劳动力，在他们当中，还有很大一部分劳动力外出务工，另一部分则在家中进行农业生产。在此之后出生的人口，也就是出生于上世纪70年代以后直至90年代以前的人口，除了少许部分依然在学校接受教育之外，其他的大部分正在外地务工，成为外出劳动力的主力军，他们中的大部分都已经成家立室；毫无疑问的是，这部分人在10—20年之后将会承担较重的养老重任。1990年以后出生的人口在今天仅有少部分成年，尽管他们中的一部分人口也已经加入到外出务工的大军当中，但是还算不上主要的劳动力，因为大部分依然在学校接受教育。另外，这部分人口还未达到婚育年龄，较少承担生活上的重担。

第四节 小结：农民之于自然地理与社会地理

本章对沙子镇人们的生活空间做了一个大致说明，它包括自然与社会两个层面。自然空间为农民的生产生活提供最基本的物质空间，他们一直利用着自然空间的各种资源，直到今天，尽管我们可以看出农业生产在一定程度上已经不再像此前那样处于几乎是唯一生存之道的地位了，但是他们依赖自然环境的程度还是十分明显。社会空间是一个较为宽泛的概念，我们在上文中对沙子镇的社会背景进行分析时，主要对沙子镇的行政沿革以及交通条件做了一些历史性的梳理。当然，社会空间应该是一个更加复杂的体系，它对人们的影响也越来越明显，而其中影响最为显著的首先是交通情况，此外，行政沿革也往往对人们的生活造成影响。正是在这种自然与社会背景中，有着超过一万的人口生活在这里。

如上所述，沙子镇处于山水之间的自然环境中，人们广泛地居住在河谷宽阔地带、山腰甚至山顶。沙子镇的地形复杂，这种复杂的地形为人们的生产生活带来诸多不便，直到上世纪末，沙子镇境内还有许多山村尚未修通公路，人们依然行走在那些由祖先随意行走出来的山间小路上。他们的运输主要依靠人力和畜力，直到今天我们依然能够看到一些农民从高山上用马驮运黄连下山，再从山下用马驮运肥料和种子上山。但是这种情况在近些年来发生了一些变化，交通的逐渐改善使得农民的生产条件也得到了改善，摩托车已派上了用场，这种交通工具现在已经成为一种生产工具了。

地形状况影响着当地的交通，而交通条件对农民的生产生活又造成影响，这种影响看起来是间接发生的，但事实上地形地貌对农民生计的影响在很多方面都是直接产生的。

如果从总体上来看沙子镇全境的农业生产情况，我们就会发现沙子镇不同区域的农民所从事的农业生产都有其特殊性所在。我们可以看到，龙河两岸较宽阔的地带是水稻的主产区，这里不仅地势相对平坦，而且因为临河的原因，这里的水源较为丰富，对水稻生产比较有利。这一河谷地带向两侧延伸，是一些或者平缓或者陡峭的山地，那些陡峭的地方除了生长灌木之外，并不适合于农业生产，在一些更为陡峭的地区只有一片灰白色的岩石裸露，连灌木、杂草都难以生长。那些较为平缓的山地，人们通常将其开发为耕地，在这里进行旱作农业，主要种植玉米、土豆、豆类作物以及红苕等作物。当然，山地中也可以进行水稻种植，因为在山上也不排除分散的小块平地。不过，山上的水稻种植通常是在山地的向斜面上，这里能够汇聚流水，为水稻生产创造水源上的条件。而山地的背斜面是干旱首当其冲的地方，这种地方通常是一个分水岭，流水从这里纷纷流向低矮的地区。所以，在山地农民中，他们经常将其水田分为两种类型，一种叫做"湾田"，另一种则叫做"榜田"。湾田即是处于山地向斜面上的水田，这些水田汇聚流水，是山地中较好的水田。而榜田则是指那种分布在山地背斜面上的水田，这种地方留不住流水，经常处于缺水的状态，与湾田相比，这是一种较为劣质的耕地类型。

在海拔更高一些的山区，除了那些较为平坦的地区可以作为农耕用地之外，山坡上生长着各种树木，这些林地在 2000 年以后大部分分散到各户，由各户各自经营。林地在很长的历史时期中对人们的生产生活产生影响，例如，人们对林地中的树木加以利用，在树林下也可以种植一些林下作物，譬如黄连。但是，对林地的广泛利用是在近些年来才真正得以实现的，随着交通的发展，木材作为商品可以大量流动，虽然退耕还林从政策上减缓了对森林的砍伐，但是在符合一定条件的情况下是可以对森林进行采伐的，退耕还林对林地的分类中就有一类叫做商品林。也是因为交通改善的原因，市场经济对当地的影响也越来越明显，传统的农民劳动所预期的成果乃是满足他们的日常生活，而人们的农业生产则越来越专业化，这使得黄连种植量迅速增加，林下养殖业也迅速发展起来，它们在很大程度上都依赖于森林。除此之外，烤烟是山地农业较具特色的另一产业之一，在地处高山的卧龙和盘龙山区，烤烟种植较为集中，这里是沙子镇烤烟生产的重要基地。烤烟的生长对自然条件也具有特殊的要求，在气温方面，烤烟要求在其生长的前期气温较低，中期气温较高，而成熟期的气温适中，在 20℃ 左右。卧龙村与盘龙村的气温条件与此大致相符。而且，地势对烤烟的生长发育与产量、质量也有着密切的关系，这是因为地势对土壤的空气、水分、温度以及养分含量等产生影响。在山地和丘陵地区，地势较高、排水良好、地下水位较低而含钾量较高的地区有利于烟草的生长，这些条件与卧龙和盘龙地区的自然条件相符合。

　　由此看来，自然条件对农民的影响是较为复杂的，而尤其体现在农民的农业生计方面。尽管随着现代科学的发展，人们逐渐探索使用一些工具来对抗自然条件的限制，以期更大范围地利用自然环境，但是这些措施所产生的效用尚不明显，人们在很大程度上还是依靠现有的自然条件来安排自己的农业生计。尽管现代的农业生计在一定程度上发生了与传统农业生计颇为不同的变迁，但是依然没有改变其依赖于自然生态的传统。所以，直到今天，我们依然可以从哪怕在当地看来最现代的农民那里听到"靠天吃饭"这样的无奈表达。显然，正如我们上文中所展示的那样，自然灾害依然随时可能降临，对农业生计造成严重影响，使得原本可以算是最稳定的农业生计在复杂的自然条件中也变得不可预测起来。于是，当人们知道了一些新的求生方式成为可能之后，很快便投入到了那种求生活动之中。

　　正是那些新的求生方式使得农民对除了自然环境之外的诸多社会环境也产生了很强的依赖。也就是说，对农民的生存环境造成影响的还不仅仅在于自然因素，一些社会因素对人们的生活也造成了显著的影响。在上文中我们说明了沙子镇的交通以及行政沿革，沙子镇在不同的历史时期中所占据的区位情况，一是交通区位，二是行政区位。这两种区位几乎都可以通过中心与边缘的对比来加以说明，在交通方面，处于较为中心的位置的地域是那种交通便利、相对而言四通八达的地区。沙子关一度是这样的地区，我们从沙子关的历史概述中可以看出，三箭场的形成很大程度上得益于这种交通上的优势。而到了今天，交通条件对人们的影响更加明显了，就像上文所分析的那样，复杂的地形对人们的外出造成某些限制，市场经济的影响很大程度上体现于一种物资可以大规模地、自由地流动。所以，交通对现代农民十分重要，农民对交通提出了新的要求，传统的古驿道早就已经成为历史，现代的物资流动与人口流动是那种交通难以满足的。当然，沙子镇的交通也具有一些显著的优势，就像我们在上文中所介绍的那样，高速公路的修通事实上为当地农民的远距离流动以及物资的往来创造了良好的条件。而从行政上说，中心与边缘的差异更加明显，我们在对沙子镇进行全面考察的过程中发现，农民的一些生活内容在过去一段历史时期中发生的变化很大程度上来源于行政建置的影响。上文曾说明，沙子关一度是一个区的区公所（即区政府）所在地，它是一个更大的地域范围的中心。这种中心地位因为撤区的原因丧失了一些光环，但是又因为合乡并镇的原因使得这里的中心地位还没有全部消失。这种行政上的边缘与中心的差异最明显的是通过教育体现出来的，我们将会在后文中说明沙子镇教育的章节对此进行详细分析。

第二章　婚姻与家庭的建立

婚姻是男女两性的合法结合，即男女相亲，结为夫妻。人类学一般认为，所谓婚姻，是为社会所认可的，特别涉及男女双方制度化关系的匹配安排。费孝通先生认为，"婚姻是社会为孩子们确立父母的手段"，"男女相约共同担当抚育他们所生子女的责任就是婚姻"，"婚姻的意义……是在确立双系抚育"。❶婚姻的本质在于它的社会性。婚姻关系的核心是以男女互爱为纽带，与性生活紧密联系在一起的，为社会和法律所认可，承担一定义务和责任的一种特殊社会关系。也就是说，婚姻是一种人们为了维持正常的社会生活、社会风俗和法律规范化了的特殊社会关系、社会行为。这样看来，婚姻通常是被放在家庭中来探讨的。

第一节　婚姻之择偶

在了解婚姻的时候，人们对另一半的条件和要求通常会最先受到我们的关注，这就是择偶标准。根据其不同的家庭背景以及个人情况，人们选择自己的另一半的时候通常会做较为全面的考虑。所以，当我们对一段婚姻的整个过程进行较为全面的考察之后便会发现，婚姻在婚礼之后达到了一种状态的完全变

---

❶ 费孝通著，《乡土中国、生育制度》，北京：北京大学出版社，1998年版，第125页。

化，而在此之前的很长时期里（有些从"看人户"❶到正式举办会头❷之间的时间甚至超过一年之久），男女双方一直处于一种相互了解和考验的过程中，关于这个过程，我们将会在后文中加以说明。事实上，这就是一个明确并且完成婚姻条件的过程。或者说，其中所体现出来的就是人们的择偶标准问题。

有一点需要说明，那就是在传统社会中，婚姻并不是个人的私事，选择谁与自己终生相伴，也不完全取决于当事人的喜好和意志，而是更多地受到其家庭、社会价值和风俗习惯的制约。因此，择偶标准和择偶观念势必会受到一定历史时代的社会与文化的制约，使之带有一定的社会性与时代性。如下，我们将对人们所秉持的择偶条件做大致的分类说明：

一、个人因素

所谓个人因素，指的是作为婚姻主体的男女双方个人的体质、外表、秉性，等等。我们已经知道，婚姻的意义通常在家庭中得以体现，所以选择一个婚姻对象，事实上就是选择一个人与自己合作组建一个新的家庭，婚姻的另一半在某种程度上而言是一个合作对象。于是，在选择婚姻对象的时候，对于对象的个人因素要加以全面的考量，尤其是在当前家庭作为社会活动的最基本主体，农民的生产生活基本上都在家庭内部进行有效的组织。在这样的情形下，个体因素便显得十分重要。

谭文英（女）今年（2010年）70岁，结婚的时候才十七八岁。当时她的老表（人们称呼他们的同辈表亲为老表）给她介绍对象时，她也相中了男方，她觉得男方"勤快，脾气好，长相还可以，家庭比别个稍微好些"。

文叠生（男）："那时，找媳妇，要勤快，泡茶煮饭做得好，只要有这就行，长相看一部分。"

余文云（女）："相亲时，我嫌他人太细了（指的是对方的身材矮小），我

---

❶ "看人户"是当地人的婚姻过程的第一个仪式，女子将会选择一天让自己的女性长辈（通常不包括自己的母亲）陪同其到男子的家庭里去探访，看一下男子的家庭条件以及男子的家庭成员的情况，男子的父母会准备一些钱，到女子将要离开时送给女子，如果女子接受，那么就代表其接受这个家庭，继续进行以后的婚姻过程，直到婚姻最终缔结完成；如果女子拒不接受，这就代表女子不能够接受这个家庭，此后的各个环节就不必要再进行了。

❷ 当地农民在许多人生仪礼中都会办酒席，人们称这一活动为"会头"。例如，孩子的出生需要为其办一次会头，被称为"酸糟"；一个人结婚时会办一个会头，被称为"红会"；一个家庭建立了新房，通常也会举办一次会头，被称作"短水"；一个人去世之后，其后代为其举办一次会头，被称作"白会"。

还不同意,后来我们还是结婚了,因为双方父母都觉得合适。慢慢地我也习惯了,其实那些大个子的,也没几个能像他那样会挣钱。"

聂齐军(女):"我看中他一是为人好,二是性格好,三来高大魁梧。"

齐辉(男):"我从小不听话,刚学会走路的时候,到处乱跑,结果掉到火堆里烫着了。后来脸上一直有点疤痕,她(指的是自己的妻子)妈妈当时还嫌我丑,但觉得我能干,能找钱,为人忠厚,后来也就同意了。"

我们从上面的这些话语中已经能够看出,在对婚姻对象进行个人因素的考察中,不仅仅是对婚姻主体进行考察,而且其父母亲戚都会对此产生些作用。即便是今天,长辈们已经不能再为自己儿女的婚事全权做主,但他们对于媳妇、女婿都有自己的标准,这个标准在很大程度上将会成为一种意见传达给他们的子女,使得他们在寻找婚姻对象的时候考虑这些因素,有些较为专制的父母至今依然对儿女的婚事产生非常直接的影响。他们对儿媳、女婿所制定的标准事实上也是他们的一种经验,所以,尽管他们很多时候不能因其偏好而决定子女的婚事,但影响总是会经常产生的。以下是我们在田野中访谈到的几条家长对儿媳妇的期待:

"找媳妇一定要孝心好,这个最重要,要叫爸爸、妈妈、奶奶,家有几姊妹,该喊姐姐喊姐姐,该喊妹妹喊妹妹,对人有礼貌。"

"要真心,孝敬父母。人才长相一般就行。"

"人不丑,人要贤淑,不贤淑的人对人不诚恳。"

"找儿媳妇要漂亮,个性好,长得'撇'(人们通常用这个字来形容长相不端正的人)也不行。"

"找儿媳妇要勤快,漂亮,霸家。人才(这里指的是长相)撇不撇的,主要是跟儿子过一辈子,这个我们管不着,只要他们对眼就行。"

"俗话说'说亲要看老丈母',找媳妇,要看她母亲能干不能干,对人处事好不好。其实你看那个家庭怎么样,很多时候也就能想象那个家庭的孩子怎么样了。"

在传统的婚姻缔结中,婚姻双方的择偶过程很大程度上体现为一种家庭本位,这一家庭是他们尚未结婚时自己所属的那个家庭,而不是结婚之后组建的新家庭。这种家庭本位的择偶过程在很大程度上与人们的居住方式(即结婚之后是跟随男方的父母居住还是跟随女方的父母居住)存在一定的关联,因为这对夫妇将会长时期与父母产生诸多的联系。总体而言,在我们所重点调查的社区——龙泛溪，老一辈（现在超过40岁的那些人群）的择偶条件大体上是男的通常希望女方有孝心、能做家务、茶饭好。在农村，要勤快，能做活路（参与劳动的意思）才是重要的条件。女的要求男方老实忠厚、身材高大、勤劳能干。

事实上，不仅择偶在很大程度上由择偶者所属的家庭提供择偶建议，而且择偶的时候对方的家庭也经常会作为考虑的对象。就像上文案例中所说的那样，"说亲要看老丈母娘"，事实上这句话做更加宽泛的理解就是要对对方的家庭进行全面的考察。如今，在考察对方的家庭的时候，通常从这个家庭的经济条件、社会舆论、生活方式、家居区位等方面做出考察，而在特殊的年代（在20世纪50年代至80年代期间），还要考虑各自的家庭成分和政治背景。家居区位的考察主要针对男方，因为通常实行从夫居的居住原则。龙泛溪的一个农民对我们说：

"过去龙泛溪，荡子坪，田地多，所以就好招人（男青年们好找媳妇），以前是有名的富足，别的队都来这里借粮食。"

二、经济因素：水涨船高的彩礼和嫁妆

我们在调查期间参加过一些当地人的婚礼，并对这些家庭及婚姻主体做过一些访谈，从中了解到婚姻双方对经济条件的要求。对经济条件的要求，很多时候体现在女方对男方的要求上，因为婚后的居住方式通常是从夫居。但是，一方对另一方的经济条件进行考察不可能是十分详细的，她们只能对男方家庭有一个大致的了解，形成一些表面的印象，例如，这个家庭的房产状况、地产状况以及日常生活水准等，但是这些都是些质性的体验，通过不断的相互走访而获得这种体验，这也许就是婚姻的缔结需要一个较长时间、过程的原因之一。更为具体的，甚至是量化的经济考验，是婚姻中的彩礼以及嫁妆，我们对此将会做更加详细地说明。当然，对于婚姻的经济条件，在不同的历史时期，人们的要求也不尽相同。正如我们在下文中所要分析的那样，彩礼与嫁妆在不同的历史时期，其规模、价值、形态都具有不同的时代特征。

一位70多岁的老人（女）告诉我们，在她结婚的时候，所有的嫁妆只是箱子、粮仓（一种更大的柜子用于装粮食）、被子两床、毯子、两套衣服、每人一尺五的布票（在她结婚的时代通行布票和粮票）。另一位1987年结婚的女士则告诉我们，"取同意"（这是婚姻过程的一个阶段性仪式）的时候她才

17岁，三年之后她就结婚了，男方给女方的彩礼包括三四套衣服以及三四百块钱。这种彩礼水平是当时较为一般的，不过对于许多经济困难的家庭而言也很难承受。男方给女方彩礼，女方家庭则会为女方准备嫁妆，这位女士还告诉我们，她那个时候的嫁妆包括柜子、桌子、粮仓、穿衣架、八床铺盖。嫁妆当中大部分都是木制家具，都是自己家里准备木料，然后请木匠来做的。

事实上，在上世纪七八十年代以前，彩礼大部分都是以实物而不是货币来体现的，尽管在此过程中不免使用一些货币（例如，现金以及粮票或布票等）来作为彩礼，但是彩礼还主要体现在实物上。我们访谈到许多那个年代结婚的人，他们回忆中很少提到货币的彩礼，而是对送了什么物品作为彩礼记忆犹新。一位62岁的老人告诉我们，在他结婚的年代（他是在二十三四岁时候结的婚）很少有人拿现金作为彩礼，很多时候只是当尚未嫁入的女子因为一些特殊的原因来到未婚夫家的时候，男方父母会象征性地给这个未来儿媳妇一些零花钱。真正作为结婚时候的彩礼的，大多是布匹、衣服等。一般的家庭会做大约十套衣服作为彩礼，当然也有比这个数量更多的或更少的，都依家庭经济状况而定。而作为嫁妆的女方出资，向来也是以实物而非货币为主的，其嫁妆的内容包括一些日常生产生活中一个家庭常用的用具，尤其体现为生活用具，例如，箱子、衣柜、桌椅板凳、铺盖以及自己手工制作的鞋子鞋垫等。正如我们在上文中说过的，这些嫁妆大部分都是由女方的家庭自己制作的，其中的鞋子鞋垫原则上是由女方自己完成的，有时候她可以请求她的伙伴们一起帮助她完成，总之，这些东西大部分为自己手工制作。而且，在材质上，家具以木制品为主，由自家提供木料而后请木匠打制。在很长一段时期，人们并不认为货币作为彩礼是大方、富裕或者能够提升威望的手段，在他们看来，以货币为彩礼似乎掩盖不住婚姻那种交换的本质，使得婚姻这件本应该神圣的事情受到一些玷污。但是，如果经济条件允许的话，可以花钱购买更多的彩礼（而不是货币），女方也可以花钱购买购置更多的嫁妆（也不是货币）。这是一定时代的道德观念，它在上世纪80年代之后逐渐发生了一些变化。

上世纪80年代以后，彩礼开始逐渐从实物转向了现金。正如我们上文中所说的那位1987年结婚的女子一样，她那个时候就收到了三四百块钱的彩礼。这个转变一直持续到今天，并且彩礼的金额也在不断地增高。一个老人告诉我们，他的大女儿在上世纪80年代末期结的婚，那个时候的彩礼已经在很大程度上体现为现金了，在他的女儿到男方"看人户"（如上文说明的，这是婚姻缔结过程的一个特定仪式）的时候，她的婆家给了她600元钱，这是一个吉利的数字。除此之外,当他的女儿结婚的时候,男方又购买了几套衣服,又给了800元钱的彩礼,依然是一个较为吉利的数字。收到这些彩礼,他为女儿准备嫁妆,嫁妆当中包括传统的那些木制的、在日常生产和生活中使用的用具,又加入录音机等少量家用电器。到了90年代之后,作为彩礼的货币在逐渐增加,而作为彩礼的物品也逐渐丰富。我们所访谈到的一位1994年结婚的男子说,在他结婚的时候,他给女方的彩礼钱是一千元,那只是结婚的时候直接送去的彩礼钱,而在此前的各种仪式当中他父母零星地给他妻子的钱还没算在内。彩礼钱增加了,嫁妆也在增加,他妻子的家庭为她做的嫁妆除了家具全套之外,还买了辆自行车(这在那个时候算得上是很气派的交通工具了)、一台吹风机(用于扇去谷物壳的手工木制器械)、取暖的炭炉以及一台黑白电视机(这在当时也是极少的),妻子的家庭所添置的这些嫁妆当然远远超过男方给的彩礼钱——她的父亲是一个能干的地方酿酒师,自己开了一个酒厂。

到了90年代末期,彩礼钱再度往上增加。一个1998年结婚的女子向我们说明她结婚时候的彩礼钱情况:在她作为男方的女友第一次到男方家里玩的时候,男方的母亲就给了她200元钱的见面礼;在她们结婚的时候,男方家庭给了她家2000元的彩礼钱,而事实上,女方将这些钱作为一种回礼,2000元钱原封不动地作为礼钱还给了男方,而女方的父母则自己花钱为女儿准备了一套一般水平的嫁妆。我们看到,女子的嫁妆也在不断地从实物逐渐转向了货币,而且一些传统的用具依然作为嫁妆,都是由女方父母自己承办的。作为实物的嫁妆事实上也发生了一些显著的变化,开始越来越多,也越来越丰富和精美。大约在2000年前后,电器开始大量作为陪嫁品出现在婚礼上。一个中年女人无不自豪地说:

"我女儿结婚快十年了,当时给她办的嫁妆样样都有,人家有的她也有,人家没得的她也有,彩色电视机、音响、影碟机、洗衣机等,这些电器就是一套,那些以前就兴的嫁妆我们也给她备齐了,箱子、柜子、衣柜、桌椅板凳,有些是买的,有些是请人做的。那个时候我们两个(指的是自己和丈夫)都还年轻,做得动,就给她好好办了。"

到了2000年以后,作为彩礼以及作为嫁妆的现金增加的速度更是惊人。今年(2010年)才23岁的谭启莲(女)刚结婚不久,她告诉了我们她结婚时候的彩礼情况:

"我们结婚的时候,男方来的彩礼是一万元。我们这边也没说要多少,男方家自己给的，我父母说他来多少我们就接多少，到时候原样返回去，或者就多买点嫁妆返回去。我和他（指的是自己的丈夫）是自己要的，因为双方父母都觉得对方可以，也就没在彩礼上提什么要求。我们连媒人都没找，自己提出彩礼要求就更不好意思了，很多对彩礼有要求的都是经过媒人来跟对方说的，自己哪里会好直接说这种事情呢。我的嫁妆都是买来的，完全不是自己做的。嫁妆包括：茶几、梳妆台、床、衣柜、木沙发、电视柜、摩托车、电视、洗衣机、冰箱，这些是父母买来的；另外还有6个皮箱，是叔叔婶婶送给我的；被子一共15床，哥哥嫂嫂买了2床，其余是大舅、二舅和几个婶婶买的。"

黄云芳（女）也是近期才结的婚，他结婚时候的彩礼与嫁妆情况如她所述：

"我结婚的时候，男方去的彩礼是2万元，这是之前两家商量好的，我父母说两家共同多给我们点。他们家来2万的彩礼钱，我们家没有动这些钱，又还回去了。他们大人（指的是自己的父母和公婆）觉得多给点彩礼和嫁妆反正都是给我们将来用的，又有面子，也没哪家吃亏。结婚的那天，他家又给我买了三套衣服，说是女子出嫁的时候要穿男方家的衣服，这是老规矩了。我父母给我配的嫁妆包括：一套成套的家具，是买的，现在做的不好看了；电视、冰箱、洗衣机和其他一些电器，这些也是买的，我父母去石柱买的，花了两万多快；另外，还有12床被子，妈妈给我买了8床，姑姑、姨娘、舅妈买了4床；还有毛毯、皮箱、枕头、暖瓶、茶壶、脸盆、碗、筷子、毛巾、香皂、一袋瓜子，这些小东西有些是父母买的，有些是亲戚买的，还有些是我以前那些朋友们送的礼物。"

总结以上所描述的彩礼和嫁妆的情况，上世纪90年代可以被看成是一个分水岭。在上世纪90年代以前，本地女方的嫁妆都相对简单，大多为木制家具，几套衣服，几床铺盖。而90年代以来，本地女方的嫁妆发生了很大的改变，从实用逐渐转向既实用又时尚。近些年来，新婚夫妇家里的家用电器一应俱全，而过去自己打制的木质家具已经逐渐被淘汰，年轻人都要在街上家具店买成套的新式家具。另外，在本地比较实用的碾米机、摩托车也出现在出嫁女子的嫁妆中。上文所举的黄云芳家的经济条件比较好，所以她的嫁妆包括三部分：一是成套的家具和家电，包括沙发、组合柜、床、梳妆台、电视、冰箱、洗衣机等，这让黄云芳的新房看起来和城市年轻人的新房没多大区别；第二部分是黄云芳的娘家按旧风俗准备的一些嫁妆,其中包括皮箱、枕头、暖瓶、茶壶、脸盆、碗、筷子、毛巾、香皂、一袋瓜子、十二床被子等;第三部分是现金两万元。本地女子出嫁时的花费不比男方少,不过嫁妆的丰厚程度主要看女方家庭的经济条件,自己额外拿得出的,便会返还男方送来的彩礼,拿不出的,则使用这些彩礼钱添置家具,返回的现金就会在原来的基础上减少。嫁妆究竟需要些什么,年轻人越来越具有发言权,一方面是因为这将是年轻人自己使用的物品,另一方面则是因为父母也越来越觉得年轻人具有更好的眼界。就像黄云芳那样,她的父母给她添置嫁妆的时候并不是她的父母去买的,而是给她钱,让她和未婚夫自己到石柱县城买的,买了之后直接拉到男方家里。

有一点需要说明,我们在介绍嫁妆的时候,无论在什么历史时期,被子似乎一直是重要陪嫁品。在土家族女子的嫁妆中,被子的数量曾经一直是衡量嫁妆的标准之一,直到现在还是如此。人们谈论嫁妆时会说这一家有多少多少床被子,人们也会围着娶亲的队伍"看新娘子、数被子"。有研究说,20世纪90年代以来,西南地区土家族的嫁妆中被子的数量明显减少了,一般只有4到6床。首先是因为人们的观念已经有所改变,认为被子够用就行,需要时再买也很方便,不像此前,一辈子就结婚时置办一次被子,到了冬天,气候寒冷的土家族地区对被子的需要十分迫切,所以置办被子是一件大事。被子有所减少的另一个原因是,被子作为一种衡量标准的地位逐渐被一些新的物品所取代,新式家具、家电、金银首饰已成为新的衡量标准,不再关注有多少床被子。不过在我们的调查中发现,此地的人们依然保持了"数被子"的传统。谭奇连的嫁妆中有15床被子,黄云芳的嫁妆包括被子、毯子、毛绒玩具等无数,在堂屋高高摞起,成一堵墙,给众人参观,我们仔细数后发现被子共有12床,离开娘家时装了一车。我们曾经参与过银杏组郝萍萍的婚礼,新房中婚床上高高的码满被子,连坐人的地方都没有。我们曾经听说在沙子镇有一户人家嫁女儿的排场闻名遐迩,原因是:"男方给2万,娘家返回8万,十几床被子,很有面子。"这是人们谈论起那个婚礼时常说的话,从中看出,虽然女方可以通过现金、家电等来显示自己的经济实力,但是被子的数量在本地依然是衡量嫁妆的一个标准,传统的展示方式依然在某些方面遗留下来。

正如我们所能够在上文中看出的,彩礼以及嫁妆都不仅仅是男方对女方或者女方对男方的要求,而事实上,这也是一种社会舆论的压力所致。就像一些农民告诉我们的:

"有的女方会对彩礼提出具体的要求,大部分是凭你自己大方,家庭条件好的,彩礼有的出十几万,这就要看自己的家庭情况是不是拿得出这么多彩礼来。"

经过我们的考察得知,虽然很多女青年并没有直接要求男方给多少彩礼,都说是"凭大方"。但是,两人在确定关系时,都大致了解各自的家庭情况。男方一般会根据自家的情况给彩礼,确定要给多少彩礼之后,通常会与女方家庭商量,尽量达到双方赞成。女方对彩礼的要求通常需要媒人传话。如果经济条件允许的家庭,其父母也希望能为自己撑起面子,所以并不需要做过多的博弈,彩礼和嫁妆便定下了。在黄云芳的婚礼上,当娶亲的车到女方家的村口时,男方的孃孃拿出一个木盘,在上面摆上两万元现金,托着木盘给众人看;女子被娶回男方家的时候,到了男方家,也会把女方返回的钱及嫁妆摆出来给大家看。如果嫁妆和彩礼都比较丰厚,两边家长都会觉得有面子。嫁妆丰厚,女子嫁到男家也就有了十足的底气。正是因为这样,山村里嫁妆、彩礼都在攀比,长辈攀比,年轻人也攀比。结果是,在适婚男女比例失调的情况下,女子的要求越来越高,使得一些经济条件不好的男青年产生择偶困难的情况。

另外,正如我们在上文中所说的那样,彩礼、嫁妆以及婚姻当天所接收到的部分礼金、礼品都是属于新婚夫妇的。实际上,结婚也成为年轻人向父母讨要家庭财产的机会。我们在兴隆村的马栏坝了解到,一个刚结婚不久的青年曾经一直不肯结婚,他的父亲说:"他们其实想结婚,说不结,是想多要钱。"为此,他和父母亲讨价还价,最后父母答应给两万块的彩礼,这才结婚了。讨价还价的婚姻缔结过程发生了一些微妙的变化,讨价还价的双方逐渐从男女双方转变为年轻人与长辈之间了。新婚夫妇都想趁结婚多获得一些财产,为自己将来的日子着想,他们都知道分家是迟早的事,也知道各自的家底。正如阎云翔所说:"彩礼不再像原来那样是双方父母用来保证新娘出嫁或者建立亲戚关系的手段;借用 Goody 的概念,彩礼变成了新郎要求分割家庭财产的一种办法。换句话说,彩礼不再是两个家庭之间礼节性的礼物交换或支付手段,而是财富从一代往下一代转移的新途径。"❶

随着彩礼以及嫁妆的逐渐增加,所需要的现金也越来越多,有些家庭已经无力支撑。这使得一些人开始意识到这种现象的弊病所在,他们认为现代婚礼在逐渐强化男女双方的经济交换,过于注重面子,这使得婚姻的缔结仿佛男女双方在争夺什么似的。当然,彩礼与嫁妆的增加最终受益者不是双方的父母,

---

❶ 阎云翔著,《私人生活的变革》,上海:上海书店出版社,2009年1月,第175页。

而是新婚夫妻组建的小家庭。彩礼与嫁妆在这个小家庭里汇聚，成为新婚的夫妇成立小家庭的前期支撑。不过，正如一些农民自己意识到的那样，强调面子、重视婚姻中经济因素已经逐渐威胁到新家庭的建立和维系。

朱华平，一个中年男子，他对那些过于注重面子以及婚姻中的经济因素的人表示不以为然。他说："现在的年轻人，一结婚就要有房子，没结婚之前女方来看人户，首先就是要看看有没有房子，够不够宽敞，够不够好。以前那些人结婚之后很长时间还跟自己的父母一起生活，等到有了条件能够自己自立门户的时候，自己才分家出去。现在不一样了，这些年轻人要父母在他们结婚的时候就要给自己提供个家。因为要有自己的房子，所以彩礼就要求得高，或者就是要自己先把房子买好，三年前我们这里结婚通常是一两万的彩礼，现在最少都要五万，甚至还有十万的，这些钱用来建房子或者买房子，建立新家。女方父母不想别的，只想要排场，要男方给足面子，要男方为他们的女儿做好各种成家的准备，让自己的女儿嫁得风风光光，以后也过得舒舒服服，所以有些男方在这种压力之下就去贷款，为结个婚贷款，以前我们这里是很少有的，现在逐渐有了，而且听说例子也越来越多了。其实男方父母去借钱、贷款来给他们办婚礼，将来的这些钱还是要这对夫妻自己还，或者至少是要跟父母一起还。这有什么意思呢？有些年轻人就是因为结婚的时候欠了些债，等到真正成家之后经济压力越来越大，而且又跟父母有扯不清的经济纠葛，容易影响夫妻关系，年轻家庭与父母家庭之间的关系也经常受到影响。"

三、婚姻缔结的区位要求

区位作为一项择偶条件，通常对男子提出要求，而很少对女子提出这样的要求，原因在于人们婚后的居住传统是从夫居。一个未婚男子无论个体条件怎样优越，甚至具有足够的房产和地产，他也不一定在婚姻择偶中占据优势，因为另一个较为突出的择偶条件乃是男子所居住的区位。这种区位要求也具有一种时代特征，例如在上世纪80年代以前，人们对区位的要求很多时候在于这个区位的人口多少、地域面积是否够大，一个地广人稀的地区经常是吸引女子嫁入的地区。就像我们在上文中已经说过的那样，鱼泉村的龙泛溪曾经算是地域面积较广，而且其前面是面向龙河的一块宽阔的平地，它们全部是龙泛溪的产粮之地，通常种满了水稻。所以，这个地区在上世纪80年代以前算是少数较为富足的村落，男性娶妻在区位上便占据了一定的优势。但是随着时代的不同，人们对同一个地方的态度也发生了某些变化。直到今天而言，龙泛溪均还能够算得上是沙子镇境内粮产量较多的社区，但是却已经没有了此前那种在择偶方面的优势了，其最重要的原因在于人们现在所看重的已经不仅仅是吃饱饭的问题了。这里虽然依然保持着农业生产的许多优势，但是始终是较为闭塞的地区，从这里到沙子场镇的直线距离其实并不遥远，但是崎岖的山路将人们与沙子场镇之间的距离拉远了。处于更高的山区的人们在择偶方面显得更加不容易，例如栗新地区以及金竹寨等，这些山上的人家都已经开始纷纷前往山下居住，就更不会有人从山下嫁上去了。但是一如龙泛溪一样，这些山区在上世纪80年代之前还并没有那么劣势，相反，有时候还具有某些优势，因为这些山上通常是地广人稀的。

我们曾在上文中对沙子镇的地理环境做过较为详细的说明，试图以中心和边缘的关系来说明社会地理背景。在那里，我们主要从交通以及行政方面来说明这种中心与边缘的差异所在。这种差异使得分别居住于这两种区位的人们之间具有不同的生存优势，除了生计之外，教育所受到的影响也是明显的，我们将会在说明沙子镇的教育的章节加以详细说明。现在，我们将要说明这种中心与边缘所带来的择偶优势的差异。

无论一个多么狭小的空间范围之中，都存在不同的位置差异，一户农民的居住场所都有其特别的结构，更何况一个乡镇呢。如我们在上文中所言明的，在沙子镇，沙子关（也就是沙子镇场镇所在地）一直以来就是一个中心所在地。不过，这种中心位置在不同的历史时期所表现出来的效果当然具有一些差别，而且相对而言，这个中心的边缘所涵盖的范围也是不同的。在上世纪80年代以前，沙子关所表现出来的中心地位主要是行政上的，或者说是公共事业方面的中心地位，物资流动的中心也在这个地方，不过在非市场经济背景下的物资流动所体现出来的经济方面的中心地位还是不够明显，原因是这些物资流动并不会给居住在中心位置的人们以明显的生存优势。这种行政上的中心位置当然也有赖于其交通的中心位置，我们在上文中也已经说明了沙子关在交通方面的优越性（至少在其与周围地区相比较的时候我们可以看到这种优势）所在，交通方面的优势又依赖于自然地理方面的优势，尤其是地形方面的优势，这些优势几乎是沙子关能够成为这一地域的中心的基础条件。而这一中心所辐射的边缘，在不同的历史时期也是不尽相同的，我们已经在上文中说明过沙子地区的行政沿革，在一段时期当中，沙子关是一个区（包括几个乡镇）的中心所在，沙子关是沙子区的区公所所在地，不过，在撤区合乡并镇之后，沙子关作为一个中心所辐射的范围便缩小了一些——沙子区一度辐射九个乡,而撤区合乡并镇之后沙子关成为一个镇的中心,这个镇合并了原来的四个乡。

但是正如我们说过的,中心地位在不同的时间段所表现出来的效果存在一定的差异。随着市场经济的引入,沙子关的中心地位才逐渐在经济方面体现得更加明显。沙子关曾经作为交通、行政(或公共事务)等方面的中心的时候,对人们的生产生活所造成的影响是不大的,因为那样的时代,人们没有足够的条件通过这种中心地位来发展自己。而随着市场经济的资源配置方式被允许之后,物资流动便对人们的生计造成了很重要的影响。市场上的物品越来越丰富,除了那些本土的物资之外,外来的物资也大量流动到这里。人们在刚开始的时候甚至不知道这些物资的来源地是什么地方,然而这些丰富的物资毕竟成功了——它们很快便获得了农民们的青睐,并将农民们卷入进来。这使得农民的生计、生活以及其他方方面面很快与市场联系起来,这都是市场的自由性(相对而言)以及共享性所带来的结果。正是因为沙子关的中心地位在经济(市场)方面凸显出来,而农民的生产生活越来越卷入到市场之中,这使得沙子关的中心地位更加突出,使得这个中心区域具有了某种牵引力,这就为这个地区的未婚人口在择偶方面提供了显著的区位优势。相对而言,正是沙子关的中心地位更加凸显,其周围地域的边缘地位也就随之越来越突出。

上文说到的案例中的农民朱华平向我们说明了龙泛溪这个社区中未婚男青年的择偶困境,并分析了这种困境的经济原因所在。他说:

"农村人找对象,女的条件要求当然要多些,这是可以理解的,因为女子要到男子家去生活嘛,肯定要对男子家的情况要有些要求。在我们队(生产队❶),光棍就有好几个了,人才(人们通常以人才二字来说明外表)方面可以说还是一表人才的,但是家庭的经济不是很好,这就是他们找不到对象的原因。"

另一个中年男子谭明奎不无不屑和无奈地说:

"女娃儿呢,很不好看的也不愁嫁,也有人要。但是男娃儿呢,条件不那么撇(差)的也不一定找得到媳妇,我们队上这些光棍,要是有钱,也还是能够找到的。现在讲感情的少,以前嘛,觉得两家家庭关系还可以,或者别个

---

❶ 人们通常将一个村民小组称为"队",即生产队,当然,一个村民小组也可能被称为不同的生产队,因为在生产队时期,今天的一些村民小组在当时是分属于两个或多个生产队的。生产队这种基层组织方式虽然已经在上世纪80年代解体了,但是人们依然保持了原来的称呼。

认为你这家人为人处世还行,就结成婚姻了。现在,首先是看你的生活条件咋样,手头有没有钱,街上(沙子关)有没有房子。就我们队上这几个光棍,人才上还过得去,但是女子的要求高的嘛,一问街上有没房子,城(石柱县城)边有没房子。就这种条件,马上就把人拦住了。你想想,街上有房子、城边有房子,哪里是那么容易的事情?你们在外面的人更清楚了,买房子多贵啊,街上买个房子都要十几万,更别说城边了。在那种地方买房子,农民没有那种条件,而且一个农民住在那些地方做啥子?自己又没什么生意做,光住在那里怎么生存啊?"

显然,并不是家庭经济条件宽裕的人就具有了择偶优势,除了经济条件之外,还要看住在什么地方。就像上面这些案例中所说明的那样,除了看经济条件之外,女子还要看男子是否在街上或者城边有房子。龙泛溪的一个农民谭启怀向我们说明了其中的道理:

"金铃坝(沙子镇一个地势较高,交通也较为闭塞的山区)这种地方,你说它是好还是不好呢?要说不好,那地方其实也有好的地方,那些地方人口少,地多啊,现在树林也是值钱的。而且,那上面的人都种植烤烟,烤烟在我们这些地方是很赚钱的行当了,要说经济条件,其实上面那些人也不是很差了。但是,那上面的光棍汉又少吗?那些人也不好找媳妇,你想想,再有钱,但是买个什么东西都困难,三天下来赶一场❶都困难。所以你可以看看上面那些人,有条件的就慢慢搬下来了,有些人家拼命种烤烟、种黄连,都是累死人的活路,他们这么拼,很多都是想要在下面买个房子。"

边缘和边缘之间也存在着差距,我们在对沙子镇的地理环境进行介绍的时候详细说明过沙子镇不同区域的地形、气候等多种自然条件,这些条件不仅仅对农民的农业生产产生影响,很重要的是,在今天,它对人们的生计依然造成许多障碍。不同的地理条件提供给人们不同的区位优势,这使得中心与边缘之间形成差距,又使得边缘的各区域之间也存在明显的差异。龙泛溪尽管距离沙子关也较远,但是这里是在山下,地势虽不算十分平坦,但是聚落前面有大面积平坦的稻田,而这里也有一条山村公路直接通向沙子关。相较而言,龙泛溪要比更高的山区具有择偶方面的优势。就像一个农民向我们说明的那样:

---

❶ 赶场是农民们的商业活动,沙子镇的农民们每隔三天将会集中在沙子关赶场,届时人们会将自己家里生产的剩余产品拿到街上卖,同时也从街上购买自己生产生活中所需要的物资。

第二章 婚姻与家庭的建立

"现在是哪里平，哪里方便，人家就喜欢到哪里。我们这里算是撇的地方了吧，但是相对于山上的那些人来说还不算撇，但是我们这里的女娃儿还是觉得我们这里不好啊，她们觉得沙子关才好。你可以去问问，沙子关的女娃儿们肯定也觉得沙子关不好，石柱县城才是好的。"

地域的结构性就这样在未婚人口的择偶条件上体现出来了。我们已经看到，即便是在龙泛溪这样不上不下的村落里，也有许多家庭正在试图在沙子关获得自己的生存空间。我们看到一些家庭在那里租赁一个铺面经营一项小生意，正如这个村民小组长的家庭那样，他家在沙子镇上开了一个小餐馆。马栏坝有些类似于龙泛溪，并且比龙泛溪更加平坦，交通也更加便利，这里通过一段沥青公路与沙子关相连，我们在这里也看到一些家庭在沙子关经营小生意，逐渐在沙子关扎下根来。更高的地区就更加如此了，在金竹寨，那是马栏坝对面的高山，许多家庭已经向下搬迁，有些在低平的地区购买房子居住，条件更好一点的甚至直接在沙子关买房子，或者至少先在这里经营小生意。当然，这种试图向中心靠近的人口迁移并不完全是为了获得择偶优势，还包括其他多方面的考虑。不过，择偶的区位条件显然已经能够从一个侧面体现中心与边缘的差异了。

如上所发生的那些变迁，我们以为在很大程度上源于人们在生计方面的变化。在龙泛溪，未婚的青年都外出打工，已婚的、年轻的夫妇也很少守着家里的田土，都是外出打工或者在镇上做小生意，除非有家事缠身，比如怀孕、哺乳孩子、生病等特殊情况，才会留在村子里。这使得区位优势发生了一些变化，人们不再仅仅关注是否有足够的土地能够养活自己，而是有了别的发展要求。在调查中，年轻的女孩子和媳妇都对男方有住房要求。即便是没有马上兑现，也是男方答应了在街上买房子才结婚的。出过门的年轻人开始攀比，在街上有房子意味着能够过上一直向往的城里人的生活。村里的老年人不明白：年轻的女孩子一心想着街上有房子，但是光有房子，没有活路，怎么过日子？就像谭启怀所说的："光有房子不行，要找活路。"但是在年轻人的经验里，即便是街上随便做个小生意也比在村里强，她们不愿意再过日出而作日落而息的农村生活，认为街上的生活"好要些"。另外，她们已经开始考虑将来孩子的教育问题，因为中心与边缘在教育方面所体现出来的差异更加显著。有些条件好的，已经考虑要在石柱买房子。对于很多适婚年龄的男青年来说，"房子就把人拦住了"。尤其是住在高山上的小伙子，即便有钱，若是不能保证在街上有房子、有铺子，择偶就成了大问题。就像项超东的大女儿那样，别人给她介绍个对象，男方承诺在石柱买房，她才答应；后来男方没有实力买房，总是拖，到了最后只好退婚。在对老一辈的调查中我们了解到，过去这个地方的女孩子择偶也要看"荡子"❶。但是那个时候，看"荡子"只是看有没有水田、出不出稻米、交通是否方便、比自己娘家地方是否要好，女娃一般是从地势高的地方嫁到地势低的地方。现在的情况发生变化了，龙泛溪尽管交通方便，又有高速路和铁路从旁边通过（当然这里没有高速公路的出入口也没有在建铁路的站点），但是女性的要求也在发展，即便一些没有读多少书的农村女性打工回来，还是要在本地找对象，但是也不想待在农村，不想种田，都想住在街上，住在城里。

第二节 爱情：婚姻中的情感因素

我们在探讨婚姻这项社会事项的时候，经常将爱情放置在婚姻之外，这事实上有其一定的道理。首先，爱情和婚姻显然不是一回事，爱情所牵涉的是两个个体之间的关系，而婚姻所牵涉的范围就广得多了。即便是农民，他们本身也懂得一个重要的道理：谈恋爱的时候是两个人的世界，但是结了婚之后便成了一个世界中的两个人。另外，对于社会科学而言，爱情这件事情似乎是不容易进行研究的，感情是一种较为不稳定的因素，它在很大程度上并不可控。不过，我们在这里还是会将情感作为婚姻的择偶条件作些说明，因为在现在看来，情感因素对婚姻所造成的影响是显而易见的。在此前的历史时代，我们从来也没有发现过像今天这样将婚姻在很大程度上依靠感情来维系的情况。可以说，越来越多的婚姻依赖于情感，一方面体现了婚姻主体的自主性，为这些人获得了很大程度上的自由，但是显然，这种情况对社会所造成的一些负面影响也是显著的。就像此前通行的那种"父母之命，媒妁之言"的择偶方式一样，它也有利有弊，一方面压抑住婚姻中的情感因素，为婚姻的缔结和维系排除了一些不稳定因素（我们已经说过，爱情算得上是较为不稳定的因素）；另一方面，这种择偶方式太过于忽略了婚姻主体的主体性。

显然，在不同的社会背景中，人们的择偶方式当然是不同的。在我们的社会背景中，择偶方式的变迁大致有一条主线来串联，那就是婚姻主体的主体性

---

❶ 也就是"地方"的意思，主要是指地理条件。

越来越凸显,而与婚姻主体相关联的社会群体在婚姻中的作用则显得越来越乏力,或者说其作用方式发生了某些变迁。这条变迁的主线,在我们所熟知的中国社会(希望这个概念不至于太大)发生的时间还并不长久,在我们所集中考察的社区当中,不同年龄段的人口所实行的择偶方式颇不相同,对不同年龄段的人口进行考察,便能够知晓不同的历史时期人们的择偶方式的不同。总体而言,这条主线所体现出来的婚姻双方的主体性的增强,事实上在很大程度上表现为个体情感因素的引入,而且看来这种因素对婚姻的影响力在逐渐增强。如下,我们将对社区中不同年龄段的人口的择偶方式做出说明。

一、父母辈:"被爱情遗忘的角落"

> 谁知道角落这个地方,
> 爱情已将它久久遗忘?
> 当年它曾在村边徘徊徘徊,
> 为什么从此音容渺茫?
> 嗯——嗯——嗯——嗯——
>
> 谁知道角落这个地方,
> 春天已将它久久遗忘?
> 当年它曾在山口停留停留,
> 到何时它再愿来此探望?
> 嗯——嗯——嗯——嗯——
>
> 谁知道角落这个地方,
> 爱情已将它久久遗忘?
> 当年它曾在村边徘徊徘徊,
> 为什么从此音容渺茫?
> 嗯——嗯——嗯——嗯——

这是一首在20世纪八九十年代较为流行的歌曲《角落之歌》,它是作为一部也稍有影响的电影《被爱情遗忘的角落》的一小段插曲。这部电影由峨眉电影制片厂于1981年公开发行,讲述的是一组农村爱情故事,这一爱情故事发生于"文革"末期,极"左"的思潮在那个时代几乎等同于所谓传统的"礼教",它们二者之间有某种异曲同工之妙。影片讲述农村一对姐妹的爱情故事,姐姐在追求自由爱情中殉情,而妹妹因此则处于十分矛盾的心理和行为困境之中。故事的结尾扭转了影片一直渲染的那种悲剧氛围，因为十一届三中全会的召开使得妹妹有了追求爱情与婚姻自主的勇气，并最终朝着自己内心所憧憬的那种爱情和婚姻前行。相比之下，电影似乎没有这首插曲那么流行，这也许与电影和音乐的普及方式有些关系。这首插曲由当时红极一时的台湾少女歌手卓依婷所唱，这位歌手的歌曲风格多样，却以其柔情、婉转的曲风为人们所熟知。这首《角落之歌》正是以这样的曲风，将影片的故事甚至那个时代娓娓道来，以重章复唱的修辞将那个时代对于爱情、婚姻的个体体验简短地抽离出来，使人们不仅反思自己的人生，也反思一个完整的时代。

1950年，新中国的《婚姻法》颁布，这是一部承认婚姻自主的法律，也可以说，这是国家对个体亲密关系进行进一步干预的又一重要里程。一些年长的农民依然还记得他们结婚的时候，两人一同到民政部门登记领证，办理结婚证书的工作人员首先就会依次询问这对男女："你是不是自己同意的？"这种政治（或者说国家）关怀下的婚姻对于当时的人而言，确实已经在很大程度上获得了自主性，婚姻主体的主体性在这个时代逐渐体现出来。但是，值得说明的是，这里所涉及的是"意愿"，而不是"情感"。父母与媒人依然在婚姻中扮演者十分重要的角色，人们依然没有敢于自己去寻找自己另一半的勇气，通过别人的介绍是极为普通的途径。爱情似乎还并没有让人们觉得它是如何吸引人的，因为在农村，几乎很少有哪个个体有过这样的体验，更何况将这种体验传播开来而去影响更多的年轻人呢？另外，政治因素的影响显然是有限的，尽管新的《婚姻法》已经在很大程度上为人们获得婚姻与恋爱自主提供了重要的保障，但是深植于人们身体内部的那种文化观念并不因此而完全改变。一些人尝试着去实验国家所赋予的那种权利，但是个体始终不是在国家的层面生活，而是在更小的（像是农村社区以及各种复杂的亲属关系之中）层面生活，他们所面临的与其说是国家是否承认，不如说是与他们熟悉的那些人是否承认的问题。因为长久的文化积习，人们很难在较短的时间内适应国家所提供的那种宽松的环境。

龙泛溪有一个小聚落叫做石柱团，因为龙泛溪曾经分由两个不同的县域，被称作石柱团的这个小聚落隶属于石柱县，而其余的部分则隶属于忠县。当时的人们将开会称作齐团，所以叫属于石柱县的那个小聚落为石柱团。向超生就住在石柱团，他在很长的时期（直到今天依然偶尔的）常常在婚礼上喊礼，懂得很多传统的婚俗礼仪。在村里，他算得上是那种能说会道的人，并且别人认为他还颇有见识。他的妻子有很严重的哮喘病，在我们对他们夫妇进行访谈的时候，她一边喘着气一边指责她的丈夫，要让他去看在外面吃草的牛。他并不去理会，向我们说起他那个时候的处境：

"我的父亲在国民党的时期当过保长，家里确实有些资产，所以在解放以后，我们的成分便被划为富农。在那个时候，一个家庭的成分是很重要的，队里有什么好事，先想到成分好的人，有什么不好的事，则先想到成分不好的人，我们那个时候都是夹着尾巴做人的。成分不好，即便是找个媳妇也是很难的事情。所以，我们找媳妇就不能够挑，人家愿意来跟着你受罪已经是很不错的事情了。我那个时候不仅是家庭成分不好，家庭经济也很不好，成分不好的人在那个时候受到很多歧视，在经济分配上也经常是这样的。她（指的是自己的妻子）之所以愿意嫁过来，也是因为她家的条件不好，虽然她们家的成分比我们要好些，但是她们家的经济条件也很差。她的父母在她还小的时候就双双去世了，有一个姐姐和一个弟弟，姐弟三人艰难地生活。她和我结婚的时候已经20岁了，在我们那个时代，20岁结婚算是正常的年龄，还感觉有些大了呢，有些人家的女子十八九就结婚，也很正常。我那个时候就知道她从小就有支气管炎，但是没办法，我当时就已经22岁了。之前我也找过别的，有一个是湖镇的人，首先已经说好了，都已经取了同意了，刚开始的时候女的也知道我家的成分不是很好，但是她还没有很害怕，后来她的那些三亲六戚一个个跟她说家庭成分不好对以后的生活有多大的影响，她一害怕，就退了。人家退了，我们也无法，大家都知道，成分不好真的不好过日子，有点什么临时工可以做，但是人是多的，人家就用成分来卡，你成分不好，那就轮不到你。"

"我和她（指的是自己的妻子）之前根本就不认识，我三姐给我介绍的。我还记得第一次正式见面还是取同意的时候，取同意就正式谈婚论嫁了，我们那个时候才正式见面，现在的人根本不能想象的。之前见过一次，但是那都是远远看到的，我记得我们在阳伙坪劳动，她们也在那边劳动，我身边的人就开我的玩笑，然后指给我看。这样看了一次以后，晓得了，就经常能够看到。那是新社会了，大集体生产的时期嘛，各个生产队做各自的活路，有时候她们生产队在和我们生产队相邻的地方劳动，就经常能够看到她，但是没有时间说话，也不好意思。取同意之后，过年的时候我去她家，平时也不去，她就几乎不过来了。一般都是男子去女子家，女子来男子家别人会说闲话，说女子等不得之类的话。直到结婚以后，我们才真正住在一起，也才慢慢适应了，之前我去她家，她很少说话，害羞。我们的婚姻，算起来的话，她是她姐姐做主的，我是我父亲做主的，当然，我们都是同意了的。"

这个案例似乎可以告诉我们一点，人们的婚姻在很大程度上乃是为了生存，它并不是要使婚姻主体之间的情感最终修成正果。我们从案例中看到，家庭条件在很大程度上成为人们择偶所要考虑的因素，这是一个最基本的、怎么生存的问题，在这样的背景下，人们当然不能去考虑关于情感的因素了。在婚前，他们甚至没有正式见过面，而直到婚姻缔结的仪式过程开始之后，他们才逐渐寻求相互之间的适应，可是即便如此，这段时间的适应也是困难的，正如案例中告诉我们的那样，女子具有一种对婚姻难以启齿的特质，文化积习对他们之间的适应造成一些障碍。这个案例同时告诉了我们上文中所说的，在一定的历史时期，人们的阶级成分在很大程度上也是择偶条件之一。不过，阶级成分的划分在很大程度上还是对人们的生计环境造成影响，进而才成为人们的择偶条件的。所以，在那个时期，生存是人们考虑婚姻的最主要因素。

60多岁的谭文奇整日用背篓背着几个月大的外孙，身边还跟着五岁的外孙女。隔了近半个世纪的时光，对于自己的婚姻大事，他依然记忆犹新：

"我二十二三岁结婚，对于那个时代来说算是不早不晚，年龄还是适合的。我十几岁就是农业社的会计。农业社派人出去找副业，这些做副业的人经常在不同的地方走动，所以认识的人当然也多。我们就是那些出去找副业的人给介绍的，他们去她家那边做活路，就给我介绍了。那时候还分着区呢，她家是马武区洗新乡的人，就是现在的马武镇那边的洗新乡。我们属于沙子区，分属于两个区。隔得这么远，所以我们从来都不认识，当中还隔着几个乡呢，隔着粟新乡、卷店乡等，从来没看到过。介绍的人说她人才很好，其实他是骗我的，人才还可以，但是有支气管炎，他从来没跟我说。那个时候在正式谈婚论嫁之前兴男子去女子家看看，相互了解之后才征求大家意见，同不同意。第一次，我们要去看人，他们怕我看不上，就把女子安排出去，没叫我看到人，没说到话。那次去耍了一天，很大个地盘，农业社上坡，妹子多，女人多，不知是哪个。介绍的跟我说：'不用看人了，人是可以的。'我说：'你怎不指给我看？'他说妹子怕笑（羞）。所以最终没认到人，因为没看到人，所以很不高兴，说了去看人的，结果没看到，可能有问题，所以回家之后我就不谈这事了。介绍的人又来找我哥哥，我哥哥那人老实，他跟介绍的人说：'不就是谈个婚姻嘛，等到秋收了，把人看到之后，可以的话就结婚。'后来我哥就催我去看人，我不去，第一次没看到觉得没什么看场了。那段时间生产队正好办一批木料去六塘坝（现在的六塘乡）那边，生产队男女老少都去背木料，我是会计，要结账，所以也跟着去。结了账之后，一路转来，又谈到婚姻的事情，我哥哥说：'她家就在路边不远，你去过的，再去看一下嘛。'我想既然到这个地方了，那就去看看嘛，说不定这次能看上人，看不上的话我哥以后也不会催我了，就去看人。那晚她家就留我们住，不许我们走，好茶好饭地给我们办招待。她家里还有两个妹妹，人才可以，好几个妹子一起，哥哥一看，说可以。哥哥又不知道说的是哪个，他直接就给别个说可以了。她的哥哥提头说要订婚、看人户。我那时马上开县代会，我哥哥就和她家里人商量领结婚证的事情，我哥说先把手续拿了，别的事情再说。第二天，吃了饭一起去扯结婚证，她的四个妹子一路，三四个男的陪着。到公社，文书喊：'女的是哪个？'四个中有人答应了，不是那两个妹子，比那两个孬撇些，脸色差些，个子矮点，当时一看，觉得也还可以。办结婚证的文书问：'欢喜不欢喜？怎么谈的？'她那一路的怕我扯拐（当地口语，不同意的意思），扯不到证，就说：'不欢喜怎么来？年轻人怕羞，不要左问右问了。'就这样扯了证，带回我家，实际我也不会扯拐。那晚她们家的人和我们这边的人喝酒，那时候是"文革"后期了，物资缺乏，我和供销社关系好，打了几斤酒，在我屋喝酒。再也不能变卦了，都已经约了腊月初二结婚了。结婚的时候，人一来，我才知道有支气管炎，人才本来就不怎么好，还是个病人！我们父母也早不在了，除了兄弟没什么人，她怕我不欢喜，对我态度一直相当好，洗衣、做衣服、一起劳动，做饭味道好，一起过下来，生了两个女儿，生二女儿后病就开始重了，肺气肿拖了八年，那年的九月间就死了，死的时候她四十三岁，我二女儿那个时候才八岁。"

显然，即便新的《婚姻法》已经给人们提供了很大的自主空间，但是这项政令并不能得到很好的实行，毕竟婚姻并不是一件简单的事情，国家力量的渗透并不可能那么容易。这项法令，与其说鼓励人们去创造新的婚姻方式和家庭生活，不如说是防止不幸的婚姻方式和家庭生活的发生。人们可以通过别的方式来实现婚姻的控制，最重要的就是文化积习的影响力，而这一点并不会因为法令的出台而迅速瓦解。我们从上述的案例中可以看出，婚前交往绝不能够随意，几乎每一次的交往都应该是在正式层面上的，需要一种由头，而且应该是十分透明的，不仅仅是对双方的家庭实现透明，而且对周围的人也需要透明化，这是维护婚姻主体的名誉以及婚姻的神圣性不可改变的，他们需要以"正式"的途径获得周遭的承认，而绝不应该以私密的交往而获得周遭的闲言碎语，这对他们的家庭以及他们将来的婚姻都是不利的。一个老人说："女的一般不让看，怕害羞。"女性不应该在婚前表现出对婚姻的期待，她们需要通过各种方式来回避与未婚夫的相遇或者哪怕打一个再平常不过的招呼。一个年长的女性告诉我们她曾经有一段现在还觉得尴尬的事情：

"结婚之前我只和他说过一句话。那天是去赶场，大家都走在路上，他有一架单车，自己骑。我们几个走在前面，他从后面来，骑到我们身边的时候他就停下来了，我当时觉得很不好意思，因为别人都知道我们是取了同意的，害羞。他要我坐他的单车，说：'你坐嘛'，我说'不坐'，他才又骑着往前面去了，那是结婚前唯一一次说话。"

今天看来，这是再正常不过的事情，但是在那个时代，却能够引起人们尴尬的感受。未婚夫妇之间绝不会在一起行走，当然就更不可能单独在一个屋子里待着了，如果发生了这样的事情，一切的闲话便会由此而生。一个年长的男人调侃似地对我们说了一句颇有道理的话："我们结婚的时候，是先结婚，然后谈恋爱，和现在相反。"这话也许能够总结那个时代的婚恋状况，不过明显的是，婚后的夫妻之间难以存在现在年轻群体的那种恋爱关系，我们从来只看到年长的夫妇之间经常处于一种相互斗嘴和抱怨当中，他们很少能够在外人面前表现出温情的一面（至于幕后的夫妻关系，我们难以考察），不过情况有了一些转变，那就是一些颇显乐观的老夫妻经常会在生活中相互玩笑，这种现象并没有被人认为是不合时宜的，而逐渐被认为是二者有着良好的情感基础的表现。

一个忽略个人情感和个体本身重要性的时代，许多年轻人甚至失去追求自主婚姻的愿望，更何况机会呢？个别率先一步重视个人情感又有勇气付诸行动的年轻人，往往会比按部就班的人经历更曲折的人生。而且这样的个案因为与当时的大环境不相符，所以更容易被人们记住。有几兄弟是我们可以加以说明的，他们似乎算得上是龙泛溪这个小山村中首先实现婚恋自主的人。

石柱团的谭明扬，他第一个媳妇是河对面的，他开始就不同意，看不上那女的，自己不要，但是父母喜欢，硬是接来了。结婚一两年就离了婚。第二个媳妇是他干妈介绍的，水田的，那边地方撇，荡子不好，所以嫁给明扬，比他小十多岁呢。后面这个，和他相和，一直生活到今天。谭明扬的三兄弟在追求自身幸福的过程中，都与传统的礼俗和规矩做了不同程度的抗争。谭明扬没有办法违抗"父母之命"只能结婚，但是最终他选择了离婚。他的四弟谭明林，上世纪70年代在公社放电影，与农场做饭的女青年项超连自由恋爱，后结婚生子，再后来明林炸鱼时被雷管炸死，媳妇改嫁石柱，有些闲话说这也许是不听老人的话的结果。谭明扬的二弟谭明夏,读书回来在村里做赤脚医生,后来又读了卫校,在沙子医院当上正式医生,家里包办了媳妇陈书云。但他在医院喜欢个护士。当时影响不好,为这事,和院长打架,把院长打晕了,他以为把人打死了,就自己吃了医院的药,在送石柱的路上死了。当时谭明夏二十多岁,用村里人的话说"医术非常可以"。谭家的三兄弟是特殊的案例。大部分的家庭,正像谭萍说的:"只有那些年,好也过一辈子,不好也过一辈子。"

当时也有个别的年轻人有机会找到自己中意的伴侣,张少玉原来住在石柱团,他的媳妇当时住新院子,他们从小认识,用他自己的话说:"婆婆就是这里人,过去那个坝坝。我以前在石柱团住,一个队,开始,小孩时就认识。我自己看好的,请我的表姐姐介绍。"双方都有意,又找了自家表姐当个介绍人,两家大人都同意了这门亲事。这是较为特别的案例,因为这两个家庭事实上以前就建立了较为良好的关系,这为张少玉的自由婚姻提供了一种社会条件。

自1950年中国历史上第一部《婚姻法》颁布,它的基本原则就是:"废除包办强迫、男尊女卑、漠视子女利益的封建主义婚姻制度。实行男女婚姻自由、一夫一妻、男女权利平等、保护妇女和子女合法利益的新民主主义婚姻制度。""结婚须男女双方本人完全自愿,不许任何一方对他方加以强迫或任何第三者加以干涉。"虽然在少数民族地区有自己世代传承下的礼俗和习惯,尤其在婚嫁问题上,观念根植于人们的思想中,并且涵化至下一代,使得《婚姻法》所提出的"婚姻自由"依然是高高在上的国家话语,但是毕竟为年轻一代择偶权利的增长提供了土壤。从集体化年代到改革开放初期,"父母之命,媒妁之言"逐渐为"媒妁之言,子女同意"所取代,从"包办婚姻"过渡到"介绍型婚姻"。父母不再一手遮天包办儿女婚姻,儿女可以在婚姻大事上表达自己的意愿。

二、自由恋爱:年轻一代权利的上升

前些日子,谭明扬和他的妻子金中玉一直在家中忙碌着,他们为了迎接在西藏当兵的儿子谭勇回家过年,已经忙了好些日子了。我们早在谭明扬的儿子回家之前就已经造访过几次他的家。谭明扬是一个极其开朗的长者,每天都有无数的笑话等着我们去听。有一次我们去访问他的时候,他很高兴地告诉我们,他已经接到儿子的电话,过不久他的儿子就会回家,今年在家里过年。他还一再邀请我们，他儿子回来的那天，他们会办一顿很丰盛的伙食，让我们务必要到，顺便也算是正式招待我们一次。我们在那天确实参与了这个家庭的聚会，同谭勇一起来的，有些是他的朋友，其中有一个女子，但我们并没有跟这些人做过多的交流。谭勇二十七八岁的样子，在西藏当兵，已经提干做了士官，虽然艰苦，却领着不少的津贴，并且当兵的人，有一副俊朗的外表，在言行举止方面总有些吸引女子的特质，在择偶方面显得很有些优势所在。

然而这些日子，谭勇在家的时间并不多，经常出去，甚至一连出去几天也不回家。于是，当我们再次造访谭明扬的家的时候，发现他们夫妇愁眉不展。本来当兵在外的儿子谭勇回家了是件极其高兴的事情，但是儿子这次带回来的女娃是他的女朋友，从长相、说话等方面老两口都很不满意，年龄上还比谭勇大一岁，这也是老两口难以接受的事情。谭明扬说："他一年带回来一个，现在为止已经带回来过四个了；有一个是重庆的，另一个是石柱的，后来是沙子的，现在带来的这个竟然是山西的。有一次带回的，比现在带回来的这个还黑，简直像是从煤炭里爬出来的。去年带回来的那个女娃，是沙子街上的，人才蛮好的，自己还很有本事，做服装生意，在街上开个服装店。我们大人都很喜欢这个女娃，觉得做儿媳妇是很好的选择。后来他们合不来了，要分手，我们大人舍不得，但是他不愿意，还是分手了。但是他很不像话，就像做生意一样，他是'婚姻不成仁义在'，与这些女娃都还有联系！他说做不了夫妻也可以是朋友！"谭明扬在年轻的时候，冲破世俗，为自己的婚姻做主；而现在，对于儿子的婚姻，他也只能是个旁观者了，婚恋自由竟然给他这个始作俑者带来了困扰，这是多么微妙的变化呢。

家庭或者说父母逐渐退出子女的择偶过程，大概是从一些悲剧发生之后便逐渐开始了。在我们的考察中，经常能够听到一些关于子女与父母在择偶方面因为具有不同意见而发生的悲剧，较为平常的悲剧发生方式是殉情。

"她伯伯屋头的娃儿，找了个媳妇，那媳妇是张家湾的，女方大人不同意，觉得这个地势不好，家庭条件也差。两个拿不到户口簿去取结婚证，就喝农药死了。当时他们在沙子关租了个屋子，在那里面一起喝农药死的。要是不死，现在也有三十多岁了，说不定娃儿都上学几年了。那男娃儿人才还是蛮好的，女子也不错，也漂亮，很可惜的。两家大人都哭，各自处理各自的。"

这个故事有着不同的版本，在沙子镇，几乎年龄稍长的人都知道这件事情。案例中所言的张家湾就是沙子场镇上一个角落的小地名，我们已经分析过关于这里在生存上的优势以及在整个沙子镇的中心区位,所以,按照通常的择偶理性,这里无论是男性还是女性都应该具有很好的条件的。上面案例中的女主角就住在这里,按照其父母的理想,她应该至少出嫁在街上,或者更好一点,嫁到更好的县城去。然而正如我们已经说过的,情感因素对年轻人的择偶所产生的影响越来越明显,他们在结婚之前很少去思考将来的生活,事实上也难以去思考,因为没有足够的经验使他们对未来有一个蓝图。相反,他们却在过去的日常生活中看到他们的父辈们是如何生活的,在这些年轻人看来,他们甚至觉得他们的父母根本毫无感情可言,因为共同的责任和义务(大多是为了孩子)而在相互争吵和抱怨中度过一生。而且,奇怪的是,父母在这个时候特别容易将他们之间的争执和抱怨归咎于他们的父母曾经没有充分给予他们婚恋的自由,这是导致他们今天这样生活的最根本的原因。这种想法当然具有颇为合理的一面,因为有些年长的夫妻在结婚的时候确实没有足够的自由来自己选择终身伴侣。不过,这种思想大概也是晚近才会有的,因为新时代婚恋自由的法律基础以及社会背景使得他们对自己的人生做了这样的反思。然而,他们万万没有想到的是,在他们夫妻之间依然抱怨的时候,他们的子女已经长大到足以谈婚论嫁的年龄了。此时,他们作为父母,处于一种十分尴尬的境地,一方面,他们确实领教了没有婚恋自由所带给他们一生的苦恼;另一方面,他们却自认为自己所经历的无数辛酸可以作为子女们在择偶方面的教材,而自己则成为导师。凭借自己的人生经历,以一种为子女的将来着想的心态,他们继他们的父母之后又开始了对子女的婚恋的干涉。就在他们没有控制住自己的干涉力度的时候,上述的那类悲剧就发生了。

这种悲剧在以往可能难以引起人们的同情,反而引来诸多的闲言碎语。不过,随着时代的变迁,人们逐渐同情起这些人来,人们在同情这些殉情者的同时,还经常伴有对殉情者父母的责难。而且,这些殉情者似乎为后来的年轻人在争取婚恋自由以及在婚姻中注入感情的因素而做了先驱,他们(以及她们)显然获得了一定的成果,尽管今天所看到的这种婚恋自由并不完全是这些殉情者的成果,但是多少是产生过一些影响的。我们在听到这个悲剧的时候,通常也会听到告诉我们这一悲剧的人们在子女择偶方面的一些观念的表达。这个悲剧成为一个反面教材,它给作父母的提了一个醒,就是在多大程度上去控制子女们的婚恋。这一力度显然是难以掌控的,控制不住的话就会使得年轻人完全趋于自由,而这种自由无论对于年轻人还是对于他们的家庭而言都不全然是有利的。

龙泛溪的一个女孩在沙子镇上的一家小餐馆中打工，在打工的过程中与一个男子谈恋爱。她一直隐瞒着自己的父母，直到几个月之后，她的父母才知道她谈对象这件事情。然而她的父母并没有为此大为光火，反而冷静地说："她们自己愿意就行，都是她们自己的事情，将来的日子要靠她们自己过。"这样的情况事实上还算是正常的，现在的年轻人普遍不会在恋爱的早期将自己的事情告知他们的父母，他们认为那是不必要的，因为这只会将更多的人以及更加复杂的关系扯进他们的爱情关系中来。不过，更为严重的事情就是在十分自由的处境中发生的。我们在龙泛溪还了解到一个更严重的案例，一个女孩在只有十几岁的时候就出去打工了，脱离父母管束的她在外地过着十分自由的生活，在感情上尤其有自己的自由。父母远在异地，只能在电话中关注女儿的生活问题，至于感情，他们通常只是提醒，而并无什么可行的措施来加以控制。就这样，这个女孩在几年之后带着孩子及其丈夫回到了家乡看望自己的父母。她的丈夫是四川宜宾人，在此之前，女孩的父母从来未曾见过这个男子。父母在这件事情上显然是蒙羞了，但是他们已经没有什么退路了，女儿的孩子都已经能够牙牙学语了。他们只是无奈地说："她自己都已经同意了，婚都结了，我们不同意有什么办法吗？"这对年轻的夫妻没有现代意义上的合法性，因为他们甚至还没有办理结婚证书，女孩从来也没有回来拿过户口簿去办理，现在有了孩子，他们将会面临着国家政策的各项限制甚至是不轻的罚款。尽管人们能够为那种殉情者表示同情，但是对于这种过度的自由则是不齿的，他们甚至在教育自己的子女（尤其是女儿）的时候将这件不光彩的事情作为一个反面教材。

我们已经从来自各方的案例中知道，人口流动已经对人们的婚姻造成很大的影响，这在沙子镇当然也是不能例外的。我们将会在后文中说明人们的通婚圈的变化情况，通婚圈在地域上的扩大事实上与人口流动存在很大的关联度。而且，情况还不止于此，人口流动或者对人们的婚姻观念造成的影响更是严重，农村的年轻人在很多方面受到城市人的影响，其中包括生活方式方面的，也包括婚姻观念方面的，从那里，他们更加坚信婚姻应该建立在足够稳定的感情基础之上。而且，一些年轻人已经能够较为娴熟地将爱情和婚姻这两件事区分开来，一些本就认为大概没有结果的爱情依然在一些年轻人之间进行。流动人口在外地难以受到父母的控制，他们在外地便很容易发生自由的情感表达。而父母对子女的婚恋难以控制的原因除了人口流动之外，还出于别的因素的考虑。一个自己的儿子刚刚结婚的父亲曾向我们说明了他的策略：

"我们（指的是自己和孩子的母亲）曾经也给他介绍过，找人帮他打听合适的女娃儿,他哪里会同意呢?现在的年轻人,他们自己找女朋友才能够说明他们的本事,一个男娃儿要是靠自己的父母给他介绍媳妇,他在朋友中间也是不好意思的。所以我们给他介绍,他都不干,说他看不上,反正是左挑右挑,最终都是不喜欢。后来我们一想,算了,还是让他自己去找吧,现在的这些人吵个架也会想到以前没有得自由,我们也不想将来背那个名。我们就不参与他们了,让他们自己谈他们的,将来有什么好和歹,那都是他们自己的事情;大人要是参与了,将来有什么问题,全都是大人的不是。"

这种观念是极为普遍的,我们难以去追究这到底是作为父母的人已经失去了对子女婚恋的控制的环境之后的无奈,还是他们真正的理性思考的结果。总之,来自各方面的原因已经使得现在年轻人的婚恋自由逐渐增强,他们越来越多地将自己的婚姻建立在自认为足以支撑他们一辈子的感情基础之上。这甚至已经不只是年轻人的想法了,作为父母的那一代人,他们无论出于什么样的考虑,或者是出于什么样的压力,总之他们也逐渐淡出年轻人的婚恋中。不过,这一转变当然还并没有那么彻底,其主要表现就是年轻人在追求自己的婚姻自由中依然存在一定的压力,他们需要与父母之间形成较为一致的妥协,因为这还关系到将来的家庭关系的协调。另一方面,父母的尴尬境地十分明显,就像我们在讨论这一问题的一开头就举出那个案例中的父母一样,他们自己甚至也是冲破所谓传统礼教的始作俑者,但是当他们作为父母面对子女的婚恋问题时,自己却陷入了困扰。

第三节 通婚圈及其他婚姻限制

我们在这一节想要说明的,事实上还是关于婚姻的条件问题。在上文中,我们从人们的择偶标准以及婚姻主体的感情因素来说明了在什么样的情况下两个年轻人容易走在一起,缔结一段完美的婚姻。然而我们可以发现,上述的说明和分析在很大程度上体现为一种个体的"选择",婚姻双方在这里具有一种主动性的态势。不过,我们现在要说明的婚姻条件,与上文中所说明的那几种条件稍微不同,它对婚姻本身而言具有某种消极的影响,也就是说,它对婚姻的缔结产生一种阻碍,这是婚姻主体难以选择的。这种限制主要分为两个方面,一是因其社会发展程度之不同,人们的活动范围受到不同程度的限制,这使得人们在地域上的通婚圈只能够限制在一定的范围内,但是近些年来有不断扩大的趋势；二是基于各项婚姻传统，一些固有的婚姻观念依然在影响着人们选择什么样的婚姻对象，这主要通过一种社会或者文化禁忌来达到效果，但是这些限制在近些年来也发生了一些变化，使得这种限制逐渐变得松弛起来。

一、传统的通婚圈

通婚圈即是婚姻的地理边界，通常也在不同的历史时期发生着不同的变化。在我们所考察的龙泛溪，现在已婚的男女在通婚圈方面来看依然是较为狭窄的。我们可以通过对从外嫁入的媳妇的来源以及本地女子外嫁的地理范围对这个方面做些简要的说明。在石柱团和龙泛溪（这是一个社区的两个不同的小聚落），它们之间的婚姻连接也是较为平常的，有两地之间互为婚嫁的传统。当然，更小的通婚圈甚至还体现在同一个小聚落之中，我们能够看到一些年长的夫妇原是同一个聚落里的人，他们从小就相互认识，他们的家庭也早已存在一定的关系，在婚姻主要由婚姻主体的家庭主导的年代，两个相互距离不远而且两个家庭之间本就具有某种良好的关系的年轻人是很容易成为婚配对象的。但是因为聚落本身并不足够大到能够在内部解决婚姻问题的程度，而且，人们有一种同姓不婚的传统观念，这从很大程度上限制了聚落内部的通婚状况。于是，聚落之间的相互通婚在一些历史时期成为较为普遍的通婚圈状况。在一个乡镇之内，人们尽管不能够完全相互了解，但是对不同的地区总是具有某种大致的知识，在这样的基础上，通过一个经常来往于各个村落之间的媒人，在不同村落的两个家庭之间也很可能成为姻亲。

总之，比较通行的通婚情况是：在原来的社会关系基础上实现更亲密的社会关系的建立。也就是说，曾经的婚姻总是建立在原本就具有某些关系的两个家庭之间。这样，通婚基础上的婚姻缔结成为更为广泛的方式，在一个村落的一户农民与另一个村落的另一户农民之间成为姻亲之后，事实上这两个村落也就发生了很密切的联系。关于这一点，我们需要做一个较为详细的说明。居住在不同村落之间的两个家庭之间的婚姻，事实上并不仅仅局限于建立两个家庭之间的关系，而是将两个大的亲属关系集团通过这两个家庭之间的婚姻联系而联系起来。这种情况体现得最为显著的，应该算是这两个已经成为姻亲的家庭的各种仪式及会头了，在这些仪式和会头中，两个家庭中的其中一方作为举行仪式或者举办会头的主体，而作为姻亲的另一方则会在这个过程中积极配合。而现实中存在的情况是，每一个家庭举办会头都不是这个家庭自己的事情，它将受到与这个家庭存在一些社会关系的人群的广泛支持,除了协助其举行仪式和举办会头之外,他们还将以宾客的形式参与到这个会头中来,以表明和强化他们与这个举行仪式和举办会头的家庭之间的固有关系。而作为配合者的姻亲家庭,他们也并不是以一种单独的力量来配合亲家举行仪式和举办会头,很明显的是,他们将会组织那些与他们存在一些固有关系的人群同他们一起协助和参与到亲家的仪式和会头之中。我们可以简要地说明人们一生当中所有所要举行的仪式和举办的会头,通过这些仪式和会头的参与者的分析,来说明仪式和会头在建立更广的社会关系方面所显示出来的力量。

一个农民的出生总是分为两个过程,一是生物学的诞生过程;二是社会学的诞生过程。当一个孩子出生以后,在一定的时间内(通常不会超过几个月),他的家庭将会为其举办一次会头,人们将这种会头称为"酸糟"。在这个会头之中,与这个孩子同居住在一个村落的社区成员都会来帮助这个家庭举办会头,并且在正式的会头当天还会成为宾客而送来礼金,参与到整个会头之中。而这个新出生的孩子的母系亲属,也就是通过他的母亲联系起来的那些社会关系中的人群也在孩子的出生仪式和会头中具有一定的义务,他的外婆家会组织一群人来"打酸糟",这些人甚至可以与这个孩子的家庭原本不存在任何社会关系,而只是单纯地与这个孩子的母亲或者这个孩子的外婆家具有一些社会关系。于是,这个孩子的两个社会亲属团体通过一个会头而联系起来。在婚礼当中情况也是如此,结婚者的父系亲属(以及自己村落的人)协助自己的父母为自己举办会头,而他的母系亲属集团也会在此时来见证他的婚礼。并且,他的婚礼又将建立一段姻亲关系,他需要组织一些年轻人和他一起去娶亲,而新娘也会组织一队人陪同她,是为送亲。一个家庭建立了自己的新房子,也会举办一个会头,称作"短水",这时候,除了他的父系亲属(以及与自己同村落的人)有义务参与进来之外,这个家庭的女主人原来的家庭也有义务组织一群人来庆祝,带来一些仪式性的礼物(我们还听说有部分家庭经济条件好的,会在女儿家举办"短水"的时候如同嫁女儿的时候那样送来许多家具)。社会关系显得更加复杂的会头或者应该算是葬礼了,人们又将这样的会头称为"白会"。一个老人去世之后,他的所有的父系亲属都会在葬礼的那天参与悼念,而且作为他的晚辈们,还会披麻戴孝(根据关系的不同,戴孝的规格也有所不同,此处从略)。此外,这个老人已经出嫁了的女儿们则会组织一群人来参与对老人的悼念,这一活动被称作"烧香"。这些如今去世的老人们大都不止一个女儿,每一个女儿都单独组织自己的烧香队伍前来烧香悼念,如果这个老人还有干女儿的话,他干女儿也极有可能会组织一个单独的烧香队伍前来。这使得白会成为所有会头中社会关系最为复杂的会头,也是社会关系最为广泛的会头,人们在会头中所接触到的是来自不同村落的人(如果这个去世了的老人的几个女儿出嫁到不同的村落的话)。

如上对不同的会头所做的分析所知,人们在会头中不断创造不同的社会关系,使得不同村落中的人在同一个会头中发生了联系。这种联系看起来是无关紧要的,原因是人们只在这一个会头中见上一面,甚至可能完全没有说过一句话,不过,我们在前面所说明的那些会头是经常发生的,我们只需要了解一下会头究竟有多么频繁就知道了,现在的人们已经越来越为频繁的会头而苦恼,因为参与会头要送礼金。在这些频繁的会头的基础上,不同村落的人越来越熟悉,以至成为熟人,这就是现在我们所能够看到的,在一个会头中,我们可以看到两个完全没有任何亲属关系而且居住在不同村落的人可以相互熟悉地交谈和玩笑。而且,这种联系只是在会头中看得更加明显。在日常生活中,这种联系事实上也是经常存在的,例如,在不断的走人户(也就是走亲戚)中,一个家庭会与他们的亲戚所在村落里的人建立起一定的社会关系。这样,当我们在一个村落里的一个农户家里说到遥远的另一个村落里的某一户农民的时候,他们会对我们所提及的那户农民家庭做出极为详细而较为准确的说明,这使我们感到十分惊讶,因为他们并不存在亲戚关系。

正是这些错综复杂的社会关系使得婚姻的缔结有了足够的社会基础。正如我们上文中所分析的那样,事实上,人们的社会关系很大程度上是由婚姻而引起的,姻亲在传统的社会关系中处于十分重要的位置,姻亲所连接的两个甚至是多个原有的社会集团,使得这些社会集团在一定的背景下成为熟人。这些熟人在一般情况下并不产生多少社会联系,只是到了关键的时候,他们之间熟悉的关系便会发生重要的作用。我们在了解当地人在打工经济刚刚兴起时的打工情况时,发现人们总是通过组织熟人形成一个并不十分严格和正式的团体共同到城市谋生。而在婚姻的缔结方面,我们发现许多婚姻的介绍人是亲戚或者只是一些熟悉的人。我们还将会在下文中对婚姻的介绍人做些说明和分析,一些较为出名的婚姻介绍人通常具有较为复杂的社会关系,通过他(或她),人们通婚的社会范围也会扩大。

然而无论怎样,传统的农业生计使得人们的社会关系在地域方面限制在较为狭窄的范围内。从农民的日常生产与生活的状况中我们便可以了解到,人们在社会交往方面主要集中于具有亲属关系的人群之间,地域性的和亲缘性的社会关系是连接人们最为普通的纽带。这些关系因为稳定的农业生计以及较为闭塞的交通条件而限制在较为狭窄的地域内,除了上述的那种亲戚关系的扩展所带来的社会关系的建立之外,人们在经济生活中的交易也算是接触不同人的一种方式了。这里我们也许需要简要地说明一下赶场这项活动,它既可以被认为是一项经济活动,同时也不能够被单纯地认为是一项纯粹的经济活动。农民普遍存在赶闲场的说法,也就是说,人们赶场有时候并不是为了某种贸易的需要,而完全是将赶场作为一项休闲式的活动,而在这种休闲活动中,总是伴随着人们的人际交往。一些年轻时候的玩伴(通常为同学)在稍长之后便会分开,因为生计的原因而不得不各自寻找自己的门路,尤其是打工经济兴起之后,一些年轻人与曾经经常在一起玩耍的朋友便会走向不同的城市打工,借着节庆期间回家才可以相聚,而这种相聚通常就会选择在赶场的场合中。年长的人也通常如此,尽管这些人并不会在赶场之前有具体的社交目标,但是在赶场中总是会遇到一些熟人,便会在一起"摆龙门阵",谈话中经常涉及不同的信息,这使得不同地区之间的人们对彼此加深了了解。这显然能够为婚姻的缔结提供一些信息,而且不难发现的是,一些婚前交往就在赶场中得以实现,在较为遥远的过去,人们在赶场中可以使婚姻主体之间相互对上一眼,而在如今,婚前交往逐渐放宽,人们已经可以在赶场中大胆地约会了。所以,看来赶场也是一个重要的社交场合,这里是同一个乡镇的农民的共同场镇,在赶场天,人们广泛地聚集在这个狭窄的场镇中交换和交流。此外,我们已经从上文一些案例中得知,一些人因为从事着较为特殊的生计活动,使得他们能够接触到更远的人,这为他们进行更远距离的通婚提供了一定的条件。譬如,一些手工艺者,他们在集体生产时期就有机会在不同的乡镇(那个时候称为公社)之间行走,其中一些人就在这种生计流动中缔结了自己的婚姻。但是这种情况还是少见的,因为这种手工艺者并不多,而且因为他们的婚姻在很大程度上受到父母的控制,而父母是很少会同意这种距离较远的婚姻的。

上述这种通婚圈是传统的情况,在我们所考察的社区看来,也就是那些现在已婚的夫妇的普遍情况,几乎是年龄在40岁以上的夫妇的绝对情况。这样说来,通婚圈在不断的变迁之中。我们所能够观察到的情形是,通婚圈随着人们的生计变迁而发生明显的变化。对于农民而言,打工经济的兴起以及这种经济在家庭生产生活中所占的地位越来越高,此种情况是这些年来发生的最明显的生计变迁。打工经济与传统的农业生计相比较,可以看出前者完全失去了后者的那种稳定性,虽然一些勤劳而且已经逐渐适应了城市谋生技巧的农民工大都能够赚取较为稳定的工资，但是显然，他们并不稳定地占据某种能够使他们不再流动的资源，一方面可以理解为他们的生计探求已经颇为自由，但同时我们也看到，这种不稳定性使得人们不得不经常处于流动的过程中。我们在第一章中对人口中的流动人口做过较为细致地说明，我们看到鱼泉村流到市外（也就是省外）的人口共有220人，占据鱼泉村流动人口的近50%。这些人口常年在外地生活，他们虽然依然在很大程度上保持着原有的社会关系，但是在新的生存背景中，一些新的社会关系逐渐建立起来（虽然这种社会关系并不稳定，常常因为工作岗位的轮换而消失），一些年轻人的婚姻，正是发生在这种新的社会关系之间的。

二、走向广阔世界的青年：婚姻机会更多还是更少？

这大概可以被看做一个选择的问题。也就是说，那些长年外出务工的青年群体们，因为有了不同的经历以及不一样的社交背景，他们的婚姻机会究竟是多了还是少了，这一问题在很大程度上是一个选择题。而这种选择，并不完全是一种主观意愿，而是考虑了诸多客观现实之后的选择。我们在下面对两个年轻人做一些分析，其中一个是至今未婚的，而另一个则是已婚的，他们都曾遇到过这种选择。

朱华平已经快三十岁了，可是至今还没有对象。在现在农民的评价态度中，他是一个不错的年轻人，因为他能够在城市里长期打工，并且能够在城市中赚取一定的工资。所以，事实上许多熟悉的人以及亲戚都试图给他介绍女朋友，希望他能够早点安下一个家，这样将来无论从事什么样的工作都较为稳定。他对别人给他介绍女朋友这件事情并不反感，因为他自己也意识到在城市里生存很少有机会去谈朋友，一是流动性太强，二来则是因为自己经常将大量的时间投入到工作中去。然而，别人给他介绍的那些女子，他都看不上，看不上的主要原因是和这些女子根本就没有共同语言。他是一个对城市人的生活状态具有一些憧憬的年轻人，他自己也清楚自己也许怎么也不可能在城市扎根，但是，他希望自己的生活在很大程度上能够接近那些人。在无数的打工经历中，他知道了那些人的婚姻总是建立在很好的感情基础上的，他们有着共同的语言，在生活中能够相互理解、相互照顾。所以在他看来，"找对象首先是要有共同语言，共同语言就是在一起生活的时候，你喜欢我，我喜欢你，就是那种感觉，相互不会觉得烦"。他已经在很大程度上受到城市人的生活方式的影响了，所以，他对那些被介绍来的本地女子总是有些挑三拣四。然而，他曾经也想过在外面找一个，但是最终放弃了这样的想法，这是因为他考虑到了许多现实的因素。所谓现实的因素，就是将来的生活问题，正如朱华平自己所预期的那样，他将来也会同其他打工者一样，最终回到农村生活。如果自己在外面找一个带回来，她能够适应这里的生活吗？这是值得思考的问题，因为他早已经听说了太多消极的案例，一些人到外地打工之后带回来一个媳妇，但是不久之后便跑了。其中有一个外地媳妇，已经怀孕，可是因为难以与男方的父母共同相处而将孩子打掉后自己跑了。这些案例，给朱华平造成不小的消极影响，他一方面难以在家乡找到一个与自己有着共同话语的另一半，但同时又不敢轻易在外面找一个妻子带回来。

另一个案例是一个已婚的28岁的男子。

在人们的眼中，他现在已经过着比较幸福的生活，他已经在三年前结了婚，妻子贤淑勤劳，而且他现在已经有了一个两岁多的女儿，十分可爱。他们夫妻在沙子镇场镇上开了个小餐馆，尽管没有很高的收入，但是也还算是比较稳定的了。就是这样的生活，一些有大龄未婚儿子的父母已经用他来作为教育儿子的榜样了。不过，他自己明白，他几乎和其他的所有年轻人一样都有着相似的经历以及想法。就像现在那些在外面打工的大部分年轻人一样，他曾经也在艰辛的打工生活中谈过爱情。"要说真正谈过的倒是有一个，我们也算是情投意合吧。她是贵州人，人才很不错，正直善良的一个女娃儿。我先去追她，其实那个时候我们在一个厂上班，她也早就看上我了，我一说，她就答应了，说她也喜欢我。但是那个时候我们都很明白，喜欢归喜欢，我们最终还是不大可能走到一起的，所以那个时候就是恋爱，没有想着结婚这种事情。当今社会中很多都是独生子女，你要人家嫁过来，与自己的父母们分隔千万里，怎么可能？男方到女方家去，或女到男家，都是不可能的事情，都要照顾自己的老人，这一点谁都要考虑。我们农村可不像大城市，那些人读书毕业了，分到一起，在一起工作，有固定的收入。农村不一样，最终都是要回到这个山卡卡来的。有些人出去打工，看上别个女子了，但是又怕别个女子不同意，就对自己的家头说大话，说是如何如何的好，可是人家女子来了一看，觉得不是那么回事，自己就跑了。我是个初中毕业生，文凭不高，家里又穷，十几岁就出了社会（就是外出打工的意思），然后就是当兵，当兵回来又出了社会。我和贵州的那个女孩子，还是谈了好几个月的，那种真的是爱情，根本不考虑别的，感觉很好，相互心疼，相互照顾。我们后来是好聚好散的，当时过年了大家都要回去，我们走的时候就说好了，以后的事情谁都说不定，说不定就不再去那个地方了，如果是这样的话，谁也别抱怨对方。果然，我们第二年都没到那地方去，各自到了别的城市打工去了，联系了几个月，后来慢慢地就没有再联系过了。现在说起来，觉得是个遗憾吧。但是很少有人知道这件事情，我没有告诉父母，也没有告诉别的朋友，现在的家属（也就是他的妻子）更是没有告诉过。现在和她（指的是自己的妻子）真是不像以前那种感觉，但是也都很好，共同开个餐馆，好好生活，好好带孩子。"

考虑到现实的问题，人们并不愿意找一个外地的妻子走完此后的人生。就像朱华平那样，他不得不尴尬地依然过着单身生活。而后一个案例中的年轻人，也因为考虑到现实问题而最终选择与自己所爱的女子分手。对于那些在社会上闯荡过，在城市中谋求过生存的大部分年轻人而言，思想、观念都发生了很大的变化，他们已经意识到自己对情感的需求，而且，正如上文案例中所说明的那样，即便这种情感并不是以婚姻为目标的，他们也在所不惜。毫无疑问，外出打工对于交际面比较窄的农村青年来说算是有了更多的选择机会，也有了相对独立的交往空间。也正是因为这样，才会有了外来媳妇的现象，也就有了外嫁女的现象。人们很明白打工经济为外来媳妇出现的现象提供了可能，就像一名妇女所说的："这几年，外面来的媳妇多了，都是出去打工带回来的，以前哪个（都）不出去打工，去哪里带？"

但是，现实中，农村青年打几年工都会回到家乡，能在外面的只是很少的一部分，大部分要回来娶妻生子。在流动性比较强的打工者之间，"要朋友要到结婚的少"，即便是谈婚论嫁，也涉及一方跟随另一方安家的问题。在农村，男的不得已不会当上门女婿，我们所访谈过的一个男青年在外打工的时候，别人给他介绍了一个女子，那女子是浙江的，还是一个幼儿园老师，条件是很好的，不过要求他入赘。他的父亲当然不同意，直接回绝了。他最后回来找了本地媳妇。对于女方来说，即便愿意跟随男方来，本地山区的条件也留不住人，所以，有不少外地媳妇来了之后又走了。

情况也许还要复杂一些，因为打工的人或者说作为流动人口的人并不仅仅是男性人口，我们在上文中对鱼泉村的流动人口作出分析的时候已经发现，在所有的流动人口之中，存在着大量的女性流动人口。假如我们可以将婚姻看作是一种竞争性的行为的话，那么毫无疑问，我们所考察的地区的男青年在婚姻的竞争范围上已经扩大了,也就是说,他们参与到了更为广泛的竞争体系之中,他们固有的缺陷便会在这种情况下逐渐放大。我们曾经访谈过一个未婚的男青年,他对自己的婚恋过程表示了很大的无奈。

"也找过,家里这边找过,在外面打工的时候也找过。家里这边的,先是说好了,父母同意,我们自己也觉得可以。但是我要出去打工啊,我一出去打工,她也要出去打工,出去一混,就散了。在外面打工的时候找的,过年的时候回家,第二年又不得再一起工作,时间一长,也联系不上了。"

一些男青年显然已经对在外面找寻自己的另一半失去了信心。一个男青年说:

"在温州打工时,我也谈过一个,湖北利川的,后来我回来这边了,就算了,没有联系了。今年温州那边不好做工,只够车费,不出去了。我准备在家里找了,自己耍得到就耍,自己耍不到就靠别个介绍。"

不过更多的青年都如同上文中的朱华平一样,高不成低不就,一位母亲对我们说:

"我儿子调皮得很,他是打工把他思想打高了,撇的不要,高点还嫌丑,乖点又嫌矮,现在回来了,在家里,不好找了,年龄大了。"

石柱团的一个男青年已经三十多岁了,现在还是单身,他说在浙江打工时谈过一个女朋友,而且都去过女方家里了,因为总是在各地打工,时间久了,也就散了。而当他觉得既然在外面已经难以找到合适的对象而想要回到家里来找的时候,女娃又都到外面去了。过完年他还要出去打工,像他这样年龄的青年几乎都在打工。有人介绍他去当上门女婿,在浙江那边,他曾经一直不答应,现在也考虑想要答应了,因为这边他还有一个哥哥。

上述的这些案例均能够说明,在外面打工的年轻人渴望像城市里的年轻人一样恋爱结婚。但是多数的农村青年要回到家乡娶妻生子,很多人回来已过了农村青年的最佳结婚年龄,并且他们可能比没出过门的年轻人更挑剔。结果是:对于城市,他们"进不去";对于农村,他们"回不来"。这使得这些男青年们在不知不觉中陷入了两难境地,也使他们的婚恋之路显得更加坎坷。

三、外来媳妇

然而无论怎样,可以看出,通婚圈在某种程度上还是扩大了,这可以从当地众多的外地媳妇中看出来。据统计，在我们所着重考察的龙泛溪，存在六个外地媳妇。他们都是在打工经济兴起之后，当地的男青年们外出打工带回来的。

在人们看来，这些外地媳妇大部分都过着较为困难的生活。不难发现的是，那些找了外来媳妇的家庭一般较为困难。事实上，我们将会在后文中说明人们对外地媳妇的现象表现出的对抗，他们绝不希望自己的儿子找一个外地媳妇回来，除非在迫不得已的情况下外地媳妇可以作为考虑。我们也在上文中分析过，女子的择偶标准中很大程度上需要考虑男方家庭的经济条件，这使得家庭经济条件差的男青年在婚姻中处于极不利的位置，这种条件的限制几乎已经将其排除在当地娶妻的男子的范围之外了。正是这些难以在当地娶到妻子的男子需要在外地寻求自己的另一半，所以，我们发现，外地媳妇所处的家庭通常就是那些家庭经济条件较差的家庭。除了家庭经济的因素之外，外地媳妇存在着融入当地的一个过程。首先，这个外地妻子需要以最快的速度融入到她的丈夫的家庭，必须要尽快处理好自己与丈夫的父母之间的关系。此外，她还需要融入到一个社区的人际关系之中，使她自己很快成为这个社区中真正的一员。较为重要的是，她是否能够适应这里的生计条件以及生活习惯，这一点将会影响她对丈夫的家庭以及别的社会关系的适应。现在看来，几乎所有的外来媳妇在适应方面都不能算是成功的。

较为极端的案例是，一个外来媳妇在生了孩子之后，她的丈夫便再一次外出打工去了，她要经常忍受婆婆的各种数落。因为她根本还难以适应这里的生活，她看到别人并不知道怎样去很好地打招呼，很久之后，除了自己家庭的几个成员以及较为亲密的家庭之外，她依然不知道社区里面的其他人，半路碰到还是一种陌生人的态度。她的婆婆对此很尴尬，因为她的儿媳总有些不礼貌的态度似的。在普通的劳动中，她不能很好地适应，因为她过去尽管也是在农村生活，但是却有不同的耕种方式，劳动工具也是不一样的。生活中也是如此，经常在日常生活中犯些错误。这一切成为其受婆婆的气的原因。

另一个外地媳妇的家庭经济十分恶劣，外人看来，她似乎永远都只是穿着那么一套衣服，无论是去山上从事农业劳动还是在会头场合出现。夏天到了，天气逐渐转入炎热，而这个外地媳妇还是经常穿着冬天所穿的那套衣服。我们访谈过她的邻居，这是一位老人，她说自己经常将自己女儿的旧衣服送一些给她。

还有一位外来媳妇已经怀孕八个月左右，自己的丈夫外出打工了，而她还需要背着大一点的孩子（现在怀着的是第二胎）。她需要打理家里的各项事务，她家喂了三头大牛、两头猪。她的公婆虽然对她并不苛刻，但是家里的条件有限，她只能如此生活。她的公婆要每日上山进行农业劳作，而她就必须在家照顾孩子、喂牛、喂猪，还要负责一家的每日三餐。她原本是福建人，因为距离太远，所以没有什么可依赖的娘家亲戚。

正是这些外来媳妇的生存现状给当地人上了一课，他们极力反对自己的女儿嫁到外地去。正如一位有女儿的母亲所言："这些外地媳妇在我们这里这么苦，要是我们这荡子的女娃嫁出去外地还不是要受苦受气？一方一俗，去适应不了别人的生活，受了人家的气，大人在得远，也没办法帮她呀。"

尽管有些外地媳妇的先例，但作为父母的人始终也还是很难接受外地媳妇。如上我们所分析的那些外地媳妇受到的歧视，正是因为她们不容易融入到这个地方的生活之中，这对于父母而言是难以接受的，他们原本希望自己的儿媳能够勤俭持家，在待人接物方面也都处理得很好。然而这些对于一个外来媳妇而言是困难的。而更为重要的是，外来媳妇因为其娘家距离较远的原因，使得她和丈夫所组建的家庭缺乏一个重要的亲属集团，这种情况会在不同的会头中体现得十分明显。农村人有一种较为普遍的观念，会头的热闹程度将会在很大程度上提升这个家庭的社会地位，我们在会头中经常发现一些人会问写礼金簿的人一共有多少号（也就是多少人来参与会头），一共收到了多少礼金。我们在对一般的会头礼金簿进行分析之后发现，其中有接近一半的礼金来自于姻亲以及母系亲属方面。正是这个原因，外来媳妇难以被人们所接受也就不难理解了。

不能接受外地媳妇的原因当然还不仅上述那些，在人们的记忆中，有诸多对外地媳妇的经验，而这些经验大都是消极的。这些经验使得父母们通常严格限制自己的儿子找外地媳妇。

"我儿子出去打工，我经常要提醒他，不准他找外地媳妇回来。好多外地媳妇都是骗钱的呀，有些外地媳妇来了，生了个娃，卷起钱跳了（逃跑了）。这种时候一点办法都没有，这些外来媳妇本来就不是合法夫妻，因为她根本就没有户口簿来办结婚证噻。她是跳了，把个娃儿留给男子，你想想，男子拖着个娃儿，怎么去找下家（也就是重新娶一个的意思）？我听说有家男娃儿带个外地媳妇回来，说是西安的，什么也不会做，男的倒是还勤快，出去找钱，找了钱就给她揣着。结果，这媳妇攒到一万多的时候，直接就跳了。一万多块，在农村这种地方，真的不是好找的呀。远来的媳妇，自己娘家没人（意思是这些亲戚太远，几乎等同于没有），有个什么事情，商量处都没有。找媳妇当然还是宁愿找当地的呀，多花点钱也没什么呀，当地人你就放心，她能跑什么地方去？她自己的父母亲戚不要了？而且当地媳妇在办理结婚手续方面也方便得多，办理了结婚证之后是合法夫妻，啥事情都要好处理些。高山上有家男娃儿在外面买了个媳妇，花了八万多，媳妇来看到是山区，生了个娃就跳了。这倒好！花了八万买了个娃儿来把男子拖起。"

父母辈不愿意找外地的媳妇，最主要的原因是本地有不少外来的媳妇，有的是因为过不习惯，有的是因为在婆家受到不公正待遇，有的是因为和自己婚前期望值差太远，有的纯粹是骗钱，或者被骗，最后都跑了。使得年长的一辈心有余悸，怕"人财两空"，对他们来说儿女的婚姻"板凳坐稳，过一辈子"最重要。另外他们考虑更多实际问题：就近结亲，多一门亲戚，说话办事都方便。另一个现实的考虑就是，娶外地媳妇，探娘家要花不少路费，在经济不发达的山区农村，这也是不小的负担。

四、上门女婿：另一种途径

我们自然可以认为外来媳妇是当地男青年难以找到适合的妻子的境况下所采取的新途径，因为从那些娶了外来媳妇的男子的个人条件及其家庭条件中均可以看出些端倪，而事实上，男子在难以通过较为通畅的途径找到妻子的时候，另一种途径也是重要的，而且它远比外来媳妇更具有历史，那就是"入赘婚"。这是一种与普通的婚姻类型具有显著区别的婚姻类型，在这种婚姻中，男子通常要上门到女方家中生活，他对女子的父母负有养老的责任，他可以直接从妻子的父母那里继承财产，他的后代在三代以内将遵从妻子的姓氏，直到三代之后才能够"还宗"。在以父系继嗣为基本的社会继替原则的传统社会，男子的"出嫁"对男子的家庭造成不小的打击，因为这个家庭将失去一个重要的劳动力，他的后代也在三代以内成为别的宗族的人。更严重的是，在传统社会中，男子本来在家庭中起着主导性的作用，他们在家庭具有较高的地位，一个正常婚姻中男子在他与妻子新组建的家庭中通常处于最高地位，但是在入赘婚中，男子的地位受到了极大的打击。一个男子进入到女方家庭中生活，需要以女方家庭为其本位，就像正常婚姻中的妻子对丈夫的家庭那样，在入赘婚的家庭，男子不仅仅需要承受妻子的父母的压力，甚至受到妻子所居的社区中的其他人的奚落和歧视。所以，在一旦还有别的可能的情况下，入赘婚都不是一个男子考虑的婚姻形式,然而这种婚姻却经常发生,直到今天都没有消失。

而那些招纳上门女婿(他们又叫"招驸马")的家庭事实上也并不愿意这样做,他们在一旦还有别的养老途径的情况下,也并不十分愿意让自己的女儿招驸马。这样的家庭通常没有儿子继承父母的财产以及承担父母将来的养老责任,一些夫妻在尝试着生育了众多的孩子之后还是没能够幸运地生育一个儿子。在这样的情况下,这对夫妻的养老就成问题了,我们在后面对家庭的介绍中会说明家庭在养老方面的作用,而这个承担养老的家庭事实上就是儿子(而不是女儿)所组建的家庭。如果没有儿子,为了养老和暂时性地延续香火,一对夫妻会考虑在自己的女儿中选择一个来招纳上门女婿。

通过如上的说明,我们对入赘婚中的男方和女方都有了一种大致的了解。简而言之,女方没有兄弟,她的父母将养老以及延续香火的责任转交给了女方;而男方没有足够的条件娶妻,或者因为家庭经济条件较差,或者因为个体素质的问题,总之,男方在婚姻竞争中处于较弱的地位,这样他才会选择入赘婚。

而需要指出的是,上述的情况也是在发生变迁的。无论是上门女婿的家庭地位还是人们对入赘婚的态度,在近些年来都发生了一些转变,就像普通婚姻中的妻子的地位以及子女家庭与父母之间的关系也发生了一些变迁一样。这种转变可能受到现代生活方式的极大影响,人们的居住方式与传统相比,已经发生了重要的变化。在我们所考察的地区,农民们普遍还遵循着从夫居的婚后居住方式,也就是女子出嫁之后跟随丈夫在丈夫原来的家中或者其周围居住,以便照顾男方父母。但是,我们也已经零星地发现一些比较特殊的情况,那就是一对年轻的夫妻组建了自己的小家庭之后,不仅女方在地域上脱离了自己原来的父母及其家庭,而且男方也在地域上脱离了自己的父母及其家庭,他们共同到了城市里生活,这是那些通过接受教育而达到社会流动的年轻人普遍选择的居住方式,一些从事商业活动的人口也存在这样的居住方式,或者少部分通过打工而实现社会流动的人口也选择这样的居住方式。这些人虽然不能够随时守候在父母的身边,但是他们却为父母的养老提供了更充实的物质基础。所以,越来越多的人在考虑子女的居住方式的时候,首先考虑的并不是与父母所居地之间的距离问题,而是子女们的发展问题,他们认为,只要子女们过得好,居住在什么地方并无大碍。当然,这也是在子女们有了确实的发展之后父母不得不这么想的,事实上,远距离的居住确实对养老问题造成一些消极的影响,所以这里只是表达了这些为人父母者的一种观念，而在实际中，情况并不如他们所想象的那么乐观。但是无论如何，人们已经开始淡化了居住方式，居住方式所考虑的因素也从是否与父母居住较近而变成是否具有更好的发展机遇，毕竟，对于一对父母而言，自己的儿女在城市中扎根生活是十分光彩的事情，这说明自己的子女们有出息，同时也就证明了自己的能耐（毕竟由他们所培养）。他们也会因为自己的子女有出息（至少在居住地域上来看如此）而广受别人的尊重，人言"前三十年看父敬子，后三十年看子敬父"，正是这个道理。这种居住方式的变迁，使得人们对入赘婚这一事实的态度不再那么抵制。而另一方面的原因，也很值得一提，那就是现代子女家庭与父母之间的关系所发生的那种比较显著的变迁。在普通的婚姻中，传统中妻子对于娘家人而言几乎等同于泼出去的水，她已经从一个家庭从属于另一个家庭了，她除了一些仪式性的权利和义务之外，对她原来的家庭事务已经很少参与，也没有什么实质性的权利和义务关系，这和传统的上门女婿的处境几乎一样。不过随着时代的不同，已婚子女与父母之间的关系发生了明显的变化，出嫁了的女子也可以对父母进行赡养，当然也就伴随着继承，尤其是对那些独生子女而言更是如此，这与上门女婿的境况也颇为相似。这些变迁使得人们对入赘婚以及上门女婿的态度发生了某些转变。

  不过，这种转变也只是在一定的程度上如此，因为在大部分的人看来，入赘婚对于男人来说依然是迫不得已的选择。我们在上文中提到过龙泛溪的那个大龄未婚男青年，他原本完全拒绝了浙江方面的入赘要求，现在迫于现实，也在对那件事情详加考虑了。在我们现在所能够见到的那些上门女婿中，可以看出他们在很大程度上都是迫于无奈的。

  石柱团的姚同福本是湖北人，他的家乡在高山上，家庭经济十分困难，所以他们兄弟都很难找对象。他家的亲戚给他和他哥哥都介绍过，但是女方知道了他家的区位条件之后都打退堂鼓了。最终，他的哥哥上门到了沙子场镇边上的张家湾了。而后来，他也没有能够娶一个妻子，还是通过他哥哥的介绍而上门到龙泛溪的，女方比他大十岁。他的妻子有过前夫，生育了两个女儿，他到这边之后帮着妻子将两个女儿抚育成人。他从来也没有向我们表达过自己的处境有何不堪之处，不过邻里们却将他作为上门女婿的艰难处境的案例来进行说明。在人们的印象中，他是一个本分的人，只知道下力气，做苦活。他当不了家，经常抽着两块钱一包的纸烟，而且这都需要专门从他妻子那里获取。

这大约是三十年前的入赘婚姻了,看起来,男子在这种婚姻形式中的地位确实受到了一定的削弱,这也正是许多男子及其家庭难以接受当上门女婿的重要原因。不过,我们也看到过那种上门女婿与妻子的父母之间的关系处理得很好的情况。

刘瑾华是太平槽(临近的另一个乡镇)的人,那里地处高山,也是一个极不好的地方。二十多年前,刘瑾华到了龙泛溪的石柱团当了上门女婿。如今,他们一家人已经在沙子镇上买了房子,常年居住在那里。只有他的岳母依然还想住在石柱团,尽自己的力量经营点庄稼。我们对这位老人进行了访谈,她对女儿和女婿的婚姻向我们做了些说明。

"他是我的大女婿,我们没有儿子,没有儿子的话,不说别的,就想想女儿们都嫁出去了,我们老了,连田地都没有人种(她要表达的意思是将来无人继承这些田地)。他(指的是自己的丈夫)一直都生病,去医院也检查不出啥子病,反正就是拖起。现在都已经死了三年了,那个时候他68岁,也算是熬够了。土地下放的时候他就是个病人,当时分土地的时候人家只算他为半个人,给他只分了半个人头的土地啊。他生着病,我就要拖着几个女儿,屋里屋里忙,外面外面忙。大女儿晓得自己屋头的情况,我跟她说想让她招驸马,我说我会好好待他们。她同意了,就请人介绍了。当时我就想,只要女儿同意了,就请人介绍,他们自己同意呢就办,不同意就算了,实在没有人同意上门,那就让女儿嫁出去了。结果还好,他(指的是女婿)那边同意了,是他家的亲戚介绍的,他自己家的那荡子不好在,地势差了,所以他愿意过来。我们女儿那个时候十九岁吧,他也就二十多点,现在他们的大儿子都已经二十二岁了。女婿是我们敲锣打鼓接回来的啊,就像人家接媳妇一样,我们给他买了穿的,女儿自己穿的也是我们这边自己买的。当时就说过的,他过来就是为了种我们的土地,以后给我们养老,以后的仔仔都不需要改姓,还姓刘。户口倒是在这边上的,虽然没有土地(即没有从集体那里分配到土地),但是还是有户头的。我们和女婿处得很好,他是个好人,对老人态度好,孝顺,说过好多次要我搬到场上(街上)去住,我不去,一个老人能动的时候就自己动,动不起了的时候再求别个养。二十几年了,从来没听他们两个(女儿和女婿)吵过架,从来也不会和我们吵,一句重话都不会说。"

到了现在,人们更普遍认为,招来的女婿并不会被人看不起,尽管人们依然并不十分乐意做这样的选择。我们甚至还看到一对夫妻有一个儿子和一个女儿，而他们的儿子最终选择了到湖南去做了上门女婿。那也是因为女方家的经济条件比较好，是开厂的，专门给他们小两口修了房子。这一门入赘婚是近期才发生的，他们经常回来看望自己的父母，在父母看来，他们的儿子在湖南生活得很好，而这也是他们所期望的。值得庆幸的是，他们的儿媳妇尽管远在湖南，但是很孝顺，会给他们寄钱，经常带礼物回来看望他们，这使得他们越来越理解和接受了这段上门婚姻。

五、同姓不婚——五服之外——直系以及三代旁系之外

在沙子镇，择偶的时候有一项原则几乎是不能破坏的，那就是同姓之间不能够通婚。在人们的意识之中，同姓的人归根结底都可以算得上是一个老祖宗流传下来的后代，所有同姓的人可以被认为是一个大宗族的不同分支，也就是"一大家子人"。一家人内部不能通婚，尽管这些同姓的人不能完全认为是一家人，但是属于同一个祖先，他们都是不能够通婚的。这种限制甚至推及到不同的姓氏之间，例如在一些人的观念里，向姓人家和夏姓人家都是不能够通婚的两个姓氏。他们笼统地向我们讲述了向家和夏家原本为一个祖先的两个分支的传说，这一传说当然具有很大的模糊性，但是这两个姓氏之间的婚姻确实存在一定的限制。我们从沙子镇民政部门获得2009年和2010年沙子镇婚姻登记的一些数据，这些数据显示，2009年沙子镇登记结婚的新人一共有152对，而到2010年2月4日，登记结婚的新人一共20对。在这一共172对夫妻中，都是异姓通婚，没有一例是同姓通婚的。可以看出，同姓不婚的通婚习俗在很大程度上依然受到人们的遵守。

有一个极端的案例经常被人们回忆起来，这是几年以前才发生的事情。沙子镇场镇上一位已婚的姓陈的女子，她的丈夫是开煤厂的，经济条件比较好。但是不幸的是，她的丈夫在一次运煤的过程中出了车祸而离开了人世。当时这名女子的年龄并不大，大约不到四十岁的样子，所以她要寻求第二次婚姻。她的第二个丈夫也姓陈，和她一个姓氏，她的父母及其他家人都不同意这门亲事，因为出嫁给一个与自己同姓的男子的情况实在并不多见，这在人们看来甚至是有违道德的。但是这并不违反法律，这是这两个人对抗传统势力的重要武器，他们并没有听从长辈的，对于这种事情，他们有着自己的理解，认为同姓之间的婚姻并无什么不可，他们虽然同姓，但是并不能明确地推演到共同的祖先。女子的父母最终拗不过自己的女儿，也只好同意了，甚至还为其准备了一

些嫁妆，虽然不像第一次婚姻那样热闹，但是也还举办了一场像样的婚礼。然而这位女子的兄长觉得自己受到了极大的侮辱，就连他的父母都能够妥协的这件事情，在他这里却仿佛是一道解不开的心结。所以，在婚礼的当天，当他的父母将准备给妹妹的嫁妆抬出来供人们参观的时候，他悉数将这些家具都砸毁了。新娘十分气愤，她以为尽管她的家人一直也没有真正地同意了他们的婚事，但是到了这样的时候，她的家人总应该祝福她的吧。没有想到的是，她的哥哥还是破坏了自己的婚礼。她于是想到了法律的效力，报了警，但是她的哥哥将嫁妆砸毁之后就逃遁了。后来，当大家冷静了之后，这件事情最终还是并未诉诸法律。

1949年以后，新的国家政权建立起来，其新的法令对农民的传统做出一些质的评判，并对其中的一些习俗改进后做了法律上的规定。《婚姻法》在这方面就是较为突出的体现，这项法律并不禁止同姓通婚，它只是要求直系亲属以及三代以内的旁系亲属之间不能够通婚，这被认为是具有遗传学的科学根据的，是新时代优生学的需要。尽管如此，大多数的人们并没有很快接受这项宽松的择偶环境，而是长期保持着同姓不婚的传统，因为无论这一规定的政治性还是其科学性，都还难以使农民很快地接受。但是这种规定显然发挥了一些作用，人们逐渐将原来不能通婚的范围逐渐缩小，从同姓转入到五服之内。

在今天，同姓之间的婚姻在很多人看来已经不足为奇了，不过这里面依然具有一些限制，那就是必须要在五服之外才能够通婚。所谓"五服"，是一种服丧制度。在传统社会中，人们是由父系家族组成的社会，以父宗继嗣，一个人的父系亲属范围包括自高祖以下的男系后裔及其配偶，即自高祖至玄孙的九个世代，统称为本宗九族。所谓五服者，从自己开始，上到父亲、祖父、曾祖父、高祖父，下到子、孙、曾孙、玄孙。五服之内不能通婚，也即是说，自己的曾祖及以下的祖先的后裔与自己不能够通婚，再往上的祖先的后裔除了自己的曾祖父那一支系之外，可以通婚。五服之外可以通婚，算得上是国家法律与传统的民间规范的一种折中了，所谓五服之外可以通婚这种观念也只是民间的一种同姓婚姻的不成文规定，它对人们在选择婚配对象的过程中产生了一些影响，但是这种文化规范经常会被打破，因为这一规范并不存在明确地惩处措施，违反了它也没有什么难以想象的负面后果。于是，一些比起同姓不婚的传统显得更加极端的案例便陆陆续续地出现了。

一个年长的女子告诉我们，有一对即将举行婚礼的夫妻事实上不只是同姓，而且他们的字辈都是明确的能够排出来的。"就是这个月二十七就要泡酒（办会头的另一种说法）的那两家，都姓谭，以前都是龙泛溪的人，都是从龙泛溪出去的。男方大人（父亲）名叫谭明飞，女方大人名叫谭启峰。在谭家的字辈上，明字辈和启字辈之间差着一辈人呢，按道理来说，那女的要叫那男的幺叔，现在要结婚了！现在新社会不讲同姓不同姓了，他们是不是五服之外，我们也不晓得。"

关于字辈，我们在后文中还会在不同的位置加以说明，这里我们有必要对字辈先做一些简要的说明。在我们所考察的地区，人们的名字通常由三个字组成。第一个字是为自己的姓氏，这个字将其分类到一个广大的社会群体之中，从这个字本身来确定他属于某一姓氏的人。第二个字是为这个人的字辈（有些人又称为"字排"），他被归类到更小的社会群体之内，属于同一姓氏的某一辈分的人。第三个字才真正代表了个体，通常情况下，这个字是这个姓氏的这个辈分中的单一个体的专属（在取名上来说），否则就在名字上出现混乱。原则上来说，人的名字需要遵循上述的规则，但是实际情况却有些不同之处。我们发现，一些人逐渐给自己的孩子取两个字的名字，没有包括字辈，但是这种情况并不会对其辈分问题产生影响，因为其父母、祖父母甚至可推知的更高的祖先的辈分是知道的，以此类推即可。另外，一个明显的情况是，一些同姓的人之间并没有相同的字辈排列，或者说他们之间的字辈排列并不完全相同。这种情况经常被人们用来区分相同姓氏的不同人群的又一标准。例如，沙子镇的谭家，我们在说明沙子镇的人口现状的部分已经说过，谭家是沙子镇最大的姓氏。事实上，这些所有的姓谭的人并不完全具有相同的字辈排列，一些谭姓人家共同有一本家谱，他们的家谱上排列着自己的字辈口诀表，人们取名时就要按照自己家的家谱上的字辈取名。但是另一些谭姓人家有着不同的家谱，在他们的家谱上，又有着不同的字辈排列。于是，人们便认为这两个谭姓并不相同，他们之间或者根本没有任何的同源关系，或者即便同源，也在很早的历史时期上分开了。所以，假如不得已选择同姓通婚的话，这种虽然同姓但是却具有不同的字辈排列的同姓之间的通婚显得更加适合一些，而有着相同的姓氏而且字辈排列都是相同的人之间，他们的亲缘关系似乎还很密切。所以上述的案例给人感觉更加极端，首先，他们不仅仅是同姓，而且他们之间有着相同的字辈排列；其次，更加严重的是，如果按照传统的分辈方式来看，每一个字辈代表着不同的辈分，那么这对新人是处于不同辈分的，女方应该称呼男方为叔叔，这更加增添了这段婚姻的不伦色彩。

然而，这一门亲事并没有遇到多大的实质性抵制，尽管其间收到各种劝告。人们对此的评价也并不是十分负面的，他们总是能够借助于国家的法律规定来抵抗传统规范的失落感。普通的表达便是：新时代都不讲究那些了，国家法律都规定他们可以结婚，没必要讲究那些了。

然而这些就像我们一贯表明的，都是些较为极端的案例，我们之所以要列举出这些极端的案例，在于说明一些传统规范在现代社会中逐渐弱化的地位。但是，这些传统规范在现代社会中的弱化也只是在这些极端的案例中如此，事实上，这些传统规范还是在各种场合体现出来，就像在这些极端的案例中经常能够听到旁观者的一些负面评价。此外，我们还在不同的场合感受到这些传统规范的存在。例如，人们总是在日常生活中开些玩笑来作为处理人际关系的润滑剂，但是不同的人能够开多大的玩笑却是有着一定的规范的，同姓之间的玩笑不会涉及占对方女性亲属便宜的玩笑，但是在不同的姓氏之间则可以如此，例如，一个谭姓的青年可以玩笑似的称呼别的姓氏的同辈男子为舅子。这种存在传统规范的场合还不仅仅局限于玩笑之中，在婚礼中，女子出嫁会有送亲队伍，而男子接媳妇则会有接亲的队伍跟随。在这样的场合，男子选择的接亲队伍中的成员不能包括与女方同姓的人，而女方选择的送亲队伍中的成员也不能包括与男方同姓的人，因为这两队人在婚礼过程中经常会开一些关涉到婚姻的玩笑，需要回避开同姓氏的人。闹洞房也是较为特殊的场合，我们会看到在结婚的当天，能够随意进出新房的人总是被限制的，长辈们不会轻易进入这个场域，而只有同辈们以及晚辈们（大多为孩子）可以随意进出。我们了解到一对同姓夫妻，这位妻子告诉我们，他们结婚的时候没有人闹洞房，因为稍重的玩笑都不敢开。这些都能够体现出传统规范依然在不同程度地发挥着效用。

同姓之间通婚的另一麻烦值得我们更加关注。在我们所考察的地区，人们之间只要是相熟的，总是以亲属称谓来相互称呼，无论其是否存在真正的亲属关系，这是亲属称谓的扩展使用。人们通常以表亲的称谓来称呼那些与自己不同姓氏而且也无任何亲属关系的人，以父系称谓来称呼那些与自己同姓的所有人，例如，称呼一个并无任何亲属关系的上一辈同姓男子为叔伯。事实上，不同的称呼意味着人们将亲属关系作出一些分类。而在我们上述所举的那些极端的案例中，他们的子女将来便会在某种程度上陷入到称谓混乱之中，这也是社会关系难以分类的表现；而这方面的表现，在那个不仅是同姓婚姻，而且还是不同辈分之间的婚姻中将会表现得更加明显。不过,现代社会中的亲属关系虽然还十分重要,但人们已经逐渐减弱了对亲属关系的依赖,或者说,真正被认为是亲戚的人群在逐渐缩小其范围。

大约正是因为上述的这些因素,人们还是倾向于避免同姓结婚。当我们随意中问及一位年长的妇女对于同姓之间的婚姻持什么样的态度时,她说:"恁大个天,你为啥非找个同姓的?不大好吧。"

第四节 婚姻缔结的仪式过程

在本章的前文中做了如此众多的铺陈之后,再来说明我们所考察地区的婚姻缔结的仪式过程,使得这一任务显得更加容易完成,也更加容易理解。所以,当我们来介绍婚姻缔结的仪式过程的时候,我们主要对婚姻过程中各个阶段的仪式做出一些简要的说明就可以了,而很少伴随着对这些仪式进行过多的社会学或者文化人类学的分析。但是,在这段描述中有一点依然是重要的,那就是婚姻仪式或者说当地人婚礼习俗的一般变迁过程,我们将会在下文中逐一体现。

在我国古籍中出现许多关于婚俗的记载,总结出我国古代人(这里指的是汉人)的婚礼分为六个仪式阶段,称作"六礼"。六礼包括纳采、问名、纳吉、纳征、请期、亲迎,这是古人在婚姻缔结中缺一不可的仪式程序,而事实上,这还只是较为明显的六道婚姻程序,期间还有诸多的仪式环节。但是,我们不再对这些仪式过程做过多的说明,因为这些习俗即便在今天的许多汉人社会也并不如此,我们此处的任务在于描述所考察的地区的人们的婚姻礼俗。不过,值得说明的是,在我们所考察的地区中,人们的传统婚俗也与六礼颇为类似。

一、传统的"六礼"婚俗

在我们所考察的土家族地区,传统的婚姻礼俗也遵照"六礼"的规范。我们从2002年编写的《石柱县沙子镇镇志》中看到,这本地方性文献对当地婚俗进行了比较详细的介绍,与其他礼俗记载相比,这一部分堪称是大篇幅的。不过,这个地方性文献并不完全是以地方性的表达来表述这些婚礼仪式的,因为这一文献是由当地具有较高的文化水平的老知识分子们共同编撰的,他们将当地的各种婚姻礼俗与中国汉人的传统婚姻礼俗两相对照，与后者颇为相似，便将土家族的婚礼习俗附会成传统的婚姻礼俗的名称。事实上，我们所考察的地区的婚姻礼俗确实可以大致分为六道仪式程序，但是这些仪式的当地表述却颇不相同。下文的介绍中会根据该文献进行说明，不过我们会将当地人的表达融入其中。

纳采是婚姻缔结过程中的第一道程序。正如我们在上文中已经说过的那样，男女的婚姻缔结是从媒人真正向女方表明男方的婚姻意向开始的。所谓纳采，就是男方所请的媒人将男方的意向带到女方家，这是媒人第一次正式拜访女方家庭，带上男方家庭给女方家庭备置的一些礼物（通常为糖或酒，或者二者兼有之），她（或者他）会将男方的婚姻意向告知女方的父母，并想要取得女方父母的同意。女方父母并不会很快作出决定，所以纳采并不会在一次媒人对女方的拜访中完成，而是经过多次拜访最终成功获得女方同意或者不同意的明确表态。

问名是交换男女双方的生辰八字的过程，人们认为婚配双方在命运上有的相生、有的相克，这是一套十分复杂的知识体系，需要请求专人测定，如果测定八字命运不相符合的话，很可能这段婚姻便会在这个环节结束，因为人们对八字命运的信仰是十分虔诚的。这个过程依然是男方备置礼物由媒人带到女方家，问好女子的出生年月日时甚至刻，与男方生庚年月日时交换，双方各自请人测定。

纳吉是双方确立定亲时间的约定，男方父母依然备置礼物，请媒人到女方家里请求女方父母决定择期正式定亲，确立婚姻关系。这里的定亲事实上被人们称作取同意，通过这一次的媒人与女方父母会面，女方父母会约定取同意的时间，

纳征即是当地人所说的取同意，又叫做插香。取同意的时候，男方将会按照纳吉时候的约定给予女方家庭一定的订婚礼物，礼物中包括衣物及现金。从取同意这一表述可以看出，这一仪式对于婚姻缔结来说十分重要，这个仪式之后，男女双方均已经达成了婚姻的同意，或者说，男方已经取得了女方的婚姻同意。所以，此时的男方会给予女方家庭一定的聘礼，以此来界定这种关系。

请期被当地人叫做约期，就是男方向女方父母请求结婚的日期，决定结婚的时间。当然其中的内容不仅仅包括婚期的确定，还有十分重要的内容是商量男方的聘礼以及女方的嫁妆，这个过程也是较为复杂的，需要媒人几次往返于男女双方家庭之间。

亲迎就是正式的婚礼了，我们有必要对这最后一个过程做出较为详细的说明。《石柱县沙子镇镇志》对传统婚礼做出了详细的记载，可摘录于下：

娶亲方（准备）正娶双客，陪娶男女、礼生、抬陪嫁礼物人员，请吹手、打开锣。娶亲前女方新娘要开毛脸，将面部寒毛（汗毛）用线绞光，请人哭嫁（新娘不能哭嫁），主要是哭述留恋父母、亲人。如："一哭我的妈呀，养女是人家的哟，十七八岁要打发，实在没有法；二哭我的爹呀，空养女儿身哟，不能帮你振家声哟，别处去安身；三哭我的妹呀，比我小两岁，泡茶煮饭没学会呀，姐姐做不对；四哭我的歌（哥）呀，妹妹对你说哟，父母年老力气弱呀，全靠你养活；五哭我的嫂呀，嫂嫂你都（多）好哟，怀抱娃二（儿）哈哈笑，越活越年少；六哭我的婶呀，婶婶你年老哟，冷重活路少去挑呀，个人保护好。"也有老人哭女儿的，内容是讲到婆家去后如何处世为人。如："女儿你听到，妈妈把言教，要对公婆孝敬好呀，讲究有家教，公婆有病了，熬药把汤倒呀，求佛保佑病早好呀，一定要孝道。"如嫂哭妹："妹妹出嫁了，出嫁就是好呀，善待公婆和丈夫呀，早抱小宝宝。"腔调一致，韵脚合拍，内容自编，说是哭，不如说是唱，唱着唱着，动情了，真正哭了。

男方娶亲头晚要准备迎轿子，旧时的花轿有吹手、打烂伞的，门前唢呐叫，总是手提鞭炮相迎，正大门檐前按（安）八仙桌吹手入座，细吹细打，保管好轿子。帮忙人员由礼房先生逐一落实开红单。第二天娶亲队伍中，新郎披红戴花与礼生、正娶双客、媒人坐滑竿，挑膀、提礼，一路吹吹打打，热热闹闹到女方家。双方礼生说客气话，如女方迎上去说："礼生把轿下，愚人来接驾，火屋去坐下，慢慢把礼下。"男方礼生："先生面带红光，我将先生说比方，仁义过天比宋江，五湖四海把名扬。"女方先生："先生见在下，实在不像话，礼物不周出言无话，请求先生宽怀一下。"男方礼生："一见先生文才通晓，普天之下结英豪，愚下见识不周到，忘其先生站远看高。"双方你一番我一番，最后女方礼生讲："不必客气。"进屋喝水吸烟，并双方手握手［礼生对礼生，娶亲主送（正娶）对送亲主送，陪送对陪娶］，分别男方到一个屋内烤火，女方到另一个屋烤火，女方分别给男方倒茶递烟，少许时间，双方礼生交礼，男方将娶亲衣物、头饰、手表之类及现金在堂屋交礼，男方交给女方捡礼封（红纸包现金），主娶交女方捡头封、穿衣封等。扎席就餐，对女方主管或支客扎席说："众位宽容雅静，我代主人说原因，亲朋送礼费了心，愧无佳肴待佳宾，寒舍窄灰不干净，粗茶淡菜不好吞，白酒不好请尽兴，请其众位开恩、开恩。谢谢大家，谢谢。"就餐规矩，娶亲双方（娶送双方）：正娶、正送人员达配（搭配）坐席，先放红纸，一切参加人员都不能入座，专为正娶、正送人员而设。开席后也可说客，也可免除。在上蹄膀这道菜时，娶亲礼生要给厨房师傅每人一盒香烟和适当的现金，表示感谢，下席后，主娶人要到挂过礼钱，再准备迎礼物和安排花轿等准备工作，女方按红单将陪嫁一一抬出大门口，男方按帮忙人员将陪嫁一一抬出地坝（院坝）板凳上，用杆子、绳子捆绑扎实。女方检查后按人头发香烟一合（盒）和人民币壹元不等，一切就绪。女方礼生站在大门高处赞礼："女身是个菜籽命，随处撒，随处生，今为娘家手头紧，陪嫁简单只几件，粗木箱柜不体面，望其贵方包涵点。"男方礼生接着谈礼："各位帮忙你请听，重情厚礼交接清，各人将物来认定，沿途路上要小心，上坡下坎慢慢行，过桥过河要小心，身上担子并不轻，将物完好抬进村，大家帮忙主人请，事后主人慢填情，一路小心，小心。"抬东西的开始动身行走。

女方堂上，摆香案，新娘由嫂子或婶娘扶着立堂前，礼生宣："男大当婚，女大当嫁，千古一理，不是一人所兴。今×府千金×××，于归之期，将设此案辞别祖宗，告别亲友。×××叔伯堂前作谢，×××姨娘堂前作谢。"点到的长辈和兄长将红包送给新娘。礼毕后，由媒人引路，步入花轿，吹手欢凑（奏），开锣齐鸣，前为介绍人、娶亲众人，中为花轿，后为送亲诸亲，吹吹打打，鼓锣齐鸣而去。

男方迎亲队伍到目的地，铁炮三响，花轿到大门外，并设香案，明日回车马。礼生甲："天地开张到纲常，唯有婚姻最长久，良辰吉日，迎接车马上轿场，吉日良辰天地开张，新人到此，车马还乡。"乙："一张桌子四角方，张郎做起鲁班装，四方嵌起雪牙板，中间焚起一炉香，进香得香，车马还乡。"甲："一张钱纸白如银，烧来回送车马神，娘家香火请回转，婆家香火出来迎。"乙："天煞明天界，地煞幽冥，天无忌，地无忌，年无忌，月无忌，日无忌，时无忌，姜太公在此，诸神回避，百无禁忌，大喜在利。"鸣锣、放炮、化纸奠酒、撤香案，紧接着是新郎新娘拜周堂，正堂中，两张桌子打裹，铺上花毯，摆设花瓶，一对鲜红的蜡烛插在香案，两边站着礼生，正娶人点上烛，点燃香，新郎新娘入位。礼生甲："桃子（之）天天配凤凰。"乙："枝子（执子）于归正相当。"甲："牛郎织女鹊桥会。"甲乙合："夫妻双双拜高堂。"甲："一叩天长地久。"（新郎新娘跪下磕头）乙："二叩金玉满堂。"甲："三叩福禄寿喜。"乙："四叩麒麟呈祥。"甲乙合："新郎新娘进洞房！"（鸣炮、礼乐）这时，男方礼生、正娶人员迎接送亲礼生及送亲人员走到院坝，双方客气一番，送亲礼生念："走进贵府门，喜气盈盈，看得我眼花缭乱，不知东门或西门。"迎亲礼生念道："先生好才学，走拢就说，胜过前朝苏东坡，七步吟诗六步作。"送亲礼生念道："贵府门弟（门第）富无比，雕梁画柱很得体，前两丰盛无人比，子女个个讲礼仪。"迎亲礼生念道："贵人到府壁（或为"革"）生光，矮檐寒舍也亮堂，有求贵人到屋谈，边喝开水边商量。"双方你一番我一番后分别到屋内坐下，娶亲方倒茶敬烟完毕，便双方到院坝查看陪嫁物品后，由帮忙者搬入洞房。

晚上，开席后，新娘在新郎的陪同下，一一认亲叫名，席上每人发粑粑、瓜子、板栗……，名叫"干盘"，最亲长者新娘给每人一双鞋（是新娘送给最亲的长者），长者给红包，给一般亲人每人一根帕子，得帕子的人同样给新娘红包，论理这要第二天才给，但有些也是晚上给。新娘与公婆相见，公婆要给新娘红包，新娘第一次喊婆婆叫妈妈，这叫见面礼。有的新娘将多余的被条给公婆一床。晚上安床，由富贵双全的长者去安，边安边说："日吉时良大吉昌，我为新娘来安床，一对新人来睡上，百事顺利大吉昌，夫妻孝合一般上，早生贵子坐中央。"铺好后，将瓜子、板栗、核桃之类的干果撒在床上，供闹房的人去抢，安床的老人说："一进洞房就请坐，我有一言对你说，祝贺新娘生双子，早生贵子早入学。"这时洞房热闹非凡。屋外便是一伙人给新郎敬酒祝福。

迎亲第二天早上，吃早饭后，男方再次在堂前设立台子（两张八仙桌打裹，上面铺上线毯，放花瓶）双方交礼。送亲的站在右边，男方亲友站在左边，公婆居上，送亲礼生："敝族子女，多在山中，少在绣房，锅头灶脑，菜饭生疏，浅学针织文化少有，望其二老善待善待。"公公："请转回告诉亲家母，手背手心都是肉，有盐同咸，无盐同淡，不得朝打暮嫌，请放心，放心，二十四个放心。"外面吹手响，开锣送行，男方给送亲方按户或按人头给红包，女方给新郎、吹手、打锣的回赠红包，送走亲人后，新郎新娘背上礼物回门（到娘家）。当天转回男方（若路途遥远者，可在岳父家多住一日），婚礼宣告结束。这些礼俗，现在除不坐花轿、滑竿（用小车代替）基本保留。

可以看出，这一地方文献的表达十分粗糙。我们所引用的这段文字中有许多错别字，语法上的错误也并不少，使得有些表达令我们难以理解。我们对这一摘录的内容在行文中做了较多的注解，希望并没有扭曲文献的原义。即便这一文献的表述有很多的粗陋之处，但是这些错别字以及语法错误并没有影响到这一文献对传统婚礼的详细说明，我们对引用的文献所做的解释，只是为了更好地理解那些婚礼的细节。

二、婚礼的变革

变迁显然是十分缓慢地进行的，传统婚礼习俗的某些元素不断减少，但是每一次的减少都是较小范围的，所以，直到今天，我们依然可以看到婚礼中的某些仪式与一些老年人在几十年前的婚礼颇为相似。但是，从1949年以后，婚礼（以及其他的各种礼俗）受到政治的影响较大。在新的政权确立之后，对人们的各项传统进行了全面的清算，诸如信仰、礼俗等风俗习惯中的众多部分被认为是封建社会的残余之风。所以，这些礼俗被要求作出一些全面的改变，在婚礼中，聘礼和嫁妆在那个时候做了极大程度的收敛，而大量的聘礼与嫁妆在上世纪90年代之后又在我们所考察的地区盛行起来。

婚礼仪式上的变化，一些喊礼人似乎记得较为清楚。喊礼人是婚礼中很重要的角色，他作为一个村落里的年长者，对婚礼已经形成了十分丰富的经验，而婚礼的每一步程序他通常都了如指掌，新婚夫妇在婚礼中的各道程序都是由他引导而进行的。据他们的回忆，上世纪50年代到70年代期间，婚礼的仪式做了大量的修改，在原来的基础上删减了许多内容。拜堂成亲的本质并未改变，人们在那个时候依然需要拜堂，不过堂上已经不是祖宗而变成了毛主席的画像（在那样的年代，每个家庭的堂屋里都悬挂或者张贴毛主席的画像而取代原来的祖宗，这使得石柱县许多地方至今还没有恢复家神的供奉）。迎亲队伍与送亲队伍都缩小了许多，而且整个过程显得较为冷清，直到上世纪80年代，一些人家才开始再一次组织吹打队伍一路吹吹打打地去迎亲。

我们还要说明一点，即便是在政治压力较大的那些年份，喊礼的习俗也得以保存了下来。从文献的记载中我们看到，传统的婚礼中总是有礼生在主持着婚礼，并负责婚礼中男方与女方之间的交际。那个时候，礼生也肩负着喊礼人的职责，在婚礼中，他们负责引导新婚夫妇走完最正常的婚礼程序。我们可以将喊礼人在新婚夫妇拜堂时所诵唱的一段礼词摘录于下：

> 东方一朵青云起，
> 南方一朵紫云来，
> 青云起，紫云开，
> 云中行出新人来。

新郎新娘一上祖先台，
多子多福多寿来，
越福越贵越康宁。
桃之夭夭配凤凰，
执子与归正相当。

牛郎织女鹊桥会，
夫妻双双来拜堂，
一拜天长地久，
二拜地久天长，
三拜红暖添喜，
四拜金玉满堂。

附图晃晃，鸳鸯配合，
奏乐好福，同入洞房。
男归书室，女归绣房，
男归书室，提笔著文章，
女归绣房，提枕头绣鸳鸯。
绣对鸳鸯鸳鸯成双，
绣对鸟来鸟成王。
两边绣的人字路，
当中绣的新画堂。
礼毕退位，鸣锣放炮入洞房。

  喊礼的习俗一直到上世纪末期依然存在，上世纪 90 年代，喊礼人都还会在不同的婚礼中经常出现。当然，所喊的礼已经出现了一些差异，那时候的喊礼人已经并不能对传统喊礼人所喊的那些礼完全传承下来了。我们了解到，谭明德就是一个 90 年代的喊礼人，他在参与别人的婚礼时，对喊礼人的角色表现出十足的兴趣。但是他并没有跟着一个专门的喊礼人对这套礼俗进行学习，所以，从喊礼的内容来看，他所喊的内容与传统的内容已经在很大程度上不相同了。他一方面凭借着记忆能够回忆起一些传统喊礼人在婚礼上所说的那些话，但是更多的则是他自己编的话语了。不过，现在这种出口成章的本事显然已经在婚礼中没有什么作为了，原因是今天的婚礼中已经没有了这一项习俗。

  婚礼的变革在很大程度上在于男女双方的通婚距离越来越远，使得一些婚礼根本难以进行。从上述的说明中我们可以看出，喊礼人（或者更加传统的礼生）通常是在夫家与妻家之间作为两个家庭的社交仪式的中介者，男方的礼生代表男家的礼仪立场，而女方家的礼生当然就代表了女方家庭的礼仪立场。然而，正如我们在说明人们的通婚圈的变迁时已经说明的那样，随着人们活动范围的扩大，男女通婚的距离有逐渐扩大的趋势，有些甚至远到男方不可能在一天之内将其妻子从其家里接到自己的家里。在上述的情况中，男方直接省去了迎亲的过程，女方首先就已经到了男方家，这种情况被人们叫做"坐堂婚"。但是即便如此，迎娶之外的一些仪式还是需要进行，有些家长认为既然没有办法进行迎娶的仪式，那么别的方面的仪式一定要十分热闹，以对那些无法估计的仪式的缺失做一些弥补。这样，新郎新娘依然按照传统的习俗拜天地，礼生在一旁引导他们进行婚礼仪式，当然，现在的婚礼仪式已经简单得多，礼生需要说明的内容也已经很少，例如，礼生只需要引着新婚夫妇到堂前拜天地、拜父母（此时两位老人会给儿媳送上早已准备好的礼物，包括金项链、金戒指、金耳环等）。拜堂之后，婚礼就结束了，新娘回到新房，新郎有时陪着进去，假使在外面不忙的情况下。闹洞房的程序当然还存在，不过并不热闹，原因是年龄相当的年轻人大部分并不在家里，而是外出打工去了，而年老的人们则需要回避这样的场合，这使婚礼中闹洞房的过程显得过于冷清了。在现在的婚礼中，我们还能够看到新郎的舅舅、姨娘以及姑妈等会请来一些表演团队（人们广泛称其为乐队）在婚礼上进行各种表演，关于这些，我们将会在后文中做更详细的说明。

不过，大多数的婚姻男女双方并没有相距很远的距离，而且，当迎娶的工具从轿子（或者马）变成小轿车之后，同一个县而不同乡镇之间的距离相对而言已经不算是远的了，而即便新娘家在邻近的县也都尽可能地保留迎娶的仪式。迎娶中的轿子已经消失（后文中我们会说明轿子在近些年中又出现了），取而代之的是租赁的或者借亲戚朋友的轿车，在天气暖和的季节，轿车队伍的后面还会跟着几辆甚至几十辆摩托车，队伍浩浩荡荡，尤其是有摩托车的情况更是十分热闹。我们在马栏坝参加的一个婚礼中，情况就是这样，新郎家借了十六辆小轿车去迎亲，需要给每个司机封一个十二元的红包，十二元是一个吉利的数字，即月月红。当然，一些家庭经济并不宽裕的人家所封的红包只有四元，这时候的"四"也是一个吉利的数字，具有四季发财的寓意。娶亲的队伍到了新娘家的门前，传统的礼节开始进行，新郎的幺妈（小叔叔的妻子）以及两个姨娘便拿出木托盘，其上铺上红纸，一个托盘中放彩礼钱，在我们所参与的马栏坝的那个婚礼中，彩礼钱是两万元。彩礼钱的多少，通常是由两个家庭以及婚姻男女双方之间商量好的，此时将彩礼钱拿出来是向参与婚礼的客人展示的。另一个托盘里是新郎家给新娘准备的衣服，从里到外一般为两套。在我们所考察的地区，新娘出嫁的当天按照习俗是不能穿着自己娘家给自己买的衣服出去的，她身上穿戴的一切都是由新郎家里准备来的。另一些礼物则包括一条猪的后腿，此为"肘子"。婚礼中男方所送的肘子是后腿，而且是带着猪尾巴的，这些都是具有一定的寓意的，表达新婚夫妇负有传后的职责，显然也是一种吉利的祝福。除了肘子之外，还有一条猪肉叫做"方子"。礼物中还包括两瓶白酒。这些礼物由参与接亲的年轻男子挑到女方家中，而"肘子"最终还是要随着接亲队伍的返回而带回新郎家。

我们所参与的那个马栏坝的婚礼，也许具有某些现代农村婚礼的代表性。我们参与婚礼时所作的记录摘录于下：

婚礼的男方叫聂齐军，女方叫黄云芳。在这个婚礼中，接亲队伍已经发生了一些显著的变化，敲锣打鼓的人们已经没有了，一共十六辆小轿车以及几辆摩托车成为迎亲队伍的特色。人们关注一个婚礼的热闹以及气派程度，已经从男方来的姻亲队伍中的吹打队伍以及聘礼的情况转向了男方接亲队伍中的车辆数量中来了。我们可以从新娘的村落里的人点数车的数量以及谈论来娶亲的车辆的情况而得出上述的结论。

当新郎及迎亲队伍到了新娘家的时候，新娘躲在屋里不出来。新郎的朋友们，大部分是些年轻的小伙子，此时已经临近年关，所以这个婚礼中的年轻人明显多了些。他们开始唱些山歌，大意就是叫新娘子不要躲，出来相见。新娘出来之后，男方的代表（传统上本来是礼生）是新郎的幺爸（父亲的最小的弟弟）给了新娘一共八百元的过桥上坎费。中午十二点的时候是新娘正式出自己家门的时刻，这是请了专门看期的人看过的。新娘的母亲在此之前的几分钟内要对女儿叮嘱一些话，诸如孝顺公婆、勤俭持家之类的话。时辰到了的时候，女儿就要出门了，作为母亲，她并不能将女儿送出门槛，女儿出门，母亲则退回屋里。新娘出门时，不能径直走出家门，而是后退出门的，她脸朝家里，看着自己的父母兄弟，背对着门外，退出门槛之后方能转身正面行路。黄云芳是从楼上自己的房间里往外退出的，退到楼下，黄云芳面对祖位（这里事实上并无什么神龛，只是与堂屋正大门相对的那面墙壁，这里在1949年以前是家神神龛的所在地）站立。一些亲属已经在楼下的堂屋里等着，此时女方总管（原为女方礼生）引导黄云芳向等在堂屋里的长辈们一一行礼，行至一处，长辈们便会给黄云芳塞一些钱，我们看到多的有送几百元的，少的则只有几元钱。

而此时，男方的迎亲队伍需要安静地在新娘家的门口等候新娘外出，不能够进入到女方家里。男方到女方家里迎亲的都是男方的哥哥、嫂嫂、叔叔、侄儿侄女等，而女方的送亲队伍也是女方的嬢嬢、姐妹、叔侄辈等。我们已经在上文中相关的地方说过，迎亲的人不能与女方同姓，相同的是，送亲的人中也不能有与男方同姓的人，因为他们可能是最适合开玩笑的群体，这几乎就保证了婚礼的热闹程度。不过，玩笑限定在同辈之间进行，例如女方的嬢嬢可以与男方的叔叔开玩笑，而不能与男方的兄弟以及侄子辈开玩笑，几乎每一个辈分的人都可以找到与自己同辈的开玩笑的对象。

在迎亲的队伍回到男方家之前，男方的母亲以及其祖母等女性长辈亲属早就给他们铺好床了。她们将染成红色的核桃、花生等干果铺撒在床上，这叫做"摔喜果"。当迎请队伍以及送亲队伍到了男方家里的时候，新郎和新娘身后的迎亲队伍和送亲队伍就会推着自己负责的人（也就是新郎和新娘）赶紧去坐在床上，因为谁先坐上这个床，将来就会是这个人当家，所以各自忙各自的。显然，这是一种习俗性的说法，这个新的小家庭最终将会是由谁来当家，我们将会在后文中详加说明。

传统婚礼中极为重要的拜天地的仪式在我们所参与的这个婚礼中取消了。整个上午，院坝里是各种乐队的表演。另外，"哭嫁"看来并不是一种习俗性的事情了，我们看到黄云芳在出嫁时与她的女性亲属们都哭了，有些哭出了声音，而有些则是暗自垂泪。我们看到黄云芳的母亲抑制不住自己的情绪，跑到自己的屋里放声痛哭，而接近时辰不得不出门的黄云芳见到母亲的这种状态，也是泣不成声地退出堂屋的。旁观者在此时显得十分安静，并且有些女人似乎有所感，也跟着眼中噙满泪水。正如我们上文所说的那样，男方的迎亲队伍会在堂屋外耐心而肃静地等候，这种肃静就能够代表其对女方的尊重。我们事后曾对黄云芳做过相关的访谈，她说："本来现在没有哭嫁的习俗了，结婚是喜事，又不是嫁出去就不能回来了一样，所以其实也没必要哭，但是还是忍不住哭了，那是真的想哭，不是习俗了。以前我表姐结婚的时候，我去送她，当时她也哭得厉害，她家屋头的人都哭了，男的都流泪。我当时就想，我结婚的时候就不哭，有什么可哭的呢？但是我结婚的时候，还是哭了。我本来也不想哭，我妈跟我说要听从人家的安排，照顾、孝顺人家老人的时候，我一下子就流泪了，我妈说着说着就哭了。别人（女方总管）喊时间到了的时候，她直接就跑到屋里去哭了，当时我就忍不住了，想起以前在家里那些跟妈妈一起的事情，就哭得更厉害了。"显然，作为一种仪式的哭嫁在现代婚礼中几乎已经淡出了，但是其表面形式却是遗留下来的，不过此时已经不是一种仪式过程，而是一种人性的体验和真情实感的表达了。

通过老一辈的回忆，以及我们在调查期间亲自体验的现代年轻人的婚礼，发现如今土家族山村的婚礼把传统与现代元素很好地结合在了一起。一方面体现了老一辈恪守传统、遵从旧风俗的愿望，而另一方面也满足了年轻一代追赶时髦、与城市接轨的渴望。他们的婚礼有尊重传统婚礼的关键仪式，比如彩礼、看期、接亲送亲的规矩，又合理地截取了现代城市婚礼的部分元素，比如拍结婚照、摄像、婚车接送等。除了观念的更新，也从客观层面反映了本地山村的变化。首先，即便是地势比较高的偏僻村落，村级公路也随"村村通"工程的开展而四通八达，基本上都修到村口，这也为婚车的出现提供了条件。另外，20世纪90年代中期以来，在市场经济的影响下，本地人有机会走出山村到城市务工，改变了传统的山村完全依赖土地生活的境地，增加了当地人的收入。而高速公路和铁路的修筑都给村民们增加了打工找钱的机会。经济收入的增加无疑给当地人在婚礼——这一人生重大礼仪的操办中给予最直接的支持，使人们可以按照自己的所想办事。而且，走出山村的本地人，外面的世界呈现给他们的不仅仅是找钱的机会，更是一种与山村相对应的全新的生活方式。年轻人自然对城市生活充满向往和追求。有过外出经历的年长的一辈，也开始改变观念。谭启军的父亲在外打工多年，他说，"儿子的婚礼上，他们背呀，抱呀，我看得惯，高兴。有些老年人说，太丑了，没家教。我说他们太封建，我们也开放了。"

不管是只有一方操办的"坐堂婚"，还是拥有完整迎娶过程的婚礼，婚礼的仪式都呈现多元化的特征。我们了解和观察到的土家族山村的婚礼，没有完全一样的程序，但背后又有它们共同的地方，这些共同之处体现的正是世代积淀下来的本地区本民族独特的文化特质。在这个主干上，婚礼不再受传统婚俗模式的限制，人们随自己的喜好对礼仪做删减和增添，也会因客观条件对仪式做一些变通，使婚礼看似相似，又各不相同。

面对多样化的需求，2010年沙子镇新成立了一家婚庆公司，主要业务是婚庆花轿租赁，租一次8000元，在当地是一笔不小的数目。在我们离开村子后的腊月二十九，村里有一家结婚，就是租花轿娶媳妇。花轿的重新出现，算是一种传统的复兴，但是它也并没有要对抗现代婚礼元素的态势。山村婚礼的多元化特质,不是村民有意挑战传统习俗和规范,而是社会的变革使村里人视野越来越宽阔,传统的山乡社会也具有更大的包容性,从婚礼的当事人的角度来说,他们有了自我选择的可能和能力,他们把这种意识融合进婚礼这一人生重大礼仪中。因此婚礼呈现的不仅仅是青年男女身份的转化,更是每一个参与者的自我意识和权利意识的觉醒。

第五节 分家:一个新家庭的建立

一个家庭的诞生是在分家中发生的,在现在看来,这是在结婚之后很快就进行的事情。我们已经在上文中说过,结婚已经不只是确立一对男女的正式的婚姻关系,也不仅仅是要建立两个家庭之间的姻亲关系,它几乎已经成为一个家庭建立的过程。一个完整的家庭,在婚姻关系之外,需要最重要的亲子关系作为支撑,不过,这并不影响一对新婚夫妻从结婚的时候就从父母那里分开来,这在很大程度上也是得到父母辈的允许的。当前的社会变迁使得长辈与晚辈之间的生活方式以及众多观念产生了很大的差距,这使得女方在考虑婚嫁对象的时候就考虑男方是否具有分家的能力,他的父母是否给他提供了分家时物质上的以及精神上的支持,因为她只想嫁给她所选择的那个男人,而不是那个男人的家庭。男方的父母在这种普遍的压力下通常是妥协的,他们要为自己的儿子张罗婚事、娶一个妻子,这依然在很大程度上被认为是作为父母的义务,假如他们没办法为自己的儿子提供分家的物质基础以及精神上的支持,那么他们的儿子在择偶竞争中便会处于劣势。

一、关于分家

我们已经说过,分家就是一个家庭建立的过程。对于分家,我们对不同年龄段的农民进行了访谈,对不同时期分家的情况做了一些了解。对于现在处于40岁以上的夫妻来说,他们当初从男方父母那里分家出来的时间是较为缓慢的,通常是在他们的第一个孩子出生之后才进行的。他们接受了父母为他们的第一个孩子举办酸糟酒时客人所送来的各种礼物,以此来作为分家的一部分物质基础。这样推算的话,一对夫妻在结婚之后通常与男方的父母居住在一起至少一年左右。而且,我们或许还可以对分家的距离做些说明,我们这里所说的分家的距离是指分家之后子女家庭与父母家庭之间的地理位置,关于这一点,事实上我们也已经在上文中提及一些，那时候我们主要为了说明新婚夫妻的居住方式。这种距离对于分家的程度也造成一些影响。我们访谈过一些五六十岁的老人，他们清楚地记得他们当初是如何分家的。通常情况下，他们的父母花费半生的时间修建了一栋房子，这房子分为三至四间，或者更多，这根据他们的兄弟多少而定。长子结婚以后与父母及其几个兄弟姐妹依然生活在一起，新娶进来的妻子成为这个大家庭中的一员，参与这个大家庭中生产和生活。直到长子夫妇生育了第一个孩子之后，他们便从父母的家庭中分裂出来，父母将所有的房子按照一定的比例（通常是按照他们兄弟的数量）分配一些给他们。此后，他们的弟弟也几乎是按照这种方式从父母的大家庭中分裂出去的。这样，我们就会发现，兄弟以及父母各自的家庭统一居住在一栋房子里，虽然分家了，但是生活中还是能够经常相互照顾。当然，这种近距离的居住除了能够为他们之间相互合作提供条件之外，也是他们之间产生摩擦的潜在因素。尽管已经分家，但是父母依然对子女家庭产生一定的（有时候甚至是很强的）控制，而兄弟家庭之间也因为日常生活中的一些小事而产生矛盾，加之父母处于中间的位置，如果没有协调好各兄弟之间的关系，那么父母也会牵扯到兄弟之间的矛盾当中。

　　农民生计所发生的变迁我们会在后文中有详细的说明，但是我们这里需要提前指出这种变迁的总体趋势，这一趋势可以这样来总结：组织生产的单位在逐渐缩小，从原来的大家庭到1949年以后长时期的集体生产，再到上世纪80年代以后的家庭生产。这一变迁趋势与国家的土地制度极其相关，同时，也与市场经济的影响有些联系。这种生计的变迁几乎改变了人们之间的关系，农民与农民之间的合作程度在逐渐降低，使得分家以后的父母与子女之间的居住距离以及兄弟之间的居住距离逐渐扩大，因为他们在很大程度上已经不需要长期的频繁合作来维持其生存了。这一点，或者也可以从一个村落的居住格局的变迁中体现出来，据一些年长者的回忆，在我们所考察的区域内，大多数的山村在1949年以前都只是几个紧密的院子，这些院子里密集地居住着一些大家庭。这种情况在一些村落一直持续到上世纪七八十年代，此后的村落格局开始变得复杂起来，人们新修的房子逐渐脱离那些老的院子，而相对较远地分布于这些老院子周围。直到今天，家庭经济状况较好的那些男青年结婚之后都已经修建了自己独立的房子，而不是与自己的父母和兄弟们同居于一个屋檐下。当然，年轻夫妻家庭与父母家庭之间的距离只是相对隔开了，并不会产生很远的居住距离，大部分年轻人结婚以后还是与父母家庭同居于一个村落，而只有少数年轻人结婚以后迁移到镇上或者石柱县城居住。

但是父母与子女家庭之间的分家从来没有划分得十分清楚。在今天，我们依然能够看出，父母家庭与子女家庭之间存在的那种紧密联系并不是互助所能够说明的，与其说是两个家庭之间的互助，不如说是两个家庭之间的分工与合作。在现实的父母家庭与子女家庭之间的关系方面，也许我们可以引用下面这个例子来进行说明。

龙泛溪的老队长今年五十岁左右，他有两个儿子，其中大儿子已经结婚了，小儿子还并未结婚。大儿子结婚后，与妻子长时间在外地打工，只是在过年的时候回到家里来住几天，此后便又出去了。有一天，我们路过老队长家的门前，他的妻子很热情地让我们到她家里坐。我们与老队长的妻子聊起了家常，我们问她，她的大儿子是否已经分家了，她说当然没有，他们还在一起吃饭，大儿子的孩子也是由两个老人帮着带的，所以还没有分家。过了几天，我们在路上碰上了老队长的大儿媳妇，又聊起了关于分家的事情，我们问她是否已经跟公婆分家，她说当然分了，她认为她和丈夫结婚不久之后便已经分家了。她认为，虽然他们并没有单独开火自己吃饭，但是他们有了单独的户头，他们只是在家里生活十几天甚至几天，孩子由父母照顾当然是事实，但是现在的情况是每家分家了之后孩子都还是由老人照顾的，因为年轻人要到外地去打工。

在我们所举的这个案例当中，连是否分家这件事情都具有一定的模糊性，这当然说明了农民们所说的分家在很大程度上并没有彻底从父母家庭分裂出来。分家的内容首先是分财产的问题，其次则是分开各自组织自己的生产活动以及日常生活。但是这在很多家庭都并未达到，很明显，虽然土地已经部分地分给了子女家庭，但是因为子女们都在外地打工，所以农业生产依然主要由父母来完成，孩子的抚育在很大程度上依赖于父母；他们在过年过节回家的那段时期没有自行组织自己的生活，而是与父母共同生活。但是，父母家庭与子女家庭之间的经济关系却是相对独立的，子女家庭外出务工所得的收入并不会纳入到父母的家庭中来进行开支，而父母家庭所从事农业生产的所得也主要由父母家庭自己消费，子女家庭并不参与到农业生产所得的分配当中。父母帮助子女照顾孩子，但是子女家庭则需要提供给父母一切养育孩子的开支，并在过年回家的时候送一部分钱和礼物给父母。

然而无论怎样，我们依然可以认为子女家庭并未彻底从父母家庭那里分裂，分家与其说是表述父母家庭与子女家庭之间的关系，不如说是表述兄弟之间的关系。在我们所考察到的那些家庭中，父母与子女家庭之间无论如何会存在一些较为明显的经济关系，或者正如我们在上文中所说明的那样，子女家庭甚至会将父母纳入到同一个分工体系中来。但是这种情况通常不会发生在兄弟之间，他们一旦结婚之后便会自己过自己的日子，不会与兄弟家庭之间牵涉太多的经济关系。不过，因为需要共同养老或者需要共同的老人分别为他们服务（例如，看家、经营土地以及照顾孩子），所以他们之间的联系也是较为紧密的，但是一旦他们的父母去世，他们便会从父母那里将父母所有的财产分别继承，此后，兄弟之间的关系便不再像父母在世时那样紧密了。

在今天看来，人们普遍采取婚后即分家的态度。这不仅是子女家庭的要求（尤其是年轻妻子的要求），而且得到了父母们的普遍支持。正如我们上文中所描述的那样，年轻的妻子通常想要在结婚之后马上分家，在于她们不想与男方父母（即自己的公婆）之间发生太多的琐碎关系，虽然年轻夫妻在这个过程中能够获得一些利益，但是生活中的摩擦却经常存在。当一对父母不止有一个儿子的时候，他的长子结婚之后更倾向于分家，因为他们婚后如果还继续与自己的父母居住在一起的话，难免参与到父母家庭的财富的创造中，而这些财富最终是属于他们以及他们的兄弟的。然而在父母看来，这些婚后的年轻人并不能为他们分担什么重任，他们结婚之后便会到外地去打工，只是偶尔地回家。在外面打工所得的一切财富，父母只能根据子女们的意愿从中得到很少的一部分，而当他们在家的时候，他们也很少参与到父母常年所从事的劳动当中来。并且，在一些父母看来，现在的年轻人与他们年轻的时代大不相同，这些年轻人显得很懒惰，他们连日常中做饭都不愿意做。所以，父母现在也愿意将婚后的子女很快从原来的家庭中分裂出去。

不过，基于一种情感的因素，分家这件事情通常不是由父母提出的，而是由年轻夫妇提出来的。正如一位有两个儿子的父亲所说的，他的两个儿子在婚后不久便分家了，而且都是由他们自己提出来的。对于父母而言，他们很难开口让自己的孩子与自己分家，他们担心子女会有一种被"撵出去"的感觉。所以，现在的分家过程是平静地实现的。一些年长者曾告诉我们，他们当初从父母的家庭中分裂出来，通常是在一次口角或者直接爆发争吵之后实现的，总是有些不如意的事情成为导火索。然而现在的情况却改观了许多，婚后分家已经成为普遍的趋势，长辈与晚辈都能够接受。

我们想要再强调一点，那就是分家的程度。我们再一次说明，分家并没有使得父母家庭与子女家庭之间完全分裂，他们之间显然还存在着广泛的，而且十分紧密的联系，这种联系甚至体现在生计分工方面，很多时候，父母与已经分家的子女家庭之间还会形成同一个分工体系。我们相信，这有着两方面的主要原因，首先是现代农民生计的需要，年轻人很大程度上依赖于自己的父母而生存（我们将会在"沙子镇的教育"一章中详加说明），而老年人也很难脱离自己的子女们而独自生存（我们将会在"沙子镇的养老"一章中详加说明）；其次是血缘关系作为一种传统的社会关系纽带所赋予的传统道德，就像我们所说明的那样，年轻夫妇的父母通常会帮助他们照顾孩子，而照顾孩子的回报却并不是赤裸裸的经济利益。

二、家长及家庭分工

一个家庭建立之后，当然涉及这个家庭的成员如何组织起来的问题。我们一直强调，家庭在很大程度上（在现在看来）是一个独立的经济单位，有着独立的预算、独立的收入和独立的支出。所以，家庭中的各个成员需要被组织起来，以应对各种生活中的困境，创造更理想的生活环境。从生计方面而言，家庭成员的组织化就是各成员之间如何分工的问题。家庭成员的分工主要基于个体的特征而定，例如性别、年龄、健康状况等都成为家庭分工的基本依据。当然，一种习以为常的分工传统对当前的家庭劳动分工也产生显著的影响。

关于家庭内部的劳动分工状况，我们可以从人们的家庭生计与日常生活来看待。不过，我们相信每个家庭都有其自身的传统，尽管家庭只是一个很小的单位，但是家庭内部对某种思维、观念以及行为方式的传承似乎也是存在差异的，例如，当我们通过一个农民对另一户农民的家庭情况进行访谈的时候，这个农民经常会以"他们家经常……"这样的语句来回答我们。具体一点，我们甚至可以以对孩子的教育为例来说明这种所谓的家庭传统，一些人认为某些家庭对孩子的教育过于放纵，而某些家庭则对孩子的教育过于苛刻。总之，在人们的眼中，虽然大家同居于一个村落甚至一个院子，但是几乎每个家庭都具有一些显得与别的家庭颇不相同的传统，这种情况在家庭成员的分工以及家庭权力的掌握（即家长）方面也有一些体现，一些家庭将孩子以及老人纳入到主要的生产当中，而一些家庭则只是处于中间的青壮年劳动力从事主要劳动，而老人与孩子则分别承担不同的职责；一些家庭的男主人处于明显的掌权地位，他们对自己的妻子以及子女们具有很强的掌控，由其组织家庭生产以及消费分配，而一些家庭中的男主人则显得不在意家庭中到底谁当家的事情，反而是他的妻子掌握着家庭的各项权力。总之，不同的家庭具有不同的氛围，存在一些显性的差异。

但是家庭之间的差异并不能抹杀掉地区或者社区中的一些传统的共性，这依然可以从不同家庭内部的劳动分工以及家庭权力的掌握中总结出来。也许我们并不需要对此做过多的复杂的总结，因为一些特殊的时间、特殊的场合给我们的观察提供了很好的佐证。这种事件就是会头场合，我们已经说过，每一个家庭都会在不同时期举办各种各样的会头。在会头之中，同一个村落的人都会参与到这个会头中来，帮助举办会头的主人做各种各样的准备工作，使这个会头顺利的完成。在会头当中，不同的人群做着不同的工作，这是会头的"总支"（又叫总管，是举办会头的主人家所请的对会头的各个方面进行安排的人物）按照不同的人的具体情况做出的安排。对一个我们所参与过的会头场景做一些简短的说明，可以从中看出一些端倪。

两个中年男人在水池边杀鱼，他们将鱼从水池里捞出来，摔到地上。鱼并没有晕过去，还在扑腾。男人将手中的菜刀放平，"咣"的一下拍下去，鱼便不再动弹了。另外两个中年男人在一旁杀鸡，他们先将所有的鸡杀掉，然后一起烫和褪毛，此时已经杀了五六只了，全都横七竖八地放在地上，地上有几摊血迹。女主人喊："拿在远一点的地方杀，不然到处是鸡血了。"一个小女孩蹲在已经断了气的鸡的旁边拔鸡毛，但是因为没烫，所以拔不下来，她是在自己玩。张志全的媳妇和另外几个中年妇女围着火堆，手握着大铁叉子，铁叉子上叉着整条的猪肉，放到火上去烧，皮已焦黄，滋滋地冒着油。四五个年轻的小媳妇坐在屋檐下摘菜，这时候他们正在整理"折耳根"（学名鱼腥草），两个年轻的媳妇站起身去背洋芋，准备摘完折耳根之后继续削洋芋。几个女性老人大概都已经超过六十岁了，在墙角下有说有笑，手里则正在剥葱和蒜。几个年轻的小伙子则从别家搬来一些桌子板凳，这是为会头中客人吃饭所准备的。男主人谭明星站在院子里和几个男人说话，他的妻子此时动作麻利地指挥东指挥西，忙得脚不沾地，一会儿叫丈夫取这个，一会儿叫丈夫拿那个。刘军的外婆，一个七十多岁的老人，正坐在灶前往灶里加柴，依然围着她的蓝围裙。她主要负责灶里的柴火。总支是两个上了年纪的中年男子，一个站在门边拿着本子，高声念着帮忙的人员的名字和他们主要负责的事项。另一个总支则背着手在院子里踱步，检查大家的活路做得怎样。小孩子们在院子里和路上嬉耍，时而能够听到他们的母亲在旁边叮嘱不要摔倒和不要打架。

这是 2010 年 1 月 27 日上午，龙泛溪村民谭明星家的情境。他家在沙子镇上买了楼房，也要办一次短水酒，28 日是短水酒的日子，前一天，村里男女老少都放下手中的活路，过来帮忙。从上面的描述里我们可以窥见，在山村生活中，男女有明确的分工，整个场面忙而不乱。这种会头中的男女分工也映射了家庭生活中性别以及年龄之间的分工情况。

总的来说，在我们所考察的地区，家庭中的劳动分工大致是男主外而女主内的情况。在传统的农业生产占据人们的主要劳动的时期，男子通常负责田地里的工作，而他们的妻子通常也会参与农业生产，但是她们要将时间分配出一部分来从事家务劳动以及照顾孩子。这样看起来，虽然男子付出了更多的体力劳动，但是女性的工作却显得更加复杂一些，她们不仅要参与到丈夫及成年的儿子的劳动当中去，同时还需要兼顾到家庭内部各种零散的工作。家务活是十分烦琐的，包括做饭、喂养牲口、对屋内进行打扫以及洗衣服，等等。我们将会在后文中对沙子镇农民的生计做出更多的说明，事实上，家庭内部的分工状况如何，也依据这个家庭的设计方式的不同而有所不同。那些主要经营田地的农民通常按照我们上述说明的这种分工方式进行劳动，当前在五十岁以上的大部分人都依据这样的分工方式。但是有些农民家庭除了经营田地之外，还在高山地区租了一些山林种植黄连，在这种情况下，夫妻中的男方经常会到山上黄连棚里居住一个星期的时间，在那里照顾黄连，而山下的田地都由其妻子带着家中其余的劳动力耕种。这种分工方式因其具有久远的传统，所以男人很少对女人抱怨他所从事的劳动的艰辛，就像女人总是任劳任怨地承担家庭中的各项琐事也很少抱怨那样，不过，一些小的摩擦当然是存在的。

但是明显的是，这些山区农民的农业生产只能够维持其基本生存，家庭开支需要大量的现金支撑，这些农民必须要分配出一部分劳动力专门从事"挣钱"的事情。一个人一旦结婚都想要从父母的家庭中分裂出来，而父母通常也愿意，这样做的原因除了我们上述所分析的那些，父母还考虑到使自己的子女逐渐锻炼承担责任的能力——他们组成的新家庭成为社交的一个基本单位，各种人情往来都需要自己承担。新当家的年轻夫妇感受到了责任之重。在他们还与自己的父母并未分家的情况下，不需要他们自己筹备参与别人的会头时所送的礼金，但是分家之后他们就必须考虑这些事情了。生活中的各项开支都要单独预算了，所谓当家才知柴米贵，他们需要独立地对自己的生存负责了。而假如他们很快便有了自己的孩子（我们在调查中知道当前许多年轻夫妇在结婚之前妻子就已经怀了孩子），那么责任将会变得更大，而这些责任的履行则需要大量的现金。传统的农业生产显然是他们所看不起的，在他们还小的时候，父母都希望他们好好学习，将来抛弃父母所从事的那种艰辛而收获却很小的劳动方式。现在，无论是基于父母以前的教诲还是基于现实的压力，总之他们普遍选择了走到农村之外寻求生存，这就是现代年轻农民所普遍选择的谋生之路——打工。这种谋生之路对传统的分工方式造成了很大的冲击，男女之间的分工在年轻人那里没有很明显地体现出来，因为他们都是外出打工的主体，或者说都是"挣钱"的主体。而他们在分家时从父母那里分配到的田地，事实上只是在权利方面的分配，只是表明某部分田地属于他们（我们暂时不从国家的层面来看待土地的所有权），但是他们却不能在这些田地上进行劳动，在这些田地上劳动的是他们的父母。所以，正如我们在上文中所说的，父母参与到子女家庭中来进行分工，他们成了同一个分工体系。在我们所考察的地区，对于那些年轻的家庭而言，分工主要不是体现在男女性别之间，而很大程度上体现在父母与子女之间或者说年龄之间。

　　这里，我们还需要对未婚者在家庭中所承担的工作做些说明。一个人到了什么样的年龄算得上是家庭中的劳动力，这在我们所考察的山区来说并不好界定。当我们走在龙泛溪的几个小聚落之间时，经常可以看到一些十六七岁的孩子到处闲逛，但是一些年龄大概只有十一二岁的孩子却与自己的祖父母在田间地头劳作。就像我们上文中就已经说明过的，这与各个家庭的传统以及家庭条件相关。但是普遍而言，年龄在五岁以上、十六岁以下的孩子们通常将他们的大部分时间花在学校里，在这个年龄段，接受教育是他们的主要职责，只有在他们课余的时间才能够参与到家庭的劳动中来。但是普遍而言，这一群体对家庭劳动的分担是很小的，一方面由于他们主要将时间用来学习，另一方面则因为他们的年龄还没有达到成为主要劳动力的程度。当然，一些简单的工作将会由他们来完成，例如割草、放牛，有时候还在田地里帮着成年人种植庄稼，这时候，他们主要做着诸如下种子这种并不耗费劳力的工作。相对于成年人而言，孩子们更是体现出勤快与懒惰的不同，当然这与这个家庭的条件以及他们的父母的观念相关。一些父母告诉我们，他们认为十二三岁的孩子还不能参与到农业生产当中去，尤其是不能够背负重物，他们认为这会抑制孩子的身体生长。另一些父母则告诉我们孩子们应该在十岁以后参与到家庭的劳动当中来，他们应该参与不同的劳动，包括一些家务甚至到田地里一起劳作；这些父母并不希望孩子们能够分担多少劳动压力，主要在于使孩子得到一些教育，使他们知道劳动的艰辛。一个十岁大的孩子的父亲曾告诉我，他教育孩子好好上学的方法就是当孩子没有学习任务的时候就带到山上去一起劳动，这能够使孩子体会农业生产的艰辛，使他害怕这种劳动，而如果不好好学习的话，将来便只能靠着这种劳动才能够生存。不过遗憾的是，他的孩子的成绩似乎并未因此而取得明显的进步。那些将孩子排除在农业劳动之外的父母认为这些劳作方式事实上已经没有多少必要传授给孩子了，现在的年轻人普遍轻视农业生产，都不愿意在家里经营土地，那么等到这些孩子长到能当家的年龄的时候（大概也就是二十多岁以后吧），农业生产的衰落就可想而知了。有些孩子过早地承担起了重要的劳动，这与他们的家庭条件相关，在龙泛溪，一个十五六岁的小男孩既是田地中的一个重要劳动力，同时也兼顾了家里的大部分家务活，包括洗衣做饭、喂养牲口，等等，而他事实上还在沙子中学上初中。

对我们所关注的这些人的家庭分工进行了一定的说明之后，我们还有必要对家庭的权威人物做一些说明。这里所指的权威，也就是谁在家庭中做主的意思。我们在描述当地人的婚礼仪式时曾经说到过，当男方迎亲队伍还没有将女子迎回来的时候，他的母亲以及祖母等女性长辈们将会在他们的床上"撒喜果"，而当新郎迎接新娘回家的时候，他们共同抢着去坐床，谁先坐上谁将来就成为一家之主。这不过是一种仪式上的或者说礼俗化的行为，谁最终成为这个家庭的权威当然不会以这件事情来决定。然而，我们要说明一个家庭中谁做主的问题，或许需要明确所谓"做主"所代表的含义，或者至少有些指标能够供我们进行考察。首先，也许也是最重要的，大概就是一个家庭当中由谁来管钱的问题了。其次，我们可以通过一些对于家庭而言影响较大的事件进行观察，可以看到其中谁是一个家庭的决策者。当然，除此之外，人们在日常生活中的一些行为和语言交流也是可以看出些端倪的。不过，我们需要说明的是，这些因素事实上还不足以完全说明家庭的权威所系谁身，因为大部分的家庭看起来是"民主"的，至少在夫妻双方而言是这样，这使得他们自己也并不完全明白究竟谁是这个家庭的主宰。

当我们问及一个家庭由谁来管钱的时候，通常的情况是"都管"或者"并无谁管"。一个中年女子说："大家一起管，钱放在那里，谁用了谁就去取就是了。"但是普遍的情况是女性管着开支而男性管着收入，这是较为一般的情形。但是在年轻夫妻那里情况又不完全如此了，因为男女双方几乎都是挣钱的主体，并不完全由男性管着收入，并且开支也并不完全由女性做主。关于开支，我们需要说明的一点是，大部分的开支都是必需的，例如，孩子的教育费用、医药开支以及礼尚往来等，这些开支并不需要太多的商量。开支中产生分歧的情况是那些不一定迫切的部分，或者开支的目的并不完全是家庭利益的方面，例如，针对个人的消费以及一些并不迫切的生活开支，这些需要夫妻双方相互协商。

"以前他在高速公路上打工，一天能够挣到五六十块钱，最后挣了两三千块，就把钱存在银行了，存折就放在那里，没有谁专门去管。他要用钱了，就跟我说一声，就拿着存折去取了。我要用钱，也跟他说一声就去取了。如果我不同意取钱，他就左说右说的，直到我同意了才会去取，从来没有不说就去取钱的时候，几块几十块的时候就不用多商量了，但是上了一百还是要商量哈，说一声。他不会乱花钱，衣服也不多讲究，经常是我主动说了之后和他一起去买的。有时候一起去买衣服，我嫌贵，舍不得买的，他会坚持买给我。现在我们也没多少开支了，娃儿们不要我们管，我们自己挣点花点也还是自由的。"

上面是一位五十岁左右的女性老人对家里消费决策情况的一些说明，她的家庭与其他许多家庭类似，对于如何开支，女性通常具有较多的发言权，至少会获得她们的同意。这里我们需要对"存折"做一点简单的说明，这几乎是近几年才产生的一种家庭经济管理方式，这是因为这些年现金在人们的生活中变得越来越重要，农村的货币需求广泛增加，基于对货币的管理，这种方式才得以在这些地区产生。重庆市农村商业银行为这种现金管理提供服务，近几年，这一地方性银行在石柱县各个乡镇逐渐建立了分行。

较为极端的情况是存在的，在龙泛溪，一个上门女婿在其家庭中被人认为是没有经济地位的，他甚至连抽烟的钱都要从妻子那里取。

对于管钱，事实上并不是谁都愿意的事情。管钱者通常承担一定的压力，他（或者她）需要精打细算，对花出去的主要资金都要清楚地记得，如果他的妻子（或者她的丈夫）问起来的时候，他（或者她）能够清晰地回答出来。一名女性对我们说：

"钱是他赚的，我照（管）牲口、种地。他挣了钱就给我，我倒是没主动说自己要管钱，但是他每次都给我，他要用就找我拿。其实管钱有什么好呢？他和娃儿用钱就来找我，不管钱的什么都不管，反正没钱了就张嘴要，也不管我这里有没有，还要数给他们听哪里哪里开支多少。"

女性在家庭中进行开支的管理，看来是较为合适的选择。我们对一些男性进行访谈，除了一些闪烁其词的回答之外，大部分认为挣了钱交给妻子管着是比较适合的，因为一般情况下女人比较审慎，在"节流"方面普遍做得比男人强。而且，也许更为重要的一点是，那些不得不留下一个成年人照顾家庭的夫妻通常是妻子留在家中而丈夫外出打工，在这样的情况下，家庭开支的权力当然很大程度上要交给妻子。

除了家庭经济的管理之外，在家庭中的一些重大事件中我们也可以看出一个家庭的权威。然而也正如家庭中的经济管理一样，处理家庭事务也通常表现出"民主"的一面，这种事务包括买房、儿女婚事，等等。关于修房、买房，这些事情通常只有阖全家之力才能够完成，所以，相互商量是必要的，我们没有发现过一对夫妻中有一方反对买房或者修房而最终因一方的坚持而实现的。不过，妻子的意见在事件中通常占有一定的优势。龙泛溪一位姓谭的中年男子，他的儿子在结婚时向父母要两万元的彩礼，但是他只同意给一万元。儿子坚持要两万元，他建议由儿子自己出一万元。他知道，这是儿子借着结婚从父母这里分得财产，他与儿子僵持了一段时间之后，妻子最终表明态度就给儿子两万，至少这两万最终是归孩子们自己所有，也并不吃亏。在妻子表明了态度之后，他也同意了。另外有一对夫妻闹离婚的时候，女方的母亲一直对女儿的离婚表示支持的态度，而女方的父亲则在整个事件中保持缄默，默认妻子及女儿的决定。一个年轻的男子在谈论到他新交的女朋友的时候，担忧这个女朋友可能并不能获得父母的赞同，他最终总结道："主要是我妈，只要我妈说可以，那就没问题了。"

我们可以看出夫妻在重要事件中的决策权力，并不是和性别有某种必然联系，而是男女双方在事件中能否说服对方，这就考虑双方的能力、见识、对家庭的贡献、教育背景、生活经验和阅历以及性格特点。我们举例说明过的那位上门女婿，因其妻子所具有的争强好胜的性格而选择妥协，当然这与这段婚姻的性质有些关系。一个中年女子在自己很小的时候其父亲就去世了，而母亲随后改嫁，她由亲戚养大，由亲戚做主出嫁，她没有亲兄弟姐妹，在农村的普遍观念里，这使得女子与丈夫相比而没有后台撑腰。她在家中不掌握经济权力，重要的事务也听从丈夫的安排，然而她认为之所以这样并不是因为她的出生背景，而是认为她的丈夫见识比她多，而她则"脑子不够用"，所以听从丈夫的安排。一个年轻的媳妇说，她丈夫挣的钱主要由她来管，因为她的丈夫有爱赌的毛病；而她的公公婆婆的钱则是由她的公公来管，因为她的公公与婆婆相比，更有文化一些。

第六节　小结：婚姻家庭中的自由、民主以及情感

在做了大量的描述和分析之后，我们以一个小结的形式来对这部分内容做一个稍微完整的总结。自由、民主与情感被我们用来概括现代农民的婚姻与家庭生活，希望这种概括并没有夸大其词或者与农民的真实生活偏离太远，至少能够与我们对这部分内容的描述相符合。当然，这三个词看来都颇为抽象，但笔者将不再在解释它们上面花费过多的功夫，只希望通过如下的说明能够将这三个抽象的词与我们所要表达的含义结合起来，使其能够被理解，尤其能够在我们所描述的那些人的生活中被理解。

"自由"首先在年轻人择偶时的自主性方面体现出来，这是对于年轻人或者准结婚者的自由。我们在这部分内容的开篇部分就对择偶进行了较为详细的说明，择偶的条件发生了诸多方面的变迁，不过这种变迁的本质或者并没有多大，因为无论是传统的对土地的看重还是今天的对家庭经济条件（这里主要指的是农业之外的经济）的要求，事实上都是希望对方有较好的条件（不同的时代对家庭条件以及地区优势的看法不同）。而不同的是，择偶主体发生了变化，在择偶中，婚姻主体的主体地位逐渐凸显出来。曾经由父母为其择偶的情况已经越来越少，甚至已经很少存在这样的情况；择偶的条件是什么，很大程度上也是由婚姻主体自己考量，只是较小程度地征求父母的意见。而择偶方式所发生的那种变迁，也很大程度上体现出了年轻人的自由，关于这一点，我们对择偶方式做了纵向的说明，并且也对婚姻媒介做了大量的分析，最终发现，择偶已经逐渐变成了婚姻主体之间的事情，父母、中间人从现代年轻人的婚恋中逐渐脱离出来，使得年轻人在婚姻缔结方面逐渐获得自由。

婚后即分家的观念似乎也是追逐自由的一种体现。我们在前文中已经做过一定的分析，婚后即分家不仅是众多年轻人的追求，而且也得到了父辈们的广泛赞同，年轻人想要迅速脱离父母辈的管束，而父母也感受到不分家前长辈与晚辈之间的众多不适。婚后即分家（而不是生了孩子之后）不仅赋予年轻夫妇一定的自由，同时也减轻了父母的一些负担。实现婚后即分家需要付出一些代价，对于父母以及子女而言均是如此。在父母方面，子女婚后即分家使得他们必须支付较高的彩礼或嫁妆，因为这是子女建立家庭所必需的物质筹备。而

在子女方面，这些年轻人为了获得足够的生活自由而选择婚后即分家，而与此同时他们也过早地承担起了许多社会责任。

一些传统观念的变化使得年轻人从传统的婚姻习俗中走出来，使得他们不会因为婚姻的方式而受到社会舆论的压力。正如我们在上文中所说明的那样，一个年轻男子选择到别的地方做上门女婿，并没有被他的父母所阻止，而社会舆论对上门女婿的评价也不再是简单的歧视。一如我们在上文中已经表达过的，这种情况或者和父母与子女之间居住距离的变迁相关，在现在看来，现实要求（渴望发展）使得父母与子女之间的居住距离在逐渐扩大，使得分家在很多家庭似乎更加彻底，这使得父母与子女家庭之间的日常关系发生了很大的变化。对于一些父母而言，儿子做上门女婿与分家之后到别的地方居住没有多少生存上的差别——如果这个做了上门女婿的儿子对父母依然还具有赡养义务的话（年轻的上门女婿通常会有这样的要求）。

显然，通婚圈的变化似乎也能够体现出婚姻主体的自由来。我们对人们的通婚范围做了一些说明，首先，在地域范围上，人们的通婚圈在逐渐扩大，这使得年轻人有了更多的择偶机会。其次，一些传统的通婚限制发生了一定的变化，我们以曾经的同姓不婚为例来说明这个变迁，这一限制的变迁大概是：从同姓不婚到五服之外，再到现在的直系亲属以及三代以内旁系亲属。这些变迁都增加了未婚者的择偶范围，不过，正如我们又发现的那样，通婚圈的扩大对未婚男青年而言并不完全是有利的，因为他们将参与到更广泛的婚姻竞争当中去，而在那个更大的竞争体系中，他们原本就显得弱势的特征体现得更加明显。

婚恋以及择偶的自由化（对于婚姻主体而言）与家庭的民主化几乎是同步的，正是因为家庭的组织方式逐渐体现出了民主，使得未婚者在婚姻实践过程中可以直接地参与进去，并且由他（或者她）决定婚姻的成败。在婚姻的缔结中，各方的意见都要加以协调，父母已经不能包办，子女考虑到婚后与父母的关系的处理问题，也通常会征求父母对其择偶以及婚恋的意见。很明显，父母与婚姻媒介逐渐从婚姻中淡化其角色，又与现在所流行的婚后即分家的状况相适应。自由地组建家庭也有利于这个家庭组织的民主化，尤其是年轻家庭与父母家庭分裂之后，这个小家庭更是脱离了长辈的权威。但是，我们所说明的这种家庭的民主化指的是夫妻之间的关系，子女在很大程度上总是听从或者反对父母的安排，而不是协商，除了择偶方面之外。

个体在婚姻中的主体地位的提升，使得年轻人可以自由地选择自己的另一半,在打工的城市经历以及大众传媒的影响下,他们的婚恋方式也发生了很大的变化。一如我们在上文中已经总结过的那样,在现代年轻农民的婚姻中,情感因素也逐渐重要起来;情感在婚姻中应该占据一定的分量,不过,因情感具有很强的不稳定性而通常又会对婚姻造成一些负面的影响。自由婚恋而最终修成正果的夫妻不仅仅是在缔结婚姻方面采取自由的态度,在感情破裂之后选择离婚时也采取自由的态度。尽管在我们着重考察的龙泛溪来看,离婚的情况并不多见,仅有四例,但是这些婚姻的破裂大都被归咎于情感的破裂。这种因为情感破裂而协议离婚的情况通常能够获得年轻人的赞同,尤其是那些尚未生育孩子的夫妻。但是这却是年长者难以理解的情形,正如我们说过的那样,年长者在他们结婚的时代还严格对未婚男女之间的交往进行限定,他们从来也不指望甚至也不知道什么是爱情,他们的婚姻后面背负着两个关系紧密的家庭,这使得离婚的事件在几年以前几乎没有出现过。在龙泛溪这个村落里,离婚的"魁首"是一个在外地跑猪药生意的男子,紧随其后的两个也是做着和他一个行当的男子。另外一个离婚者是一个被村里人认为最为懒惰的男子,他的妻子嫁过来之后不久便遭到他的殴打,一段时期之后,他的妻子据说在他的岳母的帮助下跑掉了(这使得这个男子至今还耻笑他的岳母将自己的女儿卖了)。我们正在这个村落进行考察的那段时间,有一对夫妻正在准备离婚,原因是丈夫在外打工时与另一个女子发生了性关系。除了那个被认为十分懒惰的男人之外,其他的离婚者都已经有了孩子,现在正在准备离婚的那对夫妻也有两个孩子。相对于离婚而言,未婚先孕的事件可能是更为严重的。在面对这两种事件时,如果离婚是一种无奈的选择而能够得到他者的理解的话,那么未婚先孕就几乎难以取得别人的同情了,尤其是那种没有结婚而孩子就已经出生的人。我们参与了当地人的几次婚礼,其中至少两次婚礼中的新娘是怀有身孕的。我们还发现一个女子还未出嫁就在自己的娘家生下了一个孩子;本来她与自己的男友要结婚的,但是她的男友在此之前不久开车造成严重车祸,被判进了监狱。无论是离婚还是未婚先孕,多少都与婚姻的情感因素以及婚恋方式的自由化存在一定的关系。

第三章 信息传播与新交际：
一些新的社会需求

从某种程度上而言，我们所考察的龙泛溪有其一定的封闭性。从龙泛溪的地理位置上来看，它与沙子场镇有着一定的距离，如果一些信息传播从中心地域向边缘传播的话，那么龙泛溪显然处于较后接收信息的地位。不过，这种情况事实上也并不明显，在现在看来，信息传播的差异很难在场镇地区与其他村落之间形成。许多信息都是共享的，它们通过各种媒介加以传播，而这种媒介手段并不为场镇上的人们所独有。即便倒退回二十年以前，当农民的传播手段还十分简单的时候，场镇与其他村落之间的信息传播差异也并不明显，虽然那个时候场镇上的传播媒介似乎要优越于其他村落，但是与人们生产生活密切相关的信息也通常在各个村落之间畅通无阻。在缺乏传播媒介的年代，口头上的人际传播成为信息的主要传播渠道，沙子镇的农民秉承着隔两天赶一场的传统，这一传统不仅是经济交换行为，显然也是信息的交换行为。直到今天，农民所熟知的许多信息都来自于他们的赶场。而且，在今天，固定电话、手机、电视以及互联网等媒介逐渐深入到农民的生活当中，这些技术使得农民的交往变得更加方便，当然，他们的交往范围也因此而有所扩大。尽管这些媒介技术来势汹涌，但是与人们生活密切相关的信息，很大程度上依然依赖于最原始的口口相传，即人际传播。

第一节 传统的人际传播

建立在血缘、地缘关系基础之上的人际传播，是农村社区信息交换、交流的传统形式，也是最重要的一种形式。可以说，人际传播涵盖了龙泛溪农民生产、生活的方方面面，大到婚丧嫁娶，小到柴米油盐，远至外出务工，近至村里流言，人际传播都扮演了极其重要的角色。虽然大众传播手段和新媒体技术在某种程度上来说已经走进了农村社区，但从本质而言，它们都不过是人际传播的延伸和替代，原因在于，农村社区的信息传播是建立在人与人之间的关系网络之上的，而构建这张网的核心材料依然是千百年流传下来的血缘和地缘关系。

一、口碑或者社会舆论

经常会产生交往的一个群体，总是能够形成一种几乎一致的评价方案，无论是对于某种事件还是对于某些人物来说都是如此。显然，大部分的农民都十分重视别人如何评价自己，因为这种评价对他们的影响是显而易见的，例如，这种评价在婚姻方面就会产生很重要的影响。一个家庭或者个体被别人如何评价，这甚至是一个公开的秘密，包括被评价者自己也多少知道一些。这种信息通常在人们的生活中不经意的流传，以至于很快就为大众所知了。在一个村落内部，一个家庭对于另一个家庭而言，其秘密显得十分微小。在这样的情况下，婚姻缔结的前期，人们总是通过各种渠道对婚姻对方及其家庭做出各方面的了解，而这也是婚姻成败的重要因素。

这种口口相传有时候达到了一种令人吃惊的程度。以我们的考察活动为例，我们进入村落的一两天之后，当我们对村落的了解还十分表面的时候，村落里的农民已经掌握了许多我们的信息了。村落里通常很少发生什么重大的事情能够刺激农民的舆论兴趣，对于大多数的农民而言，生活总是在平淡无奇中度过，而我们的造访却成为他们重要的谈资，就在这样的情况下，我们的信息很快便或真或假地在村落里甚至村落之外传开了。在对我们有所了解的基础上，通过与我们的几次相处，农民甚至对我们开始有了不同的评价，这一点对我们而言也十分重要，正如他们对别的被评价者而言也十分重要一样。

尽管被别人如何评价十分重要，但是因为每个家庭都有着自己独立的生产和生活，所以一些农民对于别人对自己的评价还并不十分敏感，尤其是那些细微的评价（有时候是以一些玩笑话来进行表达的）。不过，对于另一些农民而言，即便只是十分细微的评价，他们也不得不十分重视，因为这些人的生计在很大程度上依赖于评价他们的这些农民——那些拥有一些技术而且从事相关的生计活动的农民正是如此，他们需要较好的口碑，这对于他们而言十分重要。这些人可以包括泥水匠、木匠、医生甚至是屠夫。

第三章 信息传播与新交际：一些新的社会需求

在龙泛溪的隔壁有一个村落叫做土鱼泉，它与龙泛溪同属于一个行政村。在土鱼泉，有一个五十七岁的泥水匠，其名陶羽泉。在我们拜访他的时候，他正在帮助别人修建新灶。他做泥水匠这一行已经三十年了。文化大革命的时候，农村的集体生产使得农民每年的粮食特别少，但是正如我们在上文中说过的那样，有手艺的农民做副业却是很好的选择。陶羽泉当时二十多岁，想学一门手艺养活自己。正好那时候万州的一个泥水匠来村里修房子，陶羽泉就找到他，请求他将这门手艺传授给自己。师傅见他有诚意，就同意了。他于是就跟师傅学了一年，在这一年当中，师傅去哪里工作，他就要跟着师傅，管吃管住，前半年是没有工资的，后半年就两三块钱一天，在当时显然是很高的工资了。

学艺一年成功以后，陶羽泉就回到鱼泉村，开始帮人修灶，起泥砖房子。最先是在村里做，后来名声大了，整个沙子镇都跑，远的还去过石柱县、湖北。一般去远的地方干活，雇主家管吃管住。现在修一个灶的价格，是按锅的数量算：放一个锅的灶收一百块钱，三个锅的灶收三百块钱。

过去没有电话的时候，都是人家跑到家里来找他干活，或者是叫人捎信。1990年的时候，他为了干活方便，就在家里装了电话机。他去到一户人家家里干活，就把电话号码告诉他们。以后别人就会问那户人家陶师傅的电话，久而久之，他的电话号码也就扩展开去了。2000年的时候，他花了两千多块钱买了大哥大电话，为的是出来干活以后好跟家里联系。比如说家里座机接到活，家里人就会打电话来告诉他。这样，他可以不用回家而直接从外面又到下一家工作。不过那时候的手机是双向收费，他一个人每月花在业务上的电话费就要两三百块钱。因为儿子在外面打工，有时候还要打长途电话，一分钟就收两块钱。现在话费便宜了，又单向收费，一个月只花五六十块钱。

陶羽泉手艺好，远近闻名，也就不需要打别的广告。一个电话打过来，就商量好价钱、动土的日期、地点，告诉雇主要买多少砖、多少水泥。关于选动土的日期，一般是由雇主自己挑选日子；如果雇主不挑选，他就会根据经验、日历帮雇主挑选。有些家庭比较讲究，动土修灶前要拜灶神，有些家庭就不管这个。如果是新房子，一般会先看一看日子。

除了这些手艺人之外，医生的口碑也经常在农民之间传播。在我们所考察的地区，医疗条件十分有限，除了沙子镇中心医院之外，每个行政村有一个小小的门诊室，或者叫做村卫生室，通常配备一名专业程度较低的医疗人员。尽管与中心医院的医生相比卫生室的医生地位较低，他们的专业水平也有限，不过他们却是与农民走得最近的医疗人员。因为驻在村里,他们甚至已经对附近农民的身体状况有了些整体性的认识。例如,他们知道某几个农民有着相似的病情,这些病并非能够彻底治愈的,但是经常需要药物治疗。

鱼泉村的卫生室也在土鱼泉,它坐落在公路边的一个小院子里,只有两个房间(砖房)。门诊室的门口挂着金属牌子,表明这里就是鱼泉村卫生室。窗子上贴着写有医生手机、座机号码的纸条。外墙上贴的是一张张医疗记录的单子,写着年月日、患者的基本资料、产生的费用和补贴返还的费用,等等。墙上还挂着一面大黑板,上面用粉笔写着相似的内容(最近一个月的医疗记录)。这两间砖屋是卫生室的医生向农民租借的,每个月需要付房租一百元。

关于这里的医生,也许租赁给他房子的房东是最为了解的了。这里的医生姓谭,今年四十出头,大约在十几年以前毕业于涪陵卫校。谈起谭医生,房东满口都是称赞之词,说他行医态度好、负责任。前两年医疗合作社生意很好,一天在卫生室里面输液的人就有十几个,排队要排到屋外头。现在出诊比较多,晚上病人打电话,他也随时过去看病。房东还举例说村里有个叫陶思军的人,冬天感冒了,去医院输液。结果医生把针一插,看也不看就走了,而药水却没有流下来。而他们似乎确信,如果是谭医生,绝不会出现那样的事情。谭医生的服务很到位,出诊的时候他会看着病人输液,输完才走;回来以后,还怕出事,打电话去问病人舒不舒服。他出诊都带着手机,如果病人来到诊所找不到他,就会等他回来,或者打电话问他什么时候回来。如果病人没有带手机,就可以向小卖部借电话打座机或者手机。

在人们的印象中,谭医生是一个非常忙碌的人。他需要自己做饭,卫生室是两间房屋,一间存放药物,也是门诊的部分;另一间则是他的生活空间,在那里有一张简单的床,他甚至还在那里生火做饭。但是他的生活十分简单,尤其是在较为忙碌的时候,他通常只是烧一壶开水,冲一盒方便面就算一顿饭了。卫生室的服务范围是整个鱼泉村,当然也有别的村的农民就近来到这里问诊买药的。所以,卫生室经常有人来造访,每一个来看病和买药的人他都需要细心检查。此外,更多的时候他不得不离开诊所,跑到农民家里给农民看病。这种流动的医生在山区农民那里显得十分重要,因为山区的交通较为闭塞,生病的农民要到医院就诊并不容易,而且,中心医院的救护车想要进入每一个村落也并不十分方便。然而,谭医生却能够做到这一点,多年以来,他就是这样在流动中完成他的工作的。在他刚成为这里的医生的时候,外出只能通过双腿,不过现在他有了一辆摩托车,这使得他外出诊治时方便了许多。所以,如果人们在路上偶尔碰到谭医生的话，他通常骑着一辆摩托车，车上系着他的药箱。在这里从医的时间长了，谭医生对很多农民的病情都已经有所了解，当他知道了谁要问诊的时候，便能够多少知道那个农民生了什么病，这样他就能够在药箱里准备这方面的药物。如果他并不了解，便在电话里多问问病情，然后根据病情准备药物和诊治工具。如果是那种较为严重的、在村卫生室无法解决的病情，他便帮着病者联系中心医院，让中心医院开救护车来接病人到中心医院就诊。

在人们的普遍印象中，谭医生是一个成熟稳重、少言但却很具有亲和力的医生。无论最终谭医生是否能够将病彻底治好，至少在人们看来，在他那里看病是让人放心的。这一点，也许跟谭医生融入当地有关，他显然已经成为当地人了，在这个小小的熟人社会中，他与其他农民一样，是熟人的一员。但是因为卫生室的设备以及谭医生自身的专业水平都有限，并不是所有的病都能够在谭医生那里得到解决。然而，至少谭医生的工作为人们看病解决了许多困难，而他负责任的态度、亲和力早已经为他赢得了很好的口碑。

二、务工信息的传播

务工越来越成为农民中间最重要的话题，而务工的信息也通过各种方式在农民之间传递。在沙子镇的街上或者人流量较大的路口处，通常都会张贴一些招聘广告。如下，是我们收录的一则招聘广告：

在城市里遭到人们深恶痛绝的"牛皮癣"，在这里也是屡见不鲜。店铺的门口、电线杆、居民楼房的侧墙，都张贴了不少广告。有些广告很简练，就是写几个字，比如乐队的广告，"江池芳草地乐队，13896534848"，又比如在电线杆上写上"出售花圈"，然后留个电话、联系人；有的广告很复杂，比如金立手机的广告，在桥边的一栋两层高的居民楼的侧墙，贴着巨幅海报（约四五米见方），上面是香港明星刘德华的彩色照片——摆着优雅的造型，展示着金立手机。

偶然间，我在闹市中一间店铺的墙上发现了最吸引人的一则广告。A4纸大小，红底黑字，最上方是两个粗体的"诚聘"。原来，这是浙江宁波"千寻休闲娱乐中心"的招聘广告。说的是该中心从事专业足浴保健，2010年2月1日试业，现招聘员工，具体如下：

足浴技师：男保底2000元，女保底3000元

主管（男）：3000+奖金

领班（女）：2500+奖金

……

然而当我们稍加访谈之后便会知道，农民们外出务工，所获取信息的渠道很少是张贴在墙上的那些招聘广告。除了这种广告方式之外，报纸上、互联网上也存在大量的招聘启事，但是这些也都不是农民获得务工信息的重要渠道。在农民那里，最值得信任的并非那些不知从哪里来的广告，而是熟人所告知的一切信息。对于那些张贴的招聘广告，一位经验丰富的农民这样对其加以评论：

效益好的工厂招人都是内招，新厂或者效益不好的工厂才会对外招聘。也就是说，原来在工厂里打工的工人，通过人际传播的方式，将自己的亲戚、老乡介绍到自己所在的工厂打工。这样做的好处很多，首先工厂节约了招工成本，可以招到忠实、可靠的工人；其次，介绍人获得一些介绍费，还获得了亲戚、老乡的人情；最后，被介绍的人也避免了到人生地不熟的地方找工作的困境，找到了相对较好的工作。虽然说在介绍的过程中也会经常使用到手机，但从根本上来说，还是人际传播发挥着关键的作用。

当然，最根本的原因在于，与那些招聘广告相比，农民更加相信来自亲戚、同乡的"介绍"，这是过去的经验告诉他们的。因此就形成我们所看到的"一个带一个"外出务工的情况，直到今天，尽管大多数的农民对外面的世界都已经形成了较为丰富的经验，但是为了寻找到更加适合于自己的工作，这种依靠人际传播来寻找工作的情况依然十分重要。

前面提到过的那个招聘广告，本身所发生的作用可以说微乎其微，但是伴随着这个广告，招聘单位还进行了人际传播的广告方式。在我们的考察中，已经有些农民准备到这个招聘单位工作了，其中就包括了龙泛溪的刘军。刘军今年（2010年）尚未满22岁，尽管已经结婚，但是还没有领取结婚证。他在初中毕业之后（当时还未满17岁）就经朋友介绍，约集几个朋友一起到广东东莞打工。他们一起进了一个钟表厂，但是那里的工资很低，每个月只有500元的底薪，加上加班费，每月只能拿到八九百元。这一次，他想和妻子一起到浙江宁波做脚底按摩工。他的妻子在十六七岁的时候就开始了这项工作，已经很有经验。而刘军自己虽然没有从事过这种职业，但是他也曾学习过一个月，已经具备一定的基础技能了。他们决定去宁波做脚底按摩，并不是看到招聘广告之后就做出的决定,而是在他妻子的嫂子介绍之后才做出的决定。介绍人告诉他们,招聘广告上的内容属实,因为她本人就在那里工作,在那里,女性的工资在3000元左右,而男性的工资在2000元左右。新的工人到了那里之后,在正式工作之前,需要集中培训一段时间。这间脚底按摩城的规模比较大,还需要招聘二三十名工人,除了熟人介绍之外,正如我们已经看到的,张贴广告也被认为是较为重要的方式。在我们还没有离开调查地的时候,刘军就和妻子以及其他三名亲戚一起坐长途汽车去了宁波,那时候正是腊月,因此春节他们将会在宁波度过。

介绍亲戚朋友去打工也并不是所有人都愿意做的事情,尽管招工单位会付给介绍人一定的介绍费,但在这些农民看来,介绍一个亲戚或者朋友到自己所在的企业打工,不仅要对企业负责,更要对被介绍人及其家庭负责。这样看来,作为介绍人的他们,事实上经常处于企业与被介绍人的夹缝之中。举一个例子,假如一个介绍人将他的亲戚朋友介绍到自己的工作单位,在那里,他的亲戚朋友有什么不满意的地方,通常会抱怨介绍人,虽然嘴上不说,但还是经常影响到双方之间原来的关系;假如介绍去的亲戚朋友因为不满意自己的工作而离开了企业,这又会影响到自己与企业之间的关系。更为严重的是,那些需要介绍的打工者通常是打工经验并不很足的年轻人,介绍他们去打工,要对他们的父母负责,如果在外面工作的时候发生些什么意外,也对介绍人极为不利。所以,龙泛溪的刘定明就不愿意做介绍人。他一直在一家服装厂打工,他的一些亲戚总是托他带着自己的孩子到服装厂打工,但他都拒绝了。他总是说:"那种地方可累人呢,一般的年轻人吃不了那个苦,一天要工作十一二个小时,去了还要先学手艺,交些押金,不在那里工作都不行,最好别去。"总之,他需要将自己的工作描述得十分艰难,以此来谢绝介绍亲戚朋友。

三、知识的传承

知识的传承可以被认为是教育的过程,不过,我们将生产知识以及其他一些生活经验放到这个部分来说明,而在展示沙子镇教育的章节中集中对沙子镇的学校教育做出分析。无论是学校教育还是家庭熏陶,人与人之间的知识传播可以说是最为主要的方式。如果学校教育还有许多知识是可以无师自通的(以阅读来扩展知识),那么生产知识以及生活经验就在更大程度上需要人们的口头传承了。在生产知识以及生活经验的知识传承方面,我们需要举一些例子,毕竟农民的生产生活是十分复杂的系统,我们相信,在每个人的一生之中，接受教育几乎是无时不在的。换句话说，我们可以认为，信息的传递（教育事实上就是一种信息的传递过程）正是经常发生着的，甚至在我们看来毫不起眼的状况下发生。我们会在这里举出一些生产方面的例子，同时也会举一些生活经验的例子，通过它们来说明信息的口头传播的重要性。

　　在我们所考察的这些村落里，黄连的种植对于人们而言十分重要。据当地农民自己介绍，他们甚至难以推演出这里种植黄连的最早历史。随着黄连种植历史的延续，种植黄连成了一项十分烦琐的生计。选择什么地方种植黄连、怎样搭建一个优良的黄连棚、肥料如何使用，等等，这些知识并不是农民从书本上或者除了口头传播之外的其他途径学习而来的。它甚至也与烤烟和其他新近种植的作物那样，偶尔会有一些技术员来指导种植技术。正如农民自己所说的："种植黄连嘛，自然就会的。"所谓"自然就会"，其实是一种耳濡目染的结果。事实上，无论是种植黄连还是其他作物，农民的孩子从小就开始与自己的父母共同劳动了，在劳动的过程中，父母会不断告诉孩子关于不同作物的种植技艺，这是一种自上而下的信息传播，显然，就是一个教育的过程。如果说种植黄连更多的是需要成年劳动力的话，那么其他的田间作业很多时候也要求孩子一起加入。当我们走在田间地头的时候，随时可以发现一些小孩跟随他们的父母或者祖父母在田地里一起劳作。在我们的考察时期，正是沙子镇种植土豆的繁忙季节，而孩子们已经处于寒假了，他们有许多剩余的空闲时间加入到农业生产当中去。在种植土豆的过程中，小孩的主要工作是下种子和放肥料，这些工作相对于捏锄头的工作要轻松一些。孩子们在田地里的劳作看起来十分熟练，他们不认为自己能够做这些劳动有什么大不了的，而且这些知识似乎也并不是由传播而来，就好像他们长到一定的年龄就必定会做这些工作似的。事实上，我们也经常看到成年人在田地里对孩子加以训斥，这往往发生在孩子偷懒或者没有做对的时候，这些训斥成为教育和生产信息传播的一种非常重要的口头方式。一些农业生产技术看似简单，事实上并不容易。假如我们只是站在田地之外看农民种植土豆，似乎不过将土豆放入土中，加入肥料盖上泥土即可。而事实上，这些程序之中都存在不少的窍门需要掌握，例如怎样挖出直线的田垄、肥料的多少应该如何拿捏，甚至在中午回家吃饭的时候如何将锄头藏在地里也都是一些需要孩子们逐渐掌握的知识，这些知识来源于前人的积累，通过长辈们的言传身教传递给了后一代。

　　除此之外，这些口头信息也并不仅仅在上一代与下一代之间传播。在我们的考察中，我们发现一些山下的农民种植黄连的历史并不十分久远，只是在黄连成为一项很重要的经济收入之后，人们才开始通过各种途径来了解其种植技艺，进而自己也加入到种植黄连的实践中去了。这些技术传播的方式多种多样，一些技术和经验，在一次次"龙门阵"（人们广泛将大家在一起聊天称作"摆龙门阵"）中不断积累。我们也曾发现，一些农民在帮助亲戚做农活的时候从亲戚那里学到种植技艺。种植黄连的时候，没有种植黄连的农民会帮助种植黄连的亲戚搭建黄连棚、种植黄连等，在这个过程中，他们通过不断的交流而使得黄连的种植技艺得以在不同的人之间分享。关于黄连的种植过程，我们会在后文中加以更加详细的说明。

除了种植之外，养殖也是农民生计中不可或缺的一部分。而且，值得说明的是，在我们的观察中，养殖的工作更主要的由孩子们来完成。在一个家庭当中，通常存在一些成人与孩子之间的劳动分工（相对而言，男女分工则似乎弱化了许多），成年人通常处理主要的生计活动，而家里的琐事很多的则由孩子们来完成，其中包括做饭、收拾家务以及照管牲口，等等。这些工作都需要不断地教给孩子们，教育孩子这样做的目的首先是能够使其成为家庭劳动力的一员，而更重要的则在于将这些生产生活的知识和经验传授给他们，使得他们在以后的生活中能够自己生存。

当我们在龙泛溪考察的时候，有一次在我们对一个十一二岁的小女孩了解教育情况的时候，邻居的一位老奶奶突然过来找这个小孩的母亲。原来，这位老人刚从街上买了一包养猪的饲料，可是她忘记了询问卖饲料的人，使用这种饲料的时候要不要加入一些豆子。不过，这个时候小女孩的母亲并不在家。小女孩看老人手里拿着一张单子，便拿过来看了看，上面除了表明老人所买的是一种叫做"正大"的饲料，它被专门用于喂养小猪，但并未说明是否需要加入一些豆子一同喂猪。小女孩想了一下，告诉这位老人，喂这种饲料的时候，最好加入一些豆子，这样的话，小猪会长得更快一些，如果喂大猪的话，不需要加入豆子，不过最好也加入一些豆浆。我们不无惊奇的是，何以一名十一二岁的小女孩能够回答一位老人提出的关于养殖的问题。原来，这个小女孩的家里一直养了许多猪，并且在邻里们看来，她家养猪养得最好，所以如果邻里们有些养殖方面的困惑，总是会来询问她的母亲。她的家里现在养殖了6头猪，平常时候她的父母都很少在家照管这些猪，养猪的工作大部分由这名小女孩来承担，所以，她在养猪方面简直已经成为一名小专家。事实上，她了解的还不止这些，她甚至告诉我们，用豆子养猪越来越不划算，因为现在豆子的市价已经到了4元钱一斤。

对于女孩而言，做饭也是十分重要的一项生活技能。几乎每一个女孩，当她们在十岁左右的时候（有些还更早一些），她们的父母或者祖父母便会教会她们自己做饭烧菜。如果一个孩子在十岁以后还没有被这样教育，那么她们的父母会被别人看成是特别溺爱孩子的一类父母。而且，重要的是，溺爱子女一直被认为是养育子女的过程中最不应该的事情，因为这不仅会宠坏了孩子，对于孩子将来的独立生存也大为不利。所以，在孩子们达到了一定的年龄之后，父母便会开始以各种方式教育她们，将她们训练成为处理家中事务的一个能手。事实上，孩子们也在经常受到不同程度的鼓励，每一个成年人都不会吝啬对别人的子女的鼓励，当他们看到别人的孩子做饭或者从事其他劳动时，总是表明自己的赞赏之意。值得说明的是，做饭烧菜的事情有时候并不是实战的，一些小女孩热衷于一项游戏，在这项游戏中，他们使用泥土做出非常形似的菜肴，而且凭借其经验，她们尽管使用的是泥土，但是却严格遵照真实的做饭烧菜的过程。做饭烧菜的技艺，也大都由其父母或者祖父母教会，从打打下手逐渐成为一名可以独立完成一餐饭的小厨师，所需要的时间事实上并不长。

然而，对于孩子而言，玩耍的时间要比劳作的时间更多一些。父母在出门做农活之前，通常会给孩子交代一切需要处理的家务琐事，这些家务劳动完成之后，孩子们便有了相对自由的时间可供玩耍了。通常情况下，长辈不会给孩子安排过多的劳动量而剥夺孩子们的玩耍时间。孩子们的玩耍方式显然是多种多样的，年龄、性别的差异通常也伴随着他们所从事的娱乐活动的差异。对于大部分的男孩子来说，弹弓经常是不可或缺的玩具，他们经常使用这种"武器"将树上的鸟儿打下来。而女孩子则几乎不会加入到打弹弓的队伍中去，她们更喜欢的活动是跳橡皮筋，这是一种能够锻炼脚的灵活性以及身体平衡度的娱乐活动，男孩子也从来不会加入到跳橡皮筋的行列中。这些娱乐活动，通常也是口口相传。有些开明的家长甚至会帮助自己的孩子做一个漂亮的弹弓，或者为女儿买一段结实的橡皮筋，但更多的时候，如何从事这些娱乐活动，则是年龄稍长的孩子教给那些年龄稍小的孩子的。

四、人际传播中的诈骗信息

从上述的说明中可以看出，人际传播在农民的生产生活中显得十分重要。事实上，正如我们已经说过的那样，人们通常难以相信那种不知从哪里来的信息，即便是政府的公文，农民有时也只具有一种半信半疑的态度，而更多的是相信人们的口头说明，这几乎是各种小道消息能够在农民之间流传的主要原因。与一般的小道消息或者流言蜚语相比,显得更糟的是诈骗信息的传播及其对农民的危害。也许正是因为人们较为相信面对面的交流形式,这刚好给那些靠诈骗生存的人钻了空子,这些人采用面对面交流的方式,骗取农民的财物。在这些各种各样的诈骗活动中,销售假保险、假保健药品以及其他假冒伪劣产品是主要的方式。

(一)假保险

对我们所考察的地区的农民而言,"保险"是个极为新鲜的词汇。事实上,即便是真正的保险,这里的农民们也从来没有十分清楚地掌握过其准确的运作方式,在我们偶尔提及这个词汇时,不免引起周遭农民各种各样的争论,对于"保险",他们似乎各有各的见解。不过最终归结起来,他们所争议的乃是均是"保险对于农民究竟有无意义"。这一点确实显得十分重要,不仅农民自己需要思考这一问题,而且保险公司也需要考虑这个问题,因为这是保险公司将其业务扩展至农村的至关重要的基础,他们不得不考虑的是:如何使农民认为他们在购买保险中大获其益,尽管事实不一定如此。而这,几乎也是贩卖保险的诈骗者所考虑的,不过他们的手续似乎并不像正规保险公司那样麻烦,因为不需要考虑到成本问题,他们的许诺也更易于让农民感觉到他们所能获得的益处。所以,这些诈骗者也就更加易于得手。他们假扮成保险公司的人,来到村里面以高回报、低风险为诱饵,劝村民购买他们的"保险"。不过这些保险都是假的,一开始让村民吃一些甜头,骗到足够的钱财之后,他们便消失得无影无踪。这些诈骗分子往往事先与村里的干部处好关系,通过村干部向农民推销他们的"保险"。而事实上,村干部在村落里是值得信任的,他们一方面是村落里的熟人,同时又是政府在村落里的行政代理。

所谓的"保险"发生在前年(2008年),有三个外地人跑到"王家坪"(鱼泉村的一个小聚落),跟队长混熟了,就请队长召集大家开会,说要给大家办保险。一方面劝大家说,把钱放在家里怕强盗来偷;另一方面,上了保险后,第一个季度就能返还60%,以后每个季度都会返还一次,以后养老就不成问题。那三个人能说会道,结果很多人就受骗了。他们拿到骗来的一万多块钱(另一种说法是几万块钱)就跑了。被骗的村民找不到他们,就去找队长,队长也表示并不知道,后悔不已。去乡镇政府找,政府一查,证明保险公司并没有这三个人的名单。

（二）假保健药品

我们在上文中对村里的医疗做了些说明，从对民间赤脚医生的考察中我们已经可以看出，在我们所考察的地区医疗条件较为恶劣。我们不排除赤脚医生（事实上现在这样称呼他们也许已经不太合适了）在农村地区的作用或许要强于正式的医院，不过，他们并不能对农村的医疗条件造成多大的正面影响。此外，也正如我们说过的，在我们所考察的村落里，一些上了年纪的农民多少有些病痛，他们通常只借助于一般医药。这种情况更便于那些贩卖假药的贩子进行其诈骗活动了。那些诈骗分子通过到村子里来兜售假药而骗取高额利润。他们向农民吹嘘的所谓"保健药品"，被认为能治百病、功效显著。为了确保农民能够相信，他们还出示各种证明，上面盖着各种官方部门的红章，不过这些都是虚假的。然而这一切对于农民而言却颇为真实，他们在经过一两次的交流之后，便会从药品贩卖者那里购来药品。有时，这种药品贩卖的规模会更大，他们会租赁一处房子，不停地向农民宣传这些药品的疗效。不过，这些药品却鲜有实效，等到农民意识到这一点的时候，卖药者已经不知去向了。

农民陶羽泉说，还有的骗子是来卖药的。说是治脚疼，免费让村民试擦，结果当时真的不疼了。村民就相信了，买了好多药回去。结果这些药是一些激素，当时擦了不疼，过后就没用，治不好。村里龙泛溪组的谭文定、文辅贤，就是因为相信骗子的补血药，分别买了一千三百块钱和六七百块钱的药。结果，那药其实就是糖加上色素，根本没效果。

另一次，当时有几个外地人到了村里，说是国家派来的，来农村治疗一种叫做"禽流感"❶的传染病。他们说带来了一种药，能够治疗这种病，国家为了照顾农民，以较低的价格"发药"。结果，连同龙泛溪的谭明魁在内的三家人，一共被骗了一千多块钱。

（三）假冒伪劣产品

就像上文所显示的那样，"禽流感"这种事物，往往是农民通过新传媒而获知的，它为假药品的贩卖创造了一定的条件。这样看来，新传媒在这一过程中发挥了某些负面的效应，尽管这种效应并非直接发生的。例如，包括"古

---

❶ "禽流感"这样的流行词汇，农民是在大众传媒中获取的，他们因此而产生恐惧，从而"促进"了被骗的可能性，新闻帮了倒忙。

董""高科技电器""新发明"等在内的一些信息,农民们大多也是从新传媒中获得,而这些也为新的诈骗行动提供了一些条件。一些流动商人带着他们的产品来到村落里,大张旗鼓地向村民宣传。另一些人则悄悄摸到村民家里,谎称借钱急用、以"家传古董"为质。不管用哪种方式,其本质都是利用人际传播的方式来欺骗农民,骗取财物。

农民陶羽泉说,以前有很多骗子来村里卖东西骗钱。一般是男的,三四十岁,卖服装、被子、盆子之类。有一次一个骗子在村里摆摊,卖盆子。三五块钱的盆子说是不锈钢盆子,卖五六十块钱。其实就是用锌镀了一层,没用几天就会变黑。他用手一摸,发现会掉颜色,就知道那人是骗子,大声说是骗人的。大家听了就不买了,买了的也来退钱。骗子只好收摊。

还有一些骗子是到坡上找到村民,说是有个古董值10万块钱,想寄放在村民家里,十天后来取,卖了钱一人一半,条件是先给他三五千块钱急用。骗子拿了钱就走了,再也不回来。"古董"拿回家一看,原来是不值钱的观赏品,就是做成动物形状的金属,外面镀一层铜,生着绣,看起来好像很值钱。

第二节 以电视为主的大众传播

人际传播是最为经常的形式,从某种程度上而言,它还是影响力最大的一种传播方式,就像我们已经说过的那样,农民更加愿意相信那种面对面的口头信息。不过,值得说明的是,这种人际口头传播方式所能够承担起的传播责任并不大,因为这种口头传播所能够到达的范围较小,如果寄希望于这种传播方式能够将信息传递到更远的地方,那么就要消耗一定的时间。并且,尤其重要的是,一些口头信息往往并不真实,在不同的两个人之间传播的同一事件往往是不同表述方式,多次传递之后,内容发生了很大的偏差。有时候我们不免惊讶于农民们使一个故事更加丰满的能力,一个家庭的丑闻或者喜事往往会被一些人绘声绘色地讲述给另一些人听。这种情况在一般情形下所造成的影响并不引人关注,因为那些自动传播这些信息的人也采取半信半疑的态度,除非是与自己的关系非常密切的信息他们才会通过各种方式加以确定,否则便只是说一说、听一听而已。不过这对于政策的传播却造成了显著的影响,政府的政策往往是确定的,但是通过口头的人际传播传递到农民那里的信息却显得摇摆不定,这给政府的工作造成了许多负面的影响。这使得政府不得不采取一些更加实际的信息传播方式，尽量避免信息在传播之中发生内容的偏离。而在过去的二三十年中，农村地区生活条件的逐步改善使得其他的大众传媒具有了一定的条件，在收音机、报纸、广播、电视等大众传媒工具的覆盖下，农民所能够接触到的信息越来越广，也越来越接近于真实。在今天看来，在我们所考察的地区，大众传播的主要方式以电视为主，而诸如报纸、广播等在历史上流行一时的媒介，如今已经逐渐淡出了人们的生活。电视有着众所周知的优点：声像合一且信息传播非常迅速。这使得它更加易于被农民们所接受，就像我们现在看到的那样，尽管看起来十分贫穷的家庭，也总是具备一台电视机，这也许是他们需求最为迫切、因此也是在条件成熟的情况下最先购买的一种家用电器。本节中，我们将就当地的大众传播方式做出较为细致的说明，虽然电视是主要的传播方式，不过照顾到变迁的历史，报纸、广播等其他在历史上产生过作用的媒介也将被加以考察。

一、报纸："文化人"的信息途径

今天我们在当地所看到的报纸，往往被粘贴在墙壁上，成为一种既便宜又易于装修的材料。大约在春节之前的一段时期，沙子场镇上便会有些贩卖报纸的人，农民从他们那里购买报纸，从来不是以"份数"买的，而更多的时候是论"斤数"购买。农民买到这些报纸，再购买一些糨糊，带回家中，摘下去年粘贴在墙壁上的报纸（那上面已经布满了蜘蛛网以及灰尘），代之以刚买来的新（在颜色光鲜度上的"新"，而非在印刷时间上的"新"）报纸。新报纸贴上墙壁之后，使得昏暗的房间变得敞亮许多，报纸上的某些图片同时起着装饰房间的作用。

在年长者们的记忆中，报纸在龙泛溪一带出现，大约始于"大集体时代"（上世纪六七十年代）。此时农村订购报纸并非出于自愿，也并非因为具有很大的阅读需求，更多的时候，是因为行政命令使然。报纸由生产队订购，费用在生产队中出。农民个体并没有对报纸的需求，即使有，他们也很少能够阅读到报纸。阅读报纸似乎被看做是一种政治行为一样，它在政治性会议的场合进行：由生产队长将农民们集中起来，像上课一样将报纸上的内容传递给前来开会学习的农民们。念报纸或者对报纸做出解释的人往往是一个生产队的队长，不过在那样的年代，生产队的队长事实上又未必识字（这并不是稀罕的事情），于是这项工作有时也由生产队的文书、会计等来承担。农民们和平时开会一样，或坐着，或站着，而识字的一个村干部拿着一张报纸站在一处较高的位置，大声朗读报纸上的文字，有时候伴随着对这些文字的解释，以使得农民们更易于接受。

人们已经难以回忆起当时所订购的报纸的名称，不过却对报纸上的内容记忆犹新。大多数的农民并不知道报纸上的内容为何，他们所知道的那些信息，与其说是从报纸上看来的，不如说是从生产队干部那里听来的。显然，报纸绝对是十分单一的，除了政治性宣传的报纸之外，几乎没有其他报纸是值得订购的。在这样的报纸上，主要内容是国家的某些新政策或者对这些政策的解释，其余则主要是表扬劳动模范、介绍先进生产队的生产经验的文章。那是一个十分强调生产的时代，无论生产活动实际上得到多少关注，但是报纸上关于生产的强调却是显而易见的。人们通常能够从生产队干部的嘴中听到（而生产队干部又是从报纸上看到）某省某县某生产队生产搞得好，哪个人成为了劳动模范，等等。

龙泛溪的夏国正在生产队时期就读了几年报纸，他如今已经81岁了。夏国正在当时算得上是个乡村知识分子，至少是识字的少数人之一。他小时候上过三年学，既读了不少古书，也上过后来的新学。1952年，夏国正开始在沙子供销社当会计。大约做了一年半的会计之后，因为考虑到家庭中的劳动力缺乏，就辞了会计的职务而回到家中务农挣工分。公社领导多次请求他回到供销社，然而他更愿意在生产队里做一个干部，那样他可以为家庭争取工分。他从供销社回来之后，便开始在生产队做起了记工员，负责记工分。正是在那个时候，生产队开始订购报纸。每次开会的时候，都要取出报纸读上面的一些内容。那时候，生产队干部中要算他认识的字多一些，于是就由他给社员们阅读报纸。他说："报纸上面的内容，都是说哪个生产队搞得好，哪个人成了劳动模范。毛主席在世的时候，都比较重视生产。我读了四五年之后，生产队干部中开始有些识字的年轻人了，于是就由那些年轻人读了。"到了上世纪七十年代，夏国正开始利用晚上的时间，给农民们开识字班，教农民识字。

这种集体开会阅读报纸的情况，一直贯穿于整个集体生产时期，在生产队解散以后，集体阅读报纸的情况开始消失，生产队甚至已经不再统一订购报纸。在这样的情况下，报纸也就在这里逐渐消失了。这样看来，除了那种行政命令式的阅读报纸之外，农民个体对报纸的需求事实上非常小。自从生产队不再集体阅读报纸之后，报纸只是在一些"文化人"那里才能偶尔看到。所谓"文化人"，是当地人对那些接受过正规的学校教育而掌握了一些现代知识的人们的统一称呼，这些"文化人"主要包括当地的教师、政府干部等。而在一般的村落中，例如我们所集中考察的龙泛溪，鲜有这样的"文化人"。所以，正如我们在上文中已经说过的，报纸在龙泛溪发挥着别的作用，而不是其本身所应有的传递信息的作用。也许，即便是已经粘贴在墙壁上的那些报纸在某种程度上也存在着一点传递信息的作用，因为人们难免会在百无聊赖之际向着墙壁上的那些文字和图画看上几眼，然而，报纸还是难逃其粘贴墙壁、装饰屋宇的角色。当然，如今作为装饰墙壁之用的报纸已经不像其作为读物时那样单调了，报纸的种类更多，而且内容也更加丰富。

龙泛溪的谭明觉家里，墙壁上贴着许多报纸以及广告海报。他不识几个字，他的大女儿已经外嫁并且全家外出务工，他的小儿子也已经在广东打工多年。我们可以看到，他家墙壁上的报纸主要是《农民日报》，上面有一些关于农民的致富经验以及农业政策的报道，此外还有一张"中国移动通信3G"的广告海报。据谭明觉自己说，他是从不看报纸的，尽管他一抬头就能够看到贴在墙上的报纸。这些贴在墙壁上的报纸，大多是他在场镇上以斤数购买的，还有一些是当地政府发来的，以及别人知道他需要而作为人情送给他的。至于那张装饰效果更加突出的广告海报，则是他在场镇上充电话费而获得的馈赠。谭明觉不看报纸和这些各种各样通过文字来传递信息的读物，原因是他认识的字不多，再加上他并无时间阅读，白天在田地里劳作，而晚上在灯光下去探索墙壁上那些细微的文字当然就显得更加滑稽了。

通过我们的考察，可以总结出报纸难以打开诸如龙泛溪这样的农村市场的主要原因，大致可以归为以下几个方面：

首先，正如我们已经强调过的，报纸事实上是"文化人"获得信息的途径。报纸的这一最为显著的特征显然将那些自认为不是"文化人"的农民群体排除在外了，那些完全不识字或者识字很少的农民不可能将报纸作为其获得信息的渠道，对于他们而言，这是十分困难的。当他们接触到报纸这类以文字来传达信息的媒介时，除了激起他们更加寄希望于自己的孩子能够在学业上有所作为（而不至于像自己一样连一份报纸都看不下来）的热情之外，报纸对于他们而言，简直就是"墙纸"。

其次，报纸与人们的生产生活之间鲜有关系。就"文化人"这一概念来看，当农民将某些人称为"文化人"的时候，其中所包含的含义非常多样，不仅仅是识字一项。一个被农民认为是"文化人"的人，正像是我们这些去

第三章 信息传播与新交际：一些新的社会需求

"研究"他们的人。"文化人"是这样的人：他们接受过较长时间的学校教育，他们不凭着农业劳动生活，他们的生产生活与更大的环境密切相关，总之，他们有着与那些每天在田地里劳作的农民不同的生计方式。所以，在这些农民看来，报纸上的那些信息与他们的生产生活没有丝毫的关系，那些非常特别的务农经验在他们看来毫无借鉴意义，因为他们所处的背景大为不同。即便是那些国家的农业政策，往往也只能给他们一时的喜悦，因为在他们眼里，地方政府做得最不到位的工作便是其行为总是难以与更高级的政府的政策相统一，政策总是在层层落实之中发生着改变。于是，农民们索性不看报纸，偶尔看看报纸甚至也怕自己有装成"文化人"之嫌。

最后，其他更为方便的媒介替代了报纸。如上分析，报纸对于普通农民而言是较为麻烦的一种信息媒介，它要求阅读者识字，要求阅读者有阅读的时间，而它又难以吸引农民的兴趣，毕竟，农民认为它根本无益于他们的生产和生活。而电视就并不如此，它不要求农民必须识字，它只需要人们能够听懂。农民也有时间来看电视，这是他们在闲暇时能做的为数不多的几件旨在娱乐的事情之一，雨天和晚上都尽可以将时间打发在这上面。更为优越的是，它远比其他媒介更加具有吸引力，声像统一使得信息传递非常形象，丰富多样的电视节目迎合了具有不同口味的复杂大众，总之，其表现力是报纸难以匹敌的。

大约正是基于这些原因，报纸需要改头换面。我们发现，一些年轻人正在从"手机报"中获得一些信息，它以彩信的形式发送到手机上，使得人们对这些信息的获取变得方便了许多。手机报显然是新旧媒体相融合的一种新的传播形态，它们正在影响着年轻的农民群体。然而，我们确信这种媒介方式所发挥的作用并不大，它如此的"主动"，以至于那些手握手机的人变得如此的"被动"。许多农民是在毫无知觉的过程中不小心订了这种手机报的，当他们意识到这几条信息需要费用之后，会很快将其停掉。而对于另一些人而言，即便这些信息分文不取，他们也已经厌烦了这些信息的不请自来。

无论如何，报纸在农村地区的无市场是多方面因素造成的。而且，不免使发行商沮丧的是，他们的各种努力也许都将付之东流，毫无意义。如果什么时候报纸成为我们所关注的这些农民的早餐桌上的必需品了，那么这些农民不仅其生计已经发生了巨大的变化，其观念也已经不可同日而语了。

与报纸相类似的，是我们经常可以在路边和农民的房子墙壁上看到的标语。它也是以文字来传达信息的一种方式，它们主要包括宣传单、广告海报、宣传海报以及宣传标语。政府通常将一些宣传单张贴在农户的墙壁上，宣传标语则通常出现在那些人流量较大的地区，譬如路边和街道边的墙壁上。标语和宣传单大都是政府向农民宣传的政策信息，宣传单针对某些政策作出非常细致的说明，而标语则对某些理念进行宏观式的宣传。总体而言，政府的这些宣传单有利于农民了解信息，不过似乎也很少有农民通过这些宣传单来了解信息，他们已经在各种聊天场合获得了这些信息。而且，正如报纸那样，许多农民没有能力将其看懂。

二、声音的传播："大喇叭"和收音机

如果给我们所关注的农民们足够的选择，他们是更愿意选择以阅读的方式获得信息呢，还是更愿意以聆听的方式来获得信息？显然，后者必定成为他们的选择，毕竟，文字对于他们来说是一道难关。当报纸在这里作为政治宣传工具而在会议中集体学习的年代，一些以声音为传播方式的信息传递也已经开始，人们至今依然津津乐道的主要包括"大喇叭"和收音机。

（一）"大喇叭"

"大喇叭"之所以成为人们强加给那些随便将别人的私密广为宣传的人的轻蔑统称，正在于这种人类似于这样一种工具：它具有非常大的声音，能够使得非常远的人都听得到它的声音。显然，它是一种扩音器，因其所具有的嘹亮声音而被称为高音喇叭。原本这种工具在我们所考察的地区也同报纸的作用大约相同，也被用于传播政府的政策，或者用于公开表扬以及公开批评。在生产队时期，它们被广泛用于规模较大的会议中，或者被用于宣布某项关系重大的通知。而如今，这种大喇叭已经成为一种常规的娱乐工具，它的声音绝非一般的音响设施所能比拟，所以为了不扰民起见，人们也很少使用这种大喇叭。

在我们集中考察的龙泛溪，有两户家庭具有这种大喇叭。在使用大喇叭的时候通常需要将其放置在较高的位置，例如房顶或者树上。这样放置大喇叭，使得它的声音一方面被传递得更加遥远，而且又使得喇叭周围的声音不至于大到使人难以忍受的地步。如果不是山脉相隔，一个大喇叭的声音轻易就能覆盖至几里之外的村落。在龙泛溪，经常被使用的大喇叭为农民谭明洋所有，他是一个积极乐观、已逐渐步入老年的农民。谭明洋有两个孩子，大女儿已经嫁出几年了，小儿子则在省外当兵数年，家中常常只有自己和妻子以及年迈的母亲。他大约天生不是一个能够忍受寂寞之人，他家的大喇叭几乎每天都会播放一些音乐，以此来既娱乐自己，又娱乐大家。

我们对谭明洋家的拜访，是循着大喇叭的声音去的。当我们第一天到达龙泛溪时，远远就听到了一种洪亮而音质颇有些奇怪的声音，那正是谭明洋家的大喇叭播放着歌曲。循着大喇叭走到他家，他的妻子领着我们看了发出如此洪亮声音的这一设备。在他家门前的一棵树上，大喇叭被放在一个树丫上，一根线将树上的大喇叭接到屋内的电视上，电视与一台显得略旧的VCD机相连。如此，谭明洋便能够在屋里操作这一机器，使它播放出不同的音乐来。谭明洋的妻子并不谙熟此道，在她想给我们做不同的展示时，VCD播放不出来了。但是据她说来，她的丈夫能够轻易将其修好，尽管只是在这一机器上拍打一番，但是别人的拍打似乎从来没有像他那样起到过实质性的作用。谭明洋十分喜欢热闹，他十分头疼的事情在于如果自己在山上劳作，那么他将如何才能够听到歌曲呢？显然，他的大喇叭解决了他的这一大难题。如果我们想每次都能够通过大喇叭的声音而去他家找他，那就不能确保每次都成功了，有时候他会将大喇叭放好，然后带着工具上山劳作，尽管家里空无一人，他依然能够在山上一边劳作一边听着大喇叭里播放出来的歌曲。而对于同村落的其他人而言，则是喜忧参半的。一部分人觉得这是个很好的娱乐方式，他们能够一边劳作一边听着各种各样的歌曲。不过对于另一些人而言，谭明洋一大早便开始播放大喇叭则使他们苦不堪言，他们本来想借助这下雨的天气多睡一会儿，不过因为大喇叭而难以入睡了。

类似于谭明洋一样将这种大喇叭作为娱乐工具的人并不多，如果不是因为人们越来越愿意过一种私密的生活（而不愿意将自己所欣赏的音乐以及观看的节目公开给大家）的话，那么生怕这种大喇叭的声音影响到他人的生活则是最为主要的因素了。即便如此，大喇叭一时也难以被淘汰，因为作为信息传播的工具，它依然发挥着一些非常重要的传播信息的作用。几乎每一个"会头"（作为一种酒席活动）中都不可缺少这种大喇叭，负责"会头"的总管总是需要这一工具来指挥整个"会头"的进行。如果这个"会头"是因为结婚而举办的，那么大喇叭中通常还会播放许多喜庆的歌曲来渲染气氛，使得这个"会头"变得有声有色。而如果这个"会头"是因为一次丧葬活动而举办，那么大喇叭里便不停地播放着低沉的哀乐，使得这个"会头"变得更加庄严肃穆并且悲痛。大喇叭响亮的声音还能够使得周围村落的人知道这个村落里正在举办一个"会头"，根据具体情况，他们选择是否前来参加。

（二）领导一时潮流的收音机

收音机在某一段历史时期也颇为流行，它在所有的语音传播工具中所显示的优点在于其能够实时传播信息，能够接收到更为遥远的信息，此外，它易于携带。在上世纪六七十年代，收音机还是非常贵重的家用电器，经常作为女方的嫁妆出现。随着相关科技的进步，收音机的体积越来越小，而价格也越来越低，于是许多人家都具备了这一家用电器。不过这一媒介也没有流行很长时期，电视的普及使得各种媒介工具相形见绌，纷纷由其取代。

谭明洋如今依然对其大喇叭依依不舍，他对这些电器的喜爱，正是始于对收音机的接触。1967年，谭明洋当时正在沙子供销社工作。有一次，当他们开会的时候，谭明洋看到供销社的领导拿着一个收音机。当时，谭明洋觉得这个机器非常新潮，自己也非常想要一个。于是，他就托供销社的配送员去进货的时候帮自己带一个，他清楚地记得当时花了二十多元钱，而这还是便宜的，如果选择从供销社购买，则大约需要五六十元。那时的收音机比较大，重达十多斤。当时，谭明洋在供销社做的工作是背运货物到别的地方，每次要负重行走数小时，而背上的重物重达一百多斤。尽管如此，谭明洋还是要在路上带着自己的十几斤重的收音机，边走边听。正如他说的："我喜欢听毛主席的声音，也喜欢听歌曲和新闻。"有一次，他背着货物走路时，一不小心把收音机摔坏了，万分心疼。自那以后，谭明洋又买了四五个收音机，这些收音机越来越小，甚至可以随便揣在兜里，一边劳作一边听歌曲。后来，收音机还能够播放磁带，谭明洋自己也买了许多磁带。

（三）"三用机"

另外一种音频器具也值得一提，那就是所谓的"三用机"。顾名思义，三用机也就是具有三种用途的机器，这三种用途便是收音、播放磁带以及录音，在大集体时期，它是一种非常贵重的物品。在上世纪六七十年代，一般农村家庭还没有能力购买这种三用机，只以生产队为单位，公费购置一台三用机。这台三用机放在队长家里，由队长亲自操作。此外，每个家庭安装一个小型喇叭（类似于一个小音箱），它们与那台三用机相连。每当生产队要开会，队长便使用这个三用机上的小话筒来通知大家。大集体结束之后，三用机也一度作为休闲娱乐的工具逐渐为寻常百姓家所用，而作为政策信息的传递工具，则逐渐退出了历史舞台，而悬挂在农户家里的小喇叭则失去了作用，被逐渐拆除了。

1949年出生的向朝生今年（2010年）已经六十出头，身子骨看起来却还十分硬朗，他曾担任村里的文书，并且写得一手好字。上世纪80年代初期，向朝生在村里担当文书之职。对于过去村里开会的情形记忆犹新，最早的时候，干部必须挨家挨户通知；从1978年开始，每家房子上都安装了广播，这方便了许多。如果镇上有事情通知村里，便派人送来一张便条。而如今，几乎每家都有电话，或者有手机，通知开会显得方便了许多，即便不在家里也能够通知得到。

三、声像合一：电视的胜利

相对于报纸的将非"文化人"排除在外和收音机的有声无像相比，电视的优点正在于一方面能够很快获得非"文化人"的青睐，而另一方面声像合一的技术也使得信息的传播变得更加有趣。今天，在我们走进的那些村落，几乎每家每户的门前或者房屋上都会放置着一个卫星接收器，因其酷似一口微微偏置的铁锅而被当地人形象地称为"锅盖"。这些"锅盖"连接着屋里的一台电视机，人们正是通过这一设备获得电视的声像信息。现在看来，电视已经成为这些农民最主要的大众传媒工具了，从电视上，农民获得了大量的信息。我们通常会惊讶于这些农民对国家的各种动态的讨论，尽管这些讨论很大程度上都饱含着讨论者的想象，但是我们却能够证明电视对于农民在构建国家概念的过程中发挥着重要的作用。不过，我们在这方面的考察并不详细，如果进一步考察这一问题也许具有十分重要的价值。

虽然电视在今天已经成为农民获得更遥远的信息最重要的渠道，但是这一工具的历史却十分新近。在我们所考察的村落，电视大约出现于上世纪80年代早期，那时主要是笨重的、小屏幕的而且颜色单调的黑白电视机。在今天的年轻人的回忆中，当这些年轻人还是小孩子的时候，他们所热爱的那种电视机在今天看来简直丑陋不堪。不过，那却是一段十分美好的回忆，他们能够滔滔不绝地叙述出曾经非常吸引过他们的那些电视节目。而且，即便今天看来丑陋，那种黑白电视却并不是大部分的家庭能够购买的，买得起电视机的家庭似乎只有为数不多的几个家庭。于是，周围的农民每到天黑便到拥有电视的家庭去看电视，这种新奇的东西往往引得他们直到晚上十点左右才散去。在那样的时代，播放电视多少有些固定时间，通常会在晚饭结束之后，因为这时候人们闲下来了。播放电视的家庭这个时候才有足够的时间去招待那些前来看电视的人。如果这个家庭随时放电视，那么其家中便可能随时挤满了邻居的大人小孩。那时候的电视节目也较为单一，类似今天的"锅盖"的接收器那时还并不流行，有电视的家庭仅仅通过一根天线来接收电视信号，这种天线所接收的信号来源于一个不远处的转播台，这个转播台的信号则接收自卫星。通常，这个转播台中选择一两个电视台的节目进行转播，一个是地方省级电视台，另一个则是中央电视台第一频道。

上述情况自有电视以来持续了十几年的时间，此后的设备和观看电视的习惯所发生的变迁越来越迅速。从我们现在所看到的情况而言，龙泛溪的农民家庭所购买的电视机主要是CRT彩色电视机，屏幕大多在21至29英寸之间。关于电视机的品牌，他们并没有作为非常重要的参考因素，正如他们关注别的商品那样，他们更加关注的是商品的质量（耐用期）问题，不过此前他们并没有足够的经验，所以别人所购买的品牌便成为他们的参考。

向朝生老人的家里有一台29寸的"福临门"彩色电视机，这是他女儿送的。他回忆说家里用的第一台电视，是1986年买的上海"白荷花"14寸黑白电视机。刚有电视机的时候，只能收到一个转播台，现在可以收到五十多个台。平时向大爷及其妻子会看中央台的新闻。据他说，村里最早有电视机的是种黄连的谭家，当时是1982年。

今天的电视信号接收主要包括两种方式：一是有线电视的接收方式，二是利用"锅盖"接收电视信号的方式。第一种信号传递方式需要铺设同轴光缆，其优点在于信号稳定，对于用户而言，这种方式的一次性投入较小，不过它需要按月或年缴纳使用费，每年120元。因为这种方式需要铺设线路，所以仅仅适用于沙子场镇上，太远的地方将产生较高的成本。"锅盖"接受卫星信息是通过解码器对信号进行解码，然后输出信号到电视屏幕上而实现的。它接收无线信号，所以不需要铺设同轴光缆，方便于我们所考察的这些山区农民使用，除了一次性投入之外不必再缴费。不过，通过这一方式接收到的电视信号在稳定度方面就比不上有线信号了。

一套"锅盖"设备的价格大约在400多元，其中包括一个卫星接收器（"锅盖"）以及一台解码器（放置于室内）。当农民决定购买这套产品之后，商家便会派出一名技术员负责来到购买者家里帮助他们将这套设备安装和调试好。"锅盖"因为是卫星接收器，所以它通常被放置于一个其上空没有遮挡的环境中，通常是房子上或者宽敞的院子里，它以倾斜的角度被架起来（倾斜的角度似乎根据其地点的不同而不同）。购买了这种设备之后，如果在使用的过程中遇到了问题，可以直接向商家打电话，他们会派一个技术员来帮助处理，如果只是调试，并不需费用，但是维修却要收取一定的维修费。不过现在看来，那种调试的工作，一些年轻的农民自己似乎已经多少掌握了一些，尽管一些老年的农民至今依然连电视机都不敢开。

  相比于曾经从转播台接收电视信号而言，今天无论是有线信号还是无线信号都能够接收到更多的电视节目。由于沙子场镇地区普遍采用的是有线电视信号，而诸如龙泛溪这样的村落则广泛使用"锅盖"无线电视信号，所以两个地方所能搜索到的电视信号也不尽相同。沙子场镇上的有线信号大约能够接收到四十个电视频道。因为其采用的是有线信号接收方式，正如我们已经说过的，它的信号会比较稳定，不易受到天气因素的影响；电视频道的数量和种类由政府相关部门统一管理，尤其与龙泛溪不同的是，有线信号能够接收到许多地方上的电视台，所以，使用有线信号的人们能够收看地方新闻。但是使用"锅盖"的人们却不能够收到这些节目，尽管他们能够收看近50个电视频道。在龙泛溪，"锅盖"不仅能够收看电视节目，人们还使用遥控器控制解码器玩一些简单的游戏。从节目种类上来说，他们所能够接收到的主要是各省市的卫视频道，而至于本地的电视节目，因为其并未上卫星，所以"锅盖"不能接收到它们。据我们看来，龙泛溪的卫星电视分为两种，一种是"大锅"，另一种则被称作"小锅"，又称为"直播星"。后者在大小上明显小于前者，在调试的时候显得较为方便。尽管二者所能够接收到的信号并不相同，不过其所接收到的电视频道数量则相差无几。而在价格方面，"小锅"的价格高出"大锅"约100元。总体而言，这里的农民主要使用"大锅"，仅仅两家使用这种"直播星"。

  收看电视，是农民在娱乐中接收信息的过程。不应否认的是，大部分的人收看电视的最主要目的在于娱乐，或者说消磨空闲的时间。我们在上文中说过，在电视流行的早期，人们播放电视的时间相对固定于晚饭之后的时间，白天播放电视的时间相对较少。不过现在的情况却发生了显著的变化，只要有人在家，尤其是年轻人或者孩子在家，通常都会播放电视，尽管有时候在家的人做着家务活。不管怎样，在现在看来，收看电视节目的时间已经比较随意，这多少与人们的空闲时间相关，而且也与电视普及率相关，每个家庭都有自己的电视，想要在什么时候收看变得较为自由了。但无论如何，晚上依然是一个较为固定的播放时间。如果是在夏季，那时候白天的时间较长，往往到了20:00才天黑，在农忙季节，人们总是在天黑才从山上回家。这样，他们一回家便赶上了"黄金时段",此时各个电视频道正在播放一些电视剧。对于那些比较愿意关心国家大事的人而言,他们没有能够赶上中央电视台 19:00 播放的《新闻联播》。如果是在冬季,白天的时间较短,才 18:00 多的时候天色已经近于黑暗了,所以,人们的生活安排也会随着发生变化,此时的农民通常在 19:00 左右开始吃晚饭,而这时候也是他们开始集中看电视的时间了。无论冬夏,晚上总有几个小时是看电视的时间,不过因为天气的变化而有些许不同。晚上收看电视的时间大约在 22:00 左右结束,此时黄金时段的几集电视剧也已经播放完了。如果是农忙时节,人们劳累了一天,而且第二天还有更加辛苦的劳作计划,那么他们会结束更早,21:00 前后就会休息。对于孩子而言,他们现在很少参与到父母或者祖父母的劳动中,很大程度上是因为他们有许多第二天要交给老师的作业要完成,所以这些孩子通常在家里做两件事情,那就是做作业和看电视,他们尤其不会放弃傍晚时间各个频道播放的那些动漫节目。就像孩子愿意观看动漫节目一样,中老年人较愿意观看新闻和戏曲,此外,对于一些中老年人而言,一些历史剧也是他们极为热衷的节目类型。年轻人的选择则倾向于各个卫视的娱乐节目以及那些以男女情感为其主题的偶像剧。

不同的年龄群体,他们收看的电视节目往往存在较大的差距。

居住在龙泛溪边上的文辅贤已经 60 岁左右,膝下有两儿两女。文大爷家的电视机是由女儿买来的,2004 年又购置了卫星接收器。文大爷及其妻子通常只有在晚上才看电视,他常看的电视节目包括:中央四套的《海峡两岸》《今日关注》以及中央十一套的戏曲,与一般电视剧相比,他更加喜欢戏曲,现代戏中他尤其喜欢《沙家浜》,而古装戏中他较为喜欢《女驸马》。

谭治和今年 38 岁,是个单身汉。是老支书谭启万的小儿子。

走进谭治和的家,电视机正在开着,江苏卫视正在播电视剧《薛仁贵》第 11 集。他说自己很喜欢看这部电视剧,几乎每集都追着看。卫星锅和 SVA 牌 21 寸彩电是一年多、两年前买的,花了一千块钱。自己一般早上吃饭看一会儿电视剧,而晚上就七点钟开始看《新闻联播》,哪个台好看就看哪个台,没有固定,看到晚上十点钟就睡觉。

十天前,谭明觉去沙子镇上花了四百块钱买了一台"小金星"牌电视机(21 寸),就放在吃饭的炉灶旁边,这样就可以边吃饭边看电视。原来的大电视放在卧室里,晚上就躺在床上看。

在家里的时候,他们看电视从晚上七点钟一直看到九点钟睡觉。常看的电视频道是中央台新闻频道、法制频道、经济频道。

谭明觉说,农业税取消的新闻,他就是在电视上看到的,后来队里开会也说了这件事。除了看新闻,他还喜欢看法制频道里面抓坏人的节目。有时候也看经济频道,讲养鸡啊养什么的发财的故事,还有教人仲裁的节目。但是他说,他们不会去学,也学不来。因为地方不一样。看这些节目没有什么帮助,只是看着好玩。

谭凤双(小学六年级)说自己很喜欢看电视。不过他家里没有电视机,所有经常去龙泛溪别人家里看(堂兄弟谭讯家)。他最喜欢看的是《还珠格格》,一、二、三部都看过了。他从七八岁就开始喜欢看《还珠格格》,都看过两三遍了。他还喜欢看湖南台播的《放羊的星星》,这是一部以爱情为主题的偶像剧。他还喜欢看金鹰卡通频道、少儿频道的动画片,例如《西游记》《哪吒》《喜羊羊与灰太狼》《东方神娃》,等等。他同时还喜欢电影频道的节目,例如《僵尸》《师弟出马》《宝贝计划》《神话》等都是他较为喜欢的电影,如果他喜欢的电影在电影频道上并不播放,他还可以买光盘来看,或者到网吧里去看。

收看电视在我们所考察的地区而言,更主要的乃是一种休闲娱乐的方式,从农民自己的主观角度而言,这一活动没有什么功利的目的。至于因为收看电视而发生信息传播的作用,这并非一种主动的过程,人们不过是在劳累一天之后想要通过一些电视节目来调整其身心的疲乏。但是电视的信息传播并不能因此而被忽视,正如我们已经说过的,农民往往通过电视而建构起其内心的国家概念,这其中包括对国家各项政策的了解(我们认识的几个中老年人每年都会通过电视关注两会的情形)以及国家的其他重大活动。当然,我们也已经有所提及,信息的传播往往也会为基层治理带来一些麻烦,这一点成为基层管理者十分头疼的问题。人们普遍关注那些涉农的国家政策,这些政策在以前往往来源于基层干部的宣传,政策的宣传者和施政者的合二为一使得基层治理显得较为和谐,无论怎样,这使得农民较容易感觉到基层治理者通常是依据国家的宏观政策来施政的。这一点对于农民而言十分重要,他们所关注的,与其说是这些政策的利害,毋宁说是这些政策的普及情况。例如,当本地农民知道了在国家的另一个农村地区存在着更为优越的治理措施,那么他们便会以各种方式对抗当地现存的治理措施。同样,如果农民们获得了更高层的信息,而现实中的情况却显然并不如此,这也使得他们产生一些对抗心理。现实的情况正是这样，无论是主动的还是无意发现的，人们总是能够从电视上获得许多"三农"政策，这往往使他们将政策反观现实。其结果便是：他们已经越来越习惯于政策的优越以及治理的缺陷之间的矛盾，新闻所传递的政策，除了给他们提供了一些谈资之外，别无他用。这一过程必然包含着农民的许多对抗，尽管这些对抗许多时候仅仅只是一些牢骚和抱怨。

与电视极其相关的是影碟机，它用于播放 VCD 或者 DVD 光盘。这种电器开始在我们所考察的村落出现的时候，主要是用于播放 VCD 的影碟机，它只可以用于播放 VCD 光盘，这种光盘的储存能力较小，一部电影往往被储存在两张 VCD 光盘上。VCD 影碟机流行于上世纪末期，至今我们依然可以在一些家庭看到这种电器。今天，取代 VCD 影碟机的是 DVD 机，它已经成为最主要的影碟机类型。DVD 机不仅能够播放 DVD 光盘，普通的 VCD 光盘也能够播放，现在的一些 DVD 机甚至能够与一个储存硬盘相连，播放硬盘里的影视资源。DVD 光盘与 VCD 光盘相比，其储存能力更高，一部电视剧往往被储存在一两张光盘上。

在看电视的时候，一些农民往往对一些节目尤其感兴趣，可是这些节目不能集中播放，例如一些广受欢迎的电视剧，它们每天晚上仅仅播放两三集，尤其有时候会因为各种原因而中断观看。不难发现的是，电视也存在着"不请自来"的缺陷，观看者永远存在一定程度上的选择（他们可以选择不同的频道观看），但是这种选择的自由度又经常受到限制（尤其是那些铺天盖地的广告）。正是在这样的情形下，影碟机成为许多家庭青睐的电器，一旦它与电视相连，人们便可以自由地控制自己想要看什么，不想看什么。他们可以到沙子场镇上的光盘店里自由地购买自己想看的光盘，然后带回家，自由地调控自己观看的时间。沙子镇上所卖的光盘，根据其储存量及其效果大致可以分为三个价格等级：两元钱一张的是储存着歌曲的光盘；五元钱一张的是一两部电影的光盘；而十元钱的则是那种大容量的光盘，里面或者储存了上千首歌曲，或者储存了一部电视或者几十部电影。从这些光盘的内容上来看，大部分主要是一些上世纪 90 年代在城市地区较为流行的歌曲和电影。此外，一些特别的 MTV 也广泛存在，歌曲虽然是原唱，不过里面的画面却是一些身着泳装的女子在跳舞。另外，一些地方民歌也被压缩在光盘上出售，这些民歌通常具有完整的故事情节，不过演员们通常是通过民歌的演唱来完成其对白的。

刘定安是刘定明的大哥。在他家里，我看到了一套音响设备："王牌"蓝牙播放器，支持 MP3、MP4、WMA、JPEG 图片、DVD 等文件格式，机器上面还插着一个连接着读卡器的 SD 存储卡。旁边还放着两张 DVD 电影碟片，一张是港产武侠电影《碧鱼天残》，另一张是纪录片《李小龙传奇》。

上午九点半左右，我来到谭明觉（50 多岁）家，正赶上他和老伴在吃早饭。他们边吃饭，边看影碟。影碟机正在放着歌曲《山路十八弯》的 MTV（音乐录影带），电视画面上，是一位身着泳衣的年轻女子。

谭明觉说，平时喜欢边吃饭边看电视节目，最近电视接收器坏了，只能看看碟片。家里的碟片都是儿子在沙子镇上买的。他还热情地让我自己看看 CD 包里面有什么碟片，喜欢看什么就放什么。我翻看了一下，里面大概有三四十张碟片，内容主要是一些歌曲（民歌、港台流行歌曲）和电影。

第三节 新媒体：互联网和手机

我们通常所说的新媒体，指的就是手机和互联网。在城市中，这两种新媒体的普及程度旗鼓相当，而在我们所考察的农村地区，我们看到的却是一种极不平衡的发展态势。这里没有一台电脑，更谈不上互联网的接入；但与此同时，手机却异常普遍，每家每户都有手机，甚至有的家庭里每个成员都拥有自己的手机。而手机的使用习惯则呈现分层、多样化的形态。手机在人们生活中扮演的角色也因人而异，不能一概而论。

一、电脑：新生的传媒工具

计算机（即电脑）接入互联网之后，构成了我们经常提及的一种新媒体。互联网使得每一个拥有接入互联网的计算机的人都能够主动获得信息，这些信息的来源范围更加广阔，内容也更加丰富。而且，更为重要的是，当人们的生计被放置在一个更大的关系范围内的时候，他们对互联网的依赖也就愈加明显。不过，电脑和互联网并不仅仅作为一种生存的工具，它们在很大程度上成为一种新生的娱乐工具。

在我们所考察的地区，电脑尽管已经对一部分人造成了一些影响，不过这种影响显然并不显著，它所能够影响的人群受到一些限制，其中年龄可以作为重要的分界。此外，这种工具的普及程度还很低，在村落里，如我们看到的那样，我们完全没有发现过一台电脑。事实上，即便是在沙子场镇地区，电脑在普通家庭中普及率也非常低。在沙子镇上，很少一部分较为富裕的家庭拥有电脑，这样的家庭中通常都有至少一个经常使用电脑的成员。此外，在沙子场镇上，一些需要使用电脑来处理商业问题的店铺通常也配备了电脑，例如相片冲洗店、手机、电话营业厅（包括移动、联通以及电信等）等。在这些店铺中，拥有电脑的数量最大的莫过于网吧了，它向那些需要使用电脑上网而本身又没有电脑的人提供这方面的服务。

现在看来，急需使用电脑的是诸如政府这样的公共机构，而不是普通民众。从现在电脑的普及情况来看，我们也不难发现，公共机构的运作已经很难离开电脑了，几乎每一个办公室都至少配备了一台电脑，尤其是政府和学校（中心小学和中学）。公共机构需要使用电脑，一方面是因为这些机构的工作需要依赖电脑和互联网来完成，另一方面则是因为这些机构里的工作人员在使用电脑方面越来越娴熟。

镇政府的许多工作都依赖于电脑和互联网了，每个办公室都必须配备一台电脑，一些重要的部门甚至每个工作人员配备一台电脑。在沙子镇政府，有几位大学生村官，他们的年龄与我们这些前来考察的学生较为接近。基于某些相似的经历，这些大学生村官对我们非常热情，经常邀请我们去他们的办公室。当我们接受一位村官的邀请而进入到他的办公室之后，发现其办公桌上摆放着一台电脑，旁边还放着一台笔记本电脑，这是属于他个人的，而那台台式电脑则是政府公共物品。

"经发办"是政府中比较重要的部门，也就是经济发展办公室。该办公室的副主任向我们介绍说，现在这个部门几乎所有的工作都离不开电脑了。各种经济数据的统计分析需要电脑，上级部门下发的文件通常也需要从网络上自己下载。他们并未经过非常正式的电脑培训，依靠不断自学而逐渐熟练操作电脑。在这个过程中，年轻人发挥着非常重要的作用，一些电脑技术上的问题通常由他们来解决，而众多的电脑办公过程也落到了他们身上（在电脑刚开始普及的时候，也只有这些刚从大学出来的年轻人具有这些技术）。

在公共机构之外，网吧是存在电脑最多的地方，它为那些没有能力购买电脑的人提供了方便。沙子场镇上仅有两家网吧，按照当地人的看法，一间是较为正规的网吧，它拥有营业执照；而另一间则是缺乏各种证件的"黑网吧"。

"星云网吧"是一间拥有牌照的正规网吧，老板是本地人，他开了个厂，所以平时很少出现在网吧里。在网吧里负责经营的是一位中年妇女，她管理着这间网吧的 23 台电脑。

网吧的"网管"是一个中年妇女。她就是当地人，丈夫在政府上班，儿子在四川联通公司工作，女儿在上中学。她说自己不会电脑，到目前为止，她已经在网吧工作了五六个月，也已经能够熟练操作网吧的管理系统了，还能和远在四川工作的儿子打字聊天。在接受我们访问的时候，网吧里的一台电脑出了问题，键盘不能用了。她一看键盘上的灯没有亮，就知道是线没有插好。可见，她能处理简单的电脑故障。网吧一个月能赚七八千元，好的时候能上万元。

网吧里的电脑具有统一的配置，显示器：17 寸纯平 CRT；CPU：赛扬 2.0GHz；内存：1G；硬盘：80G；外置摄像头。

网吧的收费标准是每小时 2.5 元，先交押金（最少一小时的费用，无上限），下机后多退少补，每台计算机都与网管的计算机相连，采用"易游娱乐中心系统"进行管理。

在网吧的门口树立着一块牌子，上面写着"未成年人禁止进入"的字样，预示着这个网吧不允许未成年人进入。网吧还配备了一个身份证验证机，用于对顾客的身份证进行验证。据说，网吧如果接纳未成年人，发现一例便将受到 1000 元钱的罚款处罚。此外，公安机关还在网吧里安装了三个摄像头，对网吧里的情况随时进行监管。不过实际的情形似乎并不那么刻板，当我们进入网吧时并未出示身份证。网管也承认，身份证验证机在这里不过是个摆设，自己也从未去查看顾客的身份证。未成年人来网吧上网也没有受到严格控制，如果对未成年人进行控制，那么网吧的生意必定会受到非常严重的影响。在这些地区，除了这些新生代对电脑较为熟悉之外，也只有少数年轻人（大多数很少有时间，或者几乎不在家）能够胜任了。

年轻人是使用电脑和互联网的主要群体，在我们考察的地区尤为如此。除了那些在政府等公共机构工作的年轻人经常使用电脑和互联网处理工作之外，更多的年轻人将电脑和互联网作为一种娱乐工具和社交工具。而即便是在政府等公共机构中，电脑和互联网事实上也兼具着娱乐休闲与社交的功能。政府工作人员在工作之余也会使用电脑浏览新闻、看电影、听音乐以及打游戏等。在网吧中，那些花钱上网的顾客主要从事两种活动，一是通过互联网打网络游戏，二是通过互联网进行社交活动。

刘小伟今年22岁，有四五年在外闯荡的经验，曾先后在浙江和广东东莞、广州等地打工，他算得上那种人们普遍认为"见过世面"的年轻一代。

刘小伟从1999年就开始接触电脑，那时候他所使用的QQ号码才6位数，后来这个号码被盗了。现在使用的QQ号码是8位的，他给自己取了一个网名叫做"绝对魅力"。他现在对电脑技术已经越来越熟悉，甚至能够帮朋友组装电脑。他非常喜欢网络游戏，诸如"传奇""偷菜"之类的网络游戏等他都玩过，但现在已经厌了，取而代之的是CF（"穿越火线"）。在游戏方面，他的技艺也十分精湛，经常和别人组队打这个游戏。通过网络游戏，他建立起了非常广泛的关系。在我们访问他的时候，他计划在这个月底去重庆和经常玩CF的网友见面（网上认识的朋友，以前没有见过面）。他很少在网上与女性交流，认为网络上建立不起男女之间的感情，但他却认为网络上能够建立起同性之间的友谊。他在社交方面十分自信，认为凭借着自己丰富的阅历，能够在三言两语之间就判断出网友是什么样的人、做什么的，所以他从来不担心在网络上流行的欺骗交往会伤害到自己。

说到网络游戏他总是会眉飞色舞起来，他尤其骄傲的是，他曾玩过的"传奇"，仅仅卖装备就赚过2000多元钱。他对现在所玩的游戏也有着丰富的经验，在"穿越火线"这种游戏中，值得非常重视的是团队精神以及团队里面人和人之间的感情。团队里面有男的也有女的，大家都亲如手足。所以他才决定去重庆和网友（经常一起玩"穿越火线"的队友）见面，他根本不担心被骗。一方面是相信自己的判断，另一方面也和对方视频聊过天，而且玩游戏的时候，因为战队要相互呼叫，所以也进行过语音交流。

因为对电脑和互联网有着浓厚的兴趣，他一度也想在沙子镇上开网吧，不过当时因为种种原因未能实现，现在看来为时已晚了，因为几乎每一个乡镇上的网吧数量都是有规定的，现在沙子镇的网吧数量已经饱和，各种证件根本办不下来。而且，更为重要的是，这里的市场也十分有限，已经难有利益可图了。

他在这方面的花费也不少。他很少用QQ聊天，但在上面花了不少钱，因为他的QQ是黄钻用户。网络游戏"穿越火线"也是VIP用户，光是"穿越火线"的VIP用户，每个月就要花费30元，而他已经玩这个游戏两年了。他觉得开通游戏的VIP是值得的，因为一旦如此他便有权利踢掉那些玩游戏开外挂的人；他自己从来不开外挂，在他看来，玩这种游戏只有凭着自己的实力去玩才能有真实感。此外，当他看到游戏里面有新装备出售的时候，也会想花钱购买。

在我们正在聊天的时候,他的一个女性朋友打电话来,他让这位朋友帮忙充Q币(在沙子镇充不方便)。看得出来,他与这位异性朋友之间存在着一定的暧昧,尽管他否认那是他的女朋友。他总是回避这方面的话题,只略微说明他们是在浙江的长途汽车上认识的。他承认这个女孩颇为欣赏他,不过他并没有更进一步的意思。他们之间通常通过电话、短信以及QQ联系。

尽管并非每个年轻人都具有刘小伟那种精湛的游戏技艺,不过许多年轻人和他一样,都在网络游戏方面具有浓厚的兴趣。网络游戏几乎成为大部分年轻人最喜欢的休闲娱乐方式之一,它具有传统电子游戏新奇、刺激等特质,而更为重要的是,因为网络游戏是在线的,所以游戏内容更加丰富,也更能体现游戏中的互动性。我们可以从考察中发现,网络游戏的玩家不仅喜欢游戏本身,而且更热衷于通过网络游戏认识新朋友,在其中体验团队和社区的感觉,甚至想要从这种虚拟环境中来重新认识和建构自我(他们非常注重团队对自己的认可和评价)。

网络游戏大致可以分为两种,一种是线上小游戏,例如"跑跑卡丁车""泡泡堂""QQ游戏"等;另一种是"MMORPG"游戏,也叫做"大型多人在线角色扮演游戏",比如"传奇""问道""梦幻西游"等。网络游戏的收费模式通常也有两种,一种是按在线时间收费,需要不断购买"点卡"来玩;另一种是游戏不收费,但是在游戏过程中,要想拥有更好的"虚拟道具",则需要付费购买。由于这里的孩子们可支配的零花钱不多,到网吧上网本身就是很大的经济负担,所以,他们基本上不会玩收费的网络游戏。当免费的网络游戏玩到一定程度而需要收费时,他们很快就会放弃这个游戏。因此,网络游戏往往是以一种潮流的形式存在于沙子镇网吧的。一个网络游戏可能在一段时间内很受欢迎,整个网吧里的人都在玩同一个游戏。但也许仅仅在半年之后,在各种因素的作用下,这个游戏便会很快衰落,没有人再提起。此时,又将有另一个网络游戏会风靡一段时间。

向大模今年18岁,初中毕业两年了,既没有上高中也没有外出打工。据他回忆,当他正在上初中的时候,住在学校的宿舍里,尽管老师管得非常严格,但他们还是通过各种方式逃出老师的视线去网吧上网。学校宿舍的大门关闭了,他们便翻墙壁或者钻下水道。在网吧里,他们的活动主要就是打游戏。那时候向大模经常玩的游戏是CS("反恐精英")、"传奇"等。他自认为自己在 CS 方面的技艺非常不错，常常能够以一敌三。后来他开始玩"问道"，这款游戏也流行一时，一进网吧，所有的人都在玩"问道"。他玩这个游戏半年之后，升到了七十多级。这个游戏可以一个人玩，也可以和班上的同学组队玩。他不喜欢和陌生人组队玩，觉得和认识的人组队好玩一些。这个游戏还可以收徒弟，徒弟每升一级，自己也可以获得经验值和财富值。不过玩了半年，这个游戏就不流行了，自己也厌了，就没有再玩。

　　游戏确实是年轻人在网吧里最常进行的活动。由上述的案例看来，游戏对一些年轻人的吸引力非常大，他们甚至能够从中获得成就感。此外，非常重要的是，网络游戏使玩家建立了一个与日常生活不同的社交圈，与他们相互联系的这些网友很多时候只有在游戏中才体现出来，不过，正如我们看到的，一些玩家甚至将这种游戏中的社会关系转化到现实中来，所以他们才会想要在游戏之外获得与那些网友的联系。游戏中的这种组织或者团队给我们提供了一个非常有意思的思考领域，虚拟组织或者虚拟社区值得我们做更加深入的研究，不过我们的考察并没有在这方面深入。更有意思的是，一些网络游戏将现实中毫无关系的、正在玩游戏的人纳入到这个游戏所设定的社会关系之中，这种角色扮演的网络游戏使得玩家在现实生活之外存在着另一套角色。总之，我们相信，网络游戏在构建着一些区别于日常生活的关系结构，人们不仅在这些游戏中获得愉悦，而且也可能在这些游戏中获得新的社会关系。

　　然而，游戏所产生的对现实社会关系的影响远远小于各种聊天工具所造成的对现实社会关系的影响。在这些聊天工具中，QQ 显然是最具市场的，它几乎是这里的人们进行网上交流的唯一工具。年轻人在初次见面时都会用 QQ 建立起相互之间的关系，无论此后他们会不会真的在 QQ 上聊天，但是相互交换 QQ 号在年轻人中类似相互交换电话号码那样重要。在很多情况下，QQ 并没有创造新的社会关系，它只是使得已经存在一定社会关系的人们之间多了一种维系其关系的方式的选择。人们将那些他们确实认识的、在日常生活中存在确定社会关系的人们分组存放在自己的 QQ 上，这种分组在很大程度上体现了其已有的社会关系状况。当然，仅凭这种分组也难以全部体现确定的社会关系来，因为在现实生活中存在确定的社会关系的人并非全部拥有 QQ 号码，这在我们所考察的地区而言毕竟算得上是一种较为新奇的社交工具，能够使用它的人还只占少数。

　　QQ 除了被用于与那些确实具有社会关系的对象进行交流之外，它还能将社会范围扩展开来，如果使用 QQ 的人愿意这样做的话。一些人愿意在 QQ 上寻找那些素未谋面的人，这使得他们的聊天基本上毫无约束，话题可以十分开放而绝不会像现实生活中那样使人感到拘谨。年轻人通过这种长期与陌生人进行聊天的方式建立起一种近乎爱情的暧昧关系，理论上说，这种虚拟的关系也可以转换为现实中的社会关系，就像上文中说明的那种游戏团队所建立的友谊也可以转化为现实中的友谊一样。但是，愿意相信网上男女之情的人毕竟只是少数，他们至少要在见面之后才能够真正确立起现实社会关系。

聊天的内容根据其聊天的对象而定。就像我们所说的那样，与陌生人的聊天，往往话题较为开放。而很多时候，人们在QQ上的聊天对象是具有确定的现实社会关系的人，他们之间的聊天话语常常受到多方面的限制。事实上，在后一种情况中，QQ聊天与电话沟通以及面对面的交流并无本质上的差别，现实的社会关系始终能够指引和限制网络上的聊天话题。

我们有一次见到向大模的时候，他正到河边采一种叫做"石菖蒲"的植物，这是一味中药，它生长在河边较为潮湿的地方。对于向大模来说，采这些中药也算得上一种较为合适的工作了，他既不再读书，又因为年龄的原因尚未外出务工。采中药是他外公教给他的，这些"石菖蒲"从河边采来之后晒干，可以直接卖钱。因为湖北的价格更高一些，所以当这些"石菖蒲"晒干之后，向大模会骑着摩托车将它们运到湖北贩卖，每一次贩卖"石菖蒲"他都能小赚一笔。也因此，尽管他并未外出打工，但是却有不少的零花钱，而这些零用钱中的一部分正是在网吧里消费掉的。

除了将大部分时间用于打游戏之外，在网吧里，他还抽出些时间聊QQ。大约在小学二年级的时候他就学会了上网，先后拥有过好几个QQ号，一些因为长时间未登录而忘记了，一些则被盗。他的QQ好友既有认识的同学朋友，也有不认识的陌生网友。那些网友都是他用查找功能搜到的，他在搜索的时候将范围固定在重庆市内，而年龄则固定在与自己差不多同龄的范围内，很多时候性别限定在女性（因为自己是男性），而且，他还要求网名取得足够漂亮。给他印象最深的，大约是他初中一年级的时候在QQ上认识的一个网友，QQ显示她是一个黔江人，年龄则显示比他大一岁，在他看来，那是个话很多的网友，确实很适合于聊天。他骗那个女孩子说自己比她大一岁，要她叫他哥哥。她喜欢听歌、看电影；而他也喜欢听歌，但不喜欢看电影。因此，聊天的时候，他只和她聊歌曲，如果她聊起电影，他就不理她。两个人熟悉以后，便会有一些暧昧的语言，例如，他如果看到她在线，便会对她说："小妹，有没有想我啊？"她就回答："有啊！"如此云云。两个人还视频聊过，知道对方长什么样。向大模觉得对方长得一般，但声音却很好听。两个人还通了电话，他一开始打电话会觉得有点紧张，不好意思，后来便逐渐习惯了。两个人认识了一年半之后，她提出要见面，但向大模不想见她，觉得自己还小，也不好意思。况且，他那时候还在上学，既无时间，也无金钱去完成这次见面。没多久，向大模的QQ号码被盗了，紧接着手机掉到了水里，两个人就失去了联系。

互联网对于我们所考察的那些人而言，在很大程度上是一种娱乐手段，就像我们上文中看到的这些案例那样。尽管我们看到互联网在维系甚至扩展社会关系方面也发挥着一些作用，但是这种行为并没有对现实社会关系造成明显的影响。总之，龙泛溪的青年们对于互联网这一新媒体的使用，总体上呈现一种娱乐化的趋势。主动利用互联网来获得对现实生活有用的信息的情况几近于无，但是却看到了一个较为特殊的案例（这种情况我们仅仅发现一例），一个农民通过互联网找到了工作。

2008年，夏光顺在家里看电视的时候，在中央电视台经济频道看到了深圳美的公司的招聘广告。这条广告上说该公司要招几种职位的员工，其中包括搞销售的，也有搞管理的，广告上面还有相关的网址。他对此颇感兴趣，就抄下了网址，并且到沙子场镇上的网吧中上网查询。他将从电视上抄下来的网址输进去，查阅之后发现真有此事。为了进一步确认这条信息，他还照着网络上显示的电话号码打电话过去问具体的情况。得到多方面确定之后，他就坐车去深圳市罗湖区坪山，直接去美的厂里询问相关的情况。当他到达工厂的时候，保安告诉他厂里确实在招人，就把他带进去见老板。他和老板谈好了条件，分了负责的区域，就签了合同，正式成为了美的公司的销售人员。

二、手机：已经普及了的新媒体

在我们所考察的地区，手机的流行也不过20年的时间，那时的人们使用的是有线电话（座机）。不过，座机似乎从来也不曾普及过，相邻的几个家庭使用同一台电话机是那时候的基本情况。事实上，当电话机刚开始影响人们生活的时候，手机也逐渐出现了，这也是电话机在这一区域很快消失的原因之一。此外，电话机因其不可移动而不十分方便，在我们的印象里，龙泛溪的农民总是将其一天的大部分时间花费在田地里，如果在这个时候有电话打来，他们通常都接不到。在这样的情况下，打电话和接电话通常都被限制在一定的时间范围内。一个家庭乐于安装一个电话机，通常是因为家庭中有外出务工者，

第三章　信息传播与新交际：一些新的社会需求

长时间在外面工作，需要经常和家里联系，自己安装了电话方便了许多。在外工作的人知道他应该在晚上或者中午吃饭的时候打来电话，只有在这个时候，电话被接到的几率才是最大的。周围一个家庭安装了电话机，其他的几户农民便一同使用这台电话了。除了那种家庭之间存在矛盾的情况之外，相互使用电话机是十分常见的事情。不过使用了别人家的电话需要向这个家庭提供一些费用，即便是接电话也需要每次给 0.5 元或者 1 元钱。而如果是打电话的话，市内通常收取 1 元钱左右（每分钟），市外长途则收取 1.5 元甚至 2 元左右（每分钟）。基于价格过高的原因，人们除非在非常重要而紧急的情况下才会打电话，更多的时候只是接一下电话。如果自己没有安装电话，则通常将临近安装了电话的家庭的电话号码告知在外工作的家庭成员或者远处的亲戚，他们打来电话，邻居便会通知他们来接电话。相比于村落而言，沙子场镇上的各个店铺通常都安装了电话机。这些店铺里几乎经常有人在，而且其安装电话的成本较低，他们不需要安装很长的线路。所以，直到今天，沙子场镇中的店铺里的电话机依然在使用着。他们在商业上的联系主要由座机完成，而手机则用于与商业关系之外的人联系（当然也并不完全排除手机在商业上的联系）。

基于上述的情况，曾经一度盛行过"长话吧"这种商业店铺，或者又被称为"电话超市"。这里提供了几台甚至几十台电话座机，供周围需要打电话但是没有电话设备的人使用。与私人电话用户相比，他们的收费显然要低得多，也因为如此，当这些电话超市建立起来之后，人们更多地选择到这里打电话。在沙子场镇上，我们没有见到这种电话超市，这与电话座机在场镇上的普及存在紧密的关系。在一家电信营业厅里，我们看到其中的一面墙壁上用木板隔出来的三四个格子。在询问之后得知，这些格子里曾经安装着几台座机，这就是曾经的一个电话超市。不过现在看来，这些格子里除了几根七零八落的电话线之外，已经没有电话机了。此外，在另一间已经停业的移动营业厅的外墙壁上有一些斑驳的字样，"重庆 0.15 元/分，国内长途 0.25 元/分"。这里似乎也一度是一个电话超市，走进门，在暗黑的墙壁上贴着各种通话情况的收费标准：

市内座机：0.15 元/分，手机：0.15 元/分

区内座机：0.15 元/分

市外：0.25 元/分

港、澳、台：1.90 元/分

美、加、日、韩、澳：2.40 元/分

印度……肯尼亚：4.60元/分

其他国家和地区：3.60元/分

此外，我们在鱼泉村的新屋湾也发现一个关闭了的电话超市，这个电话超市直到去年才关闭。这是一个小小的砖房，显然是因为要开电话超市而专门修建的，房子的侧面墙壁上贴着一张大大的具有"中国移动通信"标志、蓝色字样的广告海报。房子的门紧闭着，旁边挂着一面金属牌子，上面写着"电话超市价格表"，列出国内短途、长途和国际长途电话的收费标准，同在沙子镇上所看到的如出一辙。这个电话超市是由一个本地的女子在三年之前所开的，当时有许多修高速公路的外地工人住在周围的工地上，他们有打长途电话的需求，而手机打长途电话在当时较为昂贵，于是这个电话超市便开起来了。除了供应那些外地工人打长途电话之外，本地的农民也会来这里打电话，尽管他们并非主体。这一段高速公路一修便持续了两三年，这些修高速公路的工人在这里的时候，电话超市的生意比较好，当高速公路修完之后，电话超市的生意便冷清了许多，只有为数不多的一些本地人来打电话，于是就在去年，这个电话超市也就关闭了。

看起来，无论是家庭座机还是电话超市，在今天都已经派不上用场了。这与手机的盛行存在很大的关系，正如我们说过的，电话座机开始盛行的时候，手机也已经开始在村里一些较为富裕的人的腰间出现（手机刚开始出现的时候，人们乐于给手机买一个壳，而这个壳可以挂在腰带上，这样，他们总是将手机挂在腰间，一度也成为地位和财富的某种标志）。而出乎人们预料的是，手机在农村的普及速度会如此之快，以至于电话座机会在这里如同昙花一现般地消失掉。手机的出现与打工者存在非常紧密的关系，这种新鲜事物正是由那些打工者从外面带回来的。最开始，手机仅限于那些在外务工并挣了钱的人以及一些公职人员才拥有，而公职人员在我们所关注的龙泛溪却很少，在这里，手机首先出现在那些外出务工者的手中。那时候，沙子镇还少有卖手机的店铺，并且当地所卖的手机价格十分昂贵。不过这种情况仅仅在几年之间便发生了翻天覆地的变化，越来越多的外出务工者都在过年之前带回了手机，而且已经不限于那些真正在外地发了财的人。于是，手机开始逐渐挣脱了财富象征的樊篱，成为一般人所拥有的事物。沙子镇的手机店面也开始营业了，这里提供了无论质量如何，但是外形却十分新潮的手机。

农民对手机的广泛需求，使得那些被称作"山寨机"的手机受到了广泛青睐。所谓"山寨机"，即是那种模仿其他品牌或者根本没有品牌的手机，在沙子镇人民的口中，它们又被称作"杂牌机"，寓意并非一个纯粹的品牌。在沙子镇上的"神州行""联通""电信"以及"移动"等的营业厅（这种营业厅在沙子镇上大概有七八家之多）里，大量的杂牌机在这里出售。而诸如少数人所使用的诺基亚、摩托罗拉等品牌，在沙子镇则没有专营店铺，人们通常是从县城或者更远的地方买来的。

在一家神州行营业厅里，大约有30款手机在出售，这些手机大都是"山寨机"（如"金鹏"和"金立"，等等）。这些手机的标价在600元至1000元之间，但是这些价格并非卖价，真正成交的价格往往由买者和卖者经过长时间的讲价之后才定下来。通常情况下，真正的成交价格往往比标价要低一些，至于低出多少，则因人而异。那些长年在东部沿海地区打工的人对这些手机的行情较为了解，他们尤其会压价，往往能够在标价的基础上压下二三百元来。而那些并不谙熟此道的人，往往只能压下几十元钱。在这里我们能够清楚地看到，信息对于购买手机的人而言具有显著的意义，它影响着人们在买卖中的现实利益。

今天，伴随着电话座机的消失，手机已经在龙泛溪十分盛行。在龙泛溪，几乎每个家庭必须具有至少一部手机。在一般的家庭中，男主人通常都会有一部手机，因为他们经常需要联系工作，而外出工作的时候也容易与家里取得联系。那些比较年轻的、有外出打工经验的妇女，通常也有手机。至于老人和孩子，尽管拥有手机的不多，但是现在也有向这些群体普及的趋势。正如我们已经说明过的，在一些家庭中，年轻一代的夫妻通常都在外地打工，留在家里的则是老人和孩子。在这种情况下，孩子或者老人也需要一部手机才能够保证与外出务工的家庭成员取得联系。在孩子尚小的情况下，老人掌握手机更为现实，他们使用那种操作较为方便而功能也较为简单的手机，他们的子女只需花一点时间将他们教会，他们便很快会用了。孩子们在上了初中之后，便开始寄宿在学校里，往往每个月才能回家三天（他们称为"月假"）。这样，他们也需要一部手机，以方便其与家人取得联系，而父母也方便通过手机对孩子进行一些力所能及的控制。

手机的话费并不昂贵，这是手机可以在广大的农村地区迅速盛行的又一重要原因。在手机刚出现的时候，它还实行双向收费，即除了拨打电话需要收费之外，接听电话也要收费。不过这种情况只维持了几年的时间，此后不仅拨打电话的话费不断下调，而且已经实行单向收费，即免费接听。单项收费使得手机的收费情况与电话座机的收费情况趋于相似，并且，相比之下，它还少了座机必需的"座机费"，这使得许多家庭在拥有了手机之后纷纷拆除了座机。而且，手机能够根据具体情况在多方面给使用者提供方便。举一个例子，对于那些长年在外地工作而只有到了过年前后才回家一段时间的农民而言，在回家的这段时间，他们的外地卡面临着漫游的收费问题。但是这一问题很快得到了解决，有一种被称作"过年卡"的业务很好地解决了这一问题。

在一家挂着神州行招牌的店铺里，售卖一种新推出的手机卡，称为"过年卡"。它从售出日期起至 4 月 1 日，不收取月租，打遍全国每分钟只要 0.16 元，在"大重庆"地区免费接听，还可以设亲情号码免费打电话，发短信一条 8 分钱。每张卡售价 100 元，里面包含 100 元话费，开通还送 30 元话费（分三个月返回）。到了 4 月 1 日，该卡就自动转换为重庆本地神州行"畅听卡"。该卡特别适合农民工回家过年的时候使用，与外地的朋友、单位打电话联系比较实惠。开通该卡还赠送一个月的手机报，每天将收到两三条彩信手机报。此外，还赠送一个月的务工信息短信，大约每天发来一条短信，提供哪里招工、哪些有岗位等信息。并且，开通该卡后，还能以优惠的价格购买一部手机——德赛 M289，售价仅为 199 元，并赠送 199 元话费；该手机按键、字符都比较大，较为适合老年人使用。

到现在为止，我们对手机的说明始终与较早盛行的电话座机相联系，其原因在于，这一事物一开始就是作为一种通信工具而被人们使用的。它们最主要的功能就在于通话，它使得身处异地的人们之间能够较为直接地对话，除了不能了解对方所处的背景之外，这种对话与面对面的交流几乎别无二致。这种功能与电话座机是一样的，在电话座机刚开始出现的时候，它使人们大为好奇——能够清楚地听到远在他乡的人的声音，并且他所听到的声音是说话者当时发出来的！然而无论这种原理他们是否理解，他们还是能够将这些稀奇的情况与那根神秘的连线联系起来，认为他们之所以能够在不同的地方相互说话，绝对来源于连接电话的这些线路的无比威力。直到手机出现之后，他们就更加感到神奇了。它比电话座机神奇的地方在于不需要线路，它是可移动的，这使得人们的通话更加方便，于是它便轻而易举地取代了电话座机，成为通信的最主要工具。

然而，手机的功能还不仅仅如此，只是由于使用主体的具体情况的差异，手机所产生的功能也就不尽相同了。影响着人们使用手机习惯的重要因素是年龄。从年龄的角度而言，年轻人的接受能力要比中老年人高出许多，他们对于这些新鲜事物得心应手。作为最基本的功能，使用手机打电话、发短信对于年轻人来必然十分熟练，一个新的手机只要在他们的手中几分钟，他们就能将这些功能摸得很熟。此外，他们还热衷于利用手机上的其他各项功能，例如利用蓝牙功能来相互分享手机里的歌曲、图片等，利用彩信功能来查看手机报、传递照片等，利用GPRS上网浏览新闻、聊天、玩网络游戏，等等。而对于老年人而言，他们一开始接触手机的时候，拨打和接听电话都需要年轻一代手把手地教，直到他们熟练了拨打和接听电话之后，已经厌烦了学习手机上的各项功能了。对那些新鲜的东西，他们没有很浓厚的兴趣，手机对于他们而言只是一部可以移动的电话机。因为他们识字数量有限，并且对于手机上的各种文字输入法也不甚了了，以至于连发短信这项最基本的功能也未能使用上。他们甚至不能使用手机上的通讯录，要将电话号码存储进手机，又从通讯录里面直接拨打电话，这个过程对于他们而言颇为复杂了。所以，许多老年人在揣了一个手机之外，也揣了一个简单的电话本在身上，可以随时取出这个电话本，找出要拨打的号码输入之后才能拨打电话。于是，一个在外地工作的儿子每次给他的父母打电话时总是听到父母问："喂，你是谁？"至于手机上的其他功能，他们就更不会使用了。我们在上文中说到过，龙泛溪的谭明洋非常喜爱音乐，当我们问及他何以不使用手机听音乐的时候，他的回答是："手机太复杂，搞不来。"

　　从人们在手机上的消费状况来看，似乎也能够看出年轻人与中老年人之间使用手机的习惯的不同之处。我们发现，中老年人在手机上的消费远远少于年轻人，相比于年轻人来说，他们不仅因为习惯性的节约，而且也因为他们不能使用手机的丰富功能而降低了消费；即使是必要的打电话，他们也会长话短说，节省话费。他们一个月的话费通常只有20元左右，即使是经常需要使用手机联系工作上的事情的人，其一个月的话费也不过50元左右。然而对于大多数年轻人而言，每个月50元的话费不过是一般的情况，他们在手机上的消费要远远高出中老年群体。年轻人容易受到手机上各种功能的吸引，而这些功能事实上是需要资费的，而且，许多手机上存在各种收费陷阱，一不小心点击了它便会被收费。一些年轻人在刚开始玩手机的时候不懂这些，毫无节制地玩手机上的各种游戏，一个月就能用掉上百元的话费。而且，即便只是在通话方面，年轻人也与中老年群体大不相同，后者经常非常讨厌前者总是使用手机聊闲天，在他们看来，这是一种浪费。

刘军今年尚未满22岁，尽管已经结婚，却还没有领到结婚证。

初中毕业的时候刘军还未满17岁，但是那时候就想外出打工了。经朋友介绍，刘军和朋友一起去广东东莞打工，进了一个手表厂，工资很低，500块钱的底薪，算上加班费，一个月才挣900多块钱。那时候在外地打工，他和家里联系都是用公共电话打长途到家里的座机上。后来看到别人开始用手机，刘军也想买一个，于是他攒了几个月的工资，在2004年的时候去手机店挑了一个1380块钱的"夏新"翻盖手机。对于他而言，手机的牌子也很重要，自己觉得这个牌子不错，就买了，那时候朋友们也都有了手机。刚买手机的那个月，自己觉得很新奇、好玩，给这个人打个电话，给那个人也打个电话，给不太熟的人也打电话，结果一个月下来，花了100多块钱的电话费。

到现在为止，刘军一共用过四部手机，第一部是"夏新"；第二部是个深圳的牌子"天时达"，买的时候花了1100块钱，结果用了一年就坏了；第三部是花了580块钱在湛江买的"天语"手机，防水防摔，质量很好，只是用久了电池坏了，充不进去电；今年买了第四部手机，"金立"的，花了600多块钱。对于刘军来说，手机在平时用于打打电话、发发短信之外，还要用于听歌、挂移动QQ等，想听什么歌，就带上数据线到网吧下载。

60多岁的向朝生曾担任过村里的文书，他的手机是摩托罗拉，是女儿给他买的。他的女儿在成都工作，一个月会打三四次电话回来。向大爷能记住几十个号码（保存在手机的通讯录中他也不懂调出来），而那些换煤气、抄电表的手机号码，就随手写在门扇上（其他家庭也都是这样）。他一个月的话费大概是十五六块钱，赶场的时候到沙子镇上充值。

除了年龄，是否有外出打工经验也是影响农民使用手机习惯的一大因素。最显而易见的，从联系人的范围来说，有外出打工经验的农民，他们的交际圈一般会更加广泛，已经不再仅仅局限在血缘和地缘基础上的圈子里。他们的联系人来自五湖四海、形形色色，不再只是那些必须要使用亲属称谓联系起来的人了。其次，他们和联系人的关系存在很大的不稳定性，可能今天和一个朋友玩得很好，电话、短信问候不停歇，到了明天，朋友到了别的地方、换了号码，联系就中断了。这就有别于传统农村社区中人与人之间关系的高度稳定性。

刘定明家里有三兄弟，他排行最小，至今未婚。他16岁就到外面打工，阅历丰富，普通话说得很好。第一次外出打工是经过熟人介绍的，到广东湛江进厂。

早期刘定明在外面打工，和家里人联系主要是靠长途电话（座机），花费虽然比较贵，但不管有钱没钱，都经常往家里打电话报平安。2000年的时候，他花了差不多三个月的工资买了一部诺基亚手机，3000多块钱。后来陆陆续续换了八款手机。换手机如此频繁，主要是因为看到别人买了新的手机，自己也想赶新潮。自己的旧手机要么送人，要么卖掉。他用过很多牌子，诺基亚、摩托罗拉、三星，但觉得诺基亚的手机质量最好。而现在用的虽然是杂牌机（山寨机），但也是花了1700块钱买的比较高级的。

他抱怨说，浙江的手机话费是全国最贵的，月租就要18块钱（神州行），一个月的话费要一百多块钱（在厂里当组长，当组长每个月有50块钱的话费补贴）。这次回家，他就买了重庆的"过年卡"，方便在家里使用。

常用手机联系的主要是家里人，还有其他五六个玩得较好的朋友。他打工去过十几、二十几个省，手机号码也常换。到了新地方，换了当地的手机号码，会告诉家里人，也会短信通知玩得好的一些朋友，很多只是一面之交的朋友就不通知了。

毫无疑问，新媒体的一个最大贡献就是拉近了人与人的空间距离，提供超越时空的情感交流的可能。它使得分隔两地的亲人、朋友能够以一种相对便捷、低成本的方式进行情感交流。但是，通过访谈我们发现，不应该认为这种通过手机的交流能够完全取代传统意义上的面对面的交流方式。虽然手机传来熟悉的声音、彼此关切的问候，但是，这都不能传递完整的情感信息。就像我们所关注的农民所说的："怎么都比不上面对面摆龙门阵。"

文辅贤膝下有两个儿子和两个女儿，两个女儿都嫁到石柱县，两个儿子分别在江苏、重庆工作。儿女在外地，过去联系靠写信。赶场的时候，把信件拿到沙子邮局，寄到重庆需要四五天时间。

2005年，大儿子花了1100块钱买了一部手机给他，联系起来就方便多了。但因为不慎，手机掉到了水里两三回，就出了故障，听不清楚。后来大儿子又花了500块钱，重新买了一部手机给他。儿女都很孝顺，常打电话回家（一个月打两三回）。他说，现在通信费也便宜了，原来打长途要两块钱一分钟，现在降到了一毛二。他认为现在使用手机已经比较划算，手机月租才6块，座机月租则要10块。

向敏今年15岁，初二以后便辍学在家。父亲在沙子电力公司拉电线，母亲在家务农，姐姐向念在涪陵师范学校读大专。她的手机通讯录很有特色，不在上面储存同学朋友的真实姓名，而是用英文字母和数字来代替，比如"X-01""Y-02"等。她说，是因为以前同学喜欢看她的手机，而她不愿意让别人知道自己和谁打电话、发短信，所以就只记代号而不记真名。

可以看出，手机作为一种先进的通信工具，使得身处不同地方的人们之间可以轻松地实现一定的情感交流。此外，正如上文中的案例那样，一些使用者已经意识到手机在社交过程中可能存在隐私泄露的问题，这也反映出，手机在维系私人关系方面也发挥了一些显著的作用。这种关系具有很强的私人性质，从某种程度上而言，它杜绝别的关系介入，向敏将手机中的通讯录做了相应的调整，正是出于这样的目的。而事实上，即便不做这样的调整，手机在这方面的作用也依然存在着。

与我们在上文中所说的大众媒介、计算机、互联网一样，这里的农民在手机的使用中也存在一定的娱乐化倾向，在年轻人中尤其如此。用手机听音乐是人们非常喜爱的娱乐方式，特别是女性使用者。手机里的歌曲有多种来源渠道，一种是买手机的时候在店里下载的（下一次再去就要按歌曲数收费），一种是相互之间用蓝牙传输，另外就是到网吧里下载然后通过数据线传输。至于歌曲的类型，不同的人有不同的喜好，总的来说，所听的音乐通常也受到年龄的影响。人们也常用手机来拍照，如果特地购买数码相机的话费用不菲，所以"山寨机"附带的照相功能成为他们非常重视的方面。给小孩子拍照、给山山水水拍照，总之他们能够使用手机随时随地拍下身边的事物。手机上网也是年轻人非常喜爱的娱乐方式，一个月只要花5块钱就能包月上网，当然也有流量限制，超过了确定的流量就要另外收费。通过手机上网，他们可以使用移动QQ来和别人聊天、浏览体育、娱乐新闻，还可以玩网络游戏，加入虚拟社区。最近一段时间风靡全中国的"偷菜"游戏，也能通过手机上网来玩。

姚达梅今年36岁，丈夫谭启北37岁，他们生了两个小孩，大儿子今年12岁，在沙子中学读初一，小女儿今年6岁，在沙子小学读一年级。

第一次见到她是在她家的田地里，她正在地里摘菜，不时拿出手机收发短信。她的手机是一款直板山寨机，用了一年多，是在黔江花四五百块钱买的。她经常用手机的"音乐播放器"功能，她非常喜欢听音乐。她的第一部手机

第三章　信息传播与新交际：一些新的社会需求

是在前年买的，花了 800 多块钱，用不到一年就坏了。现在所用的是新买的，在她看来，在手机并不昂贵的现在，修一部手机不如换一部新手机。手机在她那里，除了打电话、发短信之外，也会用来照相、听音乐等。她听的歌曲都是买手机的时候在店里面下载的，一共有 50 多首。自己每个月充 50 块钱话费就够用了，常联系的就三五个人，都是亲戚和娘家人。

张逍，男，未满 14 岁，在沙子镇上读初二。张逍说，上个学期结束、放暑假的时候，因为爸爸妈妈要出远门工作（去四川茂县修高速公路），为了方便联系，就给他买了一部"海尔"（Haier）手机。他爸爸张治全是在工地管电的，妈妈则在工地做饭。他还毫不忌讳地告诉我，他爸爸一个月的工资有 3900 块钱，妈妈的工资则不清楚有多少。上学的时候，他要在学校住宿，每 12 天放三天半或者四天半的假。有了手机以后，他就可以方便地打电话给同学，还有家里的爷爷奶奶。但是他很少打电话给在四川的爸爸妈妈。他说，反正也没什么事，都是爸爸妈妈打电话过来。他自己学会了发短信，看到别人在用，看一下自然就学会了。平时发短信也只是发给同学，至于父母和爷爷奶奶则几乎不发，因为他们不怎么使用这项功能。他一开始还喜欢玩手机上面的游戏，有"熊猫""大富翁""直升机""智能拼图"等，但是玩久了感觉到没什么意思，觉得不好玩，也就没玩了。

刚开始用手机的时候，电话费用了很多，一个月要花三四十块钱。电话倒是打得不多，不过，他还不懂申请手机包月上网（包流量），随便登，所以花了好多钱。手机话费都是爸爸妈妈充的，觉得他怎么用话费用得这么凶，回来以后就去沙子镇上的移动营业厅查话费，知道了他用手机上网，就把他骂了一顿。后来同学教他用手机申请包流量上网，一个月 30 兆，只要 5 块钱。超出的部分，1KB 算一分钱。他还学会了查流量，打 1008611 再按 2 键，就可以知道还有多少流量。不过，刚申请包流量的时候，还是会用得超出一些。后来就不超了。现在一个月的话费只要 20 块钱就够用了（6 块钱月租，5 块钱包月上网，再加上几块钱打电话、发短信）。

在张逍的班上，很多人都在玩 QQ。他告诉我们，只要在手机里打开菜单，从"移动梦网"，到"书签"，再到"QQ"，就可以登录了。这个也不用班上的同学教，看别人玩就学会了。他玩 QQ 一个学期了，QQ 已经是 4 级了，有一个"月亮"。他每天用手机登录 QQ 两个小时。因为一天只可以挂两个小时升级，超过两个小时的部分也不能升级，就不挂了。

他还喜欢用手机来听歌。他和我们聊天的时候，一只耳朵上面就戴着手机的耳机，在听音乐。他说，手机里面的歌曲一般是自己下载的，用手机上网在"3GQQ"就能下载。一首歌的大小不到1兆（他也许算错了），也就不怕超出流量。只要觉得一首歌好听，他就会下载到手机里，也不管是谁唱的歌。

他告诉我们，可以用自己的QQ号来领养QQ宠物，免费的。他自己就养了一只斑点狗。不仅可以养宠物，还可以种菜。他用QQ开通"阳光牧场"，在上面就可以种菜、偷菜。他还花了2500金币买了一只"守护犬"，这样就不怕别人来偷菜了。因为只要别人来偷他的菜，"守护犬"就会咬偷菜的人，而且他还可以捡偷菜的人掉下的金币。自己种的菜、偷的菜，都可以拿来卖，换取金币。张逍现在就有了两万七千多金币。每天早晨醒了，他就马上打开手机来耍，登录"阳光牧场"偷别人的菜。但他不喜欢半夜起来偷菜，因为要困觉（睡觉的意思）。现在也觉得"阳光牧场"有点烦了，不好耍了。

张逍的QQ上面有30几个好友，大部分好友都是现实中不认识的人，都是在玩游戏的时候遇到一个就加一个为好友。只有几个好友是认识的，是同学。他说，好友多，才能在"阳光牧场"里多偷菜。那些不认识的QQ好友，不知道是男的还是女的，也不知道是哪里人。他说，因为他们QQ上面的资料、地址不一定是真的。张逍说他自己在QQ上面都是用真的资料，写着自己是重庆人，今年14岁。他有时喜欢用QQ和好友聊天，只是问问"吃饭了没""在做什么"；在QQ上，和认识的同学却不怎么聊。

两三个月前，学校过节的时候，举办了网上"斗地主"比赛，有QQ的老师就能够报名参加。据说，设立了一、二、三等奖，具体奖品不知道是什么，不过听说有的老师获得了一瓶油。当时参加网上斗地主比赛的老师的名单和QQ号，都打印在一张纸上面，贴在学校的一个黑板上，所以大家就晓得了老师的QQ号。

张逍的一个同学，就加了自己的班主任为QQ好友。有一天早自习，这个同学就用手机登录QQ号。老师在电脑上面看到了，就到班上来问，是谁上早自习玩QQ。还好这个同学在网上不是用自己的真名，所以老师也不晓得是哪个同学在玩，没有抓到他。老师只知道这是他的学生，但具体不知道是谁。

张逍说自己也曾去过网吧上网，玩"跑跑卡丁车"。但他觉得网吧上网一个小时就要两块五，上两个小时的网，就够自己一个月手机上网的费用了，这样很不划算，所以他就不愿意去。

即便只是娱乐，看得出来，不同年龄群体使用手机娱乐的方式也大不相同。姚达梅不到40岁，她能够使用手机听音乐和拍照，却很少能够用手机上网进行更多的娱乐活动。而与之相比，作为初中生的张逍则将其大量的娱乐活动放在了手机上。他几乎将手机当做电脑，一些人非得到网吧里才能进行的娱乐活动，他只凭借手机便能够完成。

作为娱乐工具的手机，很多时候能够体现拥有者的地位，至少在一些使用者看来如此。一个功能齐全、效果良好的手机并不是任何人都买得起的，而且，也不是任何人都能够玩得好的。正是通过这种日常的途径，人们可以相互进行攀比，确定一种自己的地位。在如下一场手机的"比赛"中，我们可以看出三个单身汉是如何相互较量的。

2月5日（2010年）上午十点左右，我（调查员陈伟）来到刘定明家的院子，发现这里很热闹，刘定明、谭治友两个单身汉，还有几个小孩都在。刘定明正在锯柴。他把依然长着树枝的一头架在"马"（一种辅助锯柴的工具）上，另一头架在条凳上。他让侄女刘克燕坐在条凳那一头，不让木头滚动；他则站在木头旁边，一只脚踩在木头上，就开始拉锯。而谭治友则当起了孩子王，和向大模（男，18岁）、胡春荣（男，10岁）、刘洋（男，12岁）闲聊。谭治友对几个"年轻朋友"说，刘定明正在锯的木头叫做"春天树"（椿树），在春天，它长出的嫩芽可以用来炒肉吃。这种树木还可以制作成甑子，用于蒸米饭，比别的材料蒸出来的米饭更香。刘定明一边拉着锯子一边抱怨"春天树"不好锯，相比之下，松树则好锯得多，而且用来作燃料，松树也比椿树强多了。

不一会儿，刘定明锯累了，就进屋去拿小板凳。胡春荣见状，赶紧抢占位置，学着刘定明的样子锯起木头来。谭治友立刻掏出兜里手机，对着这一情景一阵乱拍。刘定明拿着小板凳出来了，很不屑地把胡春荣赶走。他把小板凳放好，垫上一本《上海服装》杂志，又坐下来锯柴。他说，坐着锯能锯得快一些。他转头对着那几个小孩问，为什么今天赶场不去买点烟花爆竹来耍。因为快要过年了，在这里，孩子们通常只有在过年的时候才能够自由地燃放爆竹。向大模说，在沙子镇上买烟花爆竹很贵，去湖北买还便宜一些。他更清楚湖北那边的行情，毕竟他经常将中草药运到那边去贩卖。

正在聊的时候，向大模的父亲向朝阳走了过来，跟众人打招呼说自己要赶场去。刘定明就问他怎么不骑摩托车去。原来是最近查摩托车比较严，还是走路去好一些。他想了一会儿，转头对儿子向大模说，让向大模骑摩托车载他，两父子一起去赶场。于是，向大模就跟着父亲回家取摩托车去了，因为他证件齐全。

刘定明锯了一阵子木头，又觉得累了，就站起来走动一下。谭治友对小板凳上垫着的那本《上海服装》杂志很感兴趣，就拿过来翻看。原来，这是刘定明在浙江温州打工的服装厂发的杂志，里面的内容全是年轻漂亮的女孩穿着新潮的衣服，还有颇为性感的内衣模特。他所工作的服装厂里生产的衣服，很多也都是按照这些杂志上面的款式制作的。刘定明笑着对谭治友说："赶紧用手机把杂志上面的美女拍下来吧。"谭治友倒是没有扭捏，翻了几页找到一个自认为最漂亮的女孩，就从兜里掏出手机，拍起照来。刘定明看了也乐起来，也拿出自己的手机拍照。

谭治友和刘定明的手机都是"Guoqian"牌的，属于所谓的"山寨机"。刘定明说自己的手机是两个多月前买的，花了1780块钱，内置的摄像头有两百万像素。而谭治友的手机已经买了半年时间，当时花了980块钱，他自己也不知道里面的摄像头到底是多少万像素。两个人拍了杂志上的图片，就相互比较谁拍的效果好。看来刘定明的手机确实要高档一些，拍出来的图片效果更好，正如他自己说的："至少颜色比较'正'。"而谭治友的手机拍出来的照片却有点发白，颜色"不正"。于是，刘定明主动提出要帮谭治友调调手机的相机功能。只见他熟练地在"功能选择"菜单里面，调整了"光补偿""图框""特效设置"等选项。谭治友站在一旁，一边看一边自我解嘲说，他自己可不晓得"这些鸟东西"！调了半天，刘定明也未能把谭治友的手机调好，拍照的效果只是略微有些改善（大概是谭治友的手机摄像头实在不怎么样，"无可救药"）。

谭治友的手机最终也调不出刘定明的手机的效果，刘定明又办起了自己的正事，继续锯木头。不过现在坐在木头上面的不是刘克燕了，而是刘洋，因为此时刘克燕也在耍自己的手机，跟着谭治友一块照杂志上面的图片。刘定明一边锯木头一边与我聊天，说他自己的手机摔过好几回，把话筒给摔坏了。现在其他功能都正常，只是不能正常打电话了——这本是手机最基本的功能。不过只要把耳机插上，就能解决这一问题了。他说自己已经去过石柱县城一趟，找过了那里许多修手机的地方，都修不好。那些人说，石柱没有卖这款手机，没有可以替换的零件，所以修不来。

这时谭治友颇为得意地说，刘定明买这么贵的手机，现在坏了实在划不来，还不如买两三部便宜些的手机，还耐用些。他的手机在功能上比不过刘定明的，或者他想在购买手机的策略上扳回一城。刘定明则颇不以为然，他说："现在买手机，要么就买贵的，三四千块钱一部那种；要么就买便宜的，一两百块钱一部的。"他们的观念似乎并不冲突，不过刘定明的说法看来更加透彻。在手机的品牌方面，刘定明更倾向于认为品牌机优越于杂牌机，不过谭治友则以为山寨机不仅便宜，而且其功能也更多。

他们聊着聊着，将话题转向了旅游，直到另一个单身汉走过来，他们再一次将话题转回了手机。这个单身汉就是谭治和，他的模样看来很不济，衣着比起前面两位来也差多了。谭治友一身西服，脚蹬白色运动鞋（尽管在我看来不一定搭配）；刘定明是夹克搭配牛仔裤。谭治和则是脚上一双解放鞋；一条西裤从裤袋开始裂了一道大口子，伸手进去就能摸到大腿；上身里面穿件褐色的毛衣背心，外面则穿一件灰色的西装外套；头发乱糟糟的，他咧嘴一笑，露出黄里带黑的两排牙。

谭治友见了谭治和，就扬起手中的杂志笑着说，来，亲一个。谭治和连忙摆摆手，表示"不要闹了"。几个人寒暄两句。谭治友又跟谭治和讲起了刚才用手机拍照的事。谭治和自信地说自己能够将谭治友的相机功能调好，于是就拿过谭治友的手机，摆弄了一阵，然后对着旁边的胡春荣和刘洋照了一张，说自己把颜色调"正"了。刘定明感到奇怪，放下手中的活与谭治友一起凑过来看了一下，不屑地说："根本没有调好，这个颜色不正。"谭治和不以为然，坚持认为自己调得不错。刘定明看他不服，就掏出自己的手机，对着手机喊了一声"相机"，手机就自动转到拍照的功能（语音控制）。他对着远处拍了一张照片，然后拿给谭治和看，说这才是"原来的颜色"（即是"正"的颜色）。说完，他就不再理睬谭治和，转而帮侄女刘克燕调起手机。

谭治和也没说什么，拿出自己的"Daxian"手机，对着旁边的小孩比画。他在试验自己手机的拍照效果，他一边拍，一边称赞说自己的手机拍的颜色很正。谭治友可能是觉得自己的手机被刘定明的手机比了下去倒是没什么，这回要是连谭治和的破手机都不如，那可是很丢面子。他调出自己手机的相簿，把以前拍的照片给大家看，说以前自己的手机拍的相片有多好看，都因为让小孩玩了手机，"调糟了"。

谭治和根本不管他俩，只顾着和小孩耍。他拿着手机追赶刘洋和胡春荣，拍个不停。拍完一张，他就自己看看，笑着说，"还是可以"。又对着小孩照了一张，说道，"这张没照得安逸"。刘洋和胡春荣边嬉笑边躲着镜头。胡春荣抱住一棵小树，就爬了上去。谭治和抓住机会就给他拍了一张，笑着说，"像个猴子"！说完又拿给刘洋看，一起大笑起来。

刘定明觉得没趣，就进屋把影碟机和音响打开，放起了迪厅里常有的电子音乐。谭治友则用手机放着歌曲，自己轻轻跟着哼了起来，然后慢悠悠地往回走。刘定明见谭治友要回家去了，就朝他喊，要他留下来再耍一阵。谭治友听见刘定明喊自己，就回头看了一眼，似笑非笑，也不回答，然后转头继续走路。刘定明一看留不住，也就罢了，还是继续锯木头。看来，刘定明和谭治友都不怎么屑于和谭治和在一起玩。不过谭治和却对此熟视无睹，只顾着继续和小孩子们玩闹。

当然，我们也不能因此而认为手机只是这些地区农民的一种娱乐工具。事实上，在农民的工作生活方面，手机也起到了很重要的作用。正如我们上文所说的那样，过年卡和务工信息对农民工的工作提供了许多方便。此外，我们已经说过，我们所关注的这些农民将种植黄连作为一项非常重要的产业，手机对于这些农民而言产生了许多作用。连农需要用手机联系租山（向别的村落租赁山林种植黄连），用手机向化肥提供商购买化肥，用手机联系种植和打理黄连的工人，用手机向其他地区的人打听黄连的价格，甚至用手机打听山上的天气（他们并不经常住在山上，所以通常打电话询问山上的农民）。手机也给农民的生活提供了诸多方便。他们在生病的时候可以使用手机联系医生上门就诊（通常是那个谭医生），在生活中想要联系亲戚和朋友便可以随时使用手机，例如，他们可以不必走很远的路通知他们的亲戚前来吃"刨猪汤"（他们总是在过年之前杀一头猪，这时会邀请亲戚和朋友来吃饭）。

谭明茂与妻子黄文玲育有一儿一女，大女儿已经20岁，在河北打工，小儿子则在沙子镇中学读初三。不过他的妻子早逝，两个孩子都由他一手带大。谭明茂和亲戚（兄弟）共三家人合租了十多亩黄连地（自己大概有两三亩），时常要上山住上十天或者半个月。天气好的时候，他甚至会住上一个月。在这段时间内，他与外界联系的手段几乎只剩下了手机。在河北打工的女儿经常打个电话来问候、报平安、关心他的身体。儿子虽然没有手机，却也会借同学的手机打电话来，不过，他不是关心爸爸，而是"差钱电话就来了"。

包山种黄连的时候，他们先要去看山，看土质如何（黄土为佳），地势如何（平不平整）。如果比较满意，就向当地人或熟人打听这片荒山的主人（责任者）是谁。打电话和荒山的主人商量好条件以后，就带上合同和现金上山签字。黄连起了以后，就会有商人（做黄连生意的散户）来收。这些商人实际上是把农户的黄连收购后拉到黄水（全国最大的黄连交易市场）去，卖给大老板，赚取差价。一般情况下，商人的收购价格比黄水的行情每斤低5元，比如，35元收的，拉到黄水就卖40元。谭明茂几兄弟有朋友在黄水做生意，知道那里的黄连价格的变化信息，会打电话过来告诉他们。所以，商人来收黄连的时候，他们就不怕商人乱压价格，心中有数。

今年已经是谭明茂种黄连的第六个年头了，家里存放了400斤晒干的黄连。这些黄连之所以还没有卖出去，是因为最近黄连的价格一直在走高，他想等到一斤三十七八块钱的时候再卖出去。"黄连可以保存十年"，所以也不急着卖。他随时使用手机与黄水的朋友联系，关注黄连价格的变动。

张少玉，男，今年64岁，育有两个儿子一个女儿。大女儿嫁到外地，大儿子张治全和小儿子张治双分了家，都已经结婚生了小孩。他和老伴住在张治全家生活。据他讲，沙子镇种黄连是从1979年开始的，那时候是集体种，后来分产到户之后，各家各户也都继续种植黄连。他家从20年前开始自己种植黄连，因为家里分的田地少，种黄连是一种谋生的手段。

现在黄连种得多，张少玉自己种不过来，就花钱请别人种。他给工人的工资按照高速公路工地的标准，60块钱一天。一亩黄连，人工费大概要花800块钱。他请的都是当地人，一开始是到别人家里去请，熟了以后就留下电话号码，打电话叫他们来。

黄连起（"起"就是收成的意思）了以后，会有很多散户来收，价格也不一样。一般人就会向别人打听卖了什么价格。而张少玉有亲戚在黄水是做这一行的，打电话过去问，就知道黄水那边的行情怎么样。不过他一般也不会把黄连卖给亲戚，"商场无父子"。他也会向别人打听价格，然后打电话问亲戚这个价格怎么样，心里才有底。

谭治权是老支书谭启万的大儿子，今年40岁，妻子王红润41岁。他们有两个儿子，大儿子今年17岁，正在沙子中学读初三，小儿子今年才两岁。1997年，谭治权20多岁的时候，去上海、浙江等地进厂打工。自己到外面闯荡，虽然想家，但也不常和家里联系。厂里安装了座机，不收费，但是不能随便打。只有到了发工资、要寄钱回家的时候，才允许用这部座机打电话跟家里联系。工厂外面的小店也可以打电话，不过收费昂贵，而且家里又没有电话，所以很少打电话回家。

五年前，谭治权在浙江一间石粉厂打工。这个石粉厂用机器把石头打成粉末。因为他有点近视，加上那天可能工作劳累，不小心就把自己的左手压坏了。最后，左手的中指和无名指的第一个关节以上部分就截肢了。出事以后，由于他自己和家人都没文化,不知道能不能赔偿。后来在石柱县另一个乡镇当老师的外甥女婿打电话到邻居家的座机,告诉谭治和的妻子,这种工伤是可以要求赔偿的。然后,妻子又用邻居的座机打电话到厂里(当时两人都没有手机),告诉他可以去当地劳动局找赔偿。于是,他就找到了浙江当地的劳动局说了事情的经过,经过协商,石粉厂老板赔了他近4000元钱。

出了这事以后,加上年纪也大了(当时30多岁),手又有残疾,就不再外出打工,而在石柱打零工。2004年,谭治权在高速公路工地打零工,花了八九百块钱买了第一部手机。包工头接到了活路,就会打电话联系村里做零工的七八个人中的一个,然后相互联系,通知去干活。所以,有活干的时候,手机话费一个月要四五十块钱。早上七点钟上班,中午十二点回家吃午饭,晚上六点回家。按一个小时8块钱算,每天能挣七八十块钱,吃住在自己家里,生活还过得去。期间他一共换了三部手机。第一部手机是在家里杀鸡的时候掉到水沟里,捡不回来了。第二部手机买的时候也花了四五百块钱,挂在腰间,干活的时候撞坏了。第三部就一直用到了现在。

高速公路修完以后,谭治权就和村里其他几个人去帮别人种黄连。一共6个人,以包工的形式干活,一亩地收1000块钱,大家平分。通常是黄连的主人打电话给谭治权,再由谭治权联系其他人,相约上山。这一回,他就在山上待了三天,但由于开始下雨,活也干不成,今天就骑着摩托车下山了。我们到他家的时候,他正在洗摩托车。他穿着破旧的夹克,满是泥巴的裤脚还破了一个洞——他说是在山上烤火的时候把脚搭在上面,不小心烧坏的。一双布鞋已经脏得辨不出原来的颜色。但他把摩托车洗得干干净净,仔细地用抹布擦拭。这辆一年前花了5800块钱买来的"劲隆"摩托,是他谋生的工具。

使用手机联系工作,或者说,手机在农民生计中所发挥的作用是显而易见的。正如我们已经看到的,村里的谭医生的手机直接关乎村里病人的安危;打零工的农民们通常会组成一种非正式的小群体,他们之间经常是通过手机联系起来的。不过,手机的出现并没有彻底改变农村社区信息传播的本质,它所维系的关系很大程度上还是建立在血缘和地缘基础上的,人们使用手机所联系的人,基本上还是那些已经具有确定的社会关系的人。

当然,手机所联系的,也逐渐出现了一些更加私人的关系。这种关系的建构正在突破以往的那种传统的社会关系,或者说,通过手机实现的新的社交活动正在影响着人们的工作和生活。不过,手机有时候也成为诈骗的帮凶。在龙泛溪我们了解到,常见的利用手机进行诈骗的方式包括如下几种:一是发短信或打电话给村民,说手机用户中了奖,要村民寄去一定的手续费才能顺利领取;二是假扮成儿女的朋友,发短信或者打电话来说儿女出了事,要村民汇钱去某个账户应急;三是通过一些科技手段骗取小额花费。

龙泛溪的陶羽泉告诉我们,有一种骗术是骗子用农民的孩子的电话号码打电话来,说儿子(假扮的,用普通话说;儿子在外面打工,会说普通话)正在被警察逮捕,需要用钱,让父母汇钱到一个银行账号。村里有一户农民正是这样受骗的,被骗了 5000 多块钱。此外,沙子镇上有一个叫李何全的人,孩子在外面打工。有一天,有人打电话来,说是他的孩子在外面出了事,需要往一个账号汇一万块钱。他半信半疑,就想打孩子的手机问问看,但是接不通。于是他就相信了,把钱汇了过去。汇钱之后,再打孩子的电话,就接通了。问起这事,孩子就说没有出什么事。他就去查,结果钱已经被取走了。陶羽泉自己的手机也收过很多骗人的短信,有时候一天好几条。短信的内容一般是说因为这个号码用的时间长、用得好,就中了多少钱的奖(最多说是中了 5 万块钱),要他去湖南那里领奖。但他从来不相信,从来没有去过。

其实这些诈骗的方式不过是传统诈骗手段的变形,利用了手机这种比较新奇的工具而已,它的本质还是利用村民贪小便宜、恐惧、无知等弱点。虽然手段并不高明,但一些农民还是被骗。

第四节 小结:媒体的力量

如果我们需要对上述的说明做一个简短总结的话,那么这个总结更重要的在于评估我们所揭示的这些信息传播技术在我们所考察的农民生产生活中所发挥的效用。

在我们的考察中,正如我们的行文顺序那样,我们将沙子地区的传播生态划分为三个方面来考量,分别是人际传播、大众媒体以及新媒体。这种分类是从传播学那里借用而来的,不过因为这种分类方式几乎与传播媒介的变迁历史相联系,所以我们完全使用这种分类方式来对这个地区的信息传播方式进行考察,毕竟我们更想以一种变迁的视角来揭示它。值得注意的是,这种分类显然放弃了其他一些原本十分重要的内容,那些体现于日常生活中的各种传播方式并没有完全由我们所分出来的几个类别所涵盖。如果我们足够仔细,或者还能对人们在交流中所使用的一些符号做出某些解读。这些符号当然不仅仅是文字，它们很多时候在文字之外，退后几十年，文字在我们所关注的社区里甚至比今天的手机更使人感到新奇。这些符号也许只是生活中的某些人体动作，或者一些明显具有重要意义的事物安排，例如，我们会发现在众多的仪式中，总是存在许多仪式物品包含着特定的社会信息。不过，诸如这些传统的信息传播方式我们在这个文本里放弃了，我们在这里更多的在于强调新旧传播方式的交融，或者说一种新的变迁，以及这种新变迁对于人们生活所造成的影响。

于是，我们依然关注着一些传统的信息传播方式。在那些纷繁复杂的信息传播方式中，我们选择了信息的人际传播方式，这种方式是复杂的，它有时候甚至不仅仅是面对面的讲话，也还包括非常复杂的内容，尽管我们没有完全将其中的内容揭示出来。更为重要的是，如果说新的传播技术能够与传统的信息传播方式产生结合的话，那么如我们所看到的，那种新技术为在人际传播中所发挥的作用提供了很好的典型。在没有新的传播技术辅助的情况下，人际传播的力量也是其他传统的信息传播方式所难以企及的。正如我们已经说过的，直到今天，我们所关注的社区基于那种由血缘和地缘建构的社会结构，人际传播依然具有非常惊人的效率，在我们对他们还未了解之前，他们已经对我们做出了初步了解。如果我们认为我们能够安然地脱离于这个社区的人们的口头舆论之外，那我们就错了。我们的行踪，他们经常了如指掌，我们总是不免惊讶于现在所访谈的对象能够准确地说出昨天我们在哪家吃饭，大概说了些什么。我们只来了一两天，这些农民便清楚地知道我们这个团队中的各个成员大致在打听些什么。当我们意识到这一问题的时候，往往怀疑他们一定在此前就做了应对的准备。这使得我们的工作变得困难了许多，毕竟我们一度想要将这些农民"分而治之"：隐藏自己的行踪，以便于我们能够从不同的人那里以一种看起来随意的方式获得他们的回答。不过，人际传播的力量使得我们在这方面措手不及，它使得这些农民多少有些联合起来"应对"我们的感觉。从我们所关注的角度而言，这似乎也给我们一种信息，那就是这种传统的人际传播方式非常值得我们重视。

与传统的信息传播方式相比，大众传媒则是近年来才对我们所关注的人们产生影响的。在大众传媒中，电视是农民生活中最常接触的，正如我们已经看到的，几乎每一个家庭都有一台电视机，有的家庭甚至不止一台（一个家庭因为首先就具备一台电视机，而后又因为子女结婚再买了一台新的电视机）。电视的普及和电视信号接收方式的改善使得农民在收看电视方面变得更加方便，频率也更加频繁。我们相信，正是这种媒介使得农民们大开眼界，至少，对于那些老年人而言，普通话也是能够听得懂的了，更多的信息则为更年轻一些的群体所接受。我们在上文中也稍有提及，通过电视，这些身处深山的农民对"国家"有所认识，尤其是关于国家的政策，他们颇为在意。无论怎样，电视总是给那些未曾有过外出经验的农民提供许多外界的信息，使他们建构起了对外部世界（相对于他们的实际生活范围而言）的想象。当然，在生计方面的影响可说是微乎其微。如果电视在某种程度上想要给农民传授一些发家致富的经验，那么对于这里的农民而言，这种努力则是徒劳的，他们与其说是以一种学习的态度来观看这种节目，毋宁说是以一种娱乐的心理来欣赏这些"事件"。总之，电视这种大众媒体对于他们而言，从上面获得一些外部的信息仅仅只是其中的一项功能，而且这个效果往往是在非主动的情况下发生的，例如许多年老的农民通过电视训练出了自己对普通话的听力，不过他们并不是因为想要学普通话而看电视的。从很大程度上而言，电视以及与其匹配的那些设备（例如DVD）是一些娱乐设备，而这些娱乐设备的普及使得农民的娱乐空间缩小到了家庭内部。一度以集体活动来达到娱乐效果的农民，现在更愿意将空闲时间用于关起门来在家里看电视，不得不说这些娱乐设备对农民的生活方式产生了重要的影响。在大众媒体中，我们还对过去的报纸和喇叭等做过一些说明，尽管在今天看来，这些传播媒介在这里所发挥的作用已经非常微小，但是它们曾经却是那时非常时髦的信息传播方式。这些已经消失的传播媒介之所以难以在我们所关注的这一区域内立足，很大程度上在于它们难以深入人们的生活，在需要它们来建构基层的意识形态和推行具体政策的年代，它们尚能起着一些作用，但是终因难以深入人们的生活而不被人们喜欢，它们很快便被电视这种更生动、更能够激发农民兴趣的传播媒介所取代。

新媒体进入到这一地区的农民生活中的时间就更短了，看来手机已经逐渐普及开来，但是互联网则依然举步维艰。很明显，互联网难以深入农民生活的重要原因之一是这些农民在操作技术和知识方面的匮乏，这与人们不乐于阅读报纸一样——他们既无时间，亦无能力。此外，互联网还没有在这里发挥其应有的效能的另一个原因则在于，它没有很好地融入到人们的日常生活之中。可以想见，一个常年以耕种庄稼为生的农民没有多少接触互联网的必要，甚至也没有这方面的兴趣。互联网设备的匮乏及其较高的成本使农民们望而却步，对于一般的农民而言，拥有一台电脑不过是为了娱乐，而他们还从未花费过如此昂贵的价钱来购买过娱乐。但是，互联网终于还是获得了年青一代的青睐，他们使用入网的电脑打游戏，浏览网页上的各种信息，还以此作为社交的辅助工具。我们在上文中对此做过很多分析，无论是网络游戏还是社交软件，都在某种程度上对人们的社会关系造成了某些影响，虚拟空间甚至还成为一些年轻人建构自我的一部分。在公共机构中，我们看到电脑和互联网逐步得到了普及，这是由于这些公共机构的运作很大程度上已经依赖于这一新技术。如果说互联网可以被视为一种生产工具的话，那么在我们所关注的地区，大概也只有公共机构里的电脑和互联网才真正具有这项属性。即便如此，公共机构里的电脑和互联网也从来没有失去其作为娱乐和社交工具的属性，在公共机构里工作的人员除了使用电脑处理一些必要的工作之外，电脑也使得他们在工作之余的短暂空闲不再显得那么无趣。所以，电脑和互联网在很大程度上还是一种娱乐设施，它改变着人们的娱乐生活，有时也改变着人们的视野和观念，但却甚少改变人们的生产方式。相比之下，手机虽然在某种程度上而言也是一种重要的娱乐设备，不过它确实给人们的现实生活带来了诸多方便。手机使得人们之间的那些必要的交流不再受到空间的限制，他们已经无须再面对面了。这使得人们的生活空间也随之扩大，至少对于那些在外省打工的人而言，他们想要与家庭里的其他成员取得联系已经方便了许多，尤其是那些年轻的父母，他们通常十分牵挂留在家里的孩子。而且，正如我们说过的，手机对于那些打零工的农民而言尤其重要，它方便于关系较好的几个人之间相互分享工作信息。确实，我们还可以在其他方面看到手机作用于人们的生产的例子。不过对于大多数年轻人而言，手机也成为一种重要的娱乐和社交工具，而且它更加有利于培养一种私人的关系（传统的社会关系总是与家庭相关，一个人与另一个人的关系往往由这个家庭与另一个人的家庭之间的关系而定）。

最后，我们做一个简短的总结：即使是在新媒体传播方式不断普及的今天，信息传播在很大程度上依然还在原来的社会关系中展开，当然也伴随着一些新的（虽然并不明显的）突破。我们发现，新的传媒技术很大程度上是在原来的人际传播的基础上扩展开来的，它们实际上使得原来的人际传播方式发生了某些变迁，但是这种信息传播依然是在原来的社会关系中进行的。新媒体正在和人际传播相互融合，共同发挥着很大的作用，不过信息传播网络的结构并没有因为新技术的出现而发生根本性的变革。新媒体传播方式是人际传播方式的补充和延伸，并且与传统的传播方式构成当前这一地区的完整的传播生态。

第四章 "杂"的农民生计：以龙泛溪为例

如果我们跟随一个农民记录他一天的活动情况，也许对他生活的"杂"便能够有更为细致的了解。对于大部分的农民而言，他们每一天的生活都安排得十分紧凑，如果他愿意的话，他甚至可以在白天的任何时候做着不同的工作。但是，这些工作并没有完全将其限制起来，在局外人看来，他们却是极为自由的群体。尽管生活的重压仿佛一天重似一天，但是至少在表面上看来，人们并不因此而显得过分紧张，他们随意安排自己的时间，可以天不亮就起床到农田里劳作，也可以因为客人造访的原因而休闲一天。这在某种程度上看来是惬意的，那些经常在城市中谋生的打工者通常享受不到这样的自由。本章将会对我们所考察的那些人们所从事的传统农业生产的"杂"的特性进行说明。希望通过后文的说明和分析，能够对这种生计方式的整体情况进行较为完整的交代，并对这种生计方式存在的自然的与社会的背景进行探讨，同时，对这种生计方式在现代农村经济中所处的位置以及它所面临的挑战加以分析。

第一节 时空安排：农业生计中的时令与空间

在对当地农民的传统农业做出具体说明之前，我们需要对农民的时空观念做一些简单的说明。

一、农民的时空观念概述

农民的计时方式看起来颇为复杂，根据不同的需要，农民的计时方式多种多样。较为传统的计时方式主要是夏历（农历），与现代接轨的计时方式则是阳历以及星期。阳历计时对农民而言，意味着他们与外部世界的沟通，这种计时方式显然是他们适应外部世界的需要，因为外部世界已经普遍采取这种计时方式。假如农民需要与镇上的机关以及别的单位发生关系的时候，他们通常配合这些单位使用阳历。一个孩子知道"几月几号"（阳历的普遍说法）上学，却不知道是"几月初几"（阴历的普遍说法）；一个婚育年龄中的妇女根据政府规定，她们需要"几月几号"进行妇检，而不采取"几月初几"的阴历计时。星期作为一种计时方式也与阳历有一定的相似性，它也是农民适应外部的需要。某日是星期几对一个一心专注在自己的庄稼地里的农民而言关系不大，他也并不十分关心，但是这对于那些在政府机关以及事业单位上班的人而言却有着独特的意义，因为这几乎可以算作是一个小的工作周期。对于正在上学的孩子而言，某日是星期几也对他们产生很大的影响，因为周末他们有假期，一周也算是一个小的学习周期。

夏历（甲子记时）是较为复杂的计时方式，它以十"天干"和十二"地支"排列组合为六十个"甲子"，以甲子纪年，每六十年形成一个周期。这种计时方式还可以用于记月，一年十二个月由十二地支进行说明。干支配合还能够纪日，六十天约合两个月是干支纪日的一个周期，类似于纪年的方式。以十二地支还可计时，每日可分为十二时辰，每个时辰由一个地支来描述。这种计时方式不是纯粹的阴历，也不是纯粹的阳历，而是阴阳结合的一种历法，即是说，这种计时方式不仅参照月球与地球的相对位置，而且参照太阳与地球的相对位置。根据太阳与地球的相对位置将地球围绕太阳运转一周的时间分为二十四个阶段，是为二十四节气。因为二十四节气与太阳直射点在地球的位置相关，所以不同的节气具有不同的天气特征，这使得自然环境会做出不同的反应，传统农业生计的时间安排很大程度上依据自然环境的季节性变化，所以二十四节气被称为农历。

仅从夏历本身而言，这种计时方式的作用还有许多，除了如上所说的农事安排之外，不同的日期还被认为是有吉凶之别的，各个日期都有其不同的深层意义，这些知识也极为复杂，它主要由一些经过多年学习的人所掌握。传统的节日主要由夏历计时，仪式活动的日期选择也主要由夏历计时，因为它具有吉凶的意义。

在本章，我们对农民的计时方式的说明主要集中于二十四节气方面，因为我们在这部分内容中所要探讨的农民的传统生计与二十四节气这种计时方式极为相关。

在时间之外,农民会将其周围的世界按照不同的标准分为各式各样的空间。基于风水的观念,人们对地理空间的认识十分复杂。从事看风水职业的人对此形成了一套完备的知识体系,这是在长时间的学习中积淀起来的。通过这些知识,他们可以对某一地理空间做出深刻的描述,而在普通人那里,假如这一地理范围与居住以及埋葬相关的话,大概只有吉和凶的差别。但是,农民的生计空间却是较为具体的内容,尤其是传统生计的空间更是如此,因为这与其所处的自然环境紧密相关,不同的空间应该做出怎样的生计安排,几乎是每一个农民都能够熟知的知识。我们在这里探讨农民的空间观念,主要是说明农民在不同的地理空间中将做出怎样的生计安排的问题。

二、农作日历:二十四节气

看起来,农作日历是农民根据农作物的生长习性(以及其他生态环境的变化),结合当地一年中的气候特点来安排农业生产劳动以保证庄稼丰收的一套劳动时间规范。这种规范不是现行政府的行政要求,而是劳动人民长期劳动沿袭下来的做法。违背这种规范,他们的庄稼就没法保证丰收。正如我们在上文中所说的那样,阳历对他们农业生活影响不明显,它在农民的其他方面产生影响。我们的田野调查是2010年元月中旬开始的,而在当地人的意识里此时是为腊月(农历十二月份)。龙泛溪农民惯用农历,年龄稍长的农民谈话间所说的日期指的是农历,这是因为农事主要依据"节气"来安排,农事是传统农民一生的主要活动,这种计时方式已经成为他们的习俗。

地球围绕太阳公转一周的时间被二十四节气分开,也就是说,每一个节气大约相当于十五天。节气与农村通行的太阴历(以月亮围绕地球公转一周为一月)以及国际普遍采用的阳历均没有固定的对应日期,但每年节气与阳历大致固定,前后相差1~3天,阴历上变化较大,但是阴历是当地传统生活中使用的日期。下表对二十四节气以及雨水情况做了大致说明:

表4-1 二十四节气周期及其部分气候参数

月份	雨量	太阳辐射	日照时数	节气	时间(阳历)
二月	17.5	3.75	47.8	立春	2月4日—2月5日
				雨水	2月18日—2月20日

续表

月份	雨量	太阳辐射	日照时数	节气	时间（阳历）
三月	56	5.28	79	惊蛰	3月5日—3月6日
				春分	3月20日—3月21日
四月	121.7	7.57	109.5	清明	4月4日—4月6日
				谷雨	4月19日—4月21日
五月	164.4	6.92	113.9	立夏	5月5日—5月7日
				小满	5月20日—5月22日
六月	192.6	9.21	137	芒种	6月5日—6月7日
				夏至	6月20日—6月22日
七月	173	12.12	207.4	小暑	7月5日—7月7日
				大暑	7月20日—7月22日
八月	149	12.17	219.2	立秋	8月5日—8月7日
				处暑	8月20日—8月22日
九月	149.2	8.23	131.1	白露	9月5日—9月7日
				秋分	9月20日—9月22日
十月	91.2	4.28	91.7	寒露	10月5日—10月7日
				霜降	10月20日—10月22日
十一月	41	3.77	62.8	立冬	11月5日—11月7日
				小雪	11月20日—11月22日
十二月	15.4	3.36	51.7	大雪	12月5日—12月7日
				冬至	12月20日—12月22日
一月	13.2	3.32	49.7	小寒	1月5日—1月7日
				大寒	1月20日—1月22日

注：雨量单位：毫米；太阳辐射单位：千卡每平方厘米；日照时数：小时。

表格中除了对各个节气所在阳历的时间作了说明之外，我们还融入了每个月的其他一些自然特征，其中包括雨量、太阳辐射以及日照时数，这些内容共同构成了每个时间段的天气特征。当我们在对沙子镇的整体气候特征做出说明的时候，我们将沙子镇分为三个不同的自然气候区，包括盘龙、卧龙气候区和五坪气候区以及龙河流域宽阔带气候区，这些地区因其地形地势的差异而使得气候方面也存在一定的差别。我们所主要考察的龙泛溪属于龙河流域宽阔带气候区，正如我们在第一章中已经介绍过的，当地气象部门对这一气候区的各月天气指标进行了统计，但是我们并没有找到这一气候区各月气温的统计数据。

不过，我们将会在下文中对各个节气中的自然特征以及农事安排进行说明，同时会伴随着对每一个节气之后的气温变化情况做一些质性的说明。

立春通常又叫"打春"，代表春天已经来临，天气将会逐渐变暖。立春的时间大致在每年阳历的 2 月 4 日或 2 月 5 日，此时太阳直射点在地球赤道与南回归线的正中间，并逐渐北移。这时候开始准备春耕之前的工作了，犁田耙地，做好春耕前的准备工作。这个节气与春节相邻，人们把大部分的时间用于这个传统节日，而且这一段时间也是农业较为闲暇的时间。

雨水在立春的 15 日之后，大约在阳历 2 月 18 日至 2 月 20 日之间。此时的太阳直射点依然在地球赤道与南回归线之间并逐渐北移，其气候特征是雨量逐渐充沛起来。此时是春节之后，人们的农业活动开始忙起来，一些农作物开始进入育苗的阶段，譬如辣椒。其余的时间依然还在进行春耕前的准备工作，春耕的时间越来越近。

惊蛰在雨水的 15 日之后，大约在每年阳历的 3 月 5 日至 3 月 7 日之间。此时太阳的直射点依然在地球赤道与南回归线之间并继续北移，已经接近赤道。所谓"蛰"，指的是地下的各类小虫，惊蛰表明地下的各种小虫子开始叫了，这是惊蛰之后的自然特征。此时已到了万物复苏、鸟虫惊动的时节。这一节气中的人们，大部分时间依然在做春耕前的准备工作。

春分在惊蛰的 15 天之后，大约在每年阳历的 3 月 21 日至 3 月 23 日之间。此时的太阳直射点在地球的赤道上，所谓春分，乃是表明这一个节气正好将春季分为前后两段。此时，白昼与黑夜的时间一样长，将一日大约 24 小时对分。天气越来越暖和，后期农民逐渐投入到春耕工作中，但大部分的春耕工作是在下一个节气中进行的，此时的更多时间依然在进行春耕的准备工作。

清明在春分的 15 天之后，大约在每年阳历的 4 月 4 日至 4 月 6 日之间，阴历的二月至三月之间。此时的太阳直射点在地球的赤道偏北并逐渐北移，气温继续升高，白昼的时间逐渐增长，黑夜的时间逐渐缩短。此时开始进入到繁忙的春耕工作，水稻与苞谷先后进入到育苗的阶段。有句俗语说"三月清明不在后，二月清明不在前"。这里所说的乃是阴历的月份，如果清明在阴历的二月，那么育苗的时间最好是在清明之后，而如果清明是在阴历的三月，那么育苗的时间最好在清明之前，也就是春分的后期就开始。

谷雨在清明的 15 天之后，大约在每年阳历的 4 月 19 日至 4 月 21 日之间。此时太阳直射点在地球的赤道与北回归线之间并继续北移。所谓谷雨，是指此时将会逐渐增加降雨量，而这些降雨对于播种在苗床上的谷子（水稻）非常重要。俗语有云，"懵懵懂懂，谷雨必须出种"，这个时候，在苗床上的谷子和苞谷将逐渐发芽生长。

立夏在谷雨的 15 天之后，大约在每年阳历的 5 月 5 日至 5 月 7 日之间。所谓立夏，即是春季结束，进入夏季，这是夏季的开端。此时的太阳直射点在地球赤道与北回归线的正中间并逐渐北移，此后气温继续上升，雨水也继续增加。苗床上谷子、苞谷的秧苗继续生长，已经接近移栽的程度了。这个时候，需要对将要移栽作物的农田进行整理。这一时间对雨水的要求增强，因为如果雨水不足，整理田土显得十分困难，正所谓"立夏不下（雨），犁耙高挂"。人们普遍认为，如果立夏的一日不下雨，那么预示着整年的雨水将会很少。

小满在立夏的 15 天之后，大约在每年阳历的 5 月 20 日至 5 月 22 日之间。此时的太阳直射点在地球赤道与北回归线之间并继续北移。所谓小满，是指河水逐渐上涨，也就是雨水继续增多，但是小满表明河水上涨具有一定的限制，不会涨得过高。这一时间段的主要工作是移栽秧苗，谷秧和苞谷秧苗都会在这一时段从苗床上移栽到已经整理好的田地中。当然，这也与当时的雨水条件紧密相连，俗语有云，"小满不满，芒种不管"，其意为小满的时候如果河水没有涨得很高，那么到了下一个节气即芒种的时候才移栽的谷子和苞谷都还能够保证收成。

芒种在小满的 15 天之后，大约在每年阳历的 6 月 5 日至 6 月 7 日之间。此时的太阳直射点在地球赤道与北回归线之间并继续北移，已经接近北回归线。这一节气的名称完全与人们的农事活动相关联，它直接告诉人们在这一节气中要赶紧将未种完的秧苗全部种完。俗语说"芒种忙忙栽，夏至谷子怀胎"，这里所说的"怀胎"指的是移栽的秧苗已经在田地里生出新根。芒种时节的后期逐渐开始种植红苕，这是一种直接将其苗剪断移栽的晚秋作物。

夏至在芒种的 15 天之后，大约在每年阳历的 6 月 20 日至 6 月 22 日之间。所谓夏至，是指夏天的自然特征达到极致的状态。此时的太阳直射点已经在北回归线上，对于我们所关注的村落而言，它因为地处北回归线以北，所以此时距离太阳的距离最近，白昼的时间最长，天气也进入极为炎热的阶段。此时的气候适于农作物的生长，前两个节气中移栽的秧苗开始在田地里迅速生长。与此同时，田地里的杂草也开始生长，人们开始在田间地头薅草，对作物进行精细的管理；如有病害，开始喷洒农药，并开始逐渐追加作物的肥料。红苕在这个时候大量种植了。

小暑在夏至的 15 天之后，大约在每年阳历的 7 月 5 日至 7 月 7 日之间。

此时的太阳直射点已经从北回归线逐渐移动到北回归线与赤道之间并继续南移。所谓小暑，主要是以此时的气温为节气命名的，暑表示炎热的气候，小暑表明气候进入炎热的时期，但是并非最炎热的时期。此时的农作安排依然是对作物的管理，喷洒农药，清除杂草。

大暑在小暑的15天之后，大约在每年阳历的7月20日至7月22日之间。此时的太阳直射点在北回归线与赤道之间并继续南移。所谓大暑，表明其气候是为一年中最为炎热的时节，谷子已经含苞，苞谷快要抽穗。此时对作物的管理十分重要，因为作物的果实已经开始生长，应该及时继续喷洒农药、清除杂草。红苕也已经进入到重要的生长期，需要对其进行追肥的工作，清除杂草，同时为红苕挖出苗床，这是为了改善红苕的生长空间，因为红苕是一种根茎作物。

立秋在大暑的15天之后，大约在每年阳历的8月5日至8月7日之间。所谓立秋，表明秋季的正式来临，此时的太阳直射点在北回归线与赤道的正中间。进入秋季，雨量逐渐减少，同时，天气变化比较大，"一场秋雨一场寒"，表明气温在逐渐降低，但是气温在这一时段偶尔也会急剧升高，此为人们所说的"秋老虎"。立秋之后开始进入到秋收工作，苞谷是最先收获的作物，黄豆也在这一时段开始收获，它的种植与苞谷的种植时间几乎一致。辣椒在这时也开始收获了，但是辣椒的收获具有一个较长的过程，并不是一次性成熟。田里的谷子逐渐饱满起来，对有病害的谷子依然需要喷洒农药。

处暑在立秋的15天之后，大约在每年阳历的8月20日至8月22日之间。此时的太阳直射点依然在北回归线之间并继续南移。处暑时节的气温开始逐渐下降，雨量也逐渐减少，这对于作物的收获比较有利。苞谷在这个时节依然还在收获当中，苞谷收获完之后需要将苞谷秆砍倒，有些直接在地里烧掉，有些则将其背回家作为牛的饲料。这个时候的水稻开始泛黄，接近收获的季节，但是对水稻的管理依然没有松懈。

白露在处暑的15天之后，大约在每年阳历的9月5日至9月7日之间。此时的太阳直射点在北回归线与赤道之间并继续南移，已经接近地球赤道。所谓白露，是指早晨的露水，白露之后，夜间露水将会逐渐增加。在这一时节，水稻逐渐泛黄了，所谓"白露白茫茫，谷子满田黄"，逐渐可以收获。人们对白露这一节气所处的时间有些特殊的认识，假如这一节气处在阴历的单日，则表明谷子不容易收获，而白露如果处在阴历的双日，则谷子的收获较为容易。正如俗语所云："白露逢单，露水不干；白露逢双，干谷上仓。"

秋分在白露的 15 天之后，大约在每年阳历的 9 月 20 日至 9 月 22 日之间。此时的太阳直射点正好在地球的赤道上，其状态类似于春分时节，白昼与黑夜的时间一样长。所谓秋分，是指这个节气将整个秋季分为前后两段，前一段从夏季过渡而来，而后一段则将要向冬季过渡，其气候特征也将有所不同。秋分时节正是水稻收获的繁忙时期，而且这时候必须将水稻收获完成，因为下一个节气之后其天气就发生了巨大变化，会对谷子造成不利影响。

寒露在秋分的 15 天之后，大约在每年阳历的 10 月 5 日至 10 月 7 日之间。此时的太阳直射点从地球赤道开始往南回归线方向移动。所谓寒露，也是用天气的变化直接为节气命名。到了这个时节，早晨的露水开始明显地表现得比较寒冷，正是寒露。在这个时期，如果还有谷子没有收完，谷子的质量将会受到很大的影响。此时是晚秋作物收获的重要时节，红苕大范围地收获，萝卜也开始收获。

霜降在寒露的 15 天之后，大约在每年阳历的 10 月 20 日至 10 月 22 日之间。此时的太阳直射点在地球赤道与南回归线之间并继续南移。霜降也是天气现象直接用作节气名称，这个节气之后开始打霜，有些红苕在这个时间收获，原因是人们认为经过风霜的红苕才易于保存。但是萝卜则有所不同，那些裸露在地面的萝卜如果在霜降之后才收获的话，萝卜通常中空，没有水分。所以在霜降之前，要将那些裸露在外的萝卜收获。

立冬在霜降的 15 天之后，大约在每年阳历的 11 月 5 日至 11 月 7 日之间。立冬表明冬季正式来临，此时的太阳直射点正在地球赤道与南回归线的正中间。冬天来临，气温开始迅速下降，雨水也开始减少。在我们所考察的地区有部分越冬作物，现在主要的越冬作物是早洋芋，如果种植小麦，此时的小麦已经发出麦苗。立冬之后，种植越冬作物的土地逐渐开始整理，将收获了秋收作物的土地翻耕平整，等待种植越冬作物。

小雪在立冬的 15 天之后，大约在每年阳历的 11 月 20 日至 11 月 22 日之间。此时的太阳直射点在地球赤道与南回归线之间并继续南移。小雪之后，气温进一步下降，在较高的地区开始少量下雪。此时，一些越冬作物开始进入种植之前的准备工作，除了翻耕土地之外，准备肥料也是极重要的工作，人们开始准备各种农家肥，以备种植土豆。

大雪在小雪的 15 天之后，大约在每年阳历的 12 月 5 日至 12 月 7 日之间。此时的太阳直射点在地球赤道与南回归线之间并继续南移，已经接近南回归线。大雪之后，开始大范围地下雪，这是较正常的自然现象。如果大雪之后并不下雪，这对于来年的作物具有某些不利的影响，俗语所谓"天上不下，地上不生"，即是说如果大雪之后天上不下雪，地上的作物则不会良好生长。

冬至在大雪的 15 天之后，大约在每年阳历的 12 月 20 日至 12 月 22 日之间。此时的太阳直射点正好在南回归线上，这是我们所考察的地区距离太阳最远的时间，这一天的黑夜最长，而白昼最短，此后将进入一年当中最寒冷的时节。冬至以后，越冬作物开始进入种植时期，早洋芋开始种植。

小寒在冬至的 15 天之后，大约在每年阳历的 1 月 5 日至 1 月 7 日之间。此时的太阳直射点已经从南回归线上向北移动。小寒本身的意思是寒冷的天气从此来临，但还不是最为寒冷的时节。此时依然在种植洋芋，洋芋这一作物的种植时间跨度比较大，因为一些家庭选择种植一些早洋芋，它们将会被提前收获，并容易在市场上销售。

大寒在小寒的 15 天之后，大约在每年阳历的 1 月 20 日至 1 月 22 日之间。此时的太阳直射点在南回归线与赤道之间并继续北移。大寒表明这一时间段是每年最为寒冷的时间，寒冷之后将会逐渐变暖，过 15 天之后将进入下一个节气，那就是立春。大寒时节依然还有许多人种植洋芋，甚至到了下一个节气时依然还有人种植洋芋。大寒之后，逐渐接近春节，这是当地最隆重的节日，人们会将许多时间花在准备春节的工作中，例如宰杀过年猪、置办糯米面，等等。

因为上述的这种计时方式对农民的生产极其重要，所以在过去，几乎所有的农民都能够熟悉和掌握这种计时方式。不过，这种计时方式在现在年轻的农民那里并不通行，它很少被年轻人所掌握。一些年长者因为一时疏忽忘记了什么时候是什么节气，他必定会找到他认为掌握这种知识的人询问，他们清楚地意识到，这不是一般年轻人所掌握的。一些虽然年轻，但是已经成立了自己家庭的人即便不常年以农业生产为主，他们仍然希望能够掌握这种计时方式，然而这种计时方式由于农业在人们生计中的总体地位逐渐下降也逐渐变得鲜为人知起来，这为一些街道上的小书摊提供了一种生意机会，这些书摊上摆放着许多历书，它将各种计时方式（包括阳历、夏历、节气、星期等）统一融合记录，并兼及吉凶的解析。历书在阳历的每年年底开始大量出现在场镇上的一些小书摊上，那些既想对这种计时方式进行了解（因为只有这样他们才能够更好地安排自己的活动，基于生态背景以及吉与凶的仪式背景），然而本身又因为别的原因并未对这种计时方式全面掌握的人，只需要花费两三块钱就可以从这些书摊上买到一本历书。历书有着另外一种名称，叫做"万事不求人"，可见，人们的行动通常离不开这些知识，无论是农事安排还是别的什么活动。在我们的印象中，人们在婚丧嫁娶、修房建屋等重要的活动举行之前会选择一个吉利的日子，这种吉与凶的意义甚至影响到哪天挖个厕所，哪天打个灶。而如上这些，原本不是一个一般的农民所能够掌握的知识，他们通常需要请求一个专职看期的人为他们选择一个吉利的日子。但是现在，诸如出行、打灶以及其他一些小的活动，他们只需要看看历书上怎么说就行了，至于婚丧嫁娶、修房建屋等重大事件则依然需要请求那些对这种知识全面掌握的专门精英。

三、农业生产的空间安排

在人们持久的历史传承中所形成的那套行为哲学中，时间与空间几乎是从不分裂而紧密联结在一起的。正如我们上文对时间观念的复杂性所说明的那样，空间在人们的活动中也是无处不在的。在1949年之前，农民的房屋中，堂屋是一个重要的祭祀场所，那里在祭祀时间之外存放诸多杂物。今天，尽管堂屋里的神龛已经消失，但是堂屋依然具有某种神圣性，例如丧者的灵堂通常设在这个空间。关于房屋的空间安排，我们仅举这个例子，对房屋的空间结构做出社会学的详细探讨也将是一个复杂的议题，如果对这之外的更大的空间进行探讨，那将是一个更大的知识体系，仅从风水的角度而言，就已经形成一门高深的知识体系了。不过，我们不会对这些观念加以过多说明，我们更加关注的是农民的生存空间。

生存空间也是一个不很确定的概念，因为它大概可以分为自然生态和社会生态两个方面，农民所求生的那个空间既是一个地理上的生态领域，同时也是一个相互协作的社会体系。我们在不否认自然生态对农民生产提供空间（并且在一些历史时期造成限制，例如今天）的同时，更需要强调社会生态对个体或者家庭的生存意义。我们的整个文本框架大致是如此安排的，我们在第二章对沙子镇的整体自然特征进行了说明，兼及交通等一些基础设施，这些基础设施当然与自然生态极其相关，基本上属于对自然生态的某种改造。第三章至第五章，我们对人们的生存空间的社会生态部分做了更多的说明，在这些内容中，我们想要表明的是人们依赖其进行生活的那些社会关系。而直到本章开始，我们才对人们的生计做详细的说明，就是那些人们为了其生存而从事的那一系列活动。

尽管前文中对这些生存空间进行了一些说明，并且不乏详细的分析，不过，我们此前在对自然生态做出说明的时候，将整个沙子镇分成不同的地理环境进行总体性的说明，从整体性来说，那些部分的内容已经足够了。但是，现在我们所讨论的是一个社区（或者说一个聚落）的生存空间，这个聚落与沙子镇相比显然小得多，我们可以在此对其进行进一步说明。不过，我们更多地说明生态空间，因为我们在探讨婚姻家庭、家族、院落以及新的交往需求的章节中时也是以龙泛溪为例的，这些方面已经对龙泛溪农民的社会生存空间做了足够详细的说明。

在沙子镇，除了高速公路之外，三条县道在场镇沙子关汇聚，一条通向西南方向，大约在8公里左右之后并入一条省道，这条省道将通向石柱县城，途经三河乡。另一条县道通向西北方向，这条道路最终通向处于沙子镇西北的中益乡的山区。第三条县道通向东北方向，它通向沙子镇东北边石柱县域内的大部分山区。从沙子关出发，沿着第三条县道一直向东北方向行走，左边是一道坎，坎下便是蜿蜒的龙河流过。右侧的地势更高，是一段山脉，但是并不十分陡峭，因为不远处就是高速公路经过（G50），在这一段，高速公路没有隧道，但有几座桥梁。沿着这条道路行走约4公里左右，便能够看到左侧龙河的彼岸有一片冲积平地，冲积平地东南面临龙河，而西北则背靠山岭。在平地与山岭相接的那些缓坡上，聚落在这里零散地形成，相对聚集于两个小区域。从县道到这个聚落，有一段村公路可以通行，一座石桥在这里沟通龙河两岸，将整个聚落与县道连接起来。通过这座桥梁，首先进入的是龙泛溪，再往上走三五分钟，过一条沟壑便到了石柱团，不过，这两个名称通常只是作为内部的区分，在对这个范围之外的人群发生关系时，他们统一将这里看成龙泛溪。关于这两个小聚落，我们此前已经多次提到过。

从地形而言，龙泛溪（包括龙泛溪与石柱团）几乎可以被看成是沙子镇甚至整个龙河流域地形的缩影。这里是两山夹着河谷平地的地形，不过，这里有着一块宽阔的平地，这片土地至今没有被房屋占据，房屋被严格地排在这片平地的西部和北部的缓坡地段，而平地一直是肥沃的良田。聚落之后背靠山坡，但是在一定范围内山坡是平缓的，尽管有些区域这样的缓坡较为狭窄。聚落背后的缓坡被农民尽量开发为耕地，不过这些耕地的面积是很有限的，村落之后的大山是十分广袤的，但是很大一部分陡峭得连种树都不易，所以我们看到那些山上除了裸露的岩石之外，便是一些杂乱的灌木丛，很少具有成片的可用的木材林。

上述的描述大致可以说明龙泛溪周围的自然空间情况，我们需要对人们在不同的区域中所从事的生计活动做些说明。按照《沙子镇志》中的相关统计数据，龙泛溪作为一个村民小组（包括龙泛溪与石柱团），其辖区面积一共

1.7平方公里，包括我们上述的那些所有的空间：河流、平地、缓坡山地、陡山灌木丛、沟渠、聚落，等等。

对于龙泛溪农民的传统生计而言，村落前面的大片平地也许是最重要的区域，因为这里的水稻生产几乎成为龙泛溪农民的全部主食来源。在生产队集体生产时期，龙泛溪是沙子镇境内远近皆知的粮食生产区，其他生产队不时到这里来借粮食。我们在说明沙子镇土壤结构的时候以龙泛溪为例进行过说明，冲积平地上的土壤多为水稻土、紫红泥稻土，并且这里土层深厚，距离水源很近（就在龙河岸上，不过只有在极度干旱的年份才会使用龙河里的水进行灌溉，在一般年份中，只需要山上流下的沟渠水便足以）。所以，这里是产稻区，还兼种一些其他作物，例如，在水稻收获之后还可种植胡豆。水稻收割之后，水田里的泥土已经不再积水，但是依然松软，人们将胡豆种子用手摁在泥土里，借着水田里的肥力，胡豆在水田里的长势显然超过旱地。在下一年再种植水稻之前，胡豆又已经收获了，此时的水田已经干涸了，甚至有些已经皲裂了。胡豆收获后，引水入稻田，浸泡多日之后开始犁田、耙田，以备种植水稻之用。这是最大限度地对水田加以利用的方式，这种季节性轮作在旱地里实行得更加彻底。

一如我们上文所述，旱地主要分布在村落之后缓坡上，人们的住所几乎将他们进行农业生产的空间一分为二，前为良田，后为旱地。如果水源足够充足而且地形也相对平缓的话，村落后面的这片土地上也偶尔被开垦为水田，但是大部分是旱地。在旱地上，农民所能够种植的庄稼显然要比水田里种植的更多，而且正如我们上文指明的那样，这里的季节性轮作实现得更加彻底。旱地上种植的作物包括最主要的玉米以及仅次于玉米的土豆，此外，还有些蔬菜、豆类作物等。我们可以从水田和旱地的比较中发现，旱地所能够种植的庄稼更加多样，这使得旱地变得不可或缺，因为传统的生计正如我们所要表明的那样具有"杂"的要求，农民在此前长久的历史时期倾向于生活在一种自给自足的状态之中，他们需要在特定的（几乎不会有大多改变的）生计空间中尽量解决一切生活所需。

所以，我们可以在村落之后的一些平缓而且水源也充足的地方看到这里依然是被开垦成为旱地的，可见这种生计空间的安排（关于哪里开垦为旱地哪里开垦为水田的安排）并不完全是自然生态的限制所产生的，人们根据他们的生活所需来局部地进行调节。一些家庭在村落前面、平地上的水田不多，如果这已经影响到了这个家庭的主食供应，那么他们便会在村落后面的坡地上选择适合的位置将旱地改变成为水田,尽管水田能够耕种的庄稼较为单一,但是水田上生产的庄稼却是农民主食的来源,它依然是不可或缺的。当然,在村落之前的平地上,我们也不难发现一些水田逐渐被改成了旱地。平地上的水田被改成旱地的原因主要有两个方面,首先是一些家庭所生产的水稻远远超过这个家庭每年的主食所需,他们便有可能将一些水田改成旱地,直到今天为止,这里的农业生产还是很少商业化,依然是一个自给的状态。它对农民而言,是要能够自给,而且在现在看来,是只需要做到自给就足够了,因为这种形式的农业生产在现在看来已经是不划算的了,它依然存在下来的意义在于能够养活常年留在村里的那些老人和孩子。另外一个原因是劳动力的缺失,这一点也许与前一个原因大同小异,因为生存方式的变迁使得传统的农业生产在人们的生计中所占据的位置有所下降,使得许多劳动力转移出去进行别的生计探索,这使得一部分水田难以很好地耕种。我们将会在后文中对旱地作物和水田作物的耕种做些较为详细的说明,在那里我们将会发现水田作物(主要是水稻)的耕作要比旱地作物的耕作麻烦得多,耗时耗力得多。随着劳动力的向外转移,家庭中所需的主食也就有所下降,两相适应,水田便被改成了旱地。

　　尽管比旱地分布的位置更靠后,而且地势更高更陡峭的山岭在现在农民的生计中所发挥的作用确实已经不大,但是依然值得对其进行一点必要的说明,因为对它的利用方式的变迁一方面涉及区域生态的变迁情况,另一方面也可以侧面反映出人们的农业生计所发生的一些微小的变迁。我们在说明这片广袤的山岭的时候将其归为陡山灌木丛,说明这里不仅难以开垦出来作为农业生计的空间,而且即使是种树也是不易的。不过,需要指出的是,这种情况的形成一方面是自然环境的限制,因为这里部分地区岩石裸露,地势十分陡峭;而另一方面则是人力的破坏,因为据我们对一些年长者的访谈得知,其后山岭的生态状况曾经并不如此荒芜。在我们一开始进入到龙泛溪的时候,曾为这里的人们的木屋建筑所折服,因为它的建造如此完美,除了墙体的基础部分使用了少量的石头,整个房子都由木料构成。当我们问及这些房子的木料是什么树的时候,人们回答这是将近百年的马桑树。马桑树事实上是一种灌木,通常是丛生的,多枝丛生成一簇,这是灌木的基本特征。正因为灌木多枝丛生的生长状态,使得一般灌木是难以生长成才的。然而马桑树却在我们所考察的这一地区长成了可用之材,可见,在过去的一段时期,现在看起来这些荒芜的山岭事实上对人们的生存还是造成了一些影响的。现在的山岭已经无法给农民提供建筑用材了,但是农民依然会从山岭上获得一些资源。尽管距离这里并不遥远的栗新地区具有很丰富的矿产资源，但是龙泛溪的农民却很少使用煤炭作为其生活能源，而是使用山上采下来的柴火。通常情况下，农民上山做农活时都会带上一把柴刀，他们在结束一天的农活之前，会抽一定的时间在与耕作地距离不远的地方砍一捆柴火带回家，常年如此。柴火经常堆放在房子周围的屋檐下，风干后便可以直接用做能源。使用柴火而不是煤炭也许是因为具有这种传统的缘故，不过尽量减少现金开支是所有农民在现金缺乏的情况下统一采取的生存策略。每日花费一点时间从耕作地带回来一部分柴火已经足够一两日的能源开支，尽管花费了一定的劳力和时间（对于那些不能从事其他工作的农民来说，劳力和时间不这么使用还能怎样呢），但是能源方面的现金开销减少了许多，尤其是在全国甚至全世界面临能源短缺的背景下，这种能源利用方式更是显得十分必要。也许这也伴随着对生态的进一步破坏，不过灌木却比一般树木具有更强的生命力，将其作为生活能源并不会对其造成多大的破坏。山岭对于农民生计的效用，也许另一方面才是更加突出的，那就是提供了水资源。

尽管龙泛溪的农民是因为龙河的流经而获益的，至少在过去的历史时期中这里曾一度处于优势，但是它们从龙河那里获得的益处在于龙河在这里转了一个弯，形成了一个冲积滩，为龙泛溪的农民提供了一片良田，而不是从龙河那里获得水源。无论是生活用水还是生产用水，龙泛溪的农民都很少依赖于龙河，除非在十分干旱的年份。河岸上的那片稻田尽管距离龙河很近，但是却为一道高坎所隔，要从龙河里引水对农田进行灌溉，必须要花费大量的能量（无论这种能量来源于人、畜还是电力）。然而他们大可不必，事实上直到现在他们也很少如此做，因为山上流下来的沟渠水流已经足够对这些农田进行灌溉。一如我们上文所述的，龙泛溪背靠大山，山上乔木、灌木成林，石缝中渗出水流到山间峡谷，最终汇集流到龙河，人们称这种水流形式为沟。从龙泛溪后山流到龙河里的水沟一共有三条：龙泛溪沟、竹林沟和老虎沟。竹林沟在村落上端入河，老虎沟在村落下端入河，龙泛溪沟从龙泛溪和石柱团中间穿过流入龙河。三条沟呈川字把村落夹于其中，冬季时水流很小，不足10立方厘米，雨季到来时，沟里水流变大，每年4~6月份最大（正值稻作农田的用水时期）。有时龙泛溪沟水大到龙泛溪和石柱团之间不能通行。生产队时期这里还没有桥，1991年村干部号召村民集资以及向镇上机关单位和个人募资修建了两座水泥桥，都建在这两个聚落间的龙泛溪沟上便于村民通行，不惯于高处行走的人行走在这两座人行桥上会心生胆怯。这三条沟渠是自然而成的，因这些地区本身较低，形成山沟，长时期流水冲刷之后，沟壑变得更深。三条沟壑都在龙河坎上的那片农田上汇聚于龙河,它们流经这片农田,为这些农田引水灌溉创造了条件。

当然,这些山沟的流水在流到农田之前,提前在村落后面流经了旱地的位置,虽然旱地耕种没有水田那么高的水源需求,但是在干旱的时节,这些水沟在旱地耕作中还是能够发挥一定的作用。不过,旱地耕作现在所使用的水源已经很少从山沟里面引出了,因为在村落的后面,大致是在旱地的中间部位,横穿过一条人工修建的水渠,这条水渠的功能主要是用于发电,不过它为农民的生产和生活都提供了一定的水源。从龙泛溪沿龙河而上,在其上3.5公里左右的地区有一个小型水电站,是为白水溪水电站。白水溪水电站与龙泛溪相比,具有较高的海拔,原本这个电站的尾水全部流入龙河。1997年,在距离龙泛溪大约2公里的龙河下游(我们这里所说的龙河上下游只是以龙泛溪这一聚落作为参照的)的遇新桥附近再次建了一个水电站,这个水电站便是直接使用白水溪电站的尾水来进行发电的。从白水溪电站引水至遇新桥,所建的沟渠总长5800米左右,它横穿过龙泛溪聚落的后山。在修建这条水渠时,对原来的农业灌溉设施造成了一些影响,不过,它在灌溉方面的作用却比原来的灌溉设施更加有效。原来的灌溉沟渠是从山上往山下流淌的,在三条沟渠之间是旱地,处于中间部位的旱地要想使用山沟里的水源,显然是较为困难的,一方面是因为这里距离山沟较远,另一方面则在于这些山沟经过多年的冲刷,越来越深,要从山沟里引水到比水沟高出许多的旱地里,显得较为困难。新的电站水渠横穿过旱地,水渠修建在地面上,虽然在其上方的旱地要比水沟高出一些,但是距离较近,便于使用,而在水渠之下的那些旱地,则完全可以从沟里直接排水灌溉。我们曾经对这条水渠进行了观察,在相距不远的地方都会有一个出水口,每个出水口的直径大约在10厘米左右,它们分布在沟渠的底部。水渠从未断过水流,在我们对这里进行考察的时候已经是冬季缺水的季节,但是水渠中的水流还是占据了水渠2/3的容积,这条水渠约0.5米宽、1米深。这些水尽管可以用于灌溉,但是用于灌溉的水是不多的,一如我们所说的,旱地很少需要灌溉,除非干旱较为严重的季节。这些引出的水主要用于生活,我们可以看到这些水看上去比龙河里的水清澈得多(尽管我们并未对水质做过什么标准的测试),这些水不用于饮用(饮用水取自山上的地下水),而主要用于牲畜饮水以及其他生活方面,例如生活中的淘洗。所以,龙泛溪对渠水的利用对电站的供水造成很小的影响,这些出水口的直径通常不过10厘米,在不需要这里的水的时候,农民通常会使用较为黏性的土壤堵住这些出水口。

至此，我们已经对龙泛溪农民的生计空间做出较为全面的说明了。显然，在传统的农民生计中，土地、水源以及一些基础设施（譬如道路以及水利设施）是极为必要的。而且，在我们的考察中，我们也只准备对这些因素做上述的那些说明了。

需要进一步指出的是，我们在上文中已经多次强调了传统农业生计在新的发展时期所面临的尴尬。我们甚至指出过一些年轻人在生计方面已经逐渐脱离乡村，而且这几乎是他们扬眉吐气的最终表现（父母在教育孩子好好上学的时候通常表示希望自己的孩子能够抛弃锄头把而走出这里就是最好的例子）。所以，从某种程度上而言，因为传统的农业生计在人们生存中的地位所发生的变迁使得作为传统生计活动的这一系列空间看起来也显得并不十分重要起来。但是，传统的农业生计显然还在发挥着不可小觑的作用，不然它不能够直到今天还吸引了大量的劳动力在这些田地里从事着传统的农耕，尽管这些被限定在这种生计方式上的农民感到这是一种无可奈何的选择（因为年龄、家庭情况等因素使得他们不得不依然从事这种传统生计）。在这方面，我们用另一个村落作为案例，那个村落面临着失地的困境。在龙泛溪我们也许并不能很好地理解这些传统的生计空间对于农民的深刻意义（尤其在今天），但是在那个村落里我们将会看到它们的重要价值，在下一章进行详细的说明。

另外，当我们在对农民的传统生计时间和空间做出说明的时候，我们就逐渐强调了传统农业生计的那种"杂"的特征。在时间上，我们看到当地农民在不同的时间段都具有做不完的农活，这些农活在一年当中（体现在二十四节气当中）被安排得十分严密，从生计的时间安排而言，已经体现了传统农业生计的"杂"的一面。而在空间上，这种特征体现得更加明显，首先，我们已经看到有两种重要的耕作方式存在于农民的生计中，即旱地耕作和水田耕作；其次，水田耕作以及旱地耕作的生产成果也是十分复杂的。我们将在对农业生产的传统工具以及肥料等方面进行说明之后对其加以详细说明。

第二节　生产工具与肥料变革

关于农业生产中的传统工具以及肥料的说明对我们进一步了解传统的农业生计方式具有一定的意义。但是我们并不打算对这两个方面做太多的说明，只是通过一些主要的生产工具的介绍说明其中变迁与不变迁的因素何在即可。而在对传统农业生计的肥料使用方面的介绍，也将只是表明其中的一些变迁。事实上，无论是农业生产工具还是肥料，都是农业生产的一些基础条件，它们与上述的生计空间构成农业生产的原始基础。假如我们可以将农业生产看作是人们对自然的开发与利用的话，那么在自然与人之间，生产工具与肥料便成为连接起二者的桥梁。显然，农民是通过工具来作用于自然空间的，他们还是用肥料来改变自然空间的一些原有的元素，以此来使周围环境更加适合于他们的生存。这样看来，生产工具以及肥料运用的变迁就直接体现出了人与自然之间的部分关系，也就是农业生计的状态，而在变迁中描述生产工具以及肥料的运用显然也就是对传统农业生计变迁的说明。

一、农业生产工具

农业生产工具的状态显示的是人们能够在何种程度上作用于外界环境。当然，工具的局限性始终是存在的，我们在上文中不无遗憾地说明龙泛溪后山是一片广袤的荒山，尽管这里对农民的生计也产生了有益的影响，但是这大片地区不能开垦为可耕种田地显然是可惜的，这是工具所难及的地方。在农民的农业生产当中，生产工具多种多样，根据不同的农活，农民使用不同的生产工具。但是从材质而言，这些生产工具则是较为简单的，龙泛溪的农民所使用的生产工具在材质上大约包括铁质农具、木制农具、石制农具以及篾织农具等。

铁质农具在农业生产中十分重要，在田地里劳动时，铁质农具经常承担着主要的劳动内容。传统的农业生产中最重要的生产工具是锄头和耕犁，前一种是单纯通过人力使用而作用于田地的工具，而后一种则是协调人力和畜力共同作用于田地的工具。后者在很大程度上减轻了人力劳动，主要劳力由牲畜（在这里主要是牛）提供，人在这里只是对牲畜进行指挥。锄头和耕犁都是铁质的，只有其坚硬的质地才能够从事"深耕浅种"的耕作方式。

关于深耕浅种这种农业生产传统，也许值得做些说明。所谓深耕浅种在我们所考察的地区又称作深犁浅种，指的是农民在播种之前总是将土地进行翻耕，在没有牲畜的情况下，甚至使用人力对土层进行翻耕；而在播种时，种子却不会下得很深，这保证了种子之下还有一层松土层，为作物的根茎下长改善土下环境。深犁浅种对于作物生长的效果是显著的，非常直观的经验在近几年体现得更加清楚。一些家庭既没有完全放弃传统的农业生产，同时又外出打工，只是在农忙时回家耕种，而平时的管理较为松懈，有些人家直接在未翻耕过的土地上种植庄稼，生长起来的庄稼显然没有其他的庄稼长势好。人们认为，土地具有一种越耕越肥的特质，所以农民在种植每一种作物之前都尽量保证土质酥松。这些工作都需要耕犁或者锄头来完成，其铁质的锄头和耕犁铧口承担了这方面的主要工作。

锄头分为多种类型。一些锄头成条状，使其挖土时受力面积较小，更容易挖进硬质的土里去，这种锄头主要用于人力翻土（那些没有牛的农民经常通过这种工具来进行人力翻土）。而另一些锄头则较宽，它挖土时的受力面积较大，这种锄头并不用于深挖土，而是用于较薄地铲挖土层，短距离移动泥土（所以它的面积较宽）。

与耕犁较为相似的生产工具是耙，这种工具用于平整土地，也使用畜力。这种工具的上面排列着一排铁齿，犹如钉耙状，水田在翻耕之后使用耙将其耙平才插秧。铁制生产工具还包括许多，例如各种用于生产的刀具也都是铁质的，不过我们这里仅就上面这几种主要的铁制农具进行说明，其他的不再赘述。

因为我们在说明铁制农具的时候主要选择翻耕工具进行说明，所以这里还需要说明一些关于近年来翻耕工具的变迁情况。新的翻耕工具是机械化的，尽管我们未能对这里的农民所具有的翻耕机械作详细统计，但是从农民对新翻耕工具的使用情况就可以看出翻耕工具的变迁是微弱的。新的翻耕工具使用柴油，这需要使用现金购买，而耕牛则是通过劳动可以养育的，尽管耕种一亩地只需要十几块钱的柴油（这是农民自己的一个估算），但是在农业本身很难商品化的情况下，这一开支也是农民所尽量避免的。也许环境的限制是翻耕工具难以更新的更重要的原因，机械化翻耕工具的使用对地形地势具有平坦而面积大的要求，但是在我们所考察的地区并不如此。尽管我们已经说过村落之前的水田是相对较为平坦的，但是这里水田的翻耕却很少使用机械。人们对水田的翻耕分成两种方式，一种叫做"烂田"，另一种叫做"旱田"。烂田翻耕是指在田里积水多日后对田地进行翻耕，经过水泡过的田地已经松软了许多，进行翻耕的时候显得更加容易，这种翻耕方式通常是在水稻种植之前进行的。旱田翻耕是指没有积水浸泡的情况下对田地的翻耕，这是一件困难的事情，因为水田长期由积水浸泡，泥土具有较强的黏性特征，而且常年沉积，形成硬质的土块，这使得翻耕极为不易。旱田翻耕通常发生在水稻收割后不久，但是一如我们所说过的，农民并不乐意于旱田翻耕，除了上述的土质较硬的因素之外，还有两个原因存在：一是水稻收割之后，如果需要种植胡豆，直接将胡豆摁在田里，此后是胡豆长时间的生长期，不能翻耕；二是旱田翻耕之后还有四五个月的时间才再一次种植水稻，到了再一次种植水稻的时候，已经翻耕过的田地已经长了许多杂草，土质也已经不再酥松了，这需要在往田地里灌水之后再耕一次，虽然这次的速度较快，省力许多，但是重复劳动是显见的。然而，机械耕作在烂田里进行的难度是明显的，而且，水田是被分成小块的，每一块分别属于不同的家庭，小块与小块之间是三四十厘米的田坎（甚至更窄），它们作为劳动时的交通通道，而尽管机械设计也考虑过这种地形，专门设计了一些小型的农机，但是在这些田坎上通过依然是困难的。在旱地里的情况也是如此，我们已经说过，龙泛溪的旱地普遍分布于村落后面的山坡上，山坡上没有机耕道，每一块旱地的面积也很有限，有时在使用牛耕的情况下都会遗留许多死角（那些不能翻耕到的地方），更何况机器呢？这些使得新的翻耕工具在旱地里也作为很小。

纯粹的铁制工具很少存在，因为铁制工具的一个重要缺陷就是笨重，而且，铁制工具并不能够自己制作，而大都需要从市场上购买。生活中的许多场合需要纯铁制工具，但是生产中却不多。正如我们上文中所说明的那些铁制工具都不是完全的铁质结构的，而是与木料配合而成农具。锄头的柄是木制的，这减轻了锄头的整体重量，节省人力。而且，一把锄头的一端是体制的锄头，具有相对较重的重量，而另一端全是木制的锄头柄，这使得农民在使用锄头的时候更便于下力，如果锄头的两端具有一样的重量的话，情况就会大不一样，它将耗费更多的人力。耕犁与耙也同样是铁质与木质混合结构的，如果是全铁质的话，一架耕犁至少会有七八十斤重，而耙也是如此，对于耕牛而言，这将是很大的负担。不过正如我们上文所说的，耕犁只有铧口的部分是锋利的钢铁，而耙也只是在前端有一排尖尖的铁齿，其余全部都为木质结构，在很大程度上缓解了这些传统工具的笨重程度。除了上述几种重要的生产工具外，其他的一些铁制生产工具也是由铁和木共同搭配的，例如镰刀、柴刀，等等。

正如很少有全铁制结构的农业生产工具一样，全木质结构的农业生产工具也不多，但是少量存在。我们在农民的家里看到的全木质结构的农业生产工具包括连盖、背架等。连盖是由一根木棍与一片篾织的竹板构成的，在木棍的一段活动性地系上竹板，使其能够随意活动，人们手执木棍，甩动另一端的竹板，用于打豆子或者其他需要脱粒的作物。背架是一种人力运输工具，农业生计中的运输很大程度上直接由人力进行。从村落里到田地中，没有方便的交通条件，村落前面的水田与村落之间有山村公路经过，但是因为这里距离农民的房子并不远,人力将粮食搬运回家也不是十分困难的事情。而处于村落后山的旱地,虽然距离村落较远,有着很强的机械运输需求,但是这里却没有适合机械运输的交通条件,只有一条十分狭窄的人行小道沿着电站水渠伸开。人力和畜力(而且主要是人力)运输通常需要最先考虑运输的省力效果,全木质的背架因其材质为木料,所以较轻。

运输工具中除了全木质结构的背架之外,篾织工具也是最常用的。木制工具与篾织工具相比,篾织工具总体上要比木制工具更加轻便。在农民的运输工具中,有许多大小不同、样式有别、用途各异的篾织背篓。从田地里收获粮食之后,人们需要用背篓将粮食从田地里背回家;而在种植庄稼的时候,人们用背篓将家里的肥料以及种子背到山上。一些制作得很精巧的背篓通常不会用于农业生产,或者说不会直接将其背到泥泞的田地里,更不会用它来直接背运粪肥,它是专门用于背着去赶场以及走亲戚的。在所有的背篓中,制作的最为精巧的算得上是用于背孩子的那类背篓。不过,这些精巧的背篓每个家庭大概只会有一两个,而用于农业生产的背篓则要多些,每个家庭一般会有三四个。篾织的生产工具还有一种戳箕,它是一种一个半椭圆形的开口容器,在生产中可用于装种子、粮食、肥料,等等,每个家庭也会有三四个这样的篾织用具。此外,簸箕以及篾席都可以用于晾晒谷物,尤其是晾晒那些已经加工到一定程度而不能随便放在地上晾晒的粮食。簸箕能够用于去谷物壳,筛子则能够隔离和筛选粮食。除了生产性的用具之外,生活中也存在大量的篾织用具。

与铁制、木制和篾织工具相比,石制工具相对较少,而且现在已经大多废弃不用。石制工具的缺少一方面与当地的自然环境有关,另一方面则与石头的特征有关。在龙泛溪周围,石头的分布主要是在村落后山的陡峭崖壁上,这些石头是不容易被获得的。在较为平缓的地区,石头的分布量很小。而且,当地的石头多为石灰岩,质地较为酥松。龙泛溪的大部分房屋均为木质结构,少数新建的房屋也很少用石头,大多数为砖木结构,这与其具有的石头数量以及质量相关。不过,如果作为石磨和石碾,这些质地较为酥松的石头也是能够胜任的,我们在龙泛溪并未发现石碾,不过在一个叫做保管室的院子里有一个打谷场,这里由石头所铺砌。在另外一些村落,我们能够看到过去集体使用的石碾,它由一块大的石板以及一个石磙构成,这些石碾大都是在生产队集体生产的时期所打制的,但是随着现代粮食加工工具的更新,这种石碾已经失去了其过往的加工谷物的功能。另一种废弃不用的石制工具是石磨,石磨也是一种加工粮食的工具,由一个磨槽(石制)、两个磨盘(石制)以及一个磨钩(木制）组成。磨盘在最下，用于盛放经过石磨加工好的粮食。两个磨盘叠摞起来，下面的磨盘固定在磨槽上，上面的磨盘可以转动，上面的磨盘有一个从上而下的洞孔，从这里放需要加工的粮食下去。两个磨盘的接触面打制出规则的棱，当转动石磨而碾压粮食的时候，粮食经常处于这些棱的空隙之中，既能够加工粮食，又能够保护粮食不至于被过分碾压。上面的磨盘边上安装了一个"磨耳朵"（木制），这是连接磨盘与磨钩的地方，磨钩钩在磨耳朵上，人们在磨钩的另一端用力转动磨盘。石磨通常被安置在屋檐下，据说在没有较为现代的粮食加工工具的时候，加工粮食也是一件艰难的、颇为耗时的事情。所以，人们经常在下雨天进行粮食加工的工作（例如给稻谷去壳），不至于浪费了下雨天的时间。在我们对龙泛溪进行考察的时候，这里还保留着几盘石磨，不过已经很少用。打米机使用电，打米的效率极高，而且不必过多地耗费人力。不过人们认为石磨加工的粮食似乎要比打米机打出来的粮食好吃些，如果一个家庭做豆腐，他家还有石磨的话，他们也很愿意使用石磨来推豆腐，因为豆腐似乎也要用石磨推出来更好吃。

在上述的农业生产工具中我们已经说过，有些现在依然是农民的主要劳动工具（例如耕犁、锄头等），而另一些工具已经逐渐发生了变化（例如石制工具）。看起来，在将粮食收回家之前的那些工序当中所使用的工具依然较为传统，而在将粮食收回来之后所进行的加工方式却已经有所改变。我们以水稻生产和加工为例来说明这种情况。在种植水稻之前，农民使用耕犁（或者锄头）翻耕稻田，并将其平整。插秧的时候，依然是人力插秧。秧苗管理依然全靠人力，这项工作显得更加精细。收割水稻的时候，农民所使用的工具依然是镰刀。收割下来的水稻大部分在稻田里打好，这时候农民所使用的是传统的"打斗"。我们此前未对这种生产工具做过说明，它是一种木制工具。"斗"是一种传统的计量单位，根据这一计量单位打制的一种开口的木箱，所盛的粮食正好是一斗，于是人们将形状相似的木制容器统称为"斗"。打斗的形状类似于斗，但是它的容量要大得多，农民将稻穗摔打在其边上，稻谷脱落进打斗。打好的粮食用背篓或者背架由人力搬运回家。稻谷搬运回家晒干之后就可以存入粮仓，但是使用之前还需要加工，现在都由打米机进行加工了。这就是水稻生产各个环节大概会使用到的工具，这些工具的变化不大。

二、肥料

肥料与生产工具一样，也是农业生产所不能缺少的生产资料。相对于生产工具的直接作用于自然环境，肥料的作用则是在于某种程度上改变自然环境以利于农作物的生长。肥料的使用也具有明显的变迁过程，自然，人们对肥料的观念也是不断变化的。龙泛溪的农民现在通常使用的肥料可以分为大致的两类：一是粪肥，二是化工肥料。前者通常是人畜的粪便，而后者则是现代工业的化工产品。在这两种肥料中，粪肥的历史自然要久远得许多，人们在难以推演的历史时期就已经懂得使用人畜粪便作为肥料改善土壤环境，以利于农作物的生长。然而，化工肥料的历史则是短暂的，至少在龙泛溪地区而言如此。在生产队集体生产的时期，化工肥料的使用还很有限，它们受到人们的广泛重视，而且视为珍宝，只是在一些主要的作物种植中使用化工肥料，因为这种肥料在那个时候还没有能够大量生产出来。此后，当土地下放之后，每个家庭都想要在其有限的土地上收获更多的粮食，而化工肥料在这方面的功效则逐渐明显地体现出来。所以，从上世纪80年代之后，这里开始广泛使用化工肥料，不仅是在种植的环节掺入化肥，而且在后期的作物管理中还会加入一部分化肥。即便如此，传统的粪肥还是从来没有间断过，人们一度认为化肥和农家肥（他们有时候也这样称呼粪肥）对农作物所产生的作用是相异的，二者都不可能相互替代，所以他们在使用大量的化肥之外，还是辅之以一些粪肥。而到现在，一些农民已经感受到化工肥料的不足，他们发现在长期使用化肥的土地里减少化肥量，其作物便会差得很远，比原来不用化肥的时候更差，这使得他们觉得化肥在某种程度上对土壤环境产生的不是改善的效果，而是破坏的效果。当然，他们有了这样的认识，除了因为自己的切身感受之外，还有来自于一些大众传媒信息宣传化肥的副作用。所以，农民现在更加不会放弃对粪肥的依靠。

通常情况下，一个家庭完整的居住场所分为主要的两个部分：人居房屋和牲口圈（附带厕所）。牲口圈和厕所通常建在距离人居房屋不远的地方，一般为侧面或者是侧前方。牲口圈的旁边通常是厕所，它们的下面是一个共同的大化粪池，人和牲畜的粪便都落入到这个化粪池中化成肥料。所以我们经常可以看到猪圈里一般是干燥的，没有积粪，因为这些粪便通过故意在地上留出的缝隙落入化粪池。化粪池里的肥料通常需要通过担挑的方式运到田地里，它们被用于泼洒在作物的根部，作物吸收更好的养分。但是，肩挑的方式运输肥料很不容易，因为它是液体状态的，挑着一挑粪水从家里爬到山上，对于本地人而言也是十分艰辛的。所以，一些家庭选择使用干燥的粪肥，这些粪肥不是通过挑运，不是液体状态，而是通过背运，因其是固体状态而更易于运输，而且重量也减轻许多。干燥的粪肥通常是养有牛的家庭,牛的主食是草料,这些草放入牛圈里,牛并不能完全吃完,久而久之,牛圈里便积存了一层粪草,夹杂着牛粪。粪草在种植庄稼之前从牛圈里清理出来,放到院坝里晾晒,晒干后背到山上准备使用。

尽管干燥的粪草易于运输,而粪水(化粪池中的肥料)的运输显得比较困难,但是因为二者的作用还有些细微的差别,所以这两种类型的粪肥都还在利用。粪草通常是作为基肥使用的,所谓基肥,是在种植庄稼时所施的肥料,种好后,肥料是埋在土里的。粪水却大部分作为追肥使用,所谓追肥,是指在作物的后期管理中在作物的根部追加的肥料,因为其是液体状态,可以随着水分浸入到土层以下,直到作物的根部。

有一种肥料既不是粪肥,也不是化工肥料,而是直接将杂草烧毁在田地里,以作为肥料来为土地增肥。这项工作是在庄稼收获后进行的,诸如玉米、小麦(现在已经不种)、水稻等作物都有秸杆,有些庄稼的秸杆尖部被运回家里储藏喂牛,但是大部分的秸杆被烧毁在田地中。

我们已经在上文中说过,与粪肥相比,化工肥料的使用在沙子镇只有半个世纪的历史,并且在化肥引入的早期,化肥的使用量也是很有限的。据《石柱县沙子镇志》记载,1953年4月,沙子供销社开始代销硫酸氢,1955年增加骨粉,1956年增加磷酸钙、钾肥、复合肥、磷矿粉、混合肥,1957年增加固氮菌肥,1963年增加尿素、硝酸铵、碳铵,1966年增加氨水、氯化钾、磷酸二氢钾、复合肥等。1965年8月1日前供销社只能代销各种化学肥料,以后供销社才有权经销。1966年开始经营液体氨水,敞开供应,各生产队通公路的地方都建立氨水池,1984年停止经营。龙泛溪曾经也修建了氨水池,这是大集体时期建设的。氨水用车运来盛放在氨水池中,需要的时候直接打出来使用。那是一种具有一股刺鼻气味的肥料,使用氨水的时候,人们甚至连睁开眼睛都成为一件困难的事情。

化肥的供应情况在上世纪80年代之后发生了一些变化,原因是家庭生产责任制落实之后,物资需求普遍增加,其中包括各项生产资料。1980年,新增加了叶面肥。1983年3月,对尿素的分配和供应实行专肥专用,但是到了10月份,随着以户为主的家庭承包责任制的不断完善,农民对化工肥料的需求逐渐增加,供不应求的矛盾突出,于是出现多头经营、价格混乱的情况,计划分配肥料达到"走后门"的状态;当年11月开始供应计划外尿素,每吨零售价570元(计划内450元)。直到1985年前后,个体做生意的开始经营化肥。1985年5月20日，供销社取消只供应集体不售个人的限制，碳酸氢铵、硝酸铵、氨水、过磷酸钙实行开包分零敞开供应。1981年9月1日起，对实行计划供应的尿素改为收购农产品挂钩供应。1990年后，随着科学技术发展，经营各种专用肥。可以看出，在上世纪90年代之前，化工肥料的供应总体上是紧缺的，这一方面是因为工业生产肥料的速度跟不上需求，另一方面则有一些体制上的限制，阻碍了化工肥料的供应。

如今沙子镇上卖肥料的商家很多，农民不固定在哪一家买肥料，在临近沙子镇小学、信用社的地方都有卖化肥的店铺。现在磷肥的价格为23块25千克，五六年前12块就可以买两包了（一共是50千克），物价的整体上涨使得作为农业生产资料的化肥也跟着涨了价格。农民在使用肥料之前的10多天买肥料，买太早了不好保存，因为化工肥料总有一定的保质期，时间长了便会失效。修到村落里的山村公路为化工肥料的运输提供了很好的条件，常有商贩开车将化肥拖到村里来售卖，现在做生意的人很多，他们相互比服务、比价格，使得化肥的价格也能够保持在一定的范围内。现在的化肥价格大致是：尿素83元一包，碳铵48元一包，磷肥23元一包。有钱家庭就多买些肥料，水稻、苞谷、洋芋都用化肥。在那些我们访谈过的家庭中，有个家庭在2010年花了400多元钱买了2包尿素、2包磷肥和8包碳铵。磷肥用作基肥（或称底肥）使用，碳铵通常作为作物的追肥，有催长农作物的功效，但是它会烧根，所以通常将碳铵放在土面，逐渐融化而下渗到土里，缓慢地对作物的根部造成影响。碳铵在作为底肥的时候，通常要和入一些磷肥。尿素和碳铵都可以用在表面追肥。碳铵比尿素提苗慢，但是它管用的时间长，大约有五六十天，尿素作用的时间则稍短，最多不过四十天。通常情况下，一季庄稼只需要追肥两次左右，这些追肥可以是碳铵，当然，被认为更好的是尿素。

总体而言，在上世纪80年代之前，农家肥的使用较为普遍，而在此后，化肥的使用量不断地增加，如今，众多的作物生长已经不能缺少化肥了。大集体时候农家肥用得多，有专门的人来喂牛，以牛粪为代价，按养牛得的牛粪作工分。所以，那个时候的牛羊都是圈养的，很少放到山上吃草，因为只有圈养才能够提供更多的粪肥。此外，正如上文所说的，烧毁秸杆和杂草也可以就地肥化土地。但是粪肥的效果与化肥相比确实较为缓慢，所以在化肥引入之后，人们很快接受了这种肥料，并开始大量使用，它的特征是用量不大，但效果显著，并节省了运肥料的劳力。挑粪和背粪都是艰辛的活路，而且，年轻人逐渐将粪肥划入到肮脏的范畴。一些年长者对此做出批评，他们依然固执地认为无论是粪草还是粪水,只要它们在庄稼地里出现,它们就不是肮脏的。而且,在使用粪肥的时候,人们通常使用一些工具使得粪肥不会弄到人的身上,他们难以理解现在年轻人觉得粪肥肮脏的观念。现在,在那些距离家里较近的土地上,人们大多使用粪肥,因为向这些地方挑粪容易一些。然而在那些较远的土地上,粪肥的使用则相对较少,主要使用化工肥料,因为化工肥料显然更加容易运输。但是,正如我们上文中所说的,化肥的副作用逐渐被现代农民所意识到。农民认为用粪肥最好,除了省钱的因素之外,大众传媒在相关方面的信息传播也对这种观念造成一些影响。

农家肥的使用,除了上述的那些因素之外,另一点也值得说明,那就是:人畜粪便作为一种肥料将其返回到田地里,也算是一种对粪便的处理方式。在我们所考察的地区,养殖业必须有所保持,我们会在后面的章节中说明养殖对于农民的意义何在。养殖业所产生的副产品便是粪便,正如那些年长者的观念一样,它们只要出现在庄稼地里便不是肮脏的。人们所修建的厕所也是较为简易的,绝不可能像现代城市那样具有完备的下水道体系,也许,农村的粪便处理场最好还是农田。

借助对肥料进行介绍的机会,我们也对农药的使用情况做一点简单的说明,而不再单独对这类生产资料做更多的介绍。从总体上而言,使用农药的历史也还很短,因为这种供应在过去一直比较短缺,就像化工肥料那样。现代农药复杂多样,仅是使用在水稻和一些蔬菜上的农药就十分复杂。这些农药在保证了作物收获的同时,不仅对作物(尤其是粮食作物)产生了一些负面的影响,而且也对土壤造成负面的影响。在这些多种多样的农药中,我们主要说明一下"除草剂"。这是一种神奇的能够节省大量劳动力的农药,它的功效不在于医治作物的病虫害,顾名思义,它的目的在于除草。在没有除草剂之前,除草的工作主要是人工使用锄头进行,在我们对农具的考察中,有一种专门用于除草的锄头就叫做"薅锄"。但是现在已经很少再进行人力除草了,除草剂能够杀害杂草,却很小程度地损害庄稼。可以说,除草剂的使用情况能够体现农业劳动方式的变化趋势,那就是逐渐趋于省力。显然,这与我们所考察的地区的劳动力转移情况相互适应,它使得劳动力脱离传统的农业生产成为可能,同时,也为在劳动力转移之后还能够在一定程度上保存原有的生计方式提供了可能。如上,不仅是对农药使用情况的一个简单小结,也是对生产工具以及肥料的使用变迁的一个简单结语。

第三节 "杂"的农作物及其种植方式

我们已经在前文中说过，传统农业生计的"杂"的特征不仅可以在人们对农业生产的时空安排上体现出来，如果我们能够对农作物的状况进行较为详细的考察，这种"杂"的特性将会体现得更加明显。在我们所考察的龙泛溪，水稻、玉米以及土豆是三种最重要的农作物，一个依然保持着农业传统的家庭，他们每年的收成都绝不会缺少这其中的一种。除了上述三种主要的作物之外，还有其他多种复杂的农作物，例如豆类作物（事实上豆类作物中还包括不同种类的豆）、蔬菜（而蔬菜中又分为冬春蔬菜和夏秋蔬菜，其中又包括各种品种的蔬菜）等。而如上这些，只是现在依然存在的那些作物，还有一些已经消失的作物曾经为人们提供生存的基础，譬如小麦。这些作物有着不同的自然条件要求，有着不同的生长周期，所以人们围绕他们所安排的农事活动也将是复杂的过程。正是因为上述的情况，才使得我们看到农民的那种一般状态：永远有做不完的活路。

一、已经消失的农作物

一些曾经在龙泛溪种植过的作物近些年来逐渐消失，消失的原因不尽相同，但是总有难以适应的问题。在这些消失的作物中，人们依然能够清晰地记得的包括小麦、油菜、烤烟等。

小麦和油菜曾经被普遍种植在稻田里。小麦和油菜的生长周期与水稻的生长周期在一年当中正好处于交叉的阶段，这使得这两种作物在主食生产的空间中获得一席之地。每年秋季之后，水稻普遍收割完毕，此时正值缺水的季节，在收割水稻的时候，田里已经没有积水，水稻收割完了之后，稻田的泥土裸露出来，初冬凛冽的风很快将田里的湿泥吹干。此时的稻田，除了具有较为坚硬的土质之外，已经和旱地别无二致了。勤奋的农民在稻田还没有完全风干、土质尚且松软的时节便将稻田翻耕一遍，很快便在这些闲置的稻田里种植上小麦和油菜。小麦和油菜是两种小春作物，或者说越冬作物，它们在初冬时节被种植，在田里经过春季和短暂的夏初便能够收获。小麦和油菜收割完了之后，稻田再一次裸露出来，此时的稻田已经很干了，人们迅速向稻田里灌水，因为此时距离水稻的插秧时间已经不远了。

第四章 "杂"的农民生计：以龙泛溪为例

小麦是面食的主要原料，而油菜主要用于压榨菜油。从龙泛溪沿龙河往下约两公里的地方是一个叫做银杏的村落，这里曾经有一家店经营面条生意，自己配置了一套加工面粉和面条的机器。在种植小麦的年代，周围聚落的农民既可以背着小麦来这里磨成面粉或者做成面条，付以一定的加工费，同时，因为这里也经营成品面条生意，农民也可以用小麦来换取成品的面条。而油菜加工的地点就在龙泛溪河对岸的公路边上，这里有一个家庭置办了榨油机，人们将处理好的油菜背到这里，付以一定的加工费，菜油便在这里压榨出来了。

事实上，无论是小麦还是油菜，它们的收成都不能让农民满意。据一些农民回忆，种植小麦的年代，有的年份小麦的亩产只有200多斤。而油菜的收成则比小麦更低，据说有些年份亩产还打不到200斤。对于农民而言，没有什么作物能够比这两种作物更能够将劳动与收成的不平衡体现得淋漓尽致了。产量低的原因包括自然环境的限制，同时也有劳动上的相对不足。在我们所考察的龙泛溪地区，每年的无霜期较短，小麦和油菜生长周期内的大部分时间是霜期，冷天气过长直接影响了小麦和油菜的产量。而且，正如一些年长者所回忆的，在依然种植小麦和油菜的时代，人们处于十分劳累的状态。收割水稻与种植小麦和油菜在时间上几乎是紧挨着的，而收割小麦和油菜与种植水稻的时间也是如此，这种抢种抢收的紧凑过程使得人们只能顾及到主要的粮食作物（也就是水稻），至于小麦和油菜，也是一种能收多少就收多少的态度。大约在上世纪80年代中期以后，已经绝无一家在种植小麦了，大约从那个时候开始，人们的面食就开始完全依靠购买了。这种情况使得面食在餐桌上的位置发生了某些变化，在依然种植小麦的年代，农民早上通常愿意煮面条或者做其他面食作为早餐，但是，现在面食在人们的生活中出现的不多了，而且其地位也发生了某种变化，面条从早餐变成了菜肴，我们曾多次发现农民煮一碗面条作为菜放在桌子上，主食是大米。然而早餐却丰富起来，早餐煮一碗面条是很方便的，但是现在已经没有面条了，人们的早餐变成了犹如午餐和晚餐一样，桌子上放着菜肴，手里端着米饭。小麦的消失不仅沙子镇如此，整个石柱县都具有类似的情况，人们偶尔吃到的面食，都是从市场上购买的，一些人专职面条生意。

烤烟一度在龙泛溪种植，这也许算得上是一种失误，在种植了大概五年左右，烤烟在这里再也没有种植过了。在整个沙子镇而言，烤烟一直是较为重要的经济支柱，直到现在，栗新地区依然大面积地种植烤烟。烤烟在沙子镇的种植始于1985年，这是土地下放之后的首次产业结构调整，沙子区将自己定位为烤烟生产基地,开始大面积种植烤烟。沙子区设立烟站,每个村都会派一个烤烟生产技术员指导烤烟种植以及加工。直到1989年以后,沙子镇大面积种植烤烟获得成功,烤烟的种植面积还在逐渐增加,在这样的情况下,烤烟的生产几乎已经成为政府工作成绩的主要依据了。不过,由于政府在种植烤烟的问题上通常采取过激的行为,没有足够考虑到农民自身的意愿,所以偶尔也因为烤烟种植而使政府与农民之间产生些摩擦。龙泛溪的情形正是如此。

1996年,政府开始将烤烟种植的势头从高山地区往山下推移,政府在这一年开始号召龙泛溪的农民种植烤烟。显然,这不是号召,因为农民没有能够表达自己的意愿,种植烤烟被当成一种任务下放到农民那里,他们必须完成。人们回忆说,一些农民对烤烟有些了解,知道烤烟在龙泛溪种植的效果不会好,这使得政府在这里的号召受到农民的反对,他们依然将自己的田里灌满水,准备种植水稻。但是政府还是一意要求种植烤烟,不让农民插秧,将农田里的水放干。在划定的烤烟种植片区内的田地,如果农民不愿意种植,可以将自己的田地给愿意种烤烟的农民使用,但是没有任何报酬。

但是,正如一些早有先见的农民所预测的那样,龙泛溪以及沿龙河的各块区域都不怎么适合种植烤烟。沿龙河的那些平地虽然地势平坦,水源充足,但是并不适合于种烤烟,烤烟更适合于在黏性而带酸性的大黄泥中种植,但是龙河岸边的平地土壤多为酥松的带碱性的沙土。龙泛溪的气候条件也不适合种植烤烟,烤烟通常在海拔稍高而气候不至过热的气候环境中生长,正如栗新地区一样,但是龙泛溪等河谷地带的夏季要比高山上的栗新地区的气温高一些,气温较高,烤烟容易感染疾病。在这样的情况下,龙泛溪的烤烟产量每亩不超过400斤,平均能卖1000元左右,根本赚不了钱,因为占用田地种植烤烟,农民就需要花钱购买粮食以维持其基本生存。而且,种植烤烟的肥料由烟站按每亩烤烟所需的肥料提供,农民不得不买,每一年出售烤烟时不能完全领取款项,烟站将部分烟款扣入下一年作为肥料钱。龙泛溪种植烤烟的时间只维持了四年的时间,第一年在政府强压之下,龙泛溪大面积种植烤烟,但是效果不好,认为是技术上的问题。此后的连续三年,情况都没有改善,农民逐渐减少了种植量,只是选择一些土质较差的田地种植烤烟,应付政府的检查。到2000年,政府不再对龙泛溪种植烤烟做出强行要求,农民也逐渐放弃了烤烟种植。

关于烤烟的种植,我们在介绍农民经济专业化趋势的章节中将会做出更加详细的说明。

二、水稻

水稻是龙泛溪农民一直以来最为重要的农作物,尽管人们可以在附近的市场上随便买回来不同档次的大米,但是那些家中有劳动力的家庭,大部分都会自己种植水稻以满足主食开支。《石柱县沙子镇志》记载,水稻是沙子地区传统的粮食作物。相传在元朝以前这里并没有种植水稻的传统,元末明初的时候,湖广填四川的农民随身带来水稻种子,此后开始在这些地方广泛种植水稻。根据这里的气候特征,水稻在沙子地区的生长通常是一年一熟,水稻主要在夏季和秋季生长,也就是一年中气温较高的半年。秋后,水稻收割完毕,水田便空置下来,我们上文中说过,小麦和油菜在这里种植的时代,一年中气温较低的半年在稻田里种植水稻。不过,现在已经不再种植小麦,油菜种植也不多了,稻田里在冬春季节偶尔种些冬春蔬菜。

龙泛溪的农民主要种植两种类型的稻谷:一为水稻,二为糯稻,当地人又称后者为"酒米"。水稻的生长对水的依赖性强,田里要经常保持有水,水稻成熟后,经脱粒、晒干、去壳加工后就得到日常食用的大米。现在杂交水稻品种多,产量比糯稻高,但是水稻打出来的大米颗粒小于糯稻。煮熟后,水稻的黏性较弱,而糯米煮熟后则黏在一起。正是因为糯米的黏性很强,所以农村人喜欢用它来做汤圆和打糍粑,这是两种通常在特定的节庆前后才会食用的食物(汤圆一般在春节以后的一两个月内食用,而糍粑通常是中秋节食用)。在市场上,糯米比黏米贵,当前(水稻)大米 1.0~1.2 元一斤,而糯米则要 2.0~2.5 元一斤。大米是人们的主粮,产量较高,稻谷亩产 700 斤以上,多则达到 1000 斤左右。正是因为它既是主食,而且产量也较高,所以种植面积比较大。而糯米的产量却低得多,一亩田才可以收 400 斤左右,所以人们种植糯稻的数量不大,糯米只不过是一种零食性的食物,他们每年只会种植两三分田(10 分为 1 亩)的糯稻,能够收获一两百斤的糯稻,这已经足以满足农民在正月以及中秋时候的食物了。一些勤奋的农民并不能消耗掉一年中所收获的水稻,因为水稻变成陈谷之后,质量会有所下降,所以,余谷通常被农民拿到市场上进行销售。这种交易通常发生在新谷收获之后,在新谷没有确保收获之前,人们不会轻易将陈谷卖掉。但是,当新谷收获之后,陈谷的价格明显会有所下降。不过对于农民而言,满足自身的主食需求是其种植水稻的基本目的,只是在确定收获完全过剩或者其他不得已的情况下才会做出售卖稻谷或大米的决定。

根据《石柱县沙子镇志》记载,龙泛溪所种植的传统水稻为红谷、毛谷、寸谷、三百棒、贵阳黏等籼稻，到民国初，随着巫脚、脱黏、莫迟黏等品种的引进，产量有所提高，一般亩产500~800市斤，但都属高秆水稻，若遇风灾，减收十分严重。到上世纪五六十年代，黄粘、巫脚、莫迟粘逐渐成为龙河两岸的常规水稻品种，而百日早、贵阳粘、红谷则成为白鸡坪、黄家大坪、木拱坪等高山常规水稻品种。

1983年，在水稻主产区鱼泉村的龙泛溪组，夏光东家的责任田栽上了清一色矮秆稻——汕优八号，当年秋收3.8亩田产5000余斤稻谷，平均亩产1300多斤，轰动了沙子全乡。第二年矮秆稻慢慢传开，短短几年全乡就普及了。杂交水稻的成功，使水稻产量大幅度提高了，现在水稻优良品种以冈优881、D优162为主。到了90年代，田里就主要种水稻，都是在靠科技发展改造农业，水稻出了新品种，产量增高。像1988、1989年出现的杂交水稻可以达到1000~1200斤/亩，以前的老品种在80年代初只收400斤/亩。杂交水稻的品种很多，开始时有双优、温优、金刚，1984—1985年后出现"恩达二号"，可以产800~1000斤/亩。

上面是《石柱县沙子镇志》上的一段材料，我们并不排除这一记载可能有一些夸饰的成分，不过，同样不能否认的是，现代科技之下的水稻种子确实为水稻的增产作了很大的贡献。事实上，在20世纪80年代以前，农民所种植的庄稼大都是自己留的种子，其中当然也包括水稻的种子。农民会在收获水稻的时候选择那些看起来颗粒饱满、植株长势茂盛以及其他符合农民自身对优良水稻的一切经验特征的水稻留作下一年的种子。尽管农民的眼力也是独到的，他们凭借自己的经验所选择的水稻种子的确在同类中已经属于那种出类拔萃的了，但是经过无数年的循环种植，病虫害已经逐渐在累计了，这对水稻的增产产生了不利的影响。现代科技育种正是针对这种病毒遗传的情况而产生的，它对谷种进行了科学的加工（不过我们并没有对这种加工过程做出了解），以期获得防虫防病的效果，因此，杂交水稻为农民提高其水稻产量的方面作出了很大的贡献。

当然，接受新的品种对于农民来说总需要一个过程，因为农民本身所积淀的一些传统是不容易改变的。杂交水稻每年都有新品种，在沙子镇卖肥料的单位（商店）都有卖的，而到了赶场天，一些专职农资生意的小贩也会摆摊子卖每年新出的水稻品种。但是人们通常不会很快接受这些品种，总是持观望态度。商贩十分精于了解农民的心理，这些商贩通常保证他们自己的产品的优越性，如果将来的情况太糟，他们愿意负责。尽管在这样的情况下，人们通常也只会买很少一部分新的品种，并且不十分愿意将这些新的品种种植在好的田里，说白了只是一种实验的态度。如果这个品种获得了好的收成，那么在第二年，人们便会广泛种植。据说，今年新出的"香玉"稻种最后产量一般，亩产才有800~900斤，但是米很好吃，香味很浓，一些人已经决定下一年（也就是2010年春夏时节）部分地种植这一品种。

龙泛溪的农民对水稻的种植较为精细。我们曾在上文中对农民的生产工具进行了一些说明，而这些生产工具在作物生长的不同时期发挥不同的作用。我们难以对水稻的种植做一个非常详细的描述，不过，对于其不同的生长时期，农民围绕这些作物所做的一般农事安排，我们却可以做出几个步骤的说明。通常情况下，围绕着水稻这一作物，农民需要进行的农事活动包括种前准备、育秧、插秧、秧苗管理、收割、加工等多种环节。如下，我们对这些环节作出说明。

与种植其他作物类似，水稻在种植之前也需要进行一些准备工作。准备工作本身也较为复杂，例如准备种子，在没有专门购买稻种的时期，人们需要挑选较好的稻穗作为种子而进行保存，直到下一年育秧之前脱粒下种，不过当前的种子准备要方便得多，农民只需要到市场上购买那些他们自己信得过的稻种就行了。真正需要花费大量时间以及劳动力的准备工作在于对准备用于种植水稻的稻田进行整理，人们称这项工作为整田。我们已经说过，现在龙泛溪的水田已经很少再种植除了水稻之外的其他作物（除了一些蔬菜和豆类作物之外），水稻收割之后，田土还保持一定的水分，使得土壤颇为松软，这正是农民对稻田进行第一次翻耕的好时节。不过这一次的翻耕只是一种初耕，含有水分而且黏性较重的田土在第一次翻耕之后形成大块大块翘起的土块，经过风干之后，这些土块变得异常坚硬。开春之后，人们开始往已经进行过初耕的田地里灌水，因为已经初耕，田土能够很好地吸收水分，使得再一次的翻耕变得容易许多。那些没有进行初耕的田地需要较早灌水，因为灌进的水需要更长的时间才能够很好地为田土吸收。再一次耕田之后，使田水保持与土壤齐平的高度，浸泡一段时间之后开始耙田地，将田地中的大土块耙细。一些忙得较快的农民不止一次耙田，因为第一次只能将田地表面的土块耙细，而其下的土块依然存在，再经过一次翻耕、再一次耙田，田土变得更加精细。耙田时或者耙田之后，人们需对田坎进行整理。田坎用于保存田水，以后还是人们进田劳作的主要通道，整理田坎的目的是修复那些田坎的缺口，并加固田坎使其能够承载人行走。处于地势较高的一侧田坎需要有一个进水口，而处于地势较低的一侧田坎需要有一个出水口，这样可以随时调节田地里的水量。

　　几乎是在整田的时候，也就是清明至谷雨的时节，育秧的工作也要进行了。在龙泛溪，育秧的方式主要分为两种：抛秧（水田育秧）和旱地育秧。在整理好的田地里，农民将田土整理成苗床，苗床比周围要高出10厘米左右，苗床与苗床之间是沟壑，其作用包括两个方面，首先是能够排水，其次，这里也是人们劳作的时候脚站的地方。一些农民会在苗床上先放一些底肥才均匀地播撒稻种，此后再在稻种上撒上薄薄的一层粪肥或柴灰。此时的天气还有些寒冷，它总是影响种子发芽和成长，人们会在种子上盖一层薄膜，为种子提供更好的发芽环境。当种子发芽开始生长的时候，薄膜被掀起来，在苗床上插上一些竹条，使其成为拱形罩在苗床上，在这些竹条上再盖一层薄膜，为秧苗的生长搭建一个简易的温室，根据每日气温状况，人们经常需要时而解开薄膜，时而又密封之。大约40天以后，这些秧苗已经在苗床上长到八九厘米高，此时已经到了移栽（也就是插秧）的时节了，农民需要到苗床上来一根根拔起禾苗，捆扎成束，将其背到准备插秧的田地里进行插种。旱地育秧的方式有些麻烦，但是在另一些工序上则比较方便。比较麻烦的是，在育秧之前，抛秧只需要对整理好的田地挖几个苗床就可以了，但是旱地育秧则需要收集肥沃的泥土。这些泥土收集来之后用锄头敲碎晒干，此后用筛子筛土，在这些土里，有时候还掺入一些精细的粪肥和一定的化肥。准备好的这些细土被保存在装化肥的口袋里，到育秧时节到来的时候，人们将这些细土背到田地里，并且带上新近（大约十年前）出现的一种育秧工具——秧盘。秧盘是塑料的，它宽约25厘米，长约40厘米。秧盘上分布着统一形制的小凹槽，凹槽的底部还有细小的洞孔，因为这里接触地面，这些小孔便于秧盘吸收水分和土地里其他的养分。农民将准备已久的细土均匀地放入秧盘上的这些凹槽中，泥土占据凹槽的一半。此后，在每个凹槽中放入一两粒稻种，每个凹槽放好稻种之后，如果泥土实在干燥，可以在秧盘上均匀地洒水。一切准备好之后，在秧盘上盖上一层薄膜，其作用与抛秧时的薄膜类似。数个甚至数十个紧密地摆放在一起，形成一个稍大的苗床，直到秧盘上凹槽里的种子发芽的时候，其上的薄膜将被摘除，而在苗床上插上竹条形成拱形，再覆盖一层薄膜，其作用也与抛秧时绷在苗床上的薄膜类似，也形成一个简易的温室。大约40天之后，秧盘上的秧苗长到八九厘米的高度，可以进行移栽。此时，农民只需要直接将秧盘背到准备插秧的田地里，而不需要从苗床上一根根地拔起来。

这些秧苗被运到准备插秧的田地里之后，插秧（移栽）的工作便开始了。抛秧所育的秧苗被捆扎成束，农民估计一束秧苗能够插多大的范围而在一定的区域内扔一束，插秧的人就地捡起秧苗插秧。秧盘育的秧苗则直接将秧盘放置在田里，插秧的人直接从秧盘里拔出秧苗插秧。插秧的时候，人们从田的这一段开始，插着秧苗往后退，秧苗的间距大约在15厘米，每隔15厘米插一簇（而不是一株），一簇大约三株禾苗。秧苗被稳稳地插入田土中，需要快速将其根部摁紧，因为秧苗太轻，在田水的浮力作用下，很容易脱离田土而漂在水面上来。插秧的时候，秧苗在田里插成无数沟（纵），每一沟都是笔直的，有些年轻人在插秧时需要从这端的田坎上拉一根绳索到另一端的田坎上，以这条绳索为准插秧，这使得每一沟都很直。这样做的效果是沟与沟之间的透风效果更好，接受日照的效果也更好，这都有利于禾苗的生长。插秧的时间大约是小满前后，直到夏至依然可以插秧，但是在小暑之前必须完成。

从整理水田到育秧，再到移栽秧苗，这是一个紧凑的过程，这些日子即便是阴雨连绵，人们也会穿着蓑衣在田地里忙碌。而相对而言，对秧苗的管理就变得轻松了一些，或者说围绕秧苗管理的农事安排显得更为自由一些。农业生产中最重要的是两个环节：春种与秋收（当然不是所有的庄稼都是这个生长周期），农民在这两个环节中都处于很忙的劳动状态，但是中间的管理工作相对轻松一些。我们发现，不同的家庭根据自己家庭的劳动力情况以及庄稼生长情况，对禾苗薅草的次数、打农药的次数以及施肥的次数都不尽相同。秧苗移栽之后的半个月需要对水稻喷洒第一次农药，目的在于杀害叶面虫。夏历的五月末六月初，稻穗含苞，需要给水稻施加复合肥，并喷洒第二次农药，此时的水稻容易被蓟马、螟虫侵害。此后，根据水稻发生虫害的情况适时喷洒农药，直到水稻收割之前的半个月左右就很少喷洒农药了。在整个水稻的秧苗管理过程中，除草剂发挥了不小的功能。稻田里种植上水稻之后，各种水草借助水田的肥力迅速生长起来。而且，因为水田的泥土松软，许多水草长了很深的根。在没有除草剂之前，人们完全用手一根根拔除这些杂草，是为薅秧或者薅草。大约五六年前，除草剂突然流行起来，人们将除草剂喷洒在杂草上，杂草便死了。不过除草剂并不能从根上除草，杂草很快又会长起来，到时再喷洒除草剂。田坎上的杂草在清理的时候稍微容易一些，所以人们直接用手拔除，田坎上杂草的生长对其周围的水稻生长也会造成一些影响。对水稻的管理当然不会像我们所描述的那样简单，其中包括几次的施肥以及在水稻生长的不同时期的灌排水管理。这些工作占据了农民在这一季节的大部分时间。

水稻的生长期在四个月左右，大约130天。稻穗在处暑时节之后开始长得饱满，趋于成熟的稻穗重重地垂下头来。白露以后的天气逐渐变得干燥起来，水稻的颜色在较强的光照下一天比一天黄，稻穗长得更加饱满，水分逐渐减少，这时已经到了收割水稻的时节了。从这个时候到秋分之前，人们开始忙于收割成熟了的水稻。收割水稻如同种植的时候那样，农民显得很忙，水稻的成熟不仅使农民兴奋，鸟类、老鼠，总之那些以水稻为食的一切野生动物也开始兴奋起来，它们也开始收获稻谷，人们需要与这些动物抢收。此外，天气变化在这一时段更加快速，天气在白露之后逐渐寒冷起来，对稻谷的收获、晾晒和加工都造成一定的困难。收割水稻的工作还是手工进行，人们使用镰刀割下水稻，捆成束之后散放在田野里进行及时的晾晒，一些人在收割，另一些则打水稻。当然，这需要足够多的劳动力，现在已经没有这样的条件，许多人家只有两个劳动力在家，他们先割好水稻，到了傍晚的时候，割好的水稻也已经晒干了，迅速打好之后背回家。打谷子通常是在田野里进行的，人们回家的时候只是将谷子背回家，而稻草则通常留在田里，大部分的稻草在将来逐渐背回家使用，主要用于冬季耕牛的草料。而有一些家庭则将稻草完全在稻田里烧毁，我们说过，它们对土壤的肥力具有很好的影响。打谷子的工具是打斗，我们已经在上文中做过说明，这里不再赘述。

从稻田里收割回来的谷子还保存有很多的水分，这对于谷物的保存是不利的。收割回来的谷子需要足够的光照晾晒之后才能正式储藏起来，蒸发谷物水分的工作，通常都是依靠天上的太阳来进行的。几乎每一家房屋的门前都是一块面积适当的地坝，这一地坝的作用主要用于晾晒，这里不仅用于晾晒谷物（晾晒谷物的时候通常会垫一层用篾条编织的晒垫），有时候还会用于晾晒刚收获的黄连（那时候的黄连上沾满了泥土），甚至还会在这里晾晒粪肥。稻谷的晾晒在强烈的太阳下只需要两日即可，但是通常人们会增加晾晒的时间，这样保存起来更加安全。储存水稻的工具是一种木桶，这种木桶有盖，稻谷放入木桶里盖上，防止老鼠的入侵。

谷子的加工不是一次性完成的，人们保存的是谷子而不是大米，他们只是在食用之前才会零星地加工谷子成为可食用的大米。事实上，谷子的加工就是给谷子去壳的过程。在没有通电之前，人们加工谷子的工具主要是碓窝和碾盘。在碓窝里舂米是将谷壳去掉，但是碓窝并不能完全舂出干净的大米来，碓窝舂过的米上还有一层薄薄的膜，此时，谷子只是变成了粗米，而不是大米。粗米经过碾盘碾压，表面的那层膜被去掉，人们用筛子筛选出好的大米，并在这个过程中剔除那些最终也没有去壳成功的谷子。在加工谷子的过程中，风车发挥很大的作用，在没有风车的情况下，人们使用簸簸箕的方式来隔离粗糠与大米，而风车现在已经代替了簸箕的这项功能，它更加方便，也更加省力。加工大米的方式在通电之后（尤其是 2002 年当地农村电网改造之后）更加容易了，打米机代替了碓窝的作用，不需要人力舂米了，速度也很快。这种适合于家庭使用的小机器在别的方面也发挥着作用，例如加工豆腐、玉米、土豆粉等方面，这使得石磨和碓窝逐渐废弃不用了。

如上，是水稻从种植到加工成大米的整个过程，以及人们在整个过程中所从事的各种活动的大致说明。

三、玉米与土豆

与水稻相比，玉米和土豆不是人们的主食（至少在现在看来），但这些作物却是牲口的主食。我们将会在后文中对农民的养殖情况做些说明。农民的养殖不是与种植业并行的，它对种植业的依赖性很强，我们从来没有看到一个家庭没有种植玉米和土豆，但是却养了猪和牛的情况。所以，玉米和土豆等作物（还有红苕、蔬菜等）的种植也是十分必要的，原因是牲口对于人们的生存而言也十分重要。耕牛是农民饲养的生产工具，猪则是农民饲养的生活必需品，它们给农民带来丰富的营养补充，鸡鸭的饲养当然也在丰富农民的生活方面发挥了重要的作用。更重要的是，养殖在很大程度上还是农民汇聚、保存财富的一种方式，牛和猪在这方面显示得较为明显，人们将自己的劳动以及粮食零星地投入到这些牲口身上，几乎能够达到一种零存整取的效果，我们看到大部分的家庭选择每年喂养两头肥猪，他们的目的正在于年终的时候出售一头肥猪。耕牛作为生产工具，它本身就是财富，随时可以将其放入市场中换取现金，只要它的主人认为必要。对此，我们还会在后文作说明。现在，我们主要对作为牲口饲料的种植做些说明。

有一点需要加以说明，玉米和土豆在这些地区不作为主食，只是在正常的年份如此。事实上，在饥荒的年代，玉米和土豆作为人们的主食食用也是完全可以的。在一定程度上我们可以说，玉米和土豆尽管不是人们的主食，但是它们对农民的生存而言，却几乎可以被看做是一种保障。我们在上文中对水稻的生长空间做过多次说明，可以看出，水稻对生存环境的要求颇高，它既要求地势平坦，又要求水源充足。水源在龙泛溪地区是相对较为充足的，不过地势平坦对于龙泛溪而言，并不全然如此，我们说过，只是在村落前面形成一块冲积平地，其后的广袤地区都是山地。然而在整个沙子镇而言，龙泛溪的地势已经算是较为平坦的了，许多地域不符合水稻种植的条件。但是相对于水稻而言，玉米和土豆对环境的适应性要强得多，或者说，玉米和土豆对其生长的环境没有水稻那么高的要求。这些旱地作物为人们扩大他们的生存空间（种植业方面的生存空间）提供了条件，使得农民能够更大范围地利用周边环境来改善自己的生活，至少更增强了安全感。

玉米在水稻无法满足全年需求的年份作为主食，玉米被磨成面，过水去皮（皮质轻，自然飘出水面）后使用甑子蒸熟便可食用。与米饭相比，玉米饭就像是没有完全去糠的粗米一样，口感不佳。在有一定的大米的情况下，人们会将大米与玉米面混合在一起蒸熟食用，能够改变口感。将玉米作为一定程度上的主食在20年前似乎还广泛存在，因为一些地区的水田所生产的大米不足以满足一个家庭一年的主食需求，而且，随着农村商贸逐渐开放之后（大约20世纪90年代之后），一些经济条件较差的家庭会将部分水稻卖掉，而在主食中掺入部分玉米面，因为大米的价格明显高于玉米的价格，通常是双倍。现在，玉米作为主食的情况已经很少存在，那些居住地势较陡、没有足够水田生产水稻的农民也在市场上去购买大米作为主食，市场上的大米除了当地人加工的本地米零星地存在之外，大部分是由外界市场引入的，它们被包装起来，一袋一袋地卖给农民。玉米在今天大部分被用于喂牲口，也是打成面的，称为猪面。少部分玉米用于食用，在玉米刚刚成熟但还有玉米浆的时候，人们将其作为菜肴或者直接煮熟或者烤熟作为食物，有时候还将其加工为饼类食用。还有一些玉米被卖掉，购买玉米的人一般具有专业的养殖场，或者是个酿酒商，玉米是酿酒的重要原料。

土豆与玉米类似，它是一种高产的根茎作物，和玉米类似，除了对土质有一定的要求（几乎所有的作物都有这样的要求）之外，对其他环境因素的要求并不高。土豆也很少作为人们的主食，人们使用它主要是将其作为菜肴或者平时的零食（例如煮熟、烤熟而食）。土豆作菜肴，种类十分丰富。在土豆还没有完全成熟的时候，大概在端阳节后不久的时间内，人们已经开始陆续从地里挖来一部分土豆作为菜肴和零食。此时的土豆去皮之后置入油锅烹炸，或者直接烩汤。在大范围收获土豆的时节，人们会选择个头较大的土豆切成片，煮到半生半熟的时候将其晒干储藏起来，干的土豆片在油锅里烹炸之后成为一道广受欢迎的干菜。土豆还可以加工成为土豆粉，这种淀粉也是人们十分喜爱的食品。此外，土豆还可以通过油炒、汤煮等方式做成菜肴，在土豆丰盛的时期

（土豆一般不会在整年当中都是丰盛的），每个家庭的餐桌上都会有土豆或者由土豆加工成的菜肴。不过从土豆的主要用途来看，人们对它的消费在总量中还是只占据了较小的部分，更多的土豆被用于喂养牲口，主要是喂猪。农民们认为，土豆里丰富的淀粉对于牲口和猪的生长具有很好的作用。在土豆丰盛的月份，农民喂猪的饲料主要是土豆，此时很少喂猪吃玉米。丰收的土豆会集中在一定的时期内为猪和牲口消耗，此后再喂玉米及其他适合节令的作物（例如红苕、蔬菜）。这样安排的原因，很大程度上在于土豆与玉米相比更不容易保存，尤其是在土豆收获的一段时期之内，因为水分很重，经常会烂掉许多，虽然刚开始烂的土豆依然可以作为猪的饲料，但是其效果显然没有完好的土豆好。而且，在土豆新鲜的季节，土豆里所含的淀粉更加丰富。这在玉米方面就并不如此了，晒干的玉米可以长时间储存，而且玉米也很少因为长时间储存而导致变质。看起来，农民根据玉米和土豆的不同生长周期以及不同的特征而将其搭配用于喂养牲口，这是一个将素食转换为肉食的过程，营养转换是广大农民喂养猪和牲口的主要目的，而实现这一目的的基础条件则是种植玉米和土豆。

玉米和土豆的种子与水稻种子一样，主要由科学育种提供。玉米种子被分为不同的品种，编为不同的型号，场镇上的小摊会在种植玉米的季节进来不同品种和型号的玉米种子，贩卖给农民。在龙泛溪，早年的玉米品种包括百日早、野鸡啄、大白苞谷、土皮早、糯苞谷、黄马牙等。这些品种的玉米产量较低，通常只能够达到四五百斤的亩产。不过这些品种的玉米质量却很高，农民对此早已经认识到了，这些老品种的玉米棒子不大，但是其颗粒却十分饱满，与现在的玉米品种相比，传统的老品种玉米更适合于人食用。从玉米主要作为猪和牲口的饲料之后，人们普遍选择放弃质量而追求数量，不过上述的这些老品种玉米依然零星地种植，它们在收获时会被很好地保存起来，因为人们在长期主食大米的时候，偶尔会怀念玉米饭的味道，一些年轻人长期在外地（大部分是城市里）生活，回到家乡则想要吃一顿地道的玉米饭，这些传统的玉米品种做出的玉米饭更好吃。不过，一如我们上文所说的，玉米已经主要作为猪和牲口的饲料，所以大部分的土地上都种植了现代的玉米品种，它们的产量通常能够达到1000斤左右的亩产。这些玉米品种长出硕大的玉米棒子，不过其颗粒却很小，而且总是干瘪的，颜色不纯，不是纯白，也没有金黄的色泽。

与玉米种子相比，土豆的新品种没有很复杂，只是近年来引进一种单纯的新品种。传统的土豆种都是农民从上一年的收获中自己留下的，到第二年直接种植。农民认为土豆种最好是保留在土地里，并不将其收获，直到第二年种植土豆的时候才将其挖出，直接种植，这样的土豆种具有充分的水分，耐旱能力更强一些（种植土豆的季节是开春，这时候的天气还比较干燥）。但是这样做的弊端是埋在地里的土豆并不完全适合于作种，其中一些太小的或者太大的都不适合于作为土豆种。龙泛溪传统种植的老品种土豆个头较小，颜色较黄，但淀粉含量却很高。如今，沙子镇政府从外地组织引进新的土豆品种，产量高于当地的老品种，但口感不好，因为这些新品种土豆的淀粉含量明显较低。不过，新品种的土豆具有较高的产量，老品种土豆的亩产通常只在2000斤左右，但是新品种土豆的产量通常会达到3000斤左右。新品种在当地逐渐得以接受的原因与新玉米品种能够得到农民接受的原因是相同的，我们已经说过，无论是玉米还是土豆，它们在人们的食物安排中逐渐降低了地位，而主要成为猪和牲口的饲料，这使得许多农民从质量的追求转向了对数量的追求。

水稻收获完毕之后，农民的主要农活是对田地进行翻耕。在种植小麦的年代，翻耕田地之后，很快需要种植小麦了。不过现在已经不种植小麦，人们获得了一年当中相对较为清闲（假如没有种植黄连的话）的时期，这就是冬季。这是农民为生产忙了将近一年之后终于能够为生活忙碌的一个短暂的时期，他们将生活中的各项主要活动安排在这个季节。修葺房屋通常就是在这一季节进行的，年轻人结婚的时间也主要选择冬腊月，因为这一时期的农活相对较少，帮忙的人多，参与会头的人也很多（在农忙的季节，参与会头的人会有所减少，尽管这些人还是会通过别的方式送来礼金，但是人却很难抽出身来参加）。过年是最隆重的节庆活动，人们会在过年之前为过年的食物、活动等做许多准备，这些准备工作也会占据农民的许多时间。而除了上述这些活动之外，冬腊月份还包括一些农事活动。

春耕是农民生产活动的最重要环节。春耕在初春时期开始，但是春耕的准备工作却在此前的一两个月内逐渐进行。过完年之后，人们迅速从节日的气氛中脱离出来，开始逐渐投入到生产当中。过年以前翻耕过的土地还没有来得及进行更细致的整理，种植土豆的土地需要将大的土块打碎，牛耕不到的小块土地以及土地的边角落需要用锄头挖。种植土豆以及玉米都需要大量的粪肥，农民需要首先准备好粪肥，这些粪肥从猪圈里挖出来，需要晒干之后背到土地里堆放好。这些工作都是在冬腊月完成的。

土豆的种植通常从大寒以后开始，那是冬季快要结束但是天气依然寒冷的时节，因为种植在土里的土豆在立春前后开始冒芽。大寒在过年之前，有时候在过年之前的一个月左右。我们对沙子镇进行考察的 2010 年初，阳历的元月 20 日正是大寒，在此前后，人们已经普遍开始种植土豆。

我们已经说过，土豆的种是农民在上一年收获的土豆中自己留下的。农民通常选择那些个头不大的土豆作为土豆种，一般只有 30 克左右。一些个头较大的土豆也可以作为土豆种，不过它们通常会被切成两半，一个土豆可以作为两个种。肥料除了粪肥之外（有些家庭甚至没有粪肥），还要准备农民自己搭配的混合化肥，我们曾亲自参与到一个农民配置化肥的工作中，他用 50 斤的磷肥（刚好是一袋）和 18 斤左右的碳铵配制成复合肥。

土豆的种植方式有两种，一是单独密植，二是与玉米套种。第一种种植方式通常是在地面比较陡峭、地形狭小而且不规则的土地中进行的，在这样的土地上通常只是种植一种作物，而很少套种其他作物。第二种种植方式则是在地形平坦、土壤肥沃的土地里进行的，这种土地在山村地区显得更加重要，人们会对其进行更加彻底的利用，通常会在这样的土地上进行多种作物的套种。农民在已经整理好的土地上挖出大小适中的"窝"，这是土豆下种的地方，如果是单独密植，窝距为 10 厘米左右，而行距则是 15 厘米左右。如果是与玉米套种的话，窝距依然是 10 厘米，但是行距就增加到 1.7 米左右，在这 1.7 米的空间中，一两个月后还要种植两行玉米。挖好窝之后，在窝里放入土豆种，每一个窝里放一个土豆种。此后则是土豆上放入粪肥，根据自己准备粪肥的多少平均分配给每一窝土豆。粪肥放完之后，再在粪肥上放复合化肥（磷肥和碳铵），有时候人们也会将混合化肥与粪肥混合起来，与粪肥一起放下。肥料放好之后，开始进行盖土。因为土豆是一种根茎作物，其果实是根部，所以土豆的土下环境显得更加重要，要给土豆的根部提供足够的生长空间，所以每一株土豆之间的距离以及行距都要有所控制。而且，在给土豆盖土的时候需要盖得很厚，这样，种植好土豆的土地看上去就是无数行苗床的样子，人们将这称作"厢"，每一行土豆就是一厢，厢与厢之间是沟，厢高出沟大约 15 厘米左右。厢与沟的宽度根据单独密植还是套种而有所不同，单独密植的情况下，厢的宽度尽量加宽，沟的宽度则尽量缩小。而在套种的情况下，厢的宽度通常要限制在一定限度内，因为要留出足够宽的沟来为将来的玉米种植提供空间。"提厢"是许多作物种植都需要做的工作，它给庄稼提供了很好的根部环境，尤其对于根茎作物来说更加必要。土豆种植之后便很少需要进行后期管理了，这是土豆种植比其他作物更加方便的一面。土豆不需要后期追肥，也很少给土豆除草，即使需要除草，也主要使用除草剂。对于大多数农民而言，在土豆种植完成之后，便只等着收获了。

　　端阳节前后，地里的土豆已经零星可以挖回来食用了。此后，土豆的苗开始由深绿逐渐泛黄，最终干枯，这就是收获土豆的时节了。在节气当中，收获土豆的节气大约是夏至至小暑前后。这时候雨水丰富，而气温也较高，收获土豆也是一件苦难的工作，农民需要使用锄头将土豆一窝一窝地挖起来。这也是一个抢收的过程，因为这个时节的气候条件对土豆的保存十分不利，湿润而炎热的气候使得土豆很容易腐烂掉。挖出来的土豆统一背回家堆放在堂屋里，晚上开始对这些大小、品相（有些有蚂蚁洞，有些则在挖的时候有了刀伤）不尽相同的土豆进行分类，那些看上去已经快要腐烂的土豆会被区分出来在几天之内作为猪的饲料很快用掉，那些被锄头伤到的土豆也不易保存了，它们被分离出来，或者很快喂猪，或者很快做成土豆粉或者土豆片。那些个头较大的土豆被长期保存起来，它们将会成为人们长期食用的土豆，或者在必要的时候拿到市场上出售。那些个头较小但不是最小的土豆被用于打成土豆粉，因为它们不容易做成土豆片（太小不容易切）。那些最小的土豆会逐渐喂猪，大小适中而品相完好的土豆被分离出来作为下一年的种。不过现在的土豆种很大一部分都是购买的新品种，所留的种很少，老品种所产出的土豆主要由人食用，而人直接对土豆的消费量显然是有限的，尤其是在一个家庭中只有孩子和老人的情况下更是如此。

　　玉米的种植在清明前后。与土豆不同的是，玉米需要进行移栽。在清明前后，农民开始给玉米育苗。在没有使用秧盘的年代，玉米育苗的方式与稻谷的抛秧育苗方式类似，而秧盘育苗也和水稻的秧盘育苗近似。玉米地的整理和土豆地的整理差不多同一时候，也是同一个过程，因为正如我们上文所言，许多土地上是土豆与玉米套种的，种植玉米的时候是土豆种植后不久，此时的土地还是松软的。当然，也有一部分玉米是单独种植的，但是这些土地也在此前做好了整理准备。大约在谷雨时节，玉米秧苗开始在秧盘里发芽生长，经过夏至之后，玉米秧苗逐渐成型，已经到了移栽的时节了。小满时节是玉米和水稻移栽的主要高峰时期，这种繁忙的状态一直持续到芒种时节。移栽的过程并不复杂，农民将秧盘背到要移栽玉米的土地里，把一株一株的秧苗植入土中。秧苗种植的位置显然也是事先挖了窝的，里面放入适量的粪肥和化肥，二者是混合在一起的，粪肥放好之后才将玉米苗栽入这个窝中，直接用手盖土、压紧。此后的几天，农民还要经常关注这些已经移栽了玉米的土地，那些秧苗没有存活的地方需要尽快补上。玉米比土豆多了一道肥料，除了必须具有的基肥之外，在玉米已经长到快要开花的时候,还需要追一次肥,而其间除草的工作主要使用除草剂来完成。

大约在立秋之后,玉米开始逐渐成熟起来,农民已经开始逐渐收获玉米了。到了处暑的时候,农民加快其收获玉米的速度,因为这个时候的水稻也已经接近收获期了。处暑的下一个节气是白露,所谓"白露白茫茫,谷子满田黄"正指的是水稻成熟时候的样子。处暑时人们还主要收获玉米,在白露之后,人们便开始大面积地收割水稻了。收获玉米的方法较为简便,农民穿行在玉米地里,用手将玉米棒子掰下来置入背着的背篼中直接背回家。玉米的表面还有一层壳,这层壳将在家中去除,一方面是加快玉米收回家的速度,另一方面则是因为玉米壳也是牛的饲料的一部分,对于牛而言,整株玉米秆中,玉米棒子上的这层壳是它最喜欢的部位,所以这层壳留到家中去除。而至于玉米秆,它们在玉米收回之后的很长一段时期还站立在土地里,因为人们还没有来得及将其砍倒,稻田里的水稻已经成熟了,人们必须要对水稻进行收割了。直到水稻收割完成之后,农民开始对田地进行第一次翻耕的时候,玉米秆才被砍倒,一些家庭会将其尖端的一部分砍回家喂牛,而较多的则是放在地里烧掉,以肥化土地。玉米棒子在去除玉米壳之后,用铁丝将其串起来悬挂在屋檐下或者楼上,经过长期的风吹,逐渐风干。风干之后,更加容易脱粒。脱粒的方式是多种多样的,一些家庭有将玉米棒子放入一个结实的口袋中用木棍敲打而脱粒的传统,而一些家庭则会选择使用搓衣板脱粒。将搓衣板斜放在大盆里(或者别的较为宽大的容器),将玉米棒子放在搓衣板上来回搓动,便达到了脱粒的目的。类似的这种脱粒方式还很多,有的家庭甚至使用鞋底脱粒,将一个板凳横放,在板凳的一条腿上钉着一只鞋,鞋底朝上。胶鞋的鞋底是棱角分明的,它为了防滑而如此设计,但是却被聪敏的农民用来给玉米脱粒。脱粒后的玉米被储藏起来,储藏方式与稻谷类似,在需要使用的时候,将这些玉米打成面。

如上是对龙泛溪的土豆和玉米的种植情况以及农民围绕这两种作物而进行的农事活动的简要介绍。除了上述的水稻、玉米以及土豆之外,我们将不再对其他粮食作物再做太多的说明,我们已经在上文中说过,农民种植的作物主要是这三项,此外还包括各种繁杂的作物,包括豆类、蔬菜类,等等,这些作物都提供给农民们一定的生活需求,它们主要满足农民对粮食的直接需求,而很少用于销售。用于销售来换取现金的作物,则是黄连。

四、黄连

显然，龙泛溪周围的土地很少符合黄连的种植条件。但是，龙泛溪人为了获得现金收入，他们通过别的方式到更远的地区寻找种植黄连的生态空间。黄连的生长环境通常是海拔1200~1400米的高山，那里的夏季不会十分炎热，而且，高山上因不适于农耕而长时间抛荒，一定年限之后长出了茂盛的灌木，甚至一些灌木都长成了可用的材料。高山灌木丛或者高山林地，是黄连适于生存的地方，因为黄连是一种喜阴作物，但并不是所有的高山林地都能够出产这种颇为昂贵的中药材，土质、土层厚薄以及地势状况都对黄连的生长产生影响。所以，尽管我们可以看到龙泛溪后山上具有广袤的灌木丛，但是这里却不能种植黄连，首先是这里的土层太薄，其次是这里的山地太过于陡峭。尽管如此，龙泛溪的农民种植黄连也已经有了一定的历史。

石柱县是国家（甚至世界）重要的黄连产区。沙子镇也是种植黄连的重要地区，在1949年之前，沙子镇就已经有人种植黄连，不过因为市场需求不大（很大的原因在于市场未能开放），所以种植规模也很小。1949年以后，沙子镇依然种植黄连，在人民公社时期，公社、大队以及生产队都组织了自己的黄连生产队，在适合种植黄连的地区开辟了自己的黄连棚。黄连成为那个时代生产队资金的重要来源之一。但是对于我们所考察的龙泛溪而言，种植黄连确实是困难的，因为这里缺少能够种植黄连的生态，不过龙泛溪作为一个生产队，还是承包了另一个公社（当时的中益公社）的一片山区来种植黄连。龙泛溪当时的黄连棚距离人们居住的地方较远，连农（当地政府通常叫种植黄连的农民为连农）从龙泛溪步行到黄连棚需要花费四个多小时。显然，没有哪个农民愿意被分配到黄连棚里去劳动，他们到了黄连棚之后需要长时间待在那里，做完一个阶段的农活之后才能够回家。生产队采取抓阄的方式，抽到的人无条件到黄连棚里劳动，否则将扣除其劳动工分。龙泛溪的一个农民回忆说，他那个时候抓阄被分配到黄连棚里劳动，而那时候他的女儿才满一岁，他虽然舍不得长期离开家，但还是服从分配到黄连棚里劳动。在生产队时期，龙泛溪和石柱团分属于两个生产队，龙泛溪由六个农民组织成一个黄连种植队，而石柱团则组织了四个农民到黄连棚里工作。每个人负责一亩黄连，每年一换，重新抓阄一次。然而龙泛溪在当时并没有收获黄连，因为这里承包林地种植黄连是从1979年开始的，到了1982年，生产队作为农村基层劳动组织已经解散，土地下放到户，集体黄连棚也就无人经营了，因为黄连的生长周期是五年左右,所以龙泛溪在中益公社的黄连还没有到收获的时节。在这样的情况下,生产队将黄连棚里的黄连全部卖给当地的连农,所得的资金后来作为一座桥梁的修建成本了。

然而龙泛溪的农民并未因此而完全脱离黄连生产,那些此前抓阄不幸被分配到中益公社种植黄连的农民对黄连的种植和管理都已经形成了一定的经验。而且,在当时而言,种植黄连具有不错的收益。生产队解体,农民的劳动性质发生了某些变化,因为此时农民的劳动直接服务于家庭,而不是集体,这使得农民的劳动积极性提高了许多。那些曾经在黄连棚里工作的农民依然在中益公社自己承包了林地继续种植黄连,直到1997年前后,因为黄连价格大幅下降,这些农民放弃了黄连棚的管理,黄连被当地人偷了许多。黄连的价格在三年之后升高了许多,当时达到了80元甚至上百元一斤,此后的二三年,黄连的价格基本保持稳定,最高卖到过120元一斤。在高价格的驱使下,农民对种植黄连的热情又迅速高涨起来,除了农民本身寻求承包山林种植黄连之外,一些退休干部、城市里来的商人,总之那些有足够投资能力的人更是大规模地承包山林并且雇工种植黄连。龙泛溪的一些农民此时又开始到高山地区租赁山林种植黄连,双方农民达成协议,或者签订合同,或者不需要签订合同。龙泛溪的农民所种植的黄连没有很大的规模,因为这些农民没有足够雄厚的资金来投入,他们很少雇佣劳动力,将黄连棚的规模限制在自己家庭劳动力能够胜任的范围内。对于一般的家庭而言,他们每年能够种植一两亩黄连就算是规模较大的了,因为黄连的生长周期为五年,假使每年种植一亩黄连,那么这户农民不仅需要每年种植一亩黄连、收获一亩黄连,还要管理三亩黄连。我们将会在后文中对黄连的种植以及管理作出较为详细的说明,这是一项十分艰辛的生计活动。

现在,龙泛溪农民的黄连棚主要在栗新地区,这里一直以来是沙子镇黄连的主产区。龙泛溪的农民租赁栗新地区的山林种植黄连,普通的价格为200元每亩,租赁的时间是五年,也就是一季黄连的生产周期。收获了黄连的林地在短期内是不能够再种植黄连的,首先是因为这块地区虽然经过农民几年的打理,但土上所长的草越来越茂盛,人力已经难以控制这些杂草的生长了,而黄连本身极容易受到杂草的影响,所以连农需要不断地在各个黄连棚里反复除草,直到黄连收获。而且,种过黄连的地区,树木(大多是灌木)已经被砍伐干净,而这些树木是种植黄连必不可少的,连农需要用它来搭建黄连棚。种过黄连的土地,大约在十年以后,树木再次长起来,此时,可以进行下一季的黄连种植。这样看来，龙泛溪的农民使用200元从栗新农民那里购买一亩林地的五年使用权。不过，一些林地并值不了200元的租金，因为这些林地的土层不厚，或者坡度较陡，又或者林地中的石头过多，给黄连种植造成困难。相反，那些地势较为平缓，而且土层较厚、几乎没有石头的林地有时候也会超出200元的租金。一如过去，租赁山林并不需要十分准确的测量，农民在长期与土地打交道的过程中轻易能够目测出一块土地的大概面积。租赁的书面合同也不是必需的，口头的协议居多，而随着一些大面积承包山林种植黄连的老板的出现，租赁山林的书面合同也逐渐成为人们的协商方式。

一个成年人从龙泛溪步行到栗新地区，不停地行走也需要两个多小时。在今天，一些农民为了外出方便，购买了摩托车。这种交通工具对农民的影响很大，它是父母送年龄很小的儿童上学的工具，也是农民到较远的地方进行交际的工具，而对于农民尤其是对于连农而言，它还是一种重要的生产工具。那些有摩托的连农通常骑着摩托车到栗新黄连棚里劳动，即便如此，因为车绕的路程更远，所以从龙泛溪骑摩托车到栗新也需要一个多小时。正是因为这样，大部分连农选择在山上劳动几天的时间，然后回家几天，每一次上山都备上足够的食物和生活用品。一个连农家庭，通常是男主人负责黄连的种植与管理，少部分时间参与山下居住地周围的粮食生产，而女主人则相反，她们负责了大部分的粮食生产，只是在种植和收获黄连的繁忙时节才到山上劳动。

黄连这种中药以其剧苦的味道而闻名，而围绕这种中药所安排的一系列农事活动对于连农而言也是十分艰苦的，一些连农开玩笑说，黄连之所以这样苦，是因为种植黄连的工作太苦了。而围绕着黄连而安排的那一系列农事活动中，最为艰苦的，大概要算是开垦荒山了。开垦荒山选在水稻收获之后进行，如我们上文所述，水稻收获之后，农民在粮食生产方面赢来了一个相对清闲的时间段。不过对于种植黄连的农民而言，情况并不如此，在水稻收获之后，他们很快投入到种植黄连的准备工作中去，并且这种劳动与田地里的劳动相比，将是更加艰辛的。龙泛溪的农民在山上租赁到的土地遍布着各种杂树、灌木丛、杂草，因为这些杂树及灌木丛是不容易生长成材的，仅从表面看来，谁也不知道这些杂木究竟生长了多长的历史，它们所生长的时间长度与这块荒山的开垦难度几乎成正比。连农首先会砍下这些杂树及灌木，那些看起来结实而且较直的树木被保存下来，它们将成为搭建黄连棚的桩子。灌木丛砍下来之后也会选择一些留下，那些直到干枯也难以落叶的灌木是搭建黄连棚顶棚的主要材料。不适合于搭建黄连棚的杂树和灌木被散乱地放在地上，它们被晒干之后会被焚烧掉，灰烬是很好的肥料。杂树以及灌木被砍倒之后，连农开始搭建黄连棚。那些结实而较直的树木作为棚桩被整齐而标准地插在土地里，纵向的两匹木桩之间的距离为2米左右，而横向的两匹木桩之间的距离大约为1.6米，桩子高约2米左右，随着时间的推移，这些桩子会逐渐陷入土中，直到起黄连的时候，有些黄连棚已经不足1米高了。当这些桩子插好之后，农民会使用铁丝、绳子或者结实的藤蔓将各匹桩串联起来，在上面放一些不易落叶的灌木或者树枝，这样，黄连棚便搭建完成了。在搭建黄连棚的过程中，一些农民不砍倒那些长得较直而且结实的树木，以此作为棚桩，而且其上的树枝树叶刚好具有遮蔽阳光的作用。不过，这样做的弊端在于，这些树木会吸收土里的养分，对其周围黄连的生长造成负面影响。

当黄连棚搭建完毕之后，连农的一切工作几乎都在黄连棚下进行了，包括挖土。大部分山林几乎从来没有被耕种过，这里的土层已经积压得非常结实而坚硬。而且，那些生长了几十年甚至上百年的杂树和灌木丛，尽管其树身看起来矮小，但是地下的树根却是盘根错节的。土地的坚硬以及错杂的树根为开荒造成了很大的困难，连农在2米高的黄连棚下不能随意挥动锄头，使得连农花费更多的力气在开荒方面。我们需要说明一点，那就是先搭棚而后挖土的顺序。如果先挖土而后搭棚，那么农民在挖土的时候显然更能够施展锄头，使得挖土相对容易一些。不过，这样做的话，农民需要先将砍下的杂木搬移到别的位置，等到挖好土之后再将那些杂木搬回到这片土地上来搭建黄连棚，来回需要花费很多的精力。而且，挖好的土在黄连棚搭建完毕之后又已经被践踏结实了。所以，连农选择先搭棚后挖土，尽管这使得挖土极为不易。连农会从土地里挖出一些石头，它们会被搬移到地坎上，还会挖出一些树根，它们被放在地面上晒干，然后烧掉。这不仅是一项花费劳力的农活，还是一项要求细致的农活，挖起的树根、草根都要细致地捡干净，因为它们具有超凡的生命力，如果没有被清除，很快便会生长出新的生命来，而那样就会对黄连的生长造成影响。挖土结束后，黄连棚下的土地变得疏松而且干净（不含石头、杂草、树根、草根），将各种杂草、杂树以及树根、草根烧尽之后，土地需要"开厢"。关于开厢，我们在说明土豆种植的时候做过一些说明，它看起来就如同苗床一样，厢与厢之间是沟。与种植土豆时的开厢不同的是，黄连地里的厢更宽，大约1.6米，也就是横向的两匹桩之间的距离，而桩正好插在沟里，长度则根据地形而变。沟很窄，大约只有10厘米左右，这里是插桩的地方，同时是排水的地方，更重要的是，这里还是连农今后在黄连棚里工作的时候两脚踩踏的地方。黄连种植在厢上,而种植和管理黄连的连农则蹲在沟里劳动。

与其他作物不同的是,种植黄连的季节并不固定在一小段时期,在主要的两个时期都可以种植黄连。在开春后不久,当气候开始逐渐暖和而雨量也逐渐增加的时候,此时可以种植黄连,而山下的春耕工作还没有达到高峰期。夏至以后的炎热夏天,也可以种植黄连,而这个时候也正好是山下粮食生产相对较为轻松的时节(此时收获土豆,管理玉米和水稻等)。黄连苗有时需要购买,而更多的时候则是自己育苗,育好的黄连苗大约有 10 厘米左右的高度。移栽黄连时,每一株黄连苗之间的距离为 10 厘米左右,每亩黄连棚可以种植 5.8 万株左右的黄连苗。人们直接用手将黄连苗摁入土中,而不使用别的工具。大部分的黄连苗是能够存活的,但是其中的小部分则死于干旱或者其他因素,种植黄连后的三年之内都可以随时补种。

黄连种植之后,管理工作紧随而来。黄连的管理除了追肥以及除草之外,并不需要喷洒农药。黄连最被农民所喜爱的方面便是它很少会被害虫侵害,农民自己分析这是黄连味道太苦的缘故。一季黄连需要五年的时间,而在这五年当中,农民先后会对黄连追肥八次左右,而除了黄连收获的那一年之外,每年需要除草 4~5 次。黄连刚种植不久,其秧苗很矮,很容易被杂草覆盖,所以此时除草的频率会更高,而越往后,因为黄连的秧苗逐渐长高,杂草也就不容易覆盖黄连了。而且,因为每一年除草,到最后的一两年当中,黄连地里的杂草已经不多了。我们需要进一步指出的是,给黄连除杂草不宜使用除草剂,因为除草剂不仅仅对杂草产生杀伤作用,而且也会对黄连本身造成伤害,并且,因为除草剂除草不能除根,很快便会长出新草来,所以农民一直以来是人工除草的。除草是十分缓慢的过程,一个成年劳动力在黄连棚里除草一天,可能只能除两三分土地的草。而且,种植黄连的农民通常每年都种,以至于每年都收获黄连,假使每年种植一亩黄连,那么就会常年有五亩黄连在地里需要管理,需要给五亩黄连除草。在春夏季节,杂草容易生长,刚将这块地里的草除去,另一块地里的杂草又茂盛起来了,连农在除草方面更加繁忙,直到黄连生长到第五年的时候,农民才很少对其进行除草的工作了。

黄连的成熟期是五年之后,而最适于收获黄连的季节是秋冬季节,也就是开垦荒山、搭建黄连棚的季节。春夏季节的黄连看起来十分茂盛,而事实上此时黄连主要长苗,而在秋冬季节却是黄连长根的时候。黄连是根茎作物,连农收获的是黄连的犹如鸡爪的根茎。所以,黄连的收获在秋冬季节进行。收获黄连所使用的工具是镰刀,连农拿着一个板凳到黄连棚里坐下,拔起周围的黄连，用镰刀将黄连的苗割掉，而将根茎收集起来背回家。收获回家的黄连大小不一，它们被晒在地坝里，晒到一定程度之后，连农需要将个头很大的黄连切小，使得每一个黄连看起来大小相当，这是为了烤黄连的时候使得它们受火更加均匀。传统的烤黄连的方式是先用火烤干之后，将其放入一个称为"撽笼"的容器中来回摇动，使得黄连上的泥土以及毛根脱落，最终得到金黄色的优质黄连。现在农民烘烤黄连的方式简便了一些，工具是一个圆桶似的网格铁笼，黄连放入其中，铁笼架在火上，一边烘烤一边搅动铁笼，泥土和毛根便从网里漏出来，一次性完成烘烤以及脱离泥土和毛根的工作。

烘烤好的黄连就可以储存了，我们已经说过，黄连很少会遭到虫害，它可以长期保存，直到农民感觉到适合的时候才销售。对于农民而言，最适合销售的时候显然是价格最高的时候了。不过同样明显的是，农民并不能够这样理想地来安排他们辛苦五年得来的成果，因为他们在很多时候都等着用钱，所以与其说农民想要在黄连价格最高的时候销售黄连，还不如说农民是在自己最需要钱的时候销售黄连。据一些连农自己的回忆，黄连价格一直是波动的，只是在一段时期内波动的范围不大。20世纪80年代中期，供销社收购黄连的价格在24元左右一斤，1992年以后价格逐渐降低，直到1997年形成最低的价格，每斤黄连仅卖6元钱。第二年，黄连的价格又逐渐上涨，1999年时黄连价格达到100元每斤，这种价格持续了两三年的时间。2004年，黄连的价格跌到60元每斤，第二年跌到三四十元。2008年，黄连的价格又降到了20元每斤的水平，有些质量较差的甚至才卖到十几元钱一斤。

尽管种植黄连的收入是不稳定的，但并没有彻底摧毁农民对种植黄连的兴趣。在我们所考察的龙泛溪，有一户农民在1984年修建了当时少有的新房，其修房的所有资金都来源于黄连的收益。另外还有两户农民在沙子关购买了新房，分别都花了20多万元，这些钱也大部分来自于这两个家庭种植的黄连。这是一对兄弟，他们几乎成为连农们的楷模，这些种黄连成功了的人对其他的连农触动很大，在整个龙泛溪，因为种植黄连而在沙子关买房的已经有五六家。在我们考察期间，龙泛溪的一个农民将自己的10头母猪中的9头卖掉，他准备投资种植黄连，试图从黄连身上赚钱。

关于黄连的经营，我们还会在别的章节中说明。我们在这里所介绍的只是一种经营黄连的方式，即家庭经营，不仅由家庭本身投资，而且由家庭本身投入劳力。这需要一个家庭具有足够的劳动力，因为他们除了种植黄连之外，通常也不会放弃粮食生产。种植黄连是较为艰辛的工作，它不是一般年轻人所能够长期胜任的，年轻人（尤其是那些还没有家庭负担的年轻人）通常选择更加轻松一些的赚钱方式，譬如打工；但是还有许多劳动力不能离开本土，基于孩子的教育以及养老等方面的原因，而且其个人因素也不适合于打工，这些人主要通过黄连来赚取现金。但是一如我们上文所说的，龙泛溪没有大规模种植黄连的农民，最重要的原因显然是本身没有足够的资金投入。我们将在另外的章节中说明那种更大规模的黄连种植情况。

第四节　副业：家庭的日常养殖

　　我们所考察地区的农民所从事的养殖活动，很难算得上是一种产业，因为这种活动也是相对自由的，一户农民可以根据自己家庭的情况来安排家庭的养殖情况。跟那些专业养殖场不同的是，农民普遍从事的养殖活动主要是围绕他们自己家庭需求的，或者说，养殖的产品直接供给家庭消费，只存在很少一部分养殖产品供给市场的情况，而且这种情况是在市场经济对人们的影响越来越大的情况下才逐渐出现的。所以，我们在探讨农民这类养殖活动的时候，既不能轻易地将这一活动看作是产业（不如说它是农业的延伸或者说农民的副业），也要强调这种养殖活动是日常性的。一个专业的养殖场通常会根据对市场需求的判断而调整其养殖的情况，而一个家庭则不会轻易受到这些因素的影响，他们即便抱怨某些年头的乳猪价格太高，也很少使得他们放弃养猪。而在乳猪养成肥猪之后，尽管他们也会遗憾某些年头的肥猪价格实在太低，不过这对他们所产生的影响也是有限的，因为他们所养的猪在市场不景气的时候可以不纳入到市场上去评估，可以杀掉储存猪肉。养牛的情况也与此类似，不乏一些农民在做牛生意，他们从一个市场上购买低价的牛，然后在其他市场上试图以比购买时更高的价格卖出去。但是养牛的目的在于耕种土地，或者说储存财富，后一个目的在养猪方面也能够体现。我们在上文中对农民的农耕生计已经做出过一些说明，其中的许多工作都需要耕牛来完成，这是耕牛被喂养的重要原因所在。养殖对农民而言算得上是一种优越的储存财富的方式，原因在于他们可以自由地卖出买进。这方面在养猪方面没有很好的体现，因为一头肥猪通常只喂养一年（甚至因为喂养饲料变得更短了），此后便不再会增值，不过我们已经说过，即便如此，农民还是可以将猪杀掉，保存猪肉。耕牛的喂养时间可以很长，我们看到一些家庭会喂养一头牛到三五年的时间，在这段时间内，他们随时可以使用这头牛，在经济紧张的时候则转手卖出去。农民的养殖除了耕牛和猪之外，还包括其他动物，例如鸡、鸭等家禽和狗等。

一、养猪

我们在说明农民的农业生产的时候说过，牲口圈及厕所是给农业生产提供肥料的场所，牲口圈建在人居的侧前方。牲口圈分成上、中、下三个主要部分，中间是牲口居住的地方，农民将牲口养在这里。中间层的地面有缝，牲口的粪便从这里漏下去，落到下层，那是粪池。上层是存放杂草和柴火的空间。猪和耕牛都被喂养在牲口圈里，不过，有些家庭的猪圈与牛棚是分开的，因为牛棚里需要堆放许多草料，如果是在猪圈里，草料会阻塞漏粪孔。但是在晚上，为了保证耕牛的安全，耕牛还是关在猪圈里，因为牛棚通常是比较简易的，只是几根木杆撑起一个棚子，只要牛站在这里能够遮阳避雨就行了。

农民养的猪通常有以下几个来源。首先是从沙子镇场镇上购买来的乳猪。大约在每年的冬腊月，场镇上便会有许多贩卖乳猪的商贩。在这个季节，农民通常会将自己家里前一年喂养的肥猪宰杀或者出卖，此时正是农民对乳猪需求最旺的季节。而场镇上贩卖的乳猪主要有两个来源，一些本镇喂养母猪的农民将自己家的乳猪拿到场镇上贩卖，还有一些乳猪则来自于更远的地方，例如四川境内，这些乳猪是专业的贩猪生意人运来卖的。农民购买乳猪的另一个途径是向自己熟悉的农民购买。在龙泛溪，曾有两户长期养殖母猪的农民，我们将会在后文中说明。农民选择向自己附近的农民购买乳猪基于两个重要的原因，一是他们免去了贩运的麻烦，而更为重要的第二点是他们认为这样更加安全。在冬腊月，一些贩卖乳猪的生意人通常还会从外地用车拉来一些乳猪到村里贩卖，虽然这在很大程度上减少了农民的许多麻烦，但是农民对此还是十分谨慎的，他们并不放心外地人拉来的那些乳猪的健康状况。那些从事这种生意的人在农民那里的印象不佳，因为他们通常会以极低的价格从农民那里买走一些生了病的肥猪，而他们卖给农民的乳猪又经常出现一些健康问题，甚至会给村里带来瘟疫，这是给农民带来的极为重大的损害。

乳猪在一个月大的时候就可以与母猪隔开单独喂养了，那时的小猪大概只有20斤左右的毛重。通常情况下，无论是专业化的养殖者还是农民的家庭养殖，都会给小猪喂各种催肥饲料（工业化生产的饲料）。但是他们在交易中通常会否认这一点，在赶场天的场镇上，我们会看到一把大红伞遮蔽着等着贩卖的小猪，使太阳不会照射到小猪的身体。太阳光线透过红伞照在小猪的身上，使小猪看起来皮肉红红的，加上一直喂养饲料，看起来十分健壮。购买乳猪的农民当然会非常喜欢这样的小猪，但是他们比较担忧的是这些小猪只是在贩卖者的手中是这样，等到农民买回家之后才发现这些小猪的胃口很刁，没有饲料则很少进食。这种情况当然也是农民更愿意购买熟悉的人的乳猪的原因。但是无论如何，给下生不久的小猪喂养饲料已经是普遍的情况了，农民在购买小猪的时候逐渐也形成了心理准备，他们打算也在小猪的食物中搭配一部分饲料，此后则逐渐减少，直到消除这种饲料。之所以如此，是工业化的催肥饲料需要从市场上购买，农民觉得那是专业化养猪才会使用的，他们没有必要花那些钱，他们不需要尽快催肥生猪。而且，一些信息使得农民知道，现代工业生产的饲料尽管可以催肥，但是在食用这些猪的肉的时候则会对人体造成负面影响。事实上，这种观念与使用化肥的观念具有某些类似的特征，农民本身并没有什么科学的依据，不过是一些观念的影响。但是农民似乎能够从其他方面区分出这些牲口是吃工业饲料长大的还是吃粮食长大的，他们通常认为使用饲料催肥的肥猪肉质不好，油脂似乎也没有喂养粮食长大的肥猪的高。

总体而言，小猪一旦脱离母猪被单独喂养之后（或者说脱离要贩卖它的主人的手之后），它们的饲料结构就会相应地发生些改变了。玉米几乎是生猪的主要饲料，无论是喂工业化饲料还是全喂粮食，都不可能缺少玉米，催肥饲料要与玉米面混合。当然喂养生猪的饲料也不全是玉米，我们在上文中说过，当土豆盛产的时节，人们主要喂生猪吃土豆，有时候还会加入玉米。此外，红苕及其叶苗、各式蔬菜等均是饲料。一些野生的植物也可以作为猪的饲料，人们将这些植物统称为猪菜，一个家庭中如果有十一二岁的小孩子，那么割猪菜的工作通常就由这个孩子来承担了。不过更多的情况是，农民在山上劳动的时候就会附带割一些猪菜回来，因为孩子们现在更多的时间花在学习和玩耍上，但是仅仅是劳动时割的猪菜也已经足够，毕竟农民的地里还种植着各种能够喂猪的作物。而且，农民还有其他的方式来储存猪菜，无论是野生猪菜还是种植的一些饲料都具有某些季节性，在这些作物收获的季节，农民将这些作物砍细，然后储藏在一口木缸当中，即便已经腐烂，依然可以喂猪。这些饲料通常会被混合起来，猪菜（或者别的种植的蔬菜或者红苕等）被砍得很细，它们一同被放入铁锅中煮熟，在适温的时候喂猪。煮熟一锅猪食需要烧掉一些柴火，所以正如我们上文中已经说过的，在农民的生产生活中，相对休闲的季节用来砍柴火是很普通的情况。

龙泛溪的农民通常会喂养大小不一的两三头猪，尤其是在冬腊月，喂大的肥猪还没有出售或者宰杀,而小乳猪已经买来了。有的家庭甚至养得更多,这当然要根据这个家庭的劳动力以及他们的土地能够生产多少粮食而定了。在生猪喂养较多的时候,喂猪变得稍微麻烦一些,因为不同的猪所要求的饲料不尽相同。我们看到一户农民喂养了三头猪,一头是准备过些日子便要宰杀的,另一头则是要用于出售的肥猪,最小的一头只有几十斤,是刚买来的,因为当年的乳猪价格很贵,所以只买了一头小猪(本来这个家庭的传统是买一对的,因为他们认为两个小猪在一起吃食,在争抢之中会增加小猪的食欲)。这三头猪的饲料不完全相同,它们被分别安置在猪圈的不同隔间中。最小的乳猪刚买来,它此前一直吃工业饲料,所以现在还需要在其食物中放一点工业饲料,但是量不大。用于出售的那头肥猪尽管骨架很大,但是看起来并不很肥,在农民看来,这种骨架很大的猪一旦催肥之后,其重量会远远超出一般骨架的猪的重量。所以,这头将要被售卖的肥猪需要很快被催肥,它的食物中放入更多的工业饲料。而用于过年宰杀的那头肥猪的食物中却不放工业饲料,我们说过,在他们看来,只有这样才能够保证这头猪将来有较好的肉质和油脂。这样,这个家庭就需要给三头猪准备三份稍微不同的猪食。而且,喂猪的时间上还有些差别,那头小乳猪一大早就叫个不停,一大早就要给它喂第一顿食。但是两头肥猪却没有早上的这一顿食,通常是在11:00左右才喂第一顿,到傍晚17:00以后喂第二顿。

一个家庭,尤其是一个已经独立了的家庭几乎每年都会宰杀一头过年猪,只要这个家庭有人待在家里。宰杀过年猪的时间大概是冬腊月,主要集中在夏历的年末,也就是腊月二十多的时候。杀猪很大程度上是一件社交的活动,因为在这一天,杀猪的家庭会邀请他们的亲戚朋友来帮忙,而事实上要杀一头猪并不需要多少劳动力,其中只有将猪杀死的人才是相对专业的,其他的工作一般劳动力都能够完成。可以说,杀猪在很大程度上是一项宴请的活动,一些社会关系更为广泛的家庭在杀猪的那天甚至会邀请几桌人一起吃饭,当然,在他们所邀请的那些人杀猪的时候,作为回报,他们也会被邀请。过年猪往往被制成腊肉。他们在新鲜肉上洒上食盐,在盐水中腌制一段时间以后,这些肉被挂在火房里,接受风吹以及火烤。这样制成的腊肉能够保存很长的时间,有些家庭因为常年留在家里的人很少,所以有保存了两三年的腊肉。不过,也不是所有的猪都用于自己消费,通常一个家庭每年只会宰杀一头猪,而其他的猪只要长到一定的时间都将用于出售。农民喂养的肥猪会有杀猪商专门来村里购买,但是价格却是市场上确定的,一段时间内市场上的猪价不会有太大的变化,他们就是根据这种价格来进行交易的，如果市场价格实在太低，农民会选择将猪杀掉，保存猪肉。卖猪的时间也大概是冬腊月，或者至少是下半年，因为这个时间段里猪肉相对好卖，这时候有些家庭的猪肉和猪油都已经吃完了。因为需求增加，所以猪肉的价格升高，生猪的价格也就升高了。

只有喂养母猪是纯粹为了出售生猪，母猪培养的乳猪在一个月后便可以出售了。在龙泛溪，只有少数家庭喂养母猪，因为喂养母猪需要消耗更多的粮食，而且需要更多的照顾，小猪需要大量的工业饲料喂养。在这些喂养母猪的家庭中，有两个家庭的规模比较大，各喂养了十头母猪，加上还未出售的小猪一共喂养了几十头。这种稍大规模的养猪需要专职的劳动力来工作，并且需要不止一个劳动力，甚至全家的生产活动都会与养猪紧密联系起来。养殖母猪的饲料（也就是那些粮食）主要是通过购买而来的，他们有时候到场镇上购买玉米，更多的时候则是向周围熟悉的农民购买。喂养母猪的方式与喂养肥猪不同，后者为熟食喂养，但是前者却是生食喂养。猪菜依然需要砍细，与玉米面、催肥饲料等混合起来，用水拌好之后直接可以喂猪。喂养母猪的人认为生食喂养能够提高猪的体质，而且还能够增加母猪的奶水。不过这种观点在一般农民那里不能战胜传统，人们依然认为猪应该吃熟食。而关于母猪的喂养者进行生食喂养的原因，则是因为猪的数量多，这里缺乏能源，要煮熟几十头猪的食物确实存在一定的困难。

喂养母猪的目的就在于繁殖小猪，农民以卖小猪而赚钱。一头育龄母猪每年可以生育两胎，每一胎所生的数量并不相同，少则生四五头，多则生十二三头。生得少的一胎，小猪通常比较健硕；生得多的一胎，小猪则通常较为瘦弱。小猪下生后的几天内以母乳为生，此后开始吃食，喂养工业饲料。大约两个多月后，小猪就能够长到二三十斤的重量，这时候就能够出售了。乳猪的价格起起伏伏，经常不稳定。在过去几年内，乳猪的价格从三四元一斤逐渐长到二十多元一斤，此后则因为母猪喂养者的增加而使得猪价下跌，又跌至几元一斤，除去饲料钱，养猪的人几乎没什么钱可赚。在我们对龙泛溪进行考察的时期，一户曾经喂养了十头母猪的农民已经放弃了这项事业，他们将所有的母猪和小猪全部卖掉，在栗新地区买了十几亩林地，并且还将继续购买山林，准备大面积地种植黄连。

值得再一次说明的是，猪的价格经常处于波动当中，但只是对大规模养殖母猪的农民造成养殖方面的影响，而至于一般农户家庭都还保持着喂猪的传统，只要这个家庭中有劳动力在家中经营农业，因为这是农民养猪的饲料的主要来源。

二、耕牛

在当地农民养的牲口中，耕牛十分重要。耕牛的重要性主要体现在农业生产方面，此外，正如我们上文中已经说过的，耕牛的重要性还在于它是农民储存财富的手段之一。不过，喂养耕牛的家庭并不多，只有大概1/3的家庭喂养耕牛。喂养耕牛的家庭较少的原因在于，它的生长速度很慢，不能够很快实现其价值，一头牛犊需要一年多的时间才能够尝试着练习耕田，大约在两岁之后才能够长成一头成年的牛。耕牛长大之后，它便不能够再作为储存财富的手段了，因为它还在不断地消耗粮食和劳力，但是它已经不会再有哪怕十分缓慢的增值了。所以，假如一个家庭希望通过喂养耕牛来增加经济收入的话，他们通常会购买一个小牛犊来慢慢培养，成年之后便将其卖出，又或者喂养一头育龄的母牛，除了其能够耕田之外，还能够生育小牛来卖。不过，因为耕牛生长得缓慢，所以很少有农民会有通过养牛而赚钱的想法，耕牛的作用还是主要在于生产方面。

然而尽管耕牛在这里的农耕生计中是不可或缺的，但是依然只有小部分的家庭喂养耕牛。这一情况的主要原因在于，在农耕生计中，耕牛发挥作用的时间是间断性的，而且仅仅集中在某些时段，而一年更长的时间中，耕牛则处于闲暇状态，主人还要提供给它草料和粮食，为其耗费劳力。因此，大部分的农民选择不喂牛，到了农活繁忙的时候，直接雇用熟人家的耕牛使用。通常情况下，雇佣耕牛还包括对耕牛主人的雇佣，雇佣者只需要给被雇者工资，他就会按照协商意见将雇佣者的田地翻耕出来。雇佣耕牛的工资也不十分稳定，尽管在熟人之间，价格更多地受到传统的影响而不是当前市场的影响，但是现在的市场观念逐渐加深，因为交流的广泛使得价格信息很快流传开来。例如在别的乡镇，雇佣一头耕牛翻耕一亩田地的工资高出本乡镇的相同情况，那么这种信息便会在很短暂的时间内流入当地，并对雇佣耕牛的工资发生一些影响。但是更重要的，还是供求关系的变化。在耕牛的雇佣与被雇佣关系中，距离上不会相距太远，也就是说，龙泛溪的农民通常不会到很远的地方去雇佣耕牛来耕田，当然也不会接受很远的地方的雇主来雇佣耕牛。龙泛溪的农民可能会雇佣本村内部的耕牛，包括最近的鱼泉组、最远的白鸡坪，也可能会向相邻的别村雇佣耕牛，例如银杏组；但是他们很少会到栗新地区雇佣耕牛，也很少到兴隆村雇佣耕牛。在一定的地理范围内，耕牛的数量及其需求量是相对平衡的，如果耕牛太少,耕牛的雇佣工资势必会涨高,相反,工资则会降低。在耕牛的雇佣工资涨得过高的时候,一些家庭条件允许的农民便会自己购买一头耕牛,自己完成翻耕及其他需要耕牛的工作,并且还可以接受雇佣,这样,耕牛的数量就会有所增加,雇佣工资也就相对有所下降。而在耕牛的雇佣工资太低的时候,一些曾经喂养耕牛的农民便会在翻耕完自己的田地之后将耕牛卖掉,因为它的消耗已经远远高出它所能产出的价值,这样,耕牛的数量便会有所下降,而耕牛的雇用价格也就会相对涨高。我们强调了这种雇佣工资起伏的"相对性",这是因为在农民看来,雇佣耕牛的工资从来没有在价格的数值上下降过,也就是说,雇佣耕牛所要耗费的现金数量一直是处于上涨的趋势的。这与整体的物价水平存在一定的关系,而且也与农民的现实生计具有一些关联。近些年来,物价水平虽然很少存在幅度很大的变动,但是总体上在缓慢地增长。当大部分的农民都逐渐可以通过各种各样的方式赚取现金的时候,现金的购买力便会存在一定的削弱。正如一些农民所言,与过去那些年代相比,这是一个钱不管钱的时代。在这种趋势下,雇佣耕牛的工资逐渐增加也就在所难免了。

耕牛吃得最多的是草料。在湿热的季节,农民通常会从山上割一些牛草来喂牛,很多时候也是在忙于农作物生产的过程中割牛草的。这些草并不会被牛完全消耗,牛草很少进行处理,直接扔到牛棚中,耕牛会吃掉一部分,而另一部分则留了下来,这并不浪费,因为它们将成为粪草的重要原料。但是如果是在农闲的季节,农民会将耕牛迁到野外,让耕牛自己随意吃山上的青草,这就是人们常说的放牛。不过放牛的情况不多,首先是因为农闲的时间很少,尤其是在劳动力不足的情况下更是如此;其次,则是因为耕牛的另外一个作用在于生产粪肥,它们在野外便不能在这方面发挥作用;而且,稍微平缓的地区大都被农民开垦为田地,里面常年生长着庄稼,而坡度较陡的地区则不是牛适合去的,它们没有山羊的那种本领。天气寒冷之后,青草也干枯了,耕牛在寒冷的季节更少走出牛棚,它们的草料质量显然也降低了许多,从原来的青草变成了干枯的稻草或者玉米秸杆。这些干草只有在耕牛很饥饿的情况下才会吃,更多的部分最终成为粪肥。所以在寒冷季节,耕牛不能吃到青草,农民便会调整一下耕牛的食物,那就是增加粮食的喂养,也就是玉米面。在青草茂盛的季节,大多数养牛的农民也会给耕牛提供一些玉米面,但是数量不多;而在农耕时节,耕牛处于劳累状态的时节,玉米面的数量会增加一些;寒冷的季节,因为草料不足,所以玉米面的数量也会相应地有所增加。

三、家禽及其他动物

农民所喂养的家禽主要是鸡,但是在我们考察龙泛溪的时期,养鸡的农民也很少。少有农民养鸡的原因是这类家禽在此前经过几次的瘟疫,使得农民在近期内不愿意再养殖它们,因为每一次的瘟疫都会席卷整个村落甚至影响到别的村落,使周围的鸡几乎全部死亡。但是鸡在人们的生活中也是重要的,一个家庭在每年过年的时候至少会宰杀一只公鸡,而更为普遍的是宰杀三只左右。母鸡的作用是生蛋和孵化小鸡,鸡蛋是当地人社交中的重要礼品。

现在农民养的鸡大都是从场镇上购买来的。这些小鸡都是工业孵化的,它们来自农民自己并不了解的地方。在商业还没有提供这项服务之前,人们所养的鸡大都是家养母鸡自己孵化的,今天依然有极少数的农民这样做。那些工业孵化的、农民从场镇上购买的小鸡被统一称作肉鸡,而家养母鸡自己孵化的大都是本地鸡,它是在没有肉鸡出现之前农民所养的鸡的遗留品种。在今天,即便是自己家养的母鸡所孵化的小鸡也不全是本地鸡了,因为肉鸡在这里已经十分盛行,它们与原来的纯种本地鸡相互杂交,并且越来越趋于肉鸡的形式。肉鸡与本地鸡相比,它们的个头更大,公鸡通常能够长到8斤左右,而本地鸡通常只能够长到5斤左右。此外,肉鸡的身材看起来浑圆壮硕,而本地鸡(尤其是公鸡)看起来羽毛更加光鲜,身材精瘦但是格外精神。在人们的意识中,本地鸡作为一种更古老的品种,它除了没有肉鸡产肉多之外,其他方面则比肉鸡更具优势,因为它看起来更加美观(人们在过年杀鸡的时候有这样的讲究),而且其肉质也被认为比肉鸡更好。在一些年份,腊月的场镇上,公鸡的价格在肉鸡与本地鸡之间存在很大的差别,当肉鸡的价格卖到8元左右的时候,本地鸡的价格却能够卖到12元甚至更高。鸡蛋也是如此,人们认为本地鸡的鸡蛋更好,其蛋黄看起来更黄,而不像肉鸡所生的蛋那样,蛋黄看起来有些微白。所以,本地鸡蛋在市场上的价格通常也比肉鸡蛋更高。不过,因为鸡蛋毕竟不像鸡本身那样容易判断,所以想要购买到真正的本地鸡蛋,只有向熟人购买,因为至少能够知道卖者家中所养的鸡是什么品种。

养鸡的方式主要包括两种:放养和圈养。放养的鸡白天大部分时间在外面寻找食物,公鸡还经常相互斗殴,它们只是在早晨出去之前得到主人喂食,主要是玉米粒或者玉米面,到了晚上回来的时候,有时候也喂一顿。放养的鸡生长速度明显慢于圈养的,这是因为它们在野外的活动消耗了其很多热量。所以,更多的农民选择圈养,肉鸡从一买来就被关进笼子里,这些笼子有铁制的，也有木制的，里面有装食的槽，还有装水的槽。肉鸡被关进笼子里，食槽和水槽里通常都不会放空，它们可以随时吃食喝水，而且它们不运动，所以它们长得更快，肉也更多更肥。圈养的肉鸡在六个月之后就足以达到八斤左右，而放养的则需要更长的生长时间，管理不好的甚至在一年之后还难以长到八斤重。

　　鸭子和鹅的养殖情况也不多见。喂养不多的原因与鸡的情况类似，另外，人们对鸭子和鹅的需求没有对鸡的需求那么大，人们并没有在节庆或者社交中杀鸭杀鹅的习惯，并且与鸡相比，鸭子和鹅所消耗的粮食更多。鸭子和鹅通常都是放养的，它们也会在早上获得一顿饱食，此后便会到田里寻找诸如黄鳝、泥鳅、田螺等美味。不过在栽秧之后的一段时期，秧苗还没有长稳，这时候不能将鸭子和鹅放养，它们最喜欢跑到水田里活动，这会对新栽的稻秧造成负面影响。人们很少宰杀鸭子和鹅而吃其肉，更多的食用它们的蛋，鹅蛋和鸭蛋的个头都比鸡蛋大，但是它们的肉都比不上鸡肉，所以鸭子和鹅在市场上的价格都远低于鸡的价格。

　　这里在一年前还能够看到一些家庭养狗。狗在以前负有看家和警戒的职责，据一些老人回忆，大约十年以前，还有许多家庭养狗，晚上要是有陌生人到村里，到处都能够听到狗吠声。不过近些年来，人们因为对狂犬病有所认识而开始惧怕养狗，因为现在一旦被狗咬伤，便要打狂犬疫苗，一个疗程需要四五百元钱。2009年前后，镇政府组织禁狗，村里的狗全部被打死，此后，龙泛溪再没有一条狗存在。

　　在龙泛溪的大田院子，我们还发现这里唯一个养殖蜜蜂的农户。这个家庭的房前屋后以及猪圈旁边一共摆放着七只蜂桶，据说这个家庭也只是在几十年前才开始喂养蜜蜂的。最初，一群蜜蜂落在一棵梨树上，这个家庭将其收回家来，此后逐渐繁衍成为七桶。蜜蜂每年产两次蜂蜜，二月一次菜花蜜，八月一次稻花蜜。养殖蜜蜂除了需要防虫之外，不需要别的管理。收蜂蜜时不能全部收获，需要留一部分给蜜蜂食用和繁殖。这个家庭所喂养的七桶蜜蜂，每年可以收获蜂蜜15斤左右，而市场上的蜂蜜价格在每斤40元左右。据说蜂蜜不仅可以作为调料食用，而且其本身还是一味中药，蜂蜜泡酒，睡前喝一杯可以治风湿，而大麻片和蜂蜜一起煮水可以治头疼，等等。

　　如上，我们对农民的养殖活动做了大致说明，可以看出，农民在从事农业生产的同时不放弃养殖，这本身已经体现出了农民生计"杂"的特征。而且，仅从养殖方面而言，农民所养殖的动物的品种以及围绕这些动物的一系列活动也能够体现出其"杂"的特征。而事实上，农民依靠这些繁杂的生计方式，在今天还是不能很好地改善他们的生活状态，他们在传统的农业生计之外，寻找着一些比这更好的生存方式，这就是以劳动力直接换取现金收入。

第五节　劳务经济：以劳动直接换取现金

以劳动换取现金的方式包括许多种类，假如以工种来分类的话，我们将会在下文中看到，情况显得更加复杂一些。不过，在探讨劳动直接换取现金这件事情上，我们只做出大概两种类型的分类：临时工和外出务工。前者是农民在居住地周围找到的一些临时性的劳动机会，这些人大部分时间离开自己家里的生产劳动，但不会长时间离开家乡；后者是农民走出自己的家乡，到更远的城市里（大部分的外出务工者外出的目的地是城市）寻求劳动机会，他们不仅仅离开了传统的农业生计，而且也离开自己的家乡，到了一个新的（至少对于打工者先驱们是如此的）空间中生存。临时工存在历史更加长远一些，在还没有外出务工的现象之前，临时工已经广泛出现。

一、临时工

在1949年以前，有些临时工行走于各个乡村之间，这是一些既没有土地又没有家庭累赘的劳动力。他们走到什么地方，如果有人愿意雇佣他们的劳动力，他们便会留下来帮着主人家种田种地。我们在一些村落发现，一些现在居住在这里的人口正是以上述的这种方式迁移而来的，他们在做着长工或者短工的时候，这里解放了，他们于是跟着分得了一些田地。1949年以后，农民的劳动被更大程度地限制在土地之上，因为这个时期几乎不存在没有田地的农民了，经营土地可以改变他们以前的生存困境，那时候的土地不会被看成一种束缚。此后，"大跃进"和农业集体化生产将农民固定在一个生产队范围内进行农业生产。然而，即便是在这样的时期，出卖劳力的情况依然是存在的。一些具有手工艺能力的农民在经营土地之外，还利用闲暇时间来出售他们的手工艺。在集体生产的时代，尽管农民没有权利支配自己劳动力，但是生产队也有现金需求，他们会将一些具有手工艺能力的农民安排到别的生产队甚至别的公社从事副业生产，赚取现金，这些手工艺者只要每天付给生产队一部分现金，他们便能够获得生产队的工分。分产到户之后，农民逐渐获得支配自己劳动力的自由，而且，因为分产到户提高了农民的生产积极性，曾经需要消耗大量拉动力的土地现在并不需要那么多的劳动力了。在具有一定闲余劳动力以及这些劳动力具有支配自己自由的情况下，学着做些技术活、打打零工便是农民解决人地矛盾以及增加家庭收入的重要途径。直到20世纪90年代以后，外出打工便成为人们在土地经营之外增加家庭收入的主要途径，不过打零工的传统依然存在。

打零工是在相对农闲的时节进行的。我们在上文的描述中早已说明农民的农事安排，从那里我们可以看出，勤劳的农民是很少有农闲时间的，每一个时期都有不同的农活等着完成。不过相对而言，农活主要集中在两个时段，即春耕和秋收。我们已经说过，春耕时是两种主要的粮食作物（水稻和玉米）先后耕种，而秋收的时候也大概如此。所以，农民打零工的时间安排通常会排除这两个时期，除非零工的工资很高，能够吸引农民放弃农业生产，又或者农民自己家里还有充足的劳动力来应付农业生产。事实却是，打零工的是那些因为各种因素而不能外出务工的农民，他们中的大部分劳动力在50岁上下，或者这些人因为养育孩子或者赡养老人的责任限制了其外出务工。这样的农民一方面要维护农业生产的基础地位，同时生活中也到处具有现金缺口。他们不能够轻易放弃农业生产，因为凭借其零工的工资不能完全支付一家人的生活开支。所以，在一个男女主人都在家的家庭中，男主人通常将大部分的时间花费在打零工方面，而女主人则通常将更多的时间花在田地和家里。这种分工状况也许具有传统的影响，不过更重要的也许是劳动力价格的影响，因为长期以来，女性劳动力的价格始终要比男性劳动力的价格低，在零工的工作岗位中尤其如此。当然，零工具有临时性，临时工人在每一份工作之间都会存在一些空隙时间，即便是那些因为技艺超群或者别的因素而广受欢迎的临时工（例如一些木匠）没有中间的空隙时间，但是他们还是会调整出用于农业生产的时间。这里的矛盾不仅仅体现在两种生计之间，显然也体现在雇主与零时工之间，他们处理这一矛盾的方式是灵活的工资制度。在零工的工资计算中，主要包括两种，一种是计时工资制，另外一种则是计件工资制。这两种工资计算方式都还广泛存在，假如一个家庭的农活做不完，他需要雇工一起做农活的话，很多时候就是计时工资，按天计算，例如给黄连扯草。但是另一些需要花费更长时间的工作则大多数采取计件工资制，这种工资计算方式使得农民在打零工的时候具有相对的自由，他们承包了一定的工作量，完成的时间在大致的限定下存在很大的自由空间，这也就使临时工处理农活与零工之间的关系时可以进行更灵活的时间安排，这是零时工与雇主之间的相互妥协。雇主当然希望工作早日完成，无论工资是计时制还是计件制；而临时工尽管也希望工作早日完成，但是他们毕竟需要处理许多其他工作，这样便会拖延工作的完成时间，如果这样的情况下采用计时制，当然对雇主不利。雇主能够接受计件制在于这样他们就不用担心临时工拖拖拉拉，他们在工作的完成时间方面能够提供给临时工较大的空间，在于他们对完成工作的要求并不十分迫切，这在城市中的现代企业是无法想象的。

给临时工提供的工作岗位是复杂的。农业生产有时候也能够给临时工提供工作，尤其是当有大老板承包大片山林种植黄连的时候，他们必定会请一些当地农民进行种植、管理和收获。此外，修建房屋可以说是临时工最常见的工作类型，每一个新家庭的建立总是以房子为基础的，即便上一辈人所修建的房屋足够现在的年轻人居住，但因为他们对居住条件的要求与传统具有许多不同之处，所以他们也经常重建或者扩建房屋。从事修建房屋工作的临时工还能够做其他的建设活动，他们被统称为泥水匠，这是一个不仅要求体力，还要求技术的职业。还有一些工作是要求具有较高的专业技术的，例如木匠（又叫木工）、石匠，等等。不过，随着人们生活方式的变迁，一些具有传统手工艺的农民逐渐失去了其工作机会。在这方面，我们可以举些简单的例子，例如木匠，虽然龙泛溪没有专门的木匠，但是通常会请周围的木匠做木活，这些木匠曾经是建房子的能手，因为过去很长时期中的房子都是木制的。但是现在的木匠除了能够做一些木制家具、楼板之外，已经失去了修建房子的工作机会了，因为现在的房屋建筑已经使用现代建筑材料修建。木匠曾经还是许多生活用品的制作者，但是现在他们能够制作的那些生活用品已经不能得到一般农民的赞赏了，取而代之的是各种塑料的、铁制的生活用具。不过一些新的领域却为临时工提供了工作岗位，在2009年以前的两三年中，许多农民成为修建高速公路的工人，我们在第二章的内容中对这条高速公路进行过详细的介绍。

临时工的工作还有许多，事实上，只要有需要，其工作又是一般农民所能够从事的，都可以给农民提供一些临时工作岗位。我们需要进一步说明的是，这种帮助别人进行一些劳动而要求别人提供工资的情况虽然由来已久，但是普遍形成于近二十年以来的时期。在一些年长者的记忆中，除了一些比较专业的工作需要付给工资之外，一些普通的工作通常不需要直接付以工资，而是一种广泛的合作状态，人们在换工互助中来调节工作与劳动力之间的矛盾。随着劳动力的向外转移，农村劳动力的剩余状态得到了改善，而且在某种程度上还体现出农村劳动力不足的情形，这使得劳动力的价值明显地体现了出来。而且，当农民感受到他们的生活总是与现金分不开的时候，报酬的最直接形式便是现金。可以说，临时工从其普及的时候开始，直到今天，一直受到打工经济的广泛影响。打工经济兴起之后，使得劳动力直接换取现金的方式在农村成为一种重要的生计状态，这种状态强化了劳动力换取现金的意识，使得那些不能够外出务工的农民在向别人提供劳动力支持的时候要求现金回报。临时工的工资水平也在很大程度上受到打工经济的影响，这种影响是通过多重方式来实现的。首先，打工者的工资水平会影响到临时工对工资的要求，他们经常有意识地将自己的工资与外出打工者的工资进行对照，很难接受比外出打工者低很多的工资水平。其次，如果外出打工者的工资水平明显很高的话，那必然会吸引许多曾经不愿外出打工的劳动力走向城市，这又必将使得农村劳动力再一次减少，使得劳动力更加昂贵。关于这方面，也许从2008年的金融危机中可以看出些端倪。在这一年，许多外出务工者纷纷返乡，农村劳动力突然增加了，这使得劳动力的需求降低了许多，一个家庭本来只有一两个主要劳动力在家务农，但是现在却有两个甚至更多的劳动力可以使用。劳动力的增加与劳动力的需求降低从两个方面促使临时工的工资价格降低。我们如此分析临时工的情况，事实上已经表明了现代农村受到外界的影响程度，农民完全不理解这种影响力量的来源，更不懂得他们之所以如此的真正原因。而事实上，外界对农民和农村所发生的影响，在外出打工者的身上体现得更加突出。

二、外出打工

有条件的农民，更多地选择外出打工而不是在周围地区寻找临时工的机会。我们在上文中已经对临时工做过一些说明和分析，很明显，周围地区所能够提供的工作岗位是十分有限的，或者说对劳动力的需求量很小，这使得临时工的工资一直不能够超过外出打工者。可以肯定的是，在我们所考察的地区的农民中，大多数家庭的现金收入是依靠打工这项生计的。传统的农业生产在这方面几乎是无能为力的，它只能够满足人们的基本生活需求，农业没有形成成熟的商业化特征。而且，因为市场经济对农民生活造成的影响，使得人们的生计策略也发生了很大变化，就像我们上述所分析的那样，现实的生活状况要求农民在做任何工作的时候总是考虑其现金回报。所以，无论是从事农业生产、寻找打临时工的机会还是选择外出务工，这事实上都是许多农民经过其严密的计算之后所作出的决定。

在他们的计算中,一亩水稻每年能够生产900~1200斤稻谷,加工成大米之后只有700~800斤,而每斤大米的价格当时只在1.5元左右,也就是说,一亩稻田所能够产生的现金只有1000元多一点。但是这还没有将水稻生产的投资除开,一些没有耕牛的农民,在种植水稻之前需要雇佣耕牛来翻耕水田,一亩水田大概需要花费200元左右的现金来雇用耕牛翻耕。此外,水稻的种子需要购买,在对水稻进行管理的时候,还需要投入农药钱、化肥钱,等等。除去这些各式各样的投入,一亩水稻所能够产生的经济价值往往只有不到1000元。但是在外打工的情况则不同,一个劳动力在城市的工厂里往往有2000元以上的工资,除去每月必要的生活开支之外,还剩余1000多元。而一些农民进入城市之后往往有更高的工资水平,达到3000元的工资水平也是正常的情况,2000元只是很低的水平。假如农民需要将他们的一切劳动果实都拿到市场上去估计其价值,进而估计劳动本身的价值的话,他们当然更加愿意外出打工。而在现实生活中,农民正是如此考虑的,因为他们已经被市场经济所包围,他们一旦没有现金,便会寸步难行。我们在前文中已经对农民生产生活的许多方面做出过说明,也就是一个家庭的各种责任的履行,包括孩子的教育、赡养老人以及必要的社交等,这些都需要大量的现金投入。

榜样也是影响农民的一种重要力量,经过长时间在城市中奋斗,一些农民在某种程度上算是成功的。虽然他们并没有在城市中找到落脚之地,但是他们却改变了农村家庭的命运。这些人对其他农民产生了一些刺激性的影响,使得更多没有外出打工条件的人创造条件外出务工。在龙泛溪,打工赚到钱的农民通常会做一件让别的农民艳羡不已的事情,那就是搬家,搬出龙泛溪,在沙子镇上或者到石柱县城定居。我们已经在上文中说过,对于我们所考察的地区的农民而言,搬到场镇上去居住对一个家庭而言意义非凡,这几乎能够证明这个家庭的经济实力,同时也就影响了这个家庭的社会地位。我们在说明年轻人的择偶条件时,曾经对此做过很详细的说明,在龙泛溪通过打工而赚钱买房的已经有三四个家庭。这种榜样作用对年轻人造成很大的影响,对于他们而言,打工是很好的生存方式。我们将会在描述孩子的教育的章节说明打工者对孩子所造成的影响,我们将会从那里看到一些孩子在过年的时候通过与打工者的接触而产生某些打工生涯的想象,通常是正面的、积极的憧憬。这样看来,打工者的相互影响以及他们对下一代的影响都是明显的,其影响的结果就是使得没有打工的人以及还没有达到打工年龄的孩子都有去打工的念头。

这种影响并不仅仅是在打工者已经十分成功的情况下如此,仅仅是因为打工者的一些言行举止以及生活用度，都会使人对城市里的生存方式产生很多正面的想象，例如手机流行起来的时候，使用的人主要是外出务工者，这仅仅在十年以前还是一种特别奢侈的通信工具，而现在几乎每个家庭都至少有一部。每年过年回家的时候，那些打工者都会将自己打扮得十分光鲜，尽管他们自己明白在城市里生存的艰辛，但是他们需要体现出来他们是从城市里返乡的人，无论他们身上揣了多少现金。那些还没有结婚的打工者，他们还不存在家庭负担，他们会在打工生活中更加注重自己本身，以至于这些人的生活方式也在城市里发生了一些变迁，从衣服、头发、走路、说话等方面都体现出了与没有打工的年轻人之间的差别。这些，正提供给那些没有城市经验的年轻人对城市的各种想象。

我们还要说明一点打工生计广受欢迎的原因，这个原因需要将打工生计与传统农业生计进行比较而得出。我们在说明传统农业生计的时候已经说明了这种生计方式的一个十分显著的特征，那就是"杂"。这一特征对于农民而言，意味着他们有着永远也做不完的农活。并且，因为从事传统的农业生计的农民留在家里，所以家庭中的各种琐事需要处理，这样，我们就会发现，一个在家务农的农民往往一大早就起床（尤其是在夏天的时候，早上更加凉快而容易干活），收拾好家里的各项家务之后上山劳动，中午的时候回到家里吃饭并喂牲口吃食。假如是炎热的夏季，中午的时候，这个农民也许会在家里休息一下，避过最烈的阳光之后继续到田地里干活，不过这也要视这个农民的农活而定了，那些田地很多、每一季农活都很繁忙的农民甚至会一整天待在田地里，他们一早就将中午的吃食带到田地里去，中午由家里的老人或者孩子帮着喂牲口。干农活花费大量的体力，而且人们几乎没有什么自由的时间，他们在农忙的季节甚至不蔽风雨，也不躲烈日。这样的生计今天越来越不受欢迎了，正如我们上文中所说明的，农民开始计算起这种艰辛的劳动究竟能够获得多少回报。而打工者的情况在这些方面要好得多，他们不需要计较企业的命运会怎样、他们的劳动为企业的发展意味着什么，他们只关注能够定期从老板那里获得应得的工资。他们的工作通常是在室内，不会发生日晒雨淋的事情，以至于一些年轻人到城市打工一段时间之后，皮肤都白了许多；他们没有其他烦琐的杂务缠身，上班的时候只是集中精力做好相对固定的事情，下班之后则可以很自由地支配自己的时间。这些优势，对年轻人的吸引力是不言而喻的，而且对于年轻人而言，更重要的是他们突然从父母身边离开，获得了从未有过的自由感。

正是因为上述这一系列的因素，使得即便是那些一直从事农业生产而从来也没有到城市打过工的老人也鼓励不读书的年轻人应该到城市里打工，打工这种生计不仅仅是在经济效益方面压过传统的农业生计，而且人们对它的认同也很高，以至于人们的舆论也更加鼓励一个年轻人外出务工，除了继续接受教育之外，毕竟这也是一种很好的脱离农业生产的生计方式，而这一直是父母教育子女的时候所预期的（许多父母在教育子女的时候直言希望自己的子女将来"扔了锄头把"）。而对于那些既不能够继续接受教育，还守着田地不到城市里打工的年轻人，舆论不会有什么好评。但是我们还是要强调一点，农民鼓励年轻人外出务工，那是在已经没有接受教育的情况下才如此的。那些长年外出务工的农民很清楚，他们的孩子将来应该超越他们的生计方式，因为打工也是十分艰辛的事情，就像这些人的父母曾经希望他们不再务农而从事其他职业一样。那些通过打工挣钱而在沙子镇上买房子的农民在很大程度上是出于对孩子的教育的考虑，因为那里更加接近教育的中心（中心小学）。关于这些，我们会在描述教育的章节做出更详细的说明。

不过，能够真正通过接受教育而改变命运的农民子弟毕竟只占总量中的很少一部分，而更多的人最终还是走上了打工的路。他们整年在外打工，有时春节期间回家一次，住上十天半月后再出去打工；有时他们甚至到了春节也不回家，因为春节期间回家的人太多，车票难买，或者因为长期没挣到钱而想利用春节这一特定时间找工作而选择不回家（这段时间因为劳动力返乡，使得城市里的劳动力变得紧俏）。

由老乡或亲戚介绍工作是农村人外出打工的普遍形式。如今通信方便了，农村人也普遍使用电话，外出民工也常使用手机相互联系，通过电话他们较为及时地了解家庭情况以及亲戚朋友的工作状况，有合适的工作他们就相约一起去做。外出的民工流动性大，哪里有合适的工作他们就到哪里，在外待的时间长了或许是一直找不到合适的工作，他们就回家一段时间，当得知某地有让他们如意的工作，他们又离开家乡。外出民工多是与同乡或亲戚甚至家人一起外出打工，他们觉得熟人提供的信息可靠些，而且一起外出相互有照应。

同一个地区的农民进入到城市中以后，他们的适应能力当然并不相同。对于刚离开学校进入城市打工的年轻人来说，外面的世界十分新奇，提供给他们的机会也比较多。他们很快就能够适应城市里的生活，并且很快喜欢上这种生活方式，因为他们还没有家庭的负担，所以打工生活对于他们而言是惬意的——既没有父母的管束，同时自己能够挣钱，消费水平也就跟上了。那些已经考虑自己的婚姻并且考虑自己将来生计的年轻人，逐渐意识到自己应该利用青壮年时期努力打拼而改变自己将来的生活，在城市里安家显然是很不现实的，他们甚至不会那样想，不过，将来能够搬到场镇上或者县城里居住的野心还是有的。要达到这样的生活理想，努力打工并且存钱在现在看来是比较现实的路径。那些结了婚并有孩子的年轻人希望多挣钱使孩子能够接受更多的教育，随着父母年龄的增加而逐渐考虑父母的赡养问题，他们需要更加勤奋地工作并且保持节俭的生活态度。

对于一个家庭而言，如何分工（我们指的是农业生计、临时工、外出务工这类大范畴的分工而不是更加详细的分工）是一个值得探讨的问题。夫妻双方一起到城市打工的现象广泛存在，尤其是对于那些新婚夫妻而言更是如此。这些年轻人结婚之后很快便一起外出打工，因为他们正是打工的黄金年龄，而且正如我们上文说过的，这些年轻人不愿意放弃打工而从事农业劳动。当然，特殊的情况总是存在的，我们看到过一些新婚妻子在结婚的时候事实上就已经挺着大肚子了（未婚先孕），她通常会在家生了孩子并且将孩子带到至少半岁以后才会出去打工，孩子留给公婆或者父母照顾。总之，不能外出打工的青壮年主要是因为生育孩子，这通常是孩子的母亲的职责，不过当孩子能够脱离母亲而有其他人代养的时候，母亲通常还是会外出务工的。有些家庭考虑到孩子的教育需要父母中的一方留在家中，这时通常是女方留在家中，我们已经说过，女性劳动力的工资在大多数的情况下比不上男性。父母年老之后，家庭中也需要留下一个人照顾老人，通常也是女性留下，有时候会是男性留下，原因是父母与儿媳妇的关系不好相处，不过这样的情况不多。留在家里的劳动力除了照顾孩子和老人之外，他们还负责进行农业生产，以满足家庭生活的基本需求。此外，在农闲的时候，如果有机会，他们还会在周围找些零工做。一个农民在45岁之后，正是其父母生活已经难以自理的时候，同时也是自己已经难以在城市里找到生存途径的时候了，而且，他们的孩子甚至都已经结婚生子了，他们开始扮演留在家中务农、做零工、照顾孩子的角色。

外出务工的农民在工种方面存在许多差异，城市里给农民提供的工作机会是复杂的。因为不同的农民具有不同的个人特征，其受教育程度、技术能力、体力、兴趣爱好等是不相同的，这使得他们从事的工种也并不相同，在我们的考察中，龙泛溪的农民在城里所从事的工种主要包括服装制作、电子产品制作、家具制作、机件制作、建筑、保安甚至洗脚、按摩等服务工作。打工者所选择的打工地点也是不尽相同的，大部分的农民主要集中于三个沿海省份打工，那就是广东、福建和浙江。地域上的选择受到他们的社会关系的影响，一如我们上文所说的，大部分的农民外出务工都是结伴而去的，他们或者与自己的亲戚，或者与自己的朋友一同前往，而此前他们已经通过一两个同往的人了解到了目的地的工作岗位的大致情形。

在结束对外出打工这一生计的说明之前，我们还需要对打工这一生计对农民生活所造成的影响进行一些说明。我们在前述的许多章节中都已经发现，农民外出务工对农民生活的各个方面都造成了影响，例如这种生计对农民的婚姻、家庭以及社会关系造成了影响。农民外出务工，使得一个家庭中的成员分处不同的地方，这对他们的生活造成许多负面的影响，夫妻之间的情感破裂经常因为夫妻长期分居两地而发生，孩子与父母长期不在一起居住而产生留守儿童方面的教育问题，年轻人与父母相隔甚远而难以很好地照顾父母而产生养老方面的问题。关于夫妻情感破裂的案例，我们在前文中的相关章节已做过一些说明。而在孩子的教育方面，一个悲剧事件一度引发农民对现代打工生计的反思，一个父母在外地务工的孩子在与祖母一同上山做农活的时候不慎落入水沟（就是那条提供给遇新桥水电站水能的水沟）而被淹死，人们至今还会将这个悲剧归因于父母外出务工，这使得孩子没有被很好地照顾。而在养老方面，我们这里还是仅举一个悲剧为例：几年前，一个单身老妇人的两个儿子在外地打工，她自己一个人生活。一个清晨，邻居发现这名老妇人倒毙在家门口，而此时，她的两个儿子和儿媳都在外地打工，他们接到电话后匆忙乘坐飞机赶回来安葬自己的母亲。

尽管打工生计对农民的生活造成的负面影响是显见的，但是在龙泛溪而言，农民并不能够放弃这种生计方式。我们已经在上文中说明过打工生计在农民的所有生计活动中所占据的优势所在，农民生活的各个方面都需要足够的现金支持，而对龙泛溪的大部分家庭而言，只有打工才是解决现金不足的最快手段。上述说明了打工对婚姻家庭、孩子的养育以及老人赡养方面的负面影响，然而依然面对这些领域，打工也做了很大的贡献，因为婚姻的缔结和家庭责任的履行需要大量的现金财富。孩子的教育和老人的赡养当然也需要现金支持，努力在外地打工的农民工忍受离开父母与孩子的辛酸，正是为了给孩子提供更好的接受教育的机会，同时也可以更好地给父母养老送终。

第六节 小结:"杂"的农民生计

  我们所要表明的,正是农民生计的这种"杂"的特征。我们在本章内容中分节对农民的生计活动进行了说明,可以看出,对于一个家庭而言,上述的这些生计活动通常都是不可或缺的。而且,我们还没有完全穷尽龙泛溪农民的所有生计活动,只是选取了较为普遍的生计方式进行说明。事实上,贸易活动也可以稍加提及。在现在看来,龙泛溪农民的贸易活动并不多,虽然他们经常要投入到贸易中去,他们更多的时候站在买方的立场投入到贸易中去,而没有多少产品可供出卖,所以他们很少能够在贸易活动中获利,并且这也很少成为他们贸易的目的——想要获利,通过其他的方式也许更加直接。当然,无论是与传统的农业生计还是与打工生计相比,专职于贸易的生意人显得更加轻松,这是所有没有做生意的农民对那些做生意的人的想象。我们已经说过,那些通过打工、种黄连赚了钱的农民最想要做的事情便是搬到沙子关居住,除了考虑孩子的教育,还有一点考虑看来是重要的——这里是经济中心,他们住在这里可以逐渐做一些小生意,改变原来辛苦的生计方式。

  龙泛溪农民比较早的贸易传统发生在上世纪八九十年代,那是个刚从各种限制中挣脱而获得自由的年代。在上世纪 80 年代,有一件事情对龙泛溪的农民产生过显著的影响,那就是"卖猪药"。猪药是那个时候对工业饲料的一种叫法,在那个时候,工业饲料还没有普及,刚刚开始深入到农村。沙子镇的一个农民在石柱县城建了饲料厂生产饲料。因为工业饲料才刚开始在农村出现,所以要卖出饲料还存在一定的困难。所以,贩卖饲料便成为一项重要的工作,老板承诺农民帮助他卖猪药,按照提成获得工资,这促使许多农民成为猪药的推销员,他们不会在附近地区推销猪药,原因是这种猪药并没有他们所吹嘘的那种效果。现在,当人们再次回忆起卖猪药的事情时,曾经做过推销员的农民对那种猪药的效果其实也不甚了然。在龙泛溪,有一户农民因为卖猪药而赚了钱,最后搬到城里居住去了,但是大部分的农民并没有成功。

  今天,龙泛溪从事商业活动的农民很少。这个村民小组的组长家在沙子关开了个小饭馆,不过生意并不很好。而事实上,这个家庭也并不完全依赖那个小饭馆而生存,他们在龙泛溪的田地依然还在耕种。诸如这个组长的家庭一样既保持着传统生计又经营着小规模服务业的还有几家，他们从事服务业是要增加家庭的收入，而不是要改变原来的生计，因为原来的生计在很大程度上依然保留着。如果说原来的农民只要勤劳地耕种田地就能够改善其生存状况的话，那么现在的情况变得复杂多了，他们需要从事更多的生存活动，才能够使其生活达到一般的水平。当然，现在的情形似乎也可以被理解为农民改善其生存的途径有所增加。

正因为如此，农民的生存途径显得复杂起来，这种复杂性不仅体现在人们所从事的职业分工方面，在更细致的范围中也表现了出来，例如，农民所种植的作物都是十分复杂的。这些复杂的生计途径可以做两个方面的理解，首先，因为这种生计的"杂"的特征而使得农民的生计并不专业，而现代市场通常更要求专业化生产，我们将会在后面的章节中说明高山地区（栗新地区）农民的生计方式，他们倾向于相对专业的农业生产，使得他们的农业更加商业化。但是，"杂"的农民生计还是具有某些有利于农民生存的方面。多样化事实上是农民更早的生存策略，正如我们在说明当地的农作物时所说的那样，玉米和土豆现在看来主要是牲口的饲料，但是它们同时也是农民生存的保障，在水稻歉收的情况下，玉米和土豆都可以成为农民的主食。从更大的范畴来看，农民从事不同的职业（包括传统农业、打零工以及外出打工），对他们抵御风险也有些助益，2008年，金融危机致使许多农民工在城市里失业，但是他们回到农村之后依然可以正常地生存。而相对专业化的生计探索往往会伴随着一些生存威胁，这是农民很多时候不愿接受专业化生产的原因之一。在兴隆村，有些农民在上世纪八九十年代曾经在其所有的田地上都种植烤烟，在这种新作物种植失败之后，许多农民的生存甚至受到了威胁，几十口人纷纷迁往外地寻求生存。

所以，我们甚至很难看到一个从事专业化生产的农民，至少在现在看来，他们只能在这种复杂的生计状态中获得生存。但这不是年轻人的观念，上文中的描述多少能够体现年轻人对未来生计的一种总体预期，他们期望的是一种专业的、相对轻松的（与传统的农业生计相比），总之是扔了"锄头把"走向市场的那种生计。所以，在大部分的年轻人看来，传统的、以经营田地为主的生计方式并不能够很好地改善他们的生活，反而永远只会将他们束缚在农村，永远当一个地地道道的农民。年轻农民改变自己命运的愿望更加迫切，他们对未来生计的想象更加理想，然而随着年龄的增加，大部分的农民逐渐屈服于现实，尤其当他们建立了自己的家庭之后便会发现，想要很好地履行好家庭的各项职责，传统的农业生计也是不可或缺的。这一点，在沙子镇的另一个社区体现得更加明显，那里的农民面临着失地的困境，当失去田地之后，农民对传统农业生计的依赖体现得更加明显（从相反的方向上来体现），这是下一章我们所要说明的主要内容。

第五章 失地农民的生存困境：
以兴隆村马栏组为例

无论出于何种生存状态的农民，都会对其子女将来的生存具有一种理想的预期，那就是超越自己。对于我们所考察的地区而言，农民们现在还是以农业生计为主。尽管正如我们也曾说明过的，家庭的现金收入主要依赖于外出务工或者就近打零工，但是在农民的一生中而言，大部分农民的大部分生命历程都在农村度过，我们已经多次提及新的生计方式具有多方面的条件限制，其中年龄的限制是最显而易见的，这种限制条件使得大部分的农民从出生到16岁、从45岁左右直到死亡的大部分时间都在农村度过。如果人的平均寿命在70岁的话——事实上也大概是这个数字——那么农民有40年留在农村生活，在外务工的时间是30年。然而这种计算方式还不是农民生计的实际状况，这一计算方式还没有考虑到许多现实生活的因素。这些因素在某种程度上看来是偶然的，我们知道家庭生活中常有许多琐事需要处理，这些琐事本身就是很偶然的，例如他们最亲密的亲戚也许会在他们外出打工的时候举办会头，假使他们不回来参加这个会头，这显然违反了当地农民的一般社交规则。然而这些偶然性的因素从另一个侧面来看的话又是必然的，因为这是当地农民处理事件的文化规则，这些因素只是在发生时间上是偶然的，但是处理方式则是必然的。除了上述的这种社交因素之外，诸如孩子的养育、老人的赡养等都对农民的生计造成显著的影响，所以才会形成龙泛溪农民的那种生计状态，它使得农民不能全身心地投入到打工生计，或者说使得那些在年龄上适合外出务工的所有农民实现外出务工，一部分农民必须留下来。最终，这些农民对子女将来的生计预期总结出了农民父母常常教育孩子的那句话："扔了锄头把，走出农村。"这种预期在岁月的流逝中逐渐变得遥不可及，我们将会在说明当地孩子的教育的章节中说明。通过教育而实现社会流动的农民毕竟是少数，大部分的农民并未如此，他们选择外出务工，而这种生计最终也很难使得农民实现社会流动，一如我们说过的，他们的大部分时间还是只能在农村度过，从事着传统的农业生计。所以土地是重要的，我们在对龙泛溪农民的生计分析中已经表明过。不过龙泛溪与我们将要描述和分析的兴隆村存在一些差异，前者能够从农民的土地经营中展示农民对土地的依赖，而后者则面临着失地的现实，它从相反的方面更加强烈而明显地展示农民对土地的依赖。

第一节　兴隆村及其失地的现实

龙河流经龙泛溪的河段是自东北向西南流动的，直到沙子镇，与来自西南方面的一条山沟汇聚。此后，龙河与沙子南部的山脉相遇，河流朝西北方向做了一个 90°的转弯，向西北方向流去。沙子镇主要的公路都是沿河分布的，我们在前文中已经对沙子镇的地形地貌做出说明，在沙子镇，大概只有沿河的部分才是坡度较缓的区域。龙河经沙子关之后向西北方向流去，伴随着流水，在龙河的右岸，一条县道也通向西北方向。这条县道与通往龙泛溪的县道相比更加优越，后者大部分路段是泥土路，少部分由乱石铺就，而前者的大部分路段已经是柏油路；从宽度上而言，通向西北的县道也比东北方向的县道更加宽阔一些；并且，沙子镇内的龙河在经过沙子关之后，开始流到一段相对较平坦的区域，所以，通往西北的这条县道更加平坦，而通往东北的那条县道，直到龙泛溪，一直是向高山爬行，过了龙泛溪依然还有很长一段上坡的路段。

沿着通向西北的柏油公路行走，左右两侧到处都有人居住。与沙子镇接近的地区，路的右边有一块相对平坦的区域，这里本来是一片广阔的良田，不过现在看来，已经堆积了很厚的一层泥石，只有少部分没有堆积的地方尚可耕种。这里，已经有一部分属于兴隆村的范围了，再往前走，路的右岸一直是较为陡峭的山崖，道路在山麓蜿蜒前行。道路的左侧，距离道路大约 100 米左右的地方，龙河平缓地流淌，这是一片较为平坦的河谷；河流的对岸，大约距离河流 100 米左右的坡地上，一些小聚落在那里分布，这些聚落的后面是更显得陡峭的山岭，上面少量种植着庄稼。龙河的两岸，向左延伸至聚落，向右延伸至柏油公路，这是居住在龙河两岸的农民们的传统生计空间，这里曾经是大片的良田，上世纪 90 年代，受到种植烤烟的刺激，农民将这些水田改造成为旱地种植烤烟，在种植失败之后一直作为旱地经营，只有很少的一部分改回水田。这些分散的小聚落，在沿河长约 1000 米的范围内被划分为一个村民小组，即马栏组。这些聚落，正是我们所考察的重要区域。

一、马栏组概述

从地形上来看，兴隆村主要分为两个部分，一为高山地区，二为河谷地带。我们在上文中说过，沿着柏油公路向西北前行，其右侧大部分是山区高地，在距离沙子镇约两公里的地方，有一条乡村公路蜿蜒上山。这条公路是较为简易的泥土路，暴雨天气车辆几乎不敢前往，地势险陡而且路况极差，沿着这条山村公路人行大约三个小时才能够达到山上的聚落，这里的聚落被称为金竹寨，这是整个沙子镇最为险陡的地区之一，它在邻近乡镇甚至也是有名的，完全是因为这里农民生计的艰苦性。这里的农民很少种植水稻，只是在一些低平的狭窄地区种植少量水稻；但是这里因为地势较高，并且具有较为丰富的林地资源，所以这里是仅次于栗新地区的重要黄连产区。总之，这里不存在失地的情况，这里农民的生计困境更多地来自于其生存的地理环境，它是沙子镇最为偏远的地区之一，但并非是我们着重考察的地区。河谷地带包括另外三个村民小组：兴旺组、马栏组以及上坝组。我们着重考察的社区是马栏组，正是我们上文所描述的那些小聚落。

马栏组的那些聚落都依山而建，背靠高山，面朝龙河。这些聚落通向沙子关的交通主要是那条柏油公路，不过这条柏油公路与这些聚落之间有龙河相隔，需要桥梁贯通。因为这些聚落并不十分集中，所以从这些聚落通向柏油路的桥梁一共包括三座，分别连接上中下三个人口居住相对集中的聚落，由上到下（从河流流向而言）分别为对河坝、香石溪和马栏组。其中，通向对河坝和香石溪的两座桥梁看起来是较为简易的，由钢筋混凝土建几个桥墩，桥墩上再由钢筋混凝土相连。这两座桥梁的桥头分别立着一面石碑，上面写着"天下万民是一家，过桥不忘铁十八"的字样，从石碑上的表述来看，这两座桥梁是由中铁十八局为方便当地村民外出而修建的。显然，这两座桥梁确实具有这方面的作用，因为在这两座桥梁修建之前，对河坝和香石溪的农民要想到沙子镇，通常有两种选择：第一，不过河，沿着河岸向上行走，一直可以走到沙子镇；第二，过河通过柏油公路而到沙子镇，但是因为没有桥梁，人们将一些较大的石头放入河中，相隔半米的距离放一个，刚好是行人走一步的距离，河水大部分时候没不过这些石头，但是在水量大的季节，这些石头全被淹没甚至冲走。这两座桥梁修建好之后，方便了农民外出，而且这两座桥梁是可以通车的，此前没有车辆能够通向对河坝和香石溪。不过这两座桥梁的作用还不仅仅如此，它还是中铁十八局的工程车辆出入的重要通道，这些工程车辆拉着大量的渣土从这些桥梁上经过，将这些渣土倒在较为低矮的地方，而正如我们上文已经说过的，较为低矮的地区事实上是农民的田地所在。这使得工程方与农民之间产生了矛盾，这两座桥梁边的石碑上的字样，正体现出这些矛盾来：工程方在任何细小的领域都要表现出他们对农民的恩赐，尽管这种恩赐很大程度上是工程的需求，他们想要通过这些宣传来缓解工程方与农民之间的矛盾。另一座桥梁是通往马栏组的，这里是马栏组的几个聚落中人口居住最为集中的聚落，因为这里看来更加平坦，住户之间没有地势上的阻隔。这座桥梁兴修于20世纪80年代初期，当时的农村还处于集体经济时期，集体经济为这样的公共工程提供了制度上的支持。这是一座石拱桥，桥梁的边上有石栏杆，桥长约十米，宽约四米。这座桥梁所产生的影响十分广泛，马栏组这个人口居住相对集中的聚落经过这座桥梁与外界联系起来，此前，据一些年长的农民回忆，马栏组与河对岸的交流是不多的，他们外出也通常选择不过河，沿着河岸向上走，与香石溪和对河坝走同一条去沙子镇的人行道。另外，马栏组是现在兴隆村村委会所在地，在2002年的村组改革之前，这里也是马栏村的中心所在地。对于过去那几十年而言，一个行政村（更早的生产大队）的中心所在，更大程度上体现在教育方面。我们将会在说明当地教育的章节中对这座桥梁对周围地区的教育所产生的影响做出更加详细的说明，我们会在那里看到，马栏组何以一度成为周围地区的教育中心。

到2003年为止，这三座桥梁通向的三个聚落里一共生活着330人，他们组成了88个家庭。这些农民曾经依靠聚落周围的山地以及沿河的那些良田生存了无数代人，整个马栏组的总面积为1.9平方公里，占据兴隆村总面积的20%。在这些复杂的地形中，可以耕种的田地面积为185亩，其中水田占据81亩，主要分布在沿河的狭窄地带；而旱地占据104亩，主要分布在聚落周围和聚落后的缓坡山地上。其余大部分是陡峭的山地，无法耕种，这些地区由浓密的灌木和树林所覆盖。与龙泛溪的农业生计大同小异，这里的水田主要种植水稻，很少种植其他作物。旱地里种植的庄稼要比水稻丰富，主要出产玉米和土豆，其他的作物还包括豆类作物、各种蔬菜等。山林尚未开发，其中生长的树木只有少量部分可以用来作为制作家具的木料，大部分是灌木，冬季，人们集中一段时间对这些灌木和生长过密且长势不好的树木进行砍伐，它们是农民生活中的能源来源。马栏组种植黄连的农民很少，因为这里的山林大多处于很陡的地势，土层也很薄。只有少量农民到高山地区租赁别人的山林种植黄连，租种的方式与龙泛溪在栗新地区的租种大致相同，不过马栏组除了在栗新地区租赁山林之外，还在对面高山上的金竹寨租赁山林。除了复杂的农业生计之外，与龙泛溪的农民大致相同的是，大约在上世纪90年代中期，这里也开始逐渐有人外出务工了，并且，因为没有种植黄连的条件，这里的人们更倾向于外出打工。在我们对马栏组进行考察的那段时期，马栏组一共有110人外出务工，占据总人口的33%左右，其中男性外出务工者59人，女性外出务工者51人，几乎各占一半。我们在分析龙泛溪农民生计分工的时候曾说过，因为一些传统分工观念的影响，外出务工的人以男性为主，女性外出务工的人数会明显地低于男性。但是在马栏组，一如统计数据所展示的那样，分工传统所产生的影响并不大。产生这一现象的原因是失地，失地使得家里留不住劳动力，失地给农民带来更强的生存压力，他们的行动只能更好地改善自己的生计处境。

看起来，马栏组与龙泛溪的生计在过去的历史时期中并无多大的差异。这两个社区所处的生存空间在很大程度上极其相似，龙泛溪的聚落前方为大片的良田，而村落之后是缓坡旱地，再其后则是广袤的难以利用的高山陡坡。这与马栏组极为相似，马栏组的水田处在沿河的狭长地带，虽然很窄，但是距离较长，所以水田也一度能够提供足够的水稻为当地农民的生存所需。马栏组的周围及村落之后也分布着旱地，再其后也是广袤的山林。农业生计环境的相同使得过去的龙泛溪和马栏组之间的农民并没有多少生计方面的差异，而现在两地之间的差异体现得很明显，相对于龙泛溪来说，马栏组农民的生计变迁更加快速，这几乎可以看作是渝利铁路修建的结果。

二、渝利铁路的修建和随之而来的纠纷

关于渝利铁路，我们在说明沙子镇交通的部分已经做过说明。这条铁路对于整个石柱县而言意义显然很大，因为这是石柱县第一条铁路，经过这条铁路，石柱县便可以与全国的铁路网联系起来（关于这条铁路的通向可参见第二章第二节"交通区位与行政沿革"）。在我们对当地进行考察的时期这条铁路还尚未通车，它在2008年年底开工，直到2013年年底才能够完成，这条铁路在沙子镇的部分正在如火如荼地修建中。

渝利铁路经过沙子镇的大部分属于隧道。我们此前已经说过，沙子镇的地形对交通造成很大的障碍，它使得经过这里的无论高速公路还是铁路都主要以隧道和桥梁的形式存在。无疑，这种地形使得交通工程变得十分困难，所耗费的劳动力会增加许多，假如这条新修的铁路对沙子镇的农民真正能够造成什么影响的话，那么也只是在修建的过程中体现得更加明显，因为这一工程一方面会破坏农民传统的生计空间（土地），另一方面则为当地农民提供一些工作岗位。渝利铁路经过沙子镇的5个行政村共17个村民小组，需要征用土地近3000亩，其中红线征地400亩（也就是将由铁路覆盖的那些土地），而各类临时征地约2500亩（也就是工程建设期间需要征用但是工程完成之后将返还给农民的土地）。铁路隧道从马栏组的那些聚落的后山中穿过，对河坝后山是隧道的出口，一出隧道便需要建桥梁，桥梁跨过龙河及其谷地，在对面的山上再入隧道。这样看来，铁路对兴隆村的影响似乎并不大，因为铁路所占据的地面很少，除了那几个桥墩需要占据一部分耕地之外，其他的部分要么在山里，要么在半空中。所以，当这里的农民刚知道这里将要修建铁路的时候，并无什么惊喜，因为这条铁路不能给他们带来多么直接的利益，毕竟这里不会设火车站；至于不利的影响，农民一开始也并不在意，因为在他们看来，这些铁道要么在空中，要么在山肚子里，对他们的耕地造不成很大的影响，他们只是觉得以后也许要逐渐习惯每天有火车轰隆而过的喧闹了。正是因为这样，使得铁路在今天对当地造成如此巨大的影响是农民始料未及的，他们几乎没有想到，穿越山洞和横跨龙河高空的铁路建设会对他们的耕地造成如此巨大的影响。而且，需要指出的是，这种影响本来算得上是十分彻底的，但是工程方却不承认它，认为这种影响是临时性的。

一如我们已经介绍过的，铁路工程将其对当地的耕地使用分为大致两种情况，一为红线征地，二为临时征地。红线征地是指铁路所覆盖的那些地面，因为铁路的覆盖，使得这里的耕地将永远成为铁轨，彻底改变了这些土地的使用性质。所以，红线征地对农民的赔偿具有一次性购买的性质，工程方所支付的土地款显然较高。而所谓临时征地，就是那些在工程施工期间需要使用但是在工程结束后仍可以返还给农民自由处理的土地，我们已经在上文中说明过，这类征地的面积在总征地面积中占据83%。尽管工程方将这些征地划归到"临时征地"当中，但是经过工程所使用过的那些耕地，在工程结束之后想要恢复为原来的耕地几乎是不可能的了。因为这里已经堆积了很厚一层石渣，这些石渣来源于隧道，工程方将打隧道时所产生的那些石渣运到低矮的地方堆放，石渣在耕地上堆放的厚度视原始的地势而不同，原来地势较低的地区，石渣将会堆得更厚，因为这里将会被堆积得与较高的地方持平，有些耕地上已经堆积了几十米厚的石渣。仅从地势上来看，这些新堆积的地质层将会使得局部地区变得更加平坦，但是新堆积的地质层不适合耕种，这是显而易见的。从山里运输出来的是大量的石头和泥土混合物，假如要在这层土上耕种，那就要清除里面的石头。不过清除这些石头将会花费大量的劳动力，这是不划算的，因为从山里运出的土壤根本不适合耕种。在当地农民经验中（我们认为至少在什么样的土地适合种植以及种植什么这些方面农民是专家），土地被分为生土和熟土，只有熟土是适合于农业生产的，而生土甚至生长杂草的能力也是缺乏的。我们在说明农民的农耕时说过一种深犁浅种的方式，即便乐于深犁浅种的农民，他们还是会控制翻土的深度，因为太深的土壤便是生土。从山里运出来的土壤大部分是生土，它不适合于农耕，农民绝不愿意花费大量的劳力清除地里的石头，然后得到一块根本不适合耕种的土地。

兴隆村农民的土地大部分被划为"临时征地"，这对他们造成很大的打击，因为他们不仅失去了传统的生计空间，而且得到的赔偿很少，所以，在农民与工程方之间产生了诸多复杂的矛盾，于是，上文中所提及的那两座由中铁十八局所修造的简易桥梁旁边才会立出那面石碑。铁路施工方与农民之间的矛盾是多方面的，因为工程触及到农民的根本利益，这个工程已经关系到这些农民在工程结束后将怎样生存的问题，而且工程方的结局方案显然不符合农民的预期，我们已经在上文中说明，划定为"临时征地"的赔偿要比"红线征地"低得多。因为触及到农民的根本利益，所以农民对工程方的各个方面都具有一些抵触情绪，而主要的矛盾则发生在补偿与工作岗位方面。

对于失地农民而言，他们的生计方式在很大程度已经被改变。失地的状况已经无法扭转，接下来农民需要考虑的已经不是如何使得他们的田地恢复生产能力，而是除了传统的农业生计之外他们还能够干点什么来改善他们的生活。基于此，首先需要考虑的当然是最大限度地获得土地补偿。在这方面，在我们考察的时期，当地农民正在为他们的青苗费补偿进行抗争。除了争取更多的补偿之外，农民们还不得不考虑更长远的未来，而这种对更长远未来的忧虑要比龙泛溪的农民迫切得多，原因是后者还有自己的田地，我们已经说过，田地几乎可以被认为是农民维持其基本生存的保障，而这是马栏组的农民逐渐失去的财富。没有了田地，无论愿不愿意，为将来计，他们需要考虑从事别的工作来替代原来的农业生计。对于大部分农民而言，打工是很不错的选择，因为在没有失地的时候他们中的很大一部分农民就已经从事这方面的工作了。不过一如我们在分析龙泛溪农民的打工经济的时候所说明过的那样，一些农民缺乏外出务工的条件，他们或者在家里从事传统的农耕生计，或者就近寻找一些临工的机会。现在，对于马栏组的农民来说，从事传统的农耕经济已经不再现实，但是因为铁路的修建需要大量的劳动力，这在某种程度上为在家的那些农民提供了一些工作岗位。但是工程方对当地农民开放的工作岗位却很少。我们曾对沙子镇部分铁路工程做过一些说明，它的工程大多是在隧道里或者高空的桥上进行，这些工作艰难而危险，很大一部分工作非专业人员难以胜任。并且，也许更加重要的一点是，工程方已经因为征收土地而与农民发生了许多复杂的利益纠葛，农民在处理这些事情的时候没有足够的组织性，这让工程方在处理与农民的关系时十分头疼。鉴于这些经验，他们不希望除了征地之外再与这些农民发生任何的利益关系，甚至包括最一般的雇佣关系。不过农民的思考却与此相反，他们认为工程方在与农民的利益关系中处于优势地位，农民却吃了很多亏，既然工程方不能在土地补偿方面做得更好，那么就应该根据工程建设的需要，给农民提供足够的工作岗位。农民当然也知道工程方何以不给他们提供更多的工作机会。在他们的印象中，铁路工程，尤其是在这种复杂的山地中的铁路工程非常危险，工程中的伤亡事故常有发生。如果伤亡事故发生在外地工人的身上，事情或许会好处理得多。但是如果这种伤亡事故发生在当地农民身上，事态必定是难以平息，因为农民距离施工处很近，他们随时可以就事故组织起来闹事。这在农民看来尽管也是如此，但是他们依然不满工程方对他们在工作方面的封锁。于是，关于工程工作岗位的抗争，也在我们考察期间发生了。如下，我们对青苗费补偿风波以及工程争夺事件做一些说明。

青苗补偿费是指国家征用土地时农作物正处在生长阶段而未能收获，国家应给予土地承包者或土地使用者的经济补偿。在马栏组，铁路工程队征用了组内近20亩的水田作为渣场堆放挖山洞时出来的石渣。村民们的水田在那时正种植着水稻，有一些村民为了获取这批青苗补偿费在征地前特别栽下了胡豆苗，他们也因此获得了1210元每亩的青苗补偿费。工程方征用农民田地时不会直接与农民发生联系，通常由当地县、镇政府出面解决征地的问题。2009年征用了沙子村石坪组地段的田土，下半年就征到了香石溪，进入到马栏组的范围内。当工程征地进入到马栏组之后，农民对征地后的情况并不十分清楚，村委会的领导给农民做思想工作，最常用的一句话就是："不要怕，政府不会饿死你们的。"这是一种有力的但是却不具体的承诺，"相信政府"在近些年来已经没有那么强烈了。因此，农民在得知自己的田地将要被征收（而且是"临时征收"）的时候，绝不愿意让步。但是村委会惯有一种策略，在对农民方面，承诺与威胁并存，并且后者的效果更加显著。尽管大部分农民并不认为与政府合作会为其带来多少好处,但是他们却清楚如果不与政府合作会带来许多对自己不利的影响。与过去的半个世纪相比,今天的农民尽管已经获得了许多方面的自由,但是农民依然在许多领域与国家权力交织在一起。具体而言,作为一个村组的农民,他们有许多事情需要央求村委会办理,诸如医保、低保、纠纷的解决、各种证明甚至婚姻的缔结,等等,都离不开村委会的参与。在农民与村委会发生关系的时候,这些事情是村委会利用其作用的保证。这种情况在征地中也体现了出来,村委会在给农民做工作的时候,农民能够从村委会领导的话语中领会到那些威胁(但是因为他们总是熟人关系,所以很少直接表明的)。在这样的情况下,政府承诺支付给被征地农民每亩1210元的青苗费之后,农民便放弃了抗争,接受"临时征地"。青苗补偿费由沙子镇政府统一发放,每一户农民的青苗补偿费都统一汇入了村民在重庆农村商业银行的卡上,村民手中保留着打款的凭条。

正是青苗补偿费引起了马栏组村民与铁路工程方之间的纠纷。青苗款并没有像农民预期的那样很顺利地发放下来。这里也许有着政策信息不对称的因素存在,有些农民说,当工程方与政府征收农民的土地作为临时之用地的时候,表明没有种植作物的土地将不会获得青苗补偿费。但是当这个政策实施之后情况有些不同,因为一些田地没有种植作物的农民的争取,他们的那些没有种植作物的田地也都获得了青苗补助费。工程方在解决了没有种植庄稼的土地的青苗补助之后,更严重的问题出现了,那些因为预先知道自己的田地将会被工程临时征用而提前种入庄稼的农民感受到这一处理结果的不公平性,他们要求专门对他们种植了的作物进行赔偿。而且,青苗费的补助一直也只是一种承诺,没有很快发放下来。2009年6月以后,村民们多次到铁路工程指挥部索要青苗费,但是工程指挥部将这件事情归到沙子镇政府的职责范围之内。而正在此时,另一事件使得农民与工程方、政府之间的矛盾更加激化了,这便是铁路工程队不允许当地农民去工程施工处做临时工。这一事件使得农民更加不满,原因是他们现在还得不到青苗费,而土地已经无法耕种,想要在铁路施工处寻找一些临时工的机会也得不到同意,那几乎等同于剥夺了居家农民的劳动权。因为不满工程方一方面拖延青苗费补偿,另一方面又不接纳农民做临时工,农民终于在铁路施工车辆必经的简易桥上集会,阻止铁路施工。在这次集会中,每个家庭出一个农民,一共80多人聚集在桥上。他们在这里围堵了三天三夜,轮流着进行,许多人买了方便面在桥上吃,吃饭的时间也不回家。在这样的情况下,政府终于站出来进行调解,不过调解并没有形成很好的结果,每一次都只是应允下来,但是长时间不执行。于是农民又组织起来,进而到铁路的隧道口进行集会,堵在隧道口,阻挠铁路工程的正常施工。这时候,铁路工程指挥部的一个经理和镇长以及几个派出所的民警一同前来调解,他们承诺将在2009年12月份正式公布详细的青苗费花名册。然而又没有兑现,但是这一次农民没有很快再去抗争,因为年关已近,他们打算在过完年之后再去围堵隧道入口。在我们对沙子镇进行考察的时期(也就是在过年之前大概一个月左右的时间里),青苗费依然还是一个悬而未决的事情。

从青苗费风波来看,对于农民而言,能够感受到"公正"也许是很重要的。而且,信息对称也十分重要,在青苗费的补偿风波中,一个重要的因素便是信息没有很好地被农民所分享,这使得各种小道消息对农民的行为产生了诸多影响,并且最终使得事情变得更加难以处理。更值得说明的也许是农民的对抗策略,尽管农民的策略总是较为消极的,但是看来其中还是包含了各种考虑。我们看到,农民很少直接与政府对抗,虽然他们也知道青苗费的事情主要由镇政府来解决,但是在青苗费不能落实或者出现不公平的时候,他们还是选择直接与工程方对抗,而不是政府。我们在上文中已经说过,虽然农民很多时候并不相信政府能够给他们带来多少福利,但是得罪政府显然是很不理智的行为。在这样的情况下,农民选择直接对抗工程方,他们在对抗之前几乎已经知道了对抗的结果,那就是政府必定会站出来做出调节。农民清楚的是,虽然他们不能够直接对抗政府,却能够通过对抗工程方而使工程方向政府施压,最后达到迫使政府履行诺言的目的。

工程争夺事件与上述的青苗费风波事实上是同一件事情,从某种程度上来说,农民将这两个事件同时进行,显然也具有一定的策略性。这里所说的工程是指铁路的一部分附属工程,而具体到马栏组的农民所争夺的那个附属工程,就是河堤工程。随着铁路工程的推进,从隧道里运出来的石渣越来越多,这些石渣只能向低矮的地区倒,这些石渣不但不断侵蚀着农民原来的良田,而且开始逐渐向龙河推进,大有倒入龙河的趋势。显然,这对当地农民的农业生计来说又是一项极为不利的影响,因为它将这里原来的灌溉系统几乎完全破坏了,如果再不采取一些补救措施,龙河也许会被堵塞,那将产生更为严重的影响。所以,铁路工程需要将这里的河堤修建起来,使得那些从山上倒下来的石渣不至于很快堆满龙河。这一工程于是产生了新的劳动力需求,对于那些土地受到破坏而铁路工程又不愿接纳其为临工的农民来说具有很强的吸引力。于是,争夺这一工程被纳入到青苗费风波之中，其目的在于：要么解决青苗费的问题，要么解决临工安置的问题，现在必须解决一个。

马栏组的农民在隧道口进行围堵时大约是2009年的12月前后，工程方、政府以及派出所到场进行调解，除了承诺将在12月底就青苗费的补助问题给农民一个较为满意的答复之外，还将铁路工程的一部分附属工程承包给马栏组的农民，或者说，允许这些农民在这些附属工程上做临时工。我们在此前已经说过，铁路工程方出于各方面的考虑，一直不允许农民参与到铁路工程的建设中来，并且因此导致青苗费风波闹得更严重。而农民借助青苗费风波的热潮向工程方提出提供临时工作岗位的要求，显然，工程方至少要在一方面妥协，如果既不解决青苗费的问题，又依然不给农民提供任何临时工作岗位，那么调解显然是无法进行下去的。在这样的情况下，工程方做出了让步，将河堤工程承包给马栏组的农民，允许马栏组的农民在铁路的这一附属工程中做临工。据农民的分析，工程方所作出的让步，也许政府也给予了一定的压力。而无论在这个过程中政府是否真正给予了工程方压力，但这至少是农民一开始的策略和预期。

可见，在这两次（或者算作一次）事件中，尽管农民是最重要的利益主体（至少在农民自己看来如此），他们与工程方、政府相比较而言更加积极地参与到事件中去，但是在详细考察之后却发现，农民在某种程度上将自己置之事外，将问题抛给了政府与工程方。当然，不可否认的是，因为农民并没有很直接地与政府、工程方直接协调其利益问题，而是抛出条件由政府和工程方自己去协调，这使得农民依然还处于自己的利益的边缘。不过，正如我们在上文中已经分析过的，如果农民更加明确自己的姿态，提高自己的位置，平等地与政府、工程方争取自己的利益，那将不是一件容易的事情，因为松散的农民没有参与到事件内核的能力。并且，这样做的后果将显得更加不可控，因为这将使得农民不仅直接对抗工程方，也直接对抗政府，但是对抗政府是农民最不愿意做的事情，这样做的后果也许不仅仅局限在事件的目的中，还会有所延伸，对农民将来处理与政府之间的关系造成不利的影响。正是基于这些考虑，作为弱者（与政府、工程方比起来），他们仅仅选择一个对抗对象，然而这只是表面的情形，因为政府、工程方与农民三者之间在这个时候处于十分紧密的关系之中，对抗工程方同样会给政府造成很大的压力，同理，对抗政府也将会对工程方造成很大的压力。不过，农民最终选择对抗工程方而隐藏对政府的压力，这是因为工程方与农民之间的关系至少在时间上来看是暂时性的，而与政府之间的关系则是十分长远的。

渝利铁路的修建对马栏组的农民造成的影响是显而易见的，这里的58户农民一共249人受到这一工程的直接影响。工程产生的影响主要在耕地方面，整个马栏组受到影响的耕地及林地面积达220亩。我们在上文中已经对马栏组的聚落格局做过一些说明，它的分散格局使得铁路修建在马栏组的影响呈现出一种递进式的发展趋势，对河坝、香石溪这两个聚落在2009年就已经受到工程施工的影响了，其后山与对面山上的隧道中源源不断地运出大量石渣，慢慢吞噬着原来的良田。最远的马栏组还没有受到这一工程的任何影响，不过大约只需要半年之后，他们就将受到与对河坝、香石溪大致相同的影响了。我们还要再一次强调，征地类型的划分对马栏组的影响非常严重。在马栏组，只有8户农民的土地作为红线征地，红线征地的总面积为16.377亩，其中耕地面积2.829亩，林地面积12.899亩。此外，剩余的200多亩征地都作为"临时征地"，影响了50多个家庭，这些"临时征地"的"临时性"是值得商榷的，因为其中只有很少一部分田地在将来还能够恢复，这使得农民的失地状况体现得更加明显。农民的生计在很大程度上是围绕着土地而进行的，土地是农民生计的核心，事实上，在渝利铁路工程施工之前，马栏组的土地也已经发生了很长时间的变迁，其变迁的总体趋势便是由多变少。而渝利铁路工程的施工，使得这一变迁从一种缓慢的过程变成一种跳跃式的过程，作为马栏组农民生存的重大背景，它值得我们做出如此繁杂的说明。

第二节　土地之变

由多变少是马栏组土地变迁的基本趋势。需要指出的是，这里的由多而少的过程不仅仅是指土地的绝对数量的变迁，更强调的是土地的相对数量的变迁。绝对数量，这是一个简单的概念，它仅仅展示某一地区的土地总面积及其结构，例如对于马栏组而言，它所占有的总的土地面积所发生的变迁很小，总面积的变迁是随着基层建置的变迁而发生的。马栏组在生产队时期分为对河坝、香石溪以及马栏组三个生产队，各个生产队所占据的土地总面积在生产队的建置保持不变的情况下并不发生什么变化，而当两个或几个生产队合并为一个生产队之后，某一生产队所占据的绝对面积便会发生变化，例如现在的马栏组相对于之前的马栏组组而言,土地的绝对面积发生了一些变化。但是与其说这是土地面积的变化,倒不如说是基层建置的变化,于是,这种变化在很大程度上也是相对数量的变化,而从土地面积的数量上而言,真正绝对数量的变化是很少存在的。多少年来,这里的农民所能够看到的就是现在的地理空间情况。但是,如果将这一地理空间做出分类,将所有的土地分为可耕种的土地和不可耕种的土地,或者分得更加详细,分为水田、旱地、山林,等等,那么变迁便很明显地体现了出来。也就是说,土地在总量上很少存在绝对的变迁,不过在结构上(将土地划分为详细的类型)却经常发生变迁。土地的相对数量的变迁却是经常发生的,这里所言的土地的相对数量,不仅仅是指土地的人均占有量(这显然也是很重要的一部分),还包括其他的相对值,例如家庭平均占有的土地数量,这对于我们所要讨论的问题而言也许显得更加重要。

在这一节,我们将要说明马栏组的土地是如何变少的。我们将会对马栏组的土地变迁做出一些横切面式的说明,因为我们所探讨的历史维度不过半个多世纪,而所选取的切面却有三四个,这种横切面式的历时性说明应该能够照顾到历史的延续性。而且,在说明土地由多变少的变迁过程中,我们所注重的是相对数量的变迁,且对家庭所占土地数量的变迁更加关注。

一、开垦荒山的年代

开垦荒山的年代所延续的时间很长,直到上世纪 80 年代早期,人们还处在轰轰烈烈的荒山开发过程中。在此之前,人们一直在不断开垦荒山,将原来不适于农业生产的地理空间开发出来进行农业生产。而在此之后,开发荒山的进程也依然在进行。很大程度上,这是人口增加的结果。不过,也并不单纯是人口增加的结果,在探讨开垦荒山是否与人口增加成正比时我们也许应该提出一个限制条件,那就是人们几乎要以农业生计为其生存的主导基础。而这种限制条件在上世纪 90 年代以前的沙子镇是广泛存在的,人们几乎只依赖于农业生产而生存,在这样的情况下,人口数量的增加对土地资源的数量提出更高要求是正常的。不过,即便人们的生存基础是农业生产,土地数量的变迁除了受到人口数量的影响,还会受到土地经营方式的影响,而土地的经营方式显然是极为复杂的,因为这不仅涉及耕种土地的技术,并且与围绕土地而形成的生产关系密切相关。在生产技术方面,如果生产技术提高,单位面积的土地所需要的劳动力显然会有所下降,这种情况未必会限制人口的增长，不过却会限制一个区域内究竟能够容纳多少人口。当然，这个过程也可能发生相反的作用，如果农村具有很丰富的劳动力，它甚至会限制技术的更新。生产技术对土地变迁的影响是显而易见的，因为人们究竟能够在多大程度上去利用自然，这在很大程度上是由生产技术所决定的，生产技术的提高使得一些原本难以利用的自然空间变得可利用起来，它对于土地的开发产生了许多正面的影响。围绕土地所形成的生产关系对土地变迁所产生的影响在过去几十年中体现得最为明显，在这段历史时期中，农民的土地经营大致可分为两种：在1956年至1982年12月以前，农民围绕土地进行一种生产队集体生产，即是农民自己所称的大集体时代；1982年12月以后，分产到户，农民的生产由集体（生产队）变成了家庭。在这一变迁之中，围绕土地所形成的生产关系对土地增减所产生的影响十分明显。在集体生产的时代，生产极为粗放，农民的生产积极性也不高，这使得一定的土地面积所生产出来的粮食很有限，进而使得农民对土地数量产生了更高的要求，大面积的开垦荒山就是在那个时代进行的。

我们并没有具体的历史数据来说明那个时代的开荒面积，但是根据一些年老的农民记忆，我们可以发现那个时代的开荒对农民生计空间的改变很大。事实上，在1949年以前，马栏组的农民所耕种的土地主要集中于龙河岸上的狭窄平地，这里主要是水田；旱地的分布还没有像今天这样丰富，村落之后的缓坡上也广泛地分布着树木和灌木丛，只是在低平的地区种植庄稼。

这与当时的人口状况和土地的经营方式存在一定的联系，首先是因为当时的人口不多（我们也缺乏具体的历史数据，不过却能够从年长农民对当时的村落布局的回忆中理解大致的人口状况），人们的农业生计主要用于满足自己的生存需要，人口数量与土地数量存在一定的正相关关系。其次，当时的土地制度对此也有很大的影响，那个时候的大量土地由少数家庭占有，更多的农民只拥有有限的土地，并且还有一些农民是流动性的，他们从别的地方流动到这里租种地主的土地。拥有大量土地的地主根据他们自己的家庭情况来规划对土地的利用，尽管他们拥有大面积的土地可供耕种，不过他们却不需要全部对其进行耕种，更多的土地并未开发出来。1949年以后，一定区域内的土地被平均分配给这个区域内的农民，这使得每个家庭的土地占有量处于近乎于平均的状态，在他们自己的范围内，他们可以自由地开发，但是每个区域内都还有未分配给农民的土地，是为集体土地，农民不能随意在这里开垦耕地。

1956年以后，土地的经营开始上升到集体层面，集体生产中的农民生产积极性不够高，尽管每一天的劳动场面看来都是如火如荼，但是年终的粮食分配却不够养活生产队的农民。这种结果并未被归因于土地经营方式方面，而是被归因于土地面积方面，在这样的情况下，几乎每一个生产队都在不断地开垦荒山。在马栏组，今天正在退耕还林的大面积旱地都是那个时代开垦的荒山，它们为农民生产了几十年的粮食之后，今天再一次因为政府的倡导而逐渐改变成为林地。不过尽管如此，那个时代开垦荒山的面积还是有限的，毕竟那样的土地经营方式使得一定量的劳动力所能够耕种的土地面积有限，而真正使得马栏组后山的坡地成为旱地的荒山开垦大约是在分产到户之后逐渐实现的。

马栏组一位在 1982 年落实家庭联产承包责任制的老支书告诉我们，香石溪（当时为单独的一个生产队）一共有 159 个分产人口，总的土地面积为 280.5 亩，人均耕地 1.76 亩。在分配土地时，每一个分产人口分得水田 3 分（10 分为 1 亩），旱地 7 分。当然，田地因其所处的位置不同而在质量方面有所差异，这在分配时可能存在一些难以达到公平的因素。不过针对这种情况，却有两种不尽相同的解决路径：质量较好的土地平均分配，质量较差的土地也平均分配；愿意分到质量较好的土地的家庭减少其一定的分配面积，愿意分到质量较差的土地的家庭增加其一定的分配面积。这一分配过程又使得每一个农民家庭的人均土地（此时是经营权）面积近乎于相同，不过在 30 年后，每个家庭之间的土地面积却发生了很大的变化。对于这个村落而言，其总的土地面积增加了许多，因为每一个家庭都在不同程度地开垦荒山，而所开垦出来的土地由开垦者经营，与从集体那里分配来的土地相比并无什么差别。

我们可以通过一个家庭的土地变迁来说明这个现象。一个姓喻的老人在 1982 年分产到户的时候家里有四口人，老人自己、他的妻子以及他的两个儿子。按照当时生产队的土地分配标准，每个人口能够分配到 2~3 分水田，那么这个家庭所能够分配到的水田最多不超过 1.2 亩；每个人口能够分配到 7 分左右的旱地，那么这个家庭所能够分配到的旱地则是 2.8 亩左右。不过现在看来，这个老人的家庭所能够经营的土地却比这个数据大得多，其水田的面积为 3 亩多，旱地的面积则为 7 亩多，多出来的土地面积大部分是在过去的几十年中逐渐开垦出来的。

在过去的这段时期中，人们之所以曾一度热衷于开垦荒山，是因为人口的增加以及生计方式的单一。我们在上文中已经对此有过一些说明了，农民在那个时代除了依赖农业生产维持其生存，很少存在其他具有较大影响的生计方式。并且，当土地分配给每一个家庭单独经营之后，生产积极性的提高是不言而喻的,生产的成果直接对应于家庭的收入,而生产的成果很大程度上依赖于土地的数量,因此开垦荒山就在那个时代成为人们改变自己家庭命运的重要方式。

二、自由经营:土地的一分再分

对于农民而言,1982年的分产到户对人们所造成的影响是十分复杂的。前述说明的因其生产积极性的提高而使得农民开始大面积开垦荒山的情况发生了,即便如此,我们还是能够看到每个家庭的土地面临着一个逐渐分化和减少的过程。

我们对那些曾经开垦荒山的农民进行过很多访问,那些在1982年以后开始对荒山进行开垦的农民看来都是具有前瞻视野的,因为正是在那个时候,他们已经想象到家庭内部的土地资源正要面临着分解。事实上确实如此,在1982年以前的二三十年中,生产队的土地多少对于农民个体而言并不十分重要,在他们看来,家庭中的劳动力多少才是重要的,因为他们能够挣取工分,人们凭借工分过活。况且生产队土地资源的多少是一个相对固定的参数,即便生产队曾对荒山进行过开发,对于家庭而言,他们想要从新开发的土地上获得更多的粮食依然很大程度上依靠劳动力争取工分。但在1982年12月以后,那些具有前瞻视野的农民立即发现了一个道理,此时,劳动力虽然重要,但是更重要的在于自己家庭所占有的土地份额。分产到户之后,农民的生产效率明显提高了许多,各个家庭的生产尽管不像集体生产时那样壮观,不过其精耕细作的程度以及劳动速度都得到了明显的改善,一定面积的土地所需要的劳动力有所减少。可是想要马上减少劳动力来适应相对固定的土地面积,显然是很难达到的,因为那时候的人口控制效率很低,而人们除了农业之外并没有更多的生计方式可供选择,这样,开垦荒地便是农民改善其家庭生计的最现实途径。家庭自由经营土地之后,土地开始面临着更细致的分化过程,它们将会被子女们瓜分,而每个子女所能够分到的土地将会越来越少(如果没有很好的人口控制的话)。

我们在介绍沙子镇农民的婚姻家庭的部分对分家做过一些说明,它是一个家庭建立的重要标志。我们在那个部分对分家时的财产分配也稍有提及,主要是房产和地产;退后二十年,具有足够的房产和地产的农民算得上是富裕的,它们是农民最为重要的财产形式。我们似乎也曾表明过,分家这一过程与其说是在体现父母与子女之间的关系,毋宁说是体现兄弟之间的关系,分家的子女与父母之间永远也不可能在财产上完全分裂,但是他们却与自己的兄弟们在财产上彻底分裂了。兄弟之间,将原来共同的家庭财产一分为二(或三、四、五……),而且他们将根据这些财产建立一个类似于此前的家庭一样的新家庭。只需要明白这一点,我们就可以理解土地资源在家庭中不断分化和减少的道理了。

然而,这种过程对于每一个家庭所造成的影响又是不尽相同的,它需要与每个家庭的具体情况联系起来发生作用。我们可以举一个简单的例子,如果一对夫妻意识到土地(或者其他的财产形式)将会在继承中面临着分化和减少的危险,他们事实上可以控制自己的子女数量。我们看到过一些夫妻只养育了一个孩子,他们的财产将会由这个孩子完全继承,而不会发生分化和减少。不过,即便是我们今天所看到的那种只有一个子女的家庭也大都是在不得已的情况下形成的,有些是出于意外,两个或者多个孩子当中只养活了一个;还有一些则是因为生理方面的原因只生育了一个孩子。然而,除了这些意外情况之外,很少看到一对农民夫妻因为想要很好地使自己的财产能够完整地由子女继承而控制子女的数量。在今天,国家对这一地区的计划生育政策颇为宽松,一对夫妻能够生育两个孩子,而现实当中也大都如此,一对夫妻总是有两个孩子。但是在计划生育还没有发生作用的时候,一对夫妻会生育更多的孩子。这样,土地(以及其他的财产形式)必将面临不断分化和缩小的过程。

如果一对夫妻在1982年以前不仅生育了几个儿子,并且还生育了几个女儿的话,情况又会有所不同。我们知道,1949年以后的中国不断强化男女平等的观念,所以在1982年分产到户的时候,无论男女,人们都能够从集体那里按照人口数量平均分配到土地。然而,女子是否具有从其父母那里继承财产或者在多大程度上能够继承何种财产这样的事情不仅需要法律的明示,还有文化传统的重要影响。一直以来,家庭财产的继承方式很大程度上都是男性单系继承的,女子原则上不能从其父母那里继承财产(如果我们这里暂时可以将嫁妆不当做财产继承的话),她们出嫁到丈夫家,与丈夫共同继承丈夫的父母的财产。她们不敢轻易地问及自己父母的财产状况(至少不会在她的兄弟及其妻子面前问及这样的事情),就如同她们的丈夫的姐妹们不敢轻易在她们面前谈及自己父母的财产信息那样。这种情况即便在现在也依然大都如此,这是农民财产继承的一般规则。不过分产到户这件事情打乱了这个继承规则,在过去很长的历史时期中,我们发现一个农民个体是从父母那里获得既有财富的

（例如房产、地产），但是1982年的分产到户却让人们有了不同的感触，个体不是从父母而是从生产队（或者说国家）那里获得了地产，这种情况使得即便是父母也很难干预子女的个人地产，因为它们不是父母给予的，而是国家给予的。这样的情况在女性方面也是如此，她们只要在1982年之前出生，便会从国家那里分到一部分地产。不过即便如此，她们也很难支配她们的这部分财产。我们在说明沙子镇农民婚姻家庭的章节已经说过，一个女子结婚之后最通常的居住方式是从夫居，而她和夫家大多时候不在同一个社区，甚至隔得更远，土地是不可能带走的。这些在1982年之前出生的女子，到了她们出嫁之后，土地将由她们的兄弟分掉，除非她就嫁在本村。分产到户到现在已经近三十年，三十年是一个农民从降生到生育自己的孩子的一个周期，其间因为家庭的各种具体因素，使得家庭所占有的土地面积发生了很大的差异变迁。

我们先来看土地较多的那类家庭。一对1982年之前出生的夫妻，男方父母除了这个儿子之外还有三个女儿，这些子女都是在1982年以前出生，也就是说，他们都从集体那里分配到一定份额的土地。这名男子的三个姐妹都嫁到了别的村落，无法耕种集体曾经分配给他们的土地（而且这是大家公认的"女子出嫁不带走土地"的一种社会规范），这些土地将由这名男子耕种。而且，这名男子的妻子是本村落的人口，她嫁给这名男子之后，可以从父母那里获得她曾经从集体那里分配到的田地。这样，这对夫妻最终将会耕种七个人的田地，即男方个人的、男方父母的、男方三个姐妹的以及女方个人的。

与此相反，我们还可以看到土地较少的那类家庭。一对1982年之后出生的夫妻，男方有两个兄弟但没有姐妹，女方虽然从隔壁村落嫁进来，两个村落之间距离不远，但是这个女子本身并未从生产队那里分配到田地，所以她最终也不能从父母那里继承任何田地。这样，这对夫妻最终能够获得的土地只有不到一个人的，他们只能够从男方父母那里继承一部分，因为这对父母养育了三个儿子，他们两位老人的土地要分为三份，这名男子只能从中继承来一份。

上述的两种情况都是较为极端的，但是要说明土地在三十年来所发生的那种变迁，这两个极端是最为明显不过的了。处于这两种极端之间的家庭，他们也多多少少存在着占有土地不均的差距，不过没有上述两个极端那么明显而已。所占土地面积的差距一定是上世纪八九十年代的农民产生贫富差异的重要原因，因为他们直到上世纪90年代中期一直只能依赖土地生存。这种差异在社会关系较远的农民之间发生，只是产生一般的贫富分化；但是在兄弟家庭之间，情况会变得有些糟糕，这两个（或多个）家庭之间还有其父母作为纽带使得他们不同程度地联系在一起，他们承担着一些共同的责任和义务，例如赡养他们共同的父母，最终共同为其父母办理后事等。在履行这些职责的过程中，土地较多而较为富裕的家庭能够更好地履行其职责，并且他们有时候会将赡养父母的标准稍微调高（孝顺程度是人们获得社会评价的一种重要指标），但在这个过程中，他们并未考虑到较为贫困的兄弟家庭。于是，一些琐碎的家庭事件都极容易引起兄弟之间的不和。

总之，土地在农民看来是最为重要的资源，离开土地，他们便失去了最为重要的生存空间。即便是在今天，随着各种形式的土地流转不断发生，土地也极其重要，甚至看起来更加重要。我们在上文中说明，一个家庭占有多少土地，这在上世纪八九十年代几乎影响了农民的富裕程度。而在今天，尤其是当土地流转发生的时候，土地的多少对家庭富裕程度所产生的影响更加明显。在过去的三十年当中，土地的多少对粮食产量的多少造成影响，而粮食在那个时代显然是重要的财富。而在今天，虽然农业生计在农民整体生计中的地位已经有所变动，而农民的富裕程度也已经不能仅仅视其粮食而定了，更重要的是看这个家庭有多少可以随时使用的资金。当土地流转发生的时候，土地能够一次性变成大量的现金，这也是土地占有的差距所形成的贫富差距的重要体现。

三、生态工程与铁路工程

这是两个对马栏组农民的土地产生重要影响的两个工程，它们都是国家工程，以国家的权力保证其实施。生态工程，也就是21世纪初开始在我们所考察的这些区域里实施的退耕还林，它将农民原有的一部分土地改成树林，农民在这个过程中不仅被限制传统的作物种植，而且他们的一部分劳动需要投入到树木的种植当中去。而铁路工程则是上述已经说明过的渝利铁路的修建，这一工程对土地的影响不是要改变其种植形式（前者所造成的影响就是这样），而是部分地改变土地的用途，将原来的耕地改变为铁路线，它对更多的土地所产生的影响在于改变这些耕地的地形甚至改变这些耕地的土质，使得这些土地完全无法耕种。

当我们行走在马栏组的山间小路上时，能够看到路的上下的土地上都生长着一些新种植的树木，它们与山的更高处的树木不同。高山上的树木看起来生长凌乱但却似乎更加自然，而坡地上这些新种植的树木则被整齐地排列起来，它们是2002年开始的沙子镇退耕还林的成果。2002年，退耕还林工程开始在马栏组实施，聚落后面的大部分旱地被划定为退耕还林的土地，因为那里具有较为陡峭的山坡，在那里耕种将不利于水土保持。退耕还林要求这些旱地改变其种植结构，将这些土地全部种上树木。在树木刚种植的几年中，农民依然可以在这些土地上种植一些作物，但是不允许种植高秆作物。退耕还林的旱地大部分是在过去的几十年中由农民开垦而来的，这些地方更早的历史时期原本就是荒山，关于这点，我们在上文中说过，人们在过去的五十年当中不得不对其周围的一些荒山进行开垦，尽管这些新开垦的土地出产的粮食没有村落周围的低地多。

　　退耕还林能够较为顺利地实施，具有多方面的原因。其中，最为重要的原因显然是农民现代生计所发生的变迁。我们已经在多处提及，农民的现代生计已经从原来的单一农业生产发展到了较为复杂多样的生计模式了，而且，传统的农耕经济越来越难以获得年轻劳动力的青睐。这些，使得退耕还林更容易被农民所接受。我们已经说过，新种植的林地里还可以种植一些庄稼，它们只是不宜种植高秆作物。另外，退耕还林还能为农民提供一些现金来源，因为国家的退耕还林工程将会对退耕农民进行一定的资金补偿，不仅是对其土地占用的补偿，也是对其劳力耗费的补偿。况且，种植的树木依然还是由农民自己经营的，这些树木所产生的一系列经济效益主要由这块土地的主人所占有，只是经营这些树木的自由度很低，农民要砍伐这些树木必须经过地方林业部门许可方可进行。

　　然而尽管如此，农民的生计还是因为退耕还林而发生了一些显著的变迁。我们在上文的举例中说到过一个香石溪的姓喻的老人，他家一共有三亩多水田和七亩多的旱地。这些旱地很大一部分是过去几十年开垦出来的，它们大都分布在村落之后的山坡上。2002年退耕还林工程实施，这位老人的家庭（因为他的一个儿子在未成家的时候便去世了，所以他和妻子与唯一一个儿子共同生活而并未分家，这个儿子在2002年时还尚未成家）一共退耕7.2亩旱地，未退耕的旱地仅剩下4分。在退耕还林以前，这位老人一家四口（老人及其妻子、儿子和小女儿）共同生活，他们依靠农业种植而维持其生存。事实上，在没有退耕还林的时候，这个家庭的劳动力已难以胜任所有的土地耕作，他们经常请一些亲戚和邻里帮忙。不过，在2002年以后情况发生了明显的变化，这个家庭几乎所有的旱地都被种上树木，只剩下水田尚可耕种，正是在2002年，这位老人的一双儿女相继出去打工了。而这位老人尽管已经年过五旬，也曾一度到山东打工一段时间，在那段时期中，家中的农业生产全由老人的妻子完成。

退耕还林工程征用了马栏组的大部分旱地，而七年之后的渝利铁路却征用了马栏组的大量水田，这两个工程仿佛相互呼应着彻底改变了马栏组农民的农业生计环境。我们在本章的第一节中已经就渝利铁路的修建对马栏组的土地影响做过较为详细的说明，我们已经指明过，铁路的修建对马栏组的土地所造成的破坏在很大程度上被认为是"临时性的"，这些田地被征用来堆放来自于隧道中的石渣，而这些区域对于农民而言是水稻生产的重要空间。这种临时性是值得怀疑的，农民自己完全不相信这是一种临时性的占用。尽管政府几次强调这些被堆满了石渣的田地将会由政府来负责进行复耕工作，但是农民从来没有听到过一个非常详细而现实的复耕方案。政府承诺，在铁路修建完毕之后，政府将从别的地区运输泥土来覆盖这些石渣，然后在表面进行耕种。这本来不失为一种途径，但是却并不现实，正如农民所言，这么高的"山"（石渣所堆积的），怎么可能从别的地方运土来涵盖呢？更为严重的情况是，以前的水田处于河边很低的区域内，那里有很好的灌溉条件；现在，这些地区已经由那些石渣堆积成山，比河流高出几十米甚至几百米，这些地区还能够种植水稻吗？此外，新的田地将怎样分配呢？我们已经看到，工程方在堆积石渣的时候早已经将田地之间的交界（这里通常由几块石头划定，两边的田地属于不同的家庭）覆盖了。如今，农民站在这些"山丘"上，自己都已经判断不出自家田地所在的方位了。

国家工程设施建设与政策对于土地的缩减不同于分家的情况。分家是在土地总量不变的情况下，导致的土地资源的分散化、土地人均占有量的减少以及土地资源的使用效率低下。而国家政策的影响导致的则是土地总体规模的缩减，这样的影响成为了另一股推动马栏组村民生计方式转型的动力，对于马栏组今日经济形态的形成有着重要影响。

四、一个案例：土地是这样变少的

上文中，我们对土地在过去几十年中的变迁过程做了较为详细的说明，我们所要说明的是在过去这段时期中重要的几个事件：开荒、集体生产、分产到户以及国家工程。开荒与土地减少相反，它是增加土地的一个过程，这个过程所延续的时间较长，一直到大约十年以前开荒才很少发生。集体生产的时代进行过大面积的开荒，我们已经说过，那个时候的生产效率普遍不高，本来很大程度上是因为经营方式的禁锢，但是那时候解决粮食不够问题的途径还是开垦更多的耕地。真正发生土地分化以及土地减少的过程是在 1982 年分产到户以后发生的，分产到户本身就是土地分散的开始，而家庭的分裂使得家庭数量逐渐增加，每一个家庭所占据的土地也就更加缩小了。不过，这种土地减少是一个相对的过程，村落里总的土地面积并不因为频繁的婚姻和分家而减少，村落里的土地总量减少是在两个重大的国家工程影响下发生的。

我们在上文中的表述紧紧围绕着这些事件，现在，我们需要对一个家庭进行历史性的考察，以便更加清楚这些事件对一个家庭而言意味着什么。

龚德明是马栏组对河坝的一个农民，已年过七旬了，他经历了过去的 50 年，甚至也经历了 1949 年以前的一小段时间。上世纪 60 年代，龚德明与另一个村落的黄雪梅成亲，组建自己的家庭。在他们结婚的年代，农民除了自己的劳动力之外，几乎没有什么财产可言，所以，他们除了从父母那里分到一两间住房和一些生活用品之外，没有分到其他的财产。结婚之后，四个儿女相继出生，这些孩子都在 1982 年以前出生。如同这个家庭一样，一对夫妻生育三四个子女在那个时代是很普通的，因为那个时代的劳动力十分重要，可以换取工分，然后换取粮食，并且，政策上的人口控制还没有实行，相反，人们还普遍接受着"人多力量大"的人口观念。

1982 年 12 月，生产队解体，实行家庭联产承包责任制。当时，龚德明的家庭一共有 6 口人，土地在生产队内按照人口数量平均分配，这样，他的家庭一共分配到了六个人的土地，一共是 6.59 亩，其中的一些土地是分产到户前后开荒而得的。分产到户以后，龚德明的家庭正是劳动力非常丰富的时期，稍大的两个孩子的年龄已经 20 岁上下，大儿子都已经接近了婚育年龄，而较小的两个孩子也已经 15 岁左右，他们也已经是重要的农业劳动力了。这些劳动力一起耕种 6 亩多的田地，他们的生活逐渐得以改善。

1984 年，龚德明的大儿子婚后生育了第一个孩子。初做爷爷的龚德明要考虑大儿子的分家事宜，在那个时代，分家通常发生在一对夫妻的第一个孩子降生之后。大儿子从原来的家庭中分裂出来单独生活，父亲龚德明分给大儿子 2 亩多一点的土地。这是龚德明经过计算之后做出的分配，当时两个女儿都已经结婚，嫁到别的村落去了，两个女儿的土地并没有由她们自己耕种，而是留在原来的家庭。于是，龚德明便将所有的田地一分为三，他与妻子共同占一份，两个儿子各占一份。显然，他与妻子的那一份最终也会分配给两个儿子，但是当自己还有能力进行农业生产的时候，他暂时不会将这部分土地分配给儿子们。然而分家后不久，大儿子便身患重病，于 1985 年不幸去世。

龚德明的二儿子没有与自己的父母分家,虽然他名誉上应该有和自己的哥哥一样多的土地,不过却一直与父母生活在一起,这是因为哥哥的去世使得养老的责任主要集中到了自己的身上。二儿子结婚后,与龚德明及其妻子组建了一个主干家庭。1999 年,这时候的二儿子已经有两个孩子了,这个主干家庭中一共有了 6 个家庭成员,不过依然种着 4 亩多点的土地,没有什么变化。尽管如此,一家六口人的基本生活需求还是能够从这四亩多田地上获得满足——水田里生产的水稻提供给这个家庭主食,而旱地上的玉米和土豆大部分用于喂养牲口。这个家庭,到此为止,所过的生活依然不错。

2002 年,退耕还林政策的推行改变了龚德明家的生活。龚德明家的旱地在这次征地过程中损失了 2 亩多,家里的土地仅仅剩下了 2 亩。通过这 2 亩田地养活家庭五口人显然是极为困难的事情,龚德明和二儿子只好想方设法寻求农业生计之外的其他生存途径。龚德明曾经是一个建筑工,他在砌墙盖房子方面具有很好的技艺,他于是重操旧业,再做起了建筑工,此时的龚德明已经年近五旬了。他的二儿子,一个接近 30 岁的青壮年,与别的同龄人开始到全国各地去打工(主要是东部沿海城市),他的现金收入当然会比父亲高得多,不过父亲却能够在家里照顾家庭的方方面面。

失地的过程并没有在 2002 年退耕还林之后完成,2009 年渝利铁路沙子段开始修建。工程一开始,龚德明家的土地就被永久性地征用了 0.3 亩,而所剩下的大部分水田也纷纷被工程作为临时用地征用,上面很快覆盖了几十米厚的石渣。如今,龚德明看着那一座座由石渣堆积而成的山丘,心里无限凄凉,他对那些被"临时"征用的田地的复耕根本不抱任何希望。此时龚德明的家庭已经只剩下不到一亩的土地可供耕种了。除了继续从事农业生产之外,已经很少再有人请龚德明去做建筑工了,毕竟他已经是 70 多岁的人,即便不考虑其是否能够继续胜任这份工作,别人也会对他在工作中的安全而担忧。这样,他儿子的压力变得更大,他不仅仅需要提供给他的孩子们教育的费用,还要提供日常社交的各种礼金,并且,与此前更为不同的是,他现在还要提供给家庭成员维持其基本生活的资金支持,因为现在的土地已经难以满足这个家庭的基本生活所需了。

五、租赁土地:新一轮的农村分工

土地不断减少的农民没有很快中断农业生产的传统,他们用别的方式来缓解这个生计断裂的过程,这就是租赁土地继续进行农业生产。我们在一些村落中发现,那里具有足够的土地,这些土地甚至是放荒了的,这在现在看来是十分正常的事情了,因为各种更加现实的生计途径可以替代农业生产,并且更好地适应现代农民的一般生活。不过,当我们看到一些农村的土地有所荒废的时候,只是站在这个区域之外来看它们,而不是走进农民的家庭中,从家庭的角度去看待它们。从家庭的视角来看待传统农业生计,我们会发现只有很少的农民完全不从事传统的农业生产,这些人要么在城市里有较为稳定的职业,或者已经在城市里创立了一番事业,还有一些家庭家中没有老人照顾孩子,将孩子一起带到打工的地方生活。总之,根据各个家庭的具体情况,一些农民举家到别的地方生活,放弃原来的土地经营。然而,这样的情况是不多的,在我们所考察的马栏组,这样的家庭不过四五家。

在一般情形下,那些举家迁到外地生活的农民会将他们的土地"拼"(这个字在我们所考察的石柱县是"借"的意思,它说明双方只是借进与借出的关系,不需要收租和交租)给他们的亲戚或者邻里耕种,不需要租金和租粮,只要管理好他们的土地就行。当然,这种情况是在近十年来才发生的,在此之前很少发生"拼"土地的情形,而是租赁。现在之所以可以"拼",是因为农民不再仅仅依赖于这种生计方式来生活,一个家庭中的青壮年劳动力更倾向于选择外出务工或者从事其他的生计活动。这样,那些土地较多的家庭便不能够完全耕种其土地,于是,他们的一部分土地便放荒了。与其让其荒废,何不将其借给别人耕种呢?但是却不能收取租金或者租粮,对于那些村落里的田地没有受到破坏的农民而言,每一个家庭都有足够的土地来满足在家人口的基本生活需求,他们不会愿意交租金或租粮去再租赁一块土地来耕种。正是因为这样,我们曾在龙泛溪发现一些家庭因为举家外出务工而无法耕种土地,其土地最终大部分放荒,因为根本没人愿意耕种。可是这种情况在马栏组是不会发生的,至少在现在看来并未发生。在马栏组,甚至没有人愿意将自己的土地无偿地"拼"给别的农民耕种,因为土地对于马栏组的农民而言珍贵得多。

对于大部分的家庭而言,通常只有一部分人是适合于外出务工的,另一部分家庭成员则因为方方面面的因素而不能外出务工,他们更多的是留在家里从事传统的耕种工作。但是随着马栏组耕地的不断减少,那些留在家里的劳动力失去了劳动空间,他们对土地的需求在失地的境况下变得明显起来。这种需求使得土地不再以"拼"的形式在农民之间流转,而是租赁的方式。

不过,有土地可以租赁出去的家庭显然是不多的。通过我们对马栏组的考察,具有土地可供租赁的家庭大概有如下几种类型:

第一种是年老体弱的老人家庭。这类家庭已经没有足够的劳动力来从事农业生产了，他们或者没有子女居住在身边，或者根本就没有子女。我们在香石溪看到一位60多岁的女性老人，现在一个人单独生活，他的丈夫已经在2009年去世，而三个女儿都外嫁到别的地方去了。她的家庭在1982年分配到五个人的田地，她与丈夫的以及三个女儿的。当她的三个女儿相继出嫁之后，她和丈夫依然经营着这些田地。但是随着年龄的增长，一些偏远的田地不得不放弃了，那些田地荒了许多年，直到近年才被本村的农民租去耕种，而她自己只留下很小的一部分继续耕种。

第二种是外迁的农民家庭。对于那些在别的地方具有稳定职业的农民而言，依然居住在这里是不现实的。一般情况下，在外地具有较为稳定的工作的人会举家迁到自己工作的地方去。在对河坝有一个农民出身的公务员，这个男人在石柱县的另一个乡镇任党委书记。在几年以前，他的妻儿们依然在这里居住，后来在石柱县城买了房子，他们便举家搬到石柱县城居住去了。他们的土地完全租赁给别的村民，每年回来收一点租金。

第三种是举家外出务工的家庭。马栏组的农民在20世纪90年代中期就逐渐有人外出务工，不过正如上文所言，很少有农民举家外出务工的情况发生，因为举家外出使得他们在城市里的生活开支较大。对于大多数外出务工者来说，城市里是个可以挣钱的地方，却不是个适合于生活的地方，他们在那里干什么都要花钱。在这样的情况下，农民将面临着谨慎的选择。选择全家外出务工的农民家庭也可以分为不同的类型。一对40多岁的夫妻，他们的父母已经离世，他们的子女或者已经成为可以打工的劳动力，或者在远方求学，这样，他们通常选择举家外出务工。那种土地已经很少，没有父母，而且孩子也还不到读书年龄的家庭，他们也宁愿选择带着孩子举家外出务工。在我们对马栏组进行考察的时期，一个在外打工七年的家庭回到村里，准备在家过完年之后再全家外出。这个家庭一共四个成员：户主、其妻及一子一女，四人都是成熟的劳动力。他们的土地全部租给男主人的弟弟家耕种，我们看到这位男主人从他的弟弟家收取了十袋共七百余斤稻谷作为地租。

第四种是通过做生意实现搬迁的家庭。对于那些居住较为偏远的农民而言，搬迁至沙子关或者石柱县城居住是十分理想的生活状态，我们已经在介绍龙泛溪农民生计的章节对此做过说明。就像龙泛溪的农民那样，具有条件的马栏组农民选择在沙子镇买房或者修建新房，他们在那里经营一点生意，可以维持其生存，并且便于孩子上学。马栏组的一个农民家庭在沙子镇上开了个五金铺，男主人还是个出名的年轻木匠，在五金铺旁边做家具卖，他唯一的儿子正在上小学一年级。平日里，木匠的妻子一边照看五金铺（因为铁路施工，五金铺的生意还比较兴旺），一边照顾孩子上学，并兼顾诸如洗衣做饭之类的家务活。木匠经常将其大量的时间花在木活上，五金铺里缺货的时候就到石柱县城去进货。这个家庭很少回马栏组，尽管马栏组距离沙子关不过五六里路。他们的田地现在由木匠的父母耕种，不过他的父母已经60多岁了，他表示，父母没有能力种植土地的时候，他会将土地租赁给其他农民耕种，并且相信要将自己的土地租赁出去是没有任何困难的。

这些家庭将土地租赁给居家的农民耕种，并没有正式的租赁契约，只是订立一个口头协议，甚至都不需要中间人。口头协议包括租地范围、租赁年限、租金（或租粮）多少即可。这种租赁方式之所以显得比较随意，是因为双方都是熟人，甚至是亲戚。正如我们在上文中所说的那样，龙泛溪的农民到栗新地区租赁山林，如果他们与林地拥有者具有密切关系的话，他们之间也不会产生正式的租赁合约，但是那些大规模租赁林地的老板们则会与每个家庭订立较为明确的合约。租金（或者租粮）的多少不尽相同，这与租赁双方的既有关系相关，同时还与田地的质量相关，不过差距不会很大。在我们对沙子镇进行考察的2009年，一亩水田一年的租金在230~250元之间，而旱地的租金则少了一半多，一亩每年大约需要租金120元。

与上述龙泛溪农民在栗新地区租赁山林不同的是，马栏组的农民并不是将租来的土地做专业种植，这些田地上依然被杂乱地种上水稻、玉米、土豆、蔬菜，等等，种植方式与失地前的情形并无二致。我们已经说过，种植水稻是为了给人提供主食，而种植玉米和土豆则在很大程度上是用于喂猪。这些都是减少农民开支的途径，如果没有这些农业生产，那些不能外出务工的农民也要依赖于外出务工者的收入，这对于农民的生存是不利的，农民的生存压力会变得更重。正是为了减轻愈来愈加重的生存压力，失地的农民不得不采取租地的方式来对传统的农业生计做一些调整。也正是从这个角度来看，传统的农业生计对于现代农民而言依然是十分重要的，马栏组的农民因为失地而产生的一系列生存困境正说明了这一点。而租地以及对租来土地的经营方式则在很大程度上表明农民对传统农业生产的依赖性。

正是因为这样，我们才看到诸如龙泛溪的农民那样的劳动分工形式，即一部分劳动力留在家中务农以自养，另一部分劳动力则到城市里寻求更能够挣钱的生计。二者均是不可或缺的，前者通过不能（或者不易）挣取现金的劳动力从事农业生产而减少家庭的开支，而后者则通过有能力挣取现金的劳动力外出务工而获得现金。开源与节流两相呼应，正是农民比较适宜的生计模式。事实上，马栏组的农民现在也依然保持着这种分工传统，不过，这种分工传统在空间上产生了一定的延伸，即从家庭内部向家庭与家庭之间（或者说社区内部）延伸。一如我们在上文中已经做过的说明，家庭内部的劳动分工广泛存在，而家庭与家庭之间（或者说社区内部）的分工则通过田地的租赁而实现。在社区层面的分工中，我们发现一部分农民正逐渐从农业生计中分裂出来，虽然打工的农民很难从农业生计中分裂出来，因为他们随着年龄的增长也将失去城市中的工作岗位，但是基于失地的压力，这个分工或者职业分化的过程将会越来越明显。

第三节　农民的家庭开支

失地的农民面临着越来越重的生计压力，这种压力来源于现代农民的生活重担。我们在分析龙泛溪农民生计的时候，对农民自给自足的生计方式做了一些说明，即便只从农业方面来看，人们在田地里也种植各种杂乱的作物，这些杂乱的作物是为了满足农民各方面的需求，正是因为这样，农民的农业专业化生产至今依然难以实现。然而即便如此，现代农民的生活也已经很难依靠传统的农业生计来维持了。我们将会从农民的家庭开支中看到，现代农民的生活已经不仅仅依靠粮食，现金对于农民的生活而言更加重要。后者的需求需要农民转变他们的生计方式，而且，传统的农业生计也已经失去了其基本的劳作空间，这使得这种生计过程的转变更加迅速。需要指出的是，新的生计方式主要是外出务工或者近距离务工，也就是我们在上文中所说的以劳动力直接换取现金。显然，这是农村劳动力转移的主要方式，劳动力的转移在生计变迁中发生。

一、家庭生活的基本开支及其来源

家庭开支是一件极为复杂的事情，我们只要从农民那种为了缩减开支而采取的各种精打细算的行为就可以看得出，因为现代农民的开支已经越来越多地依赖于现金，所以对于农民而言，究竟能够在多大程度上减少现金的开支，这是最为重要的。农民的家庭经济生活从两个方面来经营，即收入和开支；而农民安排自己生活的时候也主要从两个方面下手,即开源和节流。关于这一点,我们在探讨龙泛溪农民的生计状况时已经做过一些细致的说明。这里,当我们分析马栏组农民的生计情况时也可以做出这样的分析,只是因为两个村落的背景不尽相同,使得它们的家庭经济也存在差异,这一点,在家庭开支的部分体现得很明显。对于龙泛溪而言,我们将要介绍的马栏组农民的一部分开支在那里是不存在的,或者说是不需要花钱购买的,例如基本生活开支中的大部分。

与龙泛溪的情况几近相同,从上世纪90年代中期以后,马栏组的农民对土地的态度也发生了很大转变。可以说,近十多年来,传统农业在家庭经济中的地位已经迅速从原来的主体地位下降为一种补充,对土地的继续经营,很大程度上在于家庭经济安排的"节流"方面,而很少是开源方面。我们在分析龙泛溪农民生计的时候,没有对农民的家庭开支做过详细的说明,在那里只是说明了传统的农业生计的经营方式。在某种程度上可以说,过去几年中的马栏组与龙泛溪之间的差距并不大,只是在前者面临失地的时候,差异才会越来越明显。

渝利铁路修建以前,虽然马栏组的耕地面积已经在逐渐缩小,但是维持居家农民的基本生活需要还是可以的。在这样的情况下,农民自己生产粮食,自己消费,基本生活开支的部分便可以通过农业生产而满足。不过,渝利铁路的修建改变了这种状况,也几乎与此同时,农民对土地的观念发生了一些变化,他们这个时候发现土地对于农民而言依然十分重要,甚至对于那些长年在外打工的农民来说也是如此,因为失地的压力转移到了打工者的身上,他所从属的家庭有着更大的开支缺口等着他这个打工者去填满。

水稻是农民的主食,对于几年前的马栏组农民而言,购买稻米的情况不容易发生,因为每个家庭的水田几乎都能够满足这个家庭的主食需求。购买肉类的情况也很少,我们可以在市场上看到,做屠宰工作的人很少,卖肉的铺子和店面也都只有一两家,并且通常只是在赶场天才会经营。在几年以前,如同稻米一样,脂肪类食品也大都是农民自己生产的,我们已经在龙泛溪的生计中看到这一点。而今天,这一切都很难再实现自给了,如上所说明的,水田大部分已经被石渣所覆盖,人们吃的大米也需要购买了。旱地的破坏也很严重,它们已经不足以提供足够的玉米和土豆喂养生猪了,于是,除了诸如鸡鸭这样的肉食和蛋类食品之外,大部分的脂肪类食品都需要从市场上购买,那些经济条件较差的家庭,他们会减少对肉类食品的消费量。我们对一个家庭在铁路修建之前的养殖做了一些考察。

第五章 失地农民的生存困境：以兴隆村马栏组为例

这个家庭在铁路修建之前一共养殖了4头猪，他家种植了两亩左右的玉米，两亩地的玉米产出大约为3000斤，一头猪的整个生长期中大约消耗玉米750斤，如果使用工业饲料，那么生长周期便会有所缩短，消耗的玉米也会有所减少。这个家庭喂养的4头猪一共消耗了6包工业催肥饲料。玉米的价格在1元每斤左右，但是通常达不到这个价格（但是今天就要更高一些）。一头猪仔大约200元，一包饲料需要28元。这样算下来，一头猪的成本是1100元左右。不过，这种计算没有考虑劳动力的价格因素，我们已经多次强调过，劳动力没有一个标准的价格，并且劳动力只有在其获得劳动机会的时候才能够计算其价格。那些能够在家养猪而不到外面寻找劳动机会的劳动力，事实上是那种很难找到这种机会的劳动力，他们只能在一些传统的方面（诸如种植庄稼和养殖等）发挥其价值。这个家庭所养殖的4头猪卖了3头，一共卖了4800多元，也就是平均每头猪卖到1600元左右。通过上面的这种计算方式，我们将会看到，养一头猪还是能够赚到500元左右。并且，更为重要的是，这个家庭留下一头猪宰杀，这头猪满足了这个家庭下一年的几乎所有脂肪需求，他们便不需要到市场上去购买肉类食品和食油，只是在特殊的场合（例如有客人造访）会增加一些更为丰富的肉类食品（诸如鸡、鸭、鱼等）。

这个家庭还养了3只母鸡。家中养鸡主要是为了生蛋来吃，很少吃鸡，过年的时候偶尔吃一只公鸡。一只鸡一年可以下200颗鸡蛋，三只鸡便是600颗鸡蛋，现在市场上土鸡蛋价格为每颗0.8~0.9元。家中的鸡蛋每年都足够吃，很少去卖，石柱县城的养鸡场已经把沙子市场的鸡蛋市场垄断了，自己拿出去卖也没多少人买。一只鸡每一天消耗二两左右的玉米。这样，一年下来喂鸡的粮食消耗就有219斤玉米。在家中有地的时候，他家地中所产玉米就足够养鸡了。

另外，这个家庭还有三亩多的水田，水田除了种植水稻之外，很少种植其他作物，这在一定程度上可以看成是水田相对于旱地的劣势所在。而且，一如我们在说明龙泛溪农耕方式的时候说明过的，水稻的种植与玉米、土豆之类的旱地作物相比更加精细，生长环境要求更高。这个家庭中常年在家的劳动力只有两个老人和他们的两个还在读书的孙辈，他们的儿媳偶尔在家，而儿子则常年在外务工。三亩多的水田耕作很难由这两个老人来完成，于是他们选择将一部分水田暂时改变成为旱地，种植一些旱地作物。这种改变一方面是因为劳动力不够，另一方面则是因为这个家庭对稻米的消耗不大。正常情况下，一个成年人每一餐需要大约0.25斤大米，每天三餐饭（这里因为没有种植小麦的原因，一日三餐均主食大米），一个成年人每天大约消耗 0.75 斤大米，每一年消耗的大米为 270 多斤。我们所考察的这个家庭中的两个尚在读书的孩子不经常在家里吃饭，不过每年也要消费家中 100 斤左右的大米。这样，我们所考察的这个家庭每年只需要 750 斤左右的大米便足以生活，这两个老人只需要保持种植一亩水田便能够满足他们一年的主食所需，因为一亩水田在经营良好的情况下能够产出水稻 1000 斤左右，加工成为大米也有 800 斤左右。不过为了预防一些不确定因素的发生，这两个老人还是种植了一亩多的水稻。

铁路修建之后，这个家庭的旱地只剩下不到一亩，而水田也只有三四分的面积。不到一亩的旱地产出不到 1000 斤玉米，问题在于，这些土地还不能完全用于种植玉米，因为生活具有多元性的需求，这不到一亩的土地被用于种植玉米、土豆、花生、豆类作物以及各种蔬菜，虽然上述这些作物中有些是可以套种的，但是仅凭这不到一亩的旱地，显然已经不够了。这个家庭为了能够保证肉类食品供给，还养了一头猪，自己生产的玉米不足以养大这头猪，这个家庭花了 426 元从附近村落购买了 426 斤玉米加入进来。这头猪最终将会被用于宰杀，因为这个家庭早已经意识到，假如将这头猪出卖，那就显得成本实在太高了。养鸡也变得不现实了，同样是因为没有足够的粮食，如果购买粮食的话，三只鸡将会在一年当中消耗 200 多斤玉米。在无法养鸡之后，日常生活中的蛋类食品都需要从市场上购买了。

此外，三四分的水田显然也不能够满足这个家庭的主食需求了。四分水田在经营良好的情况下能够生产大约 400 斤左右的稻谷，加工成大米大约在 300 多斤，这个家庭依然存在 400 斤大米的缺口。不过，在我们对此进行考察的时期，这个家庭还存在一定量的存粮，还不需要从市场上购买大米。如果从市场上购买大米（对于这个家庭而言，迟早需要如此），一般档次的大米每斤也需要 1.5 元左右，400 斤大米大约需要 600 元左右。对于这两个老人而言，600 元现金不是一个小数目，因为他们已经到了很难通过劳动换取现金的年龄，显然，这种压力将会转移到他们在外务工的儿子儿媳身上。

我们所展示出的这个家庭具有一定的普遍性，因为这个家庭的构成与大多数农民家庭的构成状况相似。这是一个只由一对老年夫妻及其儿子、儿媳以及两个孙子组成的家庭，如果将家庭中所有的成员分为不同类型的劳动力，那么这个家庭中便包括两个老年劳动力，他们只能从事一些传统的生计活动，例如耕种田地以及养殖牲口。老人的儿子和儿媳算是壮年劳动力，他们很少将自己人生的这段时期花费在农业生产上，而是到城里打工赚钱，几乎每一个农民家庭都是如此安排青壮年劳动力的。老人的两个孙子正在上学，虽然他们的年龄尚小，而且其大部分时间在学校里度过，但是他们依然能够帮助祖父母做一些家务活，是未成年劳动力。当然，一些家庭中不存在老年人，他们或者已经去世，或者单独生活，或者与其他子女生活在一起。单独生活的老年人也需要他们的子女对他们进行赡养，在铁路修建以前，这些老人之所以能够单独生活，在于他们有足够的田地生产足够的粮食满足他们的基本生活需求。然而在失地之后，这些原本能够自养的老人将会提前进入到依靠子女养老的阶段，这必然会扩大其子女家庭的开支。那些与其他子女生活在一起的老人，他们的生活也不完全依靠与其居住的子女家庭，其他子女家庭也存在赡养义务。另外，大部分的农民家庭都有正在求学的人口，那些没有求学的孩子的家庭通常会举家迁到城市过着打工生活。

如上的分析显然还没有对农民的全部生活开支做出完整说明，我们所能够展示的，只是农民生活中的大宗开支。通过上述的说明，失地农民将会增加其生活的现金开支，因为土地已经无法生产粮食直接满足农民，同样也无法生产足够的粮食来转换成肉类食品和蛋类食品。即便那些依然想要养些牲口的农民，他们的生活开支也在增加，这种增加的方式主要在猪与鸡的饲养上，原料由原来的自产粮食变成了市场上作为商品出售的粮食，马栏组的农民要依靠买卖才能维持原有的饲养状况。现在，在马栏组已经出现了许多空的猪栏，很多是因为养猪的成本提升而选择放弃的。总之，我们已经看到，失地农民的生活更加依赖于市场，具体而言，他们的基本生活将会更加依赖于现金。需要进一步指出的是，因为铁路建设的原因，物价（尤其是粮油和食品类）也有所增加。

二、几项大的家庭开支

如上的家庭开支是一种较为日常的生活开支状况，除此之外，我们可以发现，农民在其不同的人生阶段，必定伴随几次比较大的开支。这类开支的特点在于它不是经常发生的，所以农民经常有足够的时间来储备财产，以等到必要的时候进行开支。但是，这种开支很大，每一次开支都会对家庭经济造成不小的压力。这样的家庭开支主要分为几种类型：会头、教育、修房以及社交。

对于一个农民家庭而言，他们需要举办几次会头不尽相同，但是根据其家庭的具体情况，能够推出这个家庭将会举办多少次会头。如果以上述我们所分析过的那个家庭为例，这个家庭由一对夫妻和男主人的父母以及这对夫妻的两个孩子组成,这个家庭将至少会举办四次会头。当两位两年人去世的时候,作为子女的年轻夫妻需要为老人各举办一次丧礼,俗称白会。而当这对年轻夫妻的两个孩子长大结婚的时候,这个家庭还将为这两个年轻人各举办一次婚礼,俗称红会。这样,这个家庭将来至少举办四次会头。而且,如果条件允许的话,这个家庭将会举办更多的会头,如果这对年轻夫妇的两个儿子将来考上一个像样的大学(这是不容易的事情),他们的父母会给他们办会头,俗称状元酒;如果这两个孩子在他们结婚之后并未分家,直到他们的孩子出生之后才分家,那么他们的父母还将承担举办孩子出生的会头,是为酸糟酒;如果这两个孩子将来不在这里居住,那么他们的父母将会为他们修建足够的房屋,房屋落成之后还要举办一次会头,即短水酒。这些会头都由现在这对年轻夫妇(处于上有老下有小的人生阶段)来承担,他们最多需要举办九次会头。不过现实情况当然不会如此,一对夫妻很少承担这么多的会头。依然以这个家庭为例,这对年轻夫妻在他们的儿子考上大学之后,他们很可能就不再在家修建房子,因为孩子们将来极有可能到别的地方生活。如果他们的儿子考上了大学,他们很可能给他办一次状元酒,但这不是必须的,而一些父母考虑办了状元酒之后,这些孩子将来结婚的会头就由他们自己承担了。而且,还需要排除的是孙子辈的酸糟酒,一如我们在说明沙子镇农民的婚姻生活的章节所说过的那样,现代青年农民通常在婚后就与自己的父母分家,这样,他们的新生儿的酸糟酒就要由他们自己承担了。这样的话,通常情况下,现在这对年轻夫妻只需要举办四次会头:父母的葬礼、两个儿子的婚礼(或者他们的状元酒)。

在上世纪八九十年代之前,会头的筹备工作通常在社区内部解决,他们所准备的各种菜肴通常都是由村落内部提供的。这里的农民具有会头中互助的传统,每当一个家庭有会头,社区中每一个家庭的主要劳动力都要参与进来,并且,他们还会给举办会头的家庭送去一些粮食、蔬菜、鸡蛋,等等。举办会头的家庭会记住每个家庭所赠给的物品及数量,以便在对方家庭举办会头的时候返还给这些家庭。这些物品与礼金并不相同,它不能够替代后者。虽然在上世纪八九十年代以前,会头中的送礼也大量体现为粮食(送稻谷),不过这与社区内部的那种赠予具有不同之处。通常,这种赠予只在同一个村落中的农民之间发生,它是发生在会头的前一天的,因为这一天,社区中帮忙的人已经陆续到举办会头的家庭中接受工作安排了,他们此时就会将要赠予的物品带来,这些物品将成为会头当天食物的主要原料。但是,即便一个村落中的农民已经在会头的前一天赠予了举办会头的家庭一定数量的物品,在会头的当天,他们还

第五章 失地农民的生存困境：以兴隆村马栏组为例

会送礼，在八九十年代以前，这种礼主要是稻谷和鸡蛋。这样，会头中所需要的食物，除了肉类食物之外，大部分是社区内的农民通过互助的形式自己供给的。而肉类食物主要由举办会头的家庭自己准备，每一个会头，通常要求这个家庭宰杀一头猪。会头中的菜肴还没有今天那样复杂，由于物资的匮乏，会头中保证有猪肉已经算得上不错的会头了，而所用于宰杀的这头猪是这个家庭自己喂养的。一个家庭在什么时候举办会头，对于这个家庭的主人而言是可以预计的。当他们的父母年老多病的时候，他们会经常做好为父母举办葬礼的工作，至少他们会每年多养一头猪。至于子女结婚以及房屋建成等这类会头，更具有可预期性，他们总会提前养一头肥猪用于举办会头。这样看来，在上世纪八九十年代以前，举办一个会头虽然也将耗费很多物资，不过因为村落内部农民之间的互助，使对举办会头的家庭的压力有所缓解。需要强调的是，举办会头通常是不需要花费劳动力费用的，因为每个家庭都可能在不同的时期举办会头，他们采取的是村内互助合作。会头中所使用的物品也一样不需要购买和租赁，这些物品（诸如炊具、桌椅板凳等）也都可以从村落里的各个农民家庭中借来使用。

这种情况在上世纪八九十年代以后发生了变化。大约还在十多年前，人们在会头中已经很少以粮食和鸡蛋送礼了，尽管村落内部农民之间的那种粮食、蔬菜等互助形式依然存在。但需要指出的是，这些由本村落农民赠送给举办会头的家庭的粮食和菜肴，大部分都在会头的前一天和会头的后一天消费掉，它们被用于招待来帮助的所有农民以及他们的家庭。会头的前一天是准备工作，从这一天开始，村落里的各个家庭都会来帮助举办会头的家庭，并且，来帮忙的农民的孩子也通常在举办会头的家庭中吃饭。会头的后一天也一样，因为人们还要帮助举办会头的家庭处理各种扫尾工作。所以，对于本村的农民而言，一个会头将会提供他们三天的饮食，那些由农民赠送来的粮食和蔬菜大都在这三天中消耗，尤其是在会头的前一天与后一天消耗。在我们所考察的这个区域，每一个家庭所举办的会头都遵循大致相同的上菜规则，虽然其中不乏差异，但是这种差异不大。按照今天的酒席规则，会头中的上菜规则大致分为两种：九碗六盘或者九碗四盘。所谓九碗，即扣碗（两碗）、隆隆肉、蒸排骨、启席、胡萝卜红烧肉、喜沙肉、烧白、笋子、豆子等中选取九碗。四盘或六盘主要是从炒肉、凉菜、鱼、烤鸭等菜品中选取六盘或者四盘。九碗里的扣碗（两碗）、隆隆肉、蒸排骨、启席、胡萝卜红烧肉、喜沙肉、烧白是每一个会头都必备的，而四盘或六盘里的炒肉、烤鸭、鸡肉和鱼也是不可少的。除了九碗四盘或九碗六盘外，还有一个汤（西红柿蛋汤或者其他）。我们可以从今天会头中的食物看出，其中许多食物已经不是农民自产而得，社区内部不能供给这些食物，这些食物必须在市场上购买。当然，餐桌上的食物中依然还有一部分由农民自己提供，那种会头之前农民赠物的互助习俗依然存留，这些由村落中的农民赠送之物依然有一部分在会头中使用。

举办一次会头所需要的开支也不尽相同，与这个会头的规格有关，当然也与举办会头的这个家庭的社会关系十分相关。条件较差的家庭可以稍微降低会头的规格，在菜品上稍作改变。另外，那些社会关系较广的家庭，他们举办会头的时候便需要准备更多的食物，因为前来参加会头的人也一定会很多。一个一般的家庭大概需要花费 5000 元左右从市场上购买食物原料，这是这个家庭自己养了猪的情况下才会如此的，如果举办会头的家庭还要从市场上购买肥猪的话（我们可以从上述的菜品中看到，许多菜品都需要猪肉），那么花费当然比这更高。

举办会头的开支逐渐增加，这个过程所发生的历史也并不长远。正如上文说明的那样，在上世纪八九十年代以前，会头的开支变化不大，因为会头的规格及其举办方式在过去所发生的变迁都不大。直到上世纪八九十年代之后，用于满足农民的物资逐渐丰富起来，尤其是农民本身也逐渐富裕起来（与此前比较而言），这使得会头的规格发生了很大的变化。一些年长者能够回忆起此前的会头规格，人们通常将 1949 年以后直到上世纪 80 年代前后称为毛主席时代。在人们的印象中，毛主席时代是一个物资缺乏、人们普遍贫困但是却充满理想的时代。新的国家在财富方面所建立的基础十分薄弱，勤俭节约作为一种本已有之的传统，在这段时期更加被放大，这种道德观念影响了过去直到今天的无数代农民，而在过去的半个世纪中体现得更加明显。即便到了今天，一些年龄较长的老人还会对年轻人的消费行为表示不满，他们对于举办会头这种事情也具有同样的态度，因为他们在过去曾经历过非常严重的饥荒时期。

然而会头消费的逐渐增加毕竟是难以逆转的。对于一个家庭而言，举办什么规格的会头，通常不是由这个家庭的确实经济状况而定，而是根据现行的大部分会头规格而定。一个比家庭更大的背景影响着会头的规格，事实上也因为会头这件事情本身不止关涉举办它的这个家庭，而关涉到更大的社会范围。我们看到一些家庭甚至不愿意举办会头，一个老人活到八十高龄，他的儿孙们也许并不给他们泡生酒（在老人寿辰的时候举办的会头），原因是他们的儿孙没有足够的资金基础来举办一台像样的会头，而随便降低会头的规格却比不办会头带来的社会影响更坏；因为他们一旦举办会头，那些与这个家庭存在社会关系的家庭便被纳入到这个会头中来，主要以送礼的方式，如果他们降低会头的规格，客人中间必定会产生一些闲言碎语，这对于这个家庭的名誉不利。一如泡生酒，状元酒也不是必须的，可以根据自己的家庭经济状况而定是否要办，而一旦办了，就要能够达到现行的一般规格。不难看出，一种攀比的心态已经产生并逐渐趋于严重，对于那些较为富裕的家庭而言，提供给来客更为丰富的菜品是并不困难的，这一切当然都应该归功于市场，它在沙子镇的形态尽管很小（只是一个场镇），但是这几乎是因为农民本身的需求以及购买力所造成的——一旦农民具有更高的需求量和购买力，更加丰富的物资流入沙子镇几乎不存在多大的困难，我们已经在上文中说过沙子镇所处的交通区位。所以，举办会头的规格以及会头的举办方式已经粗略地表达了农民的分化。正如我们上文所说的，一般的家庭举办一次会头可能需要花费5000元左右的现金，而事实上还有比这花得更少的，而另外一些家庭则花得很高，甚至一个会头花费上万元。降低规格以及本身社会关系不广便可以花费更少的资金，而提高会头的规格、改变举办会头的方式以及社会关系较广的家庭便要花费更多的资金。后者近些年逐渐出现，那些家庭通常具有较好的经济基础，其家庭的某个成员甚至已经在石柱县城居住或者具有稳定的工作，他们举办会头的方式已经不是在村落内部由其他农民帮助而实现的了，而是直接将会头委托给石柱县城的某个餐馆。这种新的方式与原来相比，举办会头的家庭减去了很多的麻烦，他们不用到处借桌椅板凳、炊具、餐具等，也不用为突如其来的某样菜品不够而着急，事实上，他们甚至省去了接待亲朋的各种繁文缛节。据那些去石柱县吃过酒席的农民说，他们在那样的酒席中只会跟举办会头的主人打声招呼，吃完饭便回来了，因为除了餐桌边上的凳子，没有更多的凳子可供客人在饭前饭后坐着聊天，并且，许多参加会头的人他们都不认识。这种在县城里某个餐馆中举办的会头看来更加排场，当然也就使得开支有所增加。另外，那些能够在县城里举办会头的家庭，通常也是具有较广社会关系的家庭，他们的客人更多，这当然也增加了会头的开支。所以，在这样的情况下，一次会头的开支增加到上万元也是正常的。而且，以这种方式举办会头通常也能够获得来客的赞许，举办会头的家庭在这种赞许之中挣得面子。

如上，我们所说明的会头开支只是就举办一场普通的宴会而言的，事实上，每一个会头中所开支的资金都不会只是准备一场普通的宴会那么简单，这种情况在婚礼与葬礼中体现得很明显。婚礼和葬礼在称呼上被分为两种完全相反的会头类型，前者因其是一件喜事而被称为红会，而后者则因其是一件丧事而被称为白会。这两种会头的举办家庭除了要承担举办一场宴会的开支之外，还要承担其他更多的开支。在婚礼中，聘金或者嫁妆显然是这场宴会之外更大的开支，关于礼金和嫁妆，我们已经在上文中有所交代。而在葬礼中，仅从宴会的准备而言就要比别的会头开支要大，因为人死之后，通常要经过几天（这段时间不尽相同，这是由阴阳推算而来的）之后才会下葬，而在这几天当中这个家庭要承担大量的仪式开支，并且在这段时间内，村里的农民一直在"帮忙"，无论有没有事情给他们做。从这个家庭的角度而言，便是要提供给村里人更多的食物。所以，红会和白会是农民所举办的所有会头中花费最高的会头。

比举办会头更加频繁但是每一次在数量上较小的开支是礼金开支，这是一种社交开支，它与会头是紧密相关的。我们在说明举办会头开支的时候已经稍有提及这部分开支，因为那些参与会头的人都要以家庭的名义送给举办会头的家庭一定量的礼金。在每一次的会头中，我们都可以看到一个房间被专门用作收礼的地方，这个房间的门边上贴着一张红纸（如果是白会则张贴白纸，在那样的场合中不宜出现红的颜色），上面写着"礼房"两个字。与举办会头的家庭存在社会关系的家庭，都会在会头中出现并且送上礼金，每个家庭安排一个成年人（如果成年人不在家，有时候也可以是孩子）带着礼金到礼房中交给写礼金簿的人，对方会将送礼金的家庭的主人（无论送礼的是这个家庭中哪一个成员）的名字写在礼金簿上，并注明大小写的金额。礼金簿将由举办会头的家庭保管，这个本子对于他们而言将成为一种责任——维护社交关系的责任，他们将会在给自己送过礼金的家庭举办会头的时候送上礼金，其金额与对方曾经送来的大致相同。

礼金对于举办会头的家庭而言算得上是会头的收入，尽管这种收入是临时性的，因为在将来还会如数奉还给对方。但是从另一个角度来看，也就是从作为客人的一方来看，礼金便成为一项开支。一如举办会头的开支多少与这个家庭的社会关系相关一样，一个家庭的礼金开支多少显然也与这个家庭的社会关系相关，那些社会关系较广的家庭，参加会头的频率显然就要高一些，送的礼金也就相对高一些。相反，那些社会关系较窄的家庭，他们的礼金开支就会少一些，如果这个家庭想要改变狭窄的社会关系现状，那么参与别的家庭的会头并且送礼也是一条重要的途径。

总体而言，礼金开支虽然算不上是一种日常开支，但也是一种较为频繁的开支。我们对马栏组的一个农民家庭做过较为详细的考察,从 2009 年 12 月至 2010 年 2 月之间,这个家庭在 3 个月内一共参加过 14 个会头,平均每一个月将近要参加 5 个会头。这个家庭在这三个月内所参加的所有会头的统计如下表所示:

表 5-1　马栏组一户农民三个月的礼金开支统计表

日期	关系	礼金（元）	事件
2009 年 12 月	表妹	100	孩子结婚
2009 年 12 月	好朋友	150	满月酒
2009 年 12 月	侄女	1000	结婚
2009 年 12 月	亲兄弟	1000	酸糟酒
2010 年 1 月	好朋友	200	孩子结婚
2010 年 1 月	普通的朋友	50	孩子结婚
2010 年 1 月	好朋友	100	孩子结婚
2010 年 1 月	普通的朋友	50	孩子结婚
2010 年 1 月	普通的朋友	30	孩子结婚
2010 年 1 月	普通的朋友	50	新居落成
2010 年 2 月	普通的朋友	50	七旬寿辰
2010 年 2 月	普通的朋友	50	新居落成
2010 年 2 月	普通的朋友	50	孩子结婚
2010 年 2 月	普通的朋友	50	孩子结婚
总计		2930	

从以上统计中可以看出,三个月内的礼金开支达到将近 3000 元,这对于农民而言显然形成了很大的资金压力。不过需要指出的是,这三个月正是每年举办会头比较频繁的时节,因为这是相对农闲的时间段,也是外出农民逐渐返家过年的时间段,并且这个时间段的天气较为寒冷,它对于保存大量食物创造了很好的条件。除了这三个月之外,还有一段会头较为频繁的时间段,那就是阳历的七八月份,此时是全国高考以及高校录取的时间,那些孩子考上大学的家庭会在孩子上学之前为其举办一次会头,也就是状元酒。

从上表还可以看出,每一次的礼金金额都不尽相同,这是按照关系远近亲疏而定的。当送礼的家庭与举办会头的家庭之间仅存在较为普通的关系的时候，礼金金额通常只在30~50元之间，这种关系包括同村但是没有任何亲戚关系的家庭，同时也包括与自己相熟但是没有任何亲戚关系的其他村落的家庭等。关系较为密切的朋友，礼金通常会达到100元甚至超过这个数字，但通常也不会超过300元，这样的关系包括同村那些平时与自己家庭存在较为密切的关系但是也没有亲戚关系的家庭，当然也包括外村的亲密朋友。一旦举办会头的家庭是表亲或者比表亲更亲的情况下，礼金金额通常都会超过100元。以亲戚关系的远近来自行规定礼金的金额，可以分为几个档次。当地人在表述其亲戚关系方面有一句俗语，是为"一代亲，二代表，三代四代认不到"，俗语的表达与礼金的表达几乎能够相互呼应。我们看到这个家庭给"表妹"送礼的礼金额为100元，但是给"侄女"送的礼金额则是1000元，差距十倍之多。"表妹"的家庭所举办会头的由头是"孩子结婚"，而"侄女"举办会头的由头则是"结婚"，也就是"侄女"自己结婚。二者相比，后者与自己的社会关系更近一些，而且，重要的是，"侄女"的婚礼是由其父母举办的，那么事实上这两个家庭之间是兄弟关系，这也就是为什么当这个家庭的男主人的亲兄弟为其孩子举办"酸糟酒"的时候也送1000元的原因了。与这两个家庭不同，表妹是一种表亲关系，它与兄弟关系相比，社会距离显然较远。另外，出嫁的"侄女"所组建的家庭还将会持续地与她叔父的家庭发生长期的社会联系，但是"表妹"的子女结婚之后，与自己家庭的联系将会越来越少。

尽管我们在上文中已经说过，送出去的礼金通常会在自己举办会头的时候收回来，但是真正要完全收回来却并不容易。首先，在过去的几十年中，物价一直处于上涨的状态，但是礼金这一数字发生的变化却是缓慢的（虽然在上世纪末之后发生了很大的变化），它在一段时期之内保持稳定，不因市场的变化而随意变化。其次，对于一个没有更多的机会举办会头的家庭来说，礼金的流动方式对他们所造成的压力更大，因为他们更难收回这些礼金，例如那些父母已经去世、只有一个还很小的子女而又无能力建房的家庭，他们在短期内很难举办一次会头，而只是一味地送出礼金。人们已经越来越明显地感受到礼金对于农民的压力了，但是他们似乎一直也无法改变这越来越大的压力，对于单个的家庭来说，他们既然不能够改变这种压力（他们当然不愿意因为不参与别人的会头而在社会中失去家庭的名誉），那么改变自己的生计、赚取更多的现金也许就是最为现实的缓解压力的途径了。

家庭中还有一项很大的开支，对于一般家庭而言，它通常只发生一次，而对于那些经济条件较差的家庭，也可以分成不同的阶段来完成它，这就是修建房屋的开支。我们在上文中曾说过,现代农民青年的婚姻条件包括住房,而且这是十分重要的条件,这几乎成为许多男青年找不到婚配对象的重要因素。我们也已经说过,无论这个家庭原来的房子多么宽敞,当家庭中的男青年要结婚的时候,独门独户的新房也是必要的,因为他们想要与自己的父母分开生活。在这样的情况下,为自己的儿子修建一栋像样的房子成为父母的责任之一。而修建一栋房子,无论对于过去的还是现在农民而言,无疑都是很大的压力。只是到了今天,这种压力变得更大了。

我们在介绍龙泛溪的农民时已经提及过那里的建筑风格,在那里,木房子和土墙房子依然保存了许多,不过也已经陆续建成了一些砖木结构的房屋。在马栏组,情况与龙泛溪类似,这里也依然存在大量的木房子和土墙房子。相对而言,木房子要比土墙房子产生的历史更加长远,后者的坚固性弱得多,它是在森林破坏较为严重之后对木房子的一种取代。总之,木房子以及土墙房子大都是在上世纪90年代以前修建的,木房子修建的年代更早一些,或者说,木房子的传统更加遥远。在上世纪90年代以前,农民主要通过互助来修建房子,这种互助发生于亲戚之间以及邻里之间。修建房子的主人只需要提供给前来帮忙的亲戚和邻居一日三餐,不需要工钱,不过需要返还劳动,这就是换工。

这里,我们可以对换工这种互助方式做一些简要说明。如上所述,换工通常发生在亲戚和邻里之间,是集中一定数量的劳动力对某一个家庭进行集中劳动,然后这个家庭则需要逐渐以劳力的方式返还给曾帮助过他们的家庭。这是一种劳动力的交换形式,既然是一种交换,显然需要确定一种能够得以公认的计量方式,只有这样,才能够使农民感到换工的公平性,也才能使得这种互助传统长期延续。这一计量单位就是"工",我们随时可以在当地农民中间听到这一计量单位。一个工就是一个劳动力一天的工作,这样,两个工便是两个劳动力一天的工作或者一个劳动力两天的工作。以此类推,三个(以至更多)工也就是一个劳动力三天(以至更多)的工作或者三个(以至更多)劳动力一天的工作。总之,这一计量单位的基础便是劳动力数量与劳动时间的结合。这是一种比较传统的记工单位,在生产队集体生产时期,工分的给定就是按照这种计量单位而来的。不过这种计量单位显然不够严格,如果我们稍加注意,便会发现这种计量单位没有直接指向劳动目的本身,也就是说,它只关注一个劳动力劳动了多长时间,或者更多的劳动力劳动了多长时间,而忽视了劳动的成果。所以,这种计量方式在今天已经很少使用,今天正是一个越来越讲究效率的时代,成果显得更加重要。所以我们可以看到,劳动量已经不是由劳动力数量以及劳动时间所决定，而最终是看劳动的成果。我们在说明龙泛溪农民的生计章节已经有所提及，无论是临时工还是外出务工者，他们所领到的工资很少是通过"工"这一计量单位来计算的，而是根据劳动成果来计算的。至少在我们所考察的地区而言，这些农民用劳动成果来计算劳动量大约是在劳动力可以直接换取现金之后才逐渐实行的，在换工的时代，劳动量的计量单位主要还是"工"。

在上世纪90年代以前，修建房屋中的换工经常发生。无疑，这减少了修建房屋的开支。不过，一些需要专业技巧的工作却从来都是比较稀罕的，具有这些技巧的人被称为"匠人"，他们的劳动很早之前就已经直接可以换取现金。在修建房子这件事情中，木匠、泥瓦匠以及石匠等专业技术人员同样需要支付以现金。人们约略可以记忆起修建土墙房子的开支，不过200元左右，不过这一数字在上世纪90年代以前并不能与今天相比，它们的购买力显然已经差距很大。无论如何，我们还是可以很直观地看出修建房屋的开支的变迁，因为我们可以看到木房子和土墙房子的大部分材料是可以自己生产的，而除了一些专业的技术工需要支付工资之外，更多的劳动力是可以通过换工而实现的，这些事实上已经很大程度上降低了修建房屋的开支了。今天的情况大不相同，我们再也看不到哪个家庭建一栋木房子或者土墙房子了，现在的农民建房通常建成砖墙预制板房屋，而无论是火砖还是预制板，大部分都是直接从市场上购买的。而且，我们已经说明过，这个时代已经是一个以劳动力换取现金的时代，换工已经很少发生，尤其是在修建房屋方面，除了一些亲密的亲戚和朋友之外，很少存在不需要工资的帮助。显然，工人修建房屋的工资也是一个重要开支组成部分。我们可以通过下述这个例子来看现代农民修建房屋的主要开支情况。

行走在去马栏组的柏油公路上，可以看到隔河对岸的对河坝村头有一栋漂亮的新建楼房。这栋楼房在2009年建成，一共三层，顶层是瓦盖顶，下面两层则为预制板，整栋建筑都由火砖砌成。小楼房面向公路的一整面墙上贴上了黄色的瓷砖，在阳光的照耀下显得更加华丽。楼房的第一二层内部还未进行装修，这里居住着一些铁路工人。顶层住着这栋房子的主人家庭，这一层的底板已经由瓷砖铺就，各种家用电器（甚至包括电脑）都十分齐备。

谭文富是这栋楼房的主人，他是在接受了铁路工程队的建议之后于2009年修建这栋小楼的。铁路工程队的施工地点距离对河坝很近，谭文富的家在村头，出行交通更加方便。所以，谭文富家能够接受铁路工人入住，而工程队答应他们将承担一部分建房开支，包括一楼的全部建设以及地基的全部材料费和人工费。其唯一的条件便是这个家庭建好房屋之后允许铁路工人入住。谭文富自己也早有修建房屋的想法,只是因为过去这些年一直将自己的家庭收入投入到两个孩子的教育上才未建。如今,两个孩子都已经毕业,家中也有了一些积蓄,也准备修建房屋,于是便答应了工程队。谭文富答应后,也把自己打工而来的积蓄投入到了楼房建设中。仅仅是建材就花费了3万元,人工费是零零星星开支的,现在早已忘记花费了多少。装修完后,还要置办点家具,房屋装修与家具和电器就用去了5万元,算起来仅仅谭文富的家庭就花费了近10万元,这还没有将工程队的投资算在内。

可见,建设一栋房子的花费越来越大,许多农民家庭事实上很难建设一栋漂亮的房子。或者,正如我们上文已经有所提及的,稍微贫困的农民会将房屋的建设分成若干阶段来完成。正如上述案例中的家庭一样,很多家庭将收入投入到孩子的教育中,很难一次性修建房屋。上述案例中的家庭在对河坝甚至在整个马栏组已经算得上是较为富裕的了,但是如果没有铁路工程队的投资,这栋小楼也很难一次性建成。所以,看起来教育和修建房屋很难顺利地同时进行。一些农民并不十分热衷于修建房屋,更愿意将资金投入到孩子的教育上,在他们看来,如果将来孩子通过教育而走出这里,那么在这里修建房屋事实上是一件浪费的事情。然而可以通过教育而走出这里的人毕竟只有少数,这使得更多的家庭必须考虑自己的子女将来在这里的生存,首先,至少给他们修建一栋房屋。

对子女教育的投资也算得上是农民家庭的一项重大开支,这项开支更加频繁,而且基于对教育的期望以及法律、道德的因素,这种投入是不可或缺的。每一对父母在谈及关于孩子的教育投资的时候,总要表现出其十分大方,他们常常做这样的表达:"只要他们(子女)读得上去,我们借高利贷也要给他们读。"关于教育的投资,每个家庭的情况存在不同的差异,我们将会在说明沙子镇的教育的章节中做更加详细的说明。

第四节　劳动力转移:新生计及其困境

上文所表明的那种生计压力,从很大程度上来说,与龙泛溪的农民所遭遇的相差无几。马栏组与龙泛溪相比,其差异在于前者已经感受到失地的困境,而后者则还保有大面积的田地(尽管龙泛溪也一样经历过退耕还林)。从上文的分析中不难看出,龙泛溪的农民在日常生活方面很大程度上能够自给,但是马栏组的农民却越来越不能够自给。所以,如果从家庭的生计压力方面来看的话,龙泛溪与马栏组的农民的差异是在于日常生活的开支方面,而那几项较大的和较集中的开支则是龙泛溪和马栏组的农民同时面临着的。我们已经说过,农民在更大的背景中寻求生存,他们在与这些压力对抗方面几乎是无能为力的,或者说,正如我们在上文中所分析的家庭经济那样,马栏组的农民在节流方面已经无能为力了,他们能够做的,只有更加努力地开源。于是,失地之后的一些农民开始寻求新的生计,不过,正如我们在上文的不同部分已经零星提及过的那样,我们还会在下文中集中分析这些新生计方式的困境所在。

一、小范围的经商与就近务工

从某种角度可以说,小范围的经商以及就近务工是对传统农业的一种替代。我们已经说过,失地的马栏组农民已经失去了从事传统农业生计的空间,也正是在失地的过程中,就近务工以及小范围经商成为许多农民的生计选择。我们可以对小范围经商和就近务工与传统的农业生计做一些比较,可以发现二者在一些方面较为相似。一如我们在分析龙泛溪的传统农业生计时所说明过的那样,传统的农业生计之所以并未被农民放弃,很大程度上是由于这些农民的家在这里,很大一部分劳动力不能够转移出去,他们需要留下来照顾家庭,这要求他们的劳动地点不能距离他们的家庭太远,而传统的农业生计与这一目的显然极为相符。但是对于马栏组的农民而言,传统农业生计已经随着土地被占而失去。不过,小范围经商和就近务工与传统农业生计有着一个相同的特征,那就是劳动的地点距离家庭不远,这使得从事这些劳动的劳动力可以在工作之外很好地照顾好他们的家庭。

经商对于我们所考察的农民而言已经有了一些传统,如果我们曾经说过的"卖猪药"算得上是一种经商的话,那么在卖猪药的那段时期中,当地农民的经商思路已经逐渐明朗起来了。在马栏组,曾经卖过猪药的农民也存在几户,不过他们都没有能够成功。此外,农民从农业转入商业的情况就很少发生了,他们在更长的历史时期中是守着自己的田地,通过经营土地而生存。不过,零星的贸易却经常发生,因为农民始终没有放弃过"赶场"这一传统,它主要是一种当地农民的交换和贸易活动,在固定的日期中,全镇的人(甚至本镇之外的人)只要需要,便会到沙子关来赶场,他们或者出卖自己的某些物品,或者购买一些他们自己需要的物品。但是这种贸易活动与现代经商还是存在很大的差别，首先，它并非经常性的；并且，商品的来源范围很窄。直到沙子镇成为一个较为稳定的市场之后，才有人进行经商活动。

到2003年为止，沙子镇的建筑面积已经达到1.2平方公里。我们已经在上文中对沙子关的地理区位以及建置沿革做过说明，这里一度是石柱县东部的政治、经济和文化中心。现在，沙子镇依然是石柱县东部的重要集镇，它吸引了邻近乡镇的许多商人到这里经商，更有许多其他乡镇的农民到这里赶场。沙子镇一共有两条街，除了诸如政府、医院、邮政、银行（重庆市农村商业银行）以及学校等公共机构之外，街道两侧分布着许多商业店面。这些店面经营着各类不同的生意，主要有副食店、药店、服装店、餐馆、旅馆、通信公司、建材店、农资店、理发店，等等。此外，沙子镇还建设了专门的菜市场，这里是粮食、蔬菜以及水果的集中贸易区。下表是2009年沙子镇上店铺的统计情况。

表5-2 2009年沙子镇店铺统计情况

网点种类	个数（个）	营业面积（平方米）	从业人员（人）	营业收入（万元）本季累计
农贸市场	1	2000	120	710
糖酒副食	27	920	24	284
日用百货	30	1320	50	244
五金交电	4	300	10	260
火炮花圈	6	135	9	7
日杂	1	160	7	60
中西药	5	250	7	68
农资农具	5	250	7	150
家具建材	4	300	6	25
打印修理	13	530	42	33
餐饮娱乐	52	4810	191	650
宾馆旅馆	18	3600	43	170
音像图书	2	80	2	12
美容美发	13	470	24	9
废旧收购	3	380	9	58
农副产品购销	3	320	6	1490
其他	15	660	20	32
总合计	202	16 485	577	4262

从上表来看，沙子场集镇的服务功能较为齐全。商业种类又有具体的倾向性，糖酒副食、日用百货、餐饮娱乐和宾馆这几类行业占据了沙子镇的主体。一方面，沙子场作为沙子镇的集镇中心，满足全镇居民的日常生活是它的主要作用，因而糖酒副食与日用百货行业较多。另一方面，2004年沪蓉高速公路（石柱段）的修建直接改变了沙子场的商业结构，餐饮娱乐与宾馆旅馆很大程度上是为修建高速公路的工人和高速公路上的旅人准备的。随着高速公路的竣工，餐饮娱乐与宾馆旅馆的营业状况变得不是很景气。

显然，曾经的高速公路修建以及现在正在进行的铁路修建都对沙子镇的商业造成一定的影响。高速公路的修建带来了非常多的外地工人，他们的生活用品与食品都是在沙子关购买的，这极大地提高了沙子镇附近的购买力，沙子场也在这一时期得到了繁荣。许多商贩从外地来到沙子场做生意，原本不大的沙子场也在这两年的"公路刺激"下迅速变迁，门面剧增，形成今天的规模。沙子场每月逢2、5、8日（阳历2日、5日、8日、12日、15日、18日、22日、25日、28日）赶场，马栏组一部分村民在赶场当天天刚刚亮就把自家的蔬菜抬到沙子场等他人来买。马栏组有四户较富裕的人家看到了商机，还在沙子关开了门面，做起了固定的生意，其中包括鞋店、农药种子店、副食店和一个煤球厂。除此之外，还有四户人家在沙子镇上跑运输，其中有两户驾驶的是长安面包车，他们主要跑长途，去石柱和重庆主城区为多，不过生意没有他们预期的好，有一户已经决定过了春节把车卖掉再出去打工了；另外有两个驾驶的是摩托车，他们主要是在沙子镇范围内跑短途，因为沙子镇内面积广阔，而且多为崎岖山路，适于摩托车来往，随着人们的经济条件有所改善，他们宁愿花几元钱坐个摩托车来回，这使得摩托车的生意很好。

陈明香是马栏组的村民小组长，而且还是兴隆村的妇女主任，家住在对河坝。2008年，她感觉沙子镇的生意不错，就与丈夫凑了一点钱在沙子关租了一个门面，做起了副食生意。2009年，她又买下了一个门面，做起了农药种子生意。

陈明香的儿子今年20岁，不过外出打工的经历已经有3年了。他曾经去过北京、广州、福建、重庆等地，经过这些年的闯荡，最终很难融入到这些城市中，他分明能够感觉到那里不属于他，他应该在家里打下自己的基础，因为打工的人最终都要回到这个地方，所以在2009年就回到家。在父母的支持下，他买了一辆长安车在沙子镇跑起了运输生意，由于他多跑长途，沙子镇去重庆和石柱的人并没有太多，但是从事长途运输的却不少，所以生意一直不是很好。2010年春节前他就要结婚了，不过他已经决定结婚后就把车卖掉，年后就外出打工。无论他是否愿意继续打工，结婚之后的他已经不能仅凭借自己的意愿而行事了。

今年67岁的谭大爷是马栏组对河坝的农民，有两个儿子两个女儿，其中有三个在外打工，一个嫁到了沙子镇。两个儿子已经有两年没有回来了，谭大爷及其妻子就凭借自己的一点手艺维持生活。他们家中有一个菜园，每到赶场时大爷都拿一点菜去卖，此外，大爷会磨制豆腐，每隔几天他都要买一些豆子回去，然后做豆腐去沙子镇卖。据大爷估算，他和妻子两人一年靠豆腐和菜除去成本可以赚2000元左右。

喻大爷的二儿子今年34岁，是一个精明能干的人。他2000年就出去打工了，当时家里的田地不多，两个老人就种得过来，他在家也没事情做，就外出打工了。他跑到很多地方，重庆、广东等地。2008年，他用自己打工的积蓄和申请的小额贷款2万元，在沙子镇开办了一个煤球厂。当时买了一台制球机就用掉了1.5万元，不过还是发展下去了。二儿子的煤球厂卖的煤球0.5元一个，一个两斤重，他一个月可以卖14~15吨，不过纯收入也只有1000多元。铁路上的人用电，不用煤球；沙子镇的人太少了，卖不了多少。他说："由于孩子出生了，我就没想出去，在家这边和外面打工是一个样子的收入，都差不多。"

一如经商一样，就近务工也具有一定的传统。我们曾在说明龙泛溪农民生计的章节中说明过，在1949年以前，一部分农民没有固定的土地，他们有时靠给有土地的家庭提供劳动力来换取维持其生存的粮食。但这是并不多见的情况，因为对于那些没有土地的农民而言，租赁土地才是更为重要的维持生存的途径。1949年以后，一些较为专业的手工业者依然发挥着别人不可替代的作用，这些手工业者很少参与生产队的农业生产，他们被生产队派出去做副业（也就是自己那套熟练的手工业）。直到上世纪八九十代年，随着农民经济的逐渐发展，一些新的建设也逐渐进行，这些建设为那些闲置农民提供了工作岗位。

我们在香石溪认识一位40多岁的农民，他曾是一名手艺人，一个受到尊重的石匠，这门手艺是跟他的父亲学习来的。他读书的时间不多，大约在小学毕业之后就成为家中的一个劳动力了。稍长之后，他便跟着父亲到处找零工做，给别人修建房子，久而久之，他将父亲的石工手艺继承了下来。上世纪

80年代后期，他与中益乡的一名女子结婚，并从父母的家庭中分裂出来。他结婚的年代，已经是分产到户之后几年了，他的妻子是中益乡的人，虽然在家中分到土地，但是带不到这边。所以，算下来，当时这个刚成立的小家庭中只有一个人的田地——大约一亩左右的水田和两亩左右的旱地。两个青壮年劳动力完全能够经营这些土地，并且还比较清闲。而在那段时期，许多农民正在修建新房，改变原来木房子以及土墙房子。于是，他开始利用农闲的时期帮别人做一些石匠活。不过，据他妻子的回忆，他的工作并没有很明显地改善家庭经济，很多人家都不能给现钱，总是赊账，拖的时间很长，因为他自己做了包工头，所以有时候还要自己贴出一些钱去。1993年以后，孩子的上学费用逐渐增加，而且看来石匠活很难改善家庭经济状况，于是他放弃了这项手艺，到湖南给一个工厂跑运输去了。

马栏组的农民再次兴起就近务工热潮是在2004年，这得益于高速公路的修建。2004年沪蓉高速公路在沙子镇鱼泉村开始动工，农民们解释说："高速公路修的时候不同于现在这条铁路，高速公路需要3000人，铁路这边最多只需要500人，没什么赚头。"马栏组的农民看到了高速公路的巨大就业空间，村里很多年轻人和中年人都到高速公路上"找活路做"。村民们在高速公路上搬沙、运水泥、搬石头，一天能赚50~60元。高速公路持续了两年多，这两年内马栏组的农民就近务工的收入有了很大的提升。

此外，值得说明的是，高速公路的修建除了带来一部分流动人口以促进商业之外，它还导致一些农民搬迁。在我们考察的时期，已经是高速公路竣工几年之后了，对于高速公路修建之前的聚落情况并不十分明确，但是毫无疑问的是，高速公路所经过的地区都会发生民居搬迁的情况。也正是在这个时期，马栏组的几个农民组织起了自己的建筑队，专职于房屋修建工作，承包那些需要搬迁的农民的新房修建工作。

事实上，在我们所考察的区域中，就近务工的农民大都做着建筑方面的工作，除了房屋的修建之外，他们也会被吸收到一些简单的工程建造中，例如上文已经说过的河堤工程。在上世纪80年代，马栏组已经有许多人开始进行这方面的工作。我们曾在上文中说明过，在80年代以后，修建房屋的开支便开始逐步增加，很大的原因在于修造这些房屋的材料以及劳动力工资。上世纪80年代以后，这里的房屋建筑所发生的变迁非常明显，因为此时的农民已经逐渐形成了一些自己的私产。一如我们所说过的，此时的建筑材料也发生很大的变化。可以说，这正是这里的农民集中改造自己房屋的重要时代（我们可以从老人的记忆中了解到此前的住房变迁发生得很缓慢），也正是建筑工程发展起来的时代。

向家田在上世纪80年代就随同父亲一起去给别人搬石头、建房赚钱。也从他那里学到了这样的技术。在分家之后，向家田便以建房的手艺维持家里的生活。虽然建房的工程不是每年都有，但是他还是一直这样坚持着，当没有建筑工作可做的时候，他就是家庭农业生产方面的重要劳动力；当有建筑工作的时候他便暂时放弃农业劳动（交由家庭中的其他成员来完成），做建筑工作以赚取一定的资金。搞建筑不是一个人就可以做的，马栏组的建筑工也不止一个，这些人平日经常一起去做工，日久就形成了一个小建筑队的群体。在这个小队中，以向家田、龚德明和另外4人形成了较为稳定的群体，这6人是从80年代就在一起的。据说，在80年代，他们彼此都不是很熟悉，只是一次有人来找向家田做工，叫他多找几个，他就在村里随便叫来了几个人。这几个人在工作时很"合得来"，每个人都肯出力，不会偷奸耍滑，做事很投机。此后，这几个人相对固定下来，组成了一个虽然稳定但并不正式的工程建筑队。在这个建筑队中没有成文的规则，显然也不存在具有权威的领袖，他们甚至也不存在包工头的角色。总之，这个建筑队没有确定的组织者，"谁能找到搞建筑的工作，就来叫其他人"。每次谁找的工作就负责和主人商量价钱和工期，如果遇到工程量大的工作，他们就会在这6人的基础上多找几个人来做，但是人数基本控制在6~12人之间。向家田说："有些时候人叫多了不划算。"他们找的人一定是比较"耿直"的、肯出力的人，否则他们不会允许他加入。

高速公路的修建虽然加快了民居的变迁，使得新的民居建设为建筑工人提供了一些工作，不过这种工作岗位还是有限的，毕竟高速公路所造成的民居变迁在范围上也是有限的。然而，值得说明的是，高速公路的修建刺激了沙子关的基础设施建设，道路、街道以及小镇上的建筑都发生了很大的变迁，这里也吸纳了许多建筑工。

建筑队在周边村镇寻找到了大量的工作，这些工程按龚德明估计，一般一个月就可以完工，大一点的两个月便可以。每次他们负责寻找石料，石料的打造也是他们的工作，地基的搭建、房屋的建构都要在一个月内完成。主人家要给他们提供一顿中午饭，其余的都要建筑队自己付。据龚德明估计，工钱是120元/方，一般一个房屋有100方，这样一个"活路"便能赚1.2万元，除去成本也能剩1万元。他们均分一个人都会有1500元以上的收入。一年每个人都能有1万~2万元左右的收入。高速公路带来了全年的生意，这也使这些人的家庭生活得到了很大的改善。不过，高速公路修建完后，他们的生意也面临着萧条的局面。现在向家田和龚德明都赋闲在家，春节前的两个月他们都没有接手什么工程，每天都在家无聊地抽着早烟。

相对于高速公路的修建而言，铁路的修建给就近务工者所带来的福利却是有限的。关于铁路修建与农民的就近务工，我们在上文中已经有所说明，那些较为专业的工程不是农民所能够胜任的，而且，较为危险的工作，工程方也不愿意接纳当地的农民。总之，工程方想方设法要与当地农民减少各种利害关系，也许是因为这些工程经常使得工程方卷入到当地社会中的原因，工程方在与当地人处理关系的时候经常如此谨慎。不过，一如我们已经说明了的，因为马栏组农民的多次抗争，他们还是承包了一部分附属工程，例如河堤修建工程。此外，铁路桥墩建设的一部分工作也可以由农民来完成。

铁路上修桥的工作实行包工制，这项工程包给了对河坝的一户农民，他一直很好地处理自己与工程方的关系，有时还会帮助工程方与当地农民解决一些纠纷。当这个农民承包桥梁工程之后，便组织一些农民一起工作，所以，我们经常可以在途中碰到那些在修建桥墩的当地农民，大约十多人，并不固定。这些人大都与承包者有着较为密切的关系，要么是亲戚，要么是亲密的朋友。铁路上的工作时间不定，包工头可以自行安排时间，但是如果确定要做的话，便要做一个工作日，每天早上6:30就要出发，中午12:00才下班。中午只能休息一个小时，13:00又要开工，一直做到19:00（在我们对这里进行考察的季节，此时已经天黑）。被包工头召集起来的这些农民，其工资为60元每天。他们显然知道包工头所得到的利益更高，但这些都是心照不宣的，能够获得这项工作他们已经比较满意了。这些铁路工人也是有分工的，他们有7个人是技术工，他们曾经在外打工时学到了这些技术，现在专职做模板。更多的农民只能下体力活，并且，与那些技术工相比，他们的工资低一些。

工程在春节前几天（正是我们考察的时期）便停工了，这时这些人又到附近搞农网改造，拉电线杆的也同样是这些农民，工程规定一根电线杆200元，不过一根有10米高，都是钢筋混凝土做的，每一根都要12个人才能运走。12个人一天通常能搬12根电线杆，所得的工资当然也平分，一个人一天也能有200元左右的收入。不过，这种工作并不好找，它只是偶尔能够惠及这些农民。

二、马栏组的外出打工者

马栏组的外出打工者与龙泛溪的差异并不大,事实上,从打工者的历史以及打工者的现状来看,马栏组与龙泛溪的农民都具有很大的相似点。无论如何,超出50岁的年纪就已经不适合外出务工了,这种外出务工的条件并不因为这里的农民失地而有所改变。所以,事实上,如果我们想要明白龙泛溪与马栏组的农民在劳动力转移方面有何差异的话,那么最大的差异显然是在就近务工以及小范围经商方面,做着这些工作的人大部分是那些没有充足的条件到城市里打工的农民,在龙泛溪,这样的农民可以在田地里劳作,以维持家庭的基本生活开支,但在马栏组,正如我们说过的,已经不可能了,所以更多这样的农民做着临时工以及经营小范围的商业。然而尽管外出打工者的差异很小,我们也有必要将其展示出来。

对于已经失地的马栏组农民而言,现在看来,外出务工显然已经成为大部分家庭的主要经济来源。在马栏组,我们所能够追述的打工历史最早是在1992年,在本镇及其周围,已经零星有人到城市里打工,一些成功者正在影响着那些处于各种压力(如以上我们说过的那些开支)下的农民。而值得说明的是,我们寻找到的最早外出务工的人是香石溪的一名女性,她的家庭比其他农民家庭承受着更重大的压力,这是她违背父母的意愿,毅然外出务工的主要原因。

刘意是香石溪的一位妇女,她是1992年最早开始打工的人之一。刘意原本出生在一个略微富裕的家庭,她的父亲是个小商人,她的母亲是个地道的农民,于经常抱怨之外也把家庭打理得很好,她还有一个妹妹。她的父亲是一个有野心的农民,可以算得上是上世纪后半叶最早经商的为数不多的农民了,而且,他不断想要扩大自己的生意。然而,现在回忆起来,他却不是一个成功的商人,他因受到合伙人的欺骗而彻底失败了,他多年经营生意的最终结果便是欠下了许多的外债。在刘意看来,那是一段抹不去的记忆,很多人每天到家里要账,家中没有钱还他们,他们便背走家中的谷子。家里贫穷不堪,刘意想出去试试打工,赚一点钱给家里还账,缓解家庭的经济压力,她已经多次听说打工能够赚钱这件事情了。她父母不同意她出去,害怕出现一些意外,或者不再回家。这是很自然的事情,在那样的年代,男子外出务工的情况都并不多,更何况女子呢。而且,正如她父母所担心的那样,周围确实发生过女子外出打工之后就再不回来的情况。然而，她仍执意要做这件事情，她挑了一个机会偷偷跑了出去，开始了她到现在为止依然没有放弃的打工生涯。

根据早年出去打工的农民回忆，大约在1999年前后，打工在这里开始形成一种潮流，打工的人数开始剧增。但是，即便如此，家里的田地都依然还种植着庄稼——水田里种植着水稻，旱地里种植着玉米、洋芋等。如果不走进每一个家庭，人们几乎看不出这里发生了什么变化，因为这里看起来依然是传统的农村景象。

正如刘意的父母所担心的那样，别的农民也并不是充满信心的。然而受生活所迫，一些村民依然坚持出去了。随着一批批村民的返乡，外出务工的障碍逐步削减，最终畅通无阻。打工的势头也一直没有降下去，直到2003年，高速公路修过来后，沙子的生意好做一些，很多人都回到家做生意了，外出务工虽然有所减少，但是总体规模依然很大。不过高速公路也只是修了五年，2009年高速公路完工，沙子场也没多少工作可以做了，这一年外出打工的人数又有了增长。

在外出打工的路途上，传统的血缘与地缘关系起到了很重要的作用。关于这一点，我们或许需要从"打工介绍所"说起。那些一开始外出务工的农民，一走进城市，便会被这样或那样的打工介绍所的牌子所吸引，这种机构自称是服务于外出打工者的，他们是农民工与工厂之间的桥梁，农民工交给他们一定的中介费，他们帮助农民工找到适合于自己的工作。然而稍有经验的农民工对这种机构却不以为然。

谭明富在广东打工多年，因而对于打工介绍所再了解不过，谭明富说："当时我是由姨妈带到广东的，所以就不用找介绍所了。但是那些找不到工作的人就只能到介绍所了。这些介绍所一般都是骗人的，到了那里他们就问你想找什么工作，做什么活，然后就给你联系工厂。你人倒是可以进厂了，但是没过两天工厂就把你辞退了。你又要去找介绍所，而很多时候情况是一样的。每次介绍费都至少200元，这样循环下去，他们可赚钱了，我们这些人就受害了。在广东，每个镇、每一个村都有这样的介绍所，没有多少是真的。我们有亲戚带着就好很多了，虽然到了那里他们也不能完全帮我们找好工作，但是亲戚们人熟、地方熟，进哪一个厂都可能，去不了这个又可以去另外那个工厂。刚开始我们去没有什么钱嘛，都是他们给我们买的日常用品，照顾我们生活，大家都是亲戚、朋友嘛。"

第五章　失地农民的生存困境：以兴隆村马栏组为例

喻家小女儿在广东打工 6 年了，这 6 年她目睹了打工介绍所的种种行为。她说："我刚到广东时就碰到了打工介绍所的一件事。当时我们在广东，碰到过一批从长沙过来打工的人，有 100 多个，都是介绍所骗来的，到了广东没有工作，后来都是政府来人给送回老家的。我们可不敢去找介绍所介绍工作。我有一个姐妹通过介绍所去富士康，做了两三天就辞退了。介绍费还照拿，每次都要 300～500 元。介绍所许多都是在火车站附近的，济南的火车站附近就很多。"

打工介绍所的阴影使村民们对外出打工的途径有了新的审视，这时亲属和同村的朋友成了一种新的途径。村民们认为，亲属和老乡更加可靠，很少发生欺骗行为，毕竟大家已经有了良好的关系基础，而且此后还将长期维持这种关系。更为重要的是，亲戚和老乡都是些知根知底的人，他们的家都在农村，这几乎成了一种保障，如果他们行骗的话，那会影响了家庭的名誉，并且家庭要负起责任来。所以，村民们想要外出务工一般都寻求传统的血缘和地缘关系的支持。

陈以贵今年 40 多岁，1993 年的时候，他的大儿子要上学了，家中的经济负担加重。陈以贵没有办法在家中获得足够的收入，决定出去打工。当时他的妻弟在广西开办了一家胶水厂，他就到他那里去工作了，此后在柳州给胶水厂跑运输，一直工作到现在。刚到柳州时，陈以贵就能赚五六百元的工资，到现在，一个月也能赚到 1000 多元了。陈以贵的妻子说："在外面打工还好些，当家里缺钱的时候，向我弟弟借钱也好借些嘛，要是不在那里，我弟弟也不放心借钱给我们吧。"在柳州，陈以贵和自己的舅子住在一起，比其他工人的待遇好，每天的工作量也要小一些。

2003 年，由于孩子要读初中了，谭文富没有足够的钱来交学费，他的妻子决定外出打工。当时她妹妹已经在广东东莞一家饭店做工了，认识老板，并且关系还不错。当她的妹妹从老板那里获得饭店招员工的信息时，便介绍她到这里来工作。2004 年，这个饭店又缺少一名保安，谭文富的妻子又把他叫来在这里打工。他的妻子一个月有 600 元的工资，他一个月也有 700 元的工资。子女们都接到东莞了，就在东莞读书。家中的田地就交给公婆去种，也能够维持老人的家用。2004 年儿子和女儿都毕业了，也开始了在广东的打工生活。女儿毕业后到了福建厦门一家制衣厂打工，儿子则继续留在广东跟父母一同打工。2008 年，谭文富的儿子在广东开了一家小吃快餐店，赚了一笔钱，也有

· 291 ·

了两个孩子。

这种基于血缘与地缘建立起来的外出务工关系网络对于马栏组的农民很重要,农民们基于对血缘和地缘的信任外出务工,这减轻了他们外出务工的风险。在外出务工的过程中,同乡和亲戚在他们初来乍到之时给予了他们很大的关照。不过这种关系网络的构建也有部分利益的成分。工厂在每年工人返乡时会给他们以嘱咐,工人们如果返乡后能带回更多农民来打工,他们便可以按照所带来的工人的人头分红,这也是返乡农民工愿意介绍朋友、亲戚同样到工厂打工的主要原因,如果没有这些分红的刺激,他们不一定愿意这样做,因为如果处理不好,原来的关系可能因为一些利益关系而恶化。

徐某的妻子今年40余岁,在外面打工已经有10年了。由于她是一个热心人,在外面老板很器重她。她返乡时,老板给她打了电话说,让她给工厂带回去10个工人,工厂按一个工人300元给她分红。她也乐于这样做,可以多赚些钱,不过后来由于家里的变故没有实现。她不无骄傲地说:"那时候老板特地给我打来电话,叫我一定要回去,再给她多带些工人回去,给我按人头分红,要不是家里出了问题,我现在还在东莞。"

外出地工厂的需求与对外出务工人员的分红共同推动了马栏组村民外出务工潮。农民在亲属或同乡的帮助下得以在城市立足,回乡带工的农民可以在这一过程中得到一定的分红,这几乎是一个工厂、作为中介的农民以及新来的农民工都能够满意的方式。

三、新的生计困境

小范围经商、就近务工与外出务工是马栏组失地农民最重要的生计方式。对于这些农民而言,经商、打零工以及外出务工都具有一定的传统,不过一直以来也不能成为主业。而现在,在失地的压力下,他们不得不去寻找这些劳动的机会。显然,这些生计方式看起来对农民的生活发挥了很大的作用。我们可以看到,对河坝的那栋小楼正是这个家庭在外务工六七年之后的成果,如果没有外出务工,这栋小楼很难建起来。而且,重要的是,这些农民懂得怎样更好地在城市中寻求生存的机会,正如我们上文所言的,他们能够很好地将传统的社会关系应用于打工生涯之中。经商和就近打零工也发挥了很好的作用,它们使得那些没有条件外出务工的农民不至于因为失地而完全失去劳动的机会。然而,这些新的生计方式依然存在诸多限制,对于失地农民而言,新的生计依然困难重重。

在经商方面，虽然有部分农民具有一些经验，但是大部分农民很难成为成功的商人。对于商人而言，市场经验对他们极为重要，他们的生存空间是市场，这个既体现为实体而又时常使人捉摸不透的空间对于那些祖祖辈辈都在田地里劳动的农民而言太过于深奥。如果我们对马栏组那些做着小生意的农民进行稍加详细的考察的话就会发现，这些经商的农民要么文化水平较高，要么具有较广的社会关系，或者他们已经通过打工的方式积累了一些市场经验。然而这些条件依然不足以使一个农民成为商人，他们还必须具有足够的资金来开始初步的事业，这对于那些正在思考如何保证基本生存的农民而言又是一个极为严格的限制。

在这些新的生计方式当中，也许就近务工的限制是最小的，不过依然存在一定的限制。在我们说明就近务工这一生计时已经表明，就近务工经常会受到外部环境的影响，一个特定的历史时期或者一件有利于当地建设的大事件发生的时候，就近务工的机会便会很快增加。然而，这种环境却经常发生变化，高速公路的修建给农民提供了一些就近务工的机会，但是这个工程结束之后，人们又失去了那些工作岗位。而铁路的修建，甚至并未给农民提供更多的工作岗位。并且，我们要指出的是，这种打零工的生计将会越来越困难，这种困难来自于更专业的劳动力和劳动方式的竞争。我们对马栏组的那个建筑队做过一些说明，这个建筑队十分粗放，其中的成员没有被严格地组织起来，他们只能应付一些很小的工程，更大的工程绝不愿意接纳他们。在沙子镇的建设中，专业的建筑公司发挥着一些作用，尽管这些建筑公司事实上也是较为粗放的，但是与那种只由几个农民零散组织起来的建筑队相比，他们更加专业，更能够承担责任，于是，许多建设工作都被这些建筑公司争取了。

一部分农民在面对这些限制的时候，便会放弃经商和就近务工，直接到城里打工去了。在那里，他们有更稳定的工作，相比之下，他们所能够获得的工资也比就近务工更高。事实上，外出务工与就近务工、经商之间存在互补的关系，一些农民在这种方式中失败了，便会去尝试另一种方式。他们是一些摇摆的人，有时候在家乡附近的工地上出现，有时候又在千里之外的城市中游走。更多的农民选择了后者，因为它很快便能够使人获得经验，它不需要太多的启动资金（除了旅费之外），它也不要求太高的受教育程度，它只需要劳动力，而这正好也是马栏组的农民现在最富余的东西。这看起来是一拍即合的，农民拥有劳动力，他们等着工作岗位，城市里的工厂需要大量从农村来的劳动力。

然而其中依然存在矛盾，一些城市的工厂在过年之前对返乡农民的嘱托（希望他们春节之后再回到工厂甚至带去更多的农民）能够说明这一点。而从农民自身来看，虽然一些农民拥有劳动力，但是他们却不得不被限制在家中。事实上，外出打工的限制看来才是最为严重的。

老人和孩子是外出务工这一生计的重要限制，他们不但不能外出务工，而且他们还会限制他们的子女（对于老人而言）或者父母（对于孩子而言）外出务工。上有老下有小，这是许多农民家庭都面临的状况，这种状况一方面要求这个家庭的青壮年劳动力外出务工（因为不这样就不足以在经济上很好地赡养老人和抚育孩子），另一方面则要求这个家庭中的青壮年劳动力留在家中（因为不这样就不足以在情感和日常生活中很好地赡养老人和抚育孩子）。关于这方面，我们将会在后文中的相关章节做出更加详细的说明。

外出务工的另一个重要限制看起来是：农民不能无限期地在城市里获得工作岗位。我们已经多次说过，超过一定年龄的人口便很难再在城市中找到工作了。正是这样的限制，使得农民外出务工产生了一种交替模式。

马栏组兴起外出打工已逾18年，这期间一批批年老的村民从外省返乡。回到农村的农民工开始外出前的生活，种田、种地、去周围找点零工做做；同时也有一批批年轻人和中年人开始了新一轮的外出务工生涯。这是马栏组的整体情况，在马栏组的各个家庭中广泛存在着这样的打工交替模式，正是这样的打工交替一直在维持着村民家庭的生活。在农民三四十岁时，他们用自己赚来的钱养育子女、赡养父母。子女在这十几年间不断长大成人，很少一部分将以接受教育的方式逐渐走出农村，并最终离开农村；而更多的农民子女最后将走上与自己的父母相似的道路——外出打工。这些年轻一代成家立业后，有了子女，他们便也同时有了责任。一种上有老下有小的农民能够很好地体会到的责任感和压力就在成家之后发生。此时，老一辈的农民工因为年龄方面的原因回到农村，开始务农、打零工，更重要的是照顾孙子辈们，他们的子女将成为打工的主体。每家每户就在这样的过程中实现了更新换代，经济的负担由老一辈转移到了新一辈外出务工人员身上，随着老人年龄的逐渐增加以及老人的孙子辈们年龄的逐渐增加，新一辈务工人员将会面临越来越大的压力——需要被赡养，子女需要接受教育、结婚成家，这些都是他们的责任。

徐大叔的家住在对窝荡，他的妻子向我们讲述了她家的经济历史：

2004年她从东莞回到家。此前，小女儿在家有婆婆照顾，可是生了大病。婆婆身体也不好，所以她请了一个月的假回家照顾孩子和婆婆。可是一照顾就是一年，婆婆因病去世，家中孩子的生活就只能依靠她自己了，她于是辞掉了广东的工作，回到家中种地。她说："带孩子是进不去厂的，假如不是现在带孙子（她的大儿子已经结婚生子了），我还是能出去找到工作的，厂里一直有人叫我去。老人如果还在的话，身体还好的话，我也会出去的。"

2004年后她就一直在家了，先是照顾小女儿，而后又开始照顾自己的外孙。2005年，她的大女儿又代替她出去了。大女儿初中毕业后没有继续上学，直接出去打工了。此后，她的女儿结了婚生了孩子，她又承担起了照顾外孙的重任。如今，她开始坦然了，她已经不再对外出务工存在任何幻想，她明白自己的打工生涯在几年前就已经结束了。

马栏组村民的务工行为成为经济的主体，在这样的经济主体之下，村民们面临着返乡后的生存问题。土地已经在一次次的削减过程中渐渐消失，传统的农业生计对于这里的返乡农民已经不现实了。村民们很清楚地知道他们返乡后的生活还要依靠务工，因而返乡后大多数村民依然务工，只不过从外出务工转变为了就近务工。外出务工积累了一定资金的农民一部分选择了到沙子镇发展，他们开店或者买车来跑运输；没有足够资金的农民则重操就业，在以沙子镇为中心的周边村落寻找打零工的机会。

于是，我们可以看到，在就近务工和经商难以获利的情况下，农民更多地选择外出务工，在失去了外出务工的条件之后，农民又回到了家乡继续打零工或者经商。这就是马栏组失地农民的生计现状，因为失地的原因，他们正在逐渐变成工人或商人。然而基于上述的那一系列的生计限制，他们很难变成工人或商人。

第五节　小结：失地农民的生存困境

关于马栏组农民的生计探讨所得出的初步结论与龙泛溪一样，这两个村落农民的生计同时向我们展示了土地对于现代农民的重要性。不过，这两个村落对这一道理的表现方式不一样，龙泛溪的农民依然还有土地，它以一种非常顺其自然的方式来告诉我们，土地在龙泛溪农民生计中依然发挥着很重要的作用。也正是这种很自然的方式，使得那些依然具有田地的农民有时候根本不将土地当回事。只有如同马栏组这样的村落，那里的农民更能够体会到土地对于现代农民的意义，这种体会就是在失地的过程中逐渐显露出来的。

土地对于现代农民的意义究竟何在,这是我们在表述沙子镇农民生计的各个章节中都一直关注的问题。而这之所以值得探讨,乃是在上世纪 90 年代之后才如此的,因为在此之前,土地对于农民的意义是显而易见的,它绝对成为农民的主要生存空间。而在过去的大约二十年间,这种情况发生了如此巨大的变迁,使得农民对土地的态度发生了前所未有的转变。在龙泛溪,那些从事农业生计的农民通常表示自己是在没有其他办法的情况下才限制在土地上的,他们本身已经越来越不愿意种植田地,一旦有外出务工的条件,他们将会毫不犹豫地选择外出务工。然而需要指出的是,农民的生活正在受到来自农村之外更大环境的影响,无论他们是否愿意留在家里继续进行传统的农耕生计,最终必须有一部分人留下来。而且,一如我们已经分析过的那样,外出务工这种生计具有许多的条件限制,作为一个农民个体,他(或者她)只能够在一段生命历程中从事这一生计,而更多的生命历程则是在农村度过的。这样,不得不留在农村的那部分农民又将怎样生存呢?这一点,就是马栏组的农民和龙泛溪的农民有所不同的地方。

对于马栏组的农民而言,他们从渝利铁路开始修建的时候就在思考这条铁路将会给他们带来什么,他们一度认为除了将要增加火车轰隆而过的噪声之外也许别无其他。然而,未曾预料的是,铁路的修建竟然对当地的田地造成如此巨大的破坏,使得这里的农民失去了传统的农业生计空间。我们正是通过对马栏组的农民进行了详细考察之后,才深切地感受到农民对于土地的依赖依然很强。假如打工的地方(城市)可以被认为是农民正在开拓的生存前线的话,那么农村(以及土地)则是农民一直延续下来的生计大后方、根据地。那么失地这件事情对于农民而言简直就是釜底抽薪了,它对农民的总体生计产生了深入的破坏。

惯于勤劳的农民在失地之后一下子闲了下来,这使得马栏组的剩余劳动力一下子增加了许多。马栏组的劳动力闲置当然不是铁路修建之后才发生的事情,在此之前,劳动力闲置已经存在,打工经济成为农民越来越重要的生计途径,也许很大程度上也有这方面的因素,毕竟农民很少放弃传统的农耕而完全投入到打工的浪潮当中,他们中的大多数是一边经营农业一边外出务工的。传统的农耕随着生产工具的改进以及经营方式的转变使得其能够接纳的劳动力越来越少(尽管这个过程很慢),而农村的人口控制只有到了上世纪 80 年代之后才严格起来,而在此前,基于"人多力量大"的思维,农村已经出生了大量的人口,他们在分产到户之后逐渐成为闲置的劳动力。而在稍后的几年,打工经济兴起的时候,这些闲散的劳动力开始大批走向城市,这就形成了我们曾说过的农村现代分工以及农民的生计生命(在不同的生命历程从事着不同的生计)状态。农民根据其传统的生计以及现代生计的不同要求,在家庭内部做出不同的分工,一部分家庭成员在外务工,另一部分则居家务农和处理家中琐事。这一生计状态原本不乏和谐,不过失地却使得那些原本在家务农和处理家庭琐事的劳动力立即成为闲置劳动力。并且,一如我们一再说过的,这些闲散劳动力尽管迫切需要转移,然而却有着诸多的社会限制,这就是失地农民的生存困境。

正是这样,失地农民对土地(以及传统农耕)的肯定态度才发生了。尽管他们始终认为土地不是致富的途径,但是他们同时也明白了土地(以及传统农耕)对他们的重要意义,那就是:土地保证了居家那部分农民的基本生活需求,失去土地便会将整个家庭负担完全转移到打工者的身上,这对于农民的家庭经济建设是极为不利的,尤其在不是所有的家庭成员都能够外出务工的情况下更是如此。

龙泛溪的传统农耕以及马栏组的失地状况共同展示了农民对土地的依赖,不过这种依赖只体现在其能够维持家庭的基本生活需求方面。一如我们在上文中说过的,它现在反倒在很大程度上成为了打工经济的一种补充,因为现代农民的家庭生活在很大程度是通过支付现金而实现的,那么关于农民的生计,当然就直指现金的收入了。然而,农耕经济在市场经济的大背景中确实束手无策吗?尽管我们所考察的这一地区处于高山与河谷之间,但是能够指向现金的农业生计也一定程度地存在着,我们可以在下一章中做出说明,那里是更高的山区农村,然而却产生了相对商业化的农业生计。

第六章 趋于商品化的农民生计：以栗新地区卧龙村为例

与前述的两个村落相比，栗新地区是一个更高的山区。在2001年以前，这个地区单独属于一个乡，是为栗新乡。因为这里恶劣的地理环境，使得它在周围乡镇都是十分出名的。当我们在探讨农民农业生计的时候，已经多次提及生计空间对于生计方式的限制了。这一点，无论在上文中的马栏组还是龙泛溪，都是如此，不过这种地理空间的限制还没有栗新地区的情况那么明显。然而几乎是因为这一地区恶劣的自然条件使粮食生产发生很大的困难，才使得这里的农民在近些年来将其生计方式逐渐转向相对专业的方向。需要指出的是，我们所说明的专业化，只是一种相对的情况，是与龙泛溪比较的结果。相对专业化的农民生计是近些年来逐渐实现的，它受到农民对现金需求的影响，所以相对专业化的农民生计也是一种逐渐趋向于商品经济的农民生计。于是，这里的农民即便是农业生产方面也与龙泛溪具有很明显的差异，最明显的莫过于：龙泛溪的农业生计通常是收取作物之后便告结束，而栗新地区的农业生计不仅需要考虑生产本身，更需要考虑产品的销售，也就是市场情况。当然，既然这些农民所选择的生存之道存在差异，那么他们所遇到的生计困境也必定存在一些显著的差别。在这一章，我们将要说明栗新地区的自然地理状况及其对农业生产的限制以及相对专业化的农业生计的意义所在，并对现行的相对专业化的农民生计的历史背景做出详细考察，进而更加详细地说明这一地区农民的各种生计方式，最后对这些生计方式做一些更深入的探讨。

第六章　趋于商品化的农民生计：以栗新地区卧龙村为例

第一节　栗新地区及农民生计概述

栗新地区是对沙子镇南部高山上广大地域的一个泛称，我们经常可以听到山下的以及外乡镇的农民这样总称这一部分山区。这个地区的泛称与它过去的行政沿革存在密切的联系。我们曾经对沙子镇的行政沿革做过很细致的说明，栗新地区在2001年以前是沙子区的一个乡，当时的名称即为栗新乡。虽然2001年以后撤区合乡并镇，但是栗新这一地名一直沿袭下来。除了栗新这一称呼之外，栗子坝也是一个广为通用的称呼，人们也常将栗子坝这一地名用以称呼整个沙子镇南部山区。栗子坝本身是这一山区中一个更小的地域，因为这里交通方便，一直是进出栗新地区重要的通道，所以也比较出名，人们也通常以这一名称来泛称栗新地区。如果从行政建置上来说的话，栗新地区也就是现在沙子镇盘龙村和卧龙村两村所在之地。不过，我们更加集中于对卧龙村进行考察。

一、以卧龙村为代表的栗新山区概述

卧龙村位于沙子镇最南部，处于全镇海拔最高的栗新山区，东与金竹乡接壤，南与六塘乡、洗新乡相连，西邻青园村，北接盘龙村。全村辖银光、银兴、银河、狮子、庙坝、响泉、后槽等七个村民组。幅员占地面积30平方公里，共1203人。从沙子镇出发，如果步行到卧龙村，有小路可以通行，至少需要三个小时左右。如今，从沙子镇到卧龙村已经修通了一条乡村公路，这条山村公路从沙子镇出发，向西沿县道行两三公里之后开始向山上盘山而行，上山之后，道路又向东延伸，过栗子坝，达到卧龙村。而这条山村公路正是通向沙子镇南部山区的唯一机械道路，如果有车上山，必经此路才能够到达。因为沙子镇南部山区地形崎岖，交通闭塞的状况十分严重，我们看到通向山区的道路不是从沙子镇直接南行上山，而是西行一段之后才绕向山上，这是因为只有西行几公里之后，这里的山地才不至于十分陡峭。这条山村公路依然很陡，山路修建时总是依山地形势而建，多处呈之字形弯道，以缓解道路的坡度。即便如此，从沙子镇上一次栗新也是十分困难的。这里没有客车通往，沙子镇的客车通常只走县以上级别的道路，通向栗新地区的山路是一条断头路，到金竹乡的和平村为止，再不往前。这里已经是十分偏远的位置，客车不可能在这段路上来回。除此原因之外，道路的质量似乎也很重要。尽管这条道路是一条公路，但是其质量却极差，大部分的位置只有三米左右的宽度，全程为泥土路，因为山势极其陡峭，所以道路的坡度也很大。在这样的情况下，车辆通常也只能在天晴的时候才能够上山，而在下雨天，道路变得非常湿滑，加之弯道众多，车辆很少敢于随便上下山的。这种交通条件，对山上农民的生计造成很大的限制作用，然而尽管如此，山上的经济类型却更加商品化，这是我们将会在后文中多处加以探讨的问题。

由于沙子镇南部山区是沙子镇境内最高的区域，使得这里的气候也与山下地区存在很大的差异。我们曾经对沙子镇的气候环境做过深入的说明，在那里，我们将沙子镇的气候分为三种类型，即由高到低的卧龙、盘龙气候区，五坪气候区以及龙河流域宽阔带气候区。这里就是卧龙、盘龙气候区，关于这个气候区的气候特征我们也已经在前文中做过说明。与龙河谷地相比，这里的春夏季要晚得多，而冬季则很长，来得早而去得晚。冰雪来得早，有时在秋末便开始下起第一场雪，谷雨的时候也偶尔降霜。在这里，整个无霜期只有179天，历史上有记录的最高温只达到过36.2℃，最低气温却达零下8.1℃。最高气温在阳历6月，月平均气温仅为24.8℃。整个卧龙村年平均气温只有12.4℃。这里的降雨量很充沛，我们缺乏这个独立区域的降雨统计资料，不过人们普遍认为这里的雨水比山下更多；夏季，有一种特别的降雨通常只沿着高山一路洒下来，而在低地却不下。不过降雨量太大也形成了一些自然灾害，例如夏季的暴风雨、冰雹及洪水等，因为地形险陡，所以也经常发生小范围的泥石流和滑坡。从秋末直到初春，这里经常有可能下雪，形成雪灾。山地气候是农作物生长的基础，不过农作物也始终面临着山地气候的威胁。

由于坡度较大的山地不适于粮食作物的生产，所以粟新地区大面积的森林景观颇为壮观。沙子镇本身是石柱县的林业大镇，在其幅员168平方公里的面积中，79.37%由森林覆盖。2001年，沙子镇政府组建不久之后，这里争取了"德援造林项目"和"天保工程项目"（天然林保护工程）。前者是一个中德合作造林项目，是德国政府提供赠款、由中国政府在长江防洪工程区内实施的一项生态项目。该项目的宗旨是通过人工改造和封山育林，增加项目区的森林覆盖率，对该区域内的水土流失状况进行治理，逐渐恢复已遭破坏的生态环境，改善项目区的生产条件，进而增加项目区农民的收入，促进项目区的经济发展。截止到2004年，石柱县共完成项目造林9287.3公顷，其中防护林2216.3公顷，用材林4437.2公顷，经济林167.1公顷，庭院经济林2000户（折合面积 66.7 公顷）。盘龙村与卧龙村在德援项目的计划范围之内，德援项目工作已经开展了 5 年多的时间。对于卧龙村的农民而言，对于德援项目有着自己的理解，他们更明显地将这个项目与自己的生计联系起来。植树造林对农作条件是否能够很好地改善，农民的理解还并不十分明显，不过因为这些树林需要人们一棵棵种下，而造林的这个过程也正是给当地农民提供工作岗位的过程。

除了森林之外，在我们一开始对沙子镇南部山区进行考察的时候就发现，这里有一片宽阔的草场，人们将其称为万亩草场。这个草场位于卧龙村与盘龙村之间，其中包括盘龙、卧龙两村的几个村民小组，一共 6500 亩。这一草场不是自然形成的，而是在地方政府的倡导下人工培植的。政府倡导草场培植的初衷是为了将养殖项目带到卧龙村和盘龙村，以解决栗新山区农民的经济贫困难题。不过这个草场所发挥的作用不大，因为养殖业最终并未获得成功，草场至今依然存在，不过已经没有任何有效的管理了。

基于如上的自然条件，以卧龙村为代表的栗新地区大量发展烤烟种植以及药材种植。作为一个重要的烤烟生产基地，卧龙村现种植了至少千亩以上的烤烟。在卧龙村的银光、银兴、狮子、响泉、庙坝和后槽等村民小组分别种植了 300 亩、160 亩、300 亩、100 亩、380 亩、200 亩的烤烟。这里的烤烟设施一应俱全，其中有烟草公司投资建设的现代化烤房 6 群、一共 36 座，分布于狮子组、响泉组、庙坝组以及后槽组。通过政府的补贴，农户自建的烤房也达到了 50 余座，据卧龙村村委工作人员介绍，2009 年卧龙村烤烟收入多达 500 万。药材产业在卧龙村多集中于海拔更高的银兴组和银河组。卧龙村盛产野生天麻，每年阳历五月份，农民即可到山中挖取赚钱，而发展更具规模的是黄连，卧龙村的黄连种植面积超过千亩，该村村委工作人员估计，2009 年黄连收入达到 400 万元以上。

除了较为典型的特色农业之外，栗新地区还是沙子镇重要的煤矿区。1978 年以后，沙子区将全区煤厂的重点转移到了盘龙村与卧龙村。一如我们在上文中已经说明过的，这里包括 8 个煤矿厂，其中 4 个分布在卧龙村，集中分布于银兴组和银河组。

从上面较为概括性的描述中，可以很清楚地看出卧龙村内部各村组的差异。我们可以看到，银兴组与银河组较之其他村民组有着些许不同，他们拥有卧龙村大多数的煤厂，拥有卧龙村最大面积的黄连地，但是烤烟的生产量却相对较少。银兴组与银河组位于卧龙村其他村民组的上部，其地势更高，一条上世纪 90 年代修建的由沙石铺就而成的机耕路从古枪坝（银光组）向上通向银兴组，再向上，便直接通向了银河组，这两个组所处的地理环境更加险陡，境内多为林地，耕地面积极少。农民们因地制宜，发展了大规模的黄连种植。相比之下，银河组的耕地更是所剩无几。2004年退耕还林之后，银河组已经形成多达万亩的林地，村民们也因此兴起了外出务工的生计。煤厂是银兴组和银河组与其他村民组的另一重要差异，煤厂的开办对于银兴组和银河组的农民有着重要的地位，一个农民这样表述煤厂对于这里的农民的重要性："煤厂没有了的话，我们这个梁梁真的没有办法生存下去了。"在过去的20年中，煤矿几乎成为这里经济变迁的一个重要指标。

银兴组与银河组是栗新地区自然条件最为恶劣的区域，这里是沙子镇地势最高的人居地。我们将会在后文中说明这种恶劣的自然条件对这里的农民的生计造成了何种限制，他们最终所形成的家庭经济模式又是如何与当地的自然条件相关的。总之，对于这些农民来说，他们与山下的农民同时面临着现金缺乏的问题，他们也寻求赚钱的机会。然而，相比于龙泛溪和马栏组，他们的生计却存在明显的差异，并且，值得指出的是，除了场镇上的那些居民，这个偏僻的区域几乎成了整个沙子镇从事商品经济最广泛的村落。

二、高山地形下的特色农业

对于我们所考察的这些地区而言，传统的粮食种植业以及在此基础上发展的家庭养殖是最为常规和传统的生计。一如龙泛溪的情况一样，这种传统的生产直接对应于农民的生活，就是自给自足的传统生计；最明显的是，这种生产的商品化程度很低，我们在分析龙泛溪农民的生计的时候已经说过，龙泛溪的农民不会经营很多的田地，因为他们很少将粮食拿到市场上售卖，尤其是在市场经济条件下，外来物资极大丰富的情况下更是如此。所以，不妨说，卧龙村（尤其是银兴组和银河组）农民的现行生计算得上是一种特色，这种特色一方面体现在其独有的煤矿产业方面，另一方面则体现在其较具特色的农业生产方面。关于这里的特色农业，它与龙泛溪以及曾经的马栏组的不同之处在于，它的商品化程度更高，粮食生产反而成为人们并不十分重视的一部分，他们更加重视的是那些更具市场、也更具市场竞争力的农产品，即黄连和烤烟。

无论是在说明龙泛溪农民生计的部分还是在说明马栏组农民生计的部分，我们都已经说明过，对于现代农民而言，他们除了最基本的粮食需求之外，更重要的是现金需求。尤其是在今天，物资流动已经使得粮食的需求也完全可以通过现金购买而实现满足，比之于过去集体生产和集体分配的年代，农民的生

第六章 趋于商品化的农民生计：以栗新地区卧龙村为例

活发生了太大的变迁。在市场经济的背景之下，粮食生产从原来的中心地位变成了今天的较边缘的地位，农民需要将其最大量的和最可宝贵的（如果从人的一生来看的话）时间花在赚取现金方面。在过去的两章中，我们分别看到龙泛溪和马栏组的农民都具有如此的需求，他们满足这一需求的方式有些相同，但也有些明显的差异。与二者均不相同的是，栗新地区的农民将传统的生计空间利用起来：它既不同于马栏组，因为它没有面临失地的问题；也不同于龙泛溪，因为他们利用传统的农业生产空间所进行的生产活动不完全是只满足于日常生活的基本需求；他们将其产品投放于市场，以这些产品获取现金，这些产品也就是黄连和烤烟。

在卧龙村，20多年来，这里的农民一直就是围绕着烤烟和黄连来开展生产生活的。我们从银兴组组长那里得到一些黄连种植的信息，卧龙村的黄连多集中于银兴组和银河组。银兴组有黄连地300多亩，银河组的黄连地面积更是达到了400多亩，而这里面也包括了外地老板来承包的黄连地，约有200余亩。银兴组和银河组会有如此多的黄连地，自然环境的适应性是首要因素。我们可以先看看黄连的生长特点特性。

每一个地域的气候条件都有着特殊性，农户对自己所处地区的气候有着自己的解释。凭借几十年在当地种植庄稼的经验，在生产过程中，银兴组的农民们对黄连的气候适应性逐渐形成了自己的理解：

"黄连什么都不怕，冰雹、低温、雨雪什么灾害黄连都没问题。别看温度这样低，黄连还能继续长，不会出现冻害的情况。山上的林地多，种黄连也比山下的农户省钱，怎样也不会出现致命的伤害，产量也稳定得多。比起烤烟，种黄连收入稳定得多。黄连季节性不强，什么时候都能种，家里老人都可以种，黄连就得种在我们山里，我们这里气温低，就适合黄连生长。"

这是一个农户给我们的解释。实际上，农户的理解与黄连的生长特点非常相似。在整个中国，川东一直是中药材黄连的主产区。这一地区之所以生产黄连，气候条件显然是最为重要的因素。黄连是毛茛科的多年草本植物，它们对阳光、温度、水分、湿度等气候条件有着比较特殊的要求。黄连是一种极为耐寒的作物，却有着对阳光和炎热难以适应的特性，这是何以黄连的种植首先要从搭建黄连棚开始的缘故。它喜欢生长在冬有严寒、夏无酷暑的高寒山区。即便是在温度达到零下8℃的寒冷环境下，黄连的叶茎都不会受冻，反而能够保持其原有的绿色。但当气温高于38℃时，植株就易受高温伤害而枯萎致死。

当气温在 15℃ 到 25℃ 之间时，最有利于黄连的生长发育。黄连很喜欢湿润、潮湿的气候环境。如果雨水少、空气干燥、土壤湿度低，黄连根系发育不良，代谢失调，植株生长缓慢或停止生长；遇到严重干旱，土壤脱水，就会造成整个植株枯萎死亡。干旱可以说是黄连的致命伤。黄连又是喜荫性很强的植物。它喜欢散射光，在弱光、散射光的条件下，植株生长发育健壮；在太阳直射下，植株很快就会萎蔫，叶片枯焦，发生灼伤，三天左右就会死亡。过于荫蔽也是不行的，完全不见阳光，植株不能正常进行光合作用，会使叶片发软，生长缓慢，抗逆力弱。

  反观银兴组和银河组的地理环境，我们会发现这两个村民小组的发展优势。首先，银兴组和银河组的海拔达到了 1200 米以上，属于高寒山区，冬季温度可以达到零下 8℃，夏季温度最高也只有 30℃ 左右。在银兴组和银河组，夏季雨水季节长，六、七、八月份是雨季，冬季雨雪天气较多。当我们对栗新地区进行调查的这段时期，这里经常出现漫无边际的雾气，行走于这些雾气之中，只需很短的时间，人们的头发便开始湿润了。这时已是初冬天气，偶尔在山上会有小雪飘落，黄连地中经常保持着潮湿，黄连地所需的湿度因此得到了保证。相比山上，银光组相对而言雨水就少了一些，我们也一度在银光组住过几天，这几天除了寒风吹动之外，很少降雪和雨水。所以这里种植黄连不多，不过却广泛地种植着烤烟，这里的烤烟产量也比银兴组和银河组更高，质量也更好。银兴组的一名农妇直接这样对比山上山下的气候："山上的雪还没化，山下的路都已经干了。"可见两地的湿度与温度的差异。银兴组和银河组范围内的林地繁密，并且多是落叶沙树，不会生长过高，弱化遮光的效果，能够给黄连起到很好的遮光作用，这样恰好适合黄连的生长。正如上文所说的，山上的黄连要比山下的生长得更好，它不怕天晴（只要不至于高温），也不怕下雨，本身作为一种药材，它们很少受到害虫侵害，所以这里的黄连产量通常是很稳定的。银兴组的山上所覆盖的那些森林，刚好是黄连种植的优势地区，有些山林中种植黄连甚至不用搭建黄连棚，因为覆盖的森林本身就能够起到遮蔽太阳光线的作用。我们曾经对黄连的种植做过很详细的说明，我们知道搭建黄连棚几乎可以被认为是种植黄连中最为辛苦的劳动环节。如果找工人搭建黄连棚，一亩的黄连棚需要至少 1000 元的工资。除了人工钱之外，搭建黄连棚还需要一些材料，最重要的当然就是铁丝了，这也需要从市场上购买，必定增加种植黄连的成本。虽然在树林中依据树木的生长而随便搭建简易的黄连棚必定会对黄连的产量造成一定影响（这一点我们在前文也做过分析了），但是这样做可以最大限度地减少劳动量，同时也就减少种植黄连的成本。而也许更为重要的是，这使得种植黄连对森林的破坏减到最低的程度。对于山上的人而言，他们有着广袤的森林，他们可以扩大其种植面积，以弥补不搭建正规黄连棚的产量损失。而对于山下在山上租赁山林种植黄连的农民而言，他们更多地会搭建正式一点的黄连棚，因为他们需要付出租金租赁山林，必须要在一定面积的林地中获得更多更好的黄连收成。

烤烟对于环境的要求则与黄连的要求有很大的差异。与黄连相反，它正好是一种喜温作物，不过它对温度的要求也是具有限度的，过高的温度对烤烟的生长也不利。在烤烟生长的区域内，要求无霜期高于120天。它所要求的温度范围较大，气温在28℃的时候，是最适合于烤烟生长的；当气温低于17℃的时候，烤烟生长明显缓慢了；而当气温高于35℃之后，就会导致烤烟的蒸腾作用的增加，使得烟叶的物质含量降低，而碱的含量则会增加。通常情况下，如果要获得品质优良的烤烟，在叶片成熟阶段的日平均温度应该不低于20℃，而较为理想的日平均气温应该在24℃上下。除了对气温有要求之外，太阳光照对烤烟的生长发育和新陈代谢都有较大的影响。烤烟是一种喜光作物，充足但是又不是分强烈的光照能使烤烟的植株生长旺盛，叶厚茎粗，繁殖力强。在太阳光的强光直射下，叶片厚而粗糙，油分显得不足，对烟叶的质量不利。而且，更为严重的是，过分强烈的阳光还会灼伤烟叶，这就是所谓的日灼病。然而，如果光照不足，光合作用又会受到阻碍；生长就会缓慢得多，烟叶的组织发育较差，植株纤弱，成熟期延迟，烟叶里的有机物积累较少，叶片明显很薄，香气不足，品质下降。因此，充足而不强烈的光照，对于烟叶品质有利，尤其是烤烟生长的旺季，充足的光照能增加干物质的积累，到成熟期，充足而和煦的光照是生产优质烟叶的必要条件。总之，光照时间的长短，影响烤烟的生育，烟株正常生长，每天需要10小时以上的光照，少于8小时则生长缓慢，叶少色淡身薄。水分也是种植烤烟必须考虑的自然因素。水分过多和不足对烤烟的品质和产量都有影响，在温度和土壤肥力适中的条件下，降水充足，烟株生长旺盛，叶片大而厚薄适中，产量较高质量好。旺长期耗水量最大，这一时期如水分过于亏缺，则会严重降低烟叶产量与质量。在降水量分布比较均匀的情况下，月降水量100至200毫米即可满足需要。如多雨寡照，则烟叶薄且难烘烤，烟碱含量低，香气平淡。此期月降水量为100毫米左右较为理想。

如上可知，银兴组和银河组并不适合于烤烟的生长，这里的气候条件较为恶劣，这里因为地势较高而气温较低，甚至夏季的最高温也只有30℃左右，这两个村落的气候条件明显与烤烟的要求有所差别。而且，这里的光照则更显得不足，这里的农民说，银河与银兴的气候太过于恶劣，经常出现阴雨天气和云雾天气，日照时数太小，满足不了烤烟生长的需求。更为严重的是银兴组和银河组的降水情况，一如我们在上文中所说的那样，这里的降水十分频繁，夏季经常出现高强度的降水天气，而这时正是烤烟生长和收获的季节。另外，对这里的烤烟种植发生限制作用的还有地形方面的因素，烤烟一般种植在地势较为平坦的地里，这一点与黄连不同，后者能够在高山的陡坡上生长。

正是如上的自然条件限制了银兴组和银河组的烤烟种植，不过，在烤烟市场的诱惑下，这里还是有些农民种植烤烟。显然，这里的烤烟的质量与另外那些地势稍低的村落相比要低得多，这是这里的农民早已经明白了的。烤烟生长的季节性非常强，阳历的四月份必须要栽到地里，栽种的早则很难生长，栽种的晚则可能误了烤烟生长最佳的时期。银河组与银兴组的地势较高，与地势稍低的银光组相比，这里的气温在同一时期通常会低3℃左右，正是因为气温较低，使得这里的烤烟生长缓慢，而质量也广泛受到影响。在山上，烤烟直到八九月份才会成熟，产量要比银光组的烤烟更低，每一亩低80斤左右。在质量上，这里的烤烟通常要比山下的差一两个等级（烤烟的质量分为不同的等级）。而且，据说这里种植烟草的历史更加长久，他们拥有的土地面积有限，长时间种植烤烟使得土壤的肥力下降，他们没有足够的土地面积来实行轮耕，这也使得烤烟的产量和质量都有所下降。一个农民告诉我们，他的家庭大约在1987年至1997年之间种植烤烟，那正是政府开始鼓励农民种植烤烟的时代。不过，那时候的烤烟价格不高，平均每斤烤烟只值四五元钱。他们当时只是因为自己缺少获取现金的途径，便试着开始种植烤烟。在刚开始种植烤烟的时候，农民接触到的是新的作物，他们此前从来也没有种植过，所以缺乏足够的生产技术和经验，最后成品的烤烟大都烤成了黑叶子。也正是在那个时候，地势稍低的几个村落也开始种植烤烟，他们那里的气候更加适宜，土壤又有肥力，那里的雨水每年至少要比山上少三分之一，雨水太大不仅会影响到烤烟的产量和质量，暴雨还经常对烤烟造成毁灭性的影响。更为重要的是，据这位农民说，山下的土地都较为平坦，土地面积更广，这使得那里的农民每年轮换着在不同的土地上种植烤烟，这保证了土地的肥力，而且也很大程度上缓解了病虫灾害。相比之下，黄连没有那么多的要求，它们对地形的坡度没有很严格的要求，自然灾害对黄连的影响也是有限的。所以，这个农民的家庭在1997年之后开始专门种植黄连，再没有种植过烤烟。

银河组与银兴组的高度差不到 200 米，这点高差没有形成二者非常大的差异，它们在地形地势以及气候特征等方面都有着很大的相似性。所以，在这里，种植着更多的黄连，烤烟的种植也在这里进行，不过与相对更低的几个村落相比，这里的烤烟显得很少。银河组从 1982 年开始种植烤烟，那时候是由政府倡导开始种植的，种植户从政府那里获得一些补助，政府帮助他们建设烤房。1995 年至 1996 年之间，黄连的价格突然降低，对山上农民的经济造成很大的影响，在这样的情况下，一些农民开始增加其烤烟的种植面积。不过，烤烟的质量提升依然存在困难，正如大部分农民所说的，这里的烤烟的质量问题与种植者的经验无关，这是自然条件所造成的，前者是可以改变的，而后者则是难以改变的。

第二节　半个世纪以来的栗新经济

一如上文所述，我们集中考察的地区已经形成了相对较为专业的农业生产，其产品的商品化程度较高。无论是黄连还是烤烟，这都不是农民自己消费的农产品，它们只有被市场接受，农民能够顺利地将其出卖之后才真正对农民发生意义。显然，这种农作对市场的需求是正相关的，在没有市场的时候，这种相对专业化的以及商品化的农作很难实行。在这一节，我们将会对这种相对专业的以及相对商品化的农耕经济做出历时性的说明，对这种生计方式的发生以及发展做出尽量细致的说明。当然，这几乎就形成了我们所考察的这一地区的经济发展简史。不过这段历史还并不长，我们只准备对这个地区过去 50 年的变迁做出说明。对于我们所考察的这个地区而言，国家对这里的农民生计造成直接影响的时间正是发生在 1949 年以后，而市场对这里的农民生计造成直接影响则大约要晚 40 年之久，几乎在上世纪 90 年代中期以后，这里的农民生计才逐渐受到市场经济的直接影响。所以，在我们对这个区域的经济变迁史的梳理中，我们将会追述至集体生产的时代（也就是上世纪 50 年代末期）。从那个时候开始，这里的农民生计经历了几次重大的变迁，每一次的变迁都使得当地经济的发展更接近现在的经济状况，换言之，如今这里相对专业的以及商品化的农耕经济是在过去的 50 年间不断发展而来的。

一、农耕经济的集体化时代

1949年以后，新政权将土地分配给农民自主生产。不过这样的情况只有短短几年的时间，因为这种土地的经营方式多少总是体现了过去的那种小农状态，这种经济形态在当时看来已经不符合新政权的要求。对于新的政权及其宗旨而言，"公"变得非常重要，这是当时的人们对社会主义以及更美好的共产主义的最粗糙的理解。小农生产已经具有很长的历史，在1949年以前，这里的农民赖以生存的正是那种小农经济，每一个家庭具有一部分自己的田地，通过对这部分田地的经营来维持整个家庭的生计。很少的农民是完全没有土地的，即便如此，他们也可以向地主（我们甚至没有发现这里在1949年以后有被划分为地主阶级的人）租赁土地，也相对自由地耕种，以维持家庭生计。它的优势十分明显，因为正是它维持着长期的基层社会的稳定。然而人们在此后对它的分析却偏向于它的问题层面，它抵御风险的能力有限，每一个家庭的力量是弱小的，无论是对于自然环境的适应还是对社会大背景的适应而言，家庭所能够发挥的作用都是有限的。更为显在的问题是这种经济形态与社会主义相互矛盾，为了更快地将新民主主义社会转向社会主义社会，最后一步，也就是公有化便显得势在必行了。于是，在1953年之后，农民们便逐渐组成了互助组，农民的土地与生产同时向着集体化的方向转变。

1958年以后，农民已经完全被组织起来，他们组成的最基本的单位便是生产队，在生产队之上又组成生产大队。这样的农民基层组织一方面是基层政治组织，更重要的，它还是当时的生产组织。所有的一切经济活动都在"计划"中进行，集体这一概念变得比个人和家庭更加重要，所谓集体，小到生产队，大到整个国家。这正是一个计划经济时代。在这个时代，国家在生产、资源分配以及产品消费各方面都由政府事先进行计划。几乎所有计划经济体制都依赖政府的指令性计划，农业合作社成为基层农村的基本建制。这一时期，土地归国家所有，农民甚至失去了最基本的土地自由经营权。中国当时的国情在西南山区的这几个村落中明显地体现出来。这里的农民在政府和基层大队的安排下进行生产生活，农户没有现在这样的自由来安排自家的农业生计，所收获的粮食的分配方式更是与现在的方式存在着很大差异。计划经济时代，所获得农产品全部统一平均分配，农户私人没有任何额外收入。曾经的生产队会计向我们讲述了当时的分配方式：

计划经济时期，生产队实行的是工分制，村民除了每年自家辛苦养一两头猪，就只能依靠家庭的劳动力来赚取更多的工分来保证家里的生活。一个壮年劳动力劳动一天的工分为10分，不过还要看他所出的劳力以及做工的水平来评议，或增分或减分或保持标准，而老弱病残的工分依次递减。每年到年底有70%的粮食按照人口平均分配给农民，而另外的30%就是工分粮，它要按照工分量分配给每一个家庭。

这样，人口多的家庭所获的粮食就多，挣得工分多的家庭所获得的粮食也越多。关于这一点，我们在上文中的不同位置已经做过许多说明，这对人口的变迁以及家庭的组织方式都造成了一些影响。

在这一时期，银兴组和银河组的农业发展方向在大的时代背景影响下也体现着时代的特色。银兴组原来的生产队会计对此的记忆十分深刻，他向我们讲述了那个时代农民的生产生活状况：

那时候哪有人家自己安排生产的，土地都不是自己的，生产队安排你去哪就去哪干活，每年都不一定在哪块地工作。当时不像现在黄连这么多，现在到山口往四周望，密密麻麻都是黄连；那时候生产队要求我们种苞谷（玉米），我们就按照安排种了，那时候从我们这山腰干洞槽到上面的干洞子还有现在的卢家坝子，漫山遍野都种的是苞谷。反正是大队要种的，我们只管种，每天每个劳动力都有10个工分，到年末结算能领到工分粮就行了。

在那个时代，这里广泛种植粮食作物而少种黄连的情况是可以理解的。从年长农民的回忆中可以知道，那是一个一直也没有摆脱饥饿威胁的时代，农民在那样的年代所考虑的事情乃是如何保证自己的生产能够直接满足自身的生存需求。一方面粮食短缺是那个时代这一地区农民生计的最显著特征，对于当时的农民而言，如何增加粮食的产量以保证自己的生存是最为重要的问题。家庭的富裕程度，其标准也是粮食的多少。从另一方面而言，粮票的发行也许也能够对这一时期的粮食短缺做出侧面的反映。这种粮食的短缺一度直接威胁到农民的生命，上世纪60年代前后那场全国性的饥荒在这里也造成了很大的影响，饿死人的情形在那几年十分常见。这种记忆对农民的生产和生活态度产生了很深刻的影响，这使得当地刚开始种植烤烟和黄连的时候受到一些年龄较大的人的阻碍。在他们看来，无论到什么时候，作为农民，保证粮食生产才是他们最根本的工作。当大面积种植烤烟的时候，那些年长的农民不无担忧，人们吃什么呢？然而近些年来的情况并没有他们想象的那么糟糕，因为这些农民即便大面积的种植了烤烟和黄连，但是他们还是能够正常的生活。不过在这些年长者为饥荒而煎熬的年代，情况当然十分糟糕，因为那时候的粮食短缺是全国性的，而且，由政府完全一手操办的物资流动根本不可能像今天由市场主导的物资流动那样畅通。所以，在那个时代，在我们所考察的沙子镇南部山区广泛种植着玉米和土豆。水稻的种植量很少，因为这里的地形很难从事这类农耕，只有在很平坦的地方才能够种植水稻，但是这种地形在高山地区并不多。

尽管如此，黄连的种植在那个时候也已经具有了一定的规模了。那个时候，每一个生产队几乎都具有一个自己的黄连产地，银兴组和银河组也已经种植了黄连，只不过黄连的种植面积较少而已。生产队除了粮食生产之外，还需要创收，因而在银兴组和银河组开辟了不少黄连地，安排社员去耕作。不过，苞谷和土豆仍然是那时生产队的主要农作物，黄连只不过是附属于粮食的农作物。不过，这至少也算作是黄连在此地的种植传统了，我们相信，今天的栗新地区之所以如此广泛地种植黄连，绝不是偶然发生的。据年老的农民回忆，在解放前，银兴组和银河组就种植了很多年的黄连，黄连种植的最开始时间谁都难以追述了。一个年过七旬的老人告诉我们，在他很小的时候就经常与父亲一起到山上去种植黄连。在生产队时期，当地的黄连种植已经闻名遐迩，这种中药材的需求使得这里的黄连种植业一直没有中断。当生产队思考创收途径的时候，自然首先会想到黄连的种植。当时每个生产队都会种上一两亩山林的黄连，被安排到黄连棚里劳动的农民劳动一天有12个工分，比在田地里劳动的农民获得更高的工分，因为黄连棚里的工作更加辛苦。

生产队时期黄连种植的地域主要集中在现在银河组的冉家河坝。生产队为了发展黄连生产，特地派了一批农户到黄水学了黄连的生产技术，因为那里是更古老的黄连产地，这些农民回来后成立了黄连专业队。银兴组和银河组的黄连种植也必然形成一定的规范了。银兴组的一个年长农民向我们讲述了当时的规定：

"黄连种植在银兴已经有了很长的历史，大集体的时候生产队上也在种，生产队有黄连厂，成立了黄连专业队。那个时候自己家里也没有地，给生产队种一天黄连有12个工分，种苞谷10个工分，相比较而言是赚了。等年末，我们每家都有70%的人口粮和30%的工分粮，种黄连的就能多分点撒。例如，今年是你家在种黄连，那么明年就换到我们家来种黄连，这样可以每家都能得到优惠嘛。黄连专业队是轮流做的，不过也只有会种黄连的人才能做。"

与相同时代的龙泛溪不同的是，这里的农民更加乐意在黄连棚里工作。我们在上文中说明过，龙泛溪在生产队时代也已经开始租赁山林种植黄连了。因为龙泛溪所处的地理环境不利于黄连的生长，所以这个村落在栗新地区甚至更远的其他乡镇租赁山林种植黄连。因为黄连棚与家庭之间相距较远，种植黄连的农民通常要在黄连棚里连续工作一段时间之后才能够回家几天。所以农民通常不愿意被分配到那里工作，尽管他们也享受着比其他劳动力更高的工分。也正是因为这样，龙泛溪的黄连经营方式也稍显不同，龙泛溪每年轮流组成一个黄连种植队到黄连棚里劳动。而在栗新地区，正如上文中可以看到的那样，他们的黄连棚就在村落的周围山上，距离家里很近。这使得增加的两个工分对农民产生了很强的诱惑力，农民们总是争着从事黄连种植的事业。而且，因为黄连棚与家庭之间的距离较近，所以可以将黄连种植直接承包给家庭，对于龙泛溪的农民而言，这是不可能实现的。黄连收获加工之后卖给供销社，由供销社统一销售出去。

曾经的生产队会计能够将各种劳动形式换算后再计算，以使我们对那个时代的经济有更好的理解。每个成年劳动力劳动一天能够获得10个工分，10个工分如果核算为现金的话，那就是0.3元，因为那些从事副业而不参加生产队农业生产的手工艺者每天要向生产队缴纳0.3元钱，这样他才能够获得当天的10个工分。按照这样的方式计算，每一个成年劳动力如果每天都不辍工，一年通过农业生产能够获得100元左右的收入。而种植黄连的劳动力劳动一天便能够获得12个工分，比正常情况下多获得2个工分，一年下来，一个种植黄连的劳动力便能够比正常情况下的劳动力多获得700个左右的工分，折算为现金的话，那就是21元左右了，这几乎要比进行粮食生产的劳动力多出四分之一的年收入。而当一个家庭的两个主要劳动力都从事种植黄连的工作时，那么这个家庭的年收入显然要比别的家庭高得多，而这一切，均来自于这里可以种植黄连。于是，即便是在没有开放市场的年代，这里的人们都普遍对种植黄连这种生计形成了很高的评价，这也正是当农民可以自由经营土地以及市场开放之后黄连在这里得以大面积种植的一个重要原因，毕竟这里的农民已经形成了较为稳定的生计传统。

二、从分产到户到市场开放初期

分产到户这一历史事件对于农民而言，最重要的意义就在于他们开始能够自由使用自己的田地了。尽管与新政权刚建立的时期相比，此时的土地制度已经发生了根本性的变革，那就是土地的所有权从农民所有直接转变为国有了，但是这一土地制度从一建立开始就承诺将长期不变。农民虽然没有土地的所有权，但是他们却能够相对自由地经营自己具有使用权的那部分田地了，他们能够自由地在自家的田地上安排自己的生产。

我们在上文中已经说过，即便是在大集体生产的时代，农民就已经对种植黄连产生了很积极的态度。在那个时代，农民家庭苦于没有自由经营土地的权利而不能随心所欲地种植黄连，他们被广泛地组织起来进行更迫切的生产，以提供足够的粮食。然而正如我们曾经分析过的那样，大集体生产时代的粮食短缺在很大程度上不在于土地面积，而在于生产的组织方式。自从分产到户之后，人们的生产积极性广泛提高，那些还在为每年的粮食是否足够维持家庭生计的农民通常是土地面积实在很小的家庭，然而这样的家庭在上世纪80年代毕竟很少，因为这样的家庭通常都会有两个人的田地（参见第七章第二节的相关分析），这已经基本能够满足一个小家庭的基本生活需求了。而且，值得再次说明的是，黄连是种植在林地之中的，那里通常因为坡度较陡而不适宜种植庄稼，所以我们可以看到，这里的农民种植黄连与种植粮食并没有生产空间上的矛盾之处。在粮食生产已经不成为迫切需要解决的问题的时候，黄连成为粮食之外的最重要的产业。

而且，正如我们上文所说的那样，银兴组和银河组都有着较长的黄连种植传统，据一些老年农民回忆，这里在1949年以前就已经种植黄连。这种深远的传统对于后来的生计方式所产生的作用是深远的，我们已经多次强调过，农民的生计方式经常处于很稳定的状态，就像龙泛溪的农民至今依然秉承着传统的农业生产一样；只有当生计环境发生了很急剧的变迁之后，农民的生计才可能做一种跨越式的变迁，就像马栏组的农民承受的失地之苦那样。在沙子镇的南部山区，农民也具有自己的耕作传统，与龙泛溪和马栏组的农民形成明显差异的传统是这里的黄连种植，这种作物的种植传统在此后一直沿袭下来。黄连的种植传统使得这里的农民积累了较为丰富的种植技术和经验，许多饱经沧桑的农民都多少掌握了一些黄连的种植和加工技术。分产到户之后，一些年老的农民都开始种植黄连，他们掌握着更老道的技术和经验，而且，在他们过去的记忆中，黄连和粮食都是十分重要的作物。一方面，这些农民具有生产黄连的技术和经验，另一方面，这些农民还对种植黄连这一生计具有较高的评价。这些，使得分产到户之后的农民开始广泛种植黄连。

如这些农民所愿，这一选择是正确的，因为家庭联产承包责任制落实之后，国家也对种植黄连的农民提供了一系列的补偿措施。在银兴组，一位经历过分产到户并且形成完整记忆的农民告诉我们，即便那时候的市场尚未开放，他们所种植的黄连也是有很大的需求的，这种需求情况可以通过国家对黄连种植的补偿政策看出来。分产到户之后的几年间，市场依然没有开放，农产品的销售工作依然由供销社统一进行，从更大的角度而言，国家依然掌控着物资流动的总舵。在整个国家的层面来看，黄连的需求量比较大，然而这种特殊的作物不能在全国范围内广泛种植，它只在川东、鄂西以及陕南等地生长，这是国家政策扶持黄连种植的重要原因。在上世纪80年代，国家对黄连种植的扶持政策主要在于其统购包销方面和粮食补贴方面。据人们回忆，上世纪80年代，黄连由供销社统一收购，又统一销售出去。对于供销社将黄连销售出去的价格，农民并不清楚，但是他们至今依然记得当时农民卖给供销社的黄连价格，每斤达到7元钱左右。事实上，在粮食还没有十分充足的年代，国家对种植黄连的农民的粮食补贴也是吸引农民种植黄连的重要因素，据回忆，生产1斤黄连，不仅能够卖到7元钱，同时还取得2斤米的粮票。所以，即便是那些耕地面积狭小的家庭也无需担忧粮食问题，他们只要具有足够的山林种植黄连，粮食就能够通过黄连而获得，并且还能增加一笔不小的现金收入。

此外，黄连在当时的市场价格也必定是农民们广泛种植黄连的重要原因。据银兴组的老人回忆，刚分产到户的时候，农民所种植的黄连就可以卖到5元一斤，此后更是长到7元一斤。在当时，玉米在市场上的价格仅为0.2元一斤，即使玉米的产量明显比黄连的产量高得多，但是种植黄连毕竟能够换取大米。与龙泛溪和马栏组颇不相同的是，南部山区的农民很少种植水田，我们已经在上文中说过。在农民通过农耕实现自给的时代，没有水田意味着很少能够吃上大米，所以这些地区的农民曾经长期以玉米为其主食。分产到户之后，每家每户虽然分到了土地，得到了土地的使用权，但是实际上家庭的生活没有得到很大的改善。现在的中年农民们对原来的生活状况依然记忆犹新。那个时候的栗新农民很少能够吃上大米的，都是把玉米打成粉后蒸煮，成为玉米饭，以此作为主食。农民自己生产的玉米很少卖出去，因为这些玉米只能够满足其家庭的食物需求和喂养牲口。在这样的情况下，大米对于这里的农民也具有某种诱惑力，在上世纪八九十年代，栗新地区能够吃上大米的家庭正是那些被认为较为富裕的家庭。黄连的产量虽然相对较低，但是它的单价却很高，种植黄连要比种植玉米和土豆更加赚钱。

正是上述这些因素的共同作用，在分产到户之后，黄连在银兴组和银河组广泛种植,成为这里的农民非常重视的一种产业。

然而正如前文所言,分产到户之后,银兴和银河组的农户生活并没有很大的改善,粮食生产在那个时代依然是重要的,并且,粮食生产的传统也不是很快能够放弃的,就像黄连生产的传统也不是很容易放弃的一样。即便黄连的价格再高,它也取代不了玉米和马铃薯的地位,这其中也另有原因。从银兴组的农民那里了解到,分产到户之后黄连的收购方式面临着转型,供销社在分产到户后还存在了六七年,供销社在这一时期还一直在寻求垄断,收黄连的量也有限;小商贩一直受到供销社的排斥,很难自由地到农户家里收购——他们受到压制,黄连的收购量也因此受到了冲击,不可能形成现在这样大的规模。农民们也不敢种太多黄连,担心收获的黄连卖不出去,因而每一家的黄连地基本也都只有几分到一两亩的样子,很少有敢于大规模种植黄连而放弃农业生产的农民。黄连在这一阶段并没有太大规模的发展,在很大程度上是由当时的经济环境所决定的,上世纪80年代,国家经济的发展正处于起步阶段,而分解到农户个体家庭中就体现为家庭经济的贫困,温饱成为农民急需解决的问题,农民在没有达到温饱的情况下又如何追求富裕和寻求现金收入呢?在与当地农民的交谈中我们发现,农民们不止一次的强调:"那时候能够有足够的粮食养家就不错了,根本就没敢想要赚钱致富。"农民家庭为了解决温饱多是种植粮食作物为主,而银兴组和银河组的地理条件又成为一种局限。它们处于位置偏远的山区,交通条件极差。上世纪80年代,他们没有一条公路通向山下的银光组,粮食运输也因此变得极为困难,靠人力背是唯一的途径。农户为了生存也只能自己种植粮食了。此外,南部山区的农民与龙泛溪的农民有着相似的生计理念,那就是寻求多样化的耕种,尤其是在黄连的价格产生波动的情况下,农民更加明白了不能将所有的土地和劳动投向于某一种作物的种植。上世纪80年代,黄连的价格从80年代初期的逐渐增加,到80年代末期的突然下降,从10多元突降至5元,这使得农民对黄连的种植变得谨慎起来。我们有一个案例可以很好地对以上情况作出说明。

陈某住在银兴组的干洞槽(一个更小的地名),曾经担任过银兴组的组长,现在在干洞子煤矿做工,他向我们讲述了他家在上世纪80年代时的经济状况。

陈某同附近大多数农民一样,在分产到户之后也种植了黄连。由于当时刚刚分家,家中劳动力只是他和妻子两人,劳动力不是很足够,因而他们把主要的精力都放在了玉米的种植上。在他们看来,只有这样才能保证家中粮食的充足，因此只种植了 1 亩黄连。虽然黄连的面积很少，但是黄连价格在那几年还是比较高的，十几元一斤。陈某家中每年都可以收获 2 分地左右的黄连，有 80 斤左右（这里的黄连亩产大概在四五百斤），每年都会给家中增加 1000 元左右的收入。在上世纪 80 年代，每年有 1000 元左右的现金自然已经很不错了。可是在 80 年代末期，黄连价格陡降至 5 元一斤，黄连的收入一年也降低了一半以上，这对于家庭收入的影响不言而喻。为了维持家庭的生活，陈某也只好另谋他路。这一时期，政府开始大力发展烤烟，而且还有一定的补贴政策：种植烤烟的人家，修建烤房给予 50 元一座的补贴。陈某也想试试，为了找活路就试着种上烤烟了。陈某说，那时候他也不懂得技术，烤出来的都是黑壳壳（烤坏了的烟叶）。虽然这里种植烤烟的效益明显低于海拔相对较低的村落，但是因为黄连市场的不景气，使得陈某不得不继续种植烤烟。然而即便如此，陈某并没有完全放弃黄连的种植，黄连被种植在山坡上，而烤烟则被种植在较为平坦的耕地里，因为二者在生产空间上也不存在多大的冲突。陈某的家庭仅仅尝试了两年的烤烟种植，即 1995 年至 1996 年，因为这一年的烤烟价格也发生了波动，大幅下降，这使得许多烟农放弃了烤烟种植，陈某就是其中一员。陈某看着烤烟价格不断下降，而黄连价格也迟迟没有上扬，最终选择了外出打工，到内蒙古包头去采煤了，家中的土地就留给妻子照应。陈某说："那时家里黄连还是种着的，我在外面打工，老婆在家种黄连。我在外面打工，家里人手也不够，地里就只能种苞谷了，种烤烟种不过来。"在缺乏劳动力的情况下，这个家庭在烤烟和黄连之间最终选择了种植黄连。

正如陈某所说的，黄连价格的持续走低促使农户们选择了种植烤烟，农户们为了自己的生存，不断寻求新的赚钱途径。黄连虽然曾经让他们在上世纪 80 年代得到了一定的收益，但是黄连价格的不稳定让农户们不得不对此提高警惕，市场行情的变动和价格的波动使农民们一直在烤烟与黄连种植之间转换。上世纪 90 年代的银兴组和银河组就在烤烟种植的陪伴下几乎走到了世纪末，但是到了 1997 年，烤烟的价格回落中止了农户们的烤烟种植生活；黄连的价格在这一时期虽然依然没有什么提升，但是相比于烤烟而言，它的利润已经高出了很多，并且黄连的产量比烤烟稳定得多，因而黄连的生产又有了起步。

经济方面的发展离不开交通的便利，银兴组和银河组的村民也逐渐理解了这个道理，上世纪 90 年代末，银兴组的农民开始对道路进行建设。1997 年，当时的大队长彭某上任后的第一件事便是发动农民们修建从银兴组到山下古枪坝的机耕路。据现任组长彭某的回忆，那时，他们组织了村民召开村民大会，商量修建机耕路，村民们都非常赞成，他们集资修建，平均每人出资200元。每家每户都出了一个劳动力进行建设，这条道路经历了1997年和1998年的两个冬季（相对农闲的季节）之后才竣工。这条道路也就是今天银兴组下山的通道，它对山上的农民产生了很重要的影响，因为在市场逐渐开放的时代，交通显得更加重要，这是物资流通最重要的基础设施。

也正是这条道路的修建，在1999年的时候，一个姓陈的老板的到来给农户们的经济带来了些许的改变。这个姓陈的老板是重庆南川人，他是发展竹笋产业的老板，主要经营竹笋类的半成品和成品，在重庆、成都和杭州都有公司。他所生产的方竹笋和冷竹笋行销国内各地和海外，产量很大，为了企业的发展，他也极力开拓新的竹笋原料产地，而银兴组和银河组就这样跃入他的视线。冷竹笋是银兴组和银河组一带的野生竹笋，据农民介绍，在1999年之前，农民们也知道有冷竹笋，不过这里的农民并没有大力的发展竹笋产业，平日里农民们都很少吃冷竹笋。方竹笋的生长环境与卧龙村和盘龙村的地理环境正好相符，方竹笋必须生长在海拔在1200米以上的高山地区，盘龙和卧龙就是沙子镇仅有的两个海拔在1200米以上的行政村。1999年，陈老板的一个搞药材生产的朋友来到卧龙，发现这里生长着大片冷竹笋，他向陈老板提供了这里的冷竹笋信息，于是陈老板便来到盘龙和卧龙发展竹笋产业。这里的竹笋产业真正发展起来，则是2000年以后的事情了。

综上，从1982年直至2000年之间的将近20年时间里，栗新地区的农耕经济发生了很大的变迁。农民所从事的农耕越来越偏向于商品化，这是分产到户以及市场开放所带来的，政策和市场两大背景同时促进栗新地区的商品农耕。不过，刚刚进行商品化农耕尝试的农民很快便尝到了这种生计的苦果，那就是市场的不稳定因素。在很多时候，这些农民能够保证农作物的产量，但是他们对这些农作物的市场却几乎束手无策。这种困境，在最近的十年中体现得更加明显。

三、近十年来的市场波动

大约在2000年以后，银兴组和银河组的农民生计发生了很大的变化。这是市场的一种变化，因为栗新地区的农民生计已经与市场紧密地结合起来，所以这一变化对栗新地区的农民产生了十分广泛的影响。首先，黄连市场极不稳定，短短的十年之间，发生了天壤之别的价格差。其次，政府倡导在栗新地区

第六章 趋于商品化的农民生计：以栗新地区卧龙村为例

培植"万亩草场"，使得这里的农民出现了一段时期的养殖风潮。此外，竹笋产业刚刚发展起来，又立即遭受了一场严重的灾难。不过，这个时期，银兴组和银河组新开发了三个煤矿，这在某种程度上缓解了市场波动对农民生计所造成的负面影响。

进入 21 世纪，从国家的层面而言，这是一个经济和社会都发展十分迅速的时代。如果要对这一发展态势做出原因方面的分析的话，十分重要的，也许就是市场开放了。进入 21 世纪以后，市场对资源的配置效果越来越明显，它的影响也逐渐深入到各个角落，哪怕是西南山区这些偏僻的村落也无一不受其影响。然而从农民的角度来看，情况并不完全那么乐观，近十年来，农民已经形成了一种市场危机意识，他们逐渐明白，市场可以使他们走上光明的生存道路，但也偶尔会毁灭这条道路。这种市场危机意识源于近十年来农民的生计变迁，在这十年当中，这里的农民经历了许多坎坷，这些坎坷大部分源于市场的波动。

关于市场波动，栗新地区的农民早有感触。对于所有从事商品经济生产的人而言，市场价格的变动都并不陌生。我们曾说过，栗新地区的农民在 1949 年以前就已经开始种植黄连，这种中药材对于农民而言就是一种经济作物，并不直接消费。所以，即便是在 1949 年以前，这里的农民所种植的黄连就已经缓慢地接受市场的挑战了。在统购包销的年代，黄连价格保持基本稳定的状态，但是这种稳定显然也不是绝对的。上世纪 80 年代之后，黄连价格的波动开始慢慢明显起来。到了 90 年代，黄连市场的波动情形依然没有消失，甚至在逐渐加剧。不过在此之前，黄连市场的波动总体上而言还是小范围的，或者说，这种市场波动并没有对连农造成十分重大的伤害，致使这些农民的家庭经济结构发生多大的变动。之所以如此，有一点似乎值得说明，那就是这些农民很少将自己的土地和劳动力完全投入到黄连的生产方面，他们长期从事着多元化的生计方式。而当时间推移到 21 世纪之后，情况发生了一些变化。这种变化首先体现在农民的观念方面，在 2000 年以后，已经只有很少一部分农民依然保守地进行粮食生产了，更多的农民将自己的劳动力投向那些更能够赚取现金的生计方式。这种观念的转变当然也是市场开放的结果，市场开放使得物资流通变得更加顺畅，货币却是不变的，拥有它，便能够购买各种生活所需，包括曾经一度十分短缺的粮食。在这种情况下，大面积种植黄连而减少对粮食的生产也就不足为奇了。

不过，使得栗新地区的农民大面积种植黄连而减少对粮食生产的直接原因也许不是观念方面的转变，更直接的是黄连价格的突然提升。出乎农民预料的是，进入2000年以后的两年中，黄连的价格从此前的10多元钱一斤突然猛涨到100多元一斤。在这一年，一些勤劳的、林地面积宽阔而且劳动力足够的农民家庭一下子就致富了。在我们的考察中发现一户农民家庭，这个家庭在2001年卖黄连的收入达到了8万多元。总之，在这一两年之间，所有种植黄连的农民都获得了丰厚的利润。正是这两年黄连的丰厚利润促使当地农民开始大面积种植黄连，在此以前，已经很少有农民不种植黄连的情况；而在此后，几乎每一个家庭都增加了黄连的种植面积，银河组与银兴组的农民都是如此。一个农民告诉我们，在2001年的时候，站在山梁上朝四周看，四面八方漫山遍野都是黄连。

同时，这时候银兴组和银河组的道路都已经修好，这一点十分重要，自从银兴组和银河组的道路修通之后，外来商贩便逐渐增多了。显然，这些外来的商人也是在2001年黄连价格的刺激下进入到栗新地区的，他们到这里来，主要是承包这里的山林，大规模的种植黄连。这些老板的进入，相形之下，农民的家庭种植看起来规模更小，经营方式也更加粗放，这些商人的进入对农民原有的黄连种植业产生了一些压力。同样明显的是，这些商人在这里大规模经营黄连产业，对当地农民的生计也造成了一些正面的影响。那些老板们进入到这里之后，开始大面积的租赁林地，许多农民将自己的林地以每亩100元的价格租了出去。但是一些农民并未将自己的林地租赁出去，因为租金达不到他们的要求，黄连的生长周期为五年，这五年的租金仅为100元。更为重要的是，这些山林一旦种植了一季黄连之后，通常要过至少十年以后的时间才能够进行第二季的黄连种植。租赁出山林的农民具有不同的看法，他们并不担心林地被商人们占完了，因为他们本来就具有很广阔的林地，租赁出去多少有些收入，但是不租出去便不会产生任何其他效益，毕竟农民自己又不能扩大其黄连的种植规模。外地商人在银河组租赁了至少300亩山林种植黄连，种植如此大面积的黄连，当然需要许多工人。关于黄连的种植，我们在说明龙泛溪农民的生计的章节中已经说明过，从那里可以知道，黄连的种植是一项十分耗费劳力和精力的生计。这些老板们通常会雇佣当地的农民来为自己种植黄连，在银河组和银兴组，几乎没有一个家庭从未在外来老板的黄连棚里打过工。外来老板出钱请当地的农民为其搭建黄连棚、挖土、栽黄连、除草以及起黄连等工作，在2001年，这些外来老板每天付给来打工的农民20元工钱。尽管如此，这些农民依然还是以自己家庭的黄连种植为主，他们只是在自己有足够时间的情况下才到老板那里打工。所以，其实外来老板为农民提供了一些工作岗位，这使得当地的农民将自己的闲暇时间利用起来，赚取一笔额外的收入。此外，我们还发现另一种从黄连老板那里获利的情况，这些农民几乎不会按日给老板打工，他们从老板那里承包黄连地，负责将一定面积内的黄连种植好，直到一季黄连结束之后，黄连交给老板，老板付给工资。不过只有很少一部分农民愿意这样做，因为一季黄连的生长周期是五年，这对农民而言周期太长了。通常情况下，农民只会承包一年的劳动，他们在一定面积的山林中劳动一年，根据其劳动方式的差异（有些一年当中完全是进行除草工作，有些在一年当中进行的是搭棚、栽黄连和除草）而付以不同数量的工资。这样来承包老板的黄连地的农民通常是那些没有足够的山林种植黄连的农民，他们并不愿意从山上的农民那里租赁山林来自己种植黄连，因为过去的经验使他们害怕承担市场给以他们的风险，而承包老板的黄连地，虽然收入不高，但总算得上是稳定的。在2001年，承包老板的一亩黄连地帮助其种植黄连，老板每年大概需要付给他们800元左右的工资。

总之，在2000年与2001年的两年间，黄连的种植规模明显增加了，而且经营方式也变得丰富起来，这些显然都是市场需求的结果。然而，通常的情况下，完全根据上一年的市场需求而安排其下一年生产的生产者总是跟不上市场的变动节奏，因为市场的不稳定性是常规的，而且也经常是突然发生的变化。黄连的情况也是如此，而且对于黄连而言，想要根据此前的市场需求而安排此后的生产显得更加危险，因为我们已经多次说明过，黄连的生长周期是五年，对于经常处于变动中的市场而言，五年之后将会是什么样子，这几乎完全是难以预测的。就在2002年，黄连的价格果然下降了，而且这一次下降的幅度之大，无论对于农民还是对于老板而言都造成了很大的打击，过去两年中一斤黄连能够卖100多元，而在2002年，黄连的价格突然降至20元左右甚至更低。这一变动并没有像此前那种变动一样影响农民的生产量，此前，农民和老板看到黄连价格突涨，便很快扩大了其种植规模；然而，当他们看到黄连的市场价格降低之后，并不能够很快调整生产量，因为那些已经种下的黄连是不可能放弃的，尤其是对于那些老板而言，此前因为搭棚和种植黄连这些工作已经花费了大量的成本。一般农民也是如此，他们不可能因为这样的市场状况而将种植了的黄连放弃，而必定会继续照顾这些黄连，直到五年之后收获。在2002年，老板们和农民们都同时遭受到很大的打击，不过，也正是因为过去这三年的市场变动情况使得他们变得平静了。三年之间，黄连的价格产生了天壤之别的差距，那么五年之后的情况又会怎样呢？这是无法预测的，那么已然种植了黄连的山林就必须保证其能够产出，至少在五年之后，黄连的价格有可能会有所增加，甚至也可能像过去的一两年中那样涨到100多元。所以，黄连的生产规模并没有因此而很快缩减。

此后的几年中，黄连的市场价格一直还处于波动的状态，不过处于一种逐渐上涨的过程。如下是2000年以来黄连的价格变动图：

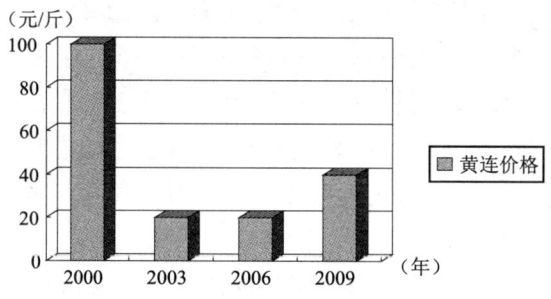

图6-1　近十年来黄连的市场价格波动图

从上表中可以看出，2000年前后，是近十年中黄连市场价格最高的时期，此后发生了大幅度的下降，降至不足20元一斤。而再往后，黄连的市场价格保持了一段较长时间的平稳状态，从2002年以后直到2006年前后，黄连的价格基本上维持在每斤20元左右。2006年以后，黄连的市场价格开始平稳增长，至2009年，价格涨至每斤40元左右。这是黄连在几个时间段的大致市场情况，而事实上市场的变动不会如此平稳，更为通常的情况是每年当中不同的时间会有不同的价格。这些变动是农民难以预期的，所以他们经常在这方面吃亏。在2009年的10月份，黄连的价格上升到28元一斤，这是近些年来最高的市场价格了。在这个时候，农民们开始大量贩卖黄连，他们害怕错失了良机，此后的黄连价格可能将要锐减，于是许多农民将自己家里的黄连在这段时间全部卖出了。然而情况又不像农民所想的那样，仅仅过了一个月之后，在当年的11月份，黄连的价格又涨到了40元一斤，然而此时，还储存着黄连的农户已经很少了。

栗新地区虽然已经修通了车路，但是正如我们在上文中已经说过的，驱车在沙子镇南部山区上下依然不是一件容易的事情。一般情况下，这里的农民所种植的黄连最终是由中间商收购转手倒卖出去的。所以，大部分的农民在收获黄连之后，便在家中等着收购黄连的中间商来收购。中间商来得多，农民们便更能够了解外界市场上黄连的行情,因为这些商贩在竞争中会提高收购价格,较高的收购价事实上也已经接近了外界的市场价格了。但是,也只有在黄连的市场行情较好的时候才可能出现这种商贩之间的竞争。据农民们回忆,在黄连价格达到 100 元以上的那一两年,来自于黄水等地的黄连中间商大量进入到栗新山区,每天都有三四十个中间商在沙子南部山区的各个角落里收购黄连。有一点值得说明,那就是无论怎样,因为这里地处偏远,黄连的销售只能通过中间商来完成,而中间商为了获得其商业利润,自然会压低黄连的收购价格。这种情况在每一宗交易中都会发生,与农民一样,中间商也需要他们的劳动能够换得更多的现金。然而正如我们已经说过的,在黄连的市场行情较好的情况下,商贩的数量太多,他们之间存在着剧烈的竞争,所以不至于将黄连的收购价压得太低。不过,在黄连的市场行情较差的时候,甚至长时间没有一个黄连中间商在这片山区出现。在这样的时候,农民只能耐心地等待,总有商贩上山来的时候。在这样的时候,商贩必定会尽量压低黄连的收购价,大部分的农民急等着用钱(因为对于这里的农民而言,黄连是其家庭的重要经济来源),所以无奈也只能将黄连出卖了。对于这些农民而言,在黄连市场不景气的时候,他们不但担心黄连的价格太低,甚至担心根本没有人来收购黄连。在我们对栗新山区进行考察的时间里,黄连的收购价大概在 28 元上下,中间商就已经很少了。有一个焦急的农民告诉我们,他家里已经积压了 500 多斤黄连,然而在过去的 15 天里,根本没有一个商贩来过。他表示,一旦有商贩上山,无论价格怎样,他都必须要卖出一部分黄连了,因为年关已近,他正等着钱用。

第三节 新探索:黄连之外的商品农业

一如我们已经说过的,黄连对农民的意义总是要通过市场转换之后才能够得以实现,它显然与粮食对于农民的意义不同,后者只要产出,就直接可以为农民自己所消费。然而市场的不稳定因素,常常使得农民处于极为不利的生存状态中。在黄连市场价格较高的时候,农民事实上没有很多的黄连可供出售;在黄连市场价格较低的时候,农民又不得不将自己家里的黄连出售,因为他们的家庭正在等着使用出卖这些黄连所得的钱。这样看来,什么时候应该卖黄连和什么时候不应该卖黄连,对于这些农民而言,这并不仅仅是由黄连的市场价格来决定的。本来黄连是一种可以长期储存的产品，我们已经说过，因为黄连本身的药性，它很少会遭到虫害；而且成品的黄连是被烘烤得十分干燥的，这些黄连只要储存在干燥的地方，通常也不会轻易变质，黄连甚至要比粮食更加容易储存。如果单从黄连的这些属性来看的话，农民是可以根据市场的变化来调整贩卖和储存的，在黄连的市场行情不景气时，农民可以选择将收获的黄连储备起来，直到黄连的市场行情景气时再将其卖出。这可以说是一种对抗市场不稳定因素的十分理想的方式，这一切都是源于黄连的那些易于储存的特征。然而现实不能够达到这种理想的方式，因为农民是否需要出售黄连，一定不仅仅依据黄连是否易于储存这件事情，更重要的也许是：农民是否需要将其出卖。与龙泛溪和马栏组的农民一样，尽管栗新地区的农民所处的地域更加偏远，但是他们的生活也很大程度上与市场联系起来了，这些农民也一样需要许多现金来维持生计。所以我们才会在上文中看到，一些农民在黄连市场价格极低的情况下也不得不将自己的黄连卖出。正是因为如此，我们会在这一节和下一节说明农民在黄连之外的一些生计探索。

尽管栗新地区的农民生计在很大程度上是商品化的以及相对专业的，但是他们的生计从来也不单一，也不可能单一。无论是河谷地带的马栏组和龙泛溪，还是高山上的栗新地区，这些农民都是多元生计的实践者。

一、万亩草场以及由此引起的风波

在撤区合乡并镇之前，栗新地区（也即是卧龙村与盘龙村）是栗新乡的范围，此后，这一地区成为沙子镇的行政范围。在此前，卧龙村现在的范围分属于两个行政村，即原来的丽平村和马鞍村。在原来的马鞍村，有一个名为马鞍的草场，不过这个草场当时的面积很小，我们集中考察的银兴组和银河组都是以前马鞍村的范围。2003年，石柱县畜牧局到银河组发展草场，开展畜牧业，于是将原有的马鞍草场扩大，名为"万亩草场"，其实只有3000多亩的面积，这个工程征调了很多农户的土地、荒地和林地。在我们从银兴组前往银河组的路上，可以看到一些当年砍伐森林培植草场留下的痕迹——在广阔的草场上留下了分散开的几棵落叶松。据当地农户说，这里之前是成片的森林，这些树木多是在2003年被砍掉的。

2003年开始在银河组一带播种草种，主要草种为黑麦草、白山叶和红山叶。在草场上也分开了一定的区域，由于银兴组和银河组地处山区，冬季气候寒冷，羊无法继续到山上吃草，所以畜牧局特地在银河组的附近留下了一片冬

第六章 趋于商品化的农民生计：以栗新地区卧龙村为例

蓄饲料专用草场，为冬季养羊做储备。那些田地或者林地被征调来培植草场的农民可以在草场上自由放牧。大约在2003年年底，石柱县畜牧局运来200多只波尔山羊无偿地分发给当地农民，这样，银河组的农民中有十多户开始发展养殖业，银兴组也有四户农民加入到波尔山羊的养殖之中。波尔山羊的羊圈虽然由农民自己建设，不过政府给每一个养殖波尔山羊的农户补贴了2000元。

波尔山羊的养殖在半年之后归于失败。一个曾经养殖了20只波尔山羊的农民在几年之后想起来依然觉得十分遗憾，直到他的20只山羊全部死去之后，他依然不知道这些山羊的死因是什么。银河组的十几户农民都是自愿养殖波尔山羊的，这些农民本身对于波尔山羊的养殖发生了一些兴趣，而且，我们已经在上文中说过，这几年的黄连价格突然发生了很大的变化，从上百元直降到十几元一斤，所以波尔山羊的养殖一开始是引起了农民的兴趣的。因为养殖山羊，农民的家里几乎变了样，人们每天都要给山羊打针，同时还要给山羊做清洗工作，下午要将所有的山羊赶到山上去放牧。这些工作几乎完全由男人们去完成，而黄连的种植就交给了家中的女性劳动力去完成。可以看出，当时的农民对于波尔山羊的养殖有着很好的预期，尤其是在黄连方面受到打击之后更是如此。而出乎意料的是，这些山羊在不到半年的时间里就死了一大半，直到一年之后，几乎已经没有任何农民养殖波尔山羊了。直到现在，当人们再次回忆起养殖山羊的那段时期的历史时，他们才大概思考出了一些山羊死亡的原因。据一些养殖过山羊的农民回忆，波尔山羊大概是在2003年的冬季运到这里的，那个时候没有冬储饲料，草场上的草显然也还没有长成。另外，波尔山羊似乎也并不适应这里的气候，一些至今未知的原因使得这些山羊生了病，起了许多体疮，更致命的是嘴巴上也长满了许多疮，致使这些山羊根本无法进食，很快就纷纷饿死了。那些没有死亡的为数不多的几只羊也已经引不起农民的兴趣了，它们被赶到草场上之后就无人看管了，直到一天结束之后才被牵回羊圈。这些山羊无意中吃了山上的一些黄连，便经常跑到黄连地里破坏黄连，于是农民们纷纷将剩下的山羊卖了。镇政府经发办（经济发展办公室）的主任似乎对于这次波尔山羊养殖的失败有着更加科学的解释，在他看来，波尔山羊是肉羊，它们不需要每天做很多的运动，只要在下午四点半到六点半出去放牧两个小时即可。但是栗新地区的农民对此并不清楚，他们全天将山羊赶到草场上放牧，使得山羊一整天在外面活动，这也许是山羊养不活的重要原因。

山羊养殖已经归于失败，原本培植来养殖山羊的草场失去了原来的价值。不过，农民们将自家的耕牛赶到这片草场上放牧，使这片草场不至于完全失去其作用。与龙泛溪的农民一样，耕牛在这里依然是十分重要的，因为这里的农耕经济在很大程度上也依赖于耕牛的劳作。2003年的时候，畜牧局开始在栗新地区开发万亩草场，这占据了附近村落的不少荒山和林地，有些地面都是种着烤烟的，他们在这里种上草，开始养羊。不过不是所有的农民都分到波尔山羊，分到山羊的都是那些草场附近的农民，而距离较远的农民就没有分到。正是因为如此，政府开始倡导那些没有养羊的农民养牛，不过都是自己投资。在我们的考察中，一户农民在2007年养殖了5头牛，当时买小牛犊就花费了2000多元钱。这些养牛的农民考虑的是草场资源，正如一个农民所说的："养牛很简单，我们只要把牛赶到草场上就回家了，牛自己可以在山上吃草和休息。"据一些农民说，他们有时候甚至两个月不管山上的耕牛，有些农民再次见到自己的牛时很难辨认，还有些农民的牛在山上产下了牛犊也不能及时知道。2007年，政府引来一个开发蔬菜产业的老板，在原来的草场上承包了100亩土地种植蔬菜。这些蔬菜地距离农民经常放牛的地方很近，没有人管束的牛经常跑到菜地里啃食蔬菜。这几乎引发了蔬菜老板与当地农民之间的激烈矛盾。当牛跑到蔬菜地里啃食蔬菜的时候，蔬菜老板就会将牛扣留下来，要求牛的主人缴纳罚款（事实上是对损失的蔬菜的赔偿）。另外，蔬菜老板还对农民说，他的蔬菜上已经喷洒了很毒的农药，如果农民的牛去吃蔬菜的话，后果由农民自行负责。农民虽然提高了警惕，但是在他们还没有实现对自己的牛进行管束之前，就有几头牛相继被毒害了。此后，很少有农民再敢将自家的牛赶到草场上放牧了。但是不在草场上放牧又能够在什么地方找到放牧的空间呢？农民们不愿意圈养这些牲口，因为这将要花费很多劳力来照管它们，他们之所以喂养牛，也在于这里的草场使得他们几乎可以不管这些牛而直接获利，养牛很少会对其他的生计活动造成干扰。现在，既然这些草场已经不足以提供给他们自由放牧的空间，那么就将所有的牛卖掉吧，不然就要分配出至少一个劳动力照管牛，那就会对原来的生计造成影响了。上述所说的那个养了五头牛的农民在2007年之后将家中所有的牛卖了，一共卖了6000多元钱。

今天，当我们看到这片草场的时候，首先想到其对于农民的意义。我们一度以为这片草场对于农民的耕牛和山羊等牲口的养殖会具有很好的作用，而细看之下才发现，草场上没有很多牲口出现，偶尔有几头牛在草场上吃草，旁边也有人看守。放牧型的养殖业在银兴组和银河组存在了短暂的三四年时间，此后因为政府的招商活动而退去了。这使得农民对蔬菜老板的生意非常不满，所幸他们还没有做过任何过激的行为。农民对于蔬菜老板的不满也许还来自于另一个方面，那就是这个蔬菜老板几乎没有给当地农民提供任何工作岗位。从黄连产业的开发来看，农民们对外来商人总是客气的，毕竟至少他们可以给当地农民提供一些劳动的机会，就像大面积承包山林种植黄连的那些老板那样。然而新来的那个蔬菜老板并没有这样做，他并没有雇佣一个当地的农民到他的菜地里工作，而是将其在湖北的众多亲戚们雇佣来这里工作。当地农民想要通过草场带动生计来缓解一下市场对黄连的冲击的希望落空了。

二、种植烤烟以及退耕还林的干扰

关于烤烟在栗新地区的发展情况，我们在上文中已经做过一些说明：在地势更高的银兴组和银河组，烤烟产业的发展情况不如地势稍低的其他村落。事实上，烤烟的种植在银兴组到了20世纪90年代末期就因为价格的下降而出现了危机。在银兴组和银河组，种植烤烟也是农民对抗黄连市场波动的一种重要途径，他们原本希望通过种植烤烟来缓解一下黄连市场的不景气，而在20世纪90年代末期，烤烟的市场环境甚至要比黄连更加糟糕，这使得许多曾经种植烤烟的农民放弃了烤烟。不过依然还有众多农民种植烤烟，在他们看来，烤烟虽然比不上黄连，但是毕竟比种植粮食作物划算得多。但是几个煤厂的开办还是对烤烟种植造成了一些影响，因为那里吸纳了一些劳动力，而烤烟也是一种耗费劳力特别大的生计。关于这一地区的煤矿业，我们会在下一节加以更加详细的说明。在煤矿厂没有开办之前，农民们除了种植黄连之外，主要的还是种植烤烟，在烤烟也不赚钱的年份，一些农民便外出务工。事实上，农民是否种植烤烟也经过了许多权衡，在烤烟市场景气的时候，他们依然会重新种植烤烟。

2009年，烤烟的价格突然上涨，这使得农民们对烤烟的态度又再次发生了变化。这一年，烤烟的价格上涨到了平均7元每斤，银兴组的农民又开始重心种植烤烟。银兴组干洞子的一户农民在上世纪80年代末期开始种植烤烟，一直种到1999年，因为烤烟价格的跌落而放弃了这项生计，男主人在无奈之下到了较远的一个煤矿中挖煤去了，家里的土地上全部种上了玉米和土豆，由女主人来经营。随着男主人在煤矿厂的工作逐渐稳定，这个家庭对烤烟的种植也就完全停止了。直到2009年，这个家庭看到烤烟价格的上涨，又继续种植了烤烟，那一年，这个家庭一共种植了4亩烤烟。不过他们种植烤烟的方式发生了一些变迁，对于这些一方面在煤矿中具有较为稳定工作的农民而言，他们一方面舍不得丢弃已有的工作，毕竟相比之下，煤矿里的工作更加稳定；而另一方面，烤烟的市场又对他们具有很大的吸引力，于是雇工种植烤烟成为一种重要的方式。关于这一点，我们还会在下文中进一步说明。

在 2009 年，卧龙村各组的烤烟种植情况可由下图表示出来。

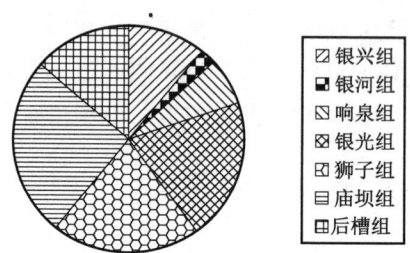

图 6-2　卧龙村各村民小组种植烤烟的情况

从图 6-2 中可以看出，银兴和银河组的烤烟种植面积很少，仅仅占到了卧龙村烤烟总面积的不到 20%。相比之下，其他村民小组的烤烟种植面积则相对多了许多，而这些村民小组有着相同的特点，它们都是位于海拔 1200 米以下的山腰地带，并且它们的气温相对于银兴组和银河组而言，同期温度高出了 4℃左右，并且这几个村民小组的耕地面积与银兴组和银河组相比更多，这些地区更适宜种植烤烟。银兴和银河组则面临着耕地面积不足的实际情况，这也是银兴和银河组种植黄连的一方面原因，因为这意味着山林资源确实是丰富的。事实上，整个银河组一共只有 30 亩的烤烟，这不仅是因为这里不适宜种植烤烟，同时，退耕还林对于烤烟的种植也造成了一些干扰。

可以说，对于银河组的农民而言，2003 年是难忘的一年。正是 2003 年发生了退耕还草的事件，也是在同一年，银河组又面临着退耕还林的挑战。银河组的耕地多集中于卢家坝和冉家河坝，这也是两个人口较为集中的居民点，这两个地方一共居住着 100 多户农民，这里的居民在退耕还林以前和现在的银兴组一样种植了大面积的烤烟。银河组的烤烟种植历史与银兴组别无二致，烤烟的质量有着细微的不同。银河组的海拔较银兴组高出了 200 米左右，气温相差一两度，这也直接导致了银河组的烤烟质量略差的情况。银河组的农民经常很无奈地告诉我们，他们所种植的这些烤烟加工出来之后全是些"黑壳壳"。尽管如此，因为烤烟的利润，这里的农民还是长期种植烤烟。2003 年末，退耕还林逐渐开始，第二年，石柱县林业局开始在这片土地上大面积推广退耕还林。据银河组的农民说，农民的大部分耕地都成为退耕还林的对象，因为这里的耕地都在坡地上。这样，曾经种植了大片烤烟的土地便被树林占据了。因为在退耕还林之前一部分耕地已经种了草，现在又在草上继续种植树木，这种林下种草的土地就有700亩之多。退耕还林的时候，林业局的文件规定每一户农民允许保留两分自留地，其余的耕地将全部进行退耕还林。站在高处看银河组，除了冉家坝的一部分耕地之外，其他的地方已经全部退耕还林了，银河组的30亩烤烟全部种植在这片还没有进行退耕的土地上。

对于退耕还林，农民们有着不同的评价。这里的村民小组长说，银河组根本不是一个适合种植烤烟的地方，因为地形以及气候条件的限制，使得这里的烤烟质量不可能好得了，过去种植烤烟的经验已经说明了这个问题。即便种植粮食作物，这里也一直不是一个适合的地方，粮食的产量很少，并且重要的是，现在的农民关注的是现金，粮食在这方面的作用显然很小。相反，退耕还林能够获得国家的一些补助，这些补助款完全可以超过种植粮食所产生的效益。不过许多农民却认为，退耕还林之后，这里的农民就失去了原来的生存空间了。他们本来就没有足够的经济收入，现在他们还要失去土地，那必将导致农民生活的开支增加，这一点与马栏组农民的情况有些类似。分析村里的一个家庭的经济情况，能够比较清楚地表明农民在退耕还林之后的生存状况。

我们所认识的一位婆婆今年60多岁了，身体不是很好，有结石病。现在，这位婆婆与其丈夫共同居住。他们有3个女儿，全部都出嫁了，大女儿住在卢家坝子，二女儿住在卷店，三女儿住在成都。因为这个家庭只有两个老弱的劳动力，所以黄连的种植面积也不大，只有不到一亩的面积。在上世纪90年代的时候，这个家庭开始种植黄连，那时的种植面积也不大。对于现在的两个老人而言，那个时候正是上有老下有小的时候，劳动力不够，所以黄连的种植量也不大。而到了现在，两个老人的年龄也大了，几个女儿又陆续嫁了出去，家中依然缺乏劳动力，所以黄连的种植面积依然很小。

2004年退耕还林之前，这个家庭还种了一些烤烟，烤烟的种植面积达到几亩。这位婆婆说，这里烤烟种不出来，烤出来的全都是黑壳壳。不过多少还是能卖点钱，总比种植粮食赚得多，所以就种了。2003年，这里开始种植牧草，这个家庭也开始搞起了养殖业，政府也给这个家庭无偿提供了波尔山羊，他们家中也分了四五十只羊。不过正如前文所说的，养殖失败了。退耕还林前，他们的几个女儿还是在家里种烤烟和黄连，可是退耕还林后，家里没有耕地了，在家中没有比较适合且能够一直维持家用的赚钱方法，只能出去打工了。老大年龄大了，就没有离开银河，老二和老三都去了浙江打工。虽然家中的男主人已经年过六旬，还是经常到处找临时工做，通常是到外地老板承包的黄连棚里工作，在那里一天的劳动可以换得30元钱。同时，如果有需要，他偶尔也去种种树，赚一点钱。家里主要收入就是黄连和20亩地的退耕还林款，每年总的不下4000多元的进项。小女儿在外面打工还结了婚，经熟人介绍，小女儿嫁给了成都的女婿，搬到成都去住了。这位婆婆说，现在都是老人在屋里，年轻人都出去打工了。显然，银河组现在的情况，要想留住劳动力必定是困难的了。

一如银河组的农民所说的，退耕还林之后，银河组的大部分农民都不再种植烤烟了，他们中的大部分家庭只有几分地，这些地不足以种植烤烟，规模实在太小。正是因为这样，我们看到，银河组外出务工的农民相对于栗新地区的其他村落而言更多。年轻人大部分选择这种生计方式，具有条件的中年人也有一部分选择外出务工，在他们看来，这是一种比种植黄连轻松而且收入还较为稳定的生计。在今天的银河组，留守在村子里的农民大都是些老年人。我们在这里进行了十多天的集中考察，很少见到年轻人，甚至中年人也是不常见的，银河组的组长是留在村里继续务农的为数不多的几名中年人之一。留下来的这些老年人，将他们的大部分精力投向了黄连的种植。

银河组的烤烟种植在退耕还林之后变得很少了，但是银兴组却还有许多农民继续种植烤烟。与银河组相较而言，银兴组所处的地理位置比较平坦，退耕还林对耕地的影响不像银河组那么严重。在银兴组，烤烟的种植依然是这里的农民除了黄连之外的非常重要的生计。可以说，在银兴组，黄连与烤烟都十分重要，这两种经济作物经常给农民提供一种选择的空间。农民正是在烤烟与黄连的价值博弈中安排其农业生计的。在银兴组的农民那里，他们总是在黄连和烤烟这两种作物之间摆动，他们很少完全放弃一种作物，即便这种作物的价格已经很低。在这两种作物的选择中，农民一方面考虑作物的生长特性是否与自己所处的地里环境相符，更重要的是，他们还要考虑两种作物的市场行情如何。虽然黄连的生产周期是五年，而烤烟的生产周期仅为一年，但是二者的效益也是可以比较的。在去年，银兴组干洞子的一户农民种植了4亩烤烟，一共收获烤烟1300多斤，与比这里地势更矮的地区相比，产量少了100多斤。而且，由于这一地区所种植的烤烟质量较差，比银光组一带的烤烟在总体上差了两个等级，在销售烤烟的时候，每一个等级至少会相差1元钱左右。这个家庭从4亩烟田里收获了1300多斤烤烟，这些烤烟全部销售，得到收入1万多元。在2009年，烤烟的平均价格为7元每斤，一亩耕地可产烤烟200多斤，每种一亩烤烟，农民能够获得1500元左右的收入。种植烤烟要比其他作物花费更多的成本，一亩烤烟需要化肥300多元，需要100元钱左右的农药，烘烤一亩地的烤烟需要400斤煤炭，这些煤炭需要花费至少100元钱。这样，每种植一亩烤烟，能够获得的实际收入最多为900元。黄连的亩产量要比烤烟高，每一亩山林可以收获黄连500斤，产量更高的可以收获600斤左右。按照我们所考察时期的黄连价格来看，每一斤黄连可换得30元钱。这样，一亩山林种植的黄连便可产生1.5万元的收入。而在成本方面，种植黄连所需要的花费要比烤烟少很多，通常情况下，一亩黄连所需要的化肥钱250元左右，也就是每年需要购买四五十元的化肥。而且，正如我们在上文中已经说明过的，黄连本身具有药性，很少遭到虫害，所以很少需要农药，即便需要，最多也不过20元每亩。此外，种植黄连只有两年（也就是黄连生长的最后两年）能够使用除草剂，每年每亩需要40元钱的除草剂，两年需要80元钱。种植黄连需要搭建黄连棚，一些材料需要购买，不过银兴组和银河组的地理环境以及植被覆盖情况十分适合于黄连的种植，这里的树林就可以遮挡光线，很少需要搭建黄连棚的，因此，在这方面就减少了一些开支。这样计算的话，每一亩黄连的成本为400元左右。这样，每一亩黄连的利润还剩余1.4万多元。由于黄连是五年生长作物，因此，每年的平均利润为2900元左右。可以看出，与烤烟相比，种植黄连的收益要比烤烟高得多。而黄连与烤烟相比之下的优势还不仅仅在利润方面，正如我们已经多次说过的，黄连的优势还在于它很少遭到病虫害，更加易于储存，而且也很少遭受到自然灾害的影响。但是烤烟则不然，与黄连相比，它是一种更难伺候的作物，我们已经在上文中就它对环境的要求做过一些说明。

然而，虽然种植黄连的收益在一般年份都要比烤烟高得多，但是银兴组的大多数农民一直也没有放弃过种植烤烟。之所以如此，很大程度上在于黄连市场的不稳定。而且，更为重要的是，种植黄连的是山林，而种植烤烟的是耕地，这两种作物的生产空间并不冲突，只要一个家庭的劳动力允许，那么这两种作物都值得种植。

三、逐渐兴起的竹笋产业

1999年的时候，现在在栗新地区经营竹笋产业的陈老板（上文中已有所说明）来到卧龙村，在这里，他看到遍布于沙子镇南部山区的野竹林。虽然当时的陈老板并没有得到任何开发，但在当时就已经发现了其中的巨大价值。这里的野生冷竹笋面积很大，陈老板长期做竹笋生意，他认为这里可以成为他的公司非常好的原料产地。所以，当他第一次来到这里的时候，就决定在这里发展下去。经过四五年的准备，2004 年的时候，陈老板已经开始在卧龙村收购冷竹笋了。然而直到今天，陈老板在卧龙村的生意都不是一帆风顺的。当陈老板刚来沙子的时候，当地政府对于外来商贾的要求比较苛刻，一年就要收取陈老板的各种费用 70 万元。陈老板虽然非常热衷于这片竹林，但是鉴于当地政府的各种收费，也准备放弃。正在他要放弃的时候，政府取消了一系列的限制政策，他也才留了下来。2008 年，陈老板与当地政府签订了林地流转的承包合同，以 15 元每亩的价格一次性流转了 40 年。

在与农民签订合同的时候也遇到了一些困难。当时，农民完全没有认识到冷竹笋的价值所在，拒绝签订合同。此外，因为竹林要每年修竹才能够保证每年的竹笋产量和质量，而对于农民而言，修竹将会占去他们的一部分劳动力，所以这些农民并不愿意。一开始，经过几番努力，陈老板最终只与两个农户签订了合同。而这两户农民考虑的是他们的林地离家较近。那些不与陈老板签订合同的农民所考虑的是冷竹笋的发展前景究竟如何，他们心存疑虑，且他们的林地与居住的地方相距较远，不便于照管；他们不签订合同的另外一个原因在于发展竹笋产业的不止陈老板一人，另一个当地人也想发展冷竹笋产业。这些农民考虑到：一旦与某一个老板签订了合同，他们原本的主动地位就变得被动了。在不签订合同的情况下，两个老板的竞争对农民是有利无害的。而且，在当时，据说这个当地的老板收购冷竹笋的价格要比陈老板的收购价略高。

情况确实如此，那个当地老板给当地农民的现实利益确实更多。事实上，这个当地老板只是对冷竹笋有了一定的了解之后才准备在这里发一笔财，他对这项生意并没有任何计划。陈老板收购冷竹笋，通常是在 8 月份，在卧龙村集中收购 30 天左右，有时候他甚至只收购 20 天。陈老板这样做的目的在于避免农民过度采伐竹笋，给这里的竹笋造成毁灭性的打击。然而这个当地的老板则不同，他收购竹笋从不按日期，也不按产量进行，农户能够收取多少他便收购多少。这一点，也正是这个当地老板与陈老板竞争的又一武器。然而，竹笋的过度采伐在陈老板的预料中发生了，山上一度几乎难以见到一棵竹笋，刚冒出土的竹笋会被农民立即采伐。偷盗采伐竹笋的情况也开始出现，一些农民为了在竹笋方面获得更多的利益，在别的农民的竹林里偷采竹笋。农民们对此也是无可奈何，因为大多数农民的竹林都离家较远。

陈老板在卧龙村和盘龙村建设了四个临时收购点，盘龙村两个，卧龙村两个。卧龙村的两个收购点分别设在后槽组和银兴组。银兴组的收购点就设在一个农户家中，有一间 40 平方米的仓库用来储存收购来的冷竹笋；在仓库外有一间大的锅灶，上有五口大锅，是进行冷竹笋加工腌制用的。这户农民告诉我们，他和陈老板在 2002 年的时候就认识了，当时两个人在路上相识，之后，陈老板在他家对面建了收购点，收购周围农户的冷竹笋。这个农民平日也给陈老板帮忙，陈老板一年给他 1000 块左右的报酬。同时，他家也给陈老板培育了四五亩方竹笋苗。因为不知道竹笋在外面的市场情况如何，这个农民在 2007 年的时候去浙江看了一下方竹笋的销售状况，看到市场前景之后，他认为方竹笋应该可以作为一种致富的途径。在他看来，方竹笋不仅利润高，更重要的是它不像黄连和烤烟那样需要大量的劳动力来照管。种植方竹笋，每年除点草就行了。于是，一些农民将黄连与竹笋进行轮作。我们曾说过，种植过黄连的土地在至少十年之后才能够再种第二季黄连，而在这段时期，这里正好可以种植竹笋。种植过黄连的土地变得酥松了许多，省去了很多劳力，如果在未经开发过的山林里种植竹笋，种植的时候必定存在很大的困难，挖土就是一件十分耗工的事情。

时至今日，冷竹笋已经在沙子南部山区发展了 5 年。2004 年的时候，陈老板来这里签了合同，收购冷竹笋，此后的这些年发生了许多变迁。2004 年还没有很多农民关注冷竹笋，种植的农民也很少，但是这一年种植竹笋的农民大都获得了几千元的收益，这大大刺激了农民种植竹笋的积极性。2005 年的时候，农民已经认识到竹笋的价值，采挖和种植竹笋的农民越来越多；经过几年的无限制采伐，这些年竹笋的产量下降了许多。2009 年，全年的竹笋产量与 2004 年相比下降了 60% 之多。

大约在 2007 年的时候，陈老板开始准备在这里发展方竹笋。在他看来，冷竹笋在市场上仅仅十几元一斤，方竹笋这几年都可以卖到四十多元一斤，这肯定比卖冷竹笋赚钱得多。在卧龙村，银兴组和银河组的组长都在 2008 年的时候由陈老板出资到南川考察了方竹笋的市场，这在很大程度上增长了组长们发展方竹笋产业的信心。冉组长说："我去南川时候，街上的方竹笋产品很多，销路也很好，回来我就把家里的林地整理出一块，种上了方竹笋苗，现在有的都能吃了。"就这样，陈老板在 2007 年和 2008 年在卧龙村的银兴组和银河组以及附近的盘龙村发展了 400 多亩方竹笋的育苗基地。不过这个育苗基地也发生了一些问题，陈老板 2007 年发展育苗基地的时候，与农户签订的协议是：农户在自家的黄连地中间种方竹笋苗，农户平日负责养护竹苗，在竹笋成熟时可以由他的公司来这里收购。然而就像曾经对待冷竹笋的态度那样，农民对这件事情不是很感兴趣,并没有认识到方竹笋的价值。在平时,农民们根本没有很好的看护竹笋苗,方竹笋种植的成活率很低。2010年伊始,陈老板开始谋划改变育苗的思路,准备实行风险机制:种植竹苗的农户必须交纳100元的保证金,第一年没有出现问题的,年底就返还50元;第二年结束再没出现问题,就再返还50元。两年之后就可以保证竹苗的成活,而农户交纳的保证金也都全部返还给了农户。如果在之前的两年并没有很好的养护竹苗,那么保险金就不会返还了。陈老板免费为农民提供竹苗,农户也只是帮助陈老板种植。现在陈老板在卧龙村发展的竹苗,据他本人的估计已经有2000亩左右。

为了有效地组织起竹笋产业的发展,陈老板还组织了竹笋协会,竹笋协会成立于2008年,涵盖了卧龙村和盘龙村的9个村民小组。竹笋协会的主要目的是组织农户发展竹笋生产。现在竹笋协会有12名理事,大部分是各个村民组的组长,而其他种植冷竹笋和方竹笋的农民都是竹笋协会的会员。这些理事是陈老板未来发展方竹笋产业的一些下级工作人员,在合同上签订的期限为2010—2050年间的40年。在平日里他们的分工是相同的,重点是在竹笋生产时给陈老板代理监督工作,同时还要对农户进行方竹笋方面的宣传。在收购时他们会比较繁忙,他们所在组的竹笋都是交由他们收购的,他们还要在期间维持秩序。不过,刚开始育苗的几年,这些理事事实上也并没有多少事情可以做,主要是协助陈老板向农民宣传和监管竹笋的种植。在陈老板与众多理事的合作合同上可以看到,当方竹笋可以采伐之后,这些理事会按所在队竹笋销售总额的10%获得提成。陈老板现在也开始打算在签完合同后给他们发一定的工资,一年一结算。在陈老板看来,这样的待遇必定能够产生一些积极的作用,毕竟这种优厚的待遇对于这些理事来说具有吸引力。以银河组为例,假如银河组的方竹笋产量达到了20万斤,按4元一斤算,那银河组一年竹笋收入就能达到80万元,那么银河组的冉组长就能得到8万元的利润。

2010年,陈老板开始迎来新一轮的竞争。与陈老板相似,有一个药材老板来到了沙子镇准备发展药材产业。这个药材老板在2009年末就开始在这片山区拓展林地,对农民的林地以合同的形式将使用权交易过来种植药材。陈老板为了不让他的扩张影响到自己的竹笋生意,在一月份也开始在他的基地——盘龙村和卧龙村开始与农户签合同,尽早把种植方竹笋的事情落实。而同时,陈老板也已经开始策划使用150万元在卧龙村的银光组建一座竹笋加工厂,这样可以就地加工方竹笋和冷竹笋,做成半成品或者成品销售到市场了。

第四节　小结：山区农业的商品化之路及其挑战

近几十年来的经济变迁在沙子镇发生得十分明显，这一点，我们从龙泛溪和栗新地区农民的生计变迁中就可以看出来。龙泛溪与沙子镇南部山区的最大区别在于地理环境，我们从对龙泛溪农民的生计探讨时就已经说过，地理环境就是农民的传统生计空间。龙泛溪处于相对较为平坦的区域，而栗新地区是沙子镇境内最高、最陡峭的地区。在传统的农民生计中，粮食作物的生产占据了大部分，农民的生计围绕着粮食进行安排。这一点，龙泛溪、马栏组和栗新山区都一样，直到上世纪80年代，我们主要考察的这三个地区都存在大概相似的情况，这些地区的农民都自己生产粮食供给自己消费。然而也有不同的方面，龙泛溪和马栏组在自给自足的时期显得较为富裕，原因是这些地区更加适合种植粮食；而栗新山区却没有这样的优势，这里的农民生活在大山里，直到今天，我们依然很难看到这里存在水田。在自给自足的历史时期，这里的农民很少吃大米，他们中的大多数农民以玉米为其主食，只有很少条件较好的农民能够吃上大米。然而即使以玉米为主食，在某些历史时期，这里还存在缺少食物的状况，在这样的时候，他们需要向山下的农民借粮食。然而情况却在上世纪80年代之后发生了变化，这显然得益于物资流通，而这又是市场经济的功劳。

市场经济究竟如何改变了农民的生计？龙泛溪和栗新地区农民的生计在近些年来发生的变迁足以说明这种改变。在龙泛溪，这里的农民在近些年来开始出现生存困境，土地对这些农民而言，成为一种既不能失去又对农民生计具有一些限制的资源。这里依然种植了粮食，除此之外，几乎难以种植其他的作物，正如这里的农民曾经失败过的烤烟种植经历。但是，粮食在近些年来尽管对农民依然很重要，但是农民的现代生活显然已经对现金具有很高的要求。正是因为如此，粮食生产一方面是农民生计中不可或缺的，另一方面又对农民改变自身生活造成某些限制。栗新地区的农民生计所发生的变迁却朝向了另一个方向，那就是商品化。沙子镇南部山区的地理环境难以种植粮食，但是却适合于种植黄连和烤烟，这是这里的农民生计可以很快商品化的重要原因。在今天看来，栗新山区的农民生计更倾向于商品化，它更能够与市场经济的大背景联系起来。而曾经较为富裕的龙泛溪农民，在今天依然从事着传统的种植业。

不过，虽然栗新地区农民的生计发生了很大的变迁，而且这种变迁正朝着更加符合市场经济背景的方向发展，但是正如上文所言，栗新山区的农民生计还是存在困境。与龙泛溪、马栏组的农民不同的是，这里的农民生计困境在于市场对农耕的干扰。与粮食耕作不同的是，既然黄连、烤烟、竹笋等经济作物的种植很大程度上依赖于市场，那么种植这些作物的农民的生计当然也就很容易受到市场的影响了，而粮食却不然，它很少被投入到市场，直接供农民自己消费，所以受到市场因素的影响程度相对较小。正如我们在上文中所分析的那样，无论是黄连还是烤烟以及近些年刚刚兴起的冷竹笋，这些作物不仅对生产的部分具有要求，而且更重要的是对销售具有更高的要求。然而从过去的经验看来，烤烟、黄连的市场都是极不稳定的，这是栗新地区的农民现在正在遭遇的挑战。

自从栗新地区的农民可以自由地经营自己的土地之后，这里的农民就开始扩大黄连的种植规模。经历了黄连价格的大幅波动之后，烤烟、草场养殖、竹笋、煤矿开采等产业逐渐成为农民对抗市场的手段。在这里，我们可以看到，与龙泛溪的农民几乎类似的是，栗新山区农民的生计尽管更加商品化，但是他们依然愿意从事较为复杂的农耕，因为这种多样化的生计对于农民的生存是有利的。栗新地区的一些农民家庭曾经做过单一生计的选择，大概在2000年以后的一两年中，因为黄连价格的大幅上涨，许多家庭都放弃了其他生计，将全部劳动力和精力投入到黄连的种植中，不过在其后的一两年间，当新种植的黄连还没有收获的时候，黄连的价格就降到了很低，这对许多家庭都造成了很大的打击。也正是从那个时候开始，大部分的农民家庭都再不会将生产限制在一个领域当中。于是，一如上文所说的，每个家庭都从事着各种生计，从黄连、烤烟以及竹笋的种植到煤矿的开采不一而足。尽管如此，我们可以看到，这些生计在很大程度上都依赖于市场，所以，来自于市场的挑战依然威胁着栗新地区的农民生计。

第七章 农民的孩子：
教育生活及其变迁

在我们已经对沙子镇农民的生计做出如上几章的介绍之后，我们将对农民们的其他生活做出说明。在我们的考察中，很少能够遇到那些年轻力壮的人，他们通常处于非常频繁的劳动中，甚至许多农民常年不在家里，他们的工作地点在遥远的城市里。如果我们要从整体上来说明社区里人们的生活状况，那么这将在很大程度上要求我们去关注孩子和老人，因为以居住在社区里的时间而论，他们是这些农村社区的主体。所以，在此后的两章中，我们将分别对孩子和老人们的生活做出介绍，他们的生活状况因生计的变迁而发生着相应的变化，这也将是我们的介绍中强调的内容。仅就孩子的生活而言，他们的生活所发生的变迁在过去的几十年中体现得十分明显。我们选择了孩子的教育作为本章的主体内容，因为孩子的生活在很大程度上总是围绕这项活动而展开的。在介绍孩子的教育的过程中，我们进一步将视角聚焦于农村学校变迁对农民孩子的教育所造成的影响。这样，我们将在当地基础学校的变迁过程中把握孩子们的教育生活的变迁。

第一节 由多到少：1949年以后
沙子镇学校的变迁

孩子们的教育生活的变迁，存在一些复杂的背景，这些背景的变迁是孩子们的教育生活变迁的基础因素。这些背景因素主要包括两个方面，一是农民的生计变迁；二是当地基础学校的变迁。生计变迁对孩子教育所产生的影响，往往是家庭层面的，例如，当打工成为许多农民的主要生计时，他们的孩子便需要面临着留守和隔代抚养的问题。对于当地农民的生计，我们已经在上述几章中做了较为详细的说明，其最重要和最明显的变迁就在于越来越多的农民离开自己的家园，到较远的城市里打工。至于当地基础学校的变迁对孩子们的教育生活所发生的影响，则显得更为直接，在村小十分盛行的年代，学校往往是嵌入到各个村落的，而随着村小逐渐被撤销，偏远地区的孩子上学发生了许多困难。现在，我们将对影响孩子教育生活的另一个背景做出说明，即当地基础学校所发生的变迁，它也存在一个明显的变迁趋势：教育资源趋于集中，嵌入村落的村小逐步被取消。

一、从私塾到现代学校

在1949年以前，沙子镇一如其他的农村地区一样，存在着许多私塾。据《沙子镇志》所载，1949年以前，只有很少一部分家庭能够将孩子送去私塾里念书。在私塾里，私塾先生主要教《三字经》《百家姓》，如果家庭条件还允许孩子继续念书，则往后的几年中，私塾先生又教《四书》《五经》《大学》《学而》。也已经有些较为开放的先生设置了"幼学""增广""珠算"等课程。虽然那时候的私塾依然存在，但是自从进入到民国以后，新式学校教育也逐渐发展起来了。民国二十九年（1938年），易书荣在当地当乡长，他的弟弟易德成在沙子镇开办了第一所新学，属官办公立学校，地点在当时沙子关的土地庙，处于今天沙子镇政府的前面。当时的教员都是从外地来的进步青年，有李绍连、范元成、李宜菊、李发君等八名教师，他们开设的课程有：国语、算术、历史、地理、公民、自然、体育、音乐等。1944年，西坨（石柱县另一个镇）人余勇在这所新学里当校长。1948年，西坨人国民党沙子乡指导员王槐接任校长之职。也正是在1948年，沙子关的场镇上发生了一次重大的火灾，大火是开斗行的马德俊与朋友在家抽鸦片引起的，这场火几乎将沙子镇上的所有房屋一举烧光。至此，沙子镇的新学只有迁到大地主谭本焕家中，由谭本焕做学东。

在沙子镇，我们依然能够找到一些曾在谭本焕的房子里念过书的老人，龙泛溪的夏正家就是其中之一。夏正家今年已经83岁了，他算是龙泛溪80岁以上的为数不多的几个老人之一。夏正家小时候上过几年学堂，就是他口中所说的"读过几年古书"。他记忆比较深刻的是《三字经》，这是他一进入到谭本焕家里的那个学校之后就学习的内容。给夏正家教课的，正是谭本焕本人。附近村落里的孩子，大都到他那里上学。他家的房子颇大，能够轻易容得下二三

第七章 农民的孩子：教育生活及其变迁

十个孩子在这里上学。如果一个家庭要将自己的孩子送到谭本焕那里读书，每年需要给谭本焕五六升米，以作学资。在夏正家的印象里，谭本焕先生十分严肃，他每天带着学生们朗读课文，此后便会留出足够的时间给孩子们，让他们背下来当天教授的课文，背下来便可以回家；背不下来，有时候还要挨竹板打手。

1949年以后，沙子镇的基础学校逐渐发展起来。1951年，沙子小学迁到张家湾，以没收的地主张少宝的房屋为校舍，马祥之任新校长。1958年，县政府拨款在官坝修建972平方米的土木结构教学办公综合用房。1985年，沙子小学新建500平方米的砖木结构教学楼。1998年，由香港陈庭骅基金援建面积为1160平方米的教学大楼，教师集资新建教师住房4800平方米，学校更名为沙子福和希望小学。2001年，沙子建镇，所以小学也更名为沙子镇小学。全镇下辖原沙子乡、湖镇乡、栗新乡以及卷店乡，如此，全镇共有中心校1所，完小（年级设置完整）3所，村小19所，到2003年止，有教学班56个，在校学生共1738人。

以上的学校除了沙子小学及三所完小具有较长的历史并且至今依然存在之外，其他的村小都是在不同的历史时期逐渐办起来的。但是这些村小大都没有存在很长时间，其中很大一部分已经撤销，而另一部分艰难维持的村小也正在走向覆灭。沙子镇的一位退休老师告诉我们，在上世纪90年代以前，几乎所有的行政村都有一所小学，而每一个生产队有时候还存在一个耕读校。只是到了90年代以后，人口分散的状况发生了相对的变迁，高山上的人口开始逐步向山下坝子地上迁移，甚至许多农民向沙子镇上以及石柱县城里迁移。这样，山上的农民越来越少，孩子也就越来越少。而且，在上世纪七八十年代开始实行的计划生育政策严重影响到出生人口的数量，到90年代以后，计划生育对村小生存的影响开始发生了，学龄儿童急剧下降。于是，生源年复一年地下降，这些村小也就难以为继了。所以在90年代以后村小逐渐关闭的时候，大概呈现出了这样的趋势：先是山上的村小关闭，而山下的村小则关闭得相对晚一些。

"从1949年以后，就逐渐建立起了马栏组小学（现在的兴隆村马栏组）、白鸡坪小学（现在的白鸡坪村）和土鱼小学（现在的鱼泉村）等。60年代中期，又建立了钢金小学（现在的兴隆村金竹寨）、周家坪小学（现在的兴隆村岗子坪）以及碗厂小学（现在的碗厂村）等。同一时期，即60年代中期，国家开始号召'人民教育人民办''民办公办两条腿走路'的教育政策，所以后来建立的钢金小学、周家坪小学、碗厂小学等都是民办学校。而且在这一时期还建立起了许多的耕读校,所谓的耕读校是在一个稍大的、有一定的生源而且距离村小和中心校都比较远的生产队,为解决本生产队孩子的入学问题,自行在本生产队办一个小学,从属于村小,由村小管理。孩子们在耕读校里大概能够上到一二年级,等年龄稍长之后,便走到村小或者中心校继续读高年级。因为耕读校就设置在本生产队,孩子们除了上课的时间之外,还有许多时间可以协助他们的父母从事生产活动。而教师也是如此,他们不仅仅只是教学,也经常参与生产劳动。正是因为这样,所以学校被称作'耕读校',其师生都是亦学亦耕。这种学校是民办的,而且显得十分灵活,如果有一年没有生源,则大可以停办,等到第二年如果生源又有了,便再开始办起来。"

"快到90年代的时候,金竹寨的钢金小学首先关闭了;1992年,岗子坪小学也继而停办了;2006年,马栏组小学停办;2007年,碗厂小学停办,同年停办的还有白鸡坪小学;只有土鱼小学,至今依然艰难地维持。"

岗子坪是兴隆村的一个村庄,这里在1949年以后就已经有一个属于自己村落的小学,设在一间民房里。1959年的时候,这个小学有了一次短距离的搬迁。1965年,就在岗子坪周边的周家坪建了个小学,只教低年级,高年级就到沙子镇去读。修建这个学校的时候,政府出钱,而农民出劳动力,修成了一栋土木结构的房子。但是到1992年,这个学校便办不下去了。那时候计划生育的政策已经十分严格,学校的生源受到了严重影响,当时只有十几个孩子,还分为三四个年级。而且,岗子坪距离马栏组较近,那时候马栏组办了一个更好的小学,此前两个村落都有小学,是因为这两个村落为河流所隔,但是在1992年前后这条河流上建成了一座石桥,河对岸村落里的孩子们也纷纷到马栏组小学上学了。

1963年,当时沙子区沙子公社六大队即现在的碗厂村建立了一所民办小学。在那里教书的是陈世银,他刚从高中学校里毕业出来,直接到新建立的碗厂小学做民办教师。碗厂小学刚刚建立的时候,租借当地农民的住房来作为教室。1965年,碗厂小学才建成了自己独立的教室——一间土木结构的瓦房,它是碗厂小学唯一的教室。1974年,碗厂小学搬迁到大田坝(也在碗厂村之内),重建了一所土木结构的房子。陈世银从碗厂小学建立开始就在那里教书,直到1994年,他才从碗厂小学被调到沙子小学来任教。大概在2003年的时候,碗厂小学重建为砖混结构的房屋,但是没过几年,碗厂小学在2007年便停办了。在陈世银看来,碗厂小学停办,主要原因是那时候的儿童数量大减,并且太多的人从碗厂那些高山地带迁到坝脚地(即平坦的区域)或者镇上。

陈世银向我们讲述了他在碗厂小学教书的那些岁月:

"现在想想,在碗厂小学的那段日子实在是太辛苦了。很多辛苦的事情现在说出来不一定有人会信,从1963年碗厂小学建立至1994年我调到沙子小学,我整整在那个地方教了将近31年的书,而且是我一个人在教。几十年当中,我大部分的时间都在进行三级复式教学。我所记得的,1967年大概是碗厂小学学生数最少的时候,只有13人,但也有两个班。那一年之所以才有那么几个学生,主要是因为前几年发生过三年的饥荒。但是也有学生人数很多的时候,最多的时候大约是1978年,那一年碗厂小学的学生人数达到了80人以上,一共分为三个年级。那一年简直是我教书以来最累的一年了,80多个学生分为三个年级,所以其实我要准备三个年级的教案,备三个年级的课。而且因为只有我一个老师,语文和数学都是由我来教的,那么其实我一共要写六个教案,备更多的课。我的老家就在学校附近,我去上课要从家里背个背篼去上课,因为学校里没有办公的地方,每天只有用背篼将学生的作业一背篼背回家去批改。语文和数学都天天有作业,所以上完一天课,又要批改100多本的作业。"

每一所学校都具有其独特的变迁历史,而且也因其处于不同的地域而显示出其特殊性,但是大部分的村小都具有大致相同的命运。他们从1949年以后逐渐办起来,期间不乏繁盛的时期,但是因为国家整体上处于困难时期,所以它们在那样的时代几乎全部是民办的。事实上,众多的村小从一开始诞生就没有沙子小学那样的条件,这具有地域方面的原因,因为沙子小学本身处于这个地区的相对"中心"位置;当然也有教育政策方面的原因,毕竟村小大都是民办,而沙子小学则一直以来都是国家公办学校。尽管村小都有着大致相同的命运,但是一如我们在实际考察中所看到的那样,一些村小虽然举步维艰,但是至今依然存在;而另一些则早已在近几年中纷纷消失了。如下,我们将分别选择一所至今依然存在着的村小和一所已经消失的村小作为典型来对村小的发展做出说明。

二、艰难维持的土鱼小学

土鱼小学的设立,大概也是在上世纪50年代前后。就像其他的村小一样,那时候设立村小的主要原因，一方面在于沙子小学没有足够的教学资源能够容纳更多的学生，另一方面则是考虑到学生能够就近入学。所以一如别的村小一样，这个小学一开始也只是设立在一所较为宽敞的老房子里。与别的村小又有所不同的是，土鱼小学周边的村落较多，而且居住也相对集中。此外，它所处的位置较低，吸引了附近山上的许多村落的农民孩子前来上学。所以，土鱼小学从一开始创办就具有非常多的生源，在上世纪80年代以前，土鱼小学有很长时间达到了完小的规模，也就是说，这个小学里设置了小学中的各个年级，年级结构完整。例如在70年代，这里还设置了五年级，一共五个班，因为那时候的小学是五年制，所以这里是名副其实的完小。即便到了1982年，土鱼小学还设置了四个年级，四个班，每个班大约具有20多人，全校一共大约有100名学生。也正是因为如此，老师的数量也比其他村小更多，因为年级和班级都较多，一两个老师难以完成教学任务。然而土鱼小学也如同别的村小一样，在2000年以后逐渐衰落，甚至很大程度上已经难以为继了。

关于土鱼小学的变迁几乎没有任何记载，然而因为这个小学处于村落中间，所以关于它的故事往往储藏在当地人的记忆中。如下，我们将从当地人的回忆中来考察土鱼小学的变迁细节。

如今已经70多岁的谭明瑞（女）老人对土鱼小学的过去具有很深刻的印象。如下，是谭明瑞老人对土鱼小学的回忆：

"土鱼小学在2000年以前全是木房子，比现在宽敞的多。操场也大，比现在大得多了。那以前的房子比现在好看多了，现在却搞成个'饲养场'（当地许多人因为对土鱼小学的变化不满，尤其是对拆旧换新的房子不满意，因为新房子实在又矮又小，看起来和养殖场类似，所以他们通常爱说那个地方是个养殖场）。我的大儿子今年40多岁了，他在土鱼泉读书的时候大约是1970年以后的事情，那时候远近许多村落的娃儿都要来这里上学。白鸡坪走到学校要一个多小时，马头嘴走到学校要两个多小时，鱼泉坝走到学校则要一个小时，杨花坪走到学校要半个小时，老房子走到学校要一个多小时，桃子园走到学校则要40分钟左右，李子湾走到学校也需要30分钟，烂池子走到学校也要20分钟，白水渠走到学校也要20分钟左右，以上这些地方的娃儿都来土鱼小学上学。有些地方实在太远了，那时候的孩子大部分要走很远的路去上学，所以那时候的孩子发蒙（开始上学）的时间就要晚些，八九岁开始上一年级算是较早的了，上完了小学之后也就成人了。"

"土鱼小学曾经也是个好学校。像谭明才就是在土鱼小学读过书的，他和夏明全（他家住在小学边上，开始做过村长，如今则是村支书）、谭文清（先后做过沙子镇的镇长、书记等，现在石柱县政府部门工作）、向军（他曾经考上了师范学校，但是因为自己祖上是地主，所以政审未能过），等等，他们都是同一批人，他们都还蛮有本事的。当时教他们的老师叫做庞天成，它是蚕溪（石柱县的另一个乡镇）人，全家都到这边来安家。我们还记得以前的外地老师还有严中兴、谭朝凤、黄连菊、谭朝环等。大约在80年代以前，大部分在这里上课的老师都是外地老师，此后，大部分的老师都是本地的了。外地老师来这边安家，队（生产队）上在学校边分点田地给他们，他们就在那里种点庄稼。有时候，学生的家长也会给老师们递些菜，仔仔们见到老师要行礼（右手上举到额前）。现在的老师和学生都不好了，仔仔们在路上碰到老师，还要绕着走呢。那些老师还经常到队上来转，看那些仔仔作业做完没有，有些仔仔在屋里就可以直接请教老师问题。"

"等那些外地老师都走了，也就是80年代以后的事情了。那时候，可能是缺教师吧，所以很多村小的老师就换成了一些没有编制的代课老师。有许多代课老师教的还是很好的，但是大多数的代课老师都是通过关系进入学校的。比如陶思梅，她的父亲陶于堂当时是村支书，所以她初中毕业之后就来村小当老师了。谭润书是谭明瑶的女儿，谭明瑶当时是沙子小学的校长，她也去代课。

"土鱼小学真是越来越差了，学生越来越少，老师也越来越少，学校也越来越小。说来说去，就是这个地方太过于偏僻了。以前那些老师，一开始就来这个地方教书，等他们教得好了，就被调到沙子去教了。我们这个地方，穷山恶水的，留不住老师。"

龙泛溪的谭明茂也告诉我们，他在上小学的时候也在土鱼小学就读。他从8岁前后开始读书，如今他已经45岁了，他在土鱼小学读书的时候大概是上世纪70年代中后期。他在土鱼小学上到四年级，五年级才到沙子小学上，那时候小学只上五年。小学毕业之后，谭明茂进入沙子区中学上初中，并且又在那里完成了高中的学业。他如今依然记得在土鱼小学上学的情境。

"那时候只有两个老师，一男一女，是为夫妻。男教师名叫何而立，据说他是个运动员，是高镇人，后来被调到石柱县城小去上课去了。他的妻子叫周星芝，她则是重庆市里的人，是知青，她后来还到石柱中学做过教务主任。给我们上课那时，两位老师都已经50岁上下了，如果他们还在世，如今也已经80多岁了。他们还有两个孩子，一家四口都住在学校里。生产队将学校周边的土地划给他们经营，他们就在那里种些粮食和蔬菜。谭明茂记得，他们在周末的时候还去帮他们除草，大点的还帮着他们去抬粪。

"那个时候我们一个班有20多个人，一共有4个班，算起来大约也有80人以上。4个班全由两个老师来教，这种班级交叉教学的情况在那时候就已经开始了。他们教得很好，周边的农民们也很尊重他们，还会给他们送点菜。他们常来队上家访，和周边村寨的农民都十分熟悉。我记得有一次，到我和同桌扫地，我们于是分着扫。但是，我的同桌没有完成他那一半的任务就走了。老师叫我把那一半也扫了，但是我不同意，也走了。结果到了第二天，老师就来我家了，跟我父亲说了一下扫地的事情。其实他们只要有空，就会经常来队上走动，也不专为哪个孩子的错误而来。现在学校的老师，既不开家长会，也不来家访，对学生的家庭情况根本一点都不了解。"

2000年以后，土鱼小学的生源急剧下降，已经只能凑起两三个班。16岁的刘成在七八年前（大约2003年前后）在土鱼小学上学，那时候的土鱼小学已经只有学前班、一年级和二年级了。当时的教室还没有做出改造，在一间大大的瓦房里上课，三个班同坐在一间教室里，一共五六十人。那时候上课的只有秦大江一个老师，给其中一个班上课的时候就让另外两个班的学生自己复习。秦大江老师当时就住在沙子镇附近，他每天早上起来要照顾女儿，将女儿送到沙子小学之后，才姗姗来到土鱼小学给这边的学生上课。

谭敏现在在沙子小学上三年级，在此之前，她在土鱼小学上到二年级。她在土鱼小学上学的时候，给她们上课的也是秦大江老师，那时候老师来得不像今天那样晚，她们大概早上8:00就要从家里出发，最迟9:00也就开始上课了。现在老师换了，是另一个老师周安贵。谭敏的堂弟谭林红又在土鱼小学上学了，不过他现在每天早上都要9:00左右才从家里出发，因为老师来得晚，他们去得太早就要等老师很久。在土鱼小学上学的时候，老师都讲地方方言，很少使用普通话，而进入沙子小学之后，所有的老师在上课的时候都讲普通话，很少说方言。

从不同年龄层次的人们口中讲述出来的关于土鱼小学的故事，大致能够表明土鱼小学的变迁历史了。我们需要对这些口述史做出较为集中的归纳，首先，土鱼小学在2000年以前是一栋宽敞的民房，为木质结构，至2000年以后改成了较为矮小的平房，砖混结构，并且有了较为宽敞的操场；其次，虽然土鱼小学的基础设施在近十年来发生了非常显著的变迁，但是其生源却十分堪忧，愿意将孩子送到土鱼小学上学的农民越来越少，这使得学校的班级设置越来越单一,教学的老师也越来越少;另外,也许是被当地农民看得最为重要的,是土鱼小学与沙子小学之间教学秩序的差别,土鱼小学的教学秩序越来越恶劣;最后,我们可以从当地人的口述中发现,土鱼小学的老师越来越少,而且,教师生活的地方和工作的学校之间所发生的距离变迁也非常重要,许多教学秩序问题正是这一变迁所造成的,而教师与学生家庭之间的关系,也因为这种距离发生了很明显的变化。

但是无论如何,如我们所看到的那样,土鱼小学依然坚持到了今天。土鱼小学的维持,很大程度上源于这里还存在着许多学龄儿童,随着孩子们入学年龄越来越提前(这是一个趋势,许多农民已经意识到要将孩子尽早送到学校,使自己的孩子不输在起跑线上),走很远的路到沙子小学上学变得很不现实。而且,这些孩子们的父母许多都在外地打工,而他们的祖父母又不得不将大量的时间用于农耕,这使得许多家庭将孩子送入土鱼小学。与这些情况相反的是,许多年轻的农民已经不惜增加更多的开支和劳动力也要将孩子送到沙子小学上学,因为他们对土鱼小学的教学质量的怀疑已经由来已久。

三、已经消失的马栏组小学

如果单从教学设施上来看,我们认为,马栏组小学大约要优越于土鱼小学。虽然这个小学已经取消了几年,但是其教学楼至今依然还在,作为兴隆村的村委会所在地。这是一栋两楼一底的楼房,修建于1996年。

马栏组小学位于兴隆村马栏组组,这里是兴隆村为数不多的一块河坝平地。兴隆村跨越了一条河流,河流两侧由一座石桥连接起来,这座石桥修建于1988年。河流两岸分布着几个零散的居住点,在没有桥梁的时候,河流两侧的农民交流不多。他们假如不趟水而过,便要走到沙子镇上,在那里有座更老的石桥连接着河流的两侧,到那里绕一圈,才能过到对岸去。在夏季河水很大的时候,两岸的人们必须通过这条路来实现交流;但是如果是在秋冬季节,河流的水量便会小了许多,两岸的人们往河里放些稍大的石头,一半冒出水面,这样便可以借助这些石头走过对岸去了。1988年,马栏组在其村落的右前方修建了一座石桥,这是一条能够通汽车的入村公路,这使得两岸的交往变得容易了许多。

兴隆村还是个较大的村落,它所涵盖的地域除了河流两岸那些分散着的居住点之外,还有两岸高山上的村落。马栏组所处的位置相对平坦,人口居住也十分集中。然而在这座小村之后,背靠着一座高山,山上至今依然还有许多农民居住着。在马栏组的对河岸是岗子坪，这个村落本身就已经处于山上了，再向上，是更高的山，那里也居住着一些人口，被叫作金竹寨。金竹寨原本单独属于一个行政村，但是在2000年以后的一次合村并组改革中融入了兴隆村。从马栏组到金竹寨要一路爬山，如果走路大约需要两个小时；现在已经有一条入村公路，但是在下雨天车辆少有能够上去的，不仅陡，而且滑。

从兴隆村的范围来看，马栏组小学作为兴隆村的村小，其辐射范围非常广。在马栏组的那座石桥尚未修建之前，马栏组小学的辐射范围大约只是河流一侧的村落，因为横亘于村落之间的河流即便是成年人也不易通过，更何况孩子。但是在石桥修建以后，学校的辐射范围便扩展到了河流的另一侧。如我们已经在上文中说过的，在岗子坪和金竹寨都曾经有自己的小学，当地的孩子们通常就在那里上学。但是在马栏组的石桥修建好之后，尤其是马栏组小学又加以重建之后，河对岸的村落里的孩子们便有很大一部分到这里上学了。于是，无论是金竹寨的小学还是岗子坪的小学，都早早地被撤销了。

马栏组小学在刚建立的时候也在一所老式木房子里。这是一所从地主那里没收来的住宅，这所木质结构的房屋直到1996年才被拆毁。拆毁木房子之后，在原来的木房子的后侧修建了两楼一底的教学楼，而原来木房子所在的地方则变成了操场。木房子作为教室的时代，这里只有教室，而没有更宽敞的学生活动场地。

马栏组小学也像土鱼小学一样，其建立的历史较长，大约在上世纪50年代中期就已经建立。在刚开始设置这个学校的几年中，学生的人数很少，很大程度上是因为当时这里的农民们还没有看到教育对于孩子和家庭的价值所在。在1949年以前，如我们已经在上文中说明过的那样，一般百姓的孩子很少有机会上学。所以，上学对于这些农民来说，实在是一种新鲜的事情。他们没有上学的传统，祖辈守着土地讨生活，上学能够对他们造成怎样的影响实在是未可知的。而且当时正处于十分困难的时期，每个家庭往往都会给自家的所有成员安排工作，更是在每个成员身上节省开支，即便是孩子。所以，在刚建校的几年里，上学的孩子一直都只有20多人。到了70年代，学生人数开始增多，已有将近200人，学生来自马栏组、香石溪、上坝等村落（同属于今天的兴隆村）。1988年，马栏组的石桥修建好之后，河对岸的岗子坪、金竹寨的孩子们也有许多到马栏组小学来上学。但是因为计划生育已经控制了人口的出生，而且人们已经开始将孩子送到沙子小学读书，所以尽管马栏组小学的辐射范围更广，但是学生人数却并未增加反而下降了。

第七章 农民的孩子：教育生活及其变迁

我们在马栏组见到一个曾在马栏组小学做代课教师的男人，今年已经55岁，他在上世纪80年代后期做马栏组小学的代课教师，后来因为超生，便被停了职。以下，是他对上世纪80年代马栏组小学的记忆口述：

"马栏组小学大概是上世纪50年代中期建立的，开始时叫做上坝小学，80年代初才叫的马栏组小学。我是1984年开始教书的，1986年就回到马栏组小学来教。当时在马栏组小学教书的只有我一个人，我的课堂是三级复式教学，包括一、二、三年级，一共有六七十个人。课程是早上四节，下午两节。在这里上学的有马栏组、香石溪、上坝以及大沟等村寨的学生。大沟的学生是走路最远的，从上面走下来需要一个半小时，从下面走上去则要两个小时。每天都是家长将他们送下山，然后自己走到学校，带着电筒，害怕回去的时候天黑。每天放学之后，让大点的学生照顾着小的，在路上集体回家。"

在马栏组小学教书的老师们，在上世纪80年代以前也住在马栏组，并不经常回家。向朝福（男，55岁，家住马栏组小学旁边）大约7岁的时候开始在马栏组小学上学，他至今依然记得曾经给他上课的老师孙应金。孙应金是卷店（石柱县的另一个乡镇）人，他的儿子继承了他的教育事业，如今也在沙子小学教书。孙应金在马栏组教课的时候就住在马栏组。因为卷店距离沙子镇并不远，所以孙应金能够每个周末回家一次，而他的妻子和孩子没有办到马栏组来居住，都留在卷店。

在不同的历史时期，马栏组小学的教师都有所不同。我们通过一些当地老人的口述，追溯了不同历史时期在马栏组小学任教的老师的情况，如下所示：

20世纪50年代至60年代：

向新桥，男，桥头（石柱县的另一个乡镇）人，离开马栏组小学之后调入沙子小学；

谭西生，男，灯盏（石柱县的另一个乡镇）人，离开马栏组小学之后调回灯盏教书；

罗文权，男，西坨（石柱县的另一个乡镇）人，离开马栏组小学之后调入县城里某小学；

孙应金，男，高镇（石柱县的另一个乡镇）人，离开马栏组小学之后调入卷店（石柱县的另一个乡镇）小学；

20世纪70年代：

谭仁虎，男，卷店人，离开马栏组小学之后调入沙子中学；

聂荣骄，男，中益（石柱县的另一个乡镇）人，离开马栏组小学之后调入沙子小学；

卢太庄，男，沙子镇人，离开马栏组小学之后调入沙子中学；

20世纪80年代：

谭仁强，男，沙子镇人，离开马栏组小学之后调入沙子小学；

谭太文，男，沙子镇人，离开马栏组小学之后调入沙子小学；

秦成梅，女，沙子镇人，离开马栏组小学之后调入沙子小学；

谭小梅，女，沙子镇人，离开马栏组小学之后调入大河小学（石柱县城的另一个小学）；

冉志荣，男，蚕溪（石柱县的另一个乡镇）人，离开马栏组小学之后调入石柱县城某小学；

马培训，男，林溪（石柱县的另一个乡镇）人，离开马栏组小学之后调入沙子中学；

谭雅书，女，中益人，离开马栏组小学之后调入石柱县城某小学；

20世纪90年代：

崔拱淑，女，西坨人，离开马栏组小学之后调入沙子小学；

谭福来，男，沙子镇人，离开马栏组小学之后调入沙子中学；

尹志全，男，水田（石柱县的另一个乡镇）人，离开马栏组小学之后调入沙子中学；

陈世琴，女，下路（石柱县的另一个乡镇）人，离开马栏组小学之后调入沙子小学；

向琴，女，沙子镇人，离开马栏组小学之后调入石柱县城某小学；

马士华，男，蚕溪人，离开马栏组小学之后调入沙子小学；

2000年以后：

吴振友，男，沙子镇人，离开马栏组小学之后调入沙子小学；

唐世芬，女，卷店人，离开马栏组小学之后调入沙子小学，是为马栏组小学的最后一任教师。

因为没有任何的文字记载，只通过当地老人的回忆而得出这些教师的信息，所以其中不免会有部分遗漏。然而这些信息依然能够向我们展示出：除了上世纪80年代之外，其他时代的教师大都来自于沙子镇之外。这些来自于沙子镇之外的老师们大部分时间居住在学校周边，他们只有在周末的时候回家一次。而那些家住得太远的老师，甚至也不能保证每个周末回家。他们长时间居住在这里，不得不融入到当地去，使他们成为农民的熟人，也使农民成为他们的熟人。事实上，这也是这些教师至今依然能够被当地老人回忆起来的重要原因所在。但从20世纪80年代以后，长时间居住在马栏组的教师便越来越少了。一方面是因为许多教师的家本来就住在沙子镇，他们可以于每日放学之后回家；而且，对于那些家住得较远的教师来说，他们更愿意住到沙子镇上去，交通已经越来越便利，而且镇上与村落之间的差异也越来越明显，镇上对他们的吸引力就更大了。

2006年，马栏组小学终于难以为继，彻底关闭了。马栏组小学的撤销，有着众多复杂的原因。我们在马栏组小学旁边遇到一位曾在马栏组小学上过学的老人，他这样来分析马栏组小学被撤销的各种原因：

"大约是2006年的时候，这个学校就停办了。停办的原因主要有两个：一是娃儿的数量减少了。七八十年代的时候，家家至少有两三个娃儿，多的则有五六个。现在的娃儿则少了，计划生育政策也不准多生。而且，年轻人们也不愿意多生了，现在养个孩子多不容易的。以前我们养个孩子只要仔仔吃饱了就好了，现在的年轻人对仔仔就不一样了，读书一定要送到好的学校去读，穿的要讲究，要新鲜。我们以前的仔仔的衣服，大的穿了小的穿。二是老师也太累了。马栏组小学停办之前的几年，好长时间是一个老师带两三个班级，而且是全天上课。虽然学校是给老师提供住处的，生活又在学校边向朝福家解决，但是老师（唐世芬）还是要每天回家，我们这个山沟沟里她能做什么呢？所以其实老师也是很辛苦的，别个在中心校上课的老师一天只有两三节课，村小的老师全天是课，要改几个年级的作业。但是他们的工资似乎也没什么差异，村小的老师当然就会想尽办法往中心校调了。"

如上，我们对两所村小的变迁做了大致的说明，明显的是，即便诸如土鱼小学这样的村小至今依然能够维持，但是它的命运也与已经撤销的马栏组小学极其类似。从某种程度上讲，村小的消亡伴随着集中办学理念的深入，集中办学的理念想要将有限的教育资源集中起来，办出更好的教育。在沙子镇，教育资源的集中当然是在该镇的中心校了。然而，集中办学首先遭遇了这样一个问题：集中起来的教育资源有着多宽的辐射范围？或者说，集中办学能否解决那种教育上的地域不公平？正是这一问题，使得集中办学对农民子女的教育造成了非常显著的影响，其后果就是改变孩子们的教育生活，甚至还要对孩子的家庭产生非常重要的影响。

第二节 村小消失：集中办学之忧

村小被逐渐撤销，无论是资金还是师资，都将不断被集中起来。这个过程并没有多长时间，如我们已经在上文中体现出的那样，仅仅在不到二十年的时间里，众多村小纷纷被撤，只留下很少的一部分。正是因为这个过程过于迅速，经常会使得当地的农民措手不及，突然得知他们的孩子只有到了沙子镇才能上学的时候，他们表现出了各种不情愿，因为这将伴随着一些可以预料的后果，包括对孩子本身的以及对家庭的。

一、保留还是撤销村小：农民们的不同意见

2006年，马栏组小学被撤销了。这时，马栏组突然变得安静了许多。昔日常有孩子在这里耍闹，人们都已经习惯了教师敲打教学楼上的钢管的声音。但是小学撤销之后，这个村落归于安静，教学楼至今还在，空空地立在那里。这幢小楼现在是兴隆村的村委会所在地，但是平时根本不会有人在这里工作，只除了村里开会的时候，而现在开会的时间越来越少了，一般的事件可以通过电话这样的通讯设备传递。开会，大约仅仅是在选举的时候才进行，也只有在这样的时候，昔日马栏组小学的操场上才会聚起一些人来。所以，这幢小楼被空置在那里，简直是浪费，假使卖给农民作为民宅，大概也有人愿意购买。

中心校于是开始考虑这个问题了：那些村小遗留下来的房屋将如何处理呢？村小向来是由中心校管理的，或者说，村小隶属于中心校。在村小里任教的老师也是由中心校下派的，在土鱼小学教书的周安贵事实上也是沙子小学的在编教师。依据这样的格局，中心校将对村小进行全面的管理。所以，当村小被撤销以后，村小里的教师也就转到中心校去上课了，而原来村小里的学生也搬到中心校就读。这些都是顺理成章的事，然而到了处理村小遗留下来的房屋的时候，情况却变得复杂起来。大部分的村小在过去都经历过重建，在村小重建的时候，尽管政府划拨了一定款项，但是当地农民也凑了一些钱，并且还无偿地付出劳动力。所以，当中心校准备处理这些教室的时候，当地的农民反对了。

对于中心校想要将马栏组小学的教室卖掉，马栏组的一个农民这样表达他的意见：

"现在学校停了,房子就空壳壳放在这个地方,兴隆村村委会就是设在这个教学楼里的。中心校想把这个房子卖了,这当然不行,我们在建设这个学校的时候按照人头交了每人15元的费用,它中心校当然不可以随便卖了。"

然而这些农民也并非是为了过去付出的资金和劳力才要与中心校抗争,事实上,他们的目的并不在于要瓜分中心校卖房子的所得,而是想要继续维持村小。从马栏组小学一开始被撤销,当地的农民就对这样的政策非常不满意,但是苦于没有抗争的依据,所以一直只能默认。不过,当他们得知中心校想要将村小卖出去的时候,便终于找到了抗争的切入点,在他们看来,这幢小楼应该是兴隆村的集体财产,而非中心校的财产。他们似乎还想通过维持这幢小楼不被卖掉,继而能够恢复起这个小学来。正如他们所说的那样:

"其实我们也都是为了仔仔们,并不是要挣那15块钱,主要还是想这个学校重新能够办起来,就像以前那样能够把学生教到二年级,等仔仔长大点,他们自己也就能走到沙子镇上去上三年级了。现在这边大大小小的娃儿天还没亮就从这里走起,还得走快点,走慢点还要迟到的。大点的还好,小的读学前班、一二年级的那些就麻烦了,条件好点的家庭就在沙子镇上租一个房子照顾娃儿,这就一面要花费租赁费,另一面又要耽搁一个成年劳动力;条件不好的在上面租不起房子,每天早上就只有用摩托车送,热天的时候还好,冷天的时候,仔仔们怎么敌得过冷风呢?"

虽然土鱼小学至今依然在办,但是正如我们已经指出的那样,这所村小看来也将难以为继了,所以就像马栏组的农民一样,龙泛溪的一些农民也对土鱼小学的前途担忧起来。龙泛溪的谭文启听说土鱼小学可能在近年将会被取消,并入沙子镇中心小学。这使他有些担忧,毕竟自己还有个快要达到入学年龄的外孙女准备在明年报读学前班。外孙女才4岁大,如果在土鱼小学上学,她自己就能够走过去,如果需要成年人接送也不会耽搁太多时间。但是如果土鱼小学真的被取消,那他就需要重新考虑,是否在明年确实将外孙女送去读学前班了。如果土鱼小学被撤销,外孙女只能到沙子中心校去读书,相比于土鱼小学,那里的路程远得多,一个4岁的小女孩单走一趟都显得困难——成年人从龙泛溪走到沙子镇也需要半个多小时。而且,从龙泛溪到沙子镇要经过很长一段公路,这条公路上的车辆很多,孩子行走在这样的道路上,成年人并不能十分放心。在这样的情况下,谭文启如果坚持让外孙女在明年读书,那就不得不每天接送孩子,这将会耽误他的许多工作时间。当然,他还有别的选择,正如其他一些老人所做的那样,在孩子只有四五岁的时候不急着将他们送去学校,直到7岁左右,那时孩子照顾自己的能力也越来越强,便会省去成年人的许多麻烦。

无论是马栏组还是龙泛溪的农民,他们大都希望自己村的村小能够继续维持。之所以这样考虑,主要是为了方便当地孩子就近入学,这样将会减少农民的许多负担:经济上的和时间上的。

然而,土鱼小学如今的教学秩序却使人担忧。现在,土鱼小学已经只有两个班了,并且只有一个教师在这里上课。因为这名教师的家住在沙子镇上,所以早上通常要到9:30才骑着摩托车来学校,那时候龙泛溪的农民已经在田地里劳作了好一会儿了。家长们对于这唯一的教师似乎并不满意,首先就是因为这教师每天早上来得很晚,而且他即便在学校里好像也并不负责任,学生不去上课他都不一定打电话跟家长说明。更为重要的是,在土鱼小学,每天只有早上大约两个小时的时间在上课,从将近10:00左右上到大约正午12:00,此后便放学生们回家了。

所以,许多农民已经不愿意将自己的孩子送到土鱼小学去读书了,尤其是那些年轻的父母。在这些年轻人看来,孩子的学习应该一开始就要到较好的学校里去,只有在那里去开始他们的学业,他们才不会输在起跑线上。谭启莲是石柱团的一个年轻媳妇,她于两年前嫁给石柱团一个姓刘的年轻人。如今,他们已经有了一个一岁大的孩子。谭启莲说,她绝不会让孩子去土鱼小学上学,因为孩子在那里根本学不到什么东西。他们已经在沙子镇上买了一个三室一厅的房子,800元一平方米,一共花了10万元左右。他们之所以要在镇上买房子,很大的原因正是考虑到孩子将来的读书问题。他们希望孩子能够在沙子中心校起步,至少比在土鱼小学好得多。她说:"土鱼小学是上不成的,交钱去也只是让他(老师)照顾仔仔,甚至也没有照顾好,他每天早上九点过十点才来,中午时候就放学了,下午又不上课。"

这样看来,虽然一些农民还指望着土鱼小学能够继续办下去,但是对于另一些农民而言,办不办却也无关紧要了。前一种农民认为,土鱼小学的维持将会减轻一个家庭在教育孩子方面的负担。而后一种农民是那种家庭条件稍微宽裕的,他们为了孩子的教育,会不惜增加家庭的各种负担而将孩子送到更好的学校里上学,在中心校和土鱼小学之间的差异越来越大的情况下,他们已经放弃了后者,完全将孩子的教育寄托在中心校。

二、上学之路：孩子们如何去上学

在我们所考察的农村地区，孩子们向来走路去上学。在学校嵌入村庄的时代，走路去上学事实上也并无什么不便，他们步行到学校，往往也不过几分钟或者十几分钟。然而村小已经撤销，或者正在面临着撤销，这使得孩子们的上学之路变得异常艰难起来。而看起来最为艰难的，大概要算是兴隆村的金竹寨了。

金竹寨是整个兴隆村地域最高且有人居住的地方。因为地处高山，交通不便，耕地资源也比较缺乏，所以人口在不断外流。这些外流的人口主要的方向是山下，集中于沙子村即场镇的所在地。也和其他偏远的地方一样，金竹寨为了能够解决本地孩子的教育问题，在上个世纪60年代也曾经办过一所小学，正是钢金小学。但是到了90年代末期，就像我们在上文中所说的那样，人口在不断地向地势条件较好的地方移动，于是这个地方的生源在不断减少，其结果就是这所钢金小学走向关闭。但是，这个地方的人口流动出于一种自愿，它当时没有得到国家政策的扶持，所以这种人口迁移只能以家庭经济条件为基础。也就是说，一个家庭如果想要离开金竹寨，那么只有自己的经济实力够强才行。因为作为一个农村家庭，他的迁移意味着与自己的土地资源脱离，因为土地毕竟是搬不走的，所以他们要考虑到以后的生存问题，如果没有足够的经济实力，那么搬迁后的生存也就成了一个更为重要的问题了。另外，搬迁也与之前所居住的房屋脱离了，所以在搬迁的目的地，无论是以租赁的方式还是以购买的方式，或者以自建的方式，都要准备一所足够一个家庭居住的房屋。这些压力对于一般的农村家庭而言尚属不易，何况我们已经说过，金竹寨是一个环境恶劣、交通闭塞的所在。但是贫富差距毕竟是存在的，因为已经有人在往山下迁移了。这种迁移和计划生育相互配合，使得钢金小学难以为继，只能关闭。可是毕竟只有一部分人在往外迁移，终究还是有大部分的家庭继续留在原地，但这个时候本村的小学已经关闭了，它不再为了很少的一部分孩子而继续存在，于是，这些无力外迁的农民不得不面对一个严重的问题，就是孩子的教育问题。农民们总体上相信"知识改变命运"，因为一个农村人改变自己的生活的途径还是以求学为主；而且国家义务教育要求每一个孩子都必须入学读到初中毕业，父母不送义务教育阶段的孩子上学属于违法的行为。

贫困的人们开始陷入矛盾。本村已经没有学校了，孩子读书只能到沙子小学了，可是一个七八岁的孩子要从金竹寨步行到沙子小学是不可想象的。笔者曾经从沙子镇走到金竹寨,花去了将近三个小时。寄宿于学校也不是什么好办法,因为孩子太小,他们的日常生活自己还无力料理。有一个途径是让孩子长大一点再上学,这样寄宿于学校也就比较适合了。然而许多家长指出,学校要求每个儿童都要读过学前班,所以一个孩子如果要等到自己能够料理自己的生活时才去上学前班,那也是不现实的。而且看到条件好的孩子在将近四岁的时候就开始上学前班,这些穷人们也不甘落后。所以人们一咬牙,决定在沙子小学旁边租一所房子来照顾上学的孩子。今天看来,这已经是一个常规的教育状态了,每一家都是这样来培养他们的孩子的。可是我们可以想象开先河的第一家是经过了怎样的思想斗争才做出了这个决定的,因为这样的投资对于一个山区农村家庭而言负担实在不轻。第一是房租,第二是一个成年劳动力必须被束缚,最后就是孩子和照顾孩子学习生活的成年人的生活问题,在场镇上生活不像在家里,在场镇的生活增加了这个家庭的现金开支。

  金竹寨的情况颇为极端,因为这里从教育上来看,简直算得上是沙子镇最为偏远的地区了。但是艰难的求学之路并不只发生于金竹寨,在龙泛溪和马栏组情况依然如此,不过因为这两个村落所处的位置低一些、距离沙子镇的距离也近一些,所以看起来没有那样极端。

  在龙泛溪,虽然一些孩子在土鱼小学上学前班和一二年级,但是到了三年级之后他们就只能到沙子中心校去就读了。与金竹寨所不同的是,龙泛溪的孩子们不需要住宿于学校(除了六年级的学生),虽然他们去上学的路程也并不近,但是可以每日早上去上学,中午在学校里吃饭,下午上完课之后赶回家来。这使得龙泛溪的孩子每天要走很长时间的路,从龙泛溪走到沙子镇上,孩子们大约至少要花费将近一个小时的时间。放学之后回家时孩子们有着足够的时间,因为他们还未到下午四点钟的时候就已经放学。艰难的是早晨,孩子们必须要早点起床,稍一迟缓便会迟到。所以,孩子们大都会在晚饭之后不久便去睡觉了,生怕第二天起不来床。

  从龙泛溪步行到沙子镇,即便成年人也至少花半个小时,而孩子们则大约需要四五十分钟,贪玩的孩子甚至需要一个小时。谭启柏的小女儿每晚吃晚饭之后不久就睡觉了,那时才晚上八点多,她不敢再多看电视,害怕第二天起不来,第二天需要六点起床。早上起来,她的母亲给她热点饭吃了,大约六点半左右从家里出发前往学校。这个时候,需要经过龙泛溪的石柱团的孩子们也大概走到这里了,她们便相约着一起走。夏天,孩子们出发赶往学校的时候太阳已经红红地升起来了,他们自己相约去学校,家长们只需要叮嘱一下年长一点的孩子照顾好年龄更小的就行了。但是到了冬天，孩子们出门的时候天还黑着呢，这时便需要大人们送他们。如果自己不能亲自送孩子，家长也会关照其他送孩子的大人帮着照顾自己的孩子。打着电筒，大人们护送着孩子们朝学校走去，一路上孩子们叽叽喳喳地讲话，而大人们则不停地提醒孩子们注意安全。大人们感到天已经亮了，便再一次叮嘱孩子们注意路上的车辆和泥泞，然后原路返回，那时孩子们大约还要自己走十来分钟的路程才能到学校。如果起晚了，父亲通常会骑着摩托车送孩子去上学，这里有摩托车的家庭很多，但是孩子们却向来不喜欢这种交通工具，尤其在冬天，能把他们冻得下车之后路都走不了。在我考察这里的时候正是严冬时节，我曾看到一个孩子的手上布满了裂口。他告诉我，为了节省时间，他的父亲常常骑着摩托车将他送到学校，寒风使他的双手开了裂。所以谭启柏去年在沙子镇上买了个房子，但是尚未搬家，只是在孩子上课的时候妻子便住到那里去，孩子晚上也就在那里睡，第二天就少走路了。然而真正能够在沙子镇上买房子的家庭还为数不多，一次性大约花费十万元，这对于一般的农民家庭而言真是一笔巨大的开支。

我们对这里进行考察的时候正是严冬时节，这里的孩子每日早晨起床时，天都还处在黑暗之中。每天早上起床，谭敏的祖母给她做早饭，走的时候天也还没有亮，这时她的祖父便会送她去上学。刚结束的这个学期期末考试的这天早上，她的祖父一直送她送到天完全亮了的时候才回来。如果天气不好，下雨，那么她的祖父则经常一直将她送到学校才回来。谭敏的祖母告诉我："不送不放心的嘛，我看电视的时候看到，有些人家的娃儿在很小的时候就被别个偷走了，过了十几二十年才找到。那些还是找到的呢，肯定还有些是找不到的，那些更惨呢。"

不过对于一些男孩子而言，走路去上学似乎也并非毫无乐趣。向大模去年初中毕业，他曾在土鱼小学里上过两年的学，那时候大约是2003年前后。他告诉我们，他曾经在土鱼小学读书的时候，在冬天里，他们可以从家里提着火盆去上学。火盆是用木炭烧的，把这些木炭放在一个钵钵里，上课的时候就放在自己的脚边。下课的时候，其他没有带火盆的同学也会跑来烤火。在这样的时候，他便叫那些来烤火的人下一次给他带来木炭，否则下次则不让他烤。到了去沙子镇上小学之后，学校便不再允许他们带着火盆去了。而且，在教室里，老师不准学生戴着手套上课，因为这样影响写字。但是他们可以在路上用火，早上去学校的时候天还很黑，他们不使用电筒，而是做了火把打着走路，既可以照明,还可以取暖。

从整体上而言,龙泛溪的农民们普遍地认为这个地方的教育实在太落后了,他们仅仅从孩子的上学之路中就能够感受到这一点。从龙泛溪走去沙子镇是一律的泥巴路,下雨天,路面变得稀烂,孩子们通常将这样的道路戏称为"水泥路"。而问题在于,学校在学生装束方面要求非常严格,杜绝孩子们穿着雨鞋去上课,因为这会影响到孩子们的课间操(雨鞋笨重以至于课间操的时候活动不开),上体育课的时候也不方便。这样,孩子们总是带着一脚的泥土走进教室,又带着一脚的泥土走回家来。笔者曾见到一个孩子不仅裤子上有泥土,而且背上的衣服上也星星点点地布满了泥点,再往上看,他头发上竟然也有些泥巴。问他为什么会这样,他告诉笔者:"下雨,我今天起晚了,都没来得及吃早饭,洗了脸就扛着书包跑去学校了。路上很烂,稀泥巴很深,我因为怕迟到,就一路跑,所以泥巴都飞到我背上和头上了。"

相比于龙泛溪,马栏组的情况似乎更加糟糕,因为这里的小学校已经在几年前关闭了。龙泛溪的孩子们"发蒙"(开始上学)的时候年龄尚小,他们可以在土鱼小学上几年学。但是马栏组的孩子却从学前班就要到沙子镇去上,他们也要走半个小时的公路,那里的车流量甚至要比龙泛溪到沙子镇上的公路上的车流量更大。在马栏组,如果一个孩子到了上学的年龄,他们的父母(或者是他们的祖父母)便要有一个人专程照顾孩子上学。一些家庭在沙子镇买了房子,或者租赁了房子,并有一个成年人专门在那里照顾孩子;但是对于大多数的家庭来说这样的开支过大了,他们只能每日接送孩子上学。

三、迁移:到沙子镇上去买房或租房

到沙子镇上去买房看来这已经成为一种趋势了,在我们的考察中,甚至看到一些条件更好的家庭在石柱县城买了房。这是一种趋于"中心"的迁移,这与金竹寨的农民搬到山下来居住的目的基本类似,不过他们的条件并不相同,所以后者只求能够下山来,而前者则要求去条件更好的地方,例如,镇上或者县城里。趋于"中心"的迁移也正是趋于更优的资源的迁移,其目的正是为了能够接近于更优的资源,仅从教育的角度而言,这种迁移能够使农民接近于更优的教育资源。但是从整体上而言,能够到沙子镇上或者石柱县城里买房子的家庭却很少。如下,我们对龙泛溪在沙子镇上或者石柱县城里买了房子的家庭做了一个大致的统计:

刘瑾华（近50岁）在沙子中学边上的移民小区里买了房子。刘瑾华是个上门女婿，他的长子刘军已婚，如今已经有个1岁不到的孩子。刘瑾华的次子刘成，今年上半年的时候初中毕业，现在家中，无业。刘瑾华在沙子镇上买的房子是与长子合买的，长子之所以在沙子镇上买房，据他的妻子说，很大程度上是因为考虑到将来孩子的教育问题。

胡永华（近40岁）也在沙子镇上买了房子。胡永华有二子，长子胡春荣，现在沙子小学读四年级。他的幼子如今还不满1岁，名为胡涛。因为房子还没有装修，而且胡永华夫妇常年在外打工，所以新买的房子是空着的，尚未搬过去住。

向大林（30岁左右），五六年前他就在石柱县城里买了房子，具体情况尚不清。

向大双（30岁上下），住在重庆，他的岳父在重庆市里有一个公司，他本身似乎也在岳父的公司里任职。

向大红（33岁），在重庆工作，也在重庆市里居住。他曾经是从重庆市里的某所大学毕业的，毕业后就在重庆市里工作了。他的父母也居住在重庆，在那里没有事情做，去做环卫工人。

谭明星（40多岁）也在沙子买了房子。他的大儿子谭余去年就出去当兵了，他的小女儿叫做谭梦，还在沙子小学上学。谭明星在沙子镇上买房子，主要是为了女儿在沙子上学变得方便一些。

谭明月（40岁上下）是龙泛溪组的组长，他也在沙子镇上买了房子，并且在那里开了个小饭馆。他的大儿子谭伟也在当兵，小儿子谭浪则在沙子小学读书。

谭文定（近50岁）的大儿子谭军明和小儿子谭军华均在外打工，现在他也在沙子镇上买了房子。

谭启才（近40岁）也在沙子镇上买了房子。他的大儿子谭健在当兵，小女儿谭雨则在沙子小学里上学。现在他的妻子就住在沙子镇上的房子里，在那里照顾女儿上学。

谭启柏（近40岁）也在沙子镇上买了房子。谭启柏的大儿子谭元桥在沙子中学上初中，小女儿谭然也在沙子小学上学。谭启柏的家还没有搬到沙子镇上的新房子里，但是他的妻子却常常在那里居住，这样能够照顾孩子们上学。

以上的家庭在沙子镇或者县城里买房子，部分是因为考虑到孩子的教育问题才买的，另一部分则是因为受教育之后改变了自己的命运，在中心地带工作和生活，便在那里买了房子。但是无论怎样，这种居住环境的变迁始终会对孩子的教育提供便利。但是看得出，能够在镇上或者石柱县城里买房的家庭只是少数，整个龙泛溪仅仅有10户左右的家庭能购买房屋。对于更多的家庭来说，他们甚至难以在原来的地方修建一所新房子，更何况去较为中心的地带去购买新房呢。但是为了孩子的教育，既然没有购买房子的实力，那就退而求其次，在沙子镇上或者石柱县城租赁房屋。这种情况在兴隆村比较常见，金竹寨距离沙子小学最远，而这里的农民原本就因为地处偏远之地而经济实力较弱，而且附近已经没有供孩子就读的小学，所以普遍采取在沙子镇上租赁房屋的方式来解决孩子的入学问题。马栏组也有许多家庭在沙子镇上租赁房屋，虽然从这里去沙子镇上的距离相比于金竹寨要近得多，但是对于那些刚上小学的孩子而言依然是一段艰辛的路程。龙泛溪所处的鱼泉村依然保存着土鱼小学，孩子们可以在这里上到二年级，从某种程度上来说，这所村小能够解决本村初入学的孩子难以到沙子小学上学的困难。但是，一如我们所看到的那样，许多家庭事实上不愿意将孩子送到土鱼小学就学，这些家庭大都具有能够在沙子镇上购买或者租赁房子的能力。有时候，因为有亲戚住在沙子镇上或者在沙子镇上租赁了房子，这些家庭便会将孩子托付给亲戚照顾。例如，龙泛溪的谭敏在沙子小学上学，她的父母均外出务工了；她的伯娘（她父亲的哥哥的妻子）住在沙子镇上，专门在沙子镇上租了个房子照顾女儿谭雨。所以，谭敏中午也就到伯娘那里去吃饭，并不同其他孩子一样在学校的饭堂里吃。下午放学之后谭雨就到妈妈那里去，住在那里；而谭敏则回龙泛溪，第二天再从这里去学校。

我们可以从上述这种因孩子的教育而发生的迁移中看到人们追随教育资源的一般规律。虽然住在村里的农民如果要在沙子镇上或者石柱县城购买房子并不完全是因为孩子的教育，但是毫无疑问的是，对孩子的教育问题的考虑是一个很重要的促成因素。所以我们能够看到，那种从边缘向中心的转移正在逐渐发生，并且愈演愈烈，人们正是追随着资源而迁移的，其中包括教育资源，并且它显得十分重要。

但是，中心和边缘事实上是相对的。以教育资源为例，在沙子镇的范围内，沙子小学显然会被认为是最好的小学，人们当然更愿意将孩子送到那里入学。而村小，就像土鱼小学一样，已经越来越难以获得当地农民的认同，在人们的眼里，这里的教学秩序堪忧，教师的责任心也受到质疑。于是，从教育的层面上来看，沙子镇范围内的中心正处于沙子镇中心校，而村小则处于边缘地位。但是这种对中心与边缘的划分只是在很窄的范围内进行的,事实上,随着交通的改善和人口流动的日益频繁,沙子镇在农民们的眼里已经只是一个很小的范围。以教育为例,我们已经看到,许多沙子镇的人已经将自己的孩子送到石柱县城读书了,他们甚至认为沙子镇中心校也并不如意。对于这些人而言,沙子镇中心校就类似于鱼泉村农民眼中的土鱼小学。通过权衡之后,一些经济条件较好的家庭便会到石柱县城里购买房子或者租赁房子,以使自己的孩子能够在石柱县城里接受更好的教育。

龙泛溪的陶丹(男)今年才12岁,他如今在石柱县城里的某小学里读六年级。他的父亲是兴隆村的现任支书,一边处理村里的各项事务,一边在沙子镇上开了一个杂货店。陶丹在五年级的时候就开始去石柱县城读书,而此前则一直在沙子小学上学。他的姐姐陶媛现在也在石柱县城里的民族中学读高三,此时正在四川美术学院集训美术,她高考的时候要考这个专业。陶丹家在石柱县城里买了一个门面,而非住房。他们将这个门面出租出去,而自己则另租了一处住房居住。这样,当陶丹和姐姐上学的时候便一直住在石柱县城里,很少会回家来,在那里,他的母亲照顾着他和姐姐。据陶丹告诉我们,他上五年级之前在沙子小学就读,其学习成绩一直很不稳定。对于此,他是这样来分析的:"在沙子小学的时候主要是耍的时间太多了,因为相互认识的人多,都是附近的仔仔。但是到了石柱以后,以前非常不好的数学成绩却一直保持在90分以上了。我想,除了那个老师我比较喜欢之外,可能是在那里认识的仔仔太少了,大家放学就回家了,平时又很少出来一起耍。这样,我耍的时间也不多,更多的时间就用于学习了。"陶丹还将沙子小学与自己在县城里就读的小学进行了一些简单的对比。他说:"现在的学校当然要比沙子小学大得多,操场也比这里宽敞许多,其他的体育设施也很齐全,最关键的是,我们现在在那边上学上到微机课的时候就不用抢电脑了,学校里的电脑是足够的。"

陶丹之所以强调他在县城里读书再也不用抢电脑了,是因为在沙子镇上读书的时候,他们在上微机课时总是存在抢占电脑的情况。沙子小学三年级的谭敏也已经上电脑课了。她告诉我,她们班的电脑课是在课间操之后,所以课间操一结束,同学们就疯跑进电脑教室抢占电脑。她们班一共是51个学生,其中男生25人,女生26人。上电脑课的时候,她们往往两人一台,因为学校的教学电脑不够用。而且即便两人一台也不全够,依然还会有几个人占不到位置,所以她们才要抓紧时间去抢。如果跑得慢,大概就抢不到位置了,这样便会被安排与其他两个人一起,三个人使用一台电脑。

陶丹还向我们介绍了一些他认识的同龄人，他们也都是在近几年从沙子镇到石柱县城里上学的。

表7-1 从沙子镇转向石柱县城的学生情况表

姓名	性别	年级	何时迁到县城	备注
向航	男	五年级	五年级时	全家居住在石柱县城，在县城里有一个门面和一套住房，其父为金铃乡（石柱县另一个乡镇）干部
谭怡然	女	六年级	五年级时	全家居住在石柱县城，现有一个门面和一套住房
温兴	男	二年级	二年级时	其父以开车为业，其他不详
马熙	男	三年级	三年级时	不详
温浩	男	三年级	三年级时	不详

这样看来，人口流动（尤其是基于教育的人口流动）正在边缘地带与中心地带之间单向性地发生。如今还居住在金竹寨的农民已经不愿意在村里修建房屋，在他们看来，祖上的许多房屋事实上已经足够居住，因为本来应该继承这些房屋的农民放弃这里，在外地购买了房子。而且，假如他们有足够的资金在这里修建一所新房，他们也许更愿意再储存一些钱到平坦的地方买房居住。所以，正如我们所看到的那样，在金竹寨，只有那些无法在平地上购买房屋的家庭还居住在那里。这种人口流动当然不限于村与镇之间，就像我们已经看到的，在镇与县城之间，这种流动也在不断发生。而且，流动依然不限于镇与县城之间，尽管我们并未对石柱县城人口的流动情况进行更加详细的考察，但是从县城向市里的流动也必定正在发生。无论是从村流动到镇，还是从镇流动到县城，这些流动都遵循着追随资源的一般规律。

四、一种恶性循环

我们已经指出，趋于中心的流动是非常明显的趋势。这一趋势的源起，正是中心地带与边缘地带在各种资源的差异，就教育领域而言，正是不同区域所拥有的教育资源的差异。正如一些农民自己分析的那样，村小的教学越来越差，甚至已经办不下去，一个非常重要的原因便是生源正在不断减少。事实确实如此，生源不够集中，使得这些村小所能服务的人数不多，也正是因为这一点，使得它们的价值向来没有得到足够的重视。村小的生源不足，一些人将其归咎于计划生育政策的严格执行，认为它使得农村人口的出生率大为降低，继而影响到村小的生源。计划生育政策的后果当然对村小的生源造成某些负面影

响,但是这种影响还尚不足以使得村小们纷纷倒闭。我们对龙泛溪以及马栏组的学生都做过较为详尽的统计,其统计结果如下:

表 7-2 石柱团的学生情况表

姓名	性别	年龄	所在学校	年级	是否留守
谭建伟	男	17	沙子中学	初中	否
刘洋	男	12	沙子小学	六年级	否
夏苏秦	男	8	沙子小学	二年级	否
夏苏涛	男	6	土鱼小学	学前班	否
刘克燕	女	12	沙子小学	六年级	否
胡春荣	男	10	沙子小学	四年级	否
张小倩	女	10	沙子小学	四年级	否
谭雪梅	女	11	沙子小学	四年级	是
谭云霞	女	10	沙子小学	四年级	是
谭然	女	6	沙子小学	一年级	否
谭讯	男	8	沙子小学	三年级	否
张涛	男	5	土鱼小学	学前班	否
谭缘波	男	10	沙子小学	四年级	否
谭梦	女	12	沙子小学	六年级	否
文小田	男	12	沙子小学	六年级	否
谭浪	男	12	沙子小学	六年级	否
罗翔	男	9	石柱某小学	不详	否
文莲枝	女	5	土鱼小学	学前班	否
罗翔弟	男	5	土鱼小学	学前班	否
文锦瑞	男	13	石柱某中学	初中	否
谭俊杰	男	8	沙子小学	二年级	否
谭帅	男	13	沙子中学	初中	否
谭敏	女	9	沙子小学	三年级	是
秦帅	男	13	沙子中学	初中	否
谭林红	男	5	土鱼小学	学前班	否
文琴	女	5	沙子小学	学前班	否
夏国松	男	9	沙子小学	三年级	否
谭雨	女	7	沙子小学	一年级	否
谭壹	男	14	沙子中学	初中	否

续表

姓名	性别	年龄	所在学校	年级	是否留守
谭青云	男	16	石柱某中学	高中	否
向敏	女	17	沙子中学	初中	否
向念	女	20	涪陵师专	中专	否
谭芳银	女	15	沙子中学	初中	否
谭凤双	男	16	沙子中学	初中	否

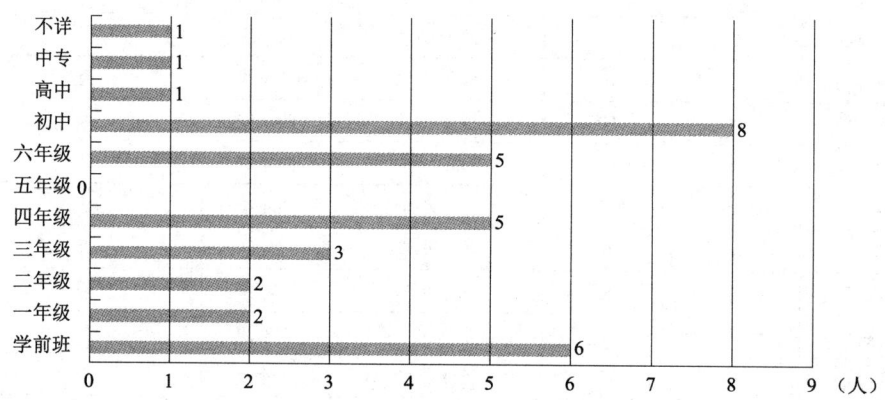

图 7-1　龙泛溪学生年级结构图

表 7-3　马栏组的学生情况表

姓名	性别	所读学校	年级	是否留守
谭渝川	男	沙子小学	学前班	否
高婷婷	女	沙子小学	学前班	否
余敏	女	沙子小学	学前班	否
滕浪	女	沙子小学	学前班	否
陶阳	女	沙子小学	学前班	否
刘双腾	男	沙子小学	一年级	否
刘毅恒	女	沙子小学	一年级	否
周游	男	沙子小学	二年级	否
肖锋	男	沙子小学	二年级	否
谭江玲	女	沙子小学	二年级	否
喻杰力	男	沙子小学	四年级	否

续表

姓名	性别	所读学校	年级	是否留守
喻洪丽	女	沙子小学	四年级	否
滕仁强	男	沙子小学	六年级	否
滕仁双	女	沙子小学	六年级	否
余海陵	男	沙子小学	六年级	否
夏兴春	女	沙子小学	六年级	否
谭启侯	男	沙子小学	六年级	否
谭飞鸿	男	石柱县城某小学	不详	否
陶圣	女	沙子中学	初中	否
肖遥	男	沙子中学	初中	否
周红银	女	沙子中学	初中	否
谭明簇	男	沙子中学	初中	否
刘美华	女	沙子中学	初中	否
谭鹏	男	石柱县某中学	不详	否
刘鹏程	男	石柱民族中学	高中	否
刘元莎	女	石柱中学	高中	否
喻言	女	石柱中学	高中	否
喻言茜	女	石柱民族中学	高中	否
严海燕	女	石柱中学	高中	否

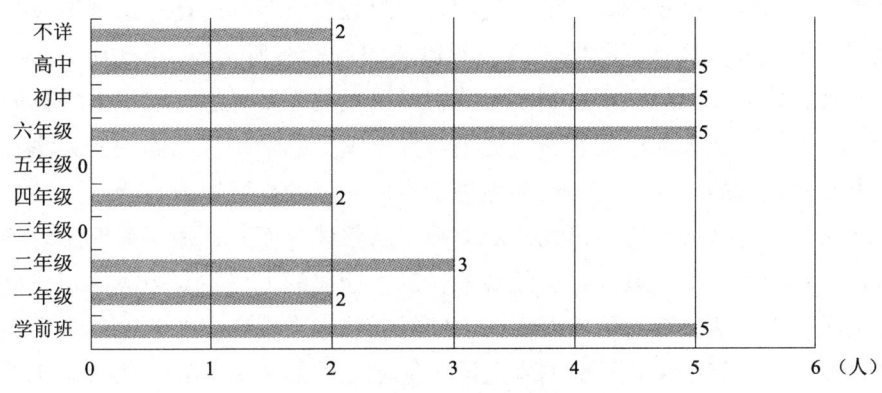

图 7-2 马栏组学生年级结构图

这两组数据统计向我们展示了两个村落里的学生数量和基本结构。从统计图表中可以看出，二年级及其以下的学生数量在两个村落中都并不少，其中龙泛溪和马栏组各有10人。而我们所考察的数据显示，每个行政村少则有四五个村民小组（通常为一个自然村落），多则有将近10个村民小组，其中兴隆村（也即是马栏组所属的行政村）共有4个村民小组，而鱼泉村（也即是龙泛溪所属的行政村）则有7个村民小组。如此，假使两个村落里二年级以下的学生为本行政村的平均数，那么兴隆村应有二年级以下的学生40名左右，而鱼泉村则应有70名左右。这样看来，尽管计划生育确实对村小的生源造成了一定的影响，但是每个村几乎都还至少有50名左右适于在村小里入学的孩子，这个数量的孩子已经足够开设村小，在20世纪90年代以前，大部分的村小也只有这么多的学生。所以，可以认为，虽然村小的倒闭在很大程度上可以归因于生源的减少，但是生源的减少似乎不只是计划生育政策所导致的出生率下降造成的。

村小生源的减少，事实上与农民更愿意将孩子送到中心校就读存在着更加密切的关系。如我们所看到的，在龙泛溪的10个二年级以下的学生中，本来可以10个都在土鱼小学上学，因为土鱼小学至今设置了学前班、一年级和二年级，但事实上只有5个学生进入到土鱼小学上学，而另外的5个孩子全部到沙子镇中心校就读了。此外，还有跟随着父母到务工的地方入学的孩子，这些家长一方面考虑到亲子教育的重要性，另一方面则考虑到务工之地的教学质量要高于家乡，于是不惜花费更多的投入将孩子带到务工的地方接受教育。

任何一个家庭，如果他们具有充足的条件，便会将自己的孩子送到他们自认为更好的学校去接受教育，于是我们看到对教育资源的追逐。这种追逐几乎发生在任何地区，只是不同地区的人所追逐的目标有所不同。我们已经说过，村里的农民普遍愿意将孩子送到镇上读书，镇里的人则更想将孩子送到县城里读书，因为他们认为那里的教学质量绝对优于镇上的学校。我们主要关注着的是村里向乡镇里的流动，这一流动是村小难以为继的重要原因。

然而，为什么人们会做出如此流动呢？从整体上而言，短距离地流动到比较适合生产和生活的区域是普遍的现象，发生迁移的人口主要是考虑到获得更好的生活条件。从教育的层面而言，人们的迁移很大程度上在于追逐较为优越的教育资源。也就是说，迁移的发生源于地域之间的资源差异。那么，这种差异是如何发生的便成为一个值得探讨的问题了。我们将会在后文中探讨人们对村小记忆的变迁，这种变迁大概遵循着从正面到负面的变化。也就是说，在历史上的某些时期，人们对村小秉持着正面的记忆，而到了上世纪90年代之后，人们对于村小的态度却发生了很大的转变，其记忆变得越来越负面化。正是在这个时期，集中办学开始发生了，无论是师资还是各项设施，大部分被投放到中心校。而且，随着农业税的取消，村提留也不存在了，这样，村集体的力量变得越来越薄弱，村集体对村小也失去了扶持的来源。这些社会背景的变迁，使得村小和中心校之间的差异变得明显起来，于是便产生了更为严重的后果，这一后果直接导致村小难以为继。因为中心校与村小之间的差异日渐突出，人们开始将中心校和村小做出比较，最终的结果便是人们更加愿意将孩子送到中心校入读（尤其在实行义务教育之后村小和中心校的收费已经趋于统一的情况下更是如此）。于是，村小的生源在受计划生育影响的基础上又受到学生流入中心校的影响，村小的生源越来越少，这是众多村小纷纷倒闭的最直接的原因。

所以，看来这是一个恶性循环。当人们感受到村小和中心校之间的差异时，便将自己的孩子送到中心校读书，于是村小的生源越来越少。而正是因为村小的生源越来越少，这使得村小所受到的重视也越来越小，如此，它将难以获得投入（考虑到它所能发挥的效果已经越来越小了）。我们对2006年中心校和当时尚存的村小的基础设施和图书量做了一个统计，情况如下：

表7-4 沙子镇小学校占地面积、校舍建筑面积统计表（2006年10月）

办学名称	办学类型	学校占地面积（m²）	校舍建筑总面积（m²）	房屋结构			修建年限		房屋用途			生活服务用房中		
				混合结构（m²）	砖木结构（m²）	其他结构（m²）	1950年至1979年（m²）	1980年至今（m²）	教学及教学辅助用房（m²）	行政教学办公用房（m²）	生活服务用房（m²）	学生宿舍（m²）	教职工单身宿舍（m²）	教工住宅（m²）
合计		9210	3075	2899	56	120	120	2955	1692	218	1045	250	415	82
沙子镇小学	县镇小学	4706	2112	2056	56			2112	1356	108	648	250	100	
土鱼小学	农村小学	1120	124	124				124	72	20	32		32	
白洋小学	农村小学	795	165	165				165	72	30	63		63	
马栏小学	农村小学	945	466	466				466	144	40	282		200	82
碗厂小学	农村小学	944	88	88				88	48	20	20		20	
金竹小学	农村小学	700	120			120	120							

表 7-5　沙子镇小学校图书统计表（2006 年 10 月）

学校	图书册数（册）		生均图书册数（册）
	总计	其中电子书册数	
沙子小学	10 000	20	14.3
土鱼小学	100		3.13
白洋小学	115		6.76
马栏小学	115		6.39
碗厂小学	100		
合计	10 430	20	14.9

可以从上述的图表中看出，中心校在基础设施和图书量等方面都要优越于村小。除了基础设施和图数量之外，在其他的层面，中心校和村小之间的资源差异也十分显著。例如，在最为重要的师资层面，在上世纪 90 年代之后，几乎每一个村小仅存一名教师，长期坚持着复式教学，这显然是难以与中心校比较的。在中心校里，每一名教师通常只负责一个科目的教学，或者混搭着别的"副科"（如体育、美术、音乐等），每个班级设置了班主任。从教师的流动层面而言，中心校的教师也要比村小的教师稳定得多。村小隶属于中心校，它由中心校直接加以管辖，村小里的教师事实上也是中心校的教师（曾经的民办教师除外），他们由中心校下派而来。但是，因为每一个村小只有一名教师，他将担负比其他教师更加沉重的重担——复式教学需要村小的教师多备课。所以，事实上没有一个中心校的教师愿意来村小教书，而中心校所采取的方式则是轮流下放，也就是中心校的教师需要轮流到村小教书。显然，这使得村小的教师流动非常频繁，对教学产生了颇多负面影响。农民对此颇不满意，在他们看来，中心校解决村小教师配置的问题时，甚至不是轮流下放，而是通过考核，考核成绩差的教师将被下放到村小。尽管中心校对此加以否认，但是农民中广泛流传着这种说法，他们认为这正是村小越来越差的又一个原因，因为来这里教书的教师通常都是中心校最差的。

于是，我们大致可以看出这样一个恶性循环：基于集中教育资源的集中办学使得中心校与村小之间产生了教学质量的差异，这种差异使得农民更愿意将孩子送入中心校就读，村小的生源因此进一步减少；村小生源的匮乏使得集中办学更加符合实际，因为向村小的投入看来是一种浪费，于是中心校与村小之间的差距更加扩大。众多村小已经在这种循环中走向倒闭，而诸如土鱼小学这样至今依然维持的村小也在这种循环中变得越来越没有吸引力(对当地的农民而言)。

第三节 学校与家庭:从熟悉到陌生

　　教育之于孩子,从稍广的层面而言,就是引导孩子成长的过程。从这种角度来考察教育,我们必须对孩子的家庭生活也加以关注。不过我们在沙子镇的考察更加注重基础教育的变迁情况,我们所关注的是学校变迁之后对农民孩子接受教育情况的影响。尽管如此,孩子的家庭依然在我们的关注之列,原因在于,基础教育依然需要学校与家庭以及教师和家长的互补。所以从学校的角度而言,教师需要家庭给予各方面的配合;而从家庭的角度而言,家长又希望学校能够更好地教育好自己的子女。这种互补长期存在着,在只有少数孩子能够上私塾的年代,家境殷实的家庭往往将教书先生请到自己的家里教学,家长与教书先生之间往往形成一种相互尊重和交流比较频繁的状态。即便那些将孩子送到私塾里读书的家庭,与教书先生之间的关系也极为密切,他们会亲自带着孩子去私塾拜请教书先生,平日的走访也颇为频繁。在现代教育产生之后,学校与家庭、教师与家长之间的关系发生了一些变化,不再像此前那样具有紧密的联系。但是那时候因为学校往往是嵌入到各个村落中去的,所以学校往往与村落之间还能存在较为密切的互动,教师与家长之间的关系虽然已经稍有隔阂,但也依然稳定地保持着相互尊重的态度。然而到20世纪90年代之后,学校与家庭、教师与家长之间的关系却发生了深刻的转变,他们之间开始变得陌生起来。陌生感的产生源于诸多复杂的因素,其中,村小的撤离和农民外出务工热潮似乎是产生陌生感的最直接因素。基于这种陌生感,家长对于学校和教师的态度发生了非常显著的转变。

一、在学校与家庭之间的孩子

　　一如我们已经在上文中展示的那样,无论是龙泛溪的孩子还是马栏组的孩子,他们大多数是走读生,经常要往返于学校和家庭之间。孩子们每天清晨从家里出发,经过半个多小时甚至一个小时的路程来到学校,在学校里接受一天的教育,在下午将近四点钟的时候放学回家。周五上完课之后,他们迎来了两天的周末时间,在这两天里,他们不用到学校去了。所以,我们可以看到,孩子们的时间被分配在家庭与学校之间，在家里的时间为寒暑假、周末以及工作日（对于他们而言是学习日）的傍晚，此外的时间，孩子们大部分在学校里度过。

但是六年级的学生需要寄宿于学校。刘定安的小女儿刘克燕在沙子中心校读六年级。她现在在学校里住校，因为这一年将要"抽考"。所谓抽考，也就是这一年要考试，成绩上层者，便有机会到县里好的中学里就读初中。自从九年制义务教育政策落实之后，小学毕业的学生总是有机会上初中的，不过他们大部分人被安排到乡镇里的中学读初中，只有很少几个能够进入到县城中就读初中。六年级的学生如果想要进到那样的学校继续上学，唯有两种方式：一是提高自己的学习成绩，考入那些中学；二是指望交纳高昂的学费，进入到那样的中学学习。正因为如此，六年级的学生便处在非常沉重的学习压力之下，他们需要将大部分的时间用于学习，所以需要住宿在学校里。学校里的住宿也不仅仅是给六年级的学生安排的，那些家里距离学校较远的低年级学生也会住宿在学校里。不过那也仅止于二年级以上的学生，年龄更小的孩子还没有能力独立生活，他们住宿在学校不方便，也会给学校的管理造成困难。如果寄宿于学校，孩子们便全天生活于学校之中，只有在周末的时候回到家里两天。

因为刘克燕一个星期的大部分时间住宿在学校，所以她的父亲给她买了一部手机，花了400多元钱，主要用于和家里联系，每个月扣除9元钱的月租，加上平时的话费，每个月要用20元钱左右的话费。

学校的宿舍每间可容纳13~14个学生，每张床上睡两个人，而且全为上下铺。住宿在学校里的学生在作息时间上安排得更加紧凑，早上06:50开始上早自习，自己读书；此后便是老师来上课，上午上五节课，至12:10放学；12:10至12:40之间是吃中午饭的时间；12:40至13:10上补习课，有时候有老师上课，大部分时间则为自习；13:20开始上下午的课，直到15:40下午放学；此后学生可以休息几个小时，17:30前后开始吃晚饭；18:50开始上晚自习，这时也有老师前来上课。

学生在学校里吃饭，每顿饭折算成3元钱，每日三顿，共9元钱。早餐是一顿鸡蛋面，中午和晚上吃正餐，菜数是一荤两素，诸如儿菜炒肉、扣碗儿、炒土豆丝、炒土豆片、白菜煮豆汤等。

寄宿于学校的孩子几乎全天待在学校里（除了那些较为调皮的孩子会悄悄跑出来玩耍之外）。学校里安排了住宿，有供孩子们吃饭的食堂，而且还开设了一个小卖部。刘克燕告诉我们,沙子小学里的小卖部是学校里的一个老师开的。学生每天进入到学校之后,学校就把大门锁起来,直到放学的时候才开校门,让学生出去。这种封锁校门的措施也是为了学生的安全着想,因为校门之外正是一条街道,那里常有车辆往来。但是这一措施也为学校里的小卖部的生意做了贡献,因为学生们不能到校外去活动,于是便只能在学校里买东西了。如果每个学生每天都有1元钱的零花钱,那么这些孩子几乎都将这些零花钱花在了这个小卖部里了。

从学校的教学时间设置上来看,除了大部分时间上课之外,孩子们依然存在一定的空闲时间。对于课外时间的安排,不同的学生不尽相同。对于年龄稍长的高年级男生,他们可能将那些时间用于打篮球、乒乓球等,女生则更多地将这些时间用于"跳皮筋";对于低年级的男生而言,他们虽然有时候也参与到打球的行列,但是更多的时候是"滚铁环"、"打豆腐干"等,而女生则更愿意"跳绳";年龄更小的孩子则在学校的角落里"办家家"(她们将这叫做"办嘎嘎园儿")。当然,对于那些六年级的孩子而言,有志于考到县城里读初中的孩子会将这些课余时间用于复习功课。

在平常的时间里,孩子们下午从学校回到家中的时候已经是傍晚时分了。他们回到家中之后开始完成当天老师们布置的作业,如果当日的作业不多或者作完作业时天尚未黑,他们便跑出来在村里三五成群地聚在一起玩耍。天黑的时候,也正是开始吃晚饭的时候了,他们各自回家吃饭,此后看一会儿的电视,继而开始睡觉,因为第二天早晨大约六点钟就要起床。这是非常一般的情形,事实上,如果遇到农忙的季节,孩子们也已经能够为父母分担一部分工作了。他们从学校回家的时候,父母大约还在田地里劳作,他们已经形成了习惯,回去开始煮饭、给家养的牲口喂晚上的食。待天快黑的时候,父母从田地里回到家里,只要做简单的两三个菜就吃晚饭了。

周末的时候,孩子们在家里的时间显得完整一些。对于年龄很小的孩子(例如那些还在上学前班的孩子),他们除了完成老师布置的作业之外,将更多的时间用于玩耍(例如"办嘎嘎园儿")和看电视。但是年龄稍长的那些孩子,如果在农忙的季节,他们会被父母带到田地里参与劳作。在龙泛溪,因为这里的小农经营在农民的生计中还占据着很重要的位置,所以我们经常能够看到孩子们参与劳作的情形。在我们对龙泛溪进行考察的时候正是寒假期间,我们经常可以在田地里看到孩子与自己的父母或者祖父母一起劳作。那些需要耗费较大体力的劳动孩子们难以完成,但是在较为轻巧和精细的劳动中孩子们却很在行，有时候甚至不亚于一个成年劳动力。在田地里，孩子们能够完成下种、施肥等较为轻松的农活。

除此之外，我们还应对孩子们的留守情况作出说明。在我们的考察中，因为当时龙泛溪和马栏组周围有些国家工程（高速公路和铁路的修建及其所引发的一系列工程建设）吸引了当地的劳动力，所以许多原本外出务工的农民返乡就业。但是在没有这些项目之前，村里的许多农民都在外地打工。对此，我们已经在本书的前述章节中详细说明过。总之，外出务工的潮流造成了儿童留守的现象，这对儿童的生活造成了一些显著的影响，也对老人的生活造成了影响。关于后者，我们将会在下一章详加说明，现在，我们将主要关注农民外出务工所产生的隔代抚养问题。

我们先来关注较为典型的三个留守儿童案例。

谭文启无论做什么，总是带着外孙女。外孙女才三岁，这使得他轻易不敢让她离开他的视线。在他的印象里，几年前的一出悲剧——一个孩子不慎坠入水沟溺亡——依然近在眼前。女儿和女婿都外出打工去了，孩子不能跟着去，只能跟着谭文启。照顾外孙女已经两年了，谭文启觉得给女儿照顾孩子很不容易，假如是她的父母，教育的时候甚至可以动手打。但是作为祖辈，无论孩子怎样淘气，他都无法动她一个指头：一方面是舍不得，总有一种"隔辈亲"的情感在里面；另一方面则是因为不能这样做，父母打骂儿女通常被认为天经地义，但是祖辈打骂孙辈则常常被人认为"带不好"。正是因为这样，谭文启觉得很难做，甚至担忧这种情况会影响到对孩子的教育。但是他不得不帮着女儿带孩子，因为孩子这时候跟着父母去城市，对于打工的年轻夫妇来说完全是累赘——必须有一个劳动力全身心地投在孩子的身上。孩子的父母会给孩子打来生活费。现在孩子还没有上学，每月只需要打三四百块钱。有时候他们多打点来，给谭文启买化肥、交水电费，总之是解决一些日常开支。有时候家里需要开支而女儿夫妇并未打钱回来，他们也理直气壮地打电话去催，因为他们替女儿照顾孩子，得到一些现金（老人们虽然没有很高的现金支出，但是他们获得现金的机会同样很小）支持，也是应当的。

50多岁的谭明书如今与自己的女儿家居住在石柱县城，他的女婿在县城里的电力公司工作。老人与女儿女婿生活在一起的情况在这里并不多见，女儿对父母的赡养往往没有那么明确的责任，她们嫁出去，与丈夫一起赡养她的公公婆婆。但是谭明书的情况稍有不同，他的儿子死得早。他的儿子谭茂奎婚后育有一子，名叫谭初阳，谭茂奎在孩子刚出生不久就得癌症死了。2008年，谭初阳3岁，他的母亲外出打工了，他与祖父母生活在一起。3岁的孩子总是好动，算是比较难照顾的年龄段。谭明书及其妻子干什么都要带着孙子，尽量不让孩子离开他们的视线。有一天，谭明书的妻子要上山做农活，但是又需要照顾孩子，不得已只能将孩子带着一起上山。她家的地就在龙泛溪后面的堰沟边，那堰沟里的水是引来在隔壁一个村庄的小型发电厂发电的，大约有将近一米的深度，因为下游经过一段陡坡，所以水流也较湍急。谭明书的妻子到了地里就让孙子在一旁自己玩耍，自己则开始劳作。她大概过于专注其劳作了，等做完农活之后才发现，已经好一会儿没有看到孙子了。她叫了几声，没有人应。她想，也许孩子已经自己回家了，这种情况以前也发生过。她于是回到家里，然而孩子还没有回家。谭明书担心了，这一带似乎发生过拐卖儿童的事情，他到处问人，所得的信息是既没有见到过生人，也没有见过孩子。这时有人给谭明书提了个醒，会不会在孩子的奶奶做农活的时候孩子不小心跌入堰沟了呢？这一猜测使谭明书感到害怕，继而不敢相信，谭明书赶紧顺着堰沟找去。在距离自家的地大约一里远的地方，谭明书在堰沟里发现了自己的孙子初阳，他已经断气了。

谭雪梅、谭云霞是两姐妹，11岁的姐姐雪梅只比妹妹云霞大一岁。两姐妹都在沙子小学上四年级，曾经都在土鱼小学上到二年级。她们的父亲是谭冶成，母亲名叫文化桂，他们都常年在外务工。谭冶成夫妇与母亲的关系不太好，似乎是因为分家不均的原因，所以他们两夫妻外出务工之后两个孩子自己生活。谭冶成从来不给母亲打电话，两个月以前谭冶成回过一次家，事先也没有给母亲打电话。他走到家门口的时候，看到两个女儿还在门前玩耍，便问她们吃了午饭没有，孩子们回答他说并未吃。当时是正午12:00前后，大概是因为谭冶成常年在外地生活的原因，他几乎已经忘记了龙泛溪农民的一般作息，事实上在这里，正午12:00未吃午饭是十分正常的事情。他对着两个女儿喊道："奶奶在做什么呢？为什么现在12:00了还没有吃饭呢？"这句话使他的母亲心里非常难过，虽然儿子从来没有让她帮着照顾他的孩子，但是这些年来她多少还是管着这些孩子的。儿子说的这句话使她觉得儿子不仅没有任何感恩，倒仿佛是要责怪她了。而且，她想："既然你都没有让我帮你照顾孩子，从来不会打电话来，孩子吃不吃饭与我何干呢？"

谭冶成的妻子文化桂的表姐也嫁到了龙泛溪，与她家只有一院之隔，所以文化桂经常打电话到表姐家，请表姐叫两个女儿来接电话。有时候她也只是单独给表姐打电话，请表姐帮着照看一下自己的女儿。所以，她与女儿联系的中介并不是自己的公婆，而是表姐一家。前不久的一天，雪梅两姐妹不知道因为什么原因突然打起架来，雪梅手里拿着一块木板追着妹妹云霞满院子跑。她们的奶奶生怕她们打出什么好歹来，便喝止她们停下，然而未起任何效果。于是，奶奶顺手捡了一根木棍，打了雪梅几下，雪梅于是大哭起来。而正在此时，文化桂又给表姐打来电话了，在电话中，文化桂听到孩子的哭声，便问表姐是怎么回事。表姐夹在表妹和表妹的婆婆之间不好说话，便只说是两个孩子千翻（调皮捣蛋之意），相互打闹打哭了的。

文化桂的表姐挂了电话之后，再未提起过这件事情。有一天，雪梅的奶奶来文化桂的表姐家串门，说起周围的孩子太过于千翻，将她家的各种花草都拔了。话题阴差阳错的，竟然提起了此前的事，文化桂的表姐向雪梅的奶奶解释道："我那天是绝没有说你打娃儿的，如果她回来要问你，那也肯定不是我说的。娃儿们都不懂事，她们也许会跟她们的妈妈说起来。"雪梅的奶奶直说："她问我也无妨，她自己的娃儿不好好照，我管一下还不行啊？"

雪梅家没有电视，她们姐妹俩经常到伯娘（父亲的哥哥的妻子）家看电视。每当这个时候，伯娘总是会给她们一些零食吃，例如橘子、瓜子等。她们的奶奶也觉得两个孙女可怜，每次赶场都会从街上买点零食水果回来，偶尔给她们一些。但是奶奶觉得也不能经常给，因为她的孙辈并不止这两个，她有三个儿子，他们都有孩子在家。她每一次给雪梅姐妹俩零食水果的时候，也要给其他的孙子孙女，这样她才能做到公正、不偏心。

从以上的案例中我们可以看出留守儿童在生活和教育等层面的某些困难。首先，正如谭文启所感受到的那样，祖辈对孙辈的教育始终难以严格起来。相对于父母，祖父母（或者外祖父母）更加溺爱孩子，这会对孩子的教育产生不利的影响。其次，从儿童溺水的案例中可以看出，留守的孩子在没有得到仔细照料的情况下容易处于危险的状况中，如果那个溺水孩子的父亲不去世，母亲也在家的话，一个三岁大的孩子往往还能得到一个成年人的全面照顾。最后，我们从谭雪梅和谭云霞两姐妹的留守生活中看到，在没有父母照料的情况下，留守孩子的生活处于相对混乱的状态。此外，需要提及的是，就像谭雪梅的父母与祖母之间的隔阂那样，有时候这种隔阂因为对孩子的教育而产生或者加深。在我们的考察中，经常因为年轻夫妇对孩子的教育方式与他们的父母教育孩子的方式的差异而产生隔阂。

除了上述这些问题之外，一些问题并未在上述的案例中体现出来，但却广泛存在于留守儿童的现实生活中。例如,跟随祖父母生活在一起的孩子在学习上很难获得长辈的帮助,因为这些老人很少具有这方面的知识。有时候,孩子为了逃避作业,会向他们的祖父母撒谎,而他们的祖父母因为不具备相关的知识而难以对孩子的家庭作业做出必要的检查。此外,长期的留守生活使得孩子与父母之间的关系变得淡漠起来。大部分外出务工者通常只在过年前回家来,过完年之后又回到城市打工。孩子长期见不到父母,当父母回到家里之后总是需要很长时间相互磨合,一些年龄较小的孩子在乍一见到父母的那几天里,甚至表现出怯懦、不敢接近自己父母的情况。

正是因为农民的孩子普遍存在着留守的情况,所以学校认为学校与家庭之间的难以配合,很大程度上应该归咎于孩子的留守。在学校看来,正是因为孩子的父母经常身处异地他乡,使得学校难以与学生家庭建立起良好的关系。不过在近些年,因为当地涉及几项国家工程建设,所以许多在外务工的农民返回到家乡来就业,这使得当地孩子的留守情况有所改善。在这样的情况下,学校与家庭、教师与家长之间的关系似乎也并未因此而得以很好的改善。

二、农民眼里:曾经和现在的学校与教师

在农民的记忆中,学校和教师似乎变得越来越差,或者说,他们对当前的学校和教师似乎越来越加不满。无论是中心校还是村小,都没有得到很好的评价。但是在过去的历史时期中,人们以为那时候的学校要比现在办得好得多。在龙泛溪农民的记忆中,20世纪90年代以前,学校和教师是一种非常正面的形象。而此后,学校变得越来越难以使农民满意,教师在人们心目中的形象也发生了非常显著的转变。

谭启柏告诉我们,土鱼小学现在看来是要垮了,但是几十年前这里确是所很好的小学校。他还清晰地记得20世纪80年代早期他们在这里上学的情形,他甚至记得那时在这里教书的几位他今天依然十分敬佩的老师,他们的名字分别是谭朝华、崔良英、谭朝凤。如今,这些老师都已经到石柱县城里居住去了。那时候,老师们是住在学校里的,虽然学校破旧不堪,一律的木头房子,但是却比现在广阔得多,除了几间能够作为教室的房间之外,还有几间房子可以作为教师的住处。村里给老师们就近划分了一些田地,他们在上课之余可以在那里种植庄稼。他们的家人也在那里生活,他们的小孩有的就在那里上学。他们与今天的教师所不同的是,他们长期居住在学校旁边,在那里有他们的房

子和庄稼地。所以，那时候的老师们都安得下心来在这里教书。2000年以后，土鱼小学的建筑就全换成了新的平房，只有三间教室。教师们在那里并无住处，他们的产业更不会在那里了。曾经分给教师们的田地今天已经建了一些房子，村委会就建在那里。

谭启柏对土鱼小学的这种记忆普遍存在于龙泛溪的农民中间。在这些农民的记忆中，过去（主要指的是上世纪90年代以前）的土鱼小学令他们十分满意。在他们认为，学校就应该那样存在于村落之间，这不仅方便于孩子们就近入学，而且教师与家长之间的交流也更加通畅。确实，龙泛溪和马栏组的一些老人向我们讲述了村小在上世纪六七十年代的情形。那时候，虽然村小的基础设施比不上现在，但是农民们对学校一直很满意。学校在村落里，教师居住在学校边，学校和家庭之间的关系非常和谐。教师也在学校边上分到一部分田地，周围的一些家长有时候会帮助这些教师做农活，或者给这些教师送些菜。而且，他们在教育孩子的问题上经常能够相互配合，因为教师就住在学校附近，他们在农闲的时候除了备课和修改作业之外，便会抽出许多时间在村落里行走。学生们对教师通常十分尊重，但是并不会因为父母与老师的会面而感到畏惧。教师与家长之间也有很多家常话说，并不会产生很厚的隔阂。

然而现在，情况发生了转变，那种学校与家庭、教师与家长之间的熟悉感消失了，继而代之的是他们之间的陌生感。

虽然谭治权的儿子已经上了十年的学，但是他与儿子的老师们向来不熟。谭治权说："我只知道他的班主任姓什么，具体叫什么名字也并不知道。"他也从来不会与老师们取得联系，只有那种学习非常差而调皮捣蛋的学生或者学习很好的学生，老师才会与家长联系，而谭建伟并非非常捣蛋的学生，学习也只是中等水平。所以，他的老师们也向来不会与其父母联系。有时候，谭治权借助去镇上赶场的机会，会去学校里看一下孩子，但几乎不会去看孩子的老师。对于谭治权而言，似乎不仅自己的孩子对老师存在"敬而远之"的心态，自己好像也比较胆怯。"我感觉我和他们老师谈不拢，"谭治权说，"我们是农民，他们是知识分子。"

谭治权与孩子的教师之间的这种尴尬关系正是其他农民与其子女的教师之间的关系的呈现。虽然谭治权的儿子现在读初中，但事实上在他的儿子读小学的时候，他与儿子的老师之间的关系就一直这样。对于其他的农民而言，情况也是如此，他们与子女的教师接触的很少，通常只有在孩子每年报名的时候才会与老师见到一面。于是，正如我们所看到的现状那样，教师与家长之间、学校与家庭之间缺乏足够的了解。一些家长甚至不知道自己孩子的教师的姓氏，而教师对学生的家庭情况的了解也就更微小了。

这种陌生感的产生伴随着学校和家庭之间的相互抱怨。在学校方面，他们认为众多农民家庭将教育孩子的职责完全推给了学校和教师，而家庭和家长的作用被这些农民彻底忽略了。但是在农民方面，他们认为现在的学校越来越不负责任，教师的整体素质也大打折扣，所以教学质量也值得忧虑。

龙泛溪的谭启柏有两个孩子，大儿子谭元桥今年12岁，在沙子中学上初中一年级，小女儿叫谭然，今年才6岁，在沙子小学上一年级。谭启柏的两个孩子都曾在土鱼小学上过学，谭元桥在那里上了到三年级，从四年级开始到沙子中心校去上了，因为这里已经不再设置四年级。因为大儿子在土鱼小学上了三年学，使谭启柏看到土鱼小学实在很不像话了，那里仅有一个老师，叫周安贵，他家住在沙子镇上，家里养了十多头猪，以此盈利。他每天早上起来，总是要先帮着将家里的十几头猪喂了之后才来学校上课，那时候已经将近早上十点钟了。大约能上两个小时的课，到正午十二点左右，土鱼小学就放学了，一天的课程也就结束了。但是到谭启柏的女儿也到了上学的年纪的时候，他还是不得不将女儿送到土鱼小学去读，因为那时候孩子才有四五岁。女儿在那里将一年级上完了，那时候已经6岁。谭启柏觉得，女儿已经6岁，她的哥哥已经12岁了，可以照顾妹妹，便想要让女儿也到沙子小学读书。

谭文启已经66岁，不仅在家里经营着自家的田地，还帮着小女儿带着孩子。他的这个外孙女今年才3岁，准备在明年将孩子送到土鱼小学上学前班。"土鱼小学距离我们这里很近，走路只要五六分钟，所以即便明年她才4岁，在这里上学也没问题。"不过在他看来，土鱼小学确实办得不很好，学校里只有一个老师，而且这个老师是住在沙子镇上的，经常很晚才来学校，教学秩序并不严格。

从某种程度上而言，谭启柏和谭文启对土鱼小学的不满源于他们对村小教学秩序的担忧。但是，这种不满却也不仅仅停留于村小的层面，事实上，即便是在沙子镇被认为教学秩序最优的沙子中心校，也向来遭到农民们的各种抱怨和不满。

谭启柏告诉我们，据他的了解，几乎所有的教师都有着副业，这些副业本来是相对于教学这主业而言的，但是有时候这些副业甚至成为主业了。就像土鱼小学的唯一的教师周安贵那样，他养了十几头猪，每天早上不是赶着来给孩子们上课，而是首先将猪喂了才来。这种情况甚至还不仅仅局限于那些一般的教师，就连沙子中心小学的校长也并不例外。谭启柏说，前几年，校长在学校前面的街道上开了一个卡拉OK，一天都忙着他那点副业，毕竟国家工资总是定额的发放下来，而自己的生意就必须细心经营，否则便不会有什么收益。后来大概是因为过于吵闹而遭到别人的举报，没开多久便被勒令关闭了。但是他又转了行，在原来的地方又开了个茶馆。所谓茶馆者，并非喝茶的地方，实为打麻将的场所，喝茶不过是附带着的服务。自从校长在那里开了茶馆之后，许多教师一下课便跑到那里去打牌。谭启柏说起这种状况的时候颇为气愤，说道："学生仔仔们呢？他们上课的时候听着老师给他们讲授知识，讲授为人的道理，而下课之后，他们却清楚地看到老师们在茶馆里赌博。别人都说，教师要言传身教，你看，他们就是这样的言传身教的。"

谭启柏所提供的信息大概不误，一些在沙子小学读书的孩子也对我们说，在他们的教师中，有的在沙子镇上开着副食店，有的则在那里开了鞋店卖鞋，还有的则开着农资店专卖粮种和肥料。至于校长在学校前开了一个茶馆，吸引了众多教师在那里打牌，似乎也不假。龙泛溪六年级的小学生刘洋也告知我们，有一次他去找班主任交生活费，但是他最终没有在办公室找到班主任。他正要回来的时候，碰到一个同学，那同学告诉他，班主任老师在外面的茶馆里打麻将。他于是出去到茶馆里找到老师，老师确实在那里打牌，他就是在那里把生活费交给老师的。

尽管教师的家庭做着别的副业是无可厚非的，但在农民眼里，这却是教学质量难以使他们满意的直接原因。在他们看来，教师家庭的副业占据了教师的很多时间，这使得教师花在学生学习上的时间也就相应地减少了。

除此之外，农民们对于学校的收费问题似乎也存在着广泛的不满。在实行九年制义务教育之前，学校与学校之间有着不同的收费标准（例如村小的收费就要比中心校的收费低一些），但是在今天，无论是在村小还是在中心校读书，他们都需要缴纳相同的费用。尽管自从实行九年制义务教育之后，学杂费已经免除，只是交一定的本子费、资料费以及保险费等。但是在不同的学校里接受着不同质量的教育却交着相同的费用的情况使农民们感到不满，在他们以为，要么村小应该得到很好的改进，要么村小的收费标准就不应该与中心校相同。

大约在十年以前，这里的农民还没有所谓学前班的概念。事实上，在这里，那时候许多孩子并不需要上学前班，而是直接进入一年级接受小学教育。但是现在的情况有些不同，学前班必须要上，它不在九年义务教育阶段，所以每个学期需要交纳400元的学费。而相比之下，小学一年级的学生每个学期只需要交纳70元的生活费。正是因为如此，一些家长颇不满意，以为校方现在之所以规定了学生必须首先上了学前班才能上一年级，实在是钻了政策的空子。所以一些家长甚至这样抱怨道："我们可以交学前班的费用，这样上不上学前班也许就不重要了吧？重要的是交了钱！"然而他们也不过是抱怨学前班的费用，其实在他们看来，孩子确实需要上学前班，原因并不复杂，就是因为别人的孩子都在上学前班，如果自己的孩子不上的话，将来会输在起跑线上。

可以看出，农民们对于学校的收费存在着多方面的不满。首先是感觉到不公平，因为村小的教学质量远差于中心校，却要他们交着相同的费用；其次是学前班的费用是他们感到非常突兀，连小学和初中的学杂费都已经免除，为什么在学前班的时候还要交一笔如此大的（相比于小学而言）费用呢？

当然，农民的一些不满有着自己的根据，但是另一些不满则完全是因为对学校的情况缺乏了解而产生的。刘定安对于学校的收费有些不满，他知道现在的义务教育并不收取学生的学杂费，只是书本费。不过，当他得知女儿所发下来的书有许多并未使用的时候，他觉得那就是浪费，既然并不使用，为什么又要买这些书呢？但实际情况则并不如此，在沙子小学读六年级的刘洋告诉我们，六年级抽考的时候只考两科：语文和数学。课程表的设置要比实际上的课程设置丰富得多，包括科学、美术、信息、音乐等。但实际上，这些课时大部分被用于"主科"教学。"副科"的教材发下来，但几乎不用，这些书本是免费发放的，每三个学生一本，不准在上面有涂画，要放假的时候便再次收上去，给下一届的学生继续使用。

无论怎样，学校与家庭之间的抱怨、不满和误解，很大程度上源于双方的沟通不畅。这种情况在村小逐渐衰退甚至倒闭之后愈演愈烈，学校与家庭、教师与家长之间的距离，已经不仅仅存在于地理的层面了，他们之间变得越来越陌生。

第四节　结语：变迁中遗失的公平

本章以沙子镇小学校的变迁为主线，对沙子镇的基础教育做了详细描述。

概括起来，这一章内容可以归结为一句简单的话：教育资源的分配不平等，这种不平等深刻地表现在地域的结构化上面。如我们在上文中可以看到的那样，教育资源的分配不均在"中心校—完小—村小"这三级结构上体现得十分清晰。

从教育经费上来看，可以将中心校与完小进行比较。以2006年为例，沙子镇中心校可支配的资金为176.240 3万元，其他完小当年可支配的资金分别为：卷店小学为37.38万元，湖镇小学为23.589万元，栗新小学为21.7万元。各个小学校的可支配收入均有不同，看起来中心校的可支配资金明显高于完小。不过，毕竟中心校的规模比其他几所完小大，学生相对较多。然而我们还有另一种科学的比较，那就是学生对教育经费的平均占有率。当然我们看到很大部分的教育经费成为教师的工资，但是这丝毫没有动摇我们进行比较的依据，因为教师的工资来源于教师的劳动，而教师劳动的价值则体现在学生的身上。所以我们依然可以用学生对教育经费的平均占有率来对不同学校进行对比。将当年（2006年）各校的学生数量纳入到比较中可以计算出学生对教育经费的平均占有率，中心小学为0.25万元，卷店小学为0.14万元，湖镇小学为0.06万元，栗新小学为0.16万元。据此可见，从教学经费来看，中心校与完小、村小之间的差别十分明显。

除开教育经费的比较，教育器材的分配也并不均衡，例如图书状况。据我们的统计，从图书状况来看，沙子镇有图书一共10 000册，生均14.3册；土鱼小学共100册，生均3.13册；白洋小学共115册，生均6.76册；马栏小学总115册，生均6.39册。因此，从图书情况来看，中心校与村小之间的差别也十分明显。除此之外，其他的教育器材（如体育器材）在中心校与村小之间的差别也显得更加明显。

在校舍面积上，各学校之间也有着很大的差别，其中村小的人均校舍面积往往比中心校大。但是，村小的校舍并没有得到综合的利用，使用上呈现出单一的情况。尽管中心校的人均校舍面积不大，但是使用结构相对完整得多，除了一般的教室之外，还具备微机室、图书室、实验室等功能空间，而这些则是村小所缺乏的。

除开经费和硬件设施的分配不均之外，教师的配置状况也明显地体现出不平等。村小本身并不是独立的教育实体，它隶属于中心校或者完小，不过是中心校或者完小在偏远地区的教学点。所以村小的教师无疑也要从中心校或者完小下派，而这个下派的过程往往并不那么公平。几乎所有的教师对于被下派到村小教学都表现出消极的态度,很不情愿。中心校和完小对此也十分尴尬,对究竟派谁到村小任教也没有形成一种完备的制度。所以往往借助每年的考核成绩来选定村小的教师,如果成绩较差,则被下放到村小教学,作为惩罚。既然到村小教书是"被惩罚"的方式,那么教学效果也就可想而知了。而且,因为村小离中心校较远,在管理上呈现出一种鞭长莫及的状态,其作息时间也显得较为随意,更使得村小的教学质量日趋下降。而相比之下,中心校就要完善的多。那里教师和学生的作息时间都较为规范,并且因为学生中午在学校的食堂就餐,所以下午依然还要上两个小时左右的课才结束一天的教学。但是因为村小是中心校的教学点,其教学的性质和中心校在理论上并无差别,所以在这里上学前班和在中心校上学前班的学费都是一样的。

教育资源的分配不均带来了诸多的影响。对于家庭来说,这种教育资源的分配不均带来的是家庭教育负担的加重。金竹寨是整个兴隆村地域最高的有人居住的地方。因为地处高山,交通不便,耕地资源也比较缺乏(因为地形条件的限制),所以人口在不断外流,这些外流的人口主要的方向是山下,集中于场镇的所在地。也和其他偏远的地方一样,这个地方为了能够在当地解决本地孩子的教育问题,上个世纪60年代也曾经办过一所小学,但是到了90年代末,人口在不断地向地势条件较好的地方移动,于是这个地方的生源在不断减少,其结果就是这所小学走向关闭。现在,许多家庭为了孩子的教育,已经从金竹寨搬到了山下的平地上。不过,在贫富差距的现实情境下,搬迁只是稍显富裕的家庭选择追逐更加丰富的教育资源的方式,贫困的家庭却对此无能为力。但是毕竟已经有很多人迁下山了,这种迁移和计划生育相互配合,使得生源不断减少,山上的小学便只能关闭。那么,这些无力外迁的家庭,孩子的教育怎么办呢?他们往往通过租房的方式,用家庭里的一个成年人照顾孩子在山下上学。

当我们在不断喊出义务教育的口号时,我们只知道这意味着国家将要减免孩子们的书学费,殊不知,许多农村的家庭依然在为孩子的教育(尽管在义务教育阶段)承担着沉重的压力。我们不否认义务教育对于孩子们书学费的减免,事实上这些政策在我们所调查的地区也是实施得很好的。但是我们并没有发现它给这个地区的家庭减掉了多少对孩子教育的压力,书学费的确免了,可是从家庭的角度而言,教育的负担依然还是沉重的,曾经家里的钱流向学校,今天则流向别的地方。对于一个家庭而言,这没有什么区别,都是教育的投资。

村小的衰落不能完全归咎于人口外迁和生育率下降所导致的生源减少，很大程度上，是村小本身的教育资源越来越匮乏，才失去了众多的潜在生源。教育资源的分配不均所导致的是一个恶性循环。首先是教育资源的分配不均使得"边缘"的学校失去了生源，而失去生源的"边缘"地区也就失去了教育投资的价值，所以教育资源分配更加不均……如此循环往复，使得边缘地区更加边缘化，而中心地区则更加强了其中心优势，教育的不公平由此深化。

第八章　农村老人们的生活

老人和孩子有些类似的地方，他们已经在过去的岁月中贡献了其应有的力量，当年老时，便不再是社会的主力了。然而，与孩子不同的地方在于，社会对孩子的重视有着某些显在的功利目标，正如我们经常将孩子比喻为"未来的花朵"那样，他们确实在很大程度上影响着这个社会的未来。而老人们的未来，只意味着彻底地离开这个社会。我们关注老人这个群体，与其说是关注这个群体在社会中所具有的意义，毋宁说我们在考察这个社会正在以一些什么样的方式来安放他们。当然，这并非是一组十分对立的关系，一些人对社会产生的价值以及社会对其他人所产生的价值往往是和谐的。从最现实的角度而考虑，人们必须考虑到他们的未来，年轻人无论是否乐于选择接受教育来创造自己的未来，他们都必须对未来有些规划（如果他们一直厌恶学校生活，也许会选择其他的方式）。当人们成为一个社会的主力时，他们也不得不思考他们的老年生活。较为传统的方式是：人们首先接受父母的养育，将来将这种养育归于他们的子女身上；他们首先要赡养自己的父母，将来接受他们的子女对他们的赡养。于是，在考虑到养老的问题时，人们通常希望可以通过自己实践赡养之责的方式来告诉他们的下一代：将来你们也必须如此，你们要像今天我赡养你们的祖辈一样在将来赡养我。当然，现实中的养老并没有那么明确的目的性，它是被亲情、道德伦理等意识因素保护着的。也就是说，人们是否孝顺父母，成为他人对他的评价的重要组成部分。不过，情况已经发生了某些变迁，如我们将会说到的，老人并未完全成为社会的负担，而是发挥了一些显著的作用。不过，因为旧的养老方式逐渐受到现代生计方式的威胁，而新的养老方式还难以确立，这使得我们所关注的这些老人的养老存在一些并不乐观的情况。在这一章，我们将对我们所关注的这一区域的老人们的情况作出说明：在现实的情形下，他们是如何在社会中存在的。

第一节 老人的基本情况：
以龙泛溪为例

我们的考察在 2010 年进行，如果我们将老人的年龄界定为 60 岁以上的人口，那么我们在这里所应加以关注的乃是 20 世纪 50 年代以前出生的人口。在对沙子镇鱼泉村人口进行考察的章节中，我们已经对当地人口的年龄结构做了较为详细的分析。在 20 世纪 80 年代以前出生的人，我们在统计中将其每十年划分为一个年龄段，在 80 年代以后出生的人口中，我们在统计中则将其每五年划分为一个年龄段。我们曾对此做过一个统计分析图，在此图中可以看出，在鱼泉村当前的女性人口中，出生于 60 年代的现有人口在人口年龄结构中是最多的，而从 60 年代往前推，人口则越来越少，直到 20 世纪初出生的女性现有人口仅为 1 人；在男性人口中，出生于 70 年代的现有人口在人口年龄结构中是最多的，从 70 年代往前推，人口也越来越少，直到 20 世纪初出生的现有人口仅为 3 人，其中出生于 40 年代的现有人口要比出生于 50 年代的现有人口多出 11 人。可见，在老龄人口中，随着年龄的增加，现有人口也越来越少。在这些人当中，我们对 50 年代以前出生的现有人口进行了较为细致的考察，这些年龄超过了 60 岁的人口正是本章所要描述的主体。

在鱼泉村，女性人口中，上世纪 40 年代出生的现有人口包括 60 人，30 年代出生的现有人口包括 41 人，20 年代出生的现有人口包括 14 人，20 世纪初出生的现有人口包括 1 人；在男性人口中，40 年代出生的现有人口为 75 人，30 年代出生的现有人口为 35 人，20 年代出生的现有人口为 13 人，20 世纪初出生的现有人口为 3 人。可见，女性老龄人口包括 116 人，占据女性总人口数的近 17%；而男性老龄人口包括 126 人，占据男性总人口数的 15%。总体而言，老龄人口占据总人口的近 16%。具体见图 8-1。

我们根据一般标准，对各年龄段的老年人做出更进一步的区分。按照通行的标准，60 岁以上人口被认为是老龄人口，60 岁以上直到 69 岁可划分为低龄老年人，而 70 岁以上直到 79 岁可划分为中龄老年人，到了 80 岁以上的人口，我们统一将其称为高龄老人。按照如上分类，我们可以看出，在鱼泉村，低龄

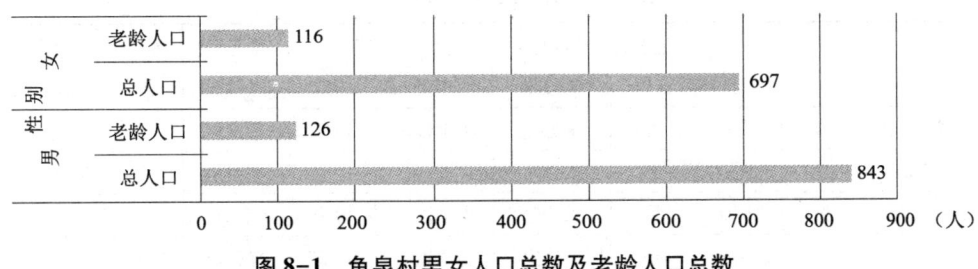

图 8-1　鱼泉村男女人口总数及老龄人口总数

老人是上世纪 40 年代至 50 年代之间出生的人，在这段时间内出生的人口，今年的年龄正好在 60 至 69 岁之间，其中男性人口包括 75 人，女性则包括 60 人，一共为 135 人。中龄老人是指年龄达到 70 至 79 岁之间的人口，他们正好是出生于上世纪 30 年代至 40 年代期间的人口，在这部分人口中，男性人口为 35 人，女性人口则为 41 人，共计 76 人。高龄老年人是指岁数达到 80 岁以上的人口，相对于我们所考查的时间而言，也就是指那些在 30 年以前出生的现有人口，其中男性人口为 16 人，女性人口则为 15 人，共包括 31 人。鱼泉村老年人的年龄结构图如下所示：

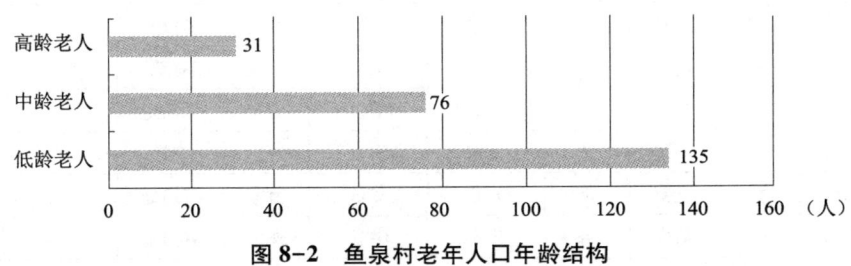

图 8-2　鱼泉村老年人口年龄结构

由上图可看出，在我们所考察的这部分老年人中，随着年龄的增加，人数越来越少。

但是在我们的考察中，并未对整个鱼泉村的老年人口做出全面的考察，我们选择了龙泛溪作为考察的重点，对这个村落里的老年人口进行更加细致和全面的考察。从很大程度上而言，这个村落里的老年人的生活情形足以反映这一地区老年人的整体生活状态。在我们的统计中，龙泛溪的总人口数为 236 人，其中包括的老年人口为 28 人，老年人口占据总人口数的近 12%。对于龙泛溪的 28 名老年人，我们对其进行了诸多方面的考察，具体如下表所示：

表 8-1　龙泛溪老年人口情况表

姓名	性别	年龄阶段	是否丧偶	是否与子女分家	受教育水平	子女情况	是否种田地	是否种黄连	是否打临工
谭明高	男	低龄	否	未分家	小学以下	留家	有田地	是	否
谭妻	女	低龄	否	未分家	文盲	留家	有田地	是	否
谭文福	男	中龄	是	未分家	小学以下	留家	有地	否	否
谭文安	男	中龄	是	未分家	小学以下	留家	有田地	否	否
张少玉	男	低龄	否	分家	文盲	留家	有田地	是	是
张妻	女	低龄	否	分家	文盲	留家	有田地	是	否
陈桂香	女	低龄	是	未分家	文盲	留家	有田地	否	否
谭起万	男	高龄	否	分家	文盲	留家	有田地	否	否
谭妻	女	高龄	否	分家	文盲	留家	有田地	否	否
谭明魁	男	低龄	否	分家	中学	外出	有田地	否	否
谭妻	女	低龄	否	分家	文盲	外出	有田地	否	否
文辅贤	男	中龄	否	分家	文盲	外出	有田地	否	否
文妻	女	中龄	否	分家	文盲	外出	有田地	否	否
刘学银	女	低龄	是	分家	文盲	留家	有田地	否	否
张代香	女	中龄	否	分家	文盲	留家	有地	否	否
苟大江	女	高龄	是	分家	文盲	留家	有地	否	否
夏正家	男	高龄	是	分家	小学以下	留家	无田地	否	否
夏正国	男	高龄	是	分家	小学以下	外出	有地	否	否
谭明瑞	女	低龄	否	分家	文盲	留家	有田地	否	否
谭文启	男	低龄	否	分家	中学	外出	有田地	否	是
向朝生	男	低龄	否	分家	小学以下	外出	有田地	是	是
谭明阳	男	低龄	否	未分家	小学以下	外出	有田地	否	是
文德生	男	低龄	否	未分家	小学以下	外出	有田地	否	是
文妻	女	低龄	否	未分家	文盲	外出	有田地	否	否
文母	女	高龄	是	未分家	文盲	留家	有地	否	否
谭春梅	女	低龄	否	分家	文盲	外出	有田地	否	否
潘田贵	女	中龄	否	分家	文盲	外出	有地	否	否
谭文英	女	中龄	是	未分家	文盲	留家	有地	否	否

上表是我们对龙泛溪老人情况的最初步统计结果，我们尽可能从性别、年龄、家庭成员、家庭结构、受教育水平、子女情况以及他们的生计情况等多方

面来呈现这些老人们的情况。

在年龄的划定方面，我们也依据上述的划分方式：60至69岁之间的老年人口划定为低龄老年人，70至79岁之间的老年人口划定为中龄老年人，超过80岁的老年人被划定为高龄老年人。从统计数据上看，在龙泛溪的所有老年人口中，低龄老人群体占据着大多数，一共有15人，其中男性7人，女性8人；中龄老人的数量占其次，一共为7人，其中男性3人，女性4人；高龄老人的数量最少，一共为6人，其中男性3人，女性亦为3人。

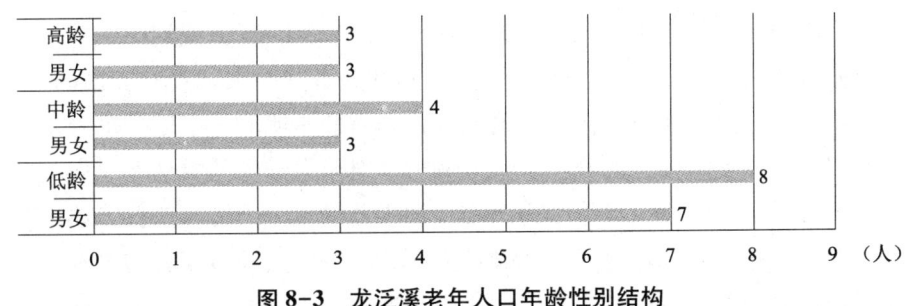

图8-3 龙泛溪老年人口年龄性别结构

与鱼泉村总体的老年人口年龄结构类似，随着年龄的增加，人口也越来越少。

关于龙泛溪老人的受教育程度，我们也做了一些统计。从某种意义上来说，他们之间在这方面的差异是微小的，毕竟大部分的老年人都只有小学以内的学历，而这些学历假如还能在生活中发挥一定用途的话，那么事实上在其他方面也很少能够显示出他们的优越性来。我们将那种从未进入过学校的人口称为"文盲"，这只是沿用"扫盲"工作的词汇，正如我们已经表明的，接受过教育的群体事实上也没有明显的优越性，这种从来未曾进过学校的老年人口占据着这部分人口的绝大多数。所谓"小学以下"指的是那些只有小学学历，甚至小学也未曾毕业的老年人群体，这一学历的老年人口也占据着很大一部分，他们中的许多人至今还能够认识一些简单的字眼，不过一些人早就将那些很少用到的知识忘得一干二净了。有过中学学历的老年人口则凤毛麟角，在所有我们所统计的这些老年人中，仅有两人具有这样的学历。

是否丧偶也被我们纳入到考察老年人生活的重要指标，在这里，我们对是否丧偶作了统计。在现实生活中，丧偶与否对于老年人的生活而言十分重要。在我们调查的经验中，即便是那些高龄老人，假使他们并未丧偶，他们便十分愿意选择与子女分开生活。但是，如果一个高龄老人已经丧偶，他们的生活会

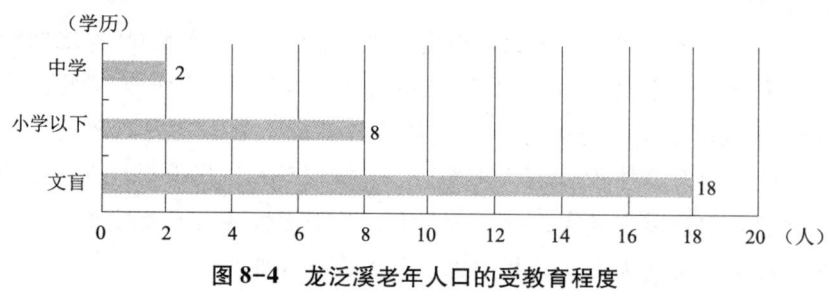

图 8-4 龙泛溪老年人口的受教育程度

变得十分不便,他们的子女也并不放心他们自己单独生活,他们往往与自己子女的家庭生活在一起。对于老年人而言,夫妻关系看起来更具有互助的一面,这些老年人的生活方式更加传统,他们往往具有非常明确的家庭劳动分工,这是在他们的年代十分盛行的分工方式。例如,对于大部分的男性老人而言,自己要做一餐几菜一汤的饭显得较为困难,如果他的妻子因为一些什么原因而未能给他做饭,他很可能较为简单地做点方便的食物。而随着年龄的增加,一些需要耗费体力的家务活又离不开男性老人。所以,当一对年老的夫妻居住在一起的时候,他们能够在非常细节的生活问题上达成互助,他们之间往往具有那种经过数十载培养起来的默契。独居老人的困难在于他(或者她)很难将生活中的各类问题全部处理,他(或者她)经常处于一种孤独地状态,尤其是那种高龄的老人,他(或者她)已经很少能够参与到子女们的劳动中,甚至已经插不进年轻人的聊天之中。总之,他们不得不越来越沉默,在他们的配偶在世的时候,即便是因为非常微小的琐事而争吵,也不至于那么孤独。这样看来,对于老年人而言,是否丧偶确实对他们的生活产生了很大的影响。关于是否丧偶的统计,如图 8-5 所示:

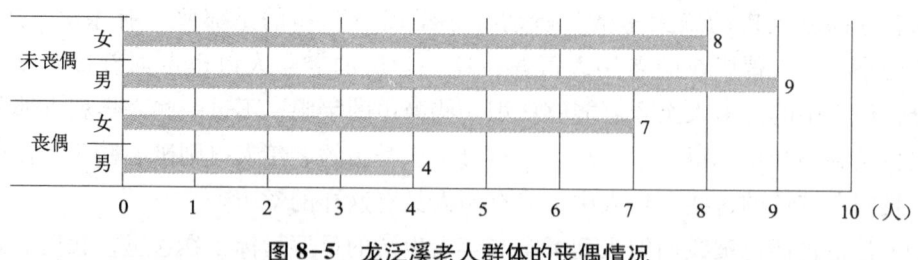

图 8-5 龙泛溪老人群体的丧偶情况

从总体的情况来看,在所有的老年人群体中,丧偶者的数量比未丧偶的人数要略多一些,未丧偶的老年人为 17 人,其中男性 9 人,女性 8 人;丧偶的老年人为11人，其中男性4人，而女性则为7人。从上图的基本数据看来，女性的丧偶率要比男性更高，在老年夫妻中，更多的男性老人先他们的妻子而去，而最后离去的往往是女性老人。

下图则反映了丧偶老人与未丧偶老人的年龄情况：

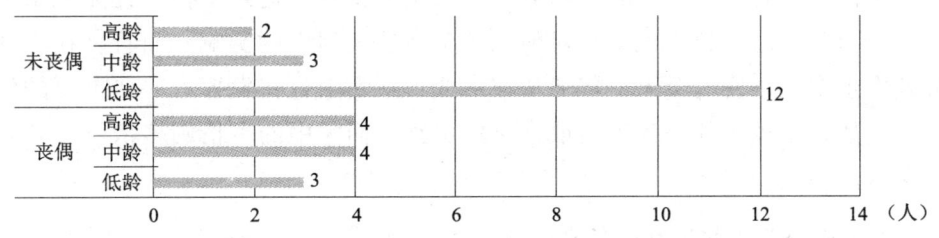

图8-6　龙泛溪老人群体丧偶情况与年龄的关系

从上图看来，在丧偶的老年人群体中，处于低龄阶段的老人为3人，中龄和高龄阶段的老人则分别为4人，差异并不十分明显。在未丧偶的老年人群体中，低龄阶段的老年人居多，为12人，而中龄和高龄阶段的老年人则较少，其中中龄老年人中未丧偶的仅有3人，而高龄老年人中未丧偶的更仅有2人。从这里看来，老年人群体丧偶的情况与年龄存在着明显的关系，随着年龄的增加，丧偶的几率当然也就随之增加。而且，正如我们在上文所指出的那样，女性老人的丧偶几率似乎要略多于男性老人。

我们除了关注老年人的丧偶情况之外，更对老年人与子女家庭之间的分家关系作出考察。是否与子女家庭分家，这也是影响老年人生活的一个重要因素。我们在讨论这一地区的婚姻家庭的章节中对家庭的建立做过一些说明，一个家庭的建立总是以分家开始的，也就是一对年轻的夫妻（或者还包括这对年轻夫妻的孩子）离开他们的父母，脱离原来的家庭而重新建立起以他们自己为主体的新家庭。即便如此，我们依然认为，分家在父母与子女之间并不十分彻底，或者说，分家后的子女家庭与父母家庭并没有完全能够分开，无论是在生活上还是在生产中，他们之间的互助都十分明显，很多时候甚至显示为一种义务。而且，正如我们将要说明的那样，子女对父母的赡养使得这种分家的不彻底性更加明显。相比之下，我们更倾向于将分家视为一种发生于兄弟之间的事件。然而无论怎样，子女家庭是否脱离原来的家庭，这对老年人的生活确实存在着明显的影响。对于一些老年人而言，分家对于他们来说不妨说是一种解脱，因为他们感觉到与年轻的子女们生活在一起显得十分不便。所以，如果他们还能自理生活，便通常选择与子女家庭分开生活，子女家庭只是提供给他们足够的粮食以及必要的花销。不过，一些父母基于对别的因素的考虑，依然选择与子女家庭生活在一起。一些老年人只有一个儿子，正如我们说过的，分家很大程度上体现为兄弟之间的分家，而不是父母与子女之间，在一对老人只有一个儿子的情况下，他们便觉得没有分家的必要。对于子女而言，无论是否脱离父母家庭，赡养父母的义务也只有他来承担，并无兄弟家庭来分担，所以不分家也不会对他们的生活造成很大的影响。而且，在生计方式发生变迁之后的今天，年老的家庭成员事实上也在发挥着一些重要的作用，例如，年轻人外出务工是最常见的出路，而家中的事情则多依赖于年老的父母。

只有一个儿子的家庭一般也不会分家，因为这个儿子会继承老人的财产，老人将来的生活也需要这个儿子来照顾，所以他们会选择不分家。以文德生家里为例，文德生和妻子有一个儿子三个女儿，在儿子结婚之后就分家了，但三个女儿出嫁以后，文德生夫妇就又和儿子一家居住了。在解释原因时文德生说，当初分家是因为儿子害怕三个妹妹会花自己家里的钱，怕父母会偏爱女儿。现在女儿已经出嫁了，自己又只有一个儿子，自己的财产将来也是给他，而自己将来也需要他的照顾，所以还是不要分家了。

因此，在龙泛溪的老年人群体中，既存在与子女分开生活的情况，又存在单独生活的情况，具体如图8-7所示：

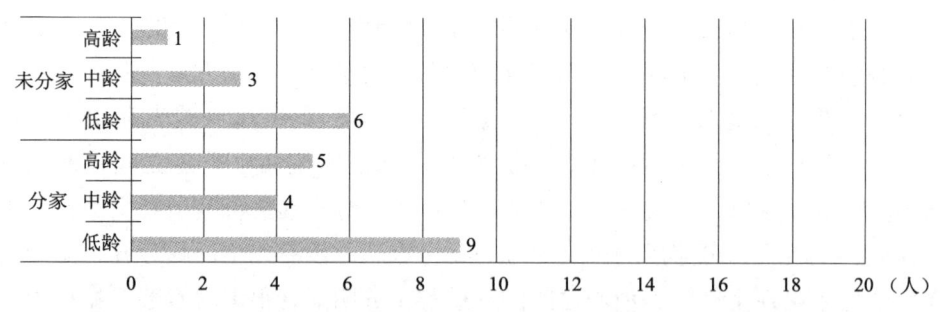

图8-7　龙泛溪老年人群体是否与子女分家及其与年龄的关系

从图8-7看来，在龙泛溪的老年人群体中，与子女分家而过的情况稍多一些，为18例；而未与子女分家而过的老年人则相对少一些，为10例。是否与子女分家而过与老年人的年龄存在一定的关系，如图8-7所显示的，在高龄老年人中，与子女家庭分家而过的为5例，而未与子女家庭分家而过的老人仅为1例；这是因为这部分老年人的子女事实上也已经逐渐接近于老年阶段了，他们也已经长期居家，甚少外出务工，而父母在生活上依然能够自理，父母家庭与子女家庭之间分开生活，既不影响子女家庭对父母的照料（因为子女长期居家，并且与父母之间的居住距离并不遥远），也使得他们的生活较为方便（事实上，正如我们看到的，一个家庭中的代际结构越复杂，日常生活也会变得更加复杂）。在低龄老年人群体中，与子女分家而过的老年人也占据多数，为9例；相反，未与子女分家而过的老年人则略少一些，为6例。如我们在讨论这一地区的婚姻家庭的章节中所说明的那样，对于现在的年轻夫妻而言，他们非常看重一结婚便分家这回事，独立生活（不仅脱离女方父母而且也要脱离男方父母）在他们看来非常重要。而对于这一年龄段的父母而言，他们不仅生活能够自理，甚至在劳作生计上都还能够自行维持，与子女分家而过也并无不妥。然而也正是这一老年群体在与子女家庭的关系上表现得更加复杂，有时候，即便他们宣称自己与子女家庭之间已经分家了，但是他们却还是耕种着本已分给子女的田地，悉心照顾着孙辈，而年轻的子女夫妇则常年在外打工。我们的统计按照他们自己的看法而进行，即他们自认为与子女家庭是分家的，我们也将其视为与子女分家的类型；而他们自认为与子女家庭并未分家，我们也将其视为与子女家庭尚未分家的类型。

　　总体而言，老人与子女家庭分家而过的情况占有绝对的比重，接近70%。分家应该算是我们所关注的这一区域的农民的一种文化，正如我们已经描述过的，在当地，分家是一种传统的现象，年老的父母通常与已婚子女分开居住，形成几个小的核心家庭，而不会选择和某个已婚子女共同居住，除非老人已经在生活上难以自理，或者基于对其他因素的考虑。分家是一个因人口繁衍而自然形成的过程，同时也是兄弟之间分配财富以及分担赡养老人义务的需要。对于分家，他们有着自己的解释：在他们看来，分家既是满足独立的经济生活的需要，也是兼顾不同代际之间生活方式的差异的体现。

　　张少玉老人对分家的经济因素做了这样的说明："分家是肯定的嘛。每个家庭有每个家庭的打算，肯定都不一样，住在一起就不一定合得来。再说老年人和年轻人住在一起，几个子女之间有了矛盾，老年人夹在中间，不好处，还是分开，各自管各自的家庭好点。"

　　文辅贤则在生活习惯的问题上来说明分家的合理性："老年人和年轻人生活习惯都不一样。老年人吃东西喜欢软的，年轻人喜欢吃硬的，老年人喜欢睡得早起得早，年轻人睡得迟起得迟，你看平时都是这样的，老年人喜欢和老年人一起扎堆摆龙门阵，年轻人喜欢和年轻人一起摆龙门阵，摆的龙门阵都不一样。年轻人也不喜欢和老年人住在一起，嫌老年人邋遢、话多。"

此外，龙泛溪的老人是否与子女家庭分家而过还与他们的丧偶情况存在一定的关联。

以谭文福家为例，谭文福和妻子有三个儿子，本来谭文福夫妇已经和儿子分家另住，但谭文福的妻子在2005年去世之后，谭文福便和留在龙泛溪的小儿子一家居住了。

一般情况下，丧偶的老年人会与他们的子女家庭生活在一起，当然也有例外，那种年龄不是太高，在生活中还能够将自己照料得十分妥帖的老年人，也愿意自己单独生活。未丧偶的老年人更多的选择自己单独生活，就像我们已经指出过的那样，老年的夫妻在生活中能够非常完美地达成互助，他们不想要与子女家庭生活在一起，因为一旦这样，他们便不得不在方方面面兼顾子女家庭，而使自己的生活变得非常不自在起来。自然也有未丧偶的老年人与子女家庭共同生活，很多时候乃是因为这对老年夫妻仅有一个儿子，而儿子和儿媳经常在外地打工。关于老人是否与子女分家而过与丧偶情况的关系，我们可以从图8-8中看出端倪。

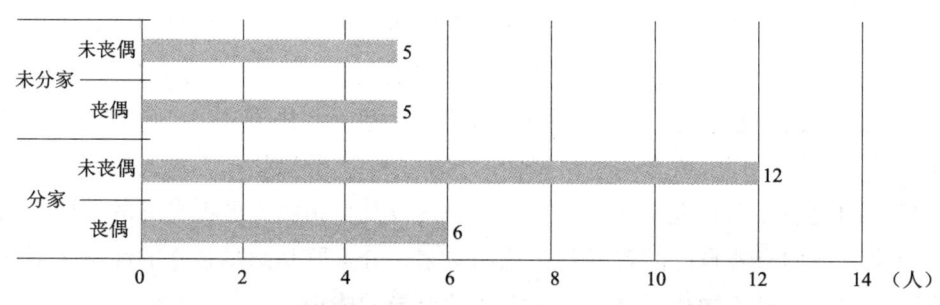

图8-8 龙泛溪老年人是否与子女分家及其与丧偶情况的关系

可以看出，在丧偶的老年人中，6例与子女家庭分家而过，5例未与子女分开生活；而在未丧偶的老年人中，12例与子女家庭分家而过，仅有5例未与子女分开生活。

其实是否分家也与老人的儿子儿媳自身的意愿以及父母与子女之间的关系存在紧密的联系。对有些家庭来说，即使老人只有一个儿子，即使老人已经年老力衰需要照顾，儿子或者儿媳仍然会选择和老人分家；与之相反，就算老人有多个儿子，而且身体状况良好，并未丧失劳动力，也有家庭仍然选择不分家，和老人一起居住，以便更好地照顾老人。这种差异，往往受父母和子女之间的关系所影响，尽管只是少数情况，但依然不乏一些父母和子女家庭之间存在着矛盾，这使得子女在对父母的赡养义务方面大打折扣。

苟大江，女，今年已经83岁了，年老体衰，早已种不了田，只种了一小块的土地，土地上种着疏疏落落的白菜和蒜苗，长势不佳，地里遍生杂草，大有长过蒜苗之势。苟大江只有谭明顺一个儿子，却仍然还是分家另住。儿媳陶思银不但不照料老人的生活，反而经常辱骂老人。据邻居反映，苟大江本来有低保，但是儿子谭明顺领了低保钱后并不交给她，老人生活只能依靠三个女儿来看她时给几十块钱来买米买盐度日。苟大江经常穿着又脏又破的衣服，佝偻着身躯，挂着一根拐杖步履艰难地行走在村里。一日下午三点多的时候，苟大江仍然在菜地里拣柴，准备将这些柴背回去做午饭，因为年老身体僵硬，只能跪在地上慢慢地向前爬行着拣。当地人虽然对其儿媳陶思银颇有微词，但因苟大江自身脾气怪异，不招人喜欢，并且邻居认为不好管理别人家务事，所以只好置之不顾。队长（村民小组组长）说他找过谭明顺谈过好几次话，但谭明顺并不听，他也没办法。

与上述的情况完全相反，谭明高和妻子刚满六十岁，完全可以独立生活，他们有两个儿子，但谭明高夫妇仍然和小儿子谭起柏居住，因为谭起柏的妻子姚达梅愿意和老人一起居住，问及原因时姚达梅说，"人多力量大，大家一起做活路，大家要轻松些，好些，只要大家谦让一点、体谅一点，一样可以一起过得很好"。平时姚达梅在家里操持家务，为老人洗衣做饭，其贤惠孝顺在村里备受称赞，村里人常常将她作为好妻子好儿媳的典范来夸赞。

对于老年人而言，无论是那些与子女家庭分家而过的老人还是那些未与子女家庭分开生活的老人，是否有子女常年居家也非常重要，因为他们随时有可能遇到日常生活中的困难。由于当地的老人往往都有2至3个甚至更多的子女，所以一对老年夫妇可能既有外出的子女，也有留居在家的子女，这样的情况我们通常将其归为子女留家；而如果老人的所有子女均外出了，我们则将其归为子女外出的类别。子女外出的情况包括外出务工和当兵等，以外出务工占据绝对比例。还值得提出的是，因为我们的调查时间是在春节前夕，对那些回家过年的外出人员来说，是否外出并非取决于调查期间的状况，而是指春节之后。这一情况体现在下图之中：

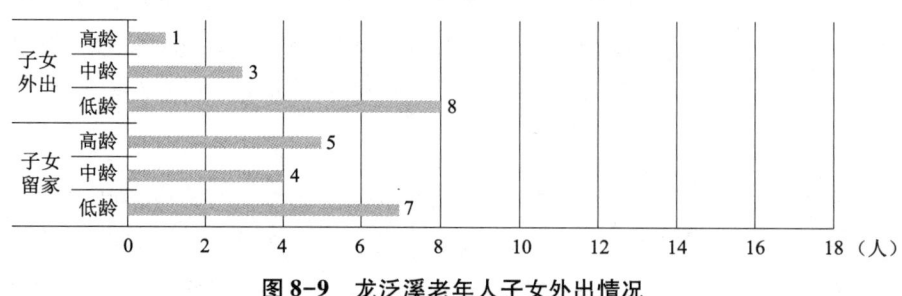

图 8-9 龙泛溪老年人子女外出情况

从上图看来，在龙泛溪，老年人的子女留家情况要略多于子女外出的情况。当然，这一结果受到我们分类方式的影响，我们已经说过，我们将那些具有众多子女而哪怕只有一个子女留家的情况也统一归类为"子女留家"。由我们的统计还可看出，子女是否留家与老人的年龄似乎也存在密切的关系，例如，尽管在中龄老人和低龄老人中，子女外出与留家的情况之间没有明显的差异，但在高龄老年人中，有5例是子女留家的情况，仅有1例为子女外出的情况。随着年龄的增加，高龄老人越来越离不开子女的照料，他们不仅已经无法生产，而且在日常生活中也常常遇到困难。从另一方面来说，作为高龄老人，他们的部分子女事实上也开始进入到低龄老人的阶段了，他们尽管依然为人子女，但是也很少能够外出务工，只能在家里经营田地。

分家是由于文化传统，而外出打工则是出于经济考虑，分家和外出务工都对老人的生活产生了显著的影响。外出务工人员在当地青年人中约占一半的比重。农民工现象的产生，从当地的情况来看，主要有三个方面的原因。

首先，这是人多地少的矛盾，自1981年实行家庭联产承包责任制之后，人口的繁衍使得土地越分越少，不仅在提供口粮上出现困难，而且也不能提供足够的应付家庭开支的经济收入。在以土地为主要生产资料的农村地区，当土地不能满足人们的需要而外出又可以获得经济收入时，青年人自然会选择外出打工。

以张少玉家为例，可以看出人多地少的矛盾。

张少玉1953年出生，妻子1955年出生，他们有三个孩子，老大是女儿，老二和老三都是儿子。1981年分田地时，张少玉38岁，妻子36岁，大女儿12岁。分田地是按劳动力来分的，一个劳动力约0.94亩的田地，未满16岁的只能算是半个劳动力，只有4.2分的田地。田地都是按照肥沃程度分的，也就是大队干部估算粮食产量来划分的，田是按水稻产量为标准，地是按玉米产量为标准,一类田地最好,二类田地稍逊,三类田地最差。当时张少玉家共分了三亩田,一类地分了六七分,二类地分了一亩左右,三类地分了两亩多。后来因为田在河边,涨大水时被冲走了三分左右,起新房时又用一亩田给换了现在的地基,只有不到两亩田了。张少玉的两个儿子分家,一家只分到了七分田。第三类地都退耕还林了,修高速公路又占了几分地,地总共只有一亩多一点,两兄弟一人只有几分。

而现在,张少玉的两个儿子都已经成婚,各自都有两个小孩。大儿子张治权的长子已经14岁,小儿子6岁。小儿子张治双的大女儿12岁,小儿子3岁。张治双的妻子谭明英说,她和张治双是1999年就出去打工的,当时家里只有6分田,7分地,一年只能收到五六百斤的水稻,只能勉强够吃,更谈不上卖钱了,现在孩子也慢慢长大,粮食也要不够吃了,只要找到了工厂,还是要出去打工才行。

尽管当地可以种植黄连这种经济作物来获得生活来源,但是黄连种植却有着局限性。从黄连本身来看,黄连的生长周期要五年,也就是说,黄连在种植之后要五年之后才能收获。这样,不但种植黄连本身需要经济投入,而且在黄连生长的这五年间也必须要有经济来源以应付这段时期的家庭开支。所以,对当地人来说,就算是选择留在家里种黄连,也需要先外出打工来挣得足够的本钱。此外,黄连价格的神秘莫测也使得那些缺乏种植经验的农民望而却步。当地黄连的价格在1989年前后只达到五六元钱一斤,在90年代黄连价格约在七八元左右,直到1999年,外界忽然急需黄连,黄连价格一下子猛涨到120元一斤,然后又慢慢的跌落下来,现在一般是二三十元一斤。在黄连价格跌落的这些年里,也就是80年代和90年代,人们只有外出打工。

其次,对于青年人来说,留居山村的无聊和种植黄连的艰辛与外部都市的诱惑相较而言,他们大都会选择外出打工,去外面的世界闯荡。黄连生长在高寒的地方,龙泛溪地势太低,黄连长得也并不好,所以只能在对面的山顶上买地种植。每年要种植和看护黄连的时候,只能自己背上柴米油盐和衣服被褥上山。山上不通水电,人们搭着小棚居住,每天自己生火做饭,走很远的山路去背水回来。冬天山上分外寒冷,常常下雪,周围往往很难见到人烟,很是寂寞艰苦。所以,与种地和种黄连比起来,外出打工对青年人更具有诱惑力。外出打工人员夏广顺就说,让他去种黄连,简直就和坐牢没什么区别。他适应不了山上那种"孤鸟宿寒林"(我们不得不惊奇于他能够这样来描述那种生活状态)的生活,那里荒无人烟,连个说话的人都没有,也没有电视可看,背水都还要走半个多小时,太辛苦了,还是在外面打工好玩一点,热闹一点。同时,在外面打工可以避免卷入家中的琐事和受父母长辈等的管制,更为自由,所以青年人更倾向于外出打工。

  当然,当地留在家里并未外出打工的中青年人也几乎占到了一半的比例。对留下来的年轻人来说,老人的赡养和孩子的教育是最主要的原因,村里人认为只有"有条件的人"才可以外出打工,他们所指的有条件的人是指父母年岁未高,家里又没有小孩的人。例如还没有结婚的人,或者刚结婚、父母年岁较小且自己还没有孩子的人。而那些父母年岁已高,又有小孩的人不得不留在家里赡养父母、照顾小孩,没有机会外出打工。当地的经济作物黄连可以提供经济收入。以一亩黄连为例,开支约三四千元,其中买一亩山地约180元左右,买一亩地的黄连秧苗约需要七八百元,肥料一年约200元,五年共1000元左右,挖黄连的时候需要雇佣人,雇佣费约1000元左右,从产出来看,一亩黄连可以收获四五百斤,收成好的话可以达到800斤,按现在最低价格20元一斤算,一亩黄连也可以收入1万元左右,除了成本之外,还能够赚取五六千元。所以当地人一般每年都种一定面积的黄连,这样就能保证五年之后每年都有经济收入。此外,当地在2005年开始修建高速公路,修建高速公路吸纳了大量的青年人回乡来当临时工,工钱也由最初的60元一天涨到了最后的100多元钱一天。高速公路的修建对于这里的农民来说具有非常重要的影响,这里并非指的是交通方面的影响,而是指劳动力的价格所发生的变化。在修建高速公路之前,当地临时工的工钱往往只能达到二三十元一天,高速公路工程提高了劳动力的价格,一开始便以六七十元每天的工钱在当地招收临时工,继而逐渐增长到100多元。这样,留在家里的青年人除了能够在家里耕种土地以获得日常口粮、种植黄连和打临时工来获得经济收入外,同时还能够照顾老人、抚育幼子,维持着家庭的正常运作。

  文兴林和妻子是在1998年左右出去打工的,当时家里只有文兴林一个人的土地,约四分田,半亩地,嫁过来的妻子没有土地,只能外出打工。2004年的时候文兴林的母亲去世,文兴林和妻子便在2004年的时候回家。妻子生了小女儿,文兴林在高速公路上打临时工,文兴林的父亲已70多岁,需要照顾,小女儿也需要抚育,就没有外出打工了。回家后他们就开始种植黄连,一共种了七八亩的黄连,今年挖了一亩左右的黄连,约五六百斤,共卖了1万多元钱。高速公路修完以后,文兴林也在给别人打临时工。但主要是以耕种自己的土地和种黄连为主。

第八章 农村老人们的生活

当然，这并没有说明老年人的生活完全需要年轻人的供给，或者说老年人在整个社会中成为某种累赘，事实上，他们依然没有放弃他们的劳作，尽管他们的劳作很多时候看来收效甚微。我们对龙泛溪老年人的劳作也做了一些考察。对于老年人而言，他们最常见的劳作方式显然是农作，因为也只有这一非常传统的劳作领域能够接纳这一年龄层的人口。不得不说明的是，也正是生计方式的变迁造成新的分工，使得这些老年人不得不将其仅存的劳力付诸田地，毕竟更加年轻的人口只有外出打工才能够更好地改善自己的家庭。当然，从实际情况看来，老年人的劳作也并不完全那样被动，对于许多老人而言，不劳作使他们不舒服。在日常生活中，我们不难看到老人想要参与到子女家庭的劳动中但是经常受到子女们反对的情况，这并非是一般的做作行为，对于那些老人而言，干惯了一辈子的农活，让他在无疾无痛的情况下突然放弃以前的习惯确实是不容易的。无论怎样，老人们很少放弃劳动的机会，尽管他们劳作的回报也许仅仅只占据他们生活所需的很小一部分，但是他们依然需要劳动。所以，我们甚少能够看到老人没有田地的情形，他们中的大部分都或多或少的具有可供自己自由耕种的田地。龙泛溪老人经营田地的具体情况如图 8-10 所示，在 28 名被我们统计在内的老年人之中，仅有 1 名老人既无田又无地，而其他老人多少总有自己的一些田地，即便是高龄老人也是如此。在有田地的这些老年人中，一些老人只有旱地而没有水田。我们在说明这里的农民的生计的章节中对水田和旱地的经营做过较为详细的说明，水田所要消耗的劳动量显然要比旱地所消耗的劳动量要高。水田里种植的水稻（这是水田最重要的作物）需要农民花费更多的时间，水稻从种植到收获需要非常多的工序。而在旱地里种植玉米、土豆和蔬菜等作物则相对方便一些，它们都不需要很多的工序。正是这一原因，使得一些高龄老人只种植一点旱地，而不种植水田。

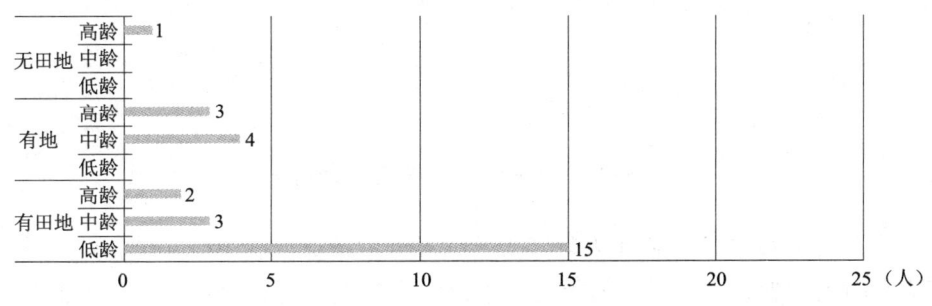

图 8-10　龙泛溪老年人经营田地的情况

相比于种植水稻，种植黄连则成为更加辛苦的劳作。我们已经对这种劳作做过很细致的说明，黄连的生产周期较长，而且从种植下去直到收获之前，需要投入非常繁重的劳动量，这对于老年人而言十分不利。他们已经无力去搭建黄连棚，他们也已经无力日复一日地弯腰在黄连棚下除草。所以，如我们的统计所显示的那样，很少有老人还种植黄连。具体情况如下图所示。

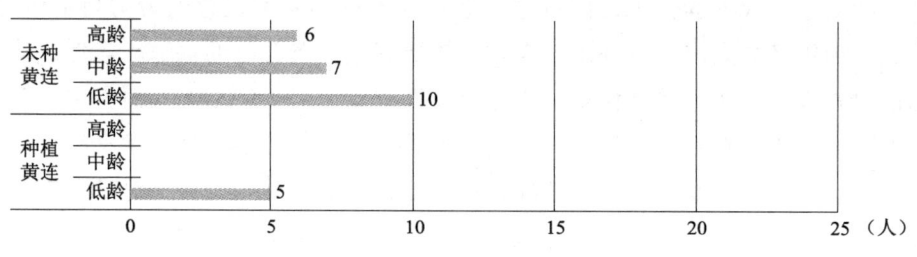

图8-11　龙泛溪老年人种植黄连的情况

从图8-11中可以看出，在所有龙泛溪的老人之中，种植黄连的仅为5人，尚未占到老年人口总数的18%。而且，种植黄连的老人均为低龄老人，即他们的岁数都在60至69岁之间。在所有的老年人中，有23人未种植黄连，占据老年人口总数的82%。

除了种植黄连之外，一部分老年人还在农耕劳作之外寻找一些打零工的机会，为自己创造有限的收入。不过，在从事农耕劳作之外再寻找打零工的情况就像种植黄连那样少见，事实上更多的老年人已经不能打工。具体统计数据如图8-12所示。

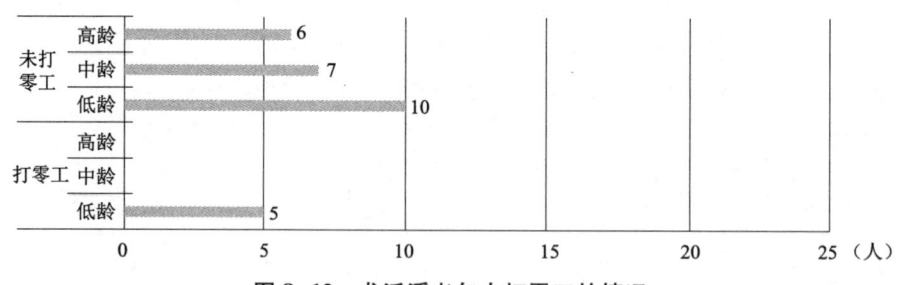

图8-12　龙泛溪老年人打零工的情况

从图中可以看出，老年人打零工的情况和种植黄连的情况几乎相同，只有5人平时会就近打零工，占据所有老年人口的12%不到，而且5人均为低龄老人。除此之外的其他23人都没有打零工，他们主要从事农业劳作。

如上，正是我们在本章将要详细说明的龙泛溪老年人群体的基本情况。当我们在龙泛溪进行考察的这段时期，常常能够见到这样一些人：他们平时沉默少语，但是却十分乐于回忆往事；他们已经佝偻了身躯，但是却依然不愿放弃劳作；他们养育了很多子孙，却力求自己不成为子孙的累赘。他们正是我们在这里不得不关注的老人群体，他们已经在过去的生命历程中见证过太多的往事，而今，他们依然以他们的现实生活来见证这个时代的所谓农村社会。

第二节 何以生存：老人们的经济来源

谈及生存，首先需要解决的当然是生活来源的问题。经济状况是生活的基础，当我们已经对龙泛溪老年人群体的总体情况做了一定的说明之后，关注这些老人的生活来源便成为首要的任务。在我们所关注的这一区域，长居于家中的人口主要以农耕生计为主，少许时候能够打打临时工。总体而言，这里没有可吸纳劳动力的工厂，这些农民也难以进入到本就狭小的第三产业领域。他们更多地依赖于农业生产，不过这里地理位置偏远，地势崎岖，农业生计也是在极为艰难的情况下展开的。我们在这一章所要描述的这些老人正是在这块土地上寻求生存途径的，他们之中很少有人外出打工过，当打工可以成为人们寻求生存途径的时候，他们的年龄已经不适应这项生计了。如今，这些老人的年龄越来越大，他们中的一些人依然还通过农耕劳作来满足自己的日常所需；而另一些老年人似乎已经没有这方面的能力了，他们尽管依然能够参与劳动，但是他们的劳作已经难以满足自己的所需了，这部分老年人很大程度上依赖于自己的子女。此外，一部分老年人的养老得到了国家的支持，尽管这方面的力量略显薄弱，不过也造成了不小的影响，我们稍后会做更加细致的说明。总体而言，我们可以将当地老人的经济来源分为三种情况：一是来自于自身，二是来自于子女，三是来自于国家。

一、自养：老年人自己的收入

经济自养是指老人的经济主要来自于自身的劳动，这主要适用于低龄的、已经分家的老人。对于这些低龄老人来说，他们的劳动能力还未丧失，完全可以自给自足，因此可以依赖自身的劳作来维持生活所需。而对于已经分家的老人来说，分家意味着分门别户、各自生活，经济生活独立，用他们自己的话来说就是"各自种来各自吃"。从我们的统计数据中可以看出来，低龄老人和已分家的老人占到了大部分的比重，因此，经济来源以自养为主的老人就在总的老人比例中占有绝对的比重。

我们可以从年龄上来分析这种老年人经济自养的情况。事实上，那些低龄老人通常情况下还具有足够养活自己的劳动力，更重要的是，一些低龄老人在这个时候还有未婚的子女跟他们一起居住。一般情况下，当一对老人还有未婚子女与他们一起生活的时候，他们通常不会要求已婚子女来给自己提供生活来源，而已婚子女在这个时候也不愿意承担这项义务，除非他们的未婚兄弟或者姐妹已经和他们的父母分开生活，或者也同样能够承担起相同的赡养义务。此外，正如我们所看到的，一些低龄老人至今依然为人子女，他们的父母依然在世，他们依然还要履行其赡养义务，这是他们依然无法摆脱劳动的又一原因。孙辈赡养祖辈的情况当然不是不可，不过我们了解到当地的一种观念，它以一句谚语呈现出来，即"一代不管二代事"。而且，基于对子女的理解，老人们也想通过自己的劳作以实现自养。一些低龄老人的子女尽管已经结婚，但是这些子女本身具有十分繁重的家庭负担，有些才结婚不久，家庭本身并无富余的财富来承担赡养义务。即便那些已经结婚多年的子女，他们也有了自己的子女，在他们的子女还完全没有经济能力的情况下，承担抚养义务本身已经是一件十分艰辛的事情，再加上赡养老人，这必定使得年轻的家庭更加不堪重负。

基于如上种种因素的考虑，如我们所统计的，所有的低龄老人都选择以自己的劳动来满足自己的生活。对于这部分的老人来说，实现经济自养的途径主要有以下几种：传统的农业耕作、家庭养殖、种植黄连以及打临时工。

农业为农村之本，对于农民来说，土地是最重要的生产资料，正如我们在本书的相关章节中已经指明的那样，农业在现在看来尽管其地位受到了各种其他生计方式的挑战，但是它所发挥的作用依然是绝对的。这一点，当我们在这里探讨农村老年人口的生存时便体现得更加清晰，因为除了传统的农业之外，这些老人还能够做什么呢？我们也已经在上一节对龙泛溪老年人口的现状做过一些统计分析，其中包括对老年人的某些生计指标做了相应的统计。从上文中的统计数据中可以看出，在整个龙泛溪的老年人口中，仍在耕作土地的人占到95%，而在60至69岁之间的老年人，所有的人都拥有可供自己自由经营的水田和旱地。在上一节，基于方便统计，我们对这些老人的生计指标的统计还较为粗糙，现在，我们可以将那些依然还种植着田地的老年农民做出更加细致的统计，具体情况如表8-2所示。

表8-2 龙泛溪依然经营田地的老人情况统计表

姓名	性别	家庭人口数	田地数量	副业	黄连种植
张少玉	男	2	两亩多田，两亩地	两头猪，鸡	四亩
张妻	女				
谭明魁	男	5	田地共三亩	四头猪，鸡	
谭妻	女				
谭明瑞	女	2	五六分田，一亩地	两头猪，鸡	
谭文启	男	3	一亩田，一亩地	三头猪，鸡	
向朝生	男	2	田地共约两亩	两头猪，鸡	四亩
谭明阳	男	2	田地共约两亩	九头猪，鸡	
文德生	男	4	田地共约四亩	四头猪，鸡	
文妻	女				
谭春梅	女	1	一亩田，一亩半地	一头猪，鸡	
刘学银	女	1	约一亩田，一亩地	无	

对于上述的统计，我们需要对其作出一些必要的说明。所谓家庭人口数的统计，我们的标准是那些长年居住在家里的人数，其中不包括那些外出务工的子女，当然，这一统计也并不基于政府部门的户口统计。这样统计出来的人口数既接近于留居家里的劳动力的数量（之所以说"接近于"乃是因为这些留居家里的人口有部分为尚无劳动能力的孩子），又是常年在家中消费的人口数。通常情况下，老年人家庭的人口数通常保持在2人以内，通常只有老夫妻两人。但是正如我们已经说过的，一些老年人还帮着外出务工的子女照顾着他们的孩子，于是在老年夫妇之外，这个家庭还包括一些孙辈。在上述的统计中，除了两个寡居的女性老人之外，其他的老年人家庭都至少包括2个家庭成员，至多者能达到5人之多。

所谓田地数量，指的是当前老人们实际耕种着的田地数量，这些田地并不完全是老人们的责任田地（即于1981年前后集体按照人口所分得的田地），它还可能包括从别人那里"拼"（即不负任何回报的借来，但是土地还是别人的)来的田地,同时也还包括外出打工的子女的部分田地。从这里的统计来看,这些田地数量已经足以满足相对应的老年人家庭的粮食需求,甚至都有部分盈余,他们将这些盈余的粮食换做现金,以作他用。旱地的作物中,大部分作为家庭养殖的牲畜的饲料,大部分的老年人家庭根据自己的旱地所能生产的饲料(通常为玉米和土豆)数量来确定其养殖多少家庭牲畜,当然也有少部分老年人家庭想在家庭养殖方面获得一些现金收入,于是增加牲畜的数量,而不够的饲料则在村里其他人家那里购买。

家庭养殖在这些老年人的生产中也占据着非常重要的地位,对于那些不能种植黄连的老年人而言,家庭养殖同样可以给他们带来一定的现金收入。而且,家庭养殖基本上能够满足他们生活中对肉类食物的需求。正如我们在前述章节中已经指明的,一个家庭(如果这个家庭里还留下一个成年人而并非完全外出务工的话)通常都会至少养殖两头猪,一头在腊月前后宰杀以满足家庭在此后一年中对肉类食物的需求,而另一头则选择价格合适的时机(或者急需现金的时候)将其卖掉。事实上,更多的家庭甚至养殖两头以上的猪,他们并不直接出卖玉米、土豆等来换取现金,而是将这些饲料积累在猪的身上,以增加最终的经济收入。相对于养猪,养鸡则较为方便,它们不需要很大的饲养空间(家庭养殖),喂养它们的饲料也较为方便,用水和一些玉米面就可以。老人们所养的鸡以母鸡为主,获得的鸡蛋既可以自己食用,也可以拿到市场上去卖,只有到过年过节的时候他们才会杀鸡。

图 8-13　准备去田地里做农活的老人

正如我们的统计所显示的那样，在龙泛溪的所有老年人群体中，依然有5人种植黄连。然而正如我们已经指出的，种黄连虽然收入可观，但是黄连种植劳动强度很高。种植黄连要去高山、砍树、搭棚、挖土、栽苗、除草、施肥、收获、烘烤等复杂的工序非常艰辛。就像黄文秀老人说她的丈夫谭明魁那样，"要是种黄连的话，早就已经累死了"。对这项生计的艰辛程度我们已经在上文的诸多地方做了很多说明，总之，因为这项生计需要耗费太多的艰辛，使得老年人很少能够参与进去。而且，即便是如今依然种植着黄连的一些老人也已经没有再种植的打算了，他们等着还生长在山上的黄连成熟，然后将它们收获，此后将不会再种植。

打临时工的收入也是老人们的经济来源之一，但是这与种植黄连有着相似之处，它只在老人们的生计中占据很小的位置，正如我们的统计所显示的那样，在所有的老人中，只有5人多少打过临时工。打临时工也是一项体力活，尽管这项工作没有种植黄连那么烦琐，但是依然需要花费非常繁重的劳力，例如做搬运工（修高速公的时候他们经常去帮着工程队搬水泥）、建筑工等都需要强壮的劳动力。所以，那些依然还能打打临时工的老年人大都是在65岁以下的男性，他们即便能够找到临时工作岗位，有时候也因为自己的年老体迈而比其他人的工资低，或者完全受到雇佣方的挑剔，拒绝招收他们。

总体而言，对当地老人来说，土地才是第一位的。农作是最首要的任务，而种黄连是需要体力和财力的，打临时工只能在空闲的时候，而且它只适合于体力好的人，只能作为一种补充。土地才是生产之本，就像他们自己说的那样，"主要还是忙屋头的活路，像栽秧打谷的时候，就算是有活路也不得去做"。

然而，这种以依靠土地、家庭养殖、种植黄连以及临时工的收入为主要来源的自养方式，虽然也可以使得一些老人衣食无忧，但这些生计对于老年人而言本身也带有明显的局限。随着老年人的年龄增长，体力逐渐衰弱，耕作的土地面积必然会相应的越来越少。于是，自养的方式遇到了年龄的困境，无论这些老人如何想要自食其力，但是最终都难免步入难以自养的阶段。老人们自然也早就想到过这些问题，他们也对此做过打算。例如，一些老年人将自己的生活规划得非常规律和节俭，他们还在自己能够自食其力的时候就开始节俭地生活，事实上当他们只有60岁前后的时候，子女已经都成家分出去，自己的开支也减少了许多，而自己的劳动力还没有完全丧失，他们甚至能够创造更多的财富，于是便将这些富余的财富储存起来。囤积粮食是这些老人们最先考虑的问题，在他们看来，只要将未来生活所需的粮食囤积起来，养老便不成其为问题。至于那时候的现金开支，如果身边宽裕便可用，如果身边实在不宽裕，则尽量少用点现金就行了。当然，更多的老人到了不能够自食其力的时候，则通常将自己交付给自己的子孙，由他们来尽他们的赡养义务。

二、子女赡养：天经地义的义务

就像为人父母具有将子女抚养成人的义务一样，作为已经成家的子女来说，给父母养老送终也是天经地义的义务。从广义来讲，子女对父母的赡养可以大致分为两种类型：一是直接的经济支持，二是生活资料的供给。前者表现为子女为父母提供一定数额的现金，父母使用这部分现金来自行安排自己的生活；后者表现为子女为父母提供各种日常生活所需的物资，例如父母生活所必需的粮食，足够的暖季和寒季衣服，父母身体不适的时候所提供的医药，等等。对于直接的经济支持而言，也可以分为两种类型：一是具有硬性规定的经济支持，二是没有硬性规定而相对灵活的经济支持。前者表现为几个兄弟之间在分家的时候就与父母商定了赡养父母时必须向父母提供的固定数额的现金，这一协议主要发生于需要共同赡养父母的兄弟之间，当然也考虑到了父母对此的意见和要求；后者则表现为子女较为自由地给父母一些现金以供其自由支配，没有数量的规定，也不固定时间。规定性的经济支持发生于那些已经没有劳动能力的老人身上，他们已经最大限度地需要子女们对其进行赡养；灵活性的经济支持则发生于那些依然能够自食其力的老年人的身上，子女对他们的经济支持只占据他们生活所需的一部分，他们更多的生活需求则由自己自我满足，子女偶尔的奉上一些现金和物资表现为一种温和的孝道，发生的时间往往是逢年过节、老人生日，等等。

从年龄层上来看，需要子女履行其赡养义务的老年人主要集中在中高龄阶段。到了70岁以上，这些老年人劳动力已经很弱，基本的农业耕作都已经发生困难，而挣钱的途径也越来越少，所以要更多地依靠子女的支持。未分家的老人因为与子女家庭生活在一起，所以他们的生活也被纳入到子女家庭的各种生活安排之中，他们一方面对子女的家庭产生了一定的贡献，另一方面则需要这个家庭来赡养他们。而对于那些与子女家庭分家而过的老年人来说，情况便稍微复杂一些，一些老年人已经完全依靠子女的赡养，这种情况现在看来并不多，但是几乎每个老人都会经历那样的阶段。在此之前，无论子女是固定地还是灵活地给他们提供支持，这种支持都只是一种辅助，这种情况在我们所考察的村落显得非常普遍。

张代香今年已经74岁了，因为早年劳动过度，肩腿疼痛一直是伴随着她的一个老毛病。因为身体不好，她已经有十年没有种田地了。她原来的水田租给别人种，每年别人会称400斤水稻给她。她的女儿谭桂香就出嫁在龙泛溪，常常会给她送些菜来，一个月以前，她才给母亲送来100多斤土豆。张代香有四个儿子，在赡养老人方面，四个儿子相互做过协议，定每人每年需要给老人提供600元钱的生活费，四个儿子，加起来一共是2400元。此外，在老人每年生日的时候，每个儿子需要给老人提供300元钱，一共1200元；过年的时候同样需要提供300元，一共1200元。这样，张代香每年从子女那里获得的赡养费将近5000元，作为一个女性老年人的生活开支，已经绰绰有余。张代香穿的衣服都是二儿媳给她买的，一年四季的都有，家里有的羽绒服和夹袄还没有穿过。今年入冬以后，二儿媳因为在外面打工还未回家，便请村里的谭桂香帮着给自己的婆婆换几床新棉絮和购置新被子，她回来再将钱给谭桂香。此举为村人们知晓，纷纷赞誉张代香二儿媳的孝顺行为。

五年前，张代香的膝盖疼痛难忍，到石柱医院去检查，连同此后的药钱，一共花费了近两万元。这一次的费用大部分由她自己出，因为她每年都能够多少有些积蓄，而不够的则是由她的子女们共同筹集，四个儿子每人凑了1500元，而两个女儿也每人凑了1000元，这就凑够了8000元。对于平常生活中的小病小痛，张代香就自己买些药品，因为儿子们每年给她的生活费足够这部分支出。当然，子女们也经常给她买些常用的药物，以备其不时之需，毕竟老年人的身体状况并不稳定。

老人们对子女持有一种理解的态度，尽管他们的生活在很多方面要依靠子女，但是他们也认识到子女有自己的家庭，日常用度都要花钱，自己不应该对他们要求太多。用他们的话来说就是，"他们各自也有一个家，要先把各自的家顾到"。张代香就反复向儿媳妇说自己不需要那么多的衣服，不用再给她做衣服了。文辅贤的大儿子和大儿媳都是教师，以前一年要给老人寄来3000元左右，但文辅贤觉得家里有土地可以自给自足，二儿子和小女儿一年一共也会给2000元左右，家里用不了那么多钱。他要大儿子少寄点钱，因为大儿子的女儿也在读初中了，要花钱。在他的要求下，现在大儿子一年约寄2000元左右回家。

对于那些没有与子女分家而过的老年人而言，情况则稍有不同。

谭文英的丈夫已经去世，她和大女儿一家居住在一起。但是大女儿及其丈夫都不常在家，他们住在沙子镇上，大女儿在沙子镇上卖小吃，其丈夫在工地上做活。谭文英留在龙泛溪的家里，给女儿家耕作土地，还喂了四头猪。她种的土地是为大女儿和大女婿种的，喂的猪也是为大女儿和大女婿喂的，卖的钱也要交给女儿一家，所以他日常开支都是大女儿供给。当我们问到没钱时向不向二女儿和三女儿要时，她回答说："这个不好向她们要钱了，又没有帮她们种土地。"这显示出，一个老人如果选择与其中一个子女的家庭居住，那么他在很大程度上就要依赖于这个家庭。

谭明瑞已经和二儿子分家，但是因为二儿子及其妻子都外出打工，所以他就住在二儿子的家中，照顾孙子刘洋的日常生活。他也耕种着二儿子一家的土地，二儿子在寄刘洋的学费和生活费的时候也会多寄几百元钱给谭明瑞做家庭开销，每半年约寄两三百元。

事实上，不管是谭文英还是谭明瑞，他们从子女处得到的钱与其说是赡养费，不如说是给老人提供的劳动报酬，当然这里面也包含有家庭温情——老人愿意为子女付出，子女也关爱老人的身体。在访谈中，谭明瑞说："我现在还能种土地，还能照顾人（指孙子刘洋），我自己也不需要他们管。他们喜欢我，等我种不了土地的时候，不知道他们还喜不喜欢我？那得看他们的孝心了。"

正如谭明瑞所担心的那样，并非所有的子女都能够全心全意地赡养自己的父母。尽管赡养父母那是子女们天经地义的义务，但在具体的操作中，情况并不那么容易。首先，这对子女自身的家庭经济条件有一定的要求，毕竟已经和老人分家，成立了自己的家庭，子女必然会首先考虑自己小家庭的经济生活，老人就自然被放在了其次的位置上，只有当子女能够应付自己的家庭负担时，才有力顾得上老人。再者，正如老人们常挂在嘴边的那样，"那得看子女们的孝心了"。子女为老人提供经济支持更多的时候是依赖于公共伦理，换句话说，如果赡养的问题牵扯进了法律，使得父母与子女之间对簿公堂，这对于任何一方都将造成很大的伤害。在赡养老人方面，真正发挥着重要作用的还是社会舆论下构建的道德秩序，然而这种压力有时候又是脆弱的，一些现实的因素常常会对这种压力造成破坏，以至于影响到老年人的晚年生活。总之，在子女赡养老人方面，可以说经济和孝心都显得十分重要。

以上述的张代香为例，张代香几个儿子固然一方面孝心可嘉，但是另一方面,他们也都有足够的经济实力。张代香的大儿子谭凤在县城给人照看网吧,一个月工资有 1000 多元。二儿子谭起腾和妻子在马武做生意,卖肥料、种子、鞭炮,等等,一个月至少 3000 元钱。三儿子谭飞在煤矿开搅拌机,一个月工资 1000 多元,妻子在浙江打工,工资也不在他之下。小儿子谭刚以前在供销社上班,现在在家里喂了 60 多头猪,妻子在县城开着一家批发部。可以看出,张代香的四个儿子家都已经脱离了传统的农业生产模式。他们给予老人的经济支持是在他们所能承受的范围之内的。张代香的几个儿子既有经济实力,同时也都很有孝心,所以当地人都认为她很享福,她自己也认为自己如果不是身体多病的话,也是最幸福的了。

与之相比,谭起万情况则不一样了。谭起万夫妇已经 80 来岁,有六个子女——两个儿子,四个女儿,女儿都已经外嫁。两个儿子虽然有孝心,帮老人做些劈柴背米的家务,但是在经济方面他们却自顾不暇。谭起万的大儿子谭治权在家里做临时工,其妻子在家里做农活,大儿子已经在上初中,小儿子三岁。他们家没有种黄连,因为没有本钱,除了土地之外,没有其他收入了,临时工毕竟不稳定,收入还是比较微薄,都用在大儿子的学费和生活费上了。谭起万的小儿子谭治和都三十多岁了,还是单身,村里人都说他太懒,土地不想种,挣的钱全部用来买手机、洗衣机这些设施,有时电费都交不起。所以当地人说起谭起万的时候,常常说他的两个儿子:"自己都顾不上来,哪里还有工夫管两个老人?"

苟大江则与之相反了。苟大江已经 80 多岁,丈夫早已去世,有三个女儿,已经外嫁,只有一个儿子谭明顺。谭明顺种有黄连,也耕种田地,还在打临时工,其家庭条件在农村也算是不错了。但是谭明顺和妻子陶思银不但不给老人钱和米,反而把老人的低保钱领来自己开支,甚至还不让苟大江的几个女儿来看她。在向当地人了解苟大江的情况时,他们或者说是别人的家务事自己不清楚,或者说背后谈苟大江的家事不好,被陶思银听到了会到处骂。看得出来,大家都对这对夫妇的行为颇为不满,但是他们甚至不敢议论。可见,一种道德秩序正在这个家庭丧失。在所有的人中,只有老队长谭文定敢数落这对夫妇:"陶思银就是想把苟大江给饿死。"以前他当队长的时候,批评过谭明顺很多次,也强制让谭明顺给苟大江送过大米,但现在的队长谭明月和谭明顺是好朋友,不好批评他。如今,当地人谈起苟大江时,也不过是叹几口气以表示惋惜,说她儿媳的心肠实在太狠。但这些都丝毫没有改变老人当前的现状。

三、国家在农村养老中的力量

国家在农村养老中的力量是近些年才逐渐发生的,而且,其所覆盖的人群依然十分有限。不过即便如此,一些老年农民依然能够从这些政策中真切地看到国家的存在。在当地老人的经济来源中,通过国家政策得到的经济资助也占据着一定的比重。总体而言,通过国家政策给予老人的经济补助主要有两个:最低生活保障(简称低保),被征地农民的养老保险(简称社保)。

改革开放以来,虽然随着国家经济的总体发展,以及党和政府对农村扶贫的日渐重视,农村的贫困人口已经大幅减少,但是值得注意的是,仍有部分未解决温饱问题的贫困人口依然存在。这部分人群需要政府给予必要的补助,以保障其最基本的生活需求。中国农村最低生活保障便由此而生,它是国家和社会为了保障收入难以维持其最基本生活需求的农村贫困人口而建立的社会救助制度,它以保障居民的基本生活需求为目的,科学、合理地确定最低生活保障标准,然后对家庭成员的人均收入低于最低生活保障标准的给予差额补助。低保制度开始于20世纪90年代,2005年以后进入快速发展阶段,2007年底基本覆盖到全国各地的农村地区。低保制度的实施,在解决农村贫困人口的温饱问题、保障农民群众的基本生活权益以及促进农村地区经济社会的和谐发展等方面都起到了一定的作用。

根据地方政府的文件,在2009年(我们的考察之前的一年),龙泛溪组获得最低生活保障的农民共有7人。具体可见下表:

表8-3 龙泛溪获得低保的老人情况

姓名	性别	年龄段	居住情况	金额
潘田贵	女	中龄	分家	780元/年
谭文安	男	中龄	未分家	780元/年
谭文福	男	中龄	未分家	780元/年
苟大江	女	高龄	分家	1020元/年
夏正国	男	高龄	分家	840元/年
夏正家	男	高龄	分家	1020元/年
邹学弟	女	高龄	未分家	1020元/年

从年龄上来看,这几位低保对象都是中高龄老人,他们有些与自己的子女家庭居住在一起,有些则与子女家庭分开居住。这些老人一直以来以土地为主

要的生产资料、以付出体力劳动而获得生存资料，他们几乎没有其他经济来源。当他们的年龄一天天增加，到了不能自食其力的时候，这部分老年人的生活便不得不依赖于他们子女的奉养，现在，低保也在一定程度上保证了他们的基本生活。在对低保对象的访谈中，我们看到他们对低保的满意程度。夏正国一年能够获得840元的低保，在没有医疗等开支的情况下，这笔款项已经足够他的开支，毕竟他还有儿子赡养着他。

然而，不能回避的是，低保制度在农村的实施中仍然有一系列的问题。首先，正如我们所看到的那样，低保的覆盖率并不高，在龙泛溪的所有老年人中，只有7人获得国家低保，只占据所有老年人的25%。而且，由于这些农民对现行的低保制度并不十分了解，于是便给基层干部单向操作提供了方便，这样，诸如"关系保"、"人情保"这样的名词便在农民之间传开，一种颇为有益的低保制度最终成为影响基层社会的事物。

由于受教育水平的限制，加之农村信息闭塞，农村居民对低保制度没有充分的了解。而作为上传下达的沟通者的村干部，在宣传低保政策时也不过是做做形式、走走过场。在考察中我们得知，在宣传低保政策时，组长谭明月召集起全组成员来开会，然后自己在台上念相关文件，必要时再给予解释。对于这些农民来说，这种枯燥的会议所能够给予他们的信息量几近为零。也就是说，他们实质上并没有从会议上获得多少有用的关于低保的信息。组长除了会议之外，并没有进行任何有效的宣传讲解工作，村民自身也没有给予低保足够的重视和关注。从低保政策的实施中我们不难看出，低保制度在这里并不透明。在我们问到当地人低保制度的相关信息时，大多都表示"不清楚"，或者只说得上只言片语，有的甚至了解错误，认为国家规定了低保必须要上七十岁的人才有。

然而根据有关规定，农村低保实行个人申请、村（居）评委推荐、乡镇（街道）审核、县级民政部门审批，三榜公示，社会化发放的运行机制。如此看来，低保政策的运行机制应该是自下而上的，起始端应该是当地居民。然而事实上，低保的起始端往往在村组干部那里，低保操纵在他们的手中，他们自行划定出每年的低保名额，再送达到乡镇，经过乡镇审批之后下传到当地居民中来。在考察中得知，那些低保对象都是从村组干部那里得知今年自己被他们划定成为低保对象的，知道自己成为低保对象之后，再补办个人申请。龙泛溪的低保名额年年都有变化，对此村干部的解释是低保名额有限，这样的轮番给予低保金额显得比较公平，可以兼顾到所有的人。农民们对这种每年的变化都是被动接受的，如果本年自己有幸成为低保对象，那就再好不过；但是如果不幸没有被划为低保对象，那也就罢了。在我们问及为什么不向组长多了解低保情况时，农民们普遍说自己没有文化（受教育程度低），不太懂低保是怎么样的一回事，问也问不出什么来。而且，更加重要的是，组长谭明月是本村的人，都是亲戚或者熟人，他们也不太好问他。

根据国家规定，低保的对象主要包括因残致贫人群、因病致贫人群、因缺乏劳动力致贫人群，以及其他特殊因素造成的困难人群，例如子女上学花费较大、单亲家庭经济困难以及年老体弱而难以自食其力，等等。但是当低保制度由村组干部单向操作时，所谓"关系保""人情保"也就随之而出了。在这里，一旦谈及低保，常常可以听见农民反映，在他们看来，低保都由村干部给了自己的亲戚、熟人以及与村干部关系好的人。正如上表中所显示的那样，组长谭明月的父亲谭文安成为一个低保对象，这使得这种所谓的"关系保"更是言之有据了。

关于由低保引发的那一系列或明显或隐藏的争执，既不应该完全将责任归咎于基层干部，当然也不能归咎于农民。无论是低保这项政策还是其他的优惠政策，在实施的过程中多少都存在这样的争执。当一项政策以一种十分标准的状态由中央发出之后，在逐级落实之中便不可避免地碰到诸多现实的特殊性，在这些特殊性之中，那些看起来理所当然的标准有时也束手无策。当这些政策落实到最基层时，情况则变得更加复杂，一个村落应该分配多少名额？这些名额应该分给哪些家庭？这些问题困扰着决策者。如果以经济实力而论，要将这些低保名额分配给那些经济条件最差的家庭，然而这个评定必定还会引发更激烈的争论。事实上，除了一小部分农民较为富裕之外，要在这些农民之间评出贫困者来实属不易。于是，将年龄作为衡量的标准显得更加公平，而且即便是以年龄作为标准，数额有限的低保名额也不一定能够全面覆盖老年人群，于是，"轮流吃低保"便成为基层实施低保政策非常有效的措施了。所以，也许我们不应该过多责难基层干部的假公济私（当然并不排除这样的可能），也不要过多地惋惜农民们的逆来顺受。事实上，在龙泛溪，人们整体上对低保制度的公平性还是比较满意的，然而如果低保制度没有得到规范的运行和有序的实施，过多地依赖村组干部的个人素质，这毕竟还是存在隐患的。因此，有必要进一步加强低保的宣传工作，使农村居民能够全面了解低保，主动参与到低保，这样才能使低保发挥它应有的功能，得到最合理的利用。

在低保之外，国家在这里的养老中所发挥的力量还体现在最近出现的

"社保"上。在这里,我们发现存在一种以土地换取社保的情况。那些被征地而将自己的户口进行农转非的人将会获得基本养老保险。这种情况发生于2005年以后,那时候胡蓉高速公路刚好修到这里,这条高速公路占据了当地的部分耕地。而此时,重庆市也正在实行对农村农转非人口提供基本养老保险的政策,对于那些被征地的农民,如果他们愿意,则将其户口转为城市户口,不给他们提供征地补偿,而代之以提供给他们基本养老保险。这项政策被非常细致地在一项地方法规中所描述,这个地方法规式的文本就是《重庆市2007年12月31日以前被征地农转非人员基本养老保险试行办法》,我们择其与当地情况相关部分摘录如下:

第三条 2007年12月31日,男年满60周岁、女年满55周岁以上的原征地农转非人员(以下简称老龄人员),本人自愿的,可按以下规定办理:

(一)老龄人员年满75周岁以上的每人按15 000元的标准一次性缴纳基本养老保险费。不满75周岁的,在15 000元的基础上,再按其不足75周岁的年限,每相差1年(不足1年的,按1年计算)增加1300元的标准,一次性缴纳基本养老保险费。

老龄人员不建立基本养老保险个人账户。

(二)老龄人员一次性缴纳的基本养老保险费完清后,从2008年1月起,按我市现行的城镇企业退休人员最低基本养老金标准按月发给养老待遇。年满70周岁以上的,同时按规定享受高龄增发养老金待遇(即年满70周岁的,每月增发50元;年满75周岁的,每月再增发50元。下同)。

(三)老龄人员在领取养老待遇期间死亡的,从其死亡的次月起停止支付养老待遇,并按我市城镇企业职工基本养老保险规定支付死亡待遇。其个人缴纳的基本养老保险费(政府补贴部分除外,下同),扣除已支付养老待遇和死亡待遇后的余额一次性退还给指定受益人或法定继承人。

第四条 2007年12月31日,男年满50周岁不满60周岁、女年满40周岁不满55周岁的原征地农转非人员(以下简称"4050"人员),本人自愿的,可按以下规定办理:

(一)"4050"人员每人按41 000元的标准一次性缴纳基本养老保险费。

(二)"4050"人员在达到法定退休年龄前,未继续缴纳城镇企业职工基本养老保险费的,不建立基本养老保险个人账户。从达到法定退休年龄的次月起,按我市城镇企业退休人员最低基本养老金标准按月发给养老待遇。年满70周岁后,同时按规定享受高龄增发养老金待遇。

在达到法定退休年龄前死亡的,将其个人缴纳的基本养老保险费一次性退还给指定受益人或法定继承人;在领取养老待遇期间死亡的,从其死亡的次月起停止支付养老待遇,并按我市城镇企业职工基本养老保险规定支付死亡待遇。其个人缴纳的基本养老保险费,扣除已支付养老待遇和死亡待遇后的余额一次性退还给指定受益人或法定继承人。

(三)"4050"人员在达到法定退休年龄前,继续缴纳城镇企业职工基本养老保险费不足5年的,从达到法定退休年龄的次月起,按下列办法计发养老待遇:

养老待遇=城镇企业退休人员最低基本养老金×(1+继续缴费月数×1%)

在达到法定退休年龄前死亡的,将其个人一次性缴纳基本养老保险费和基本养老保险个人账户部分一次性退还给指定受益人或法定继承人。

在按月领取养老待遇期间死亡的,从其死亡的次月起停止支付养老待遇,并按我市城镇企业职工基本养老保险规定支付死亡待遇。其个人一次性缴纳的基本养老保险费和基本养老保险个人账户部分,扣除已支付养老待遇和死亡待遇后的余额一次性退还给指定受益人或法定继承人。

(四)"4050"人员在达到法定退休年龄前,继续缴纳城镇企业职工基本养老保险费5年以上的,执行城镇企业职工基本养老保险办法。其一次性缴纳基本养老保险费作为15年缴费年限,缴费指数按1计算,按规定补建个人账户。

在我们所关注的村落,办理这类社保的家庭约占30%左右,几乎每一家只要在占地面积达到了规定数额和家庭经济条件允许的情况下,都办理了社保,不过现在因为年龄的问题,还甚少有人获得社保养老金。

第三节 无以停歇:老人们的劳作生活

在农村养老问题上,子女的赡养义务及国家养老政策都发挥着不可替代的作用,但是国家的力量需要进一步加大。现在看来,无论怎样,老人们依然在进行一些力所能及的劳作。劳作不但是当地老人生活中一个重要的组成部分,看来也是不可或缺的部分,他们不仅需要通过劳作来多少为自己的生存提供一些物资,而且,似乎更为重要的是,不能劳作是老人们无法忍受的痛苦。对于那些已经完全没有劳动能力的老人而言,他们的健康似乎也随着每况愈下,正如他们自己经常挂在嘴边的："我们啥都做不了，只是混时间了。"剥除自我调侃的成分之外，我们也能够感受到他们的些许悲哀。有时候，一些老人尽管已经丧失了劳力，但依然想要参与到子女家庭的劳动中去，似乎想要通过这些微弱的劳动来展示自己的生命力。总之，在未到迫不得已的时候，劳作生活依然占据着老人们的大部分时间，他们在感慨生活的艰辛之余也甚少愿意完全放弃劳作的机会。所以，当我们了解老人们的生活时，他们的劳作情况也就变得十分重要，毕竟这些劳动对于他们而言具有重要的意义，而且他们的大部分时间都在劳作之上。我们不能认为老年人因为体力的因素使得他们的劳动时间必定减少，事实上情况并非如此。正是因为他们的体力有限，所以才会耗费更多的时间在劳作上，毕竟只有那样他们才能赶上季节的更迭，天时从来不等人，它公平地对待每一个人，无论你的年龄和能力怎样。而且，相比于大部分的年轻人而言，老人们似乎更加勤劳，这一点，我们也许可以从田地里的情况看出端倪。老年人家庭的田地，无论其最终的作物收成如何，但是他们总是随着季节将田地打整得非常仔细，一些已经被年轻人省去的工序他们依然秉持着。于是，我们便可以看到，老年人们一天的生活总是在田间地头日出而作、日落而息，或者在屋檐下打理着家里的各项琐事中度过。天气好的时候，他们大部分的时间在田地里劳作，尤其是农忙的时节，更是早出晚归。下雨天是难得的休息时间，不过这时又要为家里的各种琐事所忙碌。所以，我们将老年人的劳作生活分为两种类型，一种是户外的田间劳作，另一种则是家里的烦琐家务。

一、田地之中的老人们

我们与老人们的接触，很多时候是在田地里，确切地说，是在山坡上。我们对这里进行考察的时节，田里的农活不多，除了看到一些农民零星地耕田之外，大部分的农民都到山上的旱地中种植土豆去了，老人们也是如此。

在龙泛溪，农业劳作是主要的生计途径，而对于老年人来说，它很多时候甚至是唯一的生计途径。一如我们在本书前述章节所说过的那样，尽管看来土地所生产的效益在人们的生计中所占的比重在逐渐降低，但是这种生计方式依然十分重要，它属于那些被更现代的生计排除在外的农民们，这些农民只有通过这种最传统的生计方式才能够更好地获得生存。老年人正是这样的一种群体，他们因为年龄（或者说体力）、受教育程度以及其他各种因素而被一些现代的生计方式所排除。对于大多数农民来说，如果还存在一种相对轻松而且收获颇丰的生计的话，那就是外出打工了。但是这种生计，很少能够直接造福于老人们，一些低龄老人在几年之前曾经有过一些打工的经验，但是对于大部分的老年人来说，打工是一件既陌生又熟悉的事物。其陌生之处在于自己从未有过打工的经验，他们只从年轻人的口中获得一些关于打工的信息，然后加入自己的想象；但这又是熟悉的，毕竟在他们的子女中有许多做着这件事情，村落里也有非常众多的年轻人在干这件事情。但是他们终于未能与年轻人一样进入到城市，在那里获得自己的位置，满足自身的生存。对于他们而言，土地才是最为重要的。在高速公路修到这里的时候，人们围绕着土地的丧失（虽然龙泛溪被占据的土地并不多）形成了许多农民之间的讨论。在年轻人看来，土地的丧失似乎并不会造成十分的痛切，他们知道守着土地虽然能活，却没有多少前途可言。对于老年人而言，土地的丧失却使他颇为失落，在他们的印象中，土地是农民的生存之根。正如他们经常感叹的："没有土地，将来吃什么呢？"所以，高速公路所占的土地不多，这倒使他们感觉到了几分欣慰。这些土地至今依然给老人们提供足够的安全感，居所有定、田里有粮、园中有菜、圈中有牲畜、身无病痛、亦无外债，这种日子对于他们而言就是十分理想的了，只要能够如此，他们的日子便能够无忧无虑地过下去了。相互之间的攀比，他们当然也存在，不过这并不激烈，对于老年人而言，这种攀比似乎也没有什么意义了，如果真要攀比，也许只是在子女的发展以及子女的孝顺等方面进行。所以，老人们总是这样日复一日地过着平淡无奇的日子。回顾过去，他们经历过太多的艰辛，在整个国家都处于十分困难的年代，他们熬过来了；在他们年轻的时候，上有老下有小，而且生计方式非常单一，家庭的负担非常重，颇类似于今天他们的子女的处境，但是他们也熬过来了。所以，相较于他们过去的人生历程，现在这种状况已经较为理想了。

如我们的统计数据所显示的那样，在龙泛溪的老年人之中，至今依然从事农业耕作的占据95%之多；而不仅耕作旱地，并且还耕种一定面积的水田的老人也占据了85%左右。我们对老人们的田地数量也做了一些统计，可以看出，老年人家庭的田地少则一两亩，多则达到四五亩。并且，这些老年人家庭中往往只有两个劳动力，也就是老年人夫妇，虽然他们的年龄已经较大，但是在农业耕作方面，他们毫无疑问地可以被定义为完全的劳动力。就像我们曾对这里的农民整体的农业生计进行说明的时候那样，我们依然需要从时间上来考察老年人的劳作安排。总体而言，老年人农业劳作的时间安排与我们已经讨论过的整体的农事安排类似。老人们在遵循节气方面甚至要比年轻的农民更加严格，年轻人在这方面经常要向老年人请教，只有老年人将这些传统的节气记得十分准确。如下表所示，我们就老年人在各个农时的劳作安排作出说明：

表 8-4　老人们的农作时间安排表

节　气	农　事　安　排
立春	种洋芋、犁地、砍柴
雨水	种洋芋、犁地、砍柴
惊蛰	犁地、砍柴
春分	整秧田、砍柴
清明	下谷种、点苞谷、整秧田
谷雨	整秧田、整苞谷地，种海椒、高粱、花生
立夏	给洋芋除草、整秧田、整玉米地、种红苕、栽秧、种花生、种芝麻
小满	插秧、种花生、芝麻
芒种	栽秧、移栽海椒
夏至	栽秧、移栽海椒
小暑	看田水、看庄稼、除草
大暑	点萝卜、给庄稼除草
立秋	点萝卜、收花生、收芝麻
处暑	收海椒、收苞谷、点萝卜、收花生、收芝麻
白露	收苞谷
秋分	收水稻、晒谷子
寒露	种豌豆、胡豆，收水稻、晒谷子
霜降	点蚕豆、种豌豆
立冬	挖地、砍柴
小雪	挖地、砍柴
大雪	挖地、砍柴
冬至	挖地、砍柴、做冬至腊肉
小寒	挖地、弄柴，收萝卜、白菜
大寒	种洋芋、弄柴，收萝卜、白菜

关于在这里被广泛运用的二十四节气这种有效的计时方式，我们已经在探讨沙子镇农民的农耕生活的章节做过非常细致的说明，兹不赘述。从上表中我们可以看出，老人们的劳作年度周期与其他农民群体类似，他们也需要在固定的节气中完成那些必需的劳作。在正常的劳作时间上，一般的农事安排是：

（农历）三月份、四月份、五月份最忙，即农忙时间，这期间属于春种时节，很多作物都是在这个时间段里播种的。三月底栽苞谷，四月份犁田栽秧、薅苞谷草，五月份栽晚秧（四月份来不及栽的，推迟到五月份，端阳以前基本上栽完）。大端阳（农历五月十五）以后劳作将会有所减少，一般情况下只有锄草这项劳作。六月份、七月份集中时间薅秧草。正月、二月份则相对比较清闲，要做的农活很少，除了砍柴耕地之外，基本上是没有什么可以做。

一年四季具体的农事安排则如下：

正月，迟一些的家庭栽春洋芋（本来应该在上一年的年末种植洋芋）；二月份，育苞谷苗；三月份，给春洋芋施肥、薅春洋芋草、栽苞谷、点豆子、育秧苗；四月份，栽秧、薅苞谷草、给苞谷、豆子施肥；五月份，（四月底五月初）挖栽在田里面的春洋芋；六月份，给秧苗（水稻禾苗）施肥、薅秧草；七月份，挖栽在地里面的春洋芋（六月底七月初）、栽冬洋芋；七月中旬给冬洋芋施肥；八月份，先收获苞谷，紧接着收获谷子、打谷子；九月份，犁板田；九月下旬种植油菜；十月份，霜降过后开始点小麦（但这里很少有人种植）；冬月（即十一月份），挖冬洋芋、挖地等待次年种洋芋、苞谷等；腊月，挖地、管理油菜、栽冬洋芋。

这样看来，在一年当中，虽然存在相对较为农闲的短暂时间，但是大部分时间都存在很多农活。并且，对于老年人而言，他们毕竟年老力衰，精力不比以前，身体又经常患病，本来耕作土地对一部分中高龄老人来说已经存在一定的困难，尤其是像犁田翻地这样的重活、收获水稻这样的紧活，或者是遇到农忙，更是让这些老人们不堪重负。于是，几乎对于每个老年人家庭而言，都存在劳动力不足的问题。

劳动力的不足往往可以由先进的机械来解决，但是正如我们已经指出过的，农业机械化在这里几乎是行不通的。事实上，除了用于加工谷物的打米机和粉碎机之外，我们很少在当地发现其他用于农业耕作的机械。这首先是由地形地貌造成的，这里大部分的地区属于山地丘陵地带，山坡陡峭，小路崎岖，土地也成斜坡状或者狭长的带状；而且对于一户人家来言，土地又分布零散，常常这里有一块，那里又有一块；况且当地人均土地面积又小，实在没有必要大动干戈地使用现代化的大型农业机械，使用农机，成本自然也会增加，这也会给本身就没有多少利益可图的家庭农业造成负面影响。所以，当地的农业生产仍然使用的是传统的生产工具，例如黄牛、犁铧、锄头等。关于农耕技术，我们也已经在本书的前述章节做过较为细致的说明。

于是，解决劳动力不足的问题往往只能从劳动力本身着手，也就是寻求劳动力的补充。然而我们已经说过，对于年轻人而言，留在家里耕作田地并不划算，并且年轻人们也并不将这项传统的生计放在眼里。所以，劳动力的补给往往发生于家庭之间，那种最传统的劳动互助在这个时候发挥了非常显著的作用。此外，因为劳动力的普遍缺失，雇工也成为一种新兴的方式。我们将劳动力的补充大致分为三种形式：一是帮忙，二是换工，三是雇工。

帮忙和换工具有较为悠久的传统，同一个村落里的农户之间相互帮助，即便是在劳动力充足的年代也非常流行。帮忙和换工主要发生于春种季节和秋收季节，在种植土豆的时候，有时候也会帮工和换工。帮工和换工通常发生于血缘关系和地缘关系较为密切的农民之间，也就是那些"亲戚"、"住在周围的人"以及"关系比较好的人"之间。帮忙和换工有着明显的区别，帮忙是无偿的提供劳动力，即一方在帮助另一方劳作时，并不期望另一方做出回报；换工则是劳动力的交换，即一方在帮助另一方劳作时，也需要另一方做出相应的劳动回报。换工也是有条件的，大多数的换工都在劳动能力基本相同的农民之间进行。例如，一个青壮年劳动力不太可能与那些老年人进行换工，除非存在帮忙的性质。

谭起万夫妇都已经80多岁了，不能胜任犁田翻地的活。他们也找不到换工的人户，每年只有等他的女儿女婿来为他们犁好田地、栽好秧苗和土豆。他们就只负责平时照管一下，收获作物就行了。几个女儿到谭起万家要走一个小时，所以谭起万夫妇不可能还去帮女儿家干活，所以女儿女婿对他只是帮忙，而非换工。

换工很少在关系非常亲密的人之间进行，他们之间很少存在严格意义上的换工，而更大程度上体现为帮工。

谭明瑞只有60来岁，每年都是住在隔壁的大儿子来帮她犁田。栽秧和收获水稻则和大儿子家换工，因为她还能胜任，并且大儿子家就住在隔壁，很近便。不过这只是她自己的意愿，认为自己只要具有劳动的能力和时间，都要帮助儿子家做一点力所能及的活。她的儿子并不在意母亲能够帮助他多少，母亲愿意来帮忙就来，不愿意来也不影响他继续帮助母亲干些重活。

从这里可以看出，帮忙和换工的区别也并非十分绝对。有时候主观上的帮工最终发展为换工，谭明瑞的儿子帮助他的母亲劳作，并未要求母亲能够回报，但是因为母亲坚持帮助自己做些农活，这使得原本的帮工变成了某种意义上的换工。在亲戚之间，这种互助更加具有随意性，一个家庭帮助了另一个家庭，往往是因为自己当时的农活较少，并未设定自己所帮助的亲戚必须偿还劳动。不过，这种情谊始终会被奉还，当对方以劳动的形式奉还其以前的帮助时，就成了一种换工的性质。如下，谭春梅老人所说的一段话告诉我们这种互助是如何实现的：

"有时候是帮忙，有时候又是换工。如果别个自己的活路还没有做完，就来给你做活路了，那么你要起感觉也不像（话），就还是要给他们做（活路）。如果他们自己的活路做完了，来给你做（活路），这就是帮忙了。其实他们也不是非要你去做（活路），是你自己感觉不像（话）"。

这样看来，劳动互助在很大程度上依赖于一种传统的交往规则，即相互之间不愿亏欠。在熟人群体之中，亏欠对方总是给自己带来一种压力，他们会通过各种各样的方式来偿还。

在我们的考察中，多次遇到换工而作的场景。这些场景不仅为我们展示了换工劳作的情形，也为我们展示了老年人的劳作情况。如下，我们选择一个较为完整的案例，对这种劳作情境做出较为详细的展示：

向朝生夫妇刚60岁，育有一儿一女。儿子在上大学的时候出车祸去世了，女儿现在在成都居住。今年正在种土豆的时节，向朝生妻子的支气管炎又犯了，完全无法参与到田地劳作之中。在这样的情况下，向朝生不得不找来邻居和亲戚帮忙。

这天大概九点的时候，帮忙的人都来到了向朝生家。他们都是向朝生提前打了招呼的，今天他们都来了，有向朝生的姐姐，家住王家院子，从那里到龙泛溪，步行大约需要十分钟；谭治安夫妇，家住龙泛溪组，和向朝生是好友；谭明阳，和向朝生住一个院子；谭春梅，住向朝生的毗邻院子，是向朝生的堂嫂；谭文英，住向朝生的毗邻院子，是向朝生妻子的姐姐。对于这一次的帮助，他们认为既然都是向朝生的邻里，本已有几十年的情意在，能够帮忙就帮助他一把。这些来帮忙的人早上已经在家里吃了早餐，他们带着工具来到向朝生的家里，只是等着向朝生的安排。显然，向朝生并没有十分准确的安排他们各自做哪项农活，他们自己就能够相互商定。七嘴八舌的商定之后，各人拿着自己的工具，有些则用背篼背着洋芋种和肥料一起上山去了。向朝生的妻子不能劳作，她被安排在家里给大家做饭，当帮忙的人开始上山做活的时候，她已经开始着手这项工作了。

第八章 农村老人们的生活

准备种植土豆的土地已然犁好翻好了，那是向朝生此前花了几天时间做好的。现在，帮忙的人不用整理土地，直接就可以种植土豆了。一到地里面，向朝生和谭治安就开始挖坑（土豆种植在这些坑里），谭春梅则往挖好的坑里放磷肥，向朝生的姐姐则向放了磷肥的坑里放土豆，谭明阳和谭治安的妻子再把已经放了磷肥和土豆的土坑埋好，谭文英则在后面慢慢整理出苗床来，等到前面的人做完了他们所负责的工序，在回过来头来帮助谭文英整理苗床。这一劳动场合看起来井然有序，不仅存在着性别上的分工，也做了非常细致的年龄分工。例如，挖坑和盖土这两个劳动强度较大的工序，就是由向朝生和谭明阳这两个男性劳动力和30多岁的谭治安夫妇来完成的；而放磷肥和土豆这两个相对轻松的工序则由两个60多岁的老年人来做。这些分工在此前已经商定，但是并不那么严格，根据一起劳作的人的情况，大家自行找到适合于自己的位置。正如向朝生说的："自己随便做，想做哪项工作便做哪项工作。"

图8-14 邻里、亲戚一起种植土豆

大约下午两点多的时候，帮忙的人回来吃午饭。但是这个时候，向朝生的妻子还有几个菜没有做好。男人们坐下来抽烟聊天，女人们则帮着向朝生的妻子完成她未完成的事情。吃完午饭之后，男人们继续抽烟聊天，女人们则帮助向朝生的妻子收拾，刷锅洗碗。他们休息到三点多的时候，又继续上山去了，依然重复着上午的分工和步骤。直到六点左右，那时候天色也已经渐渐暗下来（此时正是严冬季节），而这块地里的土豆也已经种植完毕，他们便收工回家了。回到向朝生的家里，他们吃过晚饭之后聊聊天便各自散去了，因为第二天还有别的事情要做。

第二天，依然还有人帮助向朝生种植土豆，不过来帮忙的人员已经发生了一些变化。谭治安夫妇今天去帮助堂哥谭治喜家种植土豆了，而谭明阳则要去打零工——帮着别人抬银杏树去了。向朝生的弟弟今天前来帮忙，他也住在龙泛溪，与兄长家相隔不远。

作为回报，当向朝生家的土豆种植完毕之后，向朝生帮助谭治安家做了一根锄头把，又帮助谭春梅家犁了一些地。谭文英家还没有种植土豆，他们要等自己的女儿女婿回来帮着栽种，到时候向朝生也会去帮助她。谭明阳家的土地面积很小，而且他们夫妇的身体都很好，完全可以自己种完。向朝生的姐姐和弟弟家的土豆都已经种植完毕，所以他们暂时用不着向朝生的帮助。

在1949年以前，雇工一般在大户人家出现，但是自1949年以后，雇工进行农业劳作的情况则很少发生。直到近些年，由于农村劳动力的缺乏，劳动力显得更加可贵，雇佣劳力进行农业劳作的情况再一次产生。雇工在一定程度上受到高速公路的影响，2005年沪蓉高速公路修建到这里，在当地招收了大量的临时工，并且给予这些临时工的工钱不断增加。这一事件使人们意识到，劳动力即便没有外出打工依然是有价值的，一般临时工的工钱也因为高速公路临时工工钱的变化而变化。至此之后，农民之间的劳动互助逐渐减少，或者说大多只存在于那些关系十分亲密的家庭之间。取而代之的是，雇工的情况却越来越多，然而非在迫不得已的情况下，雇工务农依然很少发生，毕竟这种生计所产生的收益本来就不高。对于老年人而言，如果他们的亲戚没有耕牛来帮助他们耕地犁田，那么他们便不得不花钱雇工做这项工作了。耕地犁田本身需要耗费较强的体力劳动，并且最重要的是自己需要养一头牛，这依然需要耗费一定的劳动力。所以，老人家庭雇工的情况通常发生于耕地犁田这道工序上，其他的时候，他们或者自己劳作，或者与别人换工，或者由亲戚朋友来帮忙。

龙泛溪有两个经常给别的家庭耕地犁田的人，他们的年龄都在50来岁。在高速公路还没修完以前，他们都在高速公路上打过一段时间的临时工，但是因为他们的年龄较大，工程队后来也不再招收他们了。他们养着牛，便开始给其他没有养牛的农民家庭做犁田耕地的活，也向这些人家收取一定的工钱。给别人犁田耕地有两种收费的方式：一种是按天计算工钱，每天80元钱，在雇主家吃饭，但回到自己家里住宿；另一种是按照土地面积计算工钱，300元一亩，如果土地较为分散，则会酌情另加一部分，在雇主家吃饭，如果远的话，也要在雇主家住宿，雇主还要提供耕牛的饲料，直到田地耕完为止。

二、屋檐下的劳动：烦琐的家务活

我们不应该将家务活排除在劳动之外，事实上，它所耗费的劳动量也并不低。正如我们已经说过的那样，在我们所关注的这些农民里，年轻人在还没有外出打工之前就已经十分憧憬那样的生活，因为如果在外地打工，他们除了白天的工作之外，其余的时间都可休息。然而在家里却大不相同，除了在田地里的劳作之外，家里还有许多烦琐的家务活等着他们做。家务活中没有十分重大的和耗费体力的部分，但是却极其耗费时间和精力。洗衣做饭、喂养牲口、打扫卫生等家务活往往占据了农民们的大部分农闲时间。对于老人而言，这些家庭琐事也并不例外，他们一样要做各种家务活。就像老人们常说的那样，在农村，"活路是永远也做不完的"。

在这里，我们不打算对各种家务劳动分类说明，事实上也难以对其进行分类。我们将以一个家庭为例，将他们一天的生活展示出来，以考察他们是怎样在农业劳作和家务劳动的相互交织中度过的。

早晨六七点钟的时候，冬日的天空才亮不久，谭明魁和妻子黄文秀就已经起床了。两人赶紧修整猪圈，猪圈的门松了，昨天半夜猪就一直在拱圈门，所以现在要抓紧整修好。整理得差不多的时候，谭明魁进屋煮猪食。他有支气管炎，不能太过劳累。这时，已经接近八点了，三个小孩，即9岁的孙女谭敏、7岁的外孙秦帅和6岁的孙子谭霖洪也相继起床了，三个人就在外面玩耍。谭明魁一边煮猪食，一边去给黄文秀帮忙。

猪食煮好，谭明魁就开始煮饭了，他用炉灶烧柴火，用传统的炊具甑子（这是一个犹如木桶一样的炊具）蒸饭。这时已经是九点多了。饭煮好后，猪圈也整修完毕了。黄文秀进来，把锅里蒸饭用的热水舀在脸盆里，把三个小孩唤过来洗脸。剩下的热水舀在盛猪食的桶里，用来喂猪。把锅洗完，黄文秀就开始做菜了。谭明魁就去喂猪、喂牛，猪食是早上煮好的，用萝卜、土豆、白菜砍细后加上米糠煮成的，牛食则是用稻草煮成。

早上十点多的时候，谭明魁家的早饭才开始。桌子上只有一道白菜汤，黄文秀端出买来的腐乳和自己家做的辣椒酱和豆豉，一家人开始吃早饭。早饭一般都要简单一些，菜很少，农忙的时候菜都不做，就扒几口饭就行了，仅有一些辣椒酱。

大约半小时过后，一家人吃完了早饭。谭明魁要把粪背去地里，准备种土豆了。这些粪都是晒干的，用背篼背。水粪当然更好，但是水粪太重了，谭明魁又有支气管炎，背不动了，所以只能用干粪。黄文秀说，也不知道土豆长不长得起来，先试试看吧。黄文秀开始收拾碗筷，三个孩子则牵牛出去放。

碗筷收拾好，黄文秀就出来起粪了。谭明魁已经背着一背干枯的玉米秆回来了，放在家里用来烧火。黄文秀起粪，谭明魁背粪去地里，两人配合默契，这就是上午的主要工作。

十二点左右，家里的座机响了，是谭霖洪的外公打来的。他今天中午要坐车过来，接谭霖洪去他家过春节。谭治淑也抱着小儿子来了，她娘家住在大田院子，平时和丈夫在石柱县城居住，这几天回娘家。谭治淑拜给谭明魁的大儿子做干女儿，所以就来谭明魁家看看。

黄文秀招待客人，逗了逗孩子，就开始洗衣服。她先用手洗，此后又放在洗衣机里甩干。黄文秀说，三个孩子贪玩得很，衣服一天脏的就像油浸了一样，用洗衣机根本就洗不干净，要自己先手洗。学校老师告诉三个孩子，要爱干净爱整洁，几天就要换一次衣服，但是在农村农活多得很，只有一周才能洗一次。现在还好有了洗衣机，以前没有洗衣机的时候，衣服要十天半月才会洗一次。衣服洗好了，在阳台的木栏杆上晾得满满的。

十二点半左右，黄文秀就生火煮饭了。平时的话一般要下午两三点才做午饭，都是视农活完成情况而定，完成得差不多了，自己又饿了，就回来做饭了。今天由于家里有客人，再加上要背的粪并不多，所以就早点做午饭吃了。现在她开始煮汤烧菜。

一点半左右，三个孩子一人抱一捆柴回来了。柴是上午谭明魁背粪去地里的时候，顺便砍好的，现在就让三个孩子抱回来。黄文秀开始热饭，这非常方便，因为早上已经蒸好了一甑子的饭，所以只需在锅里放点油，从木桶里舀出点饭，热热就行了。

开始吃饭了。因为有客人在，再加上黄文秀昨天特地邀请过我，菜肴格外丰盛，有白菜猪血汤、扁豆炖腊肉、土豆片炒肉丝、面海椒炒腊肉，以及辣椒酱和腐乳。除了扁豆和腐乳之外，其他的都是自家生产的。两点多，一家人吃完了午饭。谭霖洪的外公也来了，他已经在镇上吃过午饭。谭明魁就陪着谭霖洪的外公聊天，黄文秀收拾碗筷。这时，天飘起了小雨，黄文秀让三个孩子去把牛牵回来。中午回来吃饭的时候，谭明魁就把牛拴在了河滩的草地上，让牛自己吃草。谭治淑坐了一会，就回家去了。

下午三点左右，又要上坡种土豆了，三个小孩也要一起去，他们可以放土豆。谭霖洪的外公也一起去帮忙。到了地里，地已经在前几天犁过翻松了，黄文秀负责挖坑，谭明魁洒肥料在坑里，肥料就是上午背来的干粪，三个小孩子往坑里丢土豆，谭明魁再埋上坑，谭霖洪的外公就继续把土来翻得更细。雨丝若有若无，大家浑然不觉的，埋头耕作。

下午四点半左右，就要收工回家了，因为谭明魁的支气管炎犯了，不时的咳嗽。黄文秀说还是先回家，农活就留着慢慢做，不着急。黄文秀说，去年的这个时候，土豆早已经种完了，但是今年谭明魁的支气管炎特别严重，自己也是牙痛得很，农活就这样拖起来了。

回家后，照例是一系列的家务活，准备猪食、煮饭、喂猪，等等。等这些忙完，已经是晚上八九点钟了，大家都洗漱睡觉了。在农村，一般都睡得比较早，因为白天农活的劳累，也因为第二天还要早起干农活。但他们就是这样，日出而作，日落而息，对时间的判断，几乎就是根据太阳和天光——天黑了，忙完了，就该睡觉了，而钟表上显示的时间，他们是不太留意的。

因为家务活就像田地间的劳作那样，无时无刻不缠绕着老年农民的生活。在生产领域，一些农民已经尽量改善其工具，以便于节省劳力。相应的，在日常生活领域，一些现代化的生活用具也正在进入这里，它们在某种程度上使得农民的家务活变得轻松了一些。这些现代生活用具主要是那些电器。在城市，这些现代化的家用电器是每家必备的，也是家庭生活必不可缺的，它们对于城市人的生活，尤其是对于都市女性，发挥了重大的影响。在当地农户家里，我们也可以发现一系列的现代家电，其中几乎每个家庭都有电饭煲和洗衣机，部分家庭还有电磁炉和饮水机，甚至个别家庭还安装有煤气灶。这些现代化家电的进入，自然为老人的生活提供了便利。例如，用电饭煲而不是传统的农村炉灶做饭，一方面节省了劳动力，电饭煲插上电之后，人就可以不用管了，而用炉灶做饭则需要人守在旁边，不时的添柴看火。老人们说，用炉灶烧火做饭，要先把饭做好了之后才能去做菜，有了电饭煲，就可以一边做饭，另一边就把菜做好了。另一方面，电饭煲使用的能源是电而非木柴，这就为老人减轻了劳动负担，他们就不需要再砍那么多的木柴回家。同理，电磁炉做菜也可以发挥同样的作用。洗衣机对老人的生活也做出了很大的贡献。尤其是在冬季，要洗的衣服既多又厚重，洗起来很吃力，冬季水又寒冷，老人碰冷水容易感冒，所以洗衣机就派上了很大的用场。

然而，值得注意的是，这些现代化的家电，只是对老人生活起着一种补充作用，老人们的生活并没有完全依赖于这些电器。事实上他们也只是在农忙的时候，或者是家里活实在是忙不过来的时候，才会使用这些现代化的家电。而如果自己有时间，且又力所能及，他们仍然使用传统的方式做饭洗衣。

这首先是基于对经济因素的考虑，老人具有很强的节俭意识。山里木材多，取之方便，又不用花钱，它们适合作为能源。而这些家电用起来都会费电，要交电费，所以能够节约一点就节约一点。例如，他们很少用饮水机，用他们的话说，坐着烤火的时候（烧木柴）就可以把水烧开了，不需要饮水机；夏天却常会用饮水机，因为夏天天气炎热，不需要烧木柴烤火。洗衣机则恰恰相反，主要是冬天使用，夏天衣服少且薄，可以用手洗干净。就算在冬天，如果要洗的衣服少，他们也会选择用手洗而不用机洗。

老人们不常用现代家庭电器的原因还在于他们有着传统的生活方式，这种传统具有某种稳定性。以电饭煲为例，虽然电饭煲使用方便，也不耗电，但是当地人还是会选择用炉灶做甑子饭。用甑子蒸的饭再热的时候显得较为方便，谭明魁说，他们常常是早上起床后，蒸一甑子饭，中午和晚上的时候就可以直接从木桶里舀出饭来，加点油在锅里热热就能吃了，口感和第一顿没有太多的区别，比电饭煲煮饭还方便。用电饭煲做的饭，热出来的冷饭又软又烂，不好吃。电饭煲也做不出传统的、颇受当地人喜爱的饭食出来，例如土豆饭和玉米饭。土豆饭是当地人最喜欢的米饭，需要用炉灶做，先用甑子蒸好饭，再在锅里放土豆和米饭，慢慢添柴，控制好火候，直到煨好香酥美味的锅巴出来。做土豆饭，电饭煲是无能为力的。正如向朝生说的那样：

"电饭煲煮饭，主要就是方便，放点米放点水把电插上就行了，不用烧火，也不用人在旁边守着，人就可以喂猪喂牛做点家务了。但是电饭煲做出来的饭只有刚开始吃的时候觉得好吃，因为觉得新鲜，其实还是那些老式做法做出来的饭好吃，像鼎罐饭、塌锅饭，还有甑子饭，'好吃不过鼎罐饭'，在山上种黄连的时候，山上不通水不通电，就用鼎罐做饭吃。还有土豆饭，也很好吃，但是用电饭煲做不出来，还是得用炉灶。"

同样，当地的农民都要从事农业劳作，比起那些在城市里生活的人来说，农民的衣服很容易弄脏，上面到处是泥。他们认为洗衣机洗衣服不干净，就算是用洗衣机洗衣服，他们也要自己先手洗一下，认为基本洗干净以后再用洗衣机清洗和脱水。

在必要的家务活之外，正如我们在谭明魁家所看到的那样，一些老人还肩负着照料孙辈的责任。这就是我们已经在此前的章节中探讨过的隔代抚养,它是近些年出现的一种特殊的现象,与留守儿童联系在一起。农民工外出务工之后,将其未成年的子女留在家里与老人一起居住。隔代抚养也属于老人的劳动负担之一,对于家中有留守儿童的老人来说,他们不但要从事农业劳作,也要忙着家务劳动,更要负责孙辈的衣食住行。毫无疑问,隔代抚养在一定程度上会加重老人的劳动负担,就像老人们所说的,"多个孩子要多出好多活路"。

图 8-15 照顾孙辈的老人

谭明魁的孙女、孙子和外孙都在镇上上小学,步行要一个多小时。他们平时八点就要上课,在他们上学的时候,每天早上没到六点就要起床,谭明魁夫妇这时也要起床为孩子做早饭。早饭其实都是前一天晚上先做好的,第二天早上将做好的饭做成蛋炒饭,这样能够节约时间。吃完早饭之后谭明魁或者妻子还要送孩子上学,冬天天亮得迟,还要打着手电去。孩子走在公路上,他们不放心,过往车辆很多,他们怕出事,而且也在电视上看到有人拐卖小孩,他们怕孩子被人拐卖走了。

第四节 起居与疾病:谁来照顾他们

就像需要他者(主要是自己的子女)提供生存来源一样,老人们经常也需要他者在日常生活中的照料。然而也如同老人们并不完全依赖于他人向其提供生存来源一样，他们也并非经常需要他人的照料。通常情况下，老人们往往能够照料自己的生活，但是毕竟随着他们年龄的增长，身体机能越来越弱，他人的帮助对于老人而言也十分重要。除了那些已经老到生活难以自理的老人之外，更多的老人只有在疾病发生时才会较大程度地依赖他人的照料。所以，根据自身情况的不同，一些老人选择和子女家庭分开生活，而另一些则选择和子女家庭一起生活，如果子女常年居家的话，后面一种情况下老人更方便获得子女在日常生活中的照料。尽管在我们所关注的龙泛溪仅有 28 名老人，但是关于老人日常生活中的困难的解决方式却多种多样。如下，我们将就老年人的日常生活作两方面的介绍：日常生活中老人的自我照料、子女照料以及社区支持；老人对疾病的应对。

一、日常生活中的自我照料、子女照料和社区支持

如我们在上文中已经多次强调的，大部分的老人很多时候都能够自行解决问题。有些老人的生存甚至很少需要子女家庭提供支援，他们依然能够自食其力。这一类老人的生活显然也很少困扰子女家庭，他们能够将生活中的各类问题自行解决。但是即便如此，一些偶然突发的情况也经常需要子女的照顾。可是，正像我们已经多次说明过的，子女不在家的情况也很常见，他们只有外出寻找打工的机会才能够改善自己的家庭，也才能更好地赡养老人。在这样的情况下，社区便在照顾老人的生活方面发挥一些作用。

从家庭类型的角度来看，已经和子女分家的老人以及未分家但同未婚子女一起居住的老人，他们的生活照顾主要来自自己和配偶。就像我们曾说过的那样，这个时候的老年夫妻已经颇为默契，他们非常了解对方的需要，配偶之间的照顾也是最快捷的，因为到了老年，他们几乎形影不离。所以，正如一些老年人自己承认的那样，人活到老年的时候，配偶陪在身边有时要比儿女更加重要。这样，那些已经丧偶的老人通常需要子女更多的照顾，而未丧偶的老人则因为夫妻之间的相互照顾而较少需要子女的照顾。不过现实情况也并不全然如此，对于与子女家庭分家而过的老人，他们在多大程度上需要子女的照顾，不仅取决于其是否丧偶，很大程度上还取决于他们的年龄。对于已和儿子分家以及女儿外嫁的低龄老人来说，他们不但依靠自己的劳动来养活自己，日常生活中也能够自我照顾。如果他们认为自己还能够自我供养、自我照顾，他们就不会过多的麻烦子女。他们经常会体谅子女的难处，"既然已经分家，子女有了

自己的家庭,也尽量的不去麻烦他们"。当然,在遇到大事的时候,例如生了大病要去医院,他们往往要子女陪同。生病只是这些情况中的一种,事实上,因为这些老人的受教育程度较低,对外部世界的接触不多,这使得他们在面临许多生活问题的时候都有点束手无策。例如,那些并不经常往医院跑的老人偶尔进一次医院,他们完全搞不清看个病究竟要经过哪些流程。诸如医院、学校、政府、银行等这类现代机构的运行方式对于他们而言都十分陌生,但是他们偶尔需要进入这些机构,这个时候就需要子女代劳了。对于已和儿子分家以及女儿外嫁的中高龄老人来说,来自子女的照顾是不可或缺的部分。虽然他们尽量去实现自力更生,但毕竟能力已经有限,这个时候子女的照顾已经发挥着非常重要的作用了。

在龙泛溪,子女和已分家的老人往往毗邻而居,这就为照顾老人提供了方便。此外,这里农民的通婚圈较小的特点也便于外嫁女儿照顾父母。

夏正家已经83岁了,背几乎驼成九十度,他完全没有耕作土地,老伴早已去世,只有四个女儿,没有儿子。女儿均已外嫁,大女儿和二女儿已经去世。三女儿嫁在湖镇(本县的另一个乡镇),从那里到龙泛溪,步行大约需要一个小时;小女儿嫁到了丰都县,距离更加遥远了。三女儿一个月就要来一次,带来夏正家需要的油盐米菜,收拾夏正家的屋子,洗他的衣服,等等。小女儿和女婿要一年才能来一次。每次来,两个女儿都要把夏正家一年要烧的柴给他砍好,码得整整齐齐的,放在屋檐下,这样夏正家平时就可以直接拿来烧火了。

张代香也是一样,女儿谭桂香就嫁在本组,离张代香家只有不到五分钟的路程。平时谭桂香过几天就要来看看母亲,看看家里有没有需要帮忙的。赶集的时候谭桂香也要先到母亲这里来,问母亲是否需要购买什么物品,她去帮她买,她经常要给母亲买菜、买油盐、买肉、买酒、买药,等等。张代香砌炉灶的时候,谭桂香和丈夫向朝轩过来帮忙收拾屋子,给打灶的师傅打杂做饭。天冷的时候,谭桂香夫妇也要过来,给母亲准备一些烧火的玉米芯子,把火生旺,还把炭堆好放在炉子边上。这些琐事,张代香从来都用不着操心,正如她自己说的,许多她未曾想到的,孩子们都已经替她做到了。所以张代香常常说,还是女儿住得近好一些,许多事情都想得到。当然,她的儿子儿媳也都十分孝顺。

那些没有与子女分家的老人与子女居住在一起,显然能够更加直接地获得子女的照顾。不过需要指出的是，那些与子女家庭生活在一起的老人并非必定是那种需要子女对其进行全面的生活照顾的人。事实上，如果这些老人没有丧失生活自理的能力，也没有什么严重的疾病，他们完全能够自己照顾自己；而且，这些老人还将参与到子女家庭的劳动之中，有时候甚至是农作方面最主要的劳动力。基于对多种因素的考虑，就像我们已经说过的那样，大多数的年轻人并不愿留在家里务农，如果他们并没有和自己的父母分家，那么这个家庭的农业劳动便主要由父母来完成。

谭治友还未结婚，父亲却早已去世，现在和母亲陈维香一起居住。在家里，谭治友除了做一些耗费体力的农活之外，其他的田地劳作和家务劳动大都由他的母亲来完成。此外，谭治友还负责种黄连，有时也打临时工。在这些重活之外，谭治友参与农作的时间不多，常常喜欢和村里的年轻人打扑克。谭治友也说自己宁愿种黄连也不愿种地和做家务，因为种地没有收入，家务活仿佛永远也做不完。种黄连则有所不同，它最终的成果是现金。

这样看来，对于未分家的老人来说，不分家与其说是基于对他们的日常照顾的考虑，毋宁说是基于新的家庭分工的考虑。在这样的家庭中，儿子通常主要从事"挣钱的活动"，儿媳主要从事家务劳作和农业劳作，老人也是农业劳作的一把好手。而随着老人年龄的逐渐增长，农业劳作已渐渐不能胜任时，便更多转移到从事家务劳作，总之，在他们力所能及的时候，便不愿意闲下来。

谭明高和他的妻子才60来岁，在这里依然算是主要劳动力。他们和小儿子一家居住，小儿子谭起柏在外面打工，做销售，妻子姚达梅则留在家里。但是土地都是谭明高夫妇在耕作，黄连也是他们在种，姚达梅主要是做家务照顾两个小孩，给他们辅导作业。姚达梅自己说到："他们（谭明高夫妇）主要是做些坡上的活，像犁田、栽洋芋这些，我主要是做些屋头的活，像喂猪、煮饭、照看孩子这些。"

谭文安也是一样，谭文安的妻子已经去世，他和大儿子谭明兴一家居住。谭明兴在家里种黄连、跑生意，土地几乎是谭文安在耕作。谭文安虽然已经70多岁，但村里人都说他"劳力好""做活路行"，谭明兴的妻子虽然也常帮助公公分担一些农作，不过她还是以家务活为主。

谭文福已经70来岁，妻子去世后就和小儿子一家居住。谭文福体力不好，已经不能从事强度太大的农业劳作了，所以就在家里洗碗、喂猪、照顾才5岁的小孙女。小儿子在种黄连和打临时工，儿媳妇就主要在田地上劳作。

无论是自己照顾自己，还是夫妻之间的相互扶持以及子女们的支持，老人们所获得照顾主要来源于家庭和子女家庭（后者其实也就是前者的延伸）。而除此之外，老人们的生活有时候还有社区里的邻里照顾。这种情况并不是有规律的发生，也没有什么固定的方式，它几乎都基于"人情"。就像龙泛溪这样的村落，正是血缘性和地缘性关系的结合体。几乎对于每一个农民家庭而言，他的邻居不仅仅是居住上较近的人家，而且他们之间往往还存在多多少少的亲戚关系。每一个家庭都处于一个基于血缘和地缘的社会关系网络中，村里甚至超越村落之外的人都是"熟人"。这些关系较为稳定，从某种程度上说，这种关系依然还能给这里的农民提供一些安全感。在平常的日子里，大家聚在一家屋檐下相互聊天；在空闲时互相串门走访，帮点小忙，留下吃顿便饭；赶集时三三两两的约在一起，农忙时也有帮工和换工。这些都是自发的现象。在这样的情况下，邻里偶尔照顾一下隔壁的老人也是十分正常的事情。

谭春梅63岁了，三个女儿都外嫁。大女儿就嫁给毗邻院子的刘定强，现在夫妇俩都在外面打工；二女儿嫁往石柱县；三女儿嫁去了重庆；小儿子也在重庆市给人当上门女婿，现在有了一个一岁多的女儿。谭春梅的丈夫向朝华在重庆儿子家里带孙女，谭春梅则留在家里种土地。谭春梅周围院子住的人都是向朝华的亲兄弟和嫡堂兄弟，以及谭家的人，所以谭春梅说周围住的都是她的"一家人"，有什么事情自己做不了可以找他们。当问到谭春梅自己一个人住是否习惯时，她说道："反正我们院子大，我可以常常去他们家里耍，等到晚上回来睡觉就行了。"有时她背米背土豆上街去卖时，如果有邻居刚好也骑着摩托车赶集，会载她一程。

夏正家的女儿虽然一个月会下来看他一次，但夏正家毕竟是高龄老人，日常生活还是多有不便。还好侄儿夏广顺就住在隔壁，夏正家说自己干不了的事情可以找他帮忙，例如把柴拖进屋，病了不舒服的时候帮忙来烧烧火、做做饭，赶集的时候也可以坐上夏广顺的摩托车。夏正家的大女儿回来为老人劈柴时我们问她，当她不在的时候父亲的生活怎么办，她答道："还有夏广顺住在隔壁，可以照顾他。"

总之，对于老人来说，不管是分家还是未分家，在能够实现自我照料的情况下都尽量自我照料，这是最主要的方式；在自己已经实在无能为力的时候，才会需要子女的全面照顾，来自子女的照顾不但在所有的老人中占据着较小的比重，而且对老人的照顾也是有限的，因为子女再频繁也不过是几天才来看一次老人，有时候甚至一个月才看一次，对于那些外出打工的子女来说，甚至只有到了逢年过节、老人生日的时候才会来看老人。社区则是最后的选择，用当地的话说"每家都有每家的事情"，老人一般是不愿意麻烦邻居的，所以社区的帮助虽然存在，也是有限的。

二、疾病及其应对

困扰老人生活的，疾病首当其冲。对于许多老年人而言，药物是他们的必需品。我们从访谈中发现，在龙泛溪的老人中间，感冒和肠胃方面的疾病是较为常见的，此外，诸如风湿、关节炎、一般性的头痛、腰腿疼也较为普遍。大约正是因为这些疾病较为普遍，所以它们尽管经常困扰着老年人，但是却很少受到重视。正如老人们常常说的，"老了怎么会没有病呢，老了就是一身病"。他们往往较为夸张地说自己"吃药像吃饭一样，一顿也离不得"。

对于上了年龄的老人来说，疾病是一种不断积累的过程。当问及一些老人致病原因的时候，他们往往会追述过往的生活，认为现在的疾病总是在过去的生命历程中发生的，不过因为那时候自己年轻力壮，一直将其积压到现在。当他们的身体一日不如一日的时候，那些曾经积累了（并一度隐藏着）的疾病便一下子冒了出来，将他们击垮。

我们所关注的这些老人的年龄都在 70 岁上下，他们的童年和少年时期在"解放以前"度过。老人们喜欢使用"解放前后"的变化来说明自己的生活史，"解放"的"前"与"后"的差异在他们的身上似乎体现得更加明显。在谭明魁看来，他的支气管炎正是在"解放以前"形成的。在他的记忆中，小时候的冬天要比现在冷得多，然而那时候家里太穷，连一床像样的被子都没有，正是因为这样，他才冻出了这种疾病。但是那时候仅仅感觉到细微的呼吸问题，而且因为经济困难，并未及时医治。年轻的时候，他丝毫不比其他劳动力弱，而今，他却连基本的田地劳动都做不了了。80 多岁的谭起万也有支气管炎，在他看来，他的疾病也是在小的时候形成的。儿时的记忆对于他也十分深刻。在他只有十来岁的时候，就开始去帮"富实郎"（他们这样称呼当时的地主和大户家庭）家做工。那是一段艰辛的岁月，在冬天，即便是"地上的冰已经踩得出声音"了，依然还要下地下田干活。无论春夏，他只穿草鞋。冬天的时候，他的脚基本上是麻木的，在火上烘烤的时候也感觉不到暖意。冬天能够穿两件衣服对于他而言已经非常满足了，无论厚薄，但是冬天只穿一件服还是较为通常的情况。所以,现在折磨着他的支气管炎,事实上那个时候就已经落下了。

"土地下放"对于现在的老人而言,又是其人生历程中的一个重要事件点。在"解放以后"到"土地下放"之前,正是现在的老年人作为主要劳动力的时代,那个时代是他们的,他们因此为那个时代付出更多的艰辛。尽管集体劳作不乏有偷懒的情形发生,但是集体时代的劳动几乎天天进行,很少存在休闲的时间。那个时候的高强度劳动也被老人们认定为致病原因。那个时候尽管也已经意识到了一些病症,不过没有条件治疗,通常选择捱过去。生育子女也会被认为是致病原因,没有较好的医疗条件,甚至在家里也没有得到很好的调养,"月子"中还要参与劳动。据说,在"月子"中劳作非常容易患病,这些病都在老年的时候爆发出来。

如果说老人昔日的生活方式已经为他们的健康埋下了隐患,那么老人今日的生活方式也多少会影响他们的健康。繁重琐碎的农业劳作对老人的健康造成重大负担,患了支气管炎的老人们自己说,"只要坐在家里,什么也不做,倒是不咳不喘,身上也不痛"。但是生在农村,他们除了依靠农作来维持生计之外,也没有什么更轻松的适合他们的生计了。总之,即便已经生病,如果不是特别严重的话,基于对生存问题的考虑,他们还是要进行劳动。身体偶尔不支,那时便"歇几天再做"或者慢慢做。他们不愿因一些常见的小毛病而耽误农活,只要能忍耐着,就先忍耐着。这样看来,如果说老人们身上的疾病在过去不断积累,那么在今天,这种积累的过程依然没有停止。

不愿意轻易就医,这是老人们对待身体问题一个普遍态度,这其中除了观念的因素之外,经济的因素也不得不加以考虑。首先,如果放下手中的工作而去就医,本身就耽误了一天的工作。此外,就医的费用是一笔不小的开支,他们经常为医药价格的不断上涨而感慨。对于一些老人而言,治病的费用已经超出了他们的承受范围,在这种情况下,他们只能放弃治疗,或者选择一种花销相对较低的治疗方式,例如本来需要输液的时候他们却只准备买些药来吃便可。

黄文秀的牙疼得厉害,她从医生那里知道了这是一种三叉神经方面的疾病,疼起来就连吃饭也变得很困难。这种病最好要去重庆市里的医院治疗,不过其手术费据说需要三万多元,这对于老人而言是一笔太大的费用,已经远远超出她的承受范围了。所以,她现在只能放弃去重庆治疗的打算,而只是在小医院或者诊所里开些止痛药来吃。

即使治病所需的费用在老人的承受范围之内，老人们出于节约意识，有的仍然不愿意花钱治疗，就像我们已经说过的那样，他们自认为老年人本来就是这样，为此而花销太多，其实也于事无补。他们总是将那种生个小病而到医院大肆治疗的行为叫做"花冤枉钱"。

张代香的肩膀疼，梳头的时候手都抬不上来，扫地的时候肩也痛。子女们要她去做手术，大概要花两万元钱的医疗费。张代香知道要花这么多钱之后就不愿意去治了，她说自己反正也活不了几年了，就不要花子女的钱了，自己又不种土地，就做点家务活，自己慢慢做就行了。

排除观念和经济的因素，医疗条件也对老人们的健康造成一些影响。沙子只是一个小镇，龙泛溪则更是这个小镇的一个偏僻村落，事实上，在镇里还存在许多比龙泛溪更加偏僻的村落。远离城镇，使得这里的农民尤其是老人不容易看病。

龙泛溪的谭医生说："像白鸡坪那些地方，在高山上，他们不容易下山治病，我也不方便上去，更别说镇里医院的医生了。所以，他们有病了就经常拖着，要等到赶集的日子到了，去赶集的时候顺便看病买药。他们很少住院，有时候病情已经严重了，他们还是只让我上去给他们输液，就在家里输。"

黄文秀总是感觉有时候自己的心脏会急速跳动，她认为这可能是生病了。她去县医院检查过，但县医院的医生告诉她，这种疾病只能是病发的时候才能够检查出来。这对于黄文秀来说太困难了，她长期居住在村里，从这里坐车到县城需要几个小时，如果病发才去检查的话，路上的几个小时什么事情都有可能发生。

所以，在最普通的情况下，老人们应对疾病的措施便是准备一大堆药物以备不时之需。一个老年家庭中通常会备有感冒药、头痛粉、清胃健胃的冲剂药物以及止痛药物等，而那种本身有着某种特殊疾病的老人则常常准备相关方面的药物。这些药物大都是在当地的诊所里买来的，龙泛溪的谭医生在治疗一般的小病小痛方面还是很有口碑的。长久的买药吃药，一些老人甚至已经不需要医生的多少建议了，他们到了诊所或者医院直接开药就行了。有时候他们听从熟人的反映，所谓"久病成良医"，一些老人使用了某种药物觉得效果较好，便会在日常聊天中将其推荐给别的老人。

药物储备在家里，当老人感觉到自己身体稍有不适的时候便会赶紧找到相对应的药来吃。他们也许不愿花费更多的钱去输液和住院治疗,但是在吃药方面却较为自觉。他们能够意识到,如果这个病能够吃药控制,便免去了输液和住院的昂贵费用,也免得影响他们的劳作安排。但是病来如山倒,有些疾病来得缓慢,它在刚开始发生的时候便能够被药物所治疗,不过有些病痛却来得突然,它使人还无防备,一旦发生,便只有输液或者住院治疗才行。这时就到了老人们说的"动不了,吃不了饭,也做不了活路"的时候了。一些更为严重的疾病在沙子镇医院不能医治,例如一些稍大的手术最好要到县里的医院去做。

此外,不得不提及的是一些民间的治疗方式。对于疾病,人们对此有着一些传统的认识,几乎每一种常见的疾病都具有一些传统的解释,也有一些传统的治疗方式。这些传统的治疗方式在很多年轻人中已经被抛弃,他们对现代西医的信任早已被培养起来。但是对于老年人而言,那些传统的治疗方式依然还会受到他们的青睐。其实,大多数的老年人都认识几种常见的中草药,他们有时候也自己挖来吃,但是更加复杂的知识往往也只有少数人掌握,这些人懂得如何搭配不同的草药以治疗不同的病症,但是如此专业的中草药医生已经很难发现。龙泛溪的夏广顺自称在这方面具有颇丰的知识,但是他很少给他人看病,只是家里人需要的时候,他找来一些中草药给家人吃。一些老人既相信西医,又相信中草药的疗效。他们的经验证明,很多时候中草药也具有非常显著的效果。然而另一些老人接受这种传统的治疗并非因为相信它的功效,而是他们的疾病已经到了正式医院都已经无计可施的程度了,他们抱着试一试的态度来接受传统的治疗。在传说中,存在这样的情况:有人已经在正式的医院中被医生"判了死刑",却被某位民间医生的几副中草药给治好了。这种传说不乏,不过我们尚未见到过这样的病人,也未见到过这样的民间医生。

无论怎样,遭遇突发疾病的老人对子女具有很强的依赖性。对于许多老人而言,疾病的痛苦之处在于它给身体造成的折磨、给本来安定的日常生活所造成的困扰,而不是它对生命的威胁。事实上,除了那些本身具有某种绝症(例如癌症)的老年人的离世被认为是疾病的结果之外,大多数老年人的离世却被认为是人生的自然结果。然而无论怎样,假如在离世前,老人能够看到他的子孙、家人环绕周围,便是值得欣慰的。所以老人们在生病时非常需要子女们的支持,子女们除了负担治疗的费用和为医疗事宜奔波之外,他们还在很大程度上给生病的父母以精神力量。我们不难理解为什么老人在意识到自己的生命已经快要终结的时候,往往强烈要求回家等死;为什么当他们离世的时候,长子需要将他们的头靠在自己的怀里。

第五节　小结：余热的力量

　　从老人们力求自食其力的努力看来，他们依然希望能够发挥出最后的热量。正如我们已经看到的，几乎没有一个老人愿意从容地享受清福，犹如他们自己所感觉的那样，似乎也只有劳动能够证明他们存在的价值，所以只有不断参与劳动才能使他们感到安心。离开劳动，他们很快成为累赘，至少在他们自己看来，他们成了子女的累赘。这种感觉对他们十分不利，我们不难发现一些老人如同孩子那样生活，他们对于子女的那种依赖就像他们的子女曾经对他们的依赖一样。然而与孩子的不同之处在于，他们有着不同于孩子的思维，孩子很多时候是善于表达的，无论是通过温顺还是叛逆，但是老人却很少如此。从老人们自己的表述来看，这种不善表达事实上源于父母对子女的"爱"和"理解"，他们有着更加丰富的阅历，明白生活的艰辛之处。所以，老人们总是沉默少语的，尤其那些已经不能自食其力的老人就更是如此了。除了与其他老人在一起的时候，他们与包括子女在内的年轻人之间很少能够找到适合的话题。一些老人甚至已经意识到，他们的一些表达可能会给子女造成困扰，所以即便当他们的子女在谈论某件事情的时候，他们也很少去插话。总之，他们对子女的依赖使得他们成为附属，成为负担（很多时候只是老人们自己这么认为），成为不自由（相对于他们自己当家的时候而言）的人，这些使得他们感到自己的生活事实上只是在等待生命的终结，这倒并不使他们感到多么恐惧，而是使他们感到生活的无趣和在生活中变得被动起来。

　　所以，老人们不愿意与子女家庭生活在一起，他们努力自食其力。当然，老人们想要自食其力并非完全是由于他们害怕自己成为"累赘"和"负担"，这是各种因素造成的，这些现实因素使得老人们一直成为劳动力，直到他们已经到了真正等待生命终结的阶段。尤其需要被加以足够重视的是当前我们所关注的村落里的劳动分工。分工是人群内部根据经济利益和文化习惯而采取的在不同亚群体之间的劳动安排，分工存在于各种类型的群体之中，小到家庭、社区，大到国家，在全球化浪潮日益卷来的今天，分工甚至已经在全世界范围内进行。如今，我们在我国西南山区的一个小村落里对老人的生活进行考察，明显地感受到新的劳动分工是如何将老年人安排进来的。

在这里，新的劳动分工方式大概始于上世纪90年代前后。此前，这里的农民以农耕生计为其最基本的生计方式，除了耕作，他们很少还能有其他的劳动可做。在那样的时代，几乎所有的农民都将其劳力投入到田地里，他们以田地的生产所得来维持生存，既不会富裕（在这样的生计背景下，要富裕的途径就是增加土地，不过在那样的年代增加土地是困难的，客观的田地资源和土地制度都不可能使人们扩大其土地面积），但也能维持其基本生存。老人这个时候当然也会参与农业劳作，不过因为家庭中还有青壮年劳动力，所以随着他们的年龄的增加，投入繁重的农耕劳作的时间也就逐渐减少了。并且，因为土地在当时是农民的生存之本，每一个家庭都必须具备一定的土地使之能够正常运转，所以当一个新的家庭成立时，父母会将足够的田地分给他们的子女家庭。为了最大限度地利用土地，这些有限的土地最好由那些年轻力壮的人来耕作，所以老人们往往在70岁左右就将田地全部分给他们的子女家庭了。此后，他们的生活来源由其子女家庭提供，主要以提供粮食为主，他们当然也会参与到劳动中，不过这时通常是帮助子女家庭劳动，处于一种辅助地位。

这种情况在上世纪90年代前后开始发生显著变迁，它以打工潮为开端。当打工挣钱受到大部分的农民关注的时候，人们开始了各种细致的计算，这种计算的最终结果乃是：到城市里打工能够比在家务农赚到更多的钱。但是，打工这件事情只适合于较为年轻的人，它对年龄、体力以及受教育程度等均有不同程度的要求，其中尤其对年龄具有非常明显的要求。在这样的情况下，一个家庭将不得不重新考虑分工的问题，如果可以，这个家庭最为实惠的做法应该是尽量抽出更多的年轻力壮的、适合于外出打工的劳动力去城市里赚回现金。于是，新的分工很明显地在年龄群体之间展开了，年轻人在离开学校之后以到城市里打工为其主要选择，那些新婚夫妇通常也双双外出务工。当一对夫妇已经有孩子的时候，他们或者留下夫妻中的一人（常为女性）照顾孩子，另一个人则外出务工；或者将孩子交给父母代为抚养，夫妻两个依然双双外出务工。但是那些超过50岁的人口就很少外出务工了，在城市里，很少存在适合于他们的工种，他们更适合于在家里务农。然而即便是这部分人，也并不完全从事农业耕作，毕竟其中还有许多人在农闲时也能够在家的周围打临时工。假如工钱公道的话，他们甚至在农忙的时节也不放弃在临近打临时工的机会。这样，传统的农业劳作便在很大程度上由老年人来完成了，他们是被外出打工这种生计所排斥的，他们甚至也难以获得周边的打临时工机会。所以，在今天的龙泛溪，老年人在田地里劳作的情况并不罕见，反而是那些还没有成家立业的年轻人很少被发现在田地里认真的劳作。

这样，在农业耕作的层面上来讲，老年人甚至是比年轻人更加重要的劳动力，他们的余热在传统的农业生计方面发挥着非常重要作用。而且，他们的余热还并不仅仅在生产方面体现出来，家庭日常生活的维持往往也是老年人十分内行的领域。如果说年轻人在"开源"方面能够比老年人做得更多，那么在"节流"方面老年人似乎比年轻人做得更好。老年人留守家乡，代替他们常年外出务工的子女处理各种家庭事务，其中包括帮助子女抚育他们的下一代。正是由于有他们的存在，他们在家庭日常生活的维系上所发挥的重要作用，他们的子女——也就是那些通常对传统农耕不以为然的年轻人才能够安心地外出务工。于是，有一对年龄不大、依然能够从事农业劳作的父母伴随，对于一个年轻的家庭而言十分重要，这使得一对年轻夫妇可以放心地在城市里打工挣钱。而那些父母已不在世的年轻家庭就不得不留下一个成年人照顾家庭，也就是说，一个原本能够从城市里赚钱的劳动力因为维持家庭的基本运转而不得不束缚在家里。在这种情况下，老年人变得十分重要起来，不仅他们自己希望能够发挥最后的余热，客观现实也要求他们必须发出最后的余热。

然而，随着老年人年龄的不断增长，他们所能够发挥余热的力量也在不断减弱，无论如何，他们已经到了需要被照顾的人生阶段。如我们所看到的，尽管大部分的老年人一直在从事着农业劳作，但是其中一些耗费体力的工序他们很难完成，需要依赖于别人。在日常生活中，尽管老人们具有更加丰富的过日子的经验，然而也在很多方面需要依赖于他人。总之，无论是在生产还是生活方面，老年人虽然在很大程度上依然能够自食其力，但是这也并不排除他们需要年轻人的帮助。正如我们看到的，尤其是当老年人发生疾病的时候，年轻子女在身边对于他们而言更显得十分重要。而对于那些已经不能自食其力的老人而言，他们所需要的帮助更加明显，他们需要子女们提供基本的生活来源，甚至他们的日常生活也不得不需要子女们加以照顾。在这样的情况下，年轻的农民往往被赡养的义务束缚在农村，在现在这种以外出务工赚取现金为主要生计方式的情况下，对于一个年轻的农民家庭而言是十分不利的。但是无论怎样，老有所养并不能因为一些现实的考虑而有所损害，子女对于父母的赡养依然是一个天经地义的义务。而考虑到农村经济的发展，国家的力量在养老方面也需要不断加强。此外，社会养老的方式也需要更进一步结合农村养老的实际，在农村地区实现更加多元和有效的养老方式。如果在市场经济的广泛影响下，农民的生计已经不可避免地发生非常深刻地变化，那么农村的养老方式也应发生相应的变迁，就像农民生活的其他方面所发生的变迁那样。

第九章 传统艺术与信仰：职业化与消失的双重趋势

在此前的章节中，我们力图从各个方面来揭示我们所考察的农民社会所发生的变迁，这些变迁很大程度上由人们的生计方式的变迁所影响。这些变迁也是细致的，它们通常体现在农民的日常生活之中，正是因为如此，使我们能够看到变迁的所在。不过，我们并没有花更多的篇幅来描述人们的日常生活方式，只是选取孩子与老人的生活做了说明，其实，我们已经在这两个部分穿插着说明了那些为社会主要力量的成年人的生活了，毕竟无论是孩子还是老人，他们的生活几乎都与中间年龄层的社会主力分不开。日常生活的变迁本身也是层层深入的，一开始呈现在我们面前的，当然是那些物质文化生活的差异，也就是衣食住行等方面的迅猛发展。此外，更深入一层，我们发现人们的社会交往也发生了变化，这不仅包括交往的范围、频率，更包括交往的方式。终于，变迁在人们的艺术领域和信仰层次上也展开了，我们在这一章中将二者结合起来呈现，因为它们在人们的生活中处于更深的范畴，它们看来更加根深蒂固，但是它们依然发生了明显的变迁。总体而言，传统的民间艺术和信仰呈现出两种变迁趋势：职业化和消失。这两种趋势的差异一方面与艺术和信仰本身的特征存在紧密的联系，另一方面也与人们的生活需求挂钩，此外，以政治环境为代表的宏观环境也对变迁的趋势造成影响。在各种需求和力量的综合作用下，传统艺术和信仰产生了两种不同的发展线索：一条是"明"线，它们在一些社会的主流活动中大张旗鼓地展开，得到政治的赞赏；另一条则是"暗"线，它们依然在民间的层面上寻求生存，在各类民间活动中出现，它们很大程度上是为了满足农民生活的需求（从这个意义上而言，农民生活中的某些因素依然较为稳定，否则便没有这些满足农民生活的"传统"艺术和信仰的立锥之地），而且引入了市场运行的一般规则，在运作方式上发生了"民间"转向

"市场"的变迁。从现在的情况看来，两种路径都具有它们各自的生命力，但是也都存在着一些不容乐观的趋势。

第一节 孝歌：献给亡者的最后乐章

就我们所关注的地区而言，如果将民间传统艺术做一种大致的概括，可以将其分为这样几个类型：歌唱、音乐与表演。在本节和此后的两节中，我们将分别就这三种传统艺术形式做出说明。每一种传统艺术中都包含着不同的内容，例如在歌唱艺术中包含着孝歌、啰儿调、山歌等不同的样式，我们在介绍每一种艺术形式时仅举一种作为案例，对其加以细致说明，在歌唱艺术部分，我们所选择的乃是孝歌。无须十分注重每一个艺术形式的原因在于，我们的目的并不在艺术形式本身，而在于这些艺术所发生的变迁过程，从这个意义上而言，它们之间非常相似。即便如此，较为完整地说明几种主要的艺术形式也是必要的，它们各自所具有的那些细微地差别往往也为我们提供了一些比较的空间。如下，我们将以孝歌作为案例，对这里的农民的传统歌唱艺术变迁做一些说明。

一、孝歌概述

孝歌作为一种歌唱形式，通常只会在丧事中能够听到。在我们所考察的地区，这里的农民在每一次丧事中都会演唱孝歌。一个老人去世之后，他（或者她）的儿子通常会请那些善于唱孝歌的歌师来热闹几日。从老人去世的那一天开始，孝子（在丧事中，死者的儿子被直接称为"孝子"）便请来当地的歌师唱孝歌，一直到老人下葬为止。

唱孝歌的时间在晚上，白天并不唱孝歌。一个人去世之后，遗体总是在家里停留几日。至于在家里停留的时间，要看看期人（专门为当地人的婚丧嫁娶选择吉利时间的人）将亡故者的下葬日期定在什么时候。当一个老人去世之后，孝子将会请当地的看期人为老人选择一个下葬的吉利日子。在老人去世到适合于其下葬的这段时间，老人的遗体将会一直停放在家里为之设立的灵堂中。在半个世纪以前，当地人在丧事活动中还要为亡故者办道场，超度亡灵。不过现在，超度亡灵的道场已经取消，但是还有各种程序复杂的祭祀活动。这些祭祀活动由一些较为专业的宗教实践者来施行，尽管这些人与别的农民没有什么重大的差别，因为他们的生计也与其他农民类似，但是他们掌握着各种祭祀的规则，通晓这项仪式的各个细节。但是他们很少是歌师，正如我们将会说明的，尽管孝歌存在部分的宗教色彩，但是歌师的职责不过是代替孝子们表达他们对父母恩德的感恩，对亡灵的某种主观的祈祷。祭祀活动存在于白天和夜晚，但是孝歌却通常只在晚上进行。在亡故者下葬之前，孝子们需要每夜守候在灵堂里，而在灵堂旁边则是歌师们的歌堂，歌师们坐在这里为亡故者唱着赞歌，为之祈祷。所以，一些歌师也告诉我们，事实上，唱孝歌只是为了消磨时间，陪同孝子为亡灵守夜，消除孝子的悲伤和寂寞。在老人遗体停留在家里期间，每当天黑，灵堂旁边的歌堂里便会响起歌师们的歌声，稍微缓解了这本来就凄凉的夜晚的凝重。从这时开始，一直唱到凌晨之后，有些时候甚至唱到第二日天亮。

每一次丧事活动中都具有多名歌师，这些歌师之间虽然没有十分严密的组织，但是他们却往往同时出现在同一个丧事活动中。歌师之间虽然不一定在同一个村落里生活，但是他们多少也算得上是较为专业的歌手了；由于经常在丧事活动中歌唱，久而久之便都相互认识了。在这个领域，歌师与歌师之间的关系当然也稍微有些不同，有些是相互欣赏的，有些则相互瞧不起，那些相互欣赏的歌师们一旦知道哪里有人去世便会约集与自己志同道合的歌师前去唱歌。不过现在已经并不这样主动了，正如我们说过的，现在的歌师通常需要孝子正式邀请。孝子通常知道歌师们之间的关系的复杂性，所以他并不会分别邀请多名歌师前来，他只是邀请其中一个自认为无论是歌技还是人品都较为过硬的歌师；他想要请多少名歌师以及如何组织安排歌唱活动等这些问题只需要与一个歌师商讨，此后的事情，便全部交给那个他去邀请的、信得过的歌师了。

老人去世的当日就要设立灵堂，设立灵堂的当夜就要在灵堂旁边设立歌堂，是为"开歌堂"。歌堂开设之后，歌师们便坐在歌堂里，开始他们的歌唱。首先是"排朝"，所谓"排朝"就是唱历史，用歌唱的方式讲述历史（他们自己理解的历史），评论历史人物，从三皇五帝直说到当今的国家领袖，关于"孝""善""仁"等的历史典故也是被编排进孝歌的歌词当中。"排朝"往往只由一个主要的歌师来唱，他被认为是对历史知识掌握得最好的歌师。其次是"轮唱"，所谓"轮唱"，即是在场的所有歌师轮流唱和。先前"排朝"的歌师唱一句完整的孝歌，确定了这一轮的基本韵脚，此后的歌师便根据这个韵脚开始唱和。如果其中有某一个歌师并不能根据此韵脚唱出来，也可以另开一个韵脚，此后的歌师便根据他所开的韵脚唱和。与"排朝"唱述历史有所不同,"轮唱"时的主要内容含有更浓厚的宗教色彩,其中包括"投文进表""接亡参见""择字安位""阴司根由""吟诗奠酒""分酒分香""更纸"等。其中"投文进表"是指用歌唱的方式帮助亡故者到另一个世界报到,"接亡参见"是指用歌唱的方式将亡灵引入另一个世界,"择字安位"是指用歌唱的方式安放各神灵的位置,"阴司根由"则是唱给阴曹地府为亡故者祈福的内容,"更纸"则指向阴曹地府焚化纸钱;"吟诗奠酒"、"分酒分香"则是唱给孝子的内容,此时孝子给歌师们敬酒、上菜,以对歌师们表达谢意,而歌师们此时则需要唱述其对孝子的赞扬,并给亡灵敬酒。孝歌活动的最后部分是为"交歌","交歌"时也只由那个"排朝"的歌师来唱,其内容包括"安神""送神""安五方""送五方"以及"送亡"等,它们都具有非常浓厚的宗教色彩。

唱孝歌时,总是一边敲鼓,一边唱词。通常情况下,专门有一个人敲鼓,它的作用包括两个方面,首先是吸引大家的注意,鼓声之后,就开始唱歌,每唱一句之前总有鼓点;另一个作用在于调整孝歌的节奏,所以有些歌师宁愿自己敲鼓自己唱,这样更能够实现节奏的协调。"轮唱"中各个歌师之间总是互动的,有时候甚至发展为两个人的对唱,其余的歌师有时候也帮腔,在某一句唱完之后,其余的歌师会齐说"对头""唱得清""唱得明"之类的话。

图 9-1　歌堂里的歌师们❶

---

❶　2011 年 1 月 23 日凌晨,农民夏明平家的孝歌现场。

在当地通行的孝歌一共有十三个半韵，包括黄唐韵、打杀韵、提戏韵、和合韵（火合韵）、诗词韵、灰推韵（灰堆韵）、号啕韵、朦胧韵（红龙韵）、寒山韵、三夹韵（三甲醒韵）、悠游韵、一七韵、帖色韵，其余半个韵为耳而韵。韵脚名可为不同的字，只要韵母相同就可以。为了押韵，孝歌很多时候有"明七暗八"的造句规矩，如下二句便是：

天长地久杜康造，太公钓鱼浑水捞。
孝家死了高堂老，大人小孩痛哭嚎。

从字面意义上来看，这两个句子都没有表达到完整的意思，它们需要补充某些字才足够完整，不过因为需要押韵，往往那些字被省略了，省略这些字，但是其意思还是能够表达清楚。如果将这两个句子在句式上补充完整，需要在其中加入一些字眼，如下：

天长地久杜康造（酒），太公钓鱼浑水捞（鱼）。
孝家死了高堂老（母），大人小孩痛哭嚎（啕）。

加了字之后，虽然句式明显完整了许多，但是已经不能押韵了。在这样的情况下，孝歌歌词的造句就要考虑将其中一些字眼省略，而与此同时又不能损坏句子所要表达的意思。这就是所谓"明七暗八"，表面上看来只有七个字，而事实上它应该包含八个字的意思。当然，这只是七字句的情况，除了七字句之外，孝歌歌词中还存在其他的句式，包括三字句、十字句、十一字句、十三字句甚至十五字句等，这些句式中都存在如"明七暗八"这样的遣词造句方式。

正因为这种歌唱形式通常发生在丧事活动中，而歌师往往是由孝子们请来的，借助歌师之口，表达对已故父母的哀思和最后的孝敬，因此，这种歌唱形式被称作孝歌。这一点，可以从当地歌师给我们提供的关于孝歌起源的故事中看出端倪。

孝歌被认为是在周朝开始出现的。商朝末年，武王伐纣。建立西周之后，武王论功行赏，分封功臣为诸侯，而封到湖北楚国的是武王的第十七个儿子。楚王的母亲过世后，停放在楚王的殿上。忽然，天上刮起黑风、下起暴雨。电闪雷鸣之后，停放在宝殿上的遗体消失不见了。生不见人，死不见尸，楚王非常着急。武王问文武大臣有什么办法，但是他们也对此束手无策。最后，武王决定张贴皇榜，招揽天下有文化之人，把母后对楚王的养育之恩讲出来，以表达楚王的孝心。张贴了皇榜之后的三天,一直无人揭榜。正在武王非常着急时,湖北民间来了两个秀才,是为兄弟,一名田文,一名田广。田文、田广兄弟二人撕下榜文,进了王城就开始唱孝书,唱出楚王母亲的好处、功劳与辛苦;唱尧舜禹等圣贤大忠大孝的故事;唱十二殿司约,祈求在人间做了坏事的父母到丰都鬼城时,不被打入十二层地狱受苦受难、变猪变狗。通过述说父母的养育恩德,向阎王求情,减轻父母的罪过,让他们下世为人,投胎转世到为官有钱的大户人家享福。两人整整唱了七天七夜,楚王母亲的尸体奇迹般的又回来了。楚王非常感动,重重犒赏两人。民间也逐渐形成了唱孝歌行孝的传统,只要父母过世,就兴唱孝书、善书。这与后世整理的孝歌歌词中的孝歌来历情况基本一致,歌词唱道:"仁宗皇帝死了娘,贴起榜文招歌郎。招请歌师把歌唱,才出田文与田广。走往武朝门前过,张李二人撕皇榜。""仁宗"之称,并非是指某位皇帝,而是对所有那些已经作古的孝子的一种广泛称呼。而"张李二人"也并不实指某二人,是泛指歌师。

首先,这则故事一开始就定下了"孝"的基调。在丧事活动中,尽管老人已经去世,他(或者她)已经感受不到现世的种种,然而这并没有妨碍"孝"的实践。非但如此,丧事活动中反而更加集中地实践孝行。一些对此颇为挑剔的农民似乎看到了这些行为的不妥之处,他们认为这样的行为对于死者根本于事无补,与其在老人已经亡故之后大操大办(以表示子女的孝心),还不如在老人活着的时候好好伺候他们。然而无论怎样,"孝"从来也并未停留于老人还在世的时间范围,而是不断延续。老人从生到死,子女要为其办一次像样的丧葬仪式,这从来都是被认为是孝行的体现。所以,在老人的丧事中请歌师来传唱亡故者的功绩、慈善等,也是一种无可挑剔的善行。

其次,孝歌起源的故事还有明显的神话色彩,而这些神话色彩很大程度上来源于人们的信仰,并且通过这些神话故事将这种信仰更加固化。楚王母亲的遗体奇迹般地消失,孝歌唱了几天之后遗体又奇迹般的回归,无不显示出其神秘之处。在孝歌中,向上天祈求、向阎罗王求情的情况非常广泛,其目的在于使亡故者能够尽早脱离另一个世界,通过投胎转世的方式再一次回归人世间。从这重意义上而言,孝歌同时具有民间信仰的色彩,歌师们不仅是民间艺术家,很大程度上还承担了宗教实践者的职责。

最后,值得说明的是,歌师们是"文化人"(即有知识的阶层)。从这个传说故事中来看,武王在文武大臣中已经无策的情况下张贴皇榜招揽有学之士,便有秀才来撕皇榜。虽然这个故事有许多漏洞,譬如"秀才"未必在武王时期就有，但是"秀才"在这则故事中只是作为一种民间"文化人"的概念。由此看来，歌师大都是有文化（知识）的人，他们不仅是具有读写能力的人物，尤其是有着非常丰富的历史知识、民间宗教知识以及传统文化的相关知识等。在今天，情况依然没有多大的变化，能够唱孝歌的歌师们大都能够读写，在民间，他们还是精通历史的人物，并且也是掌握传统文化的精英人物。

上一则故事大概能够揭示孝歌产生的历史时空（周朝、湖北地区）以及产生的基本原因，但是并未说明这种歌唱形式何以从湖北传到了我们现在所关注的这一地区。歌师们再向我们提供了一则传说，解释孝歌传入四川的情况。

当时（明末）的四川是少数民族居住地，其中彝族最多。据说，这些人从不讲究忠、孝、礼、义，经常做坏事，常常烧杀抢掠，做缺德事情，人都是很粗鲁野蛮的。玉皇大帝知道了，认为四川人不善就得诛灭。但是他又想再次证实一下，便派王母娘娘下凡实地走访四川一地，王母娘娘证实了这里的居民确非良民。于是，玉帝派八王张献忠下凡，剿灭四川人。他一路走一路杀，杀得鸡犬不宁，荒无人烟。只有少数人逃往了云、贵等地，四川已经没有多少人了。在这样的情况下，朝廷就从其他地方迁一些人过来居住，使这里恢复生机。那些人住惯了自己原有的地方，并不愿意迁徙，官家便用绳子捆着他们领过来安居，这就是后来人们所熟知的湖广填四川。在这些新迁入的人中，有许多是湖北人，于是，丧葬仪式中唱孝歌的传统便从湖北利川、北洋塘一带随着移民传到了四川境内。处于川东的重庆，本来与湖北西部地区交界，相隔不远，孝歌的传统已经陆续传入，再加上迁入移民的传播，所以这里的孝歌传统一度非常盛行。

这样看来，丧葬仪式中的孝歌传统传入四川地区被归因于明末张献忠的起义。也就是说，这种今天在我们所关注的地区依然流行甚广的歌唱形式是随着湖广填四川的湖北人迁入进来的。确实，根据当地歌师们对临近湖北地区的了解，在湖北地区，唱孝歌的传统至今依然非常盛行，在我们所关注的那些歌师中，一些人正是师从于湖北地区的歌师。无论怎样，人们更加相信这种歌唱形式和传统起源于楚国故地，在几千年后随着人口的迁徙流入我们所关注的地区。

二、功能：孝歌的思想内容和现实意义

孝歌可以说是当地民间艺术中非常重要的歌唱艺术形式，是不可多得的文化财富,是民众日常生活的生动再现。孝歌活动及其唱词很大程度上反映了当地农民的价值观、是非观、善恶观,表达了人们对事物的看法和观点。孝歌的唱词富含丰富的思想内容,这些内容本身就具有诸如劝化世人、安定人心的价值,而唱孝歌这种形式又具有诸如娱乐、社交等现实意义。

孝歌中的思想内容总是直指现实问题,尤其是人们在日常生活中的各类问题。例如,在一段时期中,毒品对当地年轻的农民造成了一定程度上的影响,戒毒成为政府部门以及社会广泛关注的话题,在孝歌中,这一事件也被编为歌词传唱:

劝奉世人要为好,戒毒一定翻大稍。

至今依然能够唱孝歌的歌师们大部分是年龄偏长的老人,他们也将作为老人应该具有的基本素质编为歌词进行传唱,是为"老人歌":

人老莫管闲事,为人父母要公正,一团和气大家兴。

相对于老年人,孝歌中也传唱着年轻人应该有的行为准则,尤其是在年轻人赡养父母长辈方面的准则,是为"行孝歌":

父母恩情算最长,时时刻刻记心上,父母功劳永不忘。
孝敬双亲人称赞,奉劝各位记心间,行孝之人千百万,一心难记唱不完。

如上均是直接劝化世人的歌词,事实上,还有许多具有教化意义的歌词使用讽刺、取笑的方式来纠正人们的行为,这种歌词被歌师们总结为"取笑歌"。例如,针对那些懒汉以及拖沓的妇女,歌师们也会编排一些歌词以取笑的方式来劝诫他们。其中有一首"蛮妇歌"在各种取笑之后总结出如下歌词:

拿些好言教训她,今后勤劳莫贪耍,煮饭挑水把狠发。

孝歌在很多时候正是通过这些直白的、顺口的语言来传递关于"孝""善""仁"的思想。此外,孝歌中还会传唱各种历史典故,其中不乏孝义的故事;还讲述历史人物,揭示出英雄人物为国为民的英雄气概和侠义精神。这样看来,孝歌无疑是社会教育的一种重要方式,它能够通过歌唱的艺术来传递人们的善恶观,并将这些善恶观进一步固定下来。

除了这种劝化世人的功能之外,因为孝歌在丧事活动中传唱,所以难免与灵魂信仰相联系。正如我们已经说明过的,孝歌中经常含有浓厚的宗教色彩,这在孝歌起源的传说中就已经体现得很明显,而孝歌的歌词所表达的思想内容在这方面的体现也很丰富。在上文中,我们对唱孝歌活动的大致过程分为"排朝""投文进表""接亡参见""择字安位""阴司根由""更纸""安神""送亡"以及"送神",如下,我们将就各个过程中的孝歌的思想内容做如下简要说明。

"排朝"一开始就唱道:

火炮一响众位听,细听余下开歌门。要问唱歌何原因,从头一二表分明。是吉是良,天元八卦,地元四方,歌郎到此,大吉大昌。

由此看来,孝子请歌师来在父母的灵前唱孝歌,不但是要表达其对父母的一片孝心,还借此来祈求孝家的平安、顺顺利利,所谓"大吉大昌"。

"投文进表"是通过孝歌的方式将亡故者报到另一个世界,歌师此时会说(唱)道:

(白)××省市村第×组的×××,在××地方,吉时良辰,去世了,请歌郎写表上呈:(唱)望天爷,开恩德,奉上天庭,若上天,折了罪,将他放行,早去超生。玉皇大帝准了本,吩咐太白李金星,赦皆亡人无有罪,宽望亡人早超生。

孝子通过其孝心来感动上天,祈求父母亡灵在另一个世界能够少受些罪,尽快脱离那个世界而回归,是为转世轮回。这种死者的灵魂将到另一个世界走一圈之后回归人间的转世轮回思想,在这里表达得十分清楚。

在"接亡参见"的环节,歌师唱道:

(唱)亡人要来你快来,莫在庙内哭哀哀,我问亡人你哭啥?城隍庙主要钱财,大火化财交给你,要放亡人出庙来。(白)依次过了奈何桥、桥梁土地、望乡台、卖粮公、张李二渡、鲁班先师、门神老爷,最后亡魂进得家门。(唱)阴司回来你把神参,参佛神,保你家庭清明保平安。参土神,五谷丰登。参灶神,好事传上天,坏事埋在地狱关。参坛神,六畜兴旺,坐江山。参门神,不准邪魔进门堂。

"择字安位"中歌师这样表达:

接亡回来走一场,请五方来安五方,依次安好南北西东和中央。

这是对各方神灵的一种安排。

接亡灵回来,还需要向阴司请求,亡魂从阴司走出,过无数关卡才能够顺

利回到原来的家里,这就是所谓的"阴司根由",歌师在此时唱道:

今夜请亡回家乡,亡人回程听我讲,一七参见××,二七参见××……七七参见××。

其中"××"表示各种鬼神,亡魂只有参见了众鬼神之后才能顺利过关。

"更纸"即为亡魂焚化纸钱,这些纸钱在亡灵所在的世界是为钱财,在这一环节,歌师唱道:

手拿纸钱来化财,阴司路上伴亡魂,亡人出门要放行,照见阴司无暗处,好让亡人往西行。

"安神"即安置天神、地神、上神、下神、内神和外神。

"送亡"则是把亡魂送出孝家的大门之外,送离本地,送过"冥河",送过"奈何桥",送上"九天云"。此时歌师唱道:

把亡送到九天云,化成仙鹤入仙境。

最后乃是"送神",此时歌师将会唱道:

一送孙大圣,二送二郎神,三送三太子,四送南海观音,五送封神黄飞虎,六送天将杨六军,七送天上七姐妹,八送八大金刚神,九送九天玄女人,十送十殿阎罗君。

从如上这些孝歌的内容可以看出,深植于普通民众心中的鬼神、祖先信仰在今天依然对人们的生活产生重要的影响,孝歌巧妙而自然地承载着这种民间宗教思想。从这个意义上讲,孝歌的思想内容事实上也具有某种宗教意义。

然而这些只是孝歌的思想内容所产生的价值和意义,我们在这一层次之外,还可以通过这种歌唱活动看出其中的社会价值。通过歌唱的形式,孝歌能够将人们本来已有的思想观念加以传递并进一步加强,从这个意义上来讲,孝歌在延续传统(不仅是传统的艺术,更包括传统的思想和观念)方面确实具有十分重要的价值。而作为一项社会活动,其产生的社会价值也是值得说明的。

从最现实的层次而言,孝歌至少能够在一定程度上缓解孝子的寂寞和丧事的沉重。此外,人们因为亡灵信仰的缘故,认为亡灵刚刚进入到另一个世界,也是寂寞的,唱孝歌可以陪他(或者她)高高兴兴、热热闹闹地走完最后一程。孝歌中的一段这样来表述孝歌所产生的现实意义:

> 孝歌为的哪一样？孝家请来陪新亡。
> 歌郎忙把孝堂上，敲鼓三槌开了堂。
> 锣打三锤火炮响，闹闹热热来治丧。
> 丧事办得多漂亮，孝堂赛歌莫悲伤。

正如歌师们自己说明的那样，唱孝歌是为了陪夜（孝子在亡故者遗体停留在家里的这段时间每晚守在灵前），不仅陪孝子，还陪老人（已故者）走完人间的最后一程，使其不寂寞，热热闹闹地走。事实上，它就是为了打发时间、活跃气氛、搞点娱乐（丧事虽然是一件值得悲伤的事情，不过正是因为这种悲伤的气氛，使得人们想出了各种别样的娱乐方式来），这从很大程度上免去了守夜者的无聊。

孝歌除了具有娱乐消遣功能、社会教育功能、强化信仰观念的功能之外，它还是乡土熟人社会的一种互助形式。在我们所考察的社区，大家总是十分讲究人情往来，他们总是很自觉得认为，哪家有事都应该去帮忙。虽然不收钱，但是他们认为人情总是在的。"你要知人情，你有事了，大家才会来帮忙。"至于是不是每一个人情都要对等的还回来，这就不一定了，而且，正如我们已经多次说明的那样，这本身是难以计算的，他们对此也不会斤斤计较。这也是孝歌能在传统的农业社会中得以长期存在的重要原因之一。不过现在，情况发生了一些变化，我们将会在后文中说明，现在的歌师们为了自己的生存，往往也要收取孝家的一些费用。

然而，尽管歌师们也很清楚孝歌的这些功能所在，不过在市场经济的大潮中，这些作用和功能并不能引起人们的重视。对于歌师而言，他们总是一边感慨这门传统艺术的消失，但是又并不愿意将这门艺术传授给他们的晚辈，对于今天的年轻人而言，这门艺术的文化、社会价值首先需要能够具有最现实的经济价值，失去了这一点，它就难以引起年轻人们的重视。因为这项艺术事实上并无现实的经济价值，所以大多数的年轻人并不参与这项活动。在此前，尽管孝歌也同样不能够创造经济价值，但是因为人们那时拥有较多的空闲时间，所以他们总能够在空闲时间哼上几句。不过现在，这种情况已经少见了，除了大量的工作之外，人们的娱乐活动也丰富了许多，这些因素对孝歌的传承产生了很大的阻力。

三、孝歌的传承及其困境："不是这个时代的东西"

如果上文中关于孝歌起源的传说可信的话，那么这项传统艺术已经存在了

第九章 传统艺术与信仰：职业化与消失的双重趋势

数千年之久。而如果这项传统艺术确实起源于楚国故地，它传入四川地区确实可以归因于张献忠起义以及湖广填四川的话，在我们所关注的地区，孝歌也已经存在了几百年之久。在这千百年间，孝歌除了在地域上的传播之外，也在代际之间代代相传，直至今日。通过我们对沙子地区的孝歌歌师们的考察，发现这些歌师们的传承主要遵循两种路径：一是家族传承，二是社会传承。两种传承方式并未决然分裂，对于大多数的歌师而言，他们在刚开始学习的时候，通常都是师从自己的长辈亲属，尤其是自己的父亲。但是在这些歌师已经掌握了一些孝歌的基本知识之后，他们开始在周围的各个丧事活动中唱孝歌，这样便会与其他歌师相结识，他们不仅在一起唱孝歌，相互之间也能够学习。这样我们便发现，几乎每一个歌师都存在家族传承和社会传承的双重特征。如下，我们对沙子镇较为著名的几位歌师的情况作出简单说明，以展示出这项艺术的传承情况。

夏孝顺已经40多岁了，他是这个年龄段会唱孝歌的为数不多的几个人之一。夏孝顺对他自己唱孝歌的能力十分自信，这一点主要源于他的家族具有很深厚的唱孝歌的传统。他从小就经常听孝歌，因为他的父亲和伯父在这方面也十分在行，他便经常跟随父亲和伯父行走在各个丧事之间，听父亲和伯父以及其他长辈歌师唱孝歌。他的父亲和伯父唱孝歌的本领又是从他的祖父那里学来的，他的祖父在解放前就是当地一个非常知名的孝歌歌师。夏孝顺说起自己学孝歌的经历时这样说道："我们家的孝歌真算得上是祖传的了，我本身也有这个天赋，家庭熏染的，多听多记也就会了。"

杨太平与夏孝顺的年龄大致相当，今年（2010年）已经45岁。杨太平祖籍湖北恩施，父亲那一辈才从湖北恩施迁居于沙子镇的白鸡坪，母亲就是白鸡坪的人。也许正是因为他的祖籍地在湖北恩施，所以他更倾向于认为孝歌的起源就是湖北，对此，他表现得十分坚定。杨太平的父母亲养育了六个子女，他排行老三。小时候，杨太平上过几年小学，在白鸡坪小学读了三年半的书就辍学回家了，当时他才有10岁，但是因为他小时候长得快，10岁的年龄，已经具有成年人一般的体格，所以参与集体劳动的时候经常被算作一个成年劳动力。白天，他跟着成人们到山上做活挣工分，闲下来便十分热爱读书，经常读一些历史书籍、历史演义小说，等等，每一本书，只要读一遍，他基本上都能够记住其中的内容。那时候条件有限，一方面自己没有钱买书，而且也没有多少书卖，所以有些书他读了多次，这样，他便更加熟悉书中的各种历史故事了。这对于他编排孝歌产生了很重要的作用，因为孝歌中经常需要用典故，这些历史故事正是很好的典故来源。杨太平的爷爷杨显章在解放前是川鄂两地较为著名的孝歌歌师之一，父亲杨文正也会唱孝歌。杨太平从小便受到父亲和祖父的影响，很喜欢孝歌这种歌唱艺术，在那个时候还有许多人热爱这项活动。在白鸡坪居住之后，有时候当湖北老家那边有丧事的时候，杨太平的父亲也会带着他到那边唱孝歌。在他看来，湖北的农村地区，孝歌至今依然十分盛行，在那边更能够感受到这项艺术的繁盛。久而久之，杨太平便从父亲与祖父那里学习到了唱孝歌。此外，他还从湖北地区的一些孝歌歌师那里学到了部分孝歌知识。

向朝生已经61岁了，也是当地的一名歌师。向朝生的父亲也会唱孝歌，在解放之前，他的父亲是国民政府的基层保长，因为这段经历，解放之后，他的父亲变得十分低调起来，很少再去唱孝歌。"文革"时期，政府将孝歌定性为封建残余，不准在丧事中再唱孝歌，所以这段时期很少再有唱孝歌的情况。不过当时生产队的大队长认为这项传统文化很有意思，便央求向朝生的父亲教他唱，因为他是大队长，觉得得罪不起，便前前后后教了他两三年。因为这件事，向朝生的父亲被政府抓了起来，加上他曾经给国民政府做基层领导的经历，他被关押了十年之久。正是因为这件事情，使得向朝生的父亲谈到孝歌便害怕，再也不唱，也不敢传授给别人。所以，向朝生唱孝歌，并不是他的父亲教给他的，而是他的五叔向天成教给他的，父亲从来不敢教他一句，甚至一度也奉劝他不要再学。

胡德先现年64岁，在沙子镇，他也是一名知名的孝歌歌师。他的父亲胡从贵唱孝歌也唱得很不错，而且不仅孝歌，啰儿调、薅草锣鼓等也颇为在行。但是他的父亲并没有教给他孝歌，因为他才一岁的时候，父亲就已经去世。他的母亲谭红智也很喜欢唱歌，但是因为女性在这里甚少参与这些活动，所以也只是常常悄悄地唱，并不参与别人的娱乐活动。大约在胡德先八九岁的时候，他的母亲便教他唱《清官图》。灾荒年间（三年自然灾害期间），胡德先的母亲饿死了，胡德先辍学回家，从此过上了艰辛的生活。那时候，他的邻居的妻子聂春华的哥哥聂华满经常来这里走亲戚，他的老家在冷水。有一次，胡德先跟着聂华满去冷水住了六七天，但是聂华满不想收养他，怕养大之后他又回到白鸡坪。于是，聂华满将其介绍给湖北人收养。养父养母均无儿无女，想要接个孩子来带，所以对他很好。但好景不长，才住了一年，湖北搞运动，把所有的四川人都撵了回来。他又去亲戚家躲了一个多月,最终还是没躲过。湖北唱孝歌很流行,在湖北的一年,他在孝堂开始接触孝歌。回家后,胡德先住在叔叔家,叔叔和婶婶对他并不好,只得在亲戚家轮流住。因为自己是个单身汉,没人管,所以非常自由,有空的时候就学唱土家族民歌和孝歌。22岁时,胡德先结婚成家,有吃有穿,稳定下来了。哪家有白事(丧事),就去孝堂听歌师们唱孝歌,默记后回来反复唱。他还找歌本来学,将歌词抄写在纸张上,带回去背。如果有不认识的字,妻子夏光妹就教他。而在孝堂中,他如果有哪些地方唱得不对,杨太平会给他分析,边学边唱就逐渐会了。

57岁的文德祥一度是沙子地区的歌头,孝家需要请歌师,往往先和他联系,由他来组织其他的歌师,这是由于他的家住在沙子镇上,孝家便于请他。后来,因为文德祥偶尔外出务工,所以这一区域的歌头换成别的歌师。文德祥的父亲文贤贵在文德祥才有40天大的时候就去世了,他5岁的时候,母亲带着他嫁到了冷水乡。冷水乡的继父杨文安会唱孝歌,哪里有丧事,继父便会带着他去唱孝歌,听到了便想学,继父就教他。此外,继父的两个朋友也会教他,他甚至还拜了这两个人作师父。每到过年的时候,他还要给两个师父去拜年。第一次去给师父拜年的时候,他买了三尺布和两瓶沱牌酒(九两装,1972年时2.5元一瓶)以及两袋白糖,此外还有一只自家养的公鸡。拜师之后的五六年中,每年的春节他都要去给两位师父拜年,回到白鸡坪安家之后,他便很少去师父家了,但是过年时还是会回到冷水看望母亲和继父,从继父那里拿些歌本来看。

余世堂是沙子镇沙子村人,今年56岁,也是一名孝歌歌师。小时候的余世堂体质很弱,经常容易生病。那时的人们遇到这样的情况总会去请算八字的先生看看,他的父母也不例外,请了先生给他看了之后,先生建议他的父亲余万春为其拜一个干爹。余万春与谭文质的关系甚好,后者是个能说会道的人,经常在一些公共活动中出现,孝歌也唱得很好,在周围颇有名望,于是余万春便将儿子余世堂拜寄给谭文质。余世堂从沙子小学毕业之后辍学回家,那时候能够将小学读完的情况已经很少见。因为能够识字,便找到干爹与其学习孝歌,几年之后,他也成了一个知名的孝歌歌师。

与上述几位歌师所不同的是,文德轩对孝歌的学习主要源于自学,尽管也曾一度跟随另一名歌师学习过一段时期。正如文德轩本人所说的那样:"我识字,书就是最好的师父嘛!"因为文德轩识字,对历史知识也有些了解,所以经常看些历史书籍、民间民俗书籍以及小说等。例如，他经常看的书包括《红楼梦》《水浒传》《罗通扫北》《薛刚反唐》《隋唐演义》《薛丁山征西》《薛仁贵征东》《三国演义》《增补万全金玉匠经注评全书》《红白喜事全书》《全套孝歌书》，等等。他自己备了两个笔记本，一个笔记本上抄下了47首唐诗，另一个笔记本上则记录了许多土家族民歌。他认为看这些书很有用，因为孝歌中唱的大多数也是这些历史人物和历史故事。具有了这些知识，他便能够自编歌词，采用已经熟悉的韵律唱出来。

  从上面这些歌师的情况可以看出，孝歌的传承路径是复杂的，我们将其主要分为两种范畴，即家族内传承和社会传承。事实上，如果更进一步分析可以看出，家族内传承包括跟随父母学习、跟随亲戚学习、跟干亲学以及跟随继父母学习等。当然，需要指出的是，除了一个歌师从他的母亲那里学习到了一些歌唱的基础能力之外，很少有其他的歌师能够从女性长辈那里学到这方面的知识，因为女性很大程度上被排除在这项艺术之外，她们或者会被编排进歌词，但是她们甚少直接唱孝歌（我们从来没有发现一个女性孝歌歌师）。在社会传承方面，包括跟师学以及自学等途径。拜师学的情况并不很多，事实上，拜师从某种意义上而言并不是为了学习这门艺术，它与拜干亲却有着某些相似之处，其目的与其说是为了向师父学习某项技艺，毋宁说是在扩展其社会关系。所以，如我们所看到的，大部分是社会传承途径是相互之间的切磋，那些已经在家族内获得一定孝歌知识的歌师往往在歌堂里相互学习和提升，这才是最主要的社会传承途径。自学的情况也并不多，甚至不存在那种完全依靠自学而成的歌师，他们多少需要向已经成为歌师的前辈们学习一定的孝歌知识，然后才能够自学。而且，更为重要的是，那些能够自学成才的歌师一定是受过较好的学校教育（相对于其他农民而言）的人，他们能够识字，而且热爱读书，肚子里装着特别丰富的历史故事、典故和人物，这对于一般的农民而言显然要求过高了。

  无论怎样，在过去（这里指的是1949年以前），尽管都能够哼上几句，但是真正能够将孝歌唱得很好的人并不多，因为一个普通的农民想要成为真正的歌师，需要一些条件。如上所说的，首先，他应该是个男性，孝歌的演唱是排除女性的。歌师们这样解释道："从来没有女歌师，女的本来就不应该学这个。"孝歌是在丧事中演唱的，在丧事中，女性忙于厨房里的事情，没有唱歌的时间。而且，在过去，女性上学的情况很少，问题在于，具有一定的受教育水平才能够将孝歌学得精通。再者，女性通常是不应抛头露面的，至于在公共

第九章 传统艺术与信仰：职业化与消失的双重趋势

场合中唱歌，在过去也并不提倡。于是，男人们独自唱孝歌，从来没有女性加入。除了性别条件之外，正如我们已经说过的，受教育水平也是一项重要的条件。孝歌经常取材于日常生活，尤其是那些戏谑的歌词，更是非常接近于生活，但是，比较重要的内容却往往需要从书上识得。而且，如我们已经说过的，那些拥有较为丰富的历史知识的人在学习孝歌方面具有很突出的优势。其实关于歌师在受教育水平方面的要求，在孝歌起源的传说中就已经有所体现了，如我们在那则传说中所看到的那样，他们是"秀才"，而不是一般的农民。

但是，假如上述条件都成熟的情况下，是否孝歌这项传统艺术就能够有序地传承下来了呢？情况显然并非如此。在今天，大部分的年轻农民都至少具有小学学历，看一些简易的书籍并不困难，关于历史知识，他们如果愿意，也可以通过各种途径来加以学习。不过现在看来，尽管具有如此众多的潜在学习者，但是孝歌在当前的传承情况则十分不乐观。传承依然受到其他因素的影响，并且这种影响是十分巨大的，正如我们现在看到的那样，即便其他的条件非常成熟，但是依然遭遇到了严重的传承困境。如下，我们将对孝歌的传承困境、困境产生的原因作出一些分析。

正如一些老年歌师们所担忧的那样，也许再过几十年，当现在还在唱孝歌的歌师们去世的时候，他们的灵堂边已经不一定有孝歌了。现在，几乎没有一个年轻人愿意主动学习孝歌，而那些至今依然在各个丧事中唱孝歌的歌师们也甚少将他们的歌技传授给年轻人，一方面是这些年轻人并不愿意学习，而另一方面歌师们也不愿意将他们的歌技传授给他们的子孙。显然，无论是对于那些年轻人而言，还是对于至今依然唱孝歌的歌师而言，孝歌的传承问题都没有受到他们自己的重视。

我们对这里的农民的日常生活已经做过多方面的说明，我们已经看到，农民的生计发生了非常显著的变迁，它所导致的是人们日常生活的各个方面的变化。首先，年轻人的生计很大程度上脱离了农业，他们不仅很少参与传统的农耕劳作，甚至因为工作的需要而甚少在农村社会活动。即便是那些经营农耕的中老年人，因为劳动力的匮乏以及附近的临工机会，使得他们的劳作时间也增加了很多。在这个如此需要现金、而劳动力又可以直接换取现金的时代，只有那些极不明智的人才会轻易将自己的时间花在娱乐上。所以，正如我们看到的，人们的时间更多的花费在了生计上，他们已经没有足够的时间来学习孝歌，也不愿意将自己本可以换取现金的劳力耗费在毫无经济价值的丧事活动中。正如我们所说的那样，一次丧事也许会办好几天，这些天的晚上，歌师们需要不停地唱孝歌。熬夜唱了孝歌的歌师们第二天通常需要睡觉，他们也需要休息，所以第二天几乎不能劳作。如果一个劳动力每劳作一天能够赚取60元钱（如果有临时工的机会，他们能够轻易赚到这笔钱），那么几夜的孝歌几乎使得歌师们损失了上百元的收入。所以，从生计的角度而言，人们并不愿意学习和唱孝歌。但这只是对于真正的劳动力而言的，如我们所分析过的，一些人事实上已经没有足够的劳动力，他们只能够从事一些轻巧的劳作，这正是那些老年人；还有那些还未成为完全的劳动力的孩子们，他们在读书之外也颇有些空闲的时间。但是，这并未改变孝歌传承的窘境。如果那些年轻力壮的年轻人削尖了脑袋外出打工或者打零工赚取现金，那么不可丢去的传统农耕以及家庭琐事将由谁来负责呢？基于这样的考虑，任何一个即便只具有一点劳动能力的人都将被纳入到新的分工之中，他们的劳力将在不停的劳动中耗尽。而对于孩子而言，尽管他们以读书为主，但是其空闲时间也经常被安排进劳动之中。当然，无论怎样，新的分工并未彻底剥夺人们的休闲时间，尽管已经不多，但还是有所剩余。

  本就不足的空闲时间通常不会被用于学习和唱孝歌，因为现在人们有更多可选择的、而且对他们确实具有很大的吸引力的休闲方式。我们在探讨当地农民的信息传播的章节中对当地农民的信息传播工具做了详细的考察，在那里，我们已经非常明确地指出，许多从信息传播的角度而言非常重要的传播工具，在农民那里，它们更多的时候是被当做消遣的工具使用的，例如电视机、手机、互联网等。电视机占据了人们最多的空闲时间，一旦有空，人们便会打开电视机，而且，电视机不仅对年轻人具有很强的吸引力，对于中老年人的吸引力也很强。手机在很大程度上被年轻人使用，一些中年人对此也很娴熟，除了用于沟通之外，手机也经常被用来听音乐、拍照、上网等。互联网的影响主要针对年轻的群体，尤其那些十几岁的学生，许多孩子愿意冒着被老师处罚和被家长打骂的风险将自己的零花钱悉数交到网吧老板的手里。相比之下，孝歌则寒酸了，它被丢给了那几个还愿意唱的以及还愿意听的几个人。在这里，娱乐的方式从来没有像今天这样变幻莫测过，尽管相比于城市，这里的娱乐方式依然单调，但是相比于这里的过去，今天的娱乐方式足以使人眩晕了。老年人至今依然感觉到手机是新奇的事物，而大部分的中年人对于互联网也停留于幻想。在这样的时代，也许只有"新"的娱乐方式能够引起人们的广泛注意，虽然这些娱乐方式也许并不能长时间受到人们的青睐（毕竟很快又会有更

第九章　传统艺术与信仰：职业化与消失的双重趋势

"新"的娱乐方式出现），但是它们对人们的传统休闲生活的改变显然已经发生了非常重大的影响。追求"新"的娱乐方式，使得传统娱乐受到很大影响，这其中当然也就包括孝歌在内了。

在婚丧嫁娶中，娱乐方式的变迁也是显而易见的。如我们今天在当地所看到的那样，每一次婚丧嫁娶中，几乎都是热闹非凡。在婚嫁这种值得喜庆的事件中，热闹的气氛当然更加热烈；而在丧事之中，这种热闹的氛围丝毫没有减少。如果丧事的夜晚没有了那些零零落落的孝歌声，对于一个外来者而言，仅凭别的听觉感受一定甚难辨别出这是一次丧事，因为无论是婚嫁还是丧事，我们都能够看到一种较为统一的表演（当然其中会有差别）。这些表演者来自村落之外，来自这个熟人社会之外，他们被办"会头"（人们广泛称呼婚丧嫁娶活动为"会头"）的人雇佣，来到这个场合开始他们的表演。他们由十几二十个人组成，其中包括组织者、歌手、小品演员、魔术师、舞蹈演员，等等，分工十分明确。这些人组成一个"艺术团"，在各种婚丧嫁娶的场合来回表演。像这样的艺术团在石柱县城比比皆是，甚至在一些乡镇也已经发展起了艺术团，在乡间小路旁的电杆和树上，你会惊奇地发现有几个十分醒目的艺术团的广告。艺术团的表演远远不能说是专业的，那些长年外出务工的年轻人以及在外地上大学的年轻人非常看不起这些表演，在他们看来，这种表演几乎是在"出洋相"，因为它既不是传统的，也并不现代（对于那些见过世面的人而言）。但是，尽管如此，这种艺术团却在过去的几年中迅速占据了一切婚丧嫁娶的娱乐时间和空间，在这些场合中，绝少不了这些艺术团的参与，而且它们简直是重头戏了。他们的声音洪亮的音响设备能够瞬间将其他的声音（包括丧事中的孝歌声）吞没；他们的奇特表演能够聚集那些无论看得懂还是看不懂的人的围观；他们花样繁多的穿着总是能够引起人们的评论，无论这种评论是正面的还是负面的。艺术团开着自己的车，除了运载演员之外，还运载着各种表演需要的工具，甚至运载舞台（舞台被拆下来放在车上）。在如此攻势之下，传统的民间娱乐活动渐渐淡出人们的视野，它们已经难以获得关注。

当然也并不完全是娱乐方式发生变迁而导致孝歌的没落，其中还包括某些观念的变迁。我们通常会问及观看艺术团表演的观众认为他们的表演怎样，他们的回答更多的是：这种表演只是图一时的热闹，因为每一次的表演都有很多雷同之处，这使得艺术团的表演没有多少新意，不过为了凑热闹，人们总是愿意来围观的。我们也曾多次问及举办"会头"的人家，如果不请乐团有何不妥之处，他们的回答更多的是：别人家办事（办"会头"）总请，到了自己这儿不请，那是很没面子的事情。于是我们看到，人们已经将请艺术团表演视作争取面子的一种手段，这一点对孝歌的打击更为严重。在对众多的丧事活动的考察之后，我们发现，丧事活动与其说是为了亡灵的超度，毋宁说是为了生者的地位。如何在一次丧事中体现自己的社会地位而不是如何使得亡灵得到更好的"超度"成为众多丧事的目的所在。此时，民间传统的祖宗信仰已经发生了很大的变化。人们已经清楚地意识到亡灵是不存在的，为亡故的父母举办一次像样的丧礼只是为了表现自己的孝义，它能够给生者镀一层金，使其地位提升起来。值得追问的是，何以艺术团的表演能够挣得面子？这大概源于两种原因。首先，艺术团的表演尽管是个很新鲜的事物，但是它仍然成为了一种"传统"，它确立起了人们对它的认同，一个不遵循这项"传统"的丧礼必定得不到多少认同，以至于有损办事家庭的面子。其次，消费逐渐成为人们博取面子的重要途径。换句话说，孝歌在为孝家博取面子方面无法与艺术团的表演相抗衡的一个重要原因在于，后者将会花费孝家更多的资金。这乍看起来颇为极端，但是人们的这种心理已经在发挥着很重要的作用。如果不请艺术团，便会因为没有遵循"传统"而难以受到认可，而且也因为表现出"穷困"或者至少是"舍不得花钱"而使得这个办"会头"的家庭的地位更加受到损坏。今天，在丧事中请几个歌师来唱孝歌，一般情况只需要花费几百元钱的工钱，但是如果请艺术团，动辄需要上千元的花费。

基于如上种种原因，孝歌一蹶不振，尽管还存在几个歌师，但是看来已无新人的加入。毫无疑问，孝歌正在走向消亡。对此，歌师们尽管惋惜，但是已经无力回天，毕竟他们自己也不愿意自己的后代学习这项艺术。而对于那些曾经的听众而言，孝歌的趋于消亡对他们更没有多大的影响，如果他们喜欢这项艺术，那么这时也不过跟着歌师们惋惜一番，但是绝少愿意去学的；如果他们不喜欢这项艺术，则连惋惜都可免去了。总之，无论是歌师们还是听众们对孝歌消亡趋势的态度汇聚成这样一句话："不是这个时代的东西。"这句简短的表达包含着惋惜，自然也显示出些许洒脱，并且这样的总结看起来多少是睿智的。孝歌在"文革"时期曾一度遭到严重的政治打压，事实上那时就已经趋于消亡。但是在政治解冻之后，孝歌还是在当地的丧事中盛行了许多年，直到今天依然如此。这样看来，在那样恶劣的政治环境中，孝歌依然能够保存，显示出了其在那个时代的生命力。但是今天，尽管政治力量在很大程度上鼓励传统的复兴，但是依然没有能够挽回太多的传统，它们纷纷寿终正寝，正如孝歌当前的发展态势那样。

四、最后的挣扎：做一些适合当下的改变

孝歌的消亡趋势因为没有新鲜力量的加入而表现得十分明显，不过短暂的数年间或许并不会彻底消失。首先，丧事中的艺术团表演对传统的孝歌产生了非常严重的冲击，但是艺术团只在亡故者下葬前的一夜进行表演，这也已经成为"传统"。正如我们已经说过的，一个人去世之后，遗体通常会停放在家里几日，而在这几日的夜里，孝歌依然发挥着其作用。其次，现存的歌师们的年龄还并不很大，他们不会在几年之内纷纷离开，他们依然能够在丧事中唱几年甚至几十年的孝歌。而且，尽管艺术团的表演成了一种新"传统"，但是孝歌作为旧传统并没有完全失去其地位，直到今天，每一个丧事活动中都不会轻易缺少唱孝歌这个环节。正是基于这些原因，现存的歌师们开始了他们力所能及的"改革"，他们主要在两个方面进行革新：调整孝歌的内容和向孝家收取劳务费。

我们已经说过，孝歌的主要内容大致有为亡灵祈祷、赞赏亡故者的一生、唱述历史、以历史典故说明孝义、唱生活中的琐事，等等。在这些内容中，为亡灵祈祷是较为晦涩的部分，对于那些对这种祖灵信仰并不十分笃定的人而言，他们很少去了解人死了之后的具体去向，即便是那些对此深信不疑的人，也不一定明白人的轮回的整个过程。这些民间宗教的知识，往往只由少部分人所掌握。所以，当歌师们以歌唱的形式为亡灵祈祷，歌词内容与大量的信仰思想联系起来，一些人便很难具体将其听懂。除此之外，在过去的关于唱述历史（也即是"排朝"）的部分中，歌词因为根据历史而编，所以往往带有古文文风。类似的一些歌词在歌师们自己看来既符合韵律，也很有文采，但是因为一般农民不易理解，所以也并不受到青睐。在赞颂亡故者的一生的时候，歌词内容既要情真意切，又要表达直白。而戏谑式的孝歌就更加直白了，毕竟这些歌词内容的素材大部分源于人们的日常生活。正是因为如此，孝歌的戏谑式的唱词受到更多听众的喜爱，而那些具有较浓厚的宗教色彩的唱词却没有多少人关注。

基于时代的变迁，歌师们已经意识到，一些孝歌歌词的内容需要加以改变才能够适应于今天了。首先，需要改变的，乃是原来孝歌所具有的那种古文文风，它相对难懂一些，没有受过多少学校教育的农民很难轻易接受古文。现在的人们需要现代的表达，直白而脍炙人口的歌词将会获得更多的喜爱。其次，让歌词与人们的生活更加密切地联系起来，除了在特定的环节需要唱些祈祷的歌词之外，其他时候尽可大量歌唱生活和时政。尤其是将时政变成简单易懂的歌词之后，使得老弱妇孺都能够多少对政治有些认识，他们也乐于听。如下，

我们摘录一段歌师杨太平新编的有关时政与生活变迁的孝歌歌词：

不唱秦朝帝王将，不唱古代的文章。四九年前来解放，现出东方红太阳。土改政策常常讲，恶霸地主投了降。又要减租退押当，又分田地又分房。建设中国共产党，贫下中农喜洋洋。七六年来灾星降，主席得病一命亡。政策交与国峰掌，一举粉碎四人帮。三个凡是不妥当，新选主席胡耀邦。他搞三年也要放，政权交与赵紫阳。煽动学潮把祸闯，北京动乱起刀枪。这时中国不像样，全国人民心发慌。跳出救星是老将，小平同志坐中央。军委主席他来当，党政大权一人掌。生产责任来下放，自种自收满屋粮。冬天也是大不慌，冬天也是大不忙。满山牛羊肥又壮，农民天天都赶场。下年不见算盘响，人人丰收有余粮。部队培养精兵将，神舟五号能宇航。学生读书勤奋上，政府支持去留洋。出门打工是正当，找回银钱存银行。人人摩托买一辆，又买彩电和冰箱。买个手机能照相，又想买座电梯房。三个代表常常讲，户户低改放豪光。退耕还林对你讲，不种粮食也有粮。医疗保险很妥当，五千政府来帮忙。党的恩情难尽讲，人民江山万年长。

这种改变是必要的，新的歌词内容确实更接近于人们的生活，也更容易为听众所接受。除了对歌词内容做出改变之外，歌师们为其生计着想也要向孝家收取一定的费用了。

尽管歌师到某些孝家（尤其是同村落的熟人）唱孝歌在很大程度上依然体现出其帮忙的特征，但是即便是非常熟悉的人，孝家也会给歌师们提供一点钱。如果是较远地方的孝家，与歌师们又不认识，歌师们便理所当然地要求其报酬。按照通行的规矩，每位歌师每晚都能从孝家那里获得50元左右的报酬。报酬的多少是在孝家请歌师的时候就商量好的，负责组织歌师的歌头往往还会有十几块钱的红包。在唱孝歌的时候，孝家每天需要向歌师提供一包香烟，管他们喝酒、吃饭。

向朝生最近一次唱孝歌是在2009年农历的三月份，那时同村谭刚的父亲去世了，请他去排朝。谭刚给了他13元的红包（本来是给12元，取"月月红"之意，因为这一年为闰年，有十三个月，就给了13元）。其他歌师就没有收取任何报酬了，都表明是去帮忙的。但是尽管如此，每位歌师还是得到了孝家的一块孝帕、一包烟（5元的龙凤呈祥，以前是3元一包的朝天门）。当时是春耕的农忙时节，如果晚上唱歌，白天还要干活，那实在太累了。本来向朝生也不愿意这个时候去帮人唱孝歌，但是那时的情况不容推辞，毕竟是同一个村落里的人。

这种不收取报酬的情况在同村范围内依然广泛存在，歌师与孝家的关系很大程度上依然体现为一种互助，而非雇用。但是在村落之外，如今不收取报酬的歌师已经几乎不存在了。

作为一名孝歌歌师，向明是最开始发起向孝家收取报酬的人之一，谈到孝歌收钱时他说道："这个是我和聂泰和挑头的，以前不收钱只讲帮忙。我们觉得不给钱去帮忙熬更守夜，第二天要补觉干不了活，划不来，唱起来不得兴趣，不爱唱。如果白干，我们这些唱得不错的都不去，唱得差的又没得气氛，唱不下来。2000年开始，就有些大方的人给了，10元、20元的'利市钱'，但是兴得不是很隆重。后来，一家跟一家的拿，就兴了。一家兴就家家兴，'别人给得起，我也给得起'。大家都是这么想的。收钱的规矩大兴是在2005年后，因为当时修高速公路，抬高了沙子镇零工的价钱，以前是10~15元一天，现在变成了50~60元一天。2009年开始修铁路，工价又提高到了七八十。大家都不愿意耽误白天的活，来陪孝子给人家白守灵堂，如果不给钱就不值得。我们几个人商量，要请去唱歌守夜，耽搁一天的活路，参考修高速公路的工价，包吃后要给50元才划得来。由我来承包，有人叫我就去通知大家。成头的人都有10元、12元的利市钱，一般都给我。开始收钱时，有些人家就不请了，镇上一些干部，有钱的人还是会请我们去唱。慢慢地，农户家也兴给了，每个人每晚给50元。不请还是不热闹，逼着没得办法，大家就都给了。而在湖镇（本县另一个乡镇）等地，请一个歌师唱一晚的孝歌也就十几元钱。"

当唱孝歌在一定程度上成为一种赚钱的方式之后，歌师们之间的关系也发生了一些变化，那些经常以一种小团体的形式出现的歌师们也形成了更加紧密的关系。以向明为例，作为一个歌头，他有着较为稳定的歌师。除了向明自己之外，还有金竹寨（沙子镇境内的高山村落）的赵凤庭、谭元友，香石溪的聂泰和、谭本福，沙子街上的文德祥。谭本福和谭元友唱孝歌的水平都很一般，向明曾经请过谭元友四五次，而请谭本福才一次。因为现在孝家都要给报酬，如果水平不够，总是不合适的。2008年开始，向明开始请白鸡坪的文德轩、胡德先和杨太平同自己一起唱孝歌，他们唱孝歌的水平都很高。2009年的时候，在某一次歌堂里，向明遇到了一个从湖北来的上门女婿，他也唱得不错，所以当向明组织不到人的时候，也会请他一起唱。作为歌头，孝家如果要请歌师来唱孝歌，便会直接给他打电话，跟他商量好时间、地点和报酬等事项之后，将组织其他歌师这件事情全权委托给歌头。如果孝家的距离较远，那么孝家还要负责用车接送歌师，由歌头组织的歌师们在约定的时间和地点集中，等待孝家的车来接。

这样看来，尽管歌师们从来没有将唱孝歌作为一项职业来经营，但是他们显然将唱孝歌作为一种赚钱的方式。一定程度上来说，唱孝歌确实存在一定的职业化倾向，但是最终是否能够达到真正的职业化，这将受到多方面的因素的影响。如果这种传统艺术并没有因为时代的变迁而逐渐没落的话，继续向前发展的孝歌也许能够走上职业化的道路。但是现实的情况并不乐观，因为这项传统艺术已经受到多种因素的影响而趋于没落了。职业化的倾向在一定程度上解决了现存歌师们的生存问题，但是并不能解决其他更多的问题，毕竟，人们的娱乐方式丰富了，人们博取面子的方式也发生了变化，喜爱孝歌的人越来越少。

第二节　唢呐：用途更广的演奏艺术

与孝歌明显不同的是，唢呐这种民间乐器的用途更加广泛。我们曾问一些农民，为什么不学习一点关于孝歌的知识，他们认为不愿学习孝歌的原因之一乃是孝歌的用处实在很窄，它只能够在丧事中传唱。如果在没有丧事的情况下，一个年轻不懂事的孩子随意哼出半句孝歌的调子，他（或者她）必定会遭到家长的喝止。因为只有在丧事中才会传唱孝歌，所以孝歌无形中被染上了一层"白色"，它几乎就能够指代"家中死人"了。所以，如果说孝歌确实具有某些娱乐的功能的话，那也只是在丧事的悲伤气氛中偶尔谨慎开展的娱乐。至于唢呐，它的用途就广泛得多。从其本身的音质来看，它既能够吹出那种穿透力极强的声音，一些家长经常将孩子的高声哭嚎比喻为"破唢呐"，看来唢呐的高音确实很高；唢呐还能够吹出那种低沉的乐声，其如泣如诉的悲凉也非常明显。所以，在婚丧嫁娶中，唢呐都会被广泛地运用，只是在不同的场合所吹奏的调子有所差别罢了。但是唢呐也并不因为它的用途广泛而在传承方面显得乐观，事实上，作为一种民间音乐，它也并未摆脱那些传统文化的衰落趋势。

一、唢呐概述

唢呐在我们所关注的地区是当地农民最为熟知的一种民间乐器之一了。它经常在婚丧嫁娶中被无数次的演奏，几乎成了"会头"的标志性声音，它的高音传到人们的耳朵里，人们便能够循着声音知道哪家正在举办一次"会头"。在白会（也就是丧事）中，亡故者的女婿家一定会请一队唢呐队吹着唢呐前来拜祭；在红事（也就是婚事）中，新郎家将会吹着唢呐前去新娘家将新娘娶回来；在立新房（当地农民在立新房的时候也会办一次"会头"）的时候，主家也会请一队唢呐来热闹一番；在老人过寿的时候，如果老人的子女为老人举办一次"会头"（并不是所有的寿礼都举办会头，只是在一些整寿的时候偶尔会办"会头"），他们自然也不会忘记请一队唢呐队来增加喜庆气氛。总之，在一切"会头"中都不可缺少唢呐的存在。

从历史上来看，唢呐起源于波斯、阿拉伯以及伊朗等中亚地区，金元时期传入我国。明正德年间，王西楼作词云："唢呐唆哪，曲儿小，腔儿大。"明代弘治年间，朝鲜修撰的《乐学轨范》中记载："唢呐制与喇叭……不知起于何代，当是军中之乐也，今民间多用之。"在明代，唢呐被编入《回部乐》中，称为"苏尔奈"。如此看来，在明代，唢呐已经成为民间的一种乐器。但是在我们所关注的地区，关于此种乐器的历史记载却甚少。至于那些懂得吹唢呐的乐师们，他们也并不知道这种乐器的渊源，只是因其有用而自己又颇为感兴趣所以学习这种乐器。在他们的记忆中，这种乐器从来就有，在他们学习唢呐的时候，吹奏这种传统乐器已经成为传统。

唢呐作为一种乐器，尽管能够单独演奏，不过也往往是与其他乐器协奏的。与唢呐协奏的民间乐器主要是鼓（包括大鼓、小鼓和腰鼓等，其形制和音质各不相同）、镲子（又称钹、铍等，为铜质乐器，为一对）、斗锣（又称铜锣、包锣等，亦为铜质，木柄敲击之）、二胡等。如今，随着时代的变迁，一些新的乐器加入进来，但是这些新加入的乐器看来并非传统民间乐器，例如洋号就是最近几年才加入进来的。在今天，如果要置备齐全这样一套吹打乐器，大约需要 4000 元左右，其昂贵的价格使得人们很难以拥有这些乐器，那些精于此道的乐师们往往也只有一两件，通常是自己最常使用的那件乐器。

乐师傅建平自己陆陆续续置办了一套吹唢呐的乐具，花了不少的钱。二胡是 1997 年自己在秦皇岛打工时买的，价格在 170 元左右，由弓、调节器、音量孔、座子组成。弓由一束马尾，一根细的内弦，一根粗的外弦组成。唢呐一对，1990 年的时候买的，价格为 120 元，为中号形制，35 公分左右的长度，现在要卖五六百元。钵有 3 对，18 公分的一对是在上世纪 80 年代购买的，当时为 30 元一对；15 公分的一付是 2004 年买的，按斤数购买，那时花了 80 多元；2008 年的时候，傅建平又买了一个二十四五公分的钵，80 元一斤，价格为 180 多（元）。围鼓是 2004 年买的，高 30 公分，直径 40 公分，购买价格为 120 元。这些是常用的乐具，其他的还有号子、包锣、斗锣、边鼓、小鼓等，但是傅建平并没有完全购买齐全，不过相比于其他乐师，已经算是十分丰富了。

无论如何，在如上这些乐器中，只有唢呐是最主要的乐器，它吹奏出的音乐是主乐，其他乐器主要在于配合唢呐。而且，在这些乐器中，唢呐看来也是最为难学的，吹奏唢呐的技巧难以掌握。唢呐通常有八个孔，上面七个，下面一个。根据不同的需求，唢呐具有多种吹法。第一种吹法是所谓的"吹牌子"，主要的"牌子"有《男济公》《关牌子》《迎关接昭》等，这些调子主要用于婚嫁时接客、送客等。第二种是所谓的"吹炸子"，吹炸子需要二胡来配合，此时吹的唢呐只需要使用五个孔，吹出的是响亮的高音。还有一种吹法叫做"配小乐"，只有在这种情况下，唢呐才不是主要的乐器，这种吹法以笛子作为主要乐器，这种吹法主要用于接亲、嫁女的时候，当新媳妇进门时以及"闹新房"时通常吹奏这种调子。

图 9-2　大围鼓

图 9-3　镲子

第九章　传统艺术与信仰：职业化与消失的双重趋势

图 9-4　一对唢呐

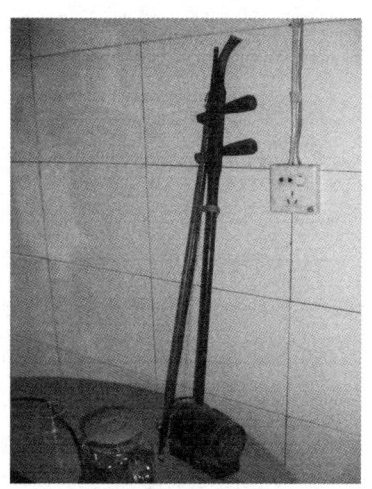

图 9-5　二胡

图 9-6　斗锣

值得说明的是，尽管伴随唢呐吹奏的还有各种各样的民间乐器，也并不是每一次演奏都包含着上述乐器。事实上，最简单的唢呐演奏仅仅包括两个人，一人吹一把唢呐，二人或同吹一曲，或有主有辅。较为复杂的唢呐队包括四个人，他们包括两个唢呐手、一个敲鼓手和一个打镲手，这样的演奏显然要比两个单独的唢呐手吹奏唢呐要好听，毕竟其中还有更加丰富的乐声。还有更加复杂的唢呐队，它包括七八个人，其中两个人为唢呐手，一人打镲子，一人敲鼓（包括不同形制的鼓），一人打锣，一人拉二胡，一人吹洋号，还有一人吹笛子等。据唢呐乐师们的回忆，在上世纪 70 年代之前，人们举办"会头"的时候往往只会请两个唢呐手吹唢呐就可以了。那时候的唢呐演奏尽管显得单调，但是它在"会头"中发挥着非常重要的活跃气氛的作用，毕竟那时候还没有今天常见的所谓艺术团。

二、演奏艺术的传承：师徒传承与家内传承

在沙子镇所有的乐师有着一个共同的祖师爷，他就是石柱县吹唢呐的乐师马世元。马世元的身世较为坎坷，在他还没有结婚的时候，他的父母就已经双双去世了。正是因为马世元父母双亡，没有人照顾他，所以一直住在沙子镇范益发家。马世元没有多少能力，但是吹唢呐却很在行，他就指着这项技术讨生活。范益发看他经常给别人吹唢呐赚到一些钱，自己经常听他吹感觉也很有兴趣，就打算向马世元拜师。

当时在传授技艺的时候，拜师者通常需要向师父投递一份"投师约"，具有某种契约的性质。因为技艺关系到生计，如果向别人传授了，难免发生"教会徒弟，饿死师父"的情况，所以投师约上往往写明自己何时何地何以拜师学艺，拜师之后将听从师父的教诲；说明自己的责任，如何酬谢师父；在自己学到师父的手艺之后，师徒关系还将长期存在，弟子在这方面都要听从师父的，等等。在大部分的技艺传承中，弟子都要向师父投递这份书面投师约，例如木匠、泥瓦匠，等等。投师约就像是一种民间法，但是它并没有说明违反这个投师约的代价是什么，事实上，能够监督这个投师约得到履行的只是传统的道德伦理及其相关的社会舆论。

范益发写了一份投师约给马世元，打算拜马世元为师。因为马世元长期住在范益发家，也许碍于情面，也许确实想要培养弟子，所以接受了范益发，从此便向范益发传授其吹唢呐的本领。向马世元拜师之后，范益发每年都给师父去拜年，直到马世元去世。范益发长期跟着马世元学艺，每到有人请马世元，他就带着范益发同去，一方面使范益发能够赚点钱，另一方面也使范益发能够在实践中不断学习进步。逐渐地，范益发吹唢呐的本领也开始成熟了。范益发生于1942年，在我们拜访他的时候，他已经68岁。他年轻的时候住在高山之上，那时候为了能够有更多的土地，人们愿意住得偏远一点。后来因为自己有了手艺，便从山上迁到山下来。范益发在山下只买了一亩土地，种点粮食只够自己吃食的，平时家里的开销大都来源于他给别人吹唢呐所得的报酬。

当范益发成为当地较为有名的唢呐乐师之后，他也开始招收徒弟了。他先后收了六个徒弟，这些弟子一度成为沙子镇及其周围地区非常有名的唢呐乐

师。大徒弟是沙子镇的谭明梦，二徒弟是沙子镇的周学忠，三徒弟是沙子镇的徐昌运，四土地是中益乡的李正强，五徒弟是中益乡的李正华，六徒弟是沙子镇的傅建平。这六个徒弟都是通过非常正式的拜师仪式拜到范益发门下的，他们都给师父提交过投师约。

这样看来，从当地唢呐乐师的祖师马世元开始，直到他的徒孙辈，都是通过师徒传承的方式来传承这样技艺的。这种传承方式存在着一个显在的问题，就是我们上述的"教会徒弟，饿死师父"的传承窘境。所以才会有投师约的约束。但是从实际情况看来，投师约的约束能力也并不乐观，因为师徒关系也并不完全能够由那张纸来规定，往往因为现实的利益问题，师徒之间的关系就会发生很大的变化。

与上文介绍的唱孝歌不同，吹唢呐历来都有收取报酬的规矩。在上世纪70年代，吹一个期（也就是给一次"会头"吹唢呐），主人家一般给两三元的报酬。到了80年代，每吹一个期的报酬涨至十几元。90年代之后增长更加迅速，上涨到100多元；2000年开始涨到300元左右。2005年后，吹一个期的报酬大致稳定在450到500元之间，最贵的也有给到600元的。现在，对于一般的唢呐乐师而言，一年吹得多的时候可以吹十到二十个期，大概收入为一两千元。白会（丧事）一般吹一天，上山的前半天至送亡者上山为止。在白会中，每人每天50元，四个人吹，一天两百元。红喜（婚嫁）则分为两种情况，一种是只吹一天，是为"吹堂角"，在会头举办的那天，乐师们早上八九点钟的时候就到主家，直吹到下午两三点钟，客人走完为止。另一种是吹三天，在办"会头"的前一天就开始吹，办"会头"的那天接亲也要吹，回门的一天也吹。在后一种情况下，唢呐队在头一日的晚上吹着唢呐提前到主人家，主人放炮迎接唢呐队并给每人递上一包烟和2元的"利市钱"。第二天早上，唢呐队便和新郎一起去接亲，吹吹打打热热闹闹地到女方家去，这时也收到一些"利市钱"和香烟。发亲的时候，每人照旧得到一包香烟、一份"利市钱"。三天下来，每人收入150左右。除了现金外，还有香烟等物。每一次的"利市钱"数量不等，有时一两块，有时两三块，大方的人家就会多给一点。

正是因为这样，吹唢呐在一定程度上可以算得上是一种谋生的方式了，它至少可以作为一种赚钱的副业。所以，师父们其实都不愿培养过多的弟子来作为自己的竞争对手，于是，我们看到，一个师父不会招收很多徒弟，当他的徒弟和他大概能够组成一个较为完整的唢呐队之后，他就很少再收徒弟了。他将这些徒弟联系起来，组成一个稳定的唢呐队，一旦一个地方有人请，他们便组成一个队一起前去。但是从吹唢呐这项传统的民间艺术本身着想，要发展就得收徒弟，而徒弟群体的扩大则不可避免地带来竞争。马世元将自己的手艺传授给范益发，范益发传授给六个徒弟，组成一个稍微稳定的唢呐队。再往后，这六个人又陆续将其手艺传授给更多的人，如今沙子镇的唢呐乐师已经超过20人之多。在马世元和范益发作为主角的年代，需要请唢呐乐师的主家往往求着乐师，有些人家甚至为了配合乐师的时间而将自己的"会头"的时间做出调整。但是现在，这种情况几乎不存在了，一方面是因为现在沙子镇的唢呐乐师足够，而且，假如确实没有乐师可用的话，取消吹唢呐这个环节看来对于"会头"也不会造成多大的影响。在乐师越来越多的情况下，尽管所有的唢呐乐师看来都源出一祖，但是他们之间却存在着强烈的竞争关系。个人凭借个人的社会关系网络取得各自周围的竞争主动权，将周围地区的生意全部抢占。徒弟们一度与师父一同组成一个唢呐队，但是与师兄弟之间多少存在一些不愉快的关系，而且在这样的团队中，徒弟在师父的面前很少能够做主。于是，只要有能力和足够的社会关系网络，这些曾经在师父的团队里作为乐师的徒弟们便会组建自己的唢呐队，脱离师父，自谋出路。

傅建平拜范益发为师之后，每年过年都会打上一桶十几元钱的散装白酒去给师傅拜年。拜了四五年后，他的家搬到了沙子镇街上，有了自己吹期的班子，就没再去拜年了。范益发不高兴徒弟的做法，认为他不仅没来拜年，又有了自己的吹期班子，有期的时候还不叫自己一起去。说到自己的小徒弟傅建平的时候，老师父范益发说："他原本就不一定瞧得起这个行当（指吹唢呐），前几年修高速公路的时候，他去高速公路上打工一天一百多，叫他来吹期他都不来。他有本事，门路多，会电焊，又新开了一个食店，忙得很，很多年都没来拜年了。"师徒二人如今的关系变得很僵，见面也不说话，师徒不像师徒。直到现在师徒二人都没有任何交往，已经好几年了。

傅建平不仅得罪了师父，他还得罪了刘西发。他与刘西发的关系更加复杂，从某种程度上讲，刘西发才算是他真正的师父，但是在名义上，刘西发却是他的师侄，因为刘西发乃是范益发的徒孙，他是范益发大徒弟谭明梦的继子，他是向继父学吹唢呐的。傅建平从小就对音乐感兴趣，小时候就学会了吹笛子、拉手风琴。他的家中有六个兄弟，他为老大，初中一年级没读完就辍学回家了。那时候附近如果有吹期的，他就经常去听。16岁的时候，傅建平就已经可以吹出一部分调子了。18岁的时候，傅建平和刘西发一同去黄水（石

第九章 传统艺术与信仰：职业化与消失的双重趋势

柱县另一个乡镇）修路，工作之余就向刘西发学习拉二胡，准备回家之后正式拜刘西发为师学吹唢呐。刘西发自己当然想收这个徒弟，但是因为自己的师爷范益发在世，并且还从事这项事业，他在这个时候就授徒，感觉有些不妥。所以就一直没有将傅建平收为徒弟，但是依然一如既往的教他手艺。

尽管受到妻子和家人的反对，傅建平依然学习得非常努力。他的妻子认为，按照农村原有的观念，这叫做"叫花子活路"，吹的时候都只能在屋外吹，除了晚上睡觉，白天吹唢呐时不能进入主家屋里。但是傅建平十分喜欢这种艺术，他躲着悄悄学习。自己买来录音机，录下刘西发吹唢呐时的调子，回来之后慢慢学习，遇到不懂的地方就直接请教刘西发。大约在33岁的时候，傅建平基本上学会了吹唢呐的全套乐曲，开始有附近的人请他去吹期。这个时候，总有人会问他师父是谁？他答不上来，觉得有必要拜一个师父。考虑再三，既然刘西发不愿收自己为徒，不如拜刘西发的师父范益发为师，毕竟范益发是这一地区最为知名的唢呐乐师了。

他将这个想法告诉刘西发，这使得刘西发为难了，不能不同意，如果让别人知道自己不让人去拜自己的师爷为师，他将会处于何种舆论处境呢？同意他去吧，又觉得傅建平以前虽然没有徒弟之名，但实际上也是自己的徒弟了，现在他想通过拜自己的师爷为师而突然变成自己的师叔，这使刘西发有些失落。他觉得傅建平之所以来问他的意见，就是要将自己陷于这种两难的处境。这样，将来自己不能责怪傅建平，毕竟是自己同意的。刘西发虽然内心不愿，但是还是表示同意傅建平拜自己的师爷范益发为师。在征得刘西发的同意之后，傅建平决定拜范益发为师。范益发一开始并没有答应，怕他学会后去教自己的五个弟弟（毕竟他有那么多的兄弟），有了自己的班子，抢了他的期。而且也碍于徒孙刘西发的面子，不愿收。但是回头一想，自己的担忧已经丝毫没有意义，担心教会他之后他会教给他自己的弟弟们么？其实他本身已经会了，根本不用教他什么，如果他要教给自己的弟弟们，收不收他做徒弟根本毫无干系。而且，他后来得知了刘西发对此事的意见。为了笼络一个已经成为竞争对手的乐师，范益发最终接收了这个徒弟。在某年的大年初二，范益发的生日这天，傅建平当着五个师兄的面给范益发递上了投师约，正式拜在范益发的门下。不曾想，多年之后，他们之间的师徒关系会变得如今这般冰冷。

正是因为师徒之间的这种利害冲突，使得乐师们在收授徒弟方面总是保守的。在这样的情况下，收授徒弟也必然是要讲关系的，例如中间会有一个重要的担保人，这样，如果徒弟将来欺师灭祖，他不仅得罪了师父，也得罪了他的担保人。其实担保人也并不能担保什么事情能够发生和什么事情不能够发生，他完全是被卷入进来的，他在这段师徒关系中没有什么利益可言。在他没有作为担保人之前，将要成为师徒的两个人都与他有很深厚的社会关系，他之所以能够成为担保人，并不是因为他有多高的声望和多高的权力，只是因为他与将要成为师徒的两个人都有非常密切、而且对于他们而言都非常重要的社会关系。这样，如果师徒之中的一人背离了师徒关系，往往也会背离担保人。于是，师徒之中的任何一个人如果想要背离这段关系，就得考虑自己是否既愿意背离与师父（或者徒弟）的关系，又愿意背离与担保人的关系。这样看来，师徒传承存在着众多的局限性，在师徒关系之中，徒弟和师父似乎都陷入了一种责任与权利的纠葛。于是，正如我们所看到的那样，严格的师徒关系已经很少存在，更多的时候，乐师们是向他们的长辈（亲人或者亲戚）学习吹唢呐这样手艺的。

范益发有三个儿子一个女儿，三个儿子分别是范真宇、范真海、范真龙，三个都会吹唢呐。"各自的就不写什么投师约了，从小就教他们吹。哪里差人还可以叫上一起去。"范真宇有两个儿子，大的叫做范安迪，今年只有13岁，11岁时左眼受伤，辍学在家。因为年纪还小，眼睛受伤后就干不了其他活了，于是就跟着爷爷学吹唢呐，还可以赚点力所能及的钱。范真龙也有一个儿子，叫范家源，今年也只有13岁，也会吹唢呐。两个孙儿刚开始学吹唢呐，是因为他们读小学的时候学校让他们表演节目，他们不会表演其他的节目，于是就找爷爷学打行李（所谓打行李是指打鼓、打镲子以及敲锣等）。此后，他们也慢慢开始学吹唢呐。范真海有一儿一女，儿子范真涛不会吹唢呐，他说："我不学，吹起不安逸，时间长，我坐不住。"

刘西发是范益发的大徒弟谭明梦的继子，从小就跟着继父学吹唢呐。他生于1958年，两岁时其亲生父亲就过世了，5岁时，随着母亲嫁到沙子镇谭明梦家。7岁的时候开始上学，11岁就因为家贫而辍学在家。继父谭明梦吹唢呐很在行，在家有空的时候爱吹来娱乐。所以，刘西发从小就听这种乐曲，那时候就多少有些基础，对这种乐器也有了些概念，后来正式学的时候就容易多了。继父主要和徐昌运一起出门吹期，有一次徐昌运有事去不了，父亲觉得答应别人又吹不了很为难，连夜让刘西发学吹几曲。那一晚他学会了三个调子，第二天就立即去吹期了。后来他又和继父去吹了几个结婚的期，学到了十几个调子，从12岁学到15岁就基本学会了父亲的手艺。"父亲吹期的工资要交给生产队，一天交一元就记十个工分。去吹两天，也就两三元的利市，除去要交给生产队的一元钱之外，自己还能留着一两元。"而那个时候刘西发还没满16岁，不算劳动力，赚得的两元就可以全部补贴家用了。从15岁就跟随继父、师爷爷出门吹期。那时候因为会吹的人不多，所以一年往往也能够吹二三十个期。父亲谭明梦在世的时候，刘西发也常跟着他一起去给师爷爷范益发拜年。父亲过世后，考虑到自己又不是正宗的徒弟，就没有去了。"我是'门内师'，跟父亲学也不需要写投师约，也算不上正式的徒孙了。"

傅建平教了两个人吹唢呐。正如他的师父一度所担忧的那样，他确实向他的一个弟弟传授了吹唢呐的本事。傅建平的弟弟傅国平是从1997年开始学习吹唢呐的，因为是自己的弟弟，所以并没有正式拜师，也就更谈不上什么投师约了。但是傅国平没有长时间从事这项事业，大约学到2000年，还没有正式吹几次就出门打工了。除了自己的弟弟之外，傅建平还将手艺教给了另一个人，就是沙子镇兴隆村的秦从飞。秦从飞本身也有了一些底子，在学习吹唢呐之前就已经会吹笛子和拉二胡，傅建平之所以教他吹唢呐也是因为他会的东西多，将来在一起吹期会方便一些。2000年开始，秦从飞便开始向傅建平学习吹唢呐，他们之间尽管没有什么亲戚关系，但是也没有什么正式的拜师仪式，相互之间也并未以师徒相称，但是每年过年的时候，秦从飞还是会买两瓶酒去傅建平家拜年。秦从飞也没有长时间吹唢呐，2004年之后，他便长期到外地打工去了。

相比于师徒传承，家内的传承（正如刘西发所说的，这种传承方式在当地叫做"门内师"）就没有那么多的利益纠葛了。首先，人们因为在其自身的家庭中体现其价值，所以其利益问题往往也是以家庭为单位来进行考虑的，这使得一个家庭往往能够齐心协力。并且，家庭作为最基本的社会组织，有着非常严格的秩序，这种秩序往往也并不是一些细微的利益问题所能够攻破的。正是因为这样，人们选择将自己的手艺传授给晚辈，往往会选择那些本来就具有密切关系的人，原有的社会关系能够约束师徒之间的关系，尽管在这种情况下并无师徒之名，可是却有着要比师徒关系更加严格和密切的社会关系。

三、唢呐的传承困境

尽管唢呐的传承看起来要比孝歌乐观一点，不过总体而言，也与孝歌有着相同的发展趋势。与孝歌不同的是，吹唢呐历来都是可以赚钱的，不说能够赚到很多钱,至少是能够得到一些报酬的,这使得这项艺术具有了一定的经济基础,所以其生命力看起来也更旺盛一些。但是,与唱孝歌相比,吹唢呐似乎更难学习,后者的技术含量更高。从这个角度来看,吹唢呐的传承难度似乎又要比唱孝歌略高一些。总之,如果说吹唢呐的传承状况好一些的话,也不过是在一定程度上而言的,从其本身的发展状况而言,走向消亡似乎也是难以扭转的趋势。

首先,吹唢呐并不是天天能吹的。相比于唱孝歌,吹唢呐的运用范围广得多,前者仅仅局限于丧事中,如果在日常生活中唱孝歌被视为非常不吉利;后者则被运用于各种"会头"中,无论是喜事还是丧事,并且在日常生活中吹奏一曲也不会引起什么风波。然而,尽管吹唢呐的时间比唱孝歌的时间多,但是依然仅仅局限于各种"会头"之中。或者说,如果吹唢呐排除其娱乐的功能,想要借此赚点现金就必须有足够的"会头"。不过"会头"不是天天有的,这就导致了吹唢呐的乐师们的生意也并不是天天有。在过去乐师较少的年代,一个乐师每年最多只能够吹奏二三十次,平均每月两次左右。如今,乐师要比过去多出很多,他们相互之间的竞争也就激烈起来,这使得一些乐师每年仅能够吹奏十次左右。这样看来,吹奏唢呐尽管能够赚得一些现金,但是想要将唢呐作为一项生计却是困难的。如果这项艺术本身不能够养活持有它的那些艺术家,它的传承困境也就显而易见了。

在传统的农耕社会当中,人们过着自给自足的生活。这些农民极度缺乏现金,但是那样的年代并不需要过多的现金。如果一个家庭有足够的粮食,能够喂养一部分牲口,那么这个家庭也就算得上是富足的了。如果这个家庭除了贩卖农副产品之外还能够通过其他途径获得一些现金,那么这个家庭的生活也就更加值得别人的钦羡了。在打工经济还没有在这里发挥作用的时候,一个家庭除了贩卖农副产品之外,如果还想获得一定的现金收入,大概就只能依靠某些家庭成员所掌握的手工艺了。在大集体时代,这种情况尤为显著,如果一个家庭中有些家庭成员是手工业者,这个家庭的生活状况就能够得到更好的改善。在那个年代,手工业者通常可以专职从事手工业劳动,他们能够获得一定的工钱,然后将工钱的一部分交给生产队,以获得工分。但是每天用于换取工分的钱要比实际获得的工资低得多,这样,这些手工业者的收入便能够有所盈余,他们不但有工分可得,而且还额外获得一些现金收入。这种情况在新的时代发生了显著的变迁。当打工经济对农民的生活发挥作用之后,人们的工作机会增加了,他们能够获得现金收入的机会也增加了。而这个时候,农民对现金的需

第九章　传统艺术与信仰：职业化与消失的双重趋势

求也越来越高，这使得农民将大部分的时间用于更能够赚钱的工作上去了。

2009年4月，傅建平开了一家餐馆。餐馆的生意还不错，于是他便没有时间去吹唢呐了。就像他自己说的，"不是不想去，是铺子里实在离不开人。远的地方，一去就要耽搁两三天"。而且，去了似乎又赚不了多少钱，于是便只有不去了。如果是在附近，他就偶尔去吹吹，过一下瘾，因为自己还是很喜欢吹的。他还把唢呐声录下来作为手机铃声。

傅建平有一儿一女，儿子傅光麟在读初中的时候，放假回家时，傅建平就教他打行李（锣、鼓、钵），吹期差人的时候就叫他去，还可以多赚一份钱。但是现在傅建平不让儿子去吹了，虽然这个能赚点钱，但它当不了谋生的职业。一年少的赚一两千，多也不过三四千。如果一个月能够有一两千块的固定收入，难道还担心学习的人不多？但现实的情况是一个月还吹不了一个期，一个期吹下来最多也不过一百多元钱的收入。

刘西发自1997年开了家具店之后就没有再出远门吹期了，因为实在没有多少时间。多年不吹，继父传授的东西也忘了一些。他以前有本叫做《起鼓谢彩》的书，但是现在弄丢了，上面把吹唢呐的来历说得一清二楚。他自己本身还是喜欢吹的，有空的时候，如果在附近吹期，就去凑个热闹，过一下瘾。但是"专门吹这个不行，这不是个好手艺，是叫花子活路，找不到钱。现在也不愿意收徒弟了，教一个聪明的要两三年，一般的人要教四五年，费时间得很。要有文艺细胞的，热（喜欢）这个的学起好耍。现在是发展经济，样样向钱看，喜欢的才学，顺便赚钱"。他的儿子刘伟就不愿意学，找不到钱，还怕别人笑话。

刘西发的儿子之所以害怕别人笑话，乃是因为吹唢呐被认为是一种"叫花子活路"，这是当地传统社会对于这项艺术的某种偏见，这种观念对于吹唢呐的传承也极为不利。正如现实情况所显示的那样，吹期的人在吹期的时候只能在主家的屋外，直到睡觉的时候才能进到主家的屋里。吃饭的时候，吹期的人要等到客人们都吃完了之后才能入席，一方面是因为吹期的人又要接客人，又要送客人；另一方面，因为吹期的人在传统观念中是社会地位很低的，所以让他们与客人一起吃饭显得对客人不够尊重。这种观念至今依然很严重，所以年轻人们绝不愿去学习这项艺术。在他们那里，吹唢呐算不得艺术，那只是一种"下九流"的活动。

此外，就像孝歌受到艺术团（有时候人们又将这种相对专业的表演队伍叫做"歌舞团")的影响那样,吹唢呐也受到相对专业的其他乐队的影响。在石柱县城,除了专业的歌舞团之外,还有许多乐队,他们的乐器更加专业,也更加丰富。而且,这些乐队已经受到当地农民的青睐,在各种"会头"中,这些专业的乐队都占据着非常重要的地位。尽管当地民间唢呐队所收的报酬不高,相对于较为专业的乐团来说,他们所需要的报酬非常低。但是他们不够专业,乐器不够丰富,乐曲不够新鲜。所以,即便花费更贵,当地农民还是愿意请较为专业的乐团。虽然一般的"会头"在请了专业的乐团之外,依然会请当地的民间唢呐队,但是乐团逐渐取代唢呐队的趋势已经十分明显。

第三节 表演艺术:以舞狮、舞龙和摆手舞为代表

除了歌唱和演奏艺术之外,表演艺术在我们关注的地区也很普遍。在歌唱艺术中,我们主要以至今还在民间存在的孝歌为例,而事实上,除了孝歌,还有诸如薅草锣鼓、啰儿调等传统的土家族民歌。在演奏艺术中,唢呐虽然是我们主要介绍的对象,不过唢呐的演奏也需要其他许多民间乐器的配合。但是无论怎样,歌唱艺术和演奏艺术还是没有表演艺术那样内容繁多。在当地的民间表演艺术中,一些被认为是土家族人民传统的民间艺术,另一些则存在于非土家族的其他地区。被认为是土家族独特的传统表演艺术的是摆手舞,因其舞蹈动作主要表现在手的摆动上,所以得名。秧歌显然不能算作是土家族人民独自拥有的艺术,它更有北方人民的艺术特征,但是在我们所关注的地区,秧歌这种表演艺术也已经具有了一定的传统。抛弃其起源不说,我们也可以说秧歌是当地土家族农民的传统民间艺术(尽管这种表演艺术并不只是土家族人民的传统)。同样,舞狮和舞龙这两种表演艺术的分布范围也十分广泛,绝不仅为我们所关注的地区所有。但是,也并不能否认这些表演艺术在我们所关注的人民群体中的传统地位。

一、舞狮

在一地盛行之后的艺术形式,对于当地人而言,他们绝少愿意承认这些艺术形式是由外地传来的。在我们介绍孝歌的时候,一位歌师告诉我们这种歌唱艺术起源于湖北,并能够推测这项艺术入川的原因和过程,但是这名歌师的祖

第九章 传统艺术与信仰：职业化与消失的双重趋势

籍在湖北，他的父亲还是一个地地道道的湖北人。除了这项艺术之外，我们相信当地的大部分民间艺术都与外部世界存在着密切的联系，一些艺术形式甚至是完全从外界引入的。但是，当这种艺术开始在当地流传开来之后，人们便坚信这种艺术形式就是本土的东西，譬如"玩狮子"。无论舞狮这种表演艺术有多么广泛的分布范围，但是在当地人看来，他们所从事的舞狮活动却是当地所独有的，他们为此而构建起一些关于舞狮起源的传说。

第一个关于舞狮起源的传说的大意是这样的：

盘古开天辟地时，天上就有一个叫"玉麒麟"（在他们看来，玉麒麟就是狮子）的动物。每年腊月三十的这一天，它就会下来吃人，祸害人间。因此每到除夕，大家都扶老携幼，逃往深山，以躲避他的伤害。笑面佛可怜众生，便装扮成白发老人下凡来降服它。当狮子准备闯进村肆虐的时候，突然传来一阵爆竹声，白发老人身披红袍出现在它的面前，狮子浑身战栗，仓皇而逃。这样，人们便知道了"狮子"的弱点，就是害怕红的颜色和爆炸声。从此以后，每到除夕，家家户户都贴红色对联，燃放鞭炮爆竹。根据这个传说，老百姓还模仿笑面佛降服狮子的动作，于是创成狮子舞，意在辟除瘟疫和一切灾害。迄今民间常见的"大头和尚弄狮子"（舞狮的一种），就是以此为原型的。玩狮子就是把一个妖怪变为吉祥、保佑人的动物。

另一个关于舞狮起源的传说大意是这样的：

这则传说认为玩狮子是三国时期兴起的。在三国时期，舞狮还停留于较为简单的阶段，那时除了狮子之外，并无别的配合。到了唐朝时期，太宗皇帝派唐僧西天取经回来之后，让唐僧、孙悟空来压制狮子，管住它，以免狮子吃人。狮子又叫刘氏娘，大头和尚是唐僧，一副老实的模样，他是狮子的儿子。孙悟空常做些滑稽、可笑的动作逗狮子。大头和尚就保护母亲，不准猴子去逗母亲玩。

这些传说当然都不乏荒诞之处，它们都是人们借以对舞狮这项表演艺术的想象。

在这里，舞狮队也是一个较为稳定的集体。每一个舞狮队为8个人，其中2个人专职于舞狮，4个人"打行李"（包括大锣、斗锣、钵和鼓），另外两个人说吉利。

沙子镇一带有一个舞狮队，由向明带头。向明生于1964年，在沙子小学读到四年级，此后便辍学在家。18岁时，向明就跟着父亲向远清学习唱孝歌、说吉利、玩狮子。1983年前后，向明开始在田坝（本镇的一个小地名）一带耍狮子，第二年就约着几个会舞狮的人走出本镇去玩了。他们的第一个狮子是自己做的，狮子头自己不会做，只能花钱买，那时买一个狮子头要花费12元钱。此外，还要买二丈二尺花布和七尺红布，用这些布匹制成狮身。在向明的记忆中，从他开始舞狮之后，1989年是他舞狮时间最长的一年。那年过年的时候，他从正月初一到十五之间共有13天在舞狮，所到之处包括沙子镇、中益乡、官田乡、黄水镇、北洋塘乡、冷水乡，等等。如今，在向明的舞狮队中，"叫口"（在舞狮活动中负责说话的人，他们也负责"打行李"）包括文德轩、胡德先、向明以及杨太平，他们负责说吉利话等嘴上工作；扮演孙猴子的是鸳鸯坪的陈德贵；扮演大头和尚与舞狮子的人则并不稳定，大头和尚一人，舞狮子的两个人。1987年，文德轩和胡德先两人也曾一起组建过一个舞狮队，不过才搞了一年之后就不搞了，第二年两人就加入了向明的舞狮队。

作为一项传统的民间表演活动，舞狮与其他文化活动一样，总是在一些特定的场合才进行。舞狮最隆重的时候首推春节，这时候也是舞狮队能够赚点钱的重要时机。这个时候的舞狮被称作"拜年狮子"，人们在另一个神话中将狮子视为玉皇大帝（他被认为是天上众神之首）派下来扫除瘟疫的神兽，它能够让平民百姓少受灾难，多丰收。对于舞狮队而言，正月初一到正月十五之间的半个月时间里，是适合于舞狮拜年的。在这半个月中，人们大都较为清闲，一则因为此时过年气氛正浓，人们的生活以休闲娱乐为主；二来也因为这个时候正是冬闲时节，没有太多的农忙活路。这个时候，喜欢舞狮并有这方面能力的人，便会约集起来组建一个舞狮队到处去舞狮，就像他们自己说的那样，这既是为了娱乐，同时"也是个找钱的门路"。他们首先会到镇上，镇上的人大多数经营着些大大小小的生意，他们似乎更加渴望吉利，尽管这种吉利只是一种口头表达。在镇上，舞狮队会给每一个开店的人家拜年，一边舞狮一边说吉利话。作为报酬，主家通常会给舞狮者一包香烟，另外还有"利市钱"。"利市钱"的多少，也要按照主家的经济情况和大方程度而定，一般情况下，主家会选定一些具体的数字，例如4元、8元、12元等。4元象征四季发财；8是发的谐音，所以它表示发财之意；12这个数字是正常年份一年的月数，它表示"月月红"，寓意主家每月的生意都将红红火火，如果是润年，一年有13个月，则会给13元钱。这些较小的数字是最为通常的情况，事实上，如果舞狮队足够幸运的话，他们会遇到一些更为大方的主家，他们会给舞狮队80元、

100元、120元或者200元的"利市钱"。除了到镇上拜年之外，舞狮队还会在村落中给人们拜年。这个时候并不能收到多少"利市钱"，不过得到一些实物，例如香烟。对于舞狮队而言，在村落里舞狮拜年的目的也并不是要挣钱，大部分的时候只是为了娱乐和增加村邻之间的和气。

以赚钱为目的的舞狮队在过年期间甚至到周边乡镇去舞狮拜年。不过，如果到周围其他乡镇舞狮，一般要选择那种有亲戚或者熟人的地方，先由舞狮队中一个社交广泛、朋友较多的人提前两三日去那里"打前站"（也即是在那里做好各种表演的准备：找到住处、吃饭的地方，看看那里的市场情况）。正式舞狮拜年的时候，先由一个"叫口"举着灯牌去给主家打招呼，表明狮子要来拜年。灯牌是由一根竹竿撑着一个同样用竹篾编制而成的灯笼状的箱子，箱子上糊上红纸，用毛笔书写上"祝贺新春""恭喜发财"等字样。主家看到"叫口"拿着灯牌来，就会提前准备好爆竹，并且把门关上，等着"叫口"来叫门，是为"开财门"。"叫口"叫门的时候通常使用吉利话，说道：

"我那边耍起这边来，这家主人要发财，我财神来到你家大门外，金银财宝滚进来。"

主家听到这样的话，便会把门打开，将"叫口"迎入堂屋。那些有文化的主家有时候也会为难一下舞狮队，"叫口"会被迎接进家门，请"叫口"猜字。例如，主家请"叫口"落座并奉茶，原本可以"请坐奉茶"，但是却要将四个字拆开来说：

"言在青山不是清，二人登土说原因。三人骑在牛背上，草木林中有一人。"

这四句话实为字谜，正是"请坐奉茶"四字。有时候，主家还会在家里放一个背篓，在背篓里放几根木材，请"叫口"猜这是什么东西，这事实上应猜为"人才辈出"。而如果只放四根木材，并在木材上放一些头发，便可猜为"四季发财"。"叫口"若猜对了字谜，主家便给予红包。此后，开始正式玩狮子、说吉利话。根据主家情况的不同，"叫口"所说的吉利话也各不相同。例如，假使主家有个读书的孩子，"叫口"便会这样说：

"我说了一番又一番，你家一定出高官。养个儿子读大学，养个女儿读中专。"

假使这个主家是做生意的，则会这样说：

"金狮玩得笑盈盈，今年出门去找钱。一年四季走好运，年底收入万万元。"

当"叫口"接受了主家的红包（"利市钱"）之后，便会这样说道：

"我来此地取了钱，一元去了万元来。金毛狮子把年拜，今年一定发大财。"

在上世纪90年代前后，舞狮队到了一个地方，白天拜年，晚上则在住宿的人家舞狮。舞狮队借宿的人家被称为"宿灯的人家"，如果宿灯的人家经济条件较好，而且也是大方的人，便会请舞狮队在他家舞狮。此时的舞狮与白天里的拜年有所不同，这时的舞狮将有难度更高的技巧。尤其受到人们喜爱的是所谓的"高桌狮灯"，人们将几张桌子叠摞起来，舞狮的人披着狮身爬上去，一边爬一边舞，十分壮观。那时候，如果主家要求狮子爬四五张桌子，那就要给舞狮队至少12元钱的"利市钱"。宿灯的人家将红包置于中堂的屋梁之上，舞狮的人在中堂中叠摞起桌子，然后舞着狮子爬上去将红包取下来。到了现在，这种高桌狮灯已经少见了，这项技艺比较困难，而且很耗费体力，一般需要年轻力壮的舞狮者。而现在，沙子地区的大部分舞狮者都是年龄稍微偏大的群体，他们的体力已经难以完成这些高难度的动作。而且，人们日常生活的变迁也对这种表演艺术造成了影响。从过去到现在，人们的生活发生了很多变化，不仅涉及人们的日常工作，更细微到许多生活用具。例如，十年以前，人们依然还广泛使用一种大而笨重的方桌，因其大而笨重，所以既牢固又稳定，舞狮者正是使用这种桌子来表演高桌狮灯的。但是现在，这种方桌已经很少，人们通常使用的桌子变得轻巧了许多，也精美了许多，但是相对于过去的大方桌而言，现在的这些桌子已经不适于表演高桌狮灯了，因为它没有了坚固、稳定的特征。

除了春节期间，耍狮子还经常在一些"会头"中出现。当有人去世的时候，在"烧香"之日（即是亡故者下葬前的一天），便会有朋友、乡邻和亲戚来吊唁。我们可以将吊唁者分为两种类型，一种是单独的个体，他们以个体的名义前来吊唁；另一种是群体，他们结成一群前来吊唁。后者如亡故者的女儿、姐妹的家庭等，如果亡故者是名女性，则结群而来吊唁的还包括她的兄弟们的家庭或者她的兄弟们的儿子们的家庭。亡故者的女儿、姐妹、兄弟（如果亡故者是女性的话），在"烧香"的那天会组织许多人前来"烧香"。这些被组织起来的人以组织者(也就是亡故者的女儿、姐妹或者兄弟等)为中心,而非以亡故者为中心,事实上,许多被组织来"烧香"的人甚至不认识亡故者,只是与组织者具有某种需要维系的社会关系。这种组织一个群体前来"烧香"的情况往往形成非常热闹的场面,组织者希望自己队伍的规模更加浩荡,送来的物品更加丰盛,总之,就是要能够挣得面子。于是,在每一个丧事中,我们都能够看到亡故者的几个女儿是如何表现她们各自的实力的,人们总是站在路口等着几个女儿家的陆续到来,数数她们各自所带来的物品(这些物品将会归属这些女子的兄弟也即是亡故者的儿子们),估计一下她们各自队伍的规模,再品评一番她们各自所带来的唢呐队、舞狮队以及其他表演团。观看者七嘴八舌的评论尽管都只是些随口之言,但是前来吊唁的女儿们(的家庭)却十分在意。为了增加热闹气氛,体现出自己的实力,她们除了请唢呐队和乐队之外,还请几头狮子一路表演而来。正是为了相互攀比,有时候一个女儿的家庭会在父母去世的时候请六头狮子前来吊唁,而普通的情况下,两头狮子就已经足够。

图 9-7　白会中的"孝狮"

丧事中舞狮的规矩比过年时候的舞狮更加复杂,并且也更加独特。狮子舞到孝家院坝之后,需要对着孝家所设灵堂的大门三拜亡魂,此时的"叫口"也滔滔不绝地说着吉利话。三拜亡魂之后,狮子还要进到灵堂里面"绕灵",也就是围绕亡故者的遗体转一圈。进入灵堂的时候,狮子不能直接进去,而需要倒退着进去。绕亡故者遗体环绕一圈之后，狮子依然倒退着出来。到第二日，也就是下葬的日子，在下葬之前，狮子要在准备下葬死者的地方滚来滚去，这一动作被认为具有压鬼的效果，能够扫除孝家的一切灾难。不过这些也都是曾经的情况，近几年来，舞狮者已经很少真正"绕灵"。他们只是在灵堂前的院坝里舞狮拜亡魂而已。至于在坟地上打滚，也很少实行了，其原因是有人认为狮子在坟地上打滚将会使得亡故者的子孙越来越穷（似乎坟地上存在什么有利于后代的东西被狮子粘走了）。

除了丧事之外，建新房时也有请舞狮队舞狮的情形。房屋落成，在主人家住进去之前总需要一个重要的仪式，就是在安放中梁的这一天要请客吃饭，办一台酒席。这个时候，新房的主人和亲戚都会请舞狮队来舞狮。除了主人家自己之外，还有男主人的姐妹家以及女主人的兄弟家都会组织舞狮队前来贺喜。但是这种情况也主要发生于过去几十年之中，那时所造的房屋主要是瓦房，所以有"上梁"（房屋的中梁）这道程序。现在，虽然村落中还随处可见瓦房，但是新建的房屋大部分已经是小楼房（一楼一底的小楼房是当前当地最主要的新式建筑），已经没有了所谓"上梁"的程序。所以，尽管大部分的家庭在房屋落成之后依然会办一台酒席，但是其中的许多仪式已经做了省略，譬如舞狮已很少发生。

在生产队时期，政府还组织会舞狮的农民在一些隆重的政治场合舞狮。对于那些在生产队时期就已经舞狮的舞狮者来说，给他们留下最深刻印象的是舞狮送兵。在今天，一个村落中假使有一个家庭中有一个年轻人去当兵，有时候这个家庭也借此办一台酒席，但是却很少惊动政府，政府也甚少在这方面举行什么隆重的活动。但是生产队时期，新兵入伍不仅被有人当兵的家庭看做一件重要的事情，而且也受到地方政府的重视，除了家庭请客吃饭之外，政府还组织欢送新兵活动，其中非常重要的部分就是组织舞狮队舞狮。但是在这个时期，舞狮等文化活动却在另一方面受到严重打压，仿佛一切从1949年就存在的东西都会被认为是"封建的"，不让舞狮、舞龙，也不准吹唢呐；在"文革"时期，这种情况变得更加严重，这些传统的文化活动只能在政府允许和支持的范围内（例如欢送新兵）才能够进行。上世纪80年代之后，这些传统的文化活动才随着政治的解冻逐渐恢复起来。然而，这时候的传统文化又遇到了另一些问题，正如我们介绍过的孝歌和唢呐那样，随着人们生计的变迁，以舞狮为代表的传统表演艺术也发生了传承危机。

二、舞龙

舞龙和舞狮有着某些类似的地方，它们都以舞动一种动物而表达一些文化寓意。就像舞狮有着起源传说一样，舞龙也同样具有起源传说。其传说的大意如下：

唐朝贞观年间，长安城内有一个算士名叫袁天罡，打鱼的鱼匠常常找他算何时何地下网可以满载而归。他算得很准，个个打了鱼。这就急坏了泾河龙王，眼看自己的虾兵蟹将就要被打完了，他很不服。于是，龙王摇身一变成为一个白衣秀才，去长安找袁天罡算账。他对算士说："你硬是会算，我们就打个赌，现在干旱两个多月了，你就算一下，什么时候起风，什么时候下雨，城内几点，城外几点。"算士回答他说："云雾山腰，若问雨时，准在明晓，寅时起风，卯时下雨，城内三点，城外七点。"龙王是管行云布雨的神仙，他心里暗自盘算，你这样算我偏不这样下。然而回到龙宫，龙王接到了玉帝布雨的旨意，和袁天罡算的一模一样。但是龙王为了胜袁天罡，他不顾玉帝旨意，偏要卯时起风，子时下雨，城内七点，城外三点。结果城内施雨过多，造成洪水，大量人畜死亡。城外大面积的庄稼，施雨太少，禾苗干涸而死。

尽管决议做了此事，但是龙王还是意识到事情的严重性了——违旨当斩。龙王不仅犯了天规，还导致人间大灾。他赶紧去找袁天罡，袁天罡对他说："我早就知道你不是什么白面书生了，而是施雨的泾河龙王。现在打赌我虽然输了，但你冒犯天条，只有死路一条。玉帝已经派了魏征来斩杀你。"龙王立即跪地，对算士说："求算士救我一命。"算士对他说："我救不了你，若想活命，可以去找李世民。魏征是他的大臣，由他出面你还有机会活命。你好自为之吧！"

龙王找到李世民，说明事情原委，并向他求情。李世民答应了龙王的请求，想出与魏征下三天棋的拖延之计，三天过后，龙王就能够安全了。君臣在棋盘鏖战，下至第二天中午时，魏征不慎掉了一枚棋子在地上。魏征弯腰捡棋子，顺势趴在棋桌上睡着了，额头汗水一颗颗滴下来。太宗皇帝以为魏征是每日操劳国事，累得筋疲力尽才在下棋的时候睡着了。心痛臣下的李世民亲自拿起扇子，给魏征扇风纳凉。而事实上，魏征是奉玉帝旨意去处死龙王去了，之所以汗流浃背是正与龙王打得不分上下。皇帝此时为魏征扇风，无意之间助了魏征一臂之力，使他得以成功斩杀了龙王。这样看来，皇帝食言了，不但没有拖住魏征，还在一旁助势扇风，让魏征有机会杀了龙王。龙王对此十分不满，每日晚上都提着龙头来向太宗皇帝索命。皇帝吃不下，睡不着，没有精神上朝理政。大臣们得知此事之后，商量决定，派尉迟恭和秦叔宝两大武将，守在寝宫门前，不让龙王魂魄靠近皇上。但是边疆常有不安，两员猛将必须经常带兵前往平叛。而此时又要保护皇帝的安全，两难之下，想出了一个两全之法：由画师依照两人的相貌画出画像贴在宫城门上，龙王看到门上生龙活虎的画像之后同样不敢上前靠近。

龙王倍感冤枉，跪向阎王告状，求他主持公道。阎王爷说："李世民贵为天子，金口玉言。本来答应救你一命，却害了你，念在他是无心之过，罚派他遣人去西天取经吧，每日诵读，以此吊唁你龙王。"唐僧师徒四人历经九九八十一难从西天取经归来的同时，还取回了龙灯，每年初一至十五玩龙灯，吊唁泾河龙王，祈求他保佑一年风调雨顺、五谷丰登。

如上，便是当地民间的舞龙者对龙灯（舞龙和舞狮也常被人们称为"龙灯"和"狮灯"）起源的说明。这则传说一方面说明了舞龙传统的来历，同时也说明了舞龙的目的所在。舞龙这种传统似乎来源于对龙的崇拜，在我们所考察的地区及其周围乡镇中，我们经常能够听到一些关于龙的传说。尤为重要的是，在石柱县境内，最重要的河流（石柱县人民很大程度上依赖于这条河流而生存）正被命名为龙河。在这条河流的两岸，曾有许多龙王庙，这里的人们睿智地想：既然龙管着雨水，他总不至于暴发大水冲走自己的庙宇吧。不过，这些龙王庙除了一部分是在"破四旧"和"文革"时期由于政治原因而被破坏的之外，另一部分则是在不同的历史时期由洪水冲走的。尽管如此，人们因为对洪水的恐惧依然对龙王这一角色充满敬意，他们依然会在舞龙的场合对龙王说道："我们信你，吊唁你，你就莫来损害我们，狂风暴雨别处去，保佑不落雪子（冰雹），（让我们）忙了一年到头有个好的收成。"

人们所舞的龙的形制有所不同，主要为两种：一为长龙，二为板凳龙。所谓长龙，就是龙身较长的龙，龙头制作一般较为细致，由竹篾或者泡沫做成；而龙身则可以只是一长条简单的布匹，或黄色，或白色。在当地民间，长龙的龙身大多为舞龙者自己花钱购置布匹而做的，而龙首因为做工复杂，通常需要到县城里购买。但是县城里那些舞龙队相对较为专业，他们的长龙从龙首到龙身都较为精巧，花样也更为丰富。长龙本身也有长短之分，根据其长短，舞龙者的数量也各不相同，大致可以分为7人、9人、11人或者13人。舞长龙时，龙头前面会有一个手持龙宝的引龙人，他以龙宝引导龙的摆动，龙宝如何摆动，龙首便跟着如何摆动，而后面的龙身则根据龙首的摆动而摆动。所谓板凳龙，其龙身就是一条长凳，将长凳翻转，四脚朝上，在前面的两脚上扎上火把，作为龙头，板凳龙的龙首是燃烧着的火焰。后面的两脚上扎上一米多长的稻草，是为龙尾。每一条板凳龙只由一人来舞，他举着板凳自由舞动，不需要引龙人，也没有龙宝，不过经常是多人舞动，每人舞动一条板凳，相互配合，做出各种动作。

图9-8 从县城而来的专业女子舞龙队

图9-9 当地自制的白布"孝龙"

玩龙灯的场合主要有三种：过年、白会（即丧事）以及端午节。过年的时候所耍的龙灯就像此时耍狮子一样，同是为了拜年，同时祈求龙王保佑一年的好天气。从正月初一开始，一直可以舞龙至正月十五，这期间属于过年的时间。过年时候的舞龙主要是舞板凳龙，因为此时的舞龙活动主要由民间那些舞龙者来进行，而这些人——正如我们已经说明过的——他们很少拥有一条长龙，而相对于长龙而言，板凳龙的制作更加简单，而且成本也很低。与舞狮稍有不同的是，舞龙的人不会走很远到别的地方舞龙拜年，他们的拜年舞龙活动大多时候只是在自己的村落及其周围的村落中进行，只能在这些地方获得一点"利市钱"和香烟。白会的时候，正如舞狮一样，那些组织着一群人来"烧香"的人家往往在请舞狮队之外还会请舞龙队。此时的舞龙队很少是民间的，如果不是一条长龙的话，还不如完全不请舞龙队。但是绝少有不请舞龙队的情况，他们会从县城里请一个舞龙队，而且还会请舞狮队、腰鼓队等，这些表演者相对于民间的表演者而言都是较为专业的。随同主人家前来"烧香"的舞龙队不仅要祭拜亡灵，并且还要送亡灵上山。在几年以前，因为送葬的物品带回家中不吉利，所以人们往往舞完龙之后将龙与亡故者的一切物品焚烧在新坟边上。不过随着龙的制作工艺越来越精细，成本越来越高，舞龙队大部分的时候只是取下龙身上的某些物品烧掉，譬如龙须。这些专业的舞龙者参加一次白会舞龙能够从主人家那里获得至少每天50元的报酬，这还不包括所谓的"利市钱"和诸如香烟一类的实物。

图9-10　从县城而来的专业锣鼓队

三、摆手舞

与舞狮和舞龙大为不同的是,摆手舞几乎很少在民间出现,然而却被认为是当地土家族人民的真正传统表演艺术。如果我们试图从一些民间文艺者那里获得一些关于摆手舞的信息,几乎都是徒劳的,因为他们对此几乎一无所知。所以,摆手舞并不像舞狮、舞龙那样具有一个完整的起源传说。在当地人的记忆中,他们认识到自己是土家族、具有摆手舞这种民间传统是从 1984 年开始的,这一年正好是石柱县成为土家族自治县的一年。从此以后,石柱县内的大部分人口被认定为土家族,尽管他们的日常生活已经跟汉族相差无几,但是他们在族别上却成为全国的 56 个少数民族之一。

摆手舞也是在 1984 年之后在这里流传的。石柱县成立土家族自治县的时候,一位中央政治局委员前来参加成立庆典,在晚上的篝火晚会上,他与外地请来的教员们跳起了这种舞蹈,并将这种舞蹈认定为传统土家族人民的特别舞蹈形式。由此看来,如果摆手舞确实是土家族人民的传统舞蹈,那么石柱县大概也不是这种传统舞蹈的发源地,甚至在这里成为土家族自治县之前依然还很少有这种舞蹈形式的出现。与族别的认定有些类似,摆手舞这项文艺活动在这里也不免有些政治认定的意思。二者之间是相互联系的,既然是一个特别的少数民族,至少会拥有一些特别的文化内容,这时摆手舞便发挥了一种标识族别的作用。从一定程度上来说,摆手舞能够强化人们关于这个民族的认同,确立起与其他民族的不同之处(尽管现在看来他们中的许多人已经与汉族相差无几)。

正是因为摆手舞的这种政治认定性质,所以这种文艺活动在民间的社会基础十分薄弱。在我们对当地进行考察的时候,几乎很少能够看到民间的摆手舞表演活动,这种传统几乎看不出什么民间性质来。相比于民间性质,它具有更加明显的公共文化性质,在很大程度上由政府、学校等公共机构来推行和传承。在民间的层面上,我们看不到摆手舞的表演活动,它们大多时候在政府、学校等公共机构的庆典活动中进行。在这种时候,摆手舞的表演者大多是在校的中小学生,他们由一些在这方面较为专业的老师教授,平时经常训练,在县镇政府的庆典活动中能够派上用场。所以,真正传承这项表演活动的是在校的学生,摆手舞经常在体育课中由老师教给学生们,在每天的课间操中,他们除了标准的体操活动之外,还有跳摆手舞的内容,无论中学还是小学,情况都是如此。2008 年 11 月 8 日,为继承和弘扬土家族民族文化,石柱民族中学举办了以"庆自治条例颁布、迎 24 周年县庆"为主题的"第十届土家族摆手舞比赛"。在这次摆手舞比赛中，有 2100 多名学生参与跳摆手舞。在沙子镇，摆手舞出现得更晚，民间层面的摆手舞几乎不存在，而小学里的摆手舞也是在 2009 年以后才开始的。在这一年，沙子小学派了一名音乐老师和一名体育老师去县城学习跳摆手舞，回来之后教给沙子镇小学的广大师生，也被编入课间操，在每天的课间操时间内，学生们都跳摆手舞。

图 9-11　身着盛装跳摆手舞的土家族学生

总之，摆手舞在各个方面都与其他的表演艺术存在差异。从表演者来看，其他的传统表演艺术者大都是年龄偏大的人，但是摆手舞舞者则大多数是中小学生。从传承的路径而言，摆手舞进入学校，使得它的传承被纳入到较为正规的教育秩序之中，与现代知识的传承路径几乎类似；而其他的传统表演艺术却很少有这样的待遇，它们依然靠着那种传统的家内传承或者师徒传承。此外，无论是舞狮、舞龙还是其他的民间表演艺术，它们为了生存，大都不可避免地走上了市场化的路子。尽管那些民间的舞狮队、舞龙队还没有那么明显的市场化特征，但是收取报酬已经成为非常重要的目的，而且，如我们已经说明的，在县城里，到处存在专业的舞狮队、舞龙队和锣鼓队等，这些队伍都已经市场化了。但是摆手舞却从来不这样，它受到政治的庇护，不需要去迁就市场，很难发现那种为了报酬而进行的摆手舞表演。

四、表演艺术的传承

如果我们从传承的角度来看待这些表演艺术的话，那么很明显，它们主要

第九章 传统艺术与信仰：职业化与消失的双重趋势

是两种类型。第一种类型就是最原始的传承方式，家族或者师徒传承，我们将其定位为传统艺术的传统传承方式；第二种类型是现代教育式的传承方式，也就是那些在学校里的师生传承。两者相比，看来前者的弱势更加明显。这些艺术形式虽然在政治上依然被划定为传统文化的范畴，在强调保护和弘扬传统文化的现实政治背景中也作为保护对象，不过现实的情况并非如此，因为"非物质文化遗产"的逐级认定，将传统文化作出了不同等级的划分，这一划分使得保护的力度也具有了等级差异。那些至今依然依赖于自己的传统方式进行传承的传统艺术，大部分都处于行政认定的底层，或者完全没有被明确的认定。

当然，如果将传统艺术的传承与破坏全都归咎于政治，看来也是极为不妥的。就像我们一度指出过的，在政治对这些传统艺术进行强力打压的年代，这些艺术形式几乎全部归于沉寂，但是一旦政治解冻，情况却发生了巨大的变化，这些一度已经消失的传统艺术却在政治解冻之后迅速恢复起来。然而如今，这些被政治所支持的传统艺术却一蹶不振，这种发展趋势也并不是政治所能完全掌控的。如同以孝歌为代表的歌唱艺术以及以唢呐为代表的演奏艺术一样，丰富的民间表演艺术也是在各种复杂因素的作用走向衰落的。

今天，舞狮在我们所关注的地区依然还较为流行，很大程度上是因为会舞狮的那部分人依然有能力从事这项活动，并且，更为重要的是，这项娱乐活动看来还能够创造一些经济利益。正如我们已经说明过的，舞狮从来都是收取一定报酬的，或者直接算作"工资"，或者赚取一些"利市钱"。如今，那些经常舞狮拜年的舞狮者在正月十五之前，平均每日大概能够赚到100元左右的"利市钱"，简直和打临时工不相上下了，甚至还略高。正是看到了舞狮拜年能够创造一定的收入，沙子镇的一个居委会在2009年也组建了一支舞狮队。这支由居委会组建的舞狮队一共12个人，其中4人舞狮子，4人打行李，2人为"叫口"，1人扛灯牌，1人收取"利市钱"。这个舞狮队从临近的湖北利川花了2000多元的成本买来了一整套表演器具，表演了一年（也就是过年的那几日）之后，不仅这套器具的成本都赚到了，而且队员每人还分到了50元钱。他们预计，以后的表演收入将会完全平均分配给各个队员。在接下来的这个春节，他们将会到附近的中铁十八局工程队舞狮拜年，因为这里的老板们都比较喜欢这样的场合，他们也认为过年时有狮子来热闹，比较吉祥，工程会进展得十分顺利。所以，这里的老板在给"利市钱"方面会显得更加慷慨，往往能够给到两三百甚至四五百元的"利市钱"。

尽管如此，舞狮这项表演艺术依然不免遇到传承的困境。就像我们所看到的，几乎没有年轻人愿意去学习这项艺术，倒并不是它有多艰难或者多么挑战年轻人的耐心，很大程度上是因为年轻人对此毫无兴趣，或者甚至是反感和看不起的。与吹唢呐一样，人们认为舞狮也同样是一种"叫花子活路"，尤其是在过年的时候，向主家讨要"利市钱"是年轻人难以张口的。而且，就像其他的传统艺术一样，舞狮并不是经常能够进行的，它只是集中在过年的时间或者一些需要舞狮的会头中。这样，尽管每一次舞狮都能够赚取至少100元的收入，但是因为工作机会很少而使得年轻人更不愿意学习。当然，娱乐方式的丰富也使得年轻人对舞狮毫无兴趣，他们更加愿意在家安静地看看电视或者约集一些年轻的朋友躲在某一家打牌，绝不会因为没有什么娱乐活动而去学习舞狮的情况。另外，生活方式的变迁对此的影响也是显著的，正如我们已经说过的那样，人们的房屋的变迁也对舞狮活动造成一些影响，新的楼房建筑没有了"上梁"这道程序，舞狮表演也因此而减少了。曾经当兵也要舞狮，但是现在却很少如此了，往往只是当兵者的父母请些亲戚朋友来吃顿饭而已，更隆重的活动便很少进行了。

舞龙的情况也极其类似，那些每年过年时还想起来组建一个板凳龙队（长龙在民间已经几乎不存在了）去到处拜年的人大都是中老年人，年轻人绝少参与其中。与舞狮相比，舞板凳龙的情况更少，舞狮不仅在过年时进行，在一些"会头"中也很少缺少这一活动，但是板凳龙就几乎不会在任何一个"会头"中出现，取代它的是专业演出队的长龙。所以，板凳龙与舞狮相比，其传承困境甚至还更加突出。

无论是舞狮还是板凳龙，总是存在民间与专业的竞争。如我们所看到的，无论是在"会头"中还是过年时，舞狮或者舞龙都表现着民间与专业的差异。民间的工具总是非常粗糙的，很多甚至是自己亲手制作的，仅仅运用一些简单的器材；但是专业的表演团队则拥有非常精美的表演器具，譬如那种从龙首到龙身都十分精美的长龙就很少是民间舞龙队所能够拥有的，如果我们看到这样一条长龙在某个"会头"的场合舞动，那只能说明主家花了高价从县城里请来了一条长龙。民间表演者往往没有什么组织性，他们总是到了需要表演的时候才临时凑人数，如果人数不够，便只能凑合着表演，或者放弃表演；但是专业的表演队则不同，那些表演者非常稳定，他们属于这个表演队，需要的时候随时调遣，相对于民间表演队来说，他们有着更加严密的组织。而且，民间表演队之所以不能保证经常有机会表演，乃是因为他们根本没有将自己的表演活动真正进行市场化运作。他们自己所掌握的表演艺术，其水平也许并不比那些相对专业的表演者低，但是他们却因为没有足够强大的组织实力来营销自己，没有营销自己的策略，甚至没有要营销自己的想法。一直以来，尽管这些民间表演队都力求能够挣到足够多的"利市钱"，但是他们却很少主动去寻找市场，当然也不会有任何广告，只是等着别人来找自己。而在过年的时候，他们又过于主动，随便去别人家舞狮拜年以获得"利市钱"，这使得人们对表演队的印象大打折扣，毕竟他们的到来除了会带来热闹之外，最重要的是主家将会因此而花费一笔钱（无论这笔钱的数额多小）。也正是因为如此，年轻人不愿意学习这种"讨要"式的艺术。从表演器具、表演水平、组织力度以及市场竞争等方面来看，民间表演队都处于弱势，这些组织松散的表演队最终将会逐渐趋于彻底瓦解。于是我们将会看到，传统艺术一步步从民间走向市场，其传承的方式也许会发生某些更深刻的变化。当然，进入市场之后的传统艺术也许会很快失去其民间性，不过这一变化也是传统艺术的一条重要出路。

与舞狮、舞龙都显得不同，摆手舞虽然看起来不像舞狮、舞龙那样在这里具有更悠久的传统，但是它的传承却得到了政治的强烈支持。一如我们说明过的，摆手舞很少在民间传承，因为它本身并非这一地区的民间产物，不过是因为这里成为土家族自治县之后，从别的土家族地区引入进来的组别标识。在这样的情况下，如果没有强大的外部力量来支持其传承，它是很难在没有任何传统的情况下在这里立足的。然而正是因为其在标识民族方面的重要作用，而且也因为其成为全国首批国家级非物质文化遗产而获得了政治的大力支持。这样，摆手舞便在当地的学校里得以传承，这是其他的传统艺术所难以获得的待遇。然而我们也无意强调政治支持在传统艺术传承中的作用，正如我们已经说过的，尽管政治力量作为一种外部的宏观环境对传统艺术的生存和传承多少存在一些影响，但是它的力量并不是决定性的。于是，当我们分析摆手舞的传承问题时，这一点依然值得重视。我们现在已经多少能够看到这种传承方式的结果了，一些从学校里毕业出来的学生已经走向社会，自从离开学校之后，他们几乎没有任何机会再接触到摆手舞。在这样的情况下，即便这些年轻人在学校里已经完全掌握了摆手舞的表演，但是他们出了学校之后便失去了这项表演的环境。根据这种传承方式，一旦外部政治力量撤销，没有土生土长的环境，这些艺术就会很难再生存下去。

第四节 信仰：民间思想的变迁

当我们对沙子地区农民的传统进行考察的时候，民间信仰也是十分重要的内容。正如我们在上文中所说明过的，那些如今还存在于人们生活中的民间艺术形式，很大程度上依赖于一些信仰观念，这些神秘的思想使得这些艺术形式具有了一些思想基础。在沙子镇，我们今天依然能够看到的民间信仰主要包括三种类型：菩萨、祖先以及时空的信仰。尽管这些信仰形式在今天依然能够看得到，但是显然已经淡薄了许多。如同其他的传统一样，传统的信仰也发生了非常深刻的变迁。如下，我们将对上述三种民间信仰类型及其变迁分别进行说明。

一、地名背后的庙宇历史

如果现在要在沙子镇内寻找供奉着菩萨的庙宇，显然是一件不容易的事情，它们大都被隐藏得很深。但是在1949年以后的长期政治打压之前，庙宇却广泛存在于民间，而且不是隐藏着的，菩萨们被供奉在十分显眼的地方，尤其是路边。在那个时候，几乎每一个村落都会有一两个小菩萨庙。这种庙宇没有神职人员，它只是作为菩萨的金身的居住空间。所以这样的庙宇很小，往往只有几平方米的空间、一两米的高度。这些庙宇里的菩萨也并不单一，有时候一个庙宇里面供奉着不同类型的菩萨，常见的主要是文殊菩萨、药王菩萨、川主菩萨、寿星、财神以及弥勒佛，等等。

在龙泛溪，今天还有两个地方的地名表明它们曾经是庙宇的所在地，一个地名为新庙子，另一个地名则叫做石庙子。新庙子在龙泛溪的东北方向上，在一个山沟里，四周都是农民耕种的田地。现在这里已经看不到庙宇，只有一些断裂的石柱子横七竖八地倒在地上。在这些杂乱的石柱子的边上，又有一座形如卧狮的巨石耸立着，从远处看去，栩栩如生。在没有被破坏之前，这是一个稍大的庙宇，其高度有五六米的样子。一些老年人还能够清晰地记得其中所供奉的菩萨，包括管收入的财神、管山上一切物种的山神、管土地的土地神、管雨水的川主菩萨、管治病的药王菩萨、管日常生活中各种问题的观音菩萨，等等。石庙子位于龙泛溪的下方，也就是那片广袤的良田之中。庙宇的周围是肥沃的良田，如今这里是一座谭姓人家的祖坟。这是一个比新庙子小得多的土地庙，但是它似乎要比新庙子的历史更加久远，新庙子的"新"，大概正是相对于这个小土地庙的"旧"而言的。这里甚至从未有过供奉菩萨的庙宇，只有一棵大树，在大树下供奉着一尊石制的菩萨。尽管没有任何庙宇建筑，但是这并不妨碍人们将这里叫做"土地庙"或者"石庙子"。

除了这种菩萨庙之外，另一种供奉菩萨的地方是"观音崖"。为了显示神灵的高高在上，人们也将观音菩萨供奉在悬崖之上，或者依靠石壁建成一个类似于土家族传统的吊脚楼一样的庙宇。在龙泛溪的西面，也曾有一个类似的观音崖。

在兴隆村的马栏组周围，也有一个类似的地名叫做庙子坝。庙子坝处于马栏组这个村落的后山上，在1949年以前这里曾有一个小土地庙，因此得名。尽管小土地庙已经拆去几十年之久，这个地名依然被这么叫着。一个61岁的女性老人告诉我们，这个土地庙是她的祖母修建的。据她说，她的祖母眼睛一直不好，几近失明。有一天夜里，她的祖母梦到了菩萨，菩萨对她说，扯点这个地方的草来吃，眼睛自然就会好了。她的祖母于是真的去扯了些草来吃，结果眼睛确实好了。于是，她的祖母便在这个地方给菩萨修了一个庙宇，来感谢菩萨对她的恩德，每年都来祭拜。没有拆毁之前的土地庙也不大，只有家里火塘的大小，里面供着两尊土地菩萨。如今依然能够看到这个庙曾经用过的屋檐，上面隐约能够看到些花纹。

马栏组同样也有一个观音崖，并且与其他地方的观音崖有所不同，对这个观音崖的供奉至今依然还较为隆重。祭拜观音崖的日子较为固定，有农历的二月十九日、六月十九日以及九月十九日。一位姓龚的老人告诉我们，这个观音崖是在清朝时建立的，初建规模就颇为宏伟，是一个大庙子，香火很旺。它的崖壁上现在还能依稀看出许多清朝光绪年间的碑文。在民国时期，当地政府又把庙子重新修整了一次，来祭拜的人更多了。在上山的路上还有很多村民修的小面馆，专供那些上山拜神的过往行人来吃。大概在土改之后，政府提倡破四旧，便号召群众将观音崖的吊脚楼给拆了，菩萨也被拆了，那些石制的菩萨被扔到很远的地方，木制的则全都烧了。

大约在1991年，原来在马栏组居住过的秦光明和马世银一起带头去拜菩萨，他们请石匠在崖壁上画了一幅观音菩萨的画像，而且请回来了两个菩萨供在原来的地方。秦光明他们是舞着狮子、放着爆竹走上山的，在那里焚香化纸、点燃蜡烛、磕头祭拜。马世银的家就住在观音崖的后面，他负责打扫观音庙。从那以后，大家就开始拜祭菩萨了，其中每年的六月十九这天拜寄的人数最多，有本村的，也有外地的。许多人都是天还未亮就去了，就是要在一个吉时再拜祭，认为这样愿望能更好更快的实现，也表示自己的心更诚一些。每年的这一天，秦光明他们家也会来，往往是凌晨三四点就到了，等到天亮时分，第一个拜菩萨。事实上，秦光明以前是公社的党委书记，如今也信起了菩萨。他没有很好的人缘，大概是因为他曾做了干部的缘故，人们认为他很坏，调到一个地区做了干部，中饱私囊。所以，人们认为他的妻子得了癌症乃是他做了坏事的报应，意识到这一点，他便开始行善，主动带头去拜菩萨，而且每年都从石柱县城赶来祭拜。正是因为这样，他妻子的手术很成功，并未因为癌症而离世。

现在这里的观音岩一共供奉着四尊菩萨，从左到右依次排列。第一个是观音菩萨，一块大红布披在菩萨身上，背后挂着一块红布。菩萨像底下是用三块石头垫起来的，旁边的石头上放着一个香炉，里面插满了祭拜的香。这些石头的四周都有纸灰、香灰及炮灰。菩萨上方的石壁上刻有四列字："重修观音庙，与人为善，至诚通天心即是，九五年□□□。"具体的时间已经不甚清晰，这是有人在重修了观音庙后留下的纪念字样。往右的石壁上，在左右两侧都刻有字，但字样已不清晰，只有左侧的日期还能辨别："光绪十七年二月二十八。"右侧也能看出一个日期为："大清光绪二十五年八月。"其余的则大概是些人名，大概是当时捐资修建庙宇的人，是为"功德碑"。在往右则是一个很"现代"的观音菩萨，全身是金黄色的，像是镀了一层金粉，很闪亮。这个观音被放在石壁上一个冒出来的石台上，地方太小没有放香炉的位置，来拜祭的人就把香插在石台子底下的石缝里。菩萨身后挂着红布，菩萨像的前面还放有吃的东西，是祭拜的人给菩萨上供的。再往右是一个绘工在石壁上刻画的观世音菩萨的莲花座像，画像很清晰，在画像的两侧也刻有字，左边为"救苦救难"，右边是"南海观音"。画像被红布包裹着，里面的已褪了色，外面的则是新挂的红布，所有的菩萨中这里挂的红布最多。画像的右下方的石台上有一个香炉，插满香，旁边还放有七个彩色的小菩萨和一个彩制小弥勒佛，都是很现代的工艺。在岩壁的最底下放着两个废弃的碗，已经是黑色。画像底下还刻有绘工和石工的名字及画像刻的时间，时间是"1994年9月1日"。再往右又是一个观音菩萨，这个菩萨也是石制的，也很新，也用红布包裹着供在那里。在这个菩萨的下面放有一个香炉，两只碗，香灰、纸灰、爆竹纸随处可见。在香炉旁边也分别放有一个小的彩制菩萨和佛。最后一个菩萨是木制的，但是面目已经不甚清晰。它的下面也放有香炉和一只碗，里面放着奶糖。这个

第九章 传统艺术与信仰：职业化与消失的双重趋势

观音崖也有泉眼，有泉水流出，专门放有一个碗接着流出来的泉水。烧过的灰烬到处都有，这些充分说明祭拜的盛况。因为马兰坝组在修铁路，所以有很多铁路上的人听说有观音庙就都来祭拜，特别是一些做爆破工作的工人们，每一个月都要来祭拜两次，有时是初一和十五，有时则是初二和十六。

白鸡坪也有一个叫做观音崖的小地名。据年长者们回忆，这里是一处石壁，曾供奉着一个木头雕成的观音雕塑。但是这里没有规整的庙宇，只有一个用木头依靠石壁搭建的简易吊脚楼。在1949年以前，这里的香火还颇为旺盛，村里的人经常到这里来许愿还愿。1958年前后，这里的观音崖遭到严重损坏，此后的几十年间，这里十分冷清。大约是在1982年，村里有个女人的孩子病了，王母娘娘便给她托梦，对她说，从原来的庙边上扯些草来给孩子吃，吃好了便将这个庙里的菩萨能治病的消息传出去。她果然去扯了些草来给孩子吃，孩子的病也确实好了。这个消息被大家传开了，说观音崖里的蜘蛛、蝎子之类的小虫都能够治病，可以将它们熬在粥里给病人吃，能治百病。也因此，这里的泉水也变得神秘起来，四季不断，清澈见底，冬暖夏凉，它也具有了医疗功能。据说一个孩子生病了到医院怎么也无法医治好，他的父母在这里接了些水熬了这里的一些草，喝了之后便好了。因此，这个孩子的父母还给菩萨挂红还愿，扯了一匹三尺长的红布挂在菩萨的身上。那时候政治上的压力已经很小，所以前来拜菩萨的人也越来越多，红布挂满了菩萨的金身，爆竹炸开的纸片、香灰和纸钱灰到处都是。当时这里接受桥头区的行政管辖，区政府知道了这里存在如此隆重的"迷信活动"，为了不让封建迷信死灰复燃，便使人挑了几担粪水倒入泉里，浇在旁边的各种草木上，禁止人们前来祭拜。渐渐地，白鸡坪的观音崖也就失去了往日的辉煌。现在白鸡坪的观音崖不过是一个大石台子，人们在这个石台子上用三块石头垒起，当做是"观音菩萨"，石头前面还插了一些燃烧过的香。据传，村里的老妇女主任经常悄悄来这里祭拜菩萨，以保佑其女婿官运亨通。

除了观音崖，在白鸡平，我们还见到一个被称作"阿弥陀佛"的地方。这里并非真有一个佛的金身，只是一块立在两块叠摞起来的石块上的石碑。位于石碑之下的两块石头呈长方形，十分稳定。立在两块石块上的石碑上刻有"阿弥陀佛"四个大字。这里处于山顶之上，周围有些奇形怪状的大石头。这样，"阿弥陀佛"就好像有种临视天下的姿态，而四周的那些石头又仿佛是他的信徒一般跟随和敬仰着他。这里有一条山路经过，但是至今尚走这条山路的人已经不多，而曾经人们常路过这里，经常在这里歇下来祭拜"阿弥陀佛"。

据说村里有一个夏姓人家的小孩在放牛的时候将这块石碑推倒过,后来小孩就生病了,家里人将这块石碑再竖立起来,并祭拜、焚香化纸、放爆竹等,小孩的病才好了。

事实上,现在沙子镇的政府所在地也曾是一个更大的庙宇,其名为"关庙子"。据当地文化部门的领导说,这个庙宇修建于嘉庆六年,有一个宽敞的四角天井坝。正殿是一尊一丈二高的弥勒佛,两边的厢房各塑有十二尊诸天,共二十四座。下厅是两尊守护门神:秦叔宝和尉迟恭。四周古木参天,旁边又有龙河流过,环境十分清幽。这座庙宇一年当中天天香火不断,颇为热闹。

一个老人对关庙子的情形还记忆犹新,他这样向我们讲述道:"农历的六月十九是我们的香会日子。现在一般都很少过了,过也是以前的事。在1949年以前,我到关庙子去了一次,它就处于沙子镇政府现在的位置。它原来是一个大庙子,很大,中间有一个大佛爷,两边是两排小菩萨。里面阴飒飒的,吓人得很。有个别胆子大的都要弄起佛爷前罩的窗帘看。中间的佛爷有方桌子那么宽,握起的手有茶壶那么大。佛爷是用泥巴做成的,两排的细(小)的菩萨是用木头刻的。在六月十九当天,我们要去赶场,这天也是香会,所以场镇上很热闹,大家都去关庙子上香。人很多,大人们都要拉着小孩的手,怕挤丢了。大人带我们去给佛爷点香、烧纸。有钱的人家都要放鞭炮。有时人多的连头都没法磕,点香一拜,插在香炉里就走人。那时庙子里还有一个姓向的和尚,负责给佛爷上香、供物,以及打扫庙里卫生。在解放后,庙子被拆了,向和尚成为了打击的对象,人们批斗他。最后,他病死在沙子镇。"

这样看来,在沙子镇,至今所存在的庙宇已经不多,而更多的仅仅留下一些地名。在一些村落,早已经看不到庙宇和菩萨。但是这并未说明对菩萨的信仰彻底消失,事实上,人们依然传着那些关于菩萨信仰的故事。几乎每一个庙宇的修建都有一个神秘的故事作为其思想基础,而在遭到破坏之后再次重建的时候,也往往伴随着一些神秘的故事。

值得注意的是,在我们所关注的地区,崇拜菩萨的人还不仅仅是那些农民,更包括那些从事着危险职业的工人。一位湖北来的包工头给我们讲述道:

"我们在这里是干隧道开通的活儿的,隧道工程分为两步,第一步就是炮工去点炮打开山洞,清渣。第二步就是我们,我们要打撑面,用东西撑开洞,并且给它加固。我去过一次观音崖,是六月十九那天,看到有很多人都上山,又听说有观音就跟着上去看了一次,没有祭拜。他们炮工来了之后听说有观音

第九章　传统艺术与信仰：职业化与消失的双重趋势

菩萨，就经常上山去祭拜。开挖山洞的师傅则每月去一次，给观音菩萨点香、烧纸、放爆竹，有时也会给放一点苹果来拜。打栈的爆破工也每月都去，他们每月搞完爆破，都要去上山拜菩萨，感谢菩萨给予的保佑。他们有时每月还会去两次，固定的有农历初二和十六或者初一和十五这两天。爆破工初一或初二去炸山洞，就请菩萨保佑，等到十五或十六平安从山洞里出来后，也要去上山还愿，感谢菩萨的保佑。我们修铁路的大老板是福建人，他们福建人比较看重这些，每次在开洞的时候，都会派自己的手下，一般是队长，在洞口祭拜山神，给山神摆香、烧纸、放炮，求山神的庇护和保佑。也要拜观音菩萨，山上有一个观音菩萨就是我们大老板供的。"

尽管如此，对各类菩萨的信仰与1949年的情形相比已经发生了很大的变化。首先，正如我们在上述说明的那样，菩萨和庙宇现在看来已经很少了。这些菩萨和庙宇在1949年以后的破四旧以及"文革"中受到了最严重的破坏，不仅庙宇和菩萨受到了破坏，人们关于菩萨神灵的信仰也受到很强的压制。那个时代，经历过的人至今依然记得十分清楚。

龙泛溪的一位女性老人（60岁）回忆道："我从小在这里长大，我们家是这里的大姓（谭姓），家属（指的是自己的丈夫）也是村里的人。这里的庙子被烧的时候我们都还是仔仔（小孩）。那个时候管得特别严格，如果有人走过庙子的那条路，或者传一个跟庙子和菩萨相关的话题，被知道后都会被抓来批斗。如果发现有人在家里私自供奉菩萨，那就更麻烦了。所以在我们小的时候，妈老汉（妈妈和爸爸）都让我们不能乱说那些话。庙子烧了之后，就没有人再去拜菩萨了，过得太久了，人们也就把这些事情给忘记了，现在虽然政府不管了，但是去拜的人也不多了。大家最多的还是去拜拜自己的祖坟，菩萨那些，都不灵了。"

同一个村里的另一位男性老人（65岁）也向我们讲述道："我们家里本来有四口人，我、家属和两个仔仔，男娃大女娃三岁。大儿子在黔江读大学时，出车祸死了，现只有女儿了，在成都打工，有一个外孙，到每年过年时才回来一次。以前有庙子就信（菩萨），自从庙子毁了之后就不相信了。现在这里的风俗也只是在逢年过节时上祖坟祭拜。"

可见，民间对于各类菩萨的信仰已经不多，这个变迁过程乍看起来完全是政治压力的结果。毫无疑问，政治的压力对于这类菩萨信仰确实造成了严重的破坏，不仅将庙宇和菩萨全部销毁，而且也禁止人们私下里祭拜菩萨。但是正如我们所看到的，一些庙宇虽然在 80 年代以前已经受到了严重的损害，不过在此后的几年中，人们很快将这些庙宇恢复起来了。所以，如果说政治的压力曾经对这种信仰造成了严重阻碍，那么那也已经是过去的事情。在最近一些年，政府已经很少管理这些事情，但是菩萨信仰的衰退趋势已经无法逆转。事实上，这种观念的变迁除了受到政治的影响之外，还受到其他许多因素的影响。在这些因素中，生计的变迁也许是十分重要的，举一个简单的例子，当人们已经失去土地的时候，或者说已经不再依靠土地来生存之后，对土地神的供奉就显得不是特别迫切了。另一个更为现实的例子就是那些工人的信仰了，因为那些修建铁路的工人所从事的工作具有很高的危险系数，所以这些工人比传统的农民更加信奉菩萨。但是，农民却很少去祭拜菩萨了，土地神的供奉也很少发生了。更多的时候，人们只是去供奉自己家的祖坟。

二、亡灵：关于另一个世界

人死之后，进入到另一个世界，在那里走一遭再回到人世间，直到死了之后再去那里，不过还会回来。这就是人们对死亡的一种浪漫的思考。

龙泛溪的老支书今年 80 多岁，在"文革"之前就做基层支部书记，一直到"文革"之后。当我们与他聊到祖灵的问题时，他突然兴奋地问："你们有知识，你们说有投胎转世么？"我们对此当然知之甚少，他于是接着说："我在附近的方家坝有个好朋友，他死了之后一连三年经常给我托梦，给我说：'你怎么不来找我耍啊？'我说我不能来你那里。他又解释说自己已经投胎到九大队第十生产队的一户人家里了，叫我去看他。我当时因为一直忙，所以也没去看他，都不知道他最终投胎成男的还是女的了。"老支书接着说了另一个事件："我的亲家母也曾经托梦给我。她其实是我的一个远房老表，她的孙子和我的女儿结婚了，所以有一次我去看望她。才和她吃了一顿饭，她就去世了。我回来以后，当晚她就给我托梦，说：'二哥，我这里其实都能够看到你。'她是在晚上八点死的，后来就听说山上白鸡坪的一户人家在当晚八点也生了个孩子，这难道还不是我的亲家母投胎么？"

即便是一个曾经带领普通民众扫除封建迷信的基层干部，当身边的人去世时，也会产生关于灵魂转世的想法。在这里的人们看来，人的离世其实只是轮回的一个环节，这一世的死亡，意味着这一世的结束，也意味着下一世的开始。总之，生命的终结通常只被认为是肉体的消亡，而灵魂是不灭的，这是灵

第九章 传统艺术与信仰：职业化与消失的双重趋势

魂转世和祖先崇拜的思想基础。

然而，这种思想基础不局限于对转世投胎这样的认识，亡故的人们会在另一个世界得以生存，这才是最为广泛地对于祖灵的认识。那个相对于现世的世界对于人们而言是模糊的，只有一些在这方面独具禀赋的人才能够较为完整地解释这个时空。这些人或者负责超度亡灵，或者曾经因为某种原因到那个世界去走了一遭。那些负责超度亡灵的人从来都不是什么专业的宗教人士，他们的日常生活事实上与世俗之人几近无异，不过他们懂得一些佛道经典，他们就凭着念诵这些经典和举行一些仪式来超度亡灵。而那些因为某些原因而到另一个世界走了一遭的人，大多数是因为某些异样的疾病而走到了那个世界，但是鬼使神差地又活回来了，他们便向众人说明他所看到的，这些人被认为是"走过阴的"，相对于现世的"阳"而言。

老人去世，虽然是丧事，但是被称为"喜丧"。从名称上可以看出，这乃是一种喜忧参半的事件，这使得老人的离世并不显得十分悲哀，人生的终结变得十分自然，这不过是人生的一个仪式过程而已。之所以能够如此洒脱地面对老人们的离开，在现在看来，生命科学的一般常识起到了一些作用，即人们已经广泛地意识到人的生命的历程。但是在没有这些科学知识之前，人们依靠着对灵魂的信念来缓解对生命消逝的悲哀。在丧礼中，这些观念至今依然保存，就像我们在介绍孝歌时说明的那样，整个丧礼过程，正是使亡故者走出人间，进入到另一个世界的过程。因为灵魂的存在，使得人们并不十分在乎肉体的消亡，灵魂依然能够与生活于现世的人们之间产生联系。

但是那个世界究竟怎样？西方乐土很少被提及，人们会认为人死之后会到天上去生活，不过最普通的看法乃是到了阴曹地府，在那里生活的人占据着多数。当然，并不是所有的人在死后都能够到天上生活的，活着的人也很少将自己的祖先想象为天上的神仙而借此抬高自己的地位。事实上，虽然人们认为一些在现世做过许多功德的人最终会到天上去生活，但是并不否认自己的祖先是在阴曹地府生存。对于阴曹地府的情况，人们的说法并不统一。但是总体而言，尽管那里的刑罚更加严苛，但是人们的生活类似于现世的情况。我们在该县的另一个乡镇认识一个"走过阴的人"，他一度因为一种不知名的病而变得神情恍惚，因此而在梦里多次到过阴曹地府。在他看来，那里与这里别无二致，他看到他曾经认识的已经离世的人在那里劳作，依然使用着与现世相同的劳动工具，在那里从事着农业劳动。有所特别之处是，那些原本全都认识的人即便在同一块田地里劳作也并不说话，相互是陌生的。他走在那个世界的路上，看到路边上那些他曾熟悉的人，他叫他们，他们却充耳不闻，只是静静地劳作。

　　无论怎样，亡故者存在着灵魂，他们到了另一个世界生存，在那个世界生存一段时间之后，他们将从新回到这里。所以，对于活着的人而言，基于基本的伦理要求，他们有责任将亡灵安排好。从丧礼开始，亡故者的子孙后代将会永远祀奉他们。在我们介绍孝歌的时候，已经对丧礼做过大致的说明。在老人去世之后，孝子们会请一位相对专业的看期人给亡故者找到一个最近的并且被认为是十分吉利的日子将亡故者下葬。当然，从老人去世到下葬的日子之间，还存在一段不短的时间。在这段时间，孝子将请人超度亡灵，对亡灵进行颇为繁杂的祭祀活动。到了要安葬亡故者的前一天，是所谓"烧香"的日子，远近各地，凡是与亡故者或者亡故者的子孙们具有"会头"交往关系的人们都会前来"烧香"，并送出一定的礼金。在这一天，正如我们已经说过的那样，亡故者的女儿家以及亡故者的娘家人（如果亡故者是名女性的话）都会组织一群人前来"烧香"。"烧香"的这一天显然是给死者的最后告别，第二天他（或者她）将会被下葬于此前已经选好的地方。从此之后，死者开始进入到家神的行列，或者说"祖宗"，他们将不断地接受子孙后代的祭拜，直到他们有一天被遗忘。但是被遗忘的过程需要一段十分漫长的时间，因为我们至今依然能够在当地看到一些清朝时期的祖坟，他们依然受到非常隆重的祭拜。显然，被遗忘的过程也因其子孙后代的具体情况而定，对于那些后代非常多的死者而言，要将他们遗忘显然需要更加持久的时间。而且，我们还应指出的是，一个亡灵会被遗忘，只是作为个体被遗忘，事实上他们最终不会被忘记，只是没有被十分清楚地记得。或者说，如果我们所关注的这些农民并不轻易扔掉传统，不轻易改变其对祖灵的信仰，那么那些祖先都不会被遗忘。

　　当亡故者被安葬之后，他们的灵魂便存在于两个主要空间了，或者说，当一个人去世之后，现世的人要想与他们发生交流，往往是在两个主要的空间：一是家内，二是坟地。许多人家用红纸写上"天地君亲师位"六个大字贴在堂屋里的正墙上，对其加以供奉。从字面意思而言，人们在家中所供奉的神灵当然不仅仅是祖先，祖先的位置是为"亲"，他们只站在第四位，此前还有"天地"和"君"，这里的"君"原本是指皇帝，在没有皇帝的今天，人们将其视为"国家"，所以一些神龛上的"君"字已经改成了"国"字。"师"排在最后一位，这里不仅仅指受过正规教育的人的老师，还指各种各样的师父。所以，一个家庭的"家神"的位置并不仅仅供奉着这个家庭的家神，还供奉

第九章 传统艺术与信仰：职业化与消失的双重趋势

着其他许多神灵，但是人们普遍将这里视为"家神"，而每一次的祭拜大都是对家神的祭拜，同时也就对"各方神灵"做了祭拜。这样的神龛前面通常具有一个神台，或者一张桌子。在神台或者桌子上，摆放着一只香炉和香、纸钱、蜡烛等，有时候还放几只碗（或者盘子），碗里放着一些水果等物。不过这种家中的神龛已经不多，在我们所关注的地区，只有零星的几户人家还有。据说，这种神龛在1949年以前几乎存在于每一个家庭的堂屋之中，但是此后因为政治上号召破除迷信，便将所有的神龛拆除了。直到上世纪80年代之后，许多地区都恢复了这种神龛，但是在我们所考察的这些地区，恢复的力度却很小，直到今天也没有多少人家具有神龛。在这样的情况下，人们对对祖先的祭祀则通常是在坟地上了。

在家内还有神龛的年代，非常讲究的人家每日的早晨和晚上都会在神龛之前上香，大部分的人家则仅限于农历每月的初一和十五。不过这只是日常情况下如此，在节庆中以及"会头"中，人们也要对家神进行祭拜。在"月半"即七月半（这个节日事实上被定在了七月十三）这天，每个家庭都会组织非常隆重的祭祀，他们会给祖先焚烧大量的纸钱，做一桌比日常情况下更加丰富的菜肴供奉祖先。这个节日曾经十分重要，它甚至被认为比春节更加重要，所以当地曾有"年小半大"的俗语。不过在今天，这个节日中的许多活动已经被简化甚至排除了，祭祀活动也越来越简单，对于那些没有神龛的人家而言，祭祀甚至已经放弃了。在现在看来，春节的祭祀活动要远比七月半隆重得多。那些依然在家里进行祭祖活动的人家（他们大都有神龛）从除夕到第二年的正月初五之前，每日都会给家神上香，每餐饭都要先供祖先，然后家人才能吃。有些更加讲究的人家，他们会将这种祭祀活动持续到正月十五。家内的节庆祭祀主要集中于这两个节日，其他的节日中已经不多见。除此之外，"会头"中也需要在家内进行祭祀。每一个"会头"，对于举办"会头"的家庭来说都是一件大事，这个家庭不仅需要将这件大事告知现世的人，他们还得将这些事件告知那些已经去世的亲人和祖先。所以，无论什么样的"会头"，"会头"中都伴随着对祖先的祭祀。

除了在家内之外，祖坟也是祖灵居住的地方。自从亡故者被埋葬到祖坟里之后，坟墓便被认为是祖灵的一处较为稳定的居所。所以，就像人们总是不断地改善自己的居住环境、修缮自己的房屋那样，人们也同样会花费大量的精力和金钱为自己的祖先修造一座像样的坟墓。在今天看来，有石碑的坟墓已经不多，但是我们在龙泛溪等村落的周围看到过许多清朝时期的墓碑，它们中的一些现在还立在坟墓之前，但是很多已经被用于铺路，这样的墓碑在1949年以后大量被破坏，墓碑被用于各种基础设施的修建。但是总体而言，除了较老的墓碑遭到破坏之外，对坟墓本身的破坏并不很大。人们在没有墓碑的情况下也能够记住这些坟墓的主人是谁，在已经不知道其主人具体为谁的情况下，它们依然被认为是祖先的一部分而被加以祭拜。尽管树立墓碑的坟墓已经不多，但是一些富裕的人家还是给自己的祖坟立上石碑，这种石碑对于坟墓里的祖先的功能姑且不论，但对于他的子孙而言却是大长颜面的事情。

到坟前祭拜的时间也相对较为固定，主要是清明、腊月以及春节。清明是给祖坟"挂青"的日子，人们会将成串的纸钱用竹竿挂在自家的祖坟头上。在清明之后，我们可以在山上随处看到白纸随风而飘，一个坟头的纸钱的多少基本上意味着这个坟头主人的后裔的多寡。不过情况也并不那么简单，事实上有些人为了显示自己的实力，即便自己没有什么兄弟，还是在父母的坟头上挂上非常多的纸钱。在清明这天，每个家庭都会到祖坟上去"挂青"，一些讲究的家庭会从辈分最高的祖坟上开始挂，依次向下。但是在大多数的情况下，"挂青"的顺序是根据路途而定的，一些人愿意从远到近，一些人则愿意从近到远，并不在乎辈分的顺序。

腊月是人们修缮祖坟的时间。在腊月这段时期，农活相对较少，人们便去修缮自己的祖坟。在没有非常严重损坏的情况下，人们不会轻易在平常的时间内去动自家的祖坟。修缮祖坟的时间是在清明和腊月，清明节时，当人们去给祖坟"挂青"的时候，也会伴随着对祖坟的修缮。但是更多的时候，人们将修缮祖坟的时间定在腊月。这种修缮并不需要十分复杂的仪式，只是清理一下祖坟上和周边的杂草，如果祖坟存在塌陷的地方，则加点土。这一切做完之后，在坟前焚香化纸，如果是修缮长辈的坟墓的话，还需要磕头行礼。

一些人也许并不会在腊月去修缮祖坟，毕竟正月初一就要去祖坟上拜年。正月初一是为大年初一，乃是一年之首，不仅活着的人之间需要相互拜年，而且活着的人还要向已故的祖先拜年。大年初一，每个家庭的家长都会带着自己的孩子到祖坟上去给祖先拜年，他们带着纸钱、香、蜡烛、爆竹以及一些菜肴和米饭，等等，排列于祖坟之前，焚香化纸，燃放鞭炮，并向祖先行跪拜之礼。年龄较大的人往往会在此时向祖宗窸窸窣窣地说着些话，大致是祈求祖先保佑的话语。此时上坟的顺序与清明时的类似，那些讲究的人会从最长辈的祖先那里拜起，直到辈分最小的坟墓上，但是更多的则是按照路途而规定其顺序。

第九章 传统艺术与信仰：职业化与消失的双重趋势

尽管上坟祭拜的祭祀活动相对于家内祭祀而言要隆重一些，但是它本身也存在逐渐淡化的情况。事实上，虽然大多数的家庭都会在春节中给自家的祖坟拜年，但并不是每个家庭都会如此。清明节的时候也是如此，甚至相较于春节而言，清明时到祖坟上"挂青"的情况淡化得更加厉害。诚如那些长年在家的老人所说的那样，本来清明和过年都应该上坟的，但是一些祖坟埋得较远，一些老人已经没有能力再去给祖坟祭拜。而那些年轻人在清明节时则很少在家，他们不可能从遥远的城市跑回来只为祭拜一下自家的祖坟，本来这一代人就已经不怎么相信祖灵的存在了。所以，相对于春节来说，清明的祭祖情况在衰落。而基于观念的变迁，春节期间的祭祖情况也在逐渐淡化。这种观念的变化主要表现在：对祖先的各种祭祀活动与其说是基于对祖灵的信仰，不如说是对先祖的尊敬。情况确实如此，即便是一个中年人，他们也大都存在这样的观念。那么年轻人对祖灵的信仰就更加淡化了，他们甚至蔑视一切的宗教思想，即便一个没有中学学历的年轻人也崇拜改变人们生活的科学，而非想象中的传统崇拜对象。所以，假如我们看到一个年轻人虔诚地在他的祖坟面前祭拜，这也许还不足为奇，但是如果这个年轻人在祭拜其祖坟的时候像一个老人那样嘴中念念有词，那便是一件稀奇的事件了。

三、时空信仰：对时间和空间的宗教解释

在鱼泉村的龙泛溪组和银杏组，我（调查员王娜）有两户人家在门上方的墙上都镶有两面镜子。这是一面圆形的镜子，除了其悬挂的方位之外，其他并无什么特别之处。后来，当我去访问房子的主人时，才知道了这面镜子的作用所在。原来，龙泛溪这家门前正对着一个鱼塘，是邻居前几年养鱼时修建的。家里的老人很讲究（对于那些非常在意传统的人，人们通常认为他们是很"讲究"的人），就找了一个"先生"（这是对那些能够看出时间和空间吉凶的人的当地称呼）来看，先生说要在门上装两面镜子，这样就可以化险为夷、辟开邪气了。镜子最大的用处就是照物，亦可反光。不管白天还是夜晚，只要有光照在镜子上，它就反射出去，这样鱼塘的邪气只要一出来就被照到并且反射出去，家里就平安无事了。银杏组这家的房子建在路边上，家里的男人是木匠，稍懂这些风水的事情，又因为前两年家里发生了很多的事情都不顺利——先是女主人生病，怎么也治不好，儿子又经常在外面闯祸，不好好工作。男主人就重新装了一个门，并且在门上装了两面镜子。此后，女主人的病也有所好转，儿子也变得懂事听话多了。据木匠自己说，这是因是为他家住在路

边，对面就是深山老林，经常会有很多凶神恶煞出来害人。他们家之前的不顺就是被凶神害到了，所以要装镜子来保平安，有镜子会反光，凶神也就不敢接近了。

从上述的情况来看，人们对于空间具有某些明显的宗教解释，人们将其称为"风水"。大体而言，某个空间被认为是吉利的或者是危险的。当然，这种吉利和危险又并非绝对，一个地方也许对于这个人而言是危险的，但是对于另一个人而言却是吉利的。一所房子的大门朝向对于这个人而言也许是吉利的，但是对于另一个人而言则可能意味着大凶。一块地面如果在其上建阳宅可能是吉利的，但是却不适于选作阴地（亡故者下葬的地方）。一块适合于做阴地的地面，也许对于某个亡故者而言是吉利的，但是对于另一个亡故者而言则意味着危险。这样看来，每一个空间都有吉凶之处，不过如果利用合适的话，这个空间的吉利就能够很好地压制它的危险因素。那么如何断定一个空间的吉凶呢？吉凶是对于人而言的，而正如我们已经说过的，一个空间对于不同的人而言，其吉凶的情况会有差异。事实上，这被归因于人的命运，而人的命运却往往与这个人的出生时间存在着非常密切的联系。于是，当我们讨论人们关于空间的宗教思想时，经常发现它与时间的宗教思想存在紧密的联系。

但是这些关于时间和空间的宗教知识，很少为常人所知。就像我们已经看到的，对此知识有所了解的人，要么是其职业与这些常识存在一些联系的人，要么就是在这方面独具异禀的人。如同上文所看到的，一个木匠多少会知道一些关于空间的宗教知识，这一点对于他们而言显得很重要，因为这些木匠曾经是建筑者，尤其是在人们普遍居住在木质结构的房屋里的时代。今天，虽然木匠已经不再作为建筑者存在了，但是他们却依然懂得一些这方面的知识。现在，那些建筑工作者多少也知道一些这方面的知识，这些知识往往是在不断的建筑工作中形成的。一个家庭如果要建筑一所居所，便会首先考虑建在什么地方。建房者自己首先已经有所考虑，不过他的考虑通常很少触及到宗教方面的因素，而更多的是基于十分现实的因素，例如交通、经济，等等。当他们已经选择了某个地方准备建房之后，便会找到一个在风水方面具有非常深厚的知识的"先生"来看看这块地面。在没有非常严重的问题的情况下，"先生"会尊重主人家的选择，或者，如果这块地也许从宗教的角度而言不适合于建宅，不过他们能够提供一些解决之道，即使主人家能够将房屋建在他们想建的位置，又能够避免危险。此后便开始建筑，建筑者自然会考虑到风水的问题，无论他们在这方面有没有兴趣，但是总是会涉及，毕竟，主人家也会跟他们一起讨

第九章 传统艺术与信仰：职业化与消失的双重趋势

论，讨论这栋即将落成的新宅。但是无论怎样，这些人所知道的，往往只是这种知识的皮毛，真正对这项知识精深的人，是那些所谓的"先生"。

我们曾对沙子镇的两位"先生"做过一些考察，他们多少能够作为这个地方的"先生"的普遍代表。

第一个为我们所认识的"先生"住在沙子镇的养老院内，他叫谭登义。2岁时，谭登义的眼睛就看不到了。8岁的时候，父母将其送至一名老"先生"那里学习看期、看风水的本领。大约学习了三年之后，他开始能够试着给人看期和风水了，但是他主要看期，很少看风水。前者是对时间的宗教解释，而后者则是对空间的宗教解释。看期与算卦、算姻缘、算寿运、出门运气等都存在一些关系，所以他也经常给人算各种时运。1949年以后，他不再做这项工作了，时局不让他再做这件事情，因为这些都是"迷信"。1991年，他就搬到敬老院来生活了，他又开始了给人"算命"的工作，多少能够挣到一些钱。无论看期还是算命，都是基于人们的生辰八字，生辰八字将会与五行八卦联系起来，以相生相克的原理来推导人们的命运以及时间对于人们的吉凶。这是一套复杂的知识系统，其中包括五行八卦，也包括天干地支，它们之间又存在着密切的联系，看期正是通过这个知识系统来实现的。相对而言，"神明牌"却相对较为简单，因为要算命的人只需要从被打乱的那些神明牌中抽取四张，通过上面的内容来判定人们的祸福。谭登义准备了64张神明牌，其上写着许多骈文句子，暗示着祸福，其中祸福各占一半。每个要来测算运势的人都要抽出四张神明牌，一张牌代表三个月，四张则为一年。如果抽到第一张牌的内容为凶，则本年的前三个月为凶，反之为吉利，以此类推。如果连续抽到三张均为凶或者吉，则不必抽取第四张，因为"事不过三"，这三张已经能够代表全年的运势了。但是如果前三张都有吉有凶，则第四张便显得十分重要，因为凶吉的情况也似乎是按年来计算的，假如前九个月有吉有凶，而最后三个月为吉，那么最终是为吉；而如果最后三个月为凶，则最终为凶。

一位在街上开修理铺的张姓中年女性来找谭登义老人看期，她已买好楼房，最近几天就装修好了，让老人帮他在近几天选一个吉日搬进去居住。老人根据她的出生日期1973年4月24日来推算出今年农历腊月的二十四是他们搬家的最佳日期，必须在辰时（早晨的7：00到9：00）内搬完。老人建议她7：30开始搬。搬家的顺序也有讲究，先要搬水缸，再搬烧火用的木材，然后是搬米，用桶和坛子装都可以，包12元钱的红包放入米缸，然后再搬扫把和碗筷等。到了新家就要赶快烧起炉灶，等炉火烧旺了之后，就可以把红包拿出来了。此后再添柴火和水,用炉子煮汤圆吃,汤圆的馅儿必须是新拌好的。每一个家庭成员都要吃一碗汤圆,吃完后才能搬其他的家具。最后,老人特别嘱咐搬家这一天忌说不吉利的话,小孩儿犯错了也不能骂他,摔了东西也让要说"岁岁(碎字的谐音)平安,万事如意"。这一天说吉利话,以后家庭就会很顺利。在测算的时候,谭登义不断地掐指测算,每一个手指上都有规定好的口诀。正月和七月的初一要从大拇指算起,叫大安;二月和八月的初一从食指算起,叫留连;三月和九月的初一从中指算起,叫速喜;四月和十月的初一从无名指算起,叫赤口;五月和十一月的初一从小拇指指算起,叫小吉;六月和十二月的初一从大拇指的根部数起,叫空亡。以下是各个手指上的口诀内容:

大安:
诗曰:大安事事昌,求财在坤方,
　　　失物去不远,宅舍保安康。
断曰:行人身未动,病者主无防,
　　　将军还旧原,仔细与推详。

留连:
诗曰:留连事难成,求事日未明,
　　　凡事只宜缓,去者未回程。
断曰:失物南方见,去急急方便,
　　　更须防口舌,人口且太平。

速喜:
诗曰:速喜喜来临,求财向南行,
　　　失物申未午,逢人路上寻。
断曰:官事有福德,病者无福侵,
　　　田家六畜吉,行人有信音。

赤口:
诗曰:赤口阻口舌,是非宜紧防,
　　　失物急去寻,行人有惊慌。
断曰:鸡犬多做怪,病者出西方,
　　　更须防咒嘴,恐怕染瘟疫。

小吉:
诗曰:小吉最吉昌,路上好商量,
　　　有人来报喜,失物在坤方。
断曰:行人主便至,交易甚是强,
　　　凡事皆好合,病者告上苍。

空亡:
诗曰:空亡不忘事,遇事无主张,
　　　求财无利益,行人有灾殃。
断曰:失物寻不见,官事有刑伤,
　　　病人适遇鬼,祝寿保安康。

由于谭登义老人的双眼已经失明,所以他只能给别人看期和算运,并看不了手相,也看不了风水。我们在沙子镇找到的另一位"先生"于东海,他则可以帮人们看手相和风水。他的年龄相对较小,只有44岁。他的老家在忠县(与石柱县毗邻),在这边没有亲戚,只是一个人在沙子镇上租了一间房子住着,经常在街上摆一个算命的摊儿。他向来不愿意干粗重的农活,在他年轻的

第九章 传统艺术与信仰：职业化与消失的双重趋势

时候学过木匠，但那依然是件辛苦的差事。于是，从21岁开始，他便开始学习算命的手艺，学了三年，24岁时开始能够给人看期、推生辰八字等。后来，他又自学了看手相以及看面相的本领。他以此为业，附带着经营其他的小生意，有时候还会有人请他去吹唢呐、舞狮子等，也能赚点钱。他是个单身汉，一人吃饱全家不饿。

据于东海自己说，这里修高速公路的时候，有一个工程队里上班的女孩找他算婚姻、财运、前途事业、发展健康等。不到一个小时，他都给这个女孩算出来了。才刚开始算，这个女孩就买了一包5元钱的烟给他，后来算到婚姻时，他算到女孩的男友不是真心喜欢她。一个月之后，女孩果然与男友分手，她来感谢于东海，送来40元钱和6套衣服。现在，这名女孩已经调到丰都上班去了。

于东海做这一行已经20年，主要是给人看期、看八字、抽神明牌、占卦等。其中，占卦是他特有的绝活，在沙子镇除了他之外其他的"先生"都不会。他用于占卦的东西是一分钱的硬币，带字的那一面已经被他磨掉了，只剩下有国徽的那一面。有人来占卦，就把五个硬币放到一个敞口的罐里，让那人摇，然后倒扣，漏下硬币。要看有几个带国徽的硬币朝上，然后根据自己列出来的卦象图例说明，给来占卦的人解卦。于东海给人看期、算命，很多时候并不是算出来的，而是根据来算之人的基本信息，再翻找书目得出来结论。他会在摊子上摆出许多相关的书籍，来提供查找结论。他将这种方法叫做"抱本而行"。

在一个赶场日，我们对两位算命先生的生意做了个大致的考察。谭登义和于东海在镇上的同一条街上摆摊，于东海在上街，谭登义在下街。在这一天中，找于东海算命的有两个人。第一个是个想要占卦的男人。他根据自己书上说明的卦象图解，来解释给客人，这样不到二十分钟他挣客人13元钱。第二个也是男的，来算八字，来人自报出生时辰，于东海推算出他的甲子，然后与阴阳五行的相生相克相结合来算姻缘、财运和寿运，又根据二十八星宿推测出此人工作环境的风水及有利方位。这一次算了将近一个小时，顾客留下50元满意而去。谭登义遇到了三位客人，分别找他看八字算姻缘、算财运和寿运，一共才挣12元。不过，人们普遍认为谭登义看得更准，而且收钱总是象征性的，不会很高。

第五节 小结：传统的三种走向

无论是传统的民间艺术，还是传统的民间信仰，我们在此都并没有将其完全穷尽。例如，在传统的歌唱艺术中，薅草锣鼓和啰儿调在这里也十分重要；而在表演艺术中，除了舞狮、舞龙与摆手舞之外，秧歌、腰鼓等都是当地较为传统的艺术形式。而在传统民间信仰方面，除了对菩萨的崇拜、祖灵的崇拜以及时空的信仰之外，还有一些零星的自然崇拜。不过上述几节的说明，已经大致能够说明当地农民的传统文化的梗概了。

在本章中，我们主要对当地的传统艺术形式和信仰情况以及它们的变迁做出说明。其中，传统的艺术形式是我们介绍的重点，我们将传统艺术形式分为歌唱艺术、演奏艺术以及表演艺术三种类型。这一分类主要是以艺术形式作为分类标准的，我们的目的在于使得我们的表述更加清晰。歌唱艺术的典型代表是孝歌，它所存在的时间更加长久，而且至今依然在当地较为盛行。但是在生计、娱乐生活等因素发生变化的情况下，孝歌这项歌唱艺术已经逐渐式微。在演奏艺术的介绍中，我们尽管是以唢呐的演奏为主来加以介绍，但是正如上文所描述的那样，其他民间乐器的演奏也被加以介绍。与孝歌类似的，演奏艺术也显示出了其传承的困境所在，这种困境也与人们的生计以及生活方式的变迁存在密切的联系。表演艺术的情况也并不乐观，民间的表演团队也正在走向衰落，它们也同样存在着后继乏人的情况。传统的民间信仰被我们放置在这一章加以说明，这并不突兀。正如我们所看到的，各种传统的艺术形式大都与人们的传统信仰存在着密切的联系。可以说，当地人们的传统信仰在很大程度上孕育了那些丰富的传统艺术形式，这些传统信仰正为那些传统艺术形式提供了思想基础。所以，当我们在展示传统艺术形式变迁的时候，当然应该触及到这些艺术形式的内核，也就是我们所说的民间思想。如果这些民间思想发生了变迁，那么那些传统的艺术形式多少也将受到一些影响。事实确实如此，它们的变迁总是协同的，我们不仅看到传统艺术形式的式微，同时也看到传统的民间信仰的式微。不得不说，这是一个总过程的几个相互关联的分支。

如上，正是传统的民间路径，传统的艺术形式和传统的思想观念依然试图在民间的层面获得其自身的意义。依然还有那么几个年老的孝歌艺术者保卫着这项艺术，他们通过改变其运作方式（收取劳务费）以及孝歌的歌词内容

第九章 传统艺术与信仰：职业化与消失的双重趋势

（更加与时俱进）来维系孝歌艺术的生存。演奏艺术也一样，唢呐吹奏者虽然大都将自己的大部分时间用于生计上，但是他们之中依然不乏那些确实热爱这门艺术的人，一旦生计的压力并不那么大的情况下，他们还是愿意在各种"会头"场合出现，找到一种"过一把瘾"的感觉。表演艺术者也一样，虽然他们的表演器械简陋不堪，但是他们的表演活动并未绝迹，只要一个举办"会头"的主人家愿意邀请，他们也愿意在"会头"中出现，以传统的方式展示着真正的传统（尽管这种传统在今天不一定适合于人们的口味了）。传统的信仰也未完全被放弃，它们很多时候还是人们无计可施的最后一种行为选择，例如在一个人完全无法找到自己为何如此倒霉的情况下，他很可能还会求助于传统的民间信仰；当一个人已经被医院"判了死刑"（得了绝症的人总是这样调侃自己的命运），他的家人往往也会求助于神灵的保佑，抱着最后一线希望。或者，有时候，民间信仰是一种补充，人们自然已经不会完全将希望寄托于神灵，但是在为某些值得期待的事情做出实在的努力之后，再形式化地求助于一下神灵。有时候这个程序十分重要，如果这件事情最终成功了，有没有求助过神灵就不会很重要了；但是如果这件事情最终未能够成功，很多人都依然会后悔没有求助过神灵，它的失败很大程度上被归因于没有虔诚地求助过神灵。尽管如此，无论是传统的民间艺术还是民间信仰，都已经朝着衰落的趋势发展，在民间的层面上，它们已经逐渐失去了原来的社会根基。

有所不同的是，这些传统却在另一个层面上迅速发展起来，它们走向了市场，趋于专业化。正如我们已经说明过的，传统艺术形式在民间的衰落很大程度上受到县城里那些相对专业的艺术团的影响。这些较为专业的艺术团往往具有较为完整的组织，所以他们的运作已经趋向于现代企业的运作方式，他们的工具更加先进，也更加丰富，他们的艺术（无论是歌唱、演奏还是表演）也更迎合了现代农民们的口味。于是，这些相对专业的艺术团也就更加具有竞争力，重要的是，它所获得的青睐已经非民间艺术者所能企及。因为面对着强烈的市场竞争（事实上这样的艺术团在县城和一些乡镇里都很多），所以他们随时准备着抢占市场份额，随时因为市场的需求而进行自我改进。但是，无论如何，我们依然能够看出他们所展示的许多艺术形式都源于传统，所以我们将这些较为专业的艺术团看作是传统的第二条路径。看起来，这条路径在当前更加适合于传统的延续。不过，正如我们看到的，虽然现在看来他们所展示的艺术基本上源于传统，不过他们为了适应市场所做的改变也是显而易见的。例如，在艺术团的歌唱艺术中，我们几乎看不到孝歌的存在；在演奏艺术中，唢呐也很少,而更多的则是西洋管弦乐器;在表演艺术中,小品、相声以及脱离了当地传统的舞蹈受到更广泛地欢迎。这样看来,在各种场合出现的艺术展示已经越来越脱离地方传统,逐渐泛化,难以保证这些艺术形式的地方性特征了。

  传统的第三条路径是政治的支撑。正如我们已经说过的,在我们所关注的这些"传统"之中,有些艺术形式并非那种在这里存在了很长时间的真正传统,它们只是因为一些政治性的事件而跻身于传统的行列。这种情况在摆手舞中体现得最为明显了,它几乎是在这个县成为土家族自治县的时候才在这里成为"传统"的。除此之外,如果我们从历史中去考察这种类型的传统艺术的话,便会发现秧歌和腰鼓也难以称得上是真正的传统,它们也是在大集体时代和"文革"中才在这里兴起的。除此之外,作为当地真正传统的啰儿调也受到政治的重视,它也被作为土家族的一种特别的文化标识。但是,尽管今天的政治环境对于传统普遍持有鼓励的态度,却并不是每一种传统都能够得到政治的恩宠。政治对传统的扶持在今天主要表现为政府、文化部门、教育部门等对"非物质文化遗产"的保护,这是一个分级的保护体系,文化遗产在行政认定中分出了高低等级,而一种传统文化的等级则意味着它所能够获得政治支持的力度。然而对非物质文化遗产的行政认定,很多时候并不在于这种文化本身所具有的价值以及它的生存状态,而在于它的知名度,因为这对于宣传一个地方具有很重要的价值。在这样的情况下,政治对传统的支持便不可避免地出现了单一的特征,它往往只重视某些单一的文化事项,至于其他的传统,则任之毁灭。而且,政治的全力支持对于那些依靠政治而存在的传统也存在着潜在危机,就像我们已经指出过的,摆手舞在失去了政治的支持之后,它在这一区域很可能无法持续。

  这样看来,无论是民间路径、市场路径还是政治路径,单一的路径对于传统的延续尽管都能够发挥一些作用,但是也存在着许多问题。民间路径虽然还具有一定的社会基础,但是因为它缺乏现实的经济利益和竞争力而逐渐衰落;市场路径虽然热闹一时,但是正如我们看到的,它对传统的改变也许最终会使得传统在市场运作中变得面目全非;政治路径当然是那些依赖政治而延续的传统具有更优越的外部环境,但是它们的社会基础却非常薄弱,一旦失去政治的庇护,它们也可能立刻消失。这种现实促使我们思考如何将三种路径整合起来,以更好地延续传统。首先,政治的鼓励态度和保护政策不应只面向那些等级较高的非物质文化遗产,如果分类依然重要的话,那么分类的标准应该是传统本身的价值以及它们的生存现状;其次,市场对传统的运作也需要政府的调

第九章 传统艺术与信仰：职业化与消失的双重趋势

控，使用一些优惠政策来鼓励某些艺术团对传统进行传承，这种传承当然需要有所发展，但是不应像当前这样动摇传统的根基；最后，较为困难的是重建传统的民间社会基础，在这个变迁迅速的时代，维持一个结构稳定的社会并不容易，不过可以作为补充的是，民间艺术者们同样可以走上市场，以现代的运作方式来缓解民间传承的困难。

第十章 结 语

截止到我们要做总结的这一章，我们已经用了46万字来描述沙子镇农民的生活。在上文中，我们的文本以描述为主，从人们的生计、婚姻家庭、教育、养老以及传统文化等方面对他们几十年的生活变迁做了集中描述。笔者在本书的前言部分说过，本书作为一本民族志或者说田野调查报告，它的目的是尽量全面地将沙子镇土家族农民的日常生活展示出来，以作为我们认识龙河流域土家族农民生活的重要材料。如果是这样，那么本书的目的其实在第九章完结后就已经达到了它的目的了。但是，笔者同样在前言部分对我们在龙河流域的整体研究价值做了很高的期望。笔者说过，我希望我们在龙河流域的一系列田野工作和民族志能够为这里的农民的发展确实有所助益，直接指向龙河流域土家族农民生活的改善问题。于是，这作为"结语"的一章又显得很有必要了。但是这里的讨论仅仅限于沙子镇的情况，根据的是沙子镇的事实，至于更加宏观、更加深层次的讨论，则需要在其他几本民族志的基础上来综合完成。因此这里的讨论不免是简单的，甚至是粗略的。

一、全面呈现的日常生活变迁

正是基于我们的研究旨在关注龙河流域土家族农民的发展，因此，这个研究里的所有田野调查和民族志都将关注农民生活的变迁放在第一位。在以往的田野调查中，笔者无数次向团队里的所有调查人员强调关注变迁的问题，无论他们关注的是农民的生计、社会还是农民的教育、养老和文化生活，都要做到时时处处抓住变迁。在知道了这里的农民的现在是怎样从过去变迁而来的之后，我们才有足够的信心和能力去探讨这里的农民以后会怎样和应该怎样的问题。

第十章 结　语

变迁在哪些方面发生了呢？其实，基于我们的田野实际，笔者认为变迁不是在农民生活的哪些方面发生的问题，因为如笔者多次强调过的，在我们全神贯注于农民的日常生活的时候，我们发现他们生活的方方面面都发生了变迁。变迁已经成为一种氛围，是社会的大潮流，并且是每个农民的生命史。每一个农民都在一个有机可乘的社会中寻求机会，改变自己的命运，他们看起来几乎是努力地、主动地寻找自己的机会，促成各自生命的变迁。因此，除了少许的特殊村落（像兴隆村）里的农民之外，大部分的农民都是在积极面对、主动适应社会的变迁的。从某种程度上说，这个充满进取、积极向上的社会氛围是许多人觉得满意的，处于变迁中的农民本身也是满意的，尤其是对那些年轻的农民来说更是如此。

被我们首先关注到的变迁是沙子镇农民的社会结构，这集中表现于人们的婚姻家庭和社交方式的变迁。我们在相关的章节已经对沙子镇农民的婚姻家庭生活所发生的变迁做了详细描述，并且总结说：新形势下沙子镇农民的婚姻家庭生活中注入了更多的自由、民主和情感。自由和情感的强化在人们的婚恋变迁中体现得淋漓尽致，通过正常的恋爱关系和步骤最终组成夫妻，这已经是沙子镇农民婚姻过程的主流模式；而"感情不和"也成为婚姻破裂的最主要理由，不管是真正的原因还是借口，总之，既然"感情不和"可以成为离婚的冠冕堂皇的理由，可想而知情感被提到了多高的位置；此外就是父母在子女的婚姻上日益没有了发言权，年轻人的婚恋自由日益凸显。民主的强化主要表现于家庭生活之中，尽管长辈们在大多数情况下还是受到表面上的尊重，但是他们的权威在实际生活中已经很弱，当然他们的意见许多时候会被考虑，但是现在他们从家长变成了提意见者；民主在夫妻之间或者说性别之间体现得更加明显，除了极少数性格柔弱的妇女之外，夫妻之间越来越平等了，在处理关涉到家庭的各类问题时，夫妻之间总是要商量的。在家庭之外，社会结构的变迁也很明显，尤其是基于实际（也包括情感）需求的社会网络越来越受到人们的重视，礼俗的、宗法的社会关系则日益淡漠了。因此，对于许多年轻人来说，"朋友"或许比"亲戚"更加重要。

但其实更加明显的变迁发生在生计领域。笔者在布局本书的结构时，将生计的描述和探讨放在第四章至第六章，占据了本书内容的三分之一。笔者将社会结构的变迁情况放在第二三章来说明，目的在于直观地体现变迁的整个社会氛围，但从变迁的成因来说，笔者认为生计的变迁是最原初的。大约在上世纪80年代以前，这里的农民与全国其他地区的农民一样，在国家政治的因素下从事着表面上轰轰烈烈的农作事业。合作社、生产队、公社这些既是政治性的又是生产性的组织，事实上是改良中国数千年小农经济的重要举措，只是矫枉过正了。80年代以后，仅仅30年的时间，农村经济发生了翻天覆地的变化。在这一深刻的变迁中，尤其重要的是生计的自由性，正是因为人们有了安排自己生计的自由之后，才使得生计的多样性成为可能。更重要的是，作为一种资源配置方式，自由的市场经济将人力纳入了资源的范畴，人多地少的矛盾于是通过务工得以解决，而且务工日益成为这里的农民能够选择的最紧俏的生计途径。

在自由的生计开拓中，这里的农民开始逐渐促使自己的生活简单化，或者说功利化，传统文化因此也发生了变迁。为了在竞争日益激烈的社会中寻求生存，人们逐渐排斥那些与生计关系不大的活动，如我们已经说过的，他们促使自己的社会关系日益简单、日益功利。而在此之外，传统文化因为与生计的关系不大而不被传承。我们在田野过程中多次对至今还从事传统文化的人的家属做访谈，大多数人不支持自己的家人做这些事情，这是"不务正业"的，要不是一些年长的农民还保有一种艺术的和崇古的情怀，我们也许根本无法完成本书第九章的写作。

如果说传统文化的变迁对人们的生活尚未造成显著影响的话，那么如下我们所要指出的变迁则直接导致农民生活从很多方面脱离了传统的轨道，这就是沙子镇基础教育的变迁和农民养老情况的变迁。关于沙子镇的基础教育，如我们已经在相关章节指出的那样，资源分配不均导致的地域结构化是其变迁的主要趋势。重要的是，为什么会发生这种变迁，我们认为，这种变迁与市场经济紧密相关，经济变迁直接对教育产生了影响。市场经济是一种资源配置方式，它凸显了各类资源的价值，而地域的中心与边缘之别，也体现于资源的布局上。另外，随着人们的生计方式的变迁，沙子镇老人的生活情况也发生了重要变迁。在务工经济尚非主流的时期，年轻人大都只在家乡寻求生存，他们不但能够维持生计，同时也解决了对父母的赡养问题。但是现在，他们远离父母，在外务工，在这样的情况下，老人们捡起了年轻人不愿意从事的农业劳动，而且还要照顾自己的日常生活。孩子和老人的生活直接受到农民生计方式变迁的影响，一系列社会问题随之而生。

如上就是沙子镇农民生活变迁的最明显也是最重要的几个方面，它涵盖了生计、社会与文化的方方面面。

二、对生活现实的自我评估

在沙子镇，农民生活的变迁和三河乡的情况一样，也非常剧烈。在三河乡的田野调查过程中，我们发现三河乡农民生活的剧烈变迁产生了许多社会问题，这些问题是勿庸回避的，尽管许多人类学者并不会如此直白地说出这种颇显主观的话。但两个乡镇的变迁还是有明显不同，三河乡的变迁与它所处的地理位置密切相关，它因为处在石柱县城旁边，城市的扩张、现代交通等因素是三河乡巨变的主要原因。因为是城市扩张、现代交通这类与征地拆迁相关的敏感因素促成了三河乡的巨变，所以那里的农民的生活变迁伴随着各种各样的现代矛盾。但是在沙子镇的情况却并非如此，除了兴隆村因为铁路的修建使得农民面临失地问题而矛盾剧烈外，其他村落的农民生活所发生的变迁都像是暗流，尽管变迁已经非常剧烈，但表面却很平静。如果说像三河乡、兴隆村这些地方农民的生活所发生的变迁对于农民来说是被动的，那么沙子镇的龙泛溪、栗新村等地的农民则是主动寻求变迁的，因此他们在面对这些变迁的时候态度也就有所不同，前者往往剑拔弩张，后者则表现得心平气和。

尽管在总体上来说，沙子镇的农民在面对日趋剧烈的生活变迁时都表现得比较平静，有时甚至十分积极，但这并不表示其中没有矛盾。在面对变迁时，不同的农民之间往往具有不同的态度，这种差异主要体现在不同年龄段的农民之间。年轻人在面对眼前的机遇时，传统往往为他们所不齿。这种情况在生计领域表现得尤其明显，年轻的农民对父辈们实践的农业生产几乎不屑一顾，以至于他们的父辈通常认为他们是懒惰，而事实上他们只是对此没有兴趣。当然，也有许多年长的农民认为从事农业生产是没有多大前途的。他们有详细的计算方式，将每年的农业收成按照市价折算，将投入和人工作为成本，两相对比，他们发现自己每年的辛勤劳作不只不赚，反而赔了许多。因此，他们认为，要么经商，要么努力读书，最不济也应该外出务工，总之是要脱离传统的农业生产。在这样的氛围下，土地变得似乎很不受重视。

但是传统的农业生产真的那么无足轻重么？在龙泛溪，农民依然还有田地可种，他们可以一边种着田地，一边抱怨农业生产的效率低下。但是在兴隆村，这是个失地村落，这里的农民因为铁路修建而失去了田地，他们被迫从传统农业中脱离出来。在这里，农民们看待土地和传统农业的态度完全不同。谈到失地问题，这里的农民几乎都表示对今后的生活十分担忧，因为没有了耕地他们的心里便没底。他们认为，在有土地的情况下，再不济还可以种植庄稼，保一家人的基本生存,但在没有土地的情况下,他们便失去了生存的基本保障。可以看出,可能是因为失去方知可贵的原因,这个村落的农民对土地、传统农业的态度显得更加积极。对于他们来说,土地和传统农业至关重要。

龙泛溪的年轻农民们以外出务工为最佳生计方式的原因还在于,他们深感留在家里讨生存往往使自己处于一种杂乱的生活状态,而这是他们所不愿意的。年轻人外出务工时,往往只从事一种单一的工作,他们在时间分配上有上下班的分别,上班时有规律地劳作,到了下班以后时间就属于他个人了,他可以自由支配,生活井井有条、张弛有度,正符合年轻人的生活状态。但是在家里,就像他们的父母那样,几乎是没有多少空闲时间的,他们不仅为了生计而从事各种各样的工作,还要照顾家务,起早贪黑。这种状态,年轻人想想都觉得难以接受。

为了解决小农生产的"杂"的问题,一部分农民尽管没能逃离农业生产,但是他们在尽力追求农业生产的专业性。沙子镇比较偏远的村落正是这样实践的,在本书中,我们以栗新地区的卧龙村作为代表做了详细说明。我们看到,由于这里的地形条件,一般作物难以生长,如果生产传统的作物,生存是困难的。但是也正由于地形较高,使得这里比较适合于种植烤烟、黄连等经济作物。市场经济对农业生产的影响最明显地表现于农业的专业化生产,栗新地区的农民正是在市场经济的影响下逐步走上黄连、烤烟等经济作物的专业种植之路。然而种植经济作物与种植粮食作物之间的巨大差别在于,前者直接将农民纳入到市场之中,受到他们所不了解的市场的支配。专业种植经济作物的农民,不仅对丰收有要求,更重要的是行情要好。可是这些农民对市场了解极少,往往在丰收的情况下也大赔其本。所以,在从事农业专业化生产的栗新农民看来,专业化生产虽然有偶尔大赚一笔的情况,但市场的变动随时在剥夺他们的安全感。

三、多样性:日常生活的全面改善

正如我们在上文所说的那样,沙子镇农民的现实生活在剧烈的变迁中已经脱离了传统的轨道。当然,偏离传统并不说明人们的生活有什么问题。但是无论是这些人的自我评价还是我们的客观分析,均表明沙子镇农民的日常生活还具有改善的空间。我们已经分析过,"杂"的小农经济为许多年轻农民所不能接受,他们不愿意在社会给他们提供进取机会的情况下放弃那些机会,坚守传统生计方式。但是新的生计方式,无论是专业化的商品农业,还是新兴的务工经济,总是伴随着各种各样的问题。商品农业固然解决了小农经济"杂"的问题，但是又要面临市场的严峻挑战；而务工经济尽管算得上是所有这些生计方式中最有效而且相对安全的，但是人力市场本身也并不稳定，经济危机中的农民工返乡潮就是明显的一例，而且，不是所有的人都适合务工经济，随着年龄增长，他们也只能回到家乡从事传统劳动。那么，进一步的发展应该如何进行呢？

最明显不过的是，生计的多样性是值得坚持的。在我们所关注的沙子镇的三个村落中，龙泛溪也许可以算得上是坚持生计多样性的典型了。龙泛溪这个地处平地的村落，本身拥有大片适宜耕种的农田，因此其传统农业一直得以传承。在这里，传统生计方式虽然看起来琐碎，但是人们一直在坚持，因为就像兴隆村那些失地农民所说的那样，传统的农耕经济是农民生存的最基本的保障。但是，不能因为拥有适宜耕种的良田就完全依赖于传统生计方式获得生存，社会在为农民的发展提供各种各样的机遇。因此，正像我们所见到的那样，龙泛溪的年轻人大部分以外出务工为其主要的生计方式，外出务工为家庭赚取现金，以维持家庭运转的现金支出。龙泛溪也有一些农民在高山上种植黄连和烤烟，走商品农业之路，但是他们通常不会完全投身于商品农业，考虑到市场风险，他们还要从事其他的生计活动。一个家庭，正应坚持多样性的生计，这不仅是一条安全稳定的发展之路，也解决了许多社会问题。

就我们的田野调查所见，沙子镇农民的社会结构发生了深刻的变迁，虽然新的变迁使得家庭的实体性日益突出，但是它同时也使得家庭之外的社会关系日益淡漠。正是在这样的情况下，我们发现各个村落的集体力量十分微弱，农民之间的合作难以实现。然而，如果坚持每个家庭都能够根据自身的情况坚持多样性的生计，情况可能就会有所好转。在龙泛溪，许多年轻的夫妻有内外的分工，大部分的年轻丈夫在外务工，而他们的妻子则在家从事传统的农业生产，偶尔在家乡打些零工。这样，这个家庭不仅保障了基本的农业收获，而且也有现金来源，同时还能够照顾到年迈的老人和年幼的孩子，并够维持原有的社会交往。这就是家庭生计的多样性所带来的社会意义。

在教育方面，要改善这一地区的基础教育，国家力量也许要转变思路。在过去的几年中，国家通过政治力量集中教育资源，拆掉大量的村小，这是一种集中资源寻求突破的思路，尽管在资源集中的地方看起来教育事业取得了突出进展，但是如我们所分析过的那样，这一过程所带来的是严峻的公平问题。国家力量不应集中资源，相反，它应该调控市场对资源的配置，在教育领域实践公平，首先就是要在农村的基础教育上实践公平。

最后就是传统文化的传承问题了。在改善人们生活的路途上,关于传统文化的传承问题也许是最为困难的了。在沙子镇,传统文化通过三种主要的方式进行传承:一是在国家力量的支持下,传统文化作为遗产被传承;二是在市场经济的引导下,传统文化作为商品被改造和销售;三是在农民生活的土壤中,传统文化作为仪式被表演。在这三种方式中,前两种方式看起来更加热闹,而最后一种方式则冷清得多。无论如何,单纯一种传承方式可能难以负担起延续传统文化的重任,政治、市场和民间这三种力量在传承文化方面具有同等重要的意义,政治为传统文化的传承提供政策支持,市场为传统文化的传承提供新的方式,而民间作为传统文化的土壤,不断给传统文化注入新的活力,这几个力量相互补充,在日趋复杂的社会环境中寻求传统文化的延续。

参考文献

一、史书、地方志

[晋] 常璩. 华阳国志 [Z]. 济南：齐鲁书社二十五史别史本. 2000
傅冠群主编. 土家族百年实录 [Z]. 北京：中国文史出版社，2001
刘建平主编. 石柱地理 [M]. 重庆：重庆出版社，2002
《绿色石柱》编委会编. 绿色石柱 [M]. 重庆：重庆出版社，2007
石柱县志编纂委员会. 石柱县志 [Z]. 成都：四川辞书出版社，1994
石柱土家族自治县人民政府. 可爱的石柱 [M]. 重庆：重庆出版社，2002
《石柱土家族自治县志》编纂委员会. 石柱土家族自治县志 [Z]. 重庆：西南师范大学出版社，2008
土家族简史编写组. 土家族简史 [Z]. 长沙：湖南人民出版社，1986.
中国人民政治协商会议石柱土家族自治委员会文史资料委员会. 石柱文史资料 [Z]. 内部资料，1986. 1989. 1990. 1991.

二、研究专著

柏贵喜. 转型与发展——当代土家族社会文化变迁研究 [M]. 北京：民族出版社，2001.
崔海洋. 人与稻田——贵州黎平黄岗侗族传统生计研究 [M]. 昆明：云南人民出版社，2009.
董磊明. 宋村的调解：巨变时代的权威与秩序 [M]. 北京：法律出版社，2008.
费孝通. 乡土中国生育制度 [M]. 北京：北京大学出版社，1998.
费孝通. 社会调查自白：怎样做社会研究 [M]. 上海人民出版社，2009.
郭正林. 中国农村权力结构 [M]. 北京：中国社会科学出版社，2005.

何国强. 围屋里的宗族社会：广东客家族群生计模式研究［M］. 南宁：广西民族出版社，2002.

何明主编. 土著民族与小民族生存发展问题研究［M］. 北京：中央民族大学出版社，2006.

黄宗智. 中国农村的过密化与现代化：规范认识危机及出路［M］. 上海：上海社会科学院出版社，1992.

蒋梓骅译，［法］布迪厄. 实践感［M］. 上海：译林出版社，2003.

郎友兴、方小平译，［美］白苏珊. 乡村中国的权力与财富：制度变迁的政治经济学［M］. 杭州：浙江人民出版社，2009.

刘晓春. 仪式与象征的秩序——一个客家村落的历史、权力与记忆［M］. 北京：商务印书馆，2003.

刘伦文. 母语留存区土家族社会与文化——坡脚社区调查与研究［M］. 北京：民族出版社，2006.

李怀印. 中国乡村治理之传统形式：河北省获鹿县之实例［A］. 中国乡村研究（第一辑）［C］. 北京：商务印书馆，2003.

刘良群. 宗族对乡村社区公共权力的影响与作用——从江西省XI县40个村的调查看宗族与村级公共权力的构成和互动［A］. 黄宗智. 中国乡村研究［C］. 北京：社会科学文献出版社，2005.

罗康智、罗康隆. 传统文化中的生计策略——以侗族为例案［M］. 北京：民族出版社，2009.

刘芝凤. 中国土家族民俗与稻作文化［M］. 人民出版社，2001.

麻国庆. 家与中国社会结构［M］. 北京：文物出版社，1997.

瞿铁鹏等译，威廉·哈维兰著. 文化人类学（第十版）［M］. 上海社会科学院出版社，2006.

孙秋云. 核心与边缘——十八世纪汉苗文明的传播与碰撞［M］. 北京：人民出版社，2007.

谭同学. 桥村有道：转型乡村的道德权力与社会结构［M］. 北京：三联书店，2010.

陶鹤山译，［美］弗里曼、毕克伟、赛尔登. 中国乡村，社会主义国家［M］. 北京：社会科学文献出版社，2002.

肖唐镖. 宗族政治：村治权力网络的分析［M］. 北京：商务印书馆，2010.

王福明译,杜赞奇. 文化、权力与国家:1900—1942年的华北农村[M]. 南京:江苏人民出版社,2008.

王明珂. 羌在汉藏之间[M]. 上海:中华书局,2008.

[英]王斯福,王铭铭主编. 乡土社会中的秩序、公正与权威[M]. 北京:中国政法大学出版社,1997.

吴雪梅. 回归边缘:清代一个土家族乡村社会秩序的重构[M]. 北京:中国社会科学出版社,2009.

吴毅. 村治变迁中的权威与秩序[M]. 北京:中国社会科学出版社,2002.

徐勇. 乡村治理与中国政治[M]. 北京:中国社会科学出版社,2003.

杨文炯. 互动调适与重构:西北城市回族社区及其文化变迁研究[M]. 北京:民族出版社,2007.

于建嵘. 岳村政治[M]. 北京:商务印书馆,2001.

尹绍亭、秋道智弥主编. 人类学生态环境史研究[M]. 北京:中国社会科学出版社,2006.

尹绍亭. 人与森林——生态人类学视野中的刀耕火种[M]. 昆明:云南人民出版社,2000.

张岱云译,[美]塞缪尔·亨廷顿. 变动社会的政治秩序[M]. 上海:上海译文出版社,1989.

张静. 基层政权:乡村制度诸问题[M]. 杭州:浙江人民出版社,2000.

张仲礼. 中国绅士[M]. 西安:上海社会科学出版社,1991.

庄英章. 家族与婚姻:台湾北部两个闽客村落之研究[M]. 台北市:中研院民族所,1994.

庄孔韶. 人类学概论[M]. 中国人民大学出版社,2006.

周大鸣,秦红增. 文化人类学概论[M]. 中山大学出版社,2009.

朱茂等主编. 石柱土家风情暨历史文化[M]. 北京:中国文史出版社,2004.

三、研究论文

白明跃. 渝东南土家族民俗文化及其产业开发[J]. 重庆教育学院学报,2008(3).

陈庆德. 论区域发展与民族发展[J]. 兰州:开发研究,1999(1).

陈庆德、潘盛之、覃雪梅. 中国民族村寨经济转型的特征与动力 [J]. 北京：民族研究，2004（4）.

陈洪生. 传统乡村治理的历史视阈：政府主导与乡村社会力量的对垒 [J]. 江西：江西师范大学学报（哲学社会科学版），2006（3）.

陈祥军. 生计变迁下的环境与文化——以乌伦古河蕴段牧民定居为例 [J]. 开放时代，2009（11）.

崔海洋. 重新认识侗族传统生计方式的生态价值——以黄岗侗族的糯稻种植与水资源储养为例 [J]. 思想战线，2007（6）.

崔榕、尹旦萍. 土家族地区现代化进程的特点 [J]. 武汉：湖北大学学报（哲学社会科学版），2007（3）.

高志英. 傈僳族的跨界迁徙与生计方式变迁 [J]. 中国农业大学学报，2010（3）.

龚志伟. 和谐与冲突：社会变迁中宗族复兴与乡村治理的关系解读 [J]. 四川：理论与改革，2006（01）.

贺雪峰. 论村级权力结构的模化 [J]. 吉林：社会科学战线，2001（2）.

黄正宇、暨爱民. 国家权力与民族社会生计方式变迁——以南道阳村族例 [J]. 贵州：原生态民族文化学刊，2010（2）.

刘慧群，罗康隆. 款约与侗族传统生计方式的和谐运行 [J]. 昆明：学术探索，2010.

罗康隆. 论民族生计方式与生存环境的关系 [J]. 中央民族大学学报，2004（5）

罗柳宁. 生态环境与文化调适：以广西矮山村壮族为例 [J]. 广西民族学院学报（哲学社会科学版），2004（1）.

吕俊彪. "靠海吃海"生计内涵的演变——广西京族人生计方式的变迁 [J]. 东南亚纵横，2003（10）.

麻国庆. 环境研究的社会文化观 [J]. 北京：社会学研究，1993（5）.

马宗保，马清虎. 试论西北少数民族传统生计方式中的生态智慧 [J]. 甘肃社会科学，2007（2）.

梅志罡. 传统社会文化背景下的均衡性村治 [J]. 浙江：中国农村观察，2000（2）.

蒙爱军. 水族传统生计方式及其变迁 [J]. 中央民族大学学报（哲学社会科学版），2008（3）.

秦红增、毛淑章.改革开放30年少数民族生计模式变迁——来自广西壮族自治区隆安县那门壮族村的田野报告［J］.昆明：思想战线，2009（1）.

孙秋云、崔榕.鄂西土家地区宗族组织的历史变迁［J］.武汉：中南民族学院学报（人文社会科学版），2001（5）.

仝志辉、贺雪峰.村庄权力结构的三层分析［J］.北京：中国社会科学，2002（1）.

田红，麻春霞.侗族稻鱼共生生计方式与非物质文化传承与发展——以贵州省黎平县黄岗村为例［J］.柳州师专学报，2009（12）.

王富山.晋西北地区农民生计方式对征地补偿安置的影响分析［J］.北京农学院学报，2008（3）.

伍孝成、田红.文化模式：行为模式与生计方式的整合——以侗族大歌为例［J］.湖南：怀化学院学报，2008（10）.

向达、潘光旦.湘西北、鄂西南、川东南一个兄弟民族——土家［J］.北京：民族大家庭，1997.

徐杰舜，罗树杰.靠山吃山，靠水吃水——疍家与高山汉生存策略比较研究［J］.广西民族学院学报（哲学社会科学版），2003（2）.

姚勇.论任弼时对陕甘宁边区经济建设的思考与认识［J］.北京：中共党史研究，2001（2）.

袁轶峰.文化与环境：清至民国时期黔西北农业生计模式［J］.贵阳：贵州大学学报，2008（9）.

杨雪吟，罗意.云南澜沧江拉祜西人土地制度与生计变化［J］.中南民族大学学报，2007（1）.

周云水.小民族的生计模式变迁与文化适应——人类学视野中的独龙族社会结构变迁分析［J］.四川：阿坝师范高等专科学校学报，2009（6）.

周军.当代中国乡村文化变迁的因素分析及路径选择［J］.中央民族大学学报（哲学社会科学版），2011（2）.

周建新，张勇华.新农村建设背景下的乡村生计模式转型探析——以客家古村三僚文化生态旅游为例［J］.广西民族大学学报（哲学社会科学版），2008（11）.

后　记

2010年的一月，岁暮天寒，走进山间田野。

这是我关注龙河流域土家族农民生产生活以来，仅有的一次在寒冬腊月带领学生在武陵山区石柱县开展田野作业。之所以选择冬季进行这一个月的田野工作，一方面是前期的社区研究的开展使我对"日常"与"历史""季节"与"环境"关系有了更多的思考；而更为重要的是，从对龙河流域文化和社会研究的整体性来看，实现一个年度完整的生产生活周期的考察，冬季的田野调查已经显得十分必要了。

对于从事传统农业的农民来说，他们的生活节奏和内容往往是根据季节来进行调整的，例如春种、夏长、秋收、冬藏，正是这个道理。2008年的夏天，我们在冷水乡做田野调查，那时候漫山遍野都是深绿色的、苗壮成长着的水稻、玉米，田里的水上面飘着昂贵的莼菜，这些作物都处于生长阶段，我们的田野工作经常是在田间地头与乡亲们劳动中进行的。2009年的春天，我们在三河乡做田野调查，那时候三河乡的农民都忙着春种，或在苗床上育苗，或在田地里翻耕，这也使得我们的工作往往要在田间进行，因为农忙时是需要在晚上去上门拜访重要的一些报导人。同年夏末秋初，我们又到黄鹤乡做田野调查，黄鹤乡的每一个村落几乎都在金黄色的庄稼的包围中，我们往往翻山越岭去寻找需要访谈的对象。龙河流域的春天、夏天、秋天都已经走过、赏过和阅过，而这一次，我们选择在冬天开展田野调查。选择冬天进行田野调查还有一个重要的原因，我们特别想考察一下龙河流域的土家族村落是如何过春节的，有什么样更鲜活的文化与仪式伴生在这个特殊的季节里。这些田野观察的成果也将成为我主编的《中国节日志·春节（重庆卷）》的重要内容。

冬季的田野调查从身心的感受上要相较于其他时段的田野调查更为艰辛，作为带队导师，安全行动的考量是重中之重，而洗澡之类的细致生活问题对于一个团队在一个月的调查周期来讲同样也是个复杂问题。住在沙子乡镇的旅馆里既没有什么取暖设备，住宿条件也十分简陋。至于热水的供应那更是一个难题，仅有的一坛液化气罐因为气温太低经常无法燃烧，需要物理摇晃才能解决，成为一个既有趣又难忘的经历。尤其是我在田野调查的中间阶段感冒了，几乎烧到40度。在镇里治疗一天也不见任何好转，调查团队成员们一致要求我到县城去治病，但我担心时间的逝去却又无法把握训练进度和调查方向，特别是对几位本科生的精神上的支持。幸而蒙老天眷顾，知道我们的用心，身体在一周后缓慢回复，又能在田野中疾走和慢跑了。

沙子镇田野调查的特殊性，还不仅仅在于经历，更重要的还在于我们的田野收获。在这之前，我们曾在冷水乡、三河乡和黄鹤乡开展过田野工作，相较而言，冷水乡和黄鹤乡的农民更依赖于传统的农业，而三河乡则面临着快速城镇化的现实。这一次，在沙子镇，我们既可以发现类似冷水乡和黄鹤乡的村落，又可以发现类似三河乡的情况。沙子镇的龙泛溪就像黄鹤乡一样，农民们都从事传统的农业生计；沙子镇的栗新地区种植烤烟和黄连，这里从事商品农业的农民与冷水乡种植黄连和莼菜的农民具有可比性；至于沙子镇的兴隆村，与三河乡的情况也有些类似，尽管三河乡面临的是迅速城镇化，兴隆村面临的是新修铁路的国家建设，但他们的共同点在于都要面临失去土地的困境。因此，如果说我们过去的这些田野工作主要是为了今后的比较研究做充分准备的话，那么在沙子镇，我们事实上已经在尝试着村落之间开展文化比较视野的研究。希望山上山下，不同生计方式和民俗生活的生存和发展画卷得以更好的文化图示。或许从另一个视角而言，在沙子镇开展的田野调查，算得上是龙河流域这几年的田野工作的微缩版。因此，研究的重要性就更为显现，从选点、田野实践直到文本呈现都表达了我对这个思路的靠近。

在沙子镇组织田野考察时，我已经在西南大学从事教学和研究两年有余，而在沙子镇的田野过程中，我深切地感受到了田野工作对人才培养和学科规范的重要性。这些立面都在沙子镇的田野调查中集中地体现了出来，让我更加心怀学术梦想。也正是有了团队的整体概念，对田野的认识有了更好的深度，问题意识更为明晰，这些总体性的全面提升的基础上，我们才能够在冬季一次性对沙子镇的三个不同类型的村落开展全景式调查和研究。虽然其实西南大学的民族学、人类学田野工作的开展和建设还属年轻新常态，但回望我们走过的田野路，使我更多了些自信和坚定。

好的田野工作的开展更是实践育人的好场域和最佳载体。2006级的三名本科生后续都完成了在中央民族大学、西南大学的学业；2007级的两位本科生，目前在中山大学分别攻读非物质文化遗产学和社会学博士；对于这几位本科同学而言，他们的人生智慧的积累与收获远远超越了一次标准化田野教学实习的成效。田野工作的开展对跨专业进入民族学、人类学的硕士生而言，更是增加学科积累与认同的最佳途径之一，他们能从鲜活的社会生活教育中找到自我的定位，也能让他们在不同学科背景训练的知识结构得以延伸和发挥所长。他们在社会科学的实验田里提升他们的专业素养、问题意识，让他们在面对社会综合性的研究视域中学会协同理论，并不断地与实践对话。此行之后，我的两位学生硕士毕业后进入高校从事民族学相关专业教学工作，一位学生考入厦门大学攻读人类学博士。整个团队在沙子关的历练中都走出了人生的重要节点，在知识改变命运的征途中不断的超越梦想。

感谢沙子镇的父老乡亲们，他们经常在田间地头放下手中的锄头接受我们的访谈，还有清甜润口的白萝卜给我们解渴，还能碰上热情的杀年猪喜庆接待。时任沙子镇党委书记的黄怀琳先生，两次亲自安排越野车上卧龙村调查烟草业和方竹笋产业的发展，对我们关怀备至。我也祝福共同参与本次田野调查的所有成员和青年学子，我不仅要表达共同经历的谢意，尤其对他们的学术人生和未来寄予厚望，希望他们勇敢地将人类学的学术传统传承下去，将武陵山区多流域视野的研究延续开去，并不断开拓创新。

感恩，沙子！

田阡

2014年7月28日

特别感谢

教育部新世纪优秀人才支持计划"多元文化互动与族群关系研究"和重庆市社会科学规划项目《武陵山区多元文化互动与族群关系研究》(项目批准号:2010YBRW61);西南大学基本科研业务费专项资金资助项目《中国少数民族村寨文化模式与经济的现代转型研究》以及重庆市文化委员会资助的《武陵山区多流域文化遗产调查与生态文明建设研究》项目对于作者学术研究的支持!

鸣 谢

西南大学统筹城乡发展研究院
西南大学新农村发展研究院
重庆国学院
西南大学校地合作处